浙江文物年鉴

（2013）

浙江文物年鉴编委会　编

浙江古籍出版社
Zhejiang Ancient Books Publishing House

图书在版编目（CIP）数据

浙江文物年鉴．2013 /《浙江文物年鉴》编委会编．
—杭州：浙江古籍出版社，2015.12
ISBN 978-7-5540-0734-1

Ⅰ．①浙… Ⅱ．①浙… Ⅲ．①文物工作—浙江省—2013—年鉴 Ⅳ．① K872.55-54

中国版本图书馆 CIP 数据核字（2015）第 297298 号

浙江省文物年鉴（2013）

浙江文物年鉴编委会　编

出版发行　浙江古籍出版社
（杭州体育场路 347 号　电话：0571-85176986）
网　　址　www.zjguji.com
责任编辑　况正兵　李　林
责任校对　余　宏
封面设计　刘　欣
责任印务　楼浩凯
照　　排　杭州立飞图文制作有限公司
印　　刷　浙江新华数码印务有限公司
开　　本　889 × 1194　1/16
印　　张　37.5
插　　页　12
字　　数　700 千字
版　　次　2016 年 2 月第 1 版
印　　次　2016 年 2 月第 1 次印刷
书　　号　ISBN 978-7-5540-0734-1
定　　价　120.00 元

浙江文物年鉴（2013）

凡　例

一、本年鉴以党中央、国务院文物工作的方针、政策为指导，客观、全面而有特色地记录和反映浙江全省当年文博工作的面貌，起到存史、交流、宣传和教化作用。

二、本年鉴体例采用栏目体，设概况、大事记、特辑、文物普查、文物保护与考古、博物馆与纪念馆、文物安全与执法、对外及港台地区文物交流、省直文博单位、市县文博工作等专栏，栏下设目、子目。

三、本年鉴主要记录2012年我省文博单位情况，以省文物局和省直属文博单位为主，兼及市县有重大影响的文博事项及活动。为使内容有所承接，时间断限采用“下限一刀切，上限适当追溯”的方法。

四、本年鉴为语体文记述体，遵循“述而不论”原则。记述见事见物见人，人随文记。写法上“点、线、面”结合，有全貌，有脉络，有典型。重要文件、讲话及作品、论著（提要）编入书末“文献辑存”。

五、本年鉴以文为主，辅以图表。彩页刊印重大活动及设施照片，其他黑白照随文附入。

六、每册年鉴约73万字，采用16开横排本版式。

1 月 5 日，2011 年度全省文物行政执法监察工作会议在杭召开。

2 月 16 日至 17 日，全省文物局长会议在嘉兴海宁市召开。

2月23日，全国文物进出境管理工作座谈会在宁波举行。

3月2日，全省文物安全工作联席会议第一次全体会议在杭召开。

4 月 6 日至 7 日，2012 年全国考古工作会在杭召开。

4 月 25 日，浙江省辖区海域内文化遗产联合执法启动仪式在椒江举行。

5 月 3 日，浙江省第三次全国文物普查工作总结表彰大会在杭召开。

5 月 11 日，国家水下文化遗产保护宁波基地象山工作站揭牌。

6月9日，浙江省文化遗产日主场城市活动在湖州举行。

7月2日，庆祝西湖申遗成功一周年暨世界遗产标志落成揭幕仪式在杭举行。

8 月 30 日，全省文物局长座谈会在淳安县举行。

10 月 29 日，我国东部第一座生态博物馆——中国·安吉生态博物馆开馆。

目录

概况

大事记

特辑

文物保护与考古

博物馆与纪念馆

文物安全与执法

对外及港台文物交流

省直文博单位

市县文博工作

各地内设机构一览表

文献辑存

概况

浙江省文物局2012年工作概况

2012年，是党的十八大胜利召开的重要一年，是全面贯彻省第十三次党代会和全国文物工作会议精神，加快推进文化强省建设，推动文化大发展大繁荣的关键一年。全省文物系统坚持以邓小平理论、"三个代表"重要思想为指导，深入贯彻落实科学发展观，紧扣文物博物馆事业"十二五"规划的各项目标任务，以改革创新为动力，以夯实基础为着力点，抓重点、攻难点、出亮点，取得了显著成绩。

一、贯彻落实全国文物工作会议精神，抓实抓好各项重点工作

全国文物工作会议召开后，国家文物局召开了贯彻落实全国文物工作会议精神座谈会，我省作为东部地区代表作了典型发言。在年中的全省文物工作座谈会上，对这两次会议精神分别作了传达贯彻，并围绕建设文物强省和"两富"现代化浙江就如何贯彻落实进行了部署。5月，全国人大文物保护法执法检查组赴杭州、绍兴、宁波、嘉兴等地开展贯彻实施《文物保护法》情况的检查，我省向检查组作了关于贯彻实施《文物保护法》总体情况的汇报，全力配合做好各项工作，确保检查组圆满完成了在我省的各项任务。根据《国务院关于开展第一次全国可移动文物普查的通知》的部署和要求，着手做好省里的机构组建、方案制订等前期工作，为国有可移动文物普查工作的开展打下了基础。

二、"三普"成果得到巩固，世界文化遗产申报与管理工作扎实推进

根据国务院的统一部署，在省政府的有力领导下，我省"三普"已圆满完成，共调查登录不可移动文物73943处，其中复查12215处，新发现61728处，调查总数、登录总数及新发现总数均居全国首位，形成了具有浙江特色的丰硕成果，为构建基础厚实、梯度合理、覆盖广泛、类型多样的历史文化遗产保护体系打下了坚实基础。省委、省政府主要领导充分肯定了我省在"三普"工作中取得的成绩。为了进一步巩固和宣传普查成果，省政府召开"三普"工作总结表彰大会，表彰了全省3个先进县、30个先进集体和174名先进个人。编辑出版了《浙江省第三次全国文物普查丛书》，举办了"三普"成果巡回展，向全社会汇报展示了"三普"的历程和成果。在省政府的统一部署下，各地及时公布了一批不可移动文物保护名录，出台了一系列保护办法和措施，普查成果得到有效巩固。

大运河（浙江段）保护和申遗工作进入关键阶段，省级保护规划已经国家文物局原则同意，由省政府批准公布。大运河申遗点段的保护与整治、展示标识系统设计、监测平台需求研究、资源调查成果整理与研究、立即列入点段"四有"档案编制等工作顺利推进。按照国家文物局统一部署，完成了《世界文化遗产预备名单》更新调整工作，我省共有7个项目被列入《中国世界文化遗产预备名单》，其中单独项目2个，跨省联合申报项目5个。

杭州西湖文化景观申遗成功后，着力推进了遗产保护管理体系和遗产监测预警管理体系建设，有效提升了遗产地的保护管理水平。杭州西湖文化遗产预警监测体系建设项目已纳入

《中国世界遗产监测预警体系建设规划》，并被国家文物局列为国家世界文化遗产监测工作试点项目。

三、文物保护抢修工作顺利开展，考古工作成果丰硕

做好重要濒危文保单位保护工作，提请省政府批准公布了5项国保单位保护规划和27处省级以上文保单位保护范围及建设控制地带，上报了111处省级以上文保单位保护区划划定方案，论证、审查了通济堰、衢州府城墙等国保单位保护规划和一批省级以上文保单位保护范围、建设控制地带内建设项目方案。深入实施文物保护工程，加强文物保护工程的中期管理，上报国保单位保护工程立项9项，审批省级以上文保单位保护工程设计与施工方案99项，竣工验收省级以上文保单位维修工程近20处。开展资质单位年检工作，报请国家文物局批准施工一级资质单位3家，授予文物保护工程资质单位11家。

协同省住建厅做好历史文化名城、名镇、名村（街区）申报和保护工作。召开了2012年度浙江省历史文化名城保护专家委员会全体会议，报请省政府审定公布了第四批省级历史文化街区、名镇、名村45处。配合有关单位，做好相关立法调研和历史文化村落普查、保护、利用工作。经省人大常委会审议，通过了《浙江省历史文化名城名镇名村保护条例》，召开了全省历史文化名城名镇名村保护工作暨宣传贯彻《浙江省历史文化名城名镇名村保护条例》会议。举办了全省文物保护培训班和全省历史文化名村保护与发展培训班。

实施了桐庐小青龙遗址等29项考古发掘项目并取得了重要成果，余杭玉架山遗址入选了“2011年度全国十大考古新发现”，良渚古城考古项目获得了国家文物局田野考古一等奖。上报了《良渚古城遗址》等4项考古工作计划，为考古科研工作明确了思路。组织实施了宁波东钱湖、绍兴宋六陵等大遗址考古调查工作。妥善处理了杭州临安城遗址内御园房产开发项目、乐清雁楠公路设计蔡湖南墓部分迁移等事项。国家水下文化遗产保护宁波基地象山工作站揭牌成立。象山渔山小白礁清代沉船水下考古发掘项目顺利实施并取得了重要成果，千岛湖水下古城遗址进行了水下拍摄电视直播。承办了全国考古工作会议、中国考古学会年会和全国基建考古南方片区协作会。召开了全省考古工作会议，全面总结回顾新世纪以来浙江考古成绩，部署了下一阶段考古工作的目标和任务，起草了《浙江省省级考古遗址公园管理办法》（征求意见稿）。

四、博物馆建设与管理不断优化，公共文化服务能力显著增强

浙江自然博物馆、中国丝绸博物馆、宁波博物馆被评定为国家一级博物馆，我省国家一级博物馆总数上升为4座。杭州博物馆（二期）、安吉生态博物馆（中心馆）等相继建成开放。审查、论证了一批博物馆建筑和展陈设计方案。研究制订了《浙江省民办博物馆补助资金管理办法》（草案）和《国有博物馆对口帮扶民办博物馆试点工作的实施意见》，开展了国有博物馆对口帮扶民办博物馆试点工作并召开了专题工作会议，已结成8对帮扶对子，并对45家民办博物馆补助了233万元免费开放经费。根据国家文物局的统一部署，开展了2011年度博物馆、纪念馆年检工作，全省通过年检的博物馆总数达244座，其中通过国家文物局年检的博物馆203座，位居全国第一。

在全国博物馆免费开放最佳做法推介评选活动中，浙江省博物馆、浙江自然博物馆分别获得了全国博物馆免费开放“最佳宣传推广奖”和“最佳网站服务奖”。组织开展了全省“博物馆免费开放最佳做法”推荐表彰活动，有24家博物馆获奖，示范引领作用明显。在全国博物馆文化产品创意设计评选活动中，我省选送的“神徽挂饰”、“琮形盆栽”、“多功能双面披肩”分别获得了铜奖、提名奖和优秀奖。全省各级各类博物馆全年推出陈列展览800余个，吸引观众超1900万人次。深入实施浙江省陈列展览精品项目，补助了一批优秀陈列展览项目，评选出“吴越胜览——唐宋之间的东南乐国”等10个精品奖项目和“书写天地间——王伯敏的中国书画研究与创作”等14个单项奖项目。积极推进博物馆藏品资源整合共享，召开了全省“加强馆际合作办展促进馆藏资源整合共享”专题工作会议，成功实施了“发现历史——浙江考古工作十年回顾展”、“龙行浙江——浙江出土恐龙化石展”等5个资源整合共享项目，深受基层博物馆和广大观众的欢迎，取得了显著的社会效益。

五、馆藏文物管理趋于规范，社会文物管理继续加强

制定下发了《博物馆藏品保管工作格式文本》，举办了全省博物馆藏品保管培训班，编制了纺织品文物保护修复设备提升计划方案。审核通过了一批馆藏书画修复保护方案，基本完成了全省馆藏书画文物专项定级鉴定工作。认真履行社会文物管理职能，强化文物拍卖市场与进出境文物监管。全年共举办文物艺术品拍卖会56场，审核文物拍卖标的37358件，审核申报文物拍卖经营资质企业3家，新增文物拍卖企业2家。开展了全省文物拍卖企业资质年审，做好《文物拍卖经营许可证》的换发和文物进出境管理等工作，全年办理文物临时进境审核26起，文物出境许可证核发9起，旧家具出境许可104起。承办了全国文物进出境管理工作座谈会。配合做好中国丝绸博物馆征集美国丽蒂娅·葛顿收藏的西方近现代时装藏品、浙江省博物馆接收香港曹其镛先生捐赠漆器藏品等工作。

六、科技区域创新联盟建设富有成效，文物保护科技水平明显提升

在科技部、国家文物局指导下，科技区域创新联盟启动了“文化遗产数字化公共服务平台与产业应用示范”等3项国家科技支撑计划项目及课题；参加了国家创新工程预备项目、“指南针计划”、“中华文明探源工程”、国家文物局重点科研基地课题、国家创新联盟课题的申报，并有多个课题获得立项；联盟基础条件建设初见成效，“浙江省科技考古与文物保护研究试验基地”落成，“纺织品文物保护国家文物局重点科研基地”正式挂牌运行，并在浙江理工大学设立相关实验室，示范应用基地“纺织品文物修复展示馆”建成开放。浙江省博物馆和浙江大学等单位合作申报的“数字博物馆关键技术系统及应用研究”项目被列入省重大科技专项计划重点项目。积极开展全省文物保护科技项目申报，有14个项目获得立项。成功举办了“指南针计划”专项成果展《惠世天工——中国古代发明创造文物展》。推进科技援疆工作，浙江省文物局、浙江大学与新疆维吾尔自治区文物局、塔里木大学共同签订了《新疆文化遗产保护与研究战略合作框架协议》。

七、文物安全工作机制更加健全，文物执法监管力度持续加大

召开了省文物安全工作联席会议第一次全体会议，为有效发挥联席会议成员的协作配合、联合作业，共同做好文物安全工作奠定了基础。根据国家文物局统一部署，联合省海洋与渔业局，在椒江等地开展了辖区海域内文化遗产联合执法行动，并进行了海上联合执法巡查、应急预案演练、执法培训等工作，得到国家文物局的好评。完成了国家文物局委托的《文物执法巡查档案标准研究》课题，正式启用了文物行政执法网络监管平台，提升了我省文物执法监察工作信息化、科学化水平。

积极开展日常文物执法巡查，全年出动14489人次，检查文博单位8051家次。围绕重要节假日，会同省公安厅开展了以文物消防安全等为重点的安全检查和巡查。部署开展了加强田野文物安全和文物安全隐患排查整治专项行动。进一步加大了文物违法案件查处力度，全年查处、督办文物违法案件59起，罚款69.2万元，重点查处了国保单位瑞安利济医学堂建设控制地带内违法搭建钢构建筑和省保单位庆元袅桥保护范围内违法建桥等案件。办理各类涉案文物鉴定58起，鉴定各类器物2377件，实地勘察鉴定古墓葬、古遗址、古建筑76座。根据国家文物局要求，对宁波市历史文化街区的文物保护工作进行了专题调研。继续做好文博风险单位安全技术设施的新建、改造工作。在国家文物局组织开展的全国文物行政处罚案卷评查中，我省选送的案卷有两个荣获“十佳案卷”，两个荣获“优秀案卷”，获奖率名列全国前茅。组织开展了第二届全省文物行政处罚案卷评比活动，评出获奖案卷12个。

八、宣传工作富有成效，先进典型不断涌现

在“5·18国际博物馆日”和“文化遗产日”期间，举办了“浙江省5·18博物馆学术论坛”和以湖州主场城市活动为中心，以省本级活动为主线，以全省各地的活动为基础的上下联动、形式多样的宣传活动。启动了《浙江馆藏文物大典》（暂名）、《中国历代绘画大系》、《浙江通志·文化遗产卷·文物分卷》等重要文集的编纂工作，取得了较大进展。继续办好“一网一刊一年鉴”，浙江文物网全年发布信息3万余条，其中原创信息4298条，被新华网转载107篇，在46家省级部门网站测评中，综合得分位列第6。杭州市余杭区被国家文物局列为全国文化遗产知识宣传普及工程试点县之一。举办了“新时期博物馆展陈与教育学术论坛”、“中国生态博物馆建设安吉论坛”等学术会议，进一步提升了学术研讨水平，扩大了我省文博工作的影响力。

在全国文物工作会议上，余姚市河姆渡遗址博物馆和嘉兴市文物局被人力资源与社会保障部、国家文物局授予“全国文物系统先进集体”荣誉称号，省文物考古研究所刘斌被授予“全国文物系统先进工作者”称号。在省政府召开的杭州西湖文化景观申报世界文化遗产工作总结表彰大会上，省文物局等8家单位被授予先进单位荣誉称号，陈易等11位同志荣记一等功，吴志强等26位同志荣记二等功。在省人力社保厅、省文化厅、省文物局组织开展的全省文物系统先进集体和先进工作者评比表彰中，浙江省博物馆等17家单位和陈水华等20名个人获“先进集体”和“先进工作者”称号。

大事记

2012年浙江文物工作大事记

一 月

4日　文物保护与考古处召开处务会议，交流近期工作情况，并就2012年度工作思路进行讨论。省文物局副局长吴志强、文物保护与考古处处长郑建华、副处长李新芳等参加。

5日　2011年度全省文物行政执法监察工作会议暨工作成绩显著单位表彰会在杭召开，省文化厅副巡视员陶月彪出席。

5日至6日　省文物局会同厅相关处室，分别就省直6家文博单位2011年度目标责任制进行考核。省文物局局长鲍贤伦主持会议，副局长陈官忠、吴志强，综合处处长钱剑力、文物安全处处长沈坤荣、文物保护与考古处处长郑建华、博物馆与社会文物处处长杨新平及省文化厅相关处室人员参加了会议。

6日　省文化厅副巡视员陶月彪参加全省旅游工作会议。

省文物局在杭组织召开全国重点文物保护单位苍南县蒲壮所城城墙保护工程、郭宅维修工程竣工验收会。文物保护与考古处副处长李新芳等参加。

7日至9日　杭州市园文局举行的杭州市星级讲解员评定落幕。

9日　省文物局局长鲍贤伦出席西湖世界文化遗产数字化平台建设项目专家咨询会。副局长陈官忠、博物馆与社会文物处副处长金萍等参加。

省文物局文物保护与考古处和省文物考古研究所领导就大运河（浙江段）申遗点段保护整治工作座谈会准备事宜进行讨论。副局长吴志强、文物保护与考古处处长郑建华参加。

10日　省文物局副局长陈官忠主持召开浙江省博物馆“惠世天工——中国古代发明创造文物展”专家论证会。博物馆与社会文物处副处长金萍等参加。

省文物局组织全国重点文物保护单位文澜阁保护工程的验收。副局长吴志强、文物保护与考古处处长郑建华及有关专家等参加。

10日至11日　省文物局局长鲍贤伦赴舟山进行走基层为民服务活动。

12日　省文物局局长鲍贤伦列席省人大会议。

省文物局副局长陈官忠组织召开丽水博物馆陈列文本专家论证会。

国家文物局在京召开大运河省级规划论证会，对河北、浙江、山东、河南、安徽等省的大运河省级规划进行论证。文物保护与考古处副处长李新芳参加。

13日　浙江省原省长吕祖善首次以浙江省博物馆志愿者的身份，为开展假期实践活动的十余名浙江工商大学学生义务讲解了浙江省博物馆武林馆区“越地长歌——浙江历史文化陈列”。

省文化厅副巡视员陶月彪出席浙江美术馆中层负责人岗位竞聘专家测评会。

省文物考古研究所领导班子聘期考核会议召开。省文物局局长鲍贤伦、副局长吴志强、文物保护与考古处处长郑建华及省文化厅有关人员等参加。

省文物局副局长陈官忠出席浙江省博物馆与中国考古研究所联合举办的“考古中华——中国考古六十年成就展”开幕式。

省文物局副局长陈官忠、文物保护与考古处处长郑建华、省古建筑设计研究院院长黄滋等接待了意大利中欧建筑协会人员，就文物保护合作意向进行洽谈。

16日　省文物局局长鲍贤伦出席安吉生态博物馆陈列方案深化设计论证会。

16日至17日　省文物局在杭召开大运河（浙江段）申遗点段保护整治工作座谈会。副局长吴志强出席会议并讲话。文物保护与考古处处长郑建华、副处长李新芳等参加会议。

26日　全国人大常委会原副委员长顾秀莲一行在浙江省、绍兴市有关人员陪同下赴绍兴鲁迅纪念馆考察。

28日　全国人大常委会原副委员长何鲁丽一行在浙江省、绍兴市人大相关人员陪同下实地考察绍兴鲁迅纪念馆。

31日　省文物局局长鲍贤伦主持召开中国丝绸博物馆征集美国丽蒂娅·葛顿西方时装藏品论证会。副局长陈官忠、博物馆与社会文物处处长杨新平、副处长金萍等参加。

文物保护与考古处配合省住房与建设厅规划处组织专家，赴海盐县澉浦镇考察，就该镇历史文化遗产保护与申报省级历史文化名镇问题和镇政府、有关部门进行座谈。副处长李新芳等参加。

二　月

1日　省文物局局长鲍贤伦接受《宋画全集》电视片剧组采访。

2日　省文物局副局长吴志强等赴余姚考察史嵩之墓考古发掘工地。

文物保护与考古处副处长李新芳等赴绍兴市，就大运河申遗点绍兴古纤道（皋埠段）保护整治工作进行实地踏勘，并与绍兴市文物、水利部门进行沟通协调。

7日　浙江省文物鉴定委员会年会在杭召开，省文物局副局长、鉴定委员会副主任陈官忠主持会议，委员会秘书长柴眩华作工作报告，省文物局局长、鉴定委员会主任鲍贤伦到会讲话。博物馆与社会文物处处长杨新平等参加。

7日至9日　国家文物局文保司原巡视员、国际古迹遗址理事会副主席郭旃等一行赴湖州，就大运河申遗点段湖州頔塘故道及南浔历史街区进行实地踏勘。省文物局副局长吴志强、文物保护与考古处副处长李新芳等陪同。

8日　中共浙江省委组织部召开“2012年深入开展‘服务企业、服务基层’专项行动动员部署会”，博物馆与社会文物处处长杨新平参加。

9日　省文物监察总队召开“文物行政执法网络监管平台”建设征求意见会，博物馆与社会文物处处长杨新平等参加。

文物安全处处长沈坤荣应邀参加温州博物馆安全技术防范改造工程设计方案讨论会。

10日至12日　内蒙古自治区文化厅副厅长、文物局局长安永锝一行来杭考察学习西湖文化景观申遗成功经验，为中国世界文化遗产提名项目元上都遗址申遗工作奠定基础。省文物局副局长吴志强、文物保护与考古处副处长李新芳陪同。

13日　省文物局局长鲍贤伦、省文化厅副巡视员陶月彪出席全省文广新局局长会议，副局长陈官忠、吴志强，综合处处长钱剑力，文物安全处处长沈坤荣，文物保护与考古处处长郑建华，博物馆与社会文物处处长杨新平等参加。

14日　省文物局副局长吴志强参加浙江省文物考古研究所民主生活会。

杭州市文明办、西湖风景名胜区管委会、杭州市教育局、杭州市经信委、共青团市委联合在杭州博物馆举行杭州市青少年学生第二课堂电子门票系统启动仪式。

15日　省文物局局长鲍贤伦、省文化厅副巡视员陶月彪出席厅领导述职大会。副局长陈官忠、吴志强，综合处处长钱剑力，文物安全处处长沈坤荣，文物保护与考古处处长郑建华，博物馆与社会文物处处长杨新平及局机关全体公务员参加。

16日至17日　全省文物局长会议在海宁召开。省文物局局长鲍贤伦出席会议并讲话。省文化厅副巡视员陶月彪，副局长陈官忠、吴志强，综合处处长钱剑力，文物安全处处长沈坤荣，文物保护与考古处处长郑建华，博物馆与社会文物处处长杨新平等参加。

21日　省文物局局长鲍贤伦主持召开《浙江通志》文物部分编纂工作会议。省文化厅副巡视员陶月彪、副局长陈官忠、副局长吴志强、综合处处长钱剑力及承编单位省文物考古研究所有关人员参加。

大运河（浙江段）标识系统概念设计方案评审会在杭召开。文物保护与考古处处长郑建华、副处长李新芳等参加。

22日　省文化厅副巡视员陶月彪出席全省文化外事工作会议。

22日至23日　省文物局组织专家赴松阳、遂昌，就省级文物保护单位松阳黄家大院修缮工程、遂昌长濂古建筑群之郑氏宗祠维修工程进行竣工验收。文物保护与考古处副处长李新芳等参加。

23日　全国文物进出境管理工作座谈会在宁波举行，省文物局局长鲍贤伦出席。

省文化厅副巡视员陶月彪赴湖州，商议2012年文化遗产日浙江主场城市活动筹备工作。综合处处长钱剑力陪同。

全国文物进出境管理工作座谈会在宁波举行。

24日　省文化厅副巡视员陶月彪参加省十一届人大五次会议代表建议、省政协十届五次会议提案交办会。综合处处长钱剑力参加。

全国重点文物保护单位衢州城墙保护规划论证会在衢州市召开。省文物局副局长吴志强、文物保护与考古处处长郑建华、副处长李新芳等参加。

27日　省文物局局长鲍贤伦与省志副总编童芍素一行商谈《浙江通志》编撰工作，省文化厅副巡视员陶月彪、综合处处长钱剑力等参加。

省考古学会邀请台湾中国科技大学文化资产研究中心主任阎亚宁教授来杭作古建筑保存

技术交流讲座。文物保护与考古处处长郑建华、副处长李新芳等参加。

29日　省文物局局长鲍贤伦参加省政府第9次全体会议。

全国重点文物保护单位通济堰保护规划论证会在丽水市莲都区召开。副局长吴志强、文物保护与考古处处长郑建华等参加。

明清城墙联合申遗文本汇总编制协调会在江苏省南京市召开。江苏省、陕西省、湖北省、浙江省、辽宁省文物局,南京、西安、荆州、襄阳、临海、兴城城墙所在地文物部门及相关管理部门与会。文物保护与考古处副处长李新芳参加。

三　月

1日　省文化厅副巡视员陶月彪参加"弘扬雷锋精神、开展志愿服务"工作会议。

文物保护与考古处处长郑建华、副处长李新芳等与安吉县文广新局领导就该县文物保护事宜进行商谈。

2日　省文物局局长鲍贤伦出席在杭召开的全省文物安全工作联席会议第一次全体会议。省文化厅副巡视员陶月彪、文物安全处处长沈坤荣等参加。

省文物局组织专家赴长兴,就省级文物保护单位长兴五里渡斗门群保护问题进行现场踏勘,并与当地文物、水利部门沟通协调。文物保护与考古处副处长李新芳参加。

文物保护与考古处组织省历史文化名城保护专家委员会部分专家考察奉化古城区,就奉化申报省级历史文化名城的可行性问题与当地文物部门座谈。文物保护与考古处处长郑建华等参加。

5日至6日　全省"加强馆际合作办展、促进馆藏资源整合共享"专题工作会议在湖州南浔举行。会议由博物馆与社会文物处处长杨新平主持,省文物局局长鲍贤伦到会,副局长陈官忠讲话。

6日至8日　省法制办会同省住房和城乡建设厅、省文物局赴临海市、丽水市、磐安县,就《浙江省历史文化名城名镇名村保护条例(草案)》进行立法调研。文物保护与考古处处长郑建华等参加。

7日　省文物局副局长吴志强赴国家文物局汇报浙江考古工作。

8日　省文物局局长鲍贤伦主持召开局务会议。会议同意通过了《浙江省文物局机关财务管理暂行办法》、《浙江省文物局机关公务用车管理办法》、《浙江省文物局机关公务接待管理办法》、《2012年"文化遗产日"浙江省主场城市活动方案》及杭州西湖文化景观申报世界文化遗产工作先进个人拟推荐对象名单。

9日　中共浙江省委办公厅主持召开浙江特色文化村落保护与开发有关问题协调会。省文物局副局长吴志强参加。

省文物局局长鲍贤伦赴浙江省文物考古研究所宣布新一届领导班子。文物保护与考古处处长郑建华参加。

10 日　中国丝绸博物馆召开志愿者表彰大会，博物馆与社会文物处处长杨新平应邀出席并讲话。

12 日　省文物局副局长吴志强参加生态省建设工作领导小组成员单位联络员会议。

文物保护与考古处处长郑建华主持召开处室碰头会，讨论、安排近期重要工作事项。副处长李新芳等参加。

省文化厅厅长杨建新出席浙江自然博物馆新馆长暨新一届馆领导班子任命会并讲话，省文物局局长鲍贤伦主持会议、宣读文件并讲话。博物馆与社会文物处处长杨新平等参加。

13 日　中共浙江省委副书记、省政法委书记李强一行在景宁县相关负责人陪同下，参观、考察景宁畲族博物馆。

省文物局局长鲍贤伦代表省文化厅与六家厅属文博单位分别签订了《2012 年目标管理责任书》和《2012 年综合治理责任书》，六家单位同时分别完成了《2012 年党风廉政建设责任书》签订仪式。综合处处长钱剑力、文物安全处处长沈坤荣、博物馆与社会文物处处长杨新平、文物保护与考古处副处长李新芳等参加签订仪式。

省法制办与省住房和城乡建设厅、省文物局讨论修改《浙江省历史文化名城名镇名村保护条例（草案）》，文物保护与考古处处长郑建华等参加。

14 日　省文物局局长鲍贤伦与浙江古籍出版社领导商议浙江省第三次全国文物普查成果丛书出版工作，副局长吴志强参加。

15 日　省文物局副局长吴志强、文物安全处处长沈坤荣、省文物监察总队队长吕可平赴瑞安，协调玉海文化游览区项目建设中涉及全国重点文物保护单位利济医学堂旧址的安全及建设控制地带内违法建筑处理事宜。

16 日　省文物局副局长吴志强、文物安全处处长沈坤荣就瑞安全国重点文物保护单位圣井山石殿违法建筑进行实地调查。

18 日　金华市举办第三个“历史文化名城日”系列活动。

19 日　省文物局局长鲍贤伦赴宁波，参加由宁波市委组织部、市文广新局主办的“贯彻十七届六中全会精神，推进文化强市建设专题研讨班”，并作了题为《遗产保护与城市发展》的讲座。文物保护与考古处副处长李新芳陪同。

20 日　大运河保护和申遗省部际会商小组第四次会议在京召开。省文化厅副巡视员陶月彪参加。

博物馆与社会文物处处长杨新平参加中国美术学院民族艺术博物馆建筑设计方案审查会。

20 日至 21 日　省住房和城乡建设厅会同省文物局在杭召开 2012 年度浙江省历史文化名城保护专家委员会全体会议。会议重点就第四批省级历史文化街区、名镇、名村申报推荐对象进行了审议。副局长吴志强到会并讲话，文物保护与考古处副处长李新芳等参加。

21 日　省文物局局长鲍贤伦出席绍兴市文物普查“回头看”活动。

省文物局副局长吴志强出席杭州市文物工作会议。

省文物局副局长陈官忠召集博物馆与社会文物处讨论国有博物馆对口帮扶民办博物馆等

相关工作。

省文物局会同省公安厅对嘉兴南湖革命纪念馆安防工程进行验收，文物安全处处长沈坤荣参加。

22日　省文物局局长鲍贤伦接待日本栃木县书法家协会主席一行。

省文化厅副巡视员陶月彪召集省文物局各处室负责人，就全国人大常委会执法检查组来我省开展文物保护法执法检查工作进行研究、部署。综合处处长钱剑力、文物安全处处长沈坤荣、文物保护与考古处副处长李新芳、博物馆与社会文物处处长杨新平参加。

博物馆与社会文物处处长杨新平、副处长金萍与浙江省博物馆、省文物局信息中心商议博物馆陈列展览网络平台建设事宜。

23日　省文物局局长鲍贤伦与上海博物馆签订《绘画大系》合作协议书。

省文物局会同省公安厅对余杭章太炎故居章太炎生平事迹陈列厅安防工程进行验收，文物安全处处长沈坤荣参加。

23日至25日　博物馆与社会文物处处长杨新平出席景宁县畲族博物馆暨景宁县文化中心开馆活动，并赴松阳县、景宁县，考察调研了松阳县博物馆、景宁县畲族博物馆及景宁的民办博物馆。

24日　浙江省副省长龚正一行在浙江省民宗委主任王毅及丽水市、景宁县有关人员陪同下，赴景宁畲族博物馆参观考察。

24日至25日　省文物局局长鲍贤伦出席绍兴兰亭书法节活动。

26日　国家文物局、国家海洋局召开2012年度我国管辖海域内文化遗产联合执法专项行动电视电话会议启动仪式。省文物局局长鲍贤伦、省文化厅副巡视员陶月彪，文物安全处处长沈坤荣、文物保护与考古处副处长李新芳等参加了浙江分会场的活动。

明清城墙联合申遗文本汇总编制第二次协调会在临海市召开，省文物局副局长吴志强等参加。

27日　省文物局副局长吴志强接待了意大利ciao group赴浙江考察文化遗产保护专家组。

28日　省政府办公厅在舟山召开全省反走私工作会议，部署了2012年打击走私违法活动的“国门之盾”行动，其中“打击文物和濒危物种走私”被列入本次专项行动的八个重点之一。文物安全处处长沈坤荣代表省文物局参加会议。

博物馆与社会文物处处长杨新平主持召开推荐“博物馆免费开放最佳做法”专家推荐讨论会。

29日　省文物局局长鲍贤伦参加全省扩大有效投资暨重点建设推进大会。

29日至30日　2012年大运河保护和申遗工作会议在扬州召开。省文物局副局长吴志强等参加。

30日　省文物局局长鲍贤伦出席在浙江省博物馆举行的《古镜今照——中国铜镜研究会成员藏品集粹展》开幕式活动。

国家文物局在京召开关于配合文物保护法执法检查工作动员会，省文化厅副巡视员陶月彪、文物安全处有关人员参加了会议。这也是首次由全国人大常务会组织，在全国范围内开展的《文物保护法》执法检查。

《古韵茶香——镇江博物馆藏历代茶具精品展》在中国茶叶博物馆开幕。博物馆与社会文物处处长杨新平参加了开幕式。

《衣锦环秀——5000年中国丝绸精品展》在英国诺丁汉开幕。

31日　省文物局局长鲍贤伦召集省普查办商议普查先进名单推荐工作。副局长吴志强参加。

省文物局局长鲍贤伦参加全省改善发展环境电视电话会议。

在京举行的《中国文物年鉴》编辑工作座谈会上，我省被授予“先进集体”、“先进个人”两项荣誉。

四　月

4日　杭州市余杭区举办玉架山遗址考古现场研讨会。省文物局局长鲍贤伦出席并会见了与会专家。副局长吴志强参加。

6日　浙江省副省长郑继伟宴请文化部副部长、国家文物局局长励小捷一行。省文物局局长鲍贤伦、副局长陈官忠、文物保护与考古处处长郑建华等陪同。当晚，中共浙江省委常委、杭州市委书记黄坤明会见了励小捷一行。

文物安全技术防范工程审核组组织了对衢州市博物馆安防改造工程设计方案的会审。文物安全处处长沈坤荣参加。

6日至7日　2012年全国考古工作会议在杭召开。省文物局局长鲍贤伦出席并致辞。副局长吴志强、综合处处长钱剑力、文物保护与考古处处长郑建华、综合处副处长李俏等参加。

国家文物局检查组赴宁波检查历史文化街区保护整治工作。省文物局副局长吴志强等参加。

7日　文化部副部长、国家文物局局长励小捷一行考察大运河杭州段保护、申遗工作，并实地走访了拱墅区桥西历史文化街区的博物馆群落等我省文博单位。省文物局局长鲍贤伦，文物保护与考古处处长郑建华等陪同。

10日　省文物局局长鲍贤伦分别与绍兴文旅集团、湖州市文广新局、舟山市政府分管领导商谈工作。

省文化厅副巡视员陶月彪与相关处室研究、商讨迎接全国人大来浙江进行文物法执法检查工作方案。综合处处长钱剑力、文物安全处处长沈坤荣等参加。

博物馆与社会文物处处长杨新平和嘉兴市南湖革命纪念馆商讨2012年“5·18国际博物馆日”相关活动。

10日至11日　由国家文物局主办的“中国文化遗产保护无锡论坛——世界文化遗产：可持续发展”在无锡举行。文物保护与考古处处长郑建华参加。

11日　省文物局局长鲍贤伦向省政府副秘书长马林云汇报了浙江省第三次全国文物普查

结束工作安排。副局长吴志强参加。

博物馆与社会文物处处长杨新平参加了省“服务企业、服务基层”第七组小组工作会议。

12 日　省文物局局长鲍贤伦听取了安吉博物馆关于安吉生态博物馆展陈方案的汇报。

13 日　浙江省第三次全国文物普查成果展筹备工作会召开。省文物局副局长吴志强参加。

余杭玉架山遗址入选2011 年度全国十大考古新发现。

16 日至18 日　省文物局副局长陈官忠赴湖南长沙，参加全国可移动文物修复保护工作会议。

17 日　省文化厅副巡视员陶月彪参加浙江论坛报告会，还主持召开我省2012 年文化遗产日活动方案讨论会。综合处处长钱剑力等参加。

浙江自然博物馆召开“龙行浙江”特展评审验收会，博物馆与社会文物处处长杨新平参加会议。

博物馆与社会文物处处长杨新平为平阳县举办的历史文化名城保护培训班讲课。

17 日至18 日　省文物局局长鲍贤伦考察湖州历史文化名城保护工作，并出席湖州市历史文化名城保护与申报工作汇报会。副局长吴志强、文物安全处处长沈坤荣、文物保护与考古处处长郑建华等参加。

18 日　省文物局召开配合全国人大常委会《文物保护法》执法检查动员会。省文化厅副巡视员陶月彪主持会议，省文物局局长鲍贤伦就配合执法检查工作作了专题讲话。综合处处长钱剑力、博物馆与社会文物处处长杨新平等参加。

文物保护与考古处处长郑建华为平阳县在省委党校举办的培训班讲授了《历史文化名城与文化遗产保护》课程。

19 日　省文物局局长鲍贤伦出席西蒙基金会《古典与唯美》收藏展开幕式活动。

省文物局副局长吴志强等赴台州路桥区，考察灵山遗址与省级文物保护单位新桥爱吾庐维修情况，并与区领导就有关保护与利用工作进行沟通。

文物安全处处长沈坤荣赴安吉，对吴昌硕修谱大屋修缮事宜进行协调、处理。

省法制办主持召开《浙江省历史文化名城名镇名村保护条例（草案）》专家论证会，文物保护与考古处处长郑建华等参加。

文物安全处处长沈坤荣就省级文物保护单位姚家大院修缮事宜进行处理、协调。

20 日　2012 中国南方基建考古区域协作会在永嘉县召开。省文物局副局长吴志强出席会议并讲话。

21 日　省文物局副局长吴志强与省文物考古研究所、浙江自然博物馆领导研究浙江省第三次全国文物普查成果展工作。

24 日　国家文物局文保司副司长陆琼、世界遗产处处长唐炜等来杭，听取了浙江省古建筑设计研究院关于大运河（浙江段）标识系统设计的汇报，并就我省承担整个大运河展示标识系统设计课题问题进行座谈。省文物局副局长吴志强、文物保护与考古处处长郑建华等参加。

省文化厅副巡视员、省文物局副局长陈官忠陪同省委党校学员参观浙江省博物馆（武林馆区）、浙江自然博物馆。

全国政协调研组在杭召开大运河保护与申遗暨西湖世界遗产保护交流座谈会。省文化厅巡视员鲍贤伦出席会议并讲话，省文物局副局长吴志强参加。

25 日　浙江省辖区海域文化遗产联合执法启动仪式在椒江举行，省文化厅巡视员鲍贤伦，副巡视员、省文物局副局长陈官忠参加。

省创先争优办组织媒体记者采访省文物考古研究所。省文物局副局长吴志强等参加。

国家文物局文保司副司长陆琼与中国文化遗产研究院有关专家考察海宁长安、杭州西兴等大运河申遗点段。文物保护与考古处处长郑建华等陪同。

27 日　省文化厅巡视员鲍贤伦召集省文物考古研究所、浙江自然博物馆等单位，研究浙江省第三次全国文物普查成果展工作。省文物局副局长吴志强参加。

28 日　省文化厅副巡视员、省文物局副局长陈官忠赴嘉兴，出席钱君匋先生诞辰 105 周年纪念活动。

文物保护与考古处组织专家现场踏勘省级文物保护单位浙江图书馆旧址孤山馆舍，并就文物维修与环境整治等事宜进行座谈。文物保护与考古处处长郑建华等参加。

五　月

3 日　浙江省第三次全国文物普查工作总结表彰大会在杭召开。浙江省第三次全国文物普查领导小组组长、副省长郑继伟，国家文物局普查办副主任、中国文物信息中心总工刘小和，省普查领导小组副组长、省文化厅厅长杨建新，省普查领导小组副组长、省普查办主任、省文化厅巡视员鲍贤伦等领导和省普查领导小组成员、各设区市普查领导小组领导、各先进县普查领导小组组长、各设区市普查办负责人、先进集体和先进个人代表共200 人出席了会议。会议由省普查领导小组副组长、省政府副秘书长马林云主持。会后，参加浙江省第三次全国文物普查总结表彰大会的领导和全体会议代表第一时间参观了由浙江省第三次全国文物普查领导小组办公室主办，浙江省文物考古研究所、浙江自然博物馆协办的“浙江省第三次全国文物普查成果展。省文化厅副巡视员陶月彪，副巡视员、省文物局副局长陈官忠，综合处处长钱剑力、副处长李俏，文物安全处处长沈坤荣，博物馆与社会文物处处长杨新平、副处长金萍等局机关人员参加。

4 日　省文化厅副巡视员、省文物局副局长陈官忠参加了浙江省推进科技创新工程试点省建设工作电视电话会议，并会同杭州市园文局领导考察杭州民办博物馆建设情况。

7 日至 14 日　省文化厅巡视员鲍贤伦陪同全国人大常委会副委员长路甬祥率领的全国人大文物保护法执法检查组在浙江开展文物法执法检查。

7 日至 8 日　浙江省文物局、新疆文物局、浙江大学、塔里木大学四方签订《新疆文化遗产保护与研究战略合作框架协议》。省文化厅副巡视员、省文物局副局长陈官忠出席仪式活动。博物馆与社会文物处副处长金萍参加。

9 日　国家文物进出境审核浙江管理处、浙江省文物鉴定审核办公室独立建制十周年座谈会在杭召开。

博物馆与社会文物处处长杨新平赴金华，出席金华市博物馆展陈设计方案座谈会。

10日　省文化厅副巡视员、省文物局副局长陈官忠陪同国家文物局副司长罗静一行考察良渚“人类文明探源工程项目”实施情况。博物馆与社会文物处副处长金萍参加。

11日　渔山沉船遗址水下考古发掘启动暨国家水下文化遗产保护宁波基地象山工作站揭牌仪式在宁波举行。省文化厅副巡视员陶月彪参加。

博物馆与社会文物处处长杨新平与省教育厅有关领导商谈建设浙江教育博物馆相关事宜。

15日　省文化厅副巡视员陶月彪赴西安，出席于右任书法精品回乡展开幕式活动。

省文物局组织专家赴大运河海宁长安点察看考古发掘情况，副局长吴志强就下一步工作与当地有关部门交换意见。

《纪念沈曾植逝世九十周年书法联展》在嘉兴市博物馆举行开幕式，博物馆与社会文物处处长杨新平参加。

16日　由省文物局、省博物馆学会、嘉兴市南湖风景名胜区管委会主办，南湖纪念馆承办的“浙江省5·18博物馆学术论坛”在嘉兴举行，省文化厅副巡视员、省文物局副局长陈官忠出席开幕式。博物馆与社会文物处处长杨新平主持会议。

18日　省文化厅副巡视员陶月彪赴宁波出席《跨越海洋——中国海上丝绸之路八城市文化遗产精品联展》开幕式活动。

省文物局副局长吴志强赴衢州，参加国际博物馆日暨《衢州古陶探秘》座谈会。

省文物局文物保护与考古处组织专家，对省级文物保护单位浙江省高等法院及杭县地方法院旧址附近的嘉里置业公司建设项目现场进行踏勘，并就基坑围护方案进行讨论。文物保护与考古处处长郑建华等参加。

19日　第十届中国徐霞客开游节暨中国旅游日庆典活动在宁海县开幕。省文物局副局长吴志强参加。

21日至23日　省文物安全技术防范工程审核组专程赴乐清、温州、丽水，分别对乐清林曦明艺术馆、丽水摄影博物馆安防工程进行验收，对乐清周昌谷艺术馆安防工程、温州博物馆安防改造方案进行会审。省公安厅治安总队有关专家、文物安全处处长沈坤荣参加。

22日　省文化厅副巡视员、省文物局副局长陈官忠与中国丝绸博物馆研究文保国家重点基地建设有关工作，博物馆与社会文物处副处长金萍参加。

临海历史文化名城保护规划专家论证会在临海市召开。文物保护与考古处处长郑建华参加。

省文化厅副巡视员、省文物局副局长陈官忠招待应邀来访的摩洛哥文化部文物局局长阿卜杜拉·萨利一行，博物馆与社会文物处处长杨新平等参加。

22日至23日　省文物局文物保护与考古处组织专家赴温岭市、嵊州市，对全国重点文物保护单位温岭新河闸桥群之中闸和麻糍闸维修工程、嵊州崇仁村建筑群之伟镇庙修缮工程进行竣工验收。文物保护与考古处处长郑建华等参加。

23日至24日　省文化厅巡视员鲍贤伦主持召开全国和全省文物系统先进集体、先进工作者推荐初审会议。省文化厅副巡视员陶月彪，副巡视员、省文物局副局长陈官忠，副局长吴志强，综合处处长钱剑力，博物馆与社会文物处处长杨新平、副处长金萍等参加。

23日　中共浙江省委常委、组织部长蔡奇，常务副部长于跃敏一行赴浙江省文物考古研究所，调研"创先争优"活动开展情况，并看望了良渚工作站考古工作人员，实地考察了莫角山遗址考古发掘现场和良渚工作站整理库房。省文化厅厅长杨建新、副厅长金兴盛、巡视员鲍贤伦、文物局副局长吴志强等陪同调研。

文物安全处处长沈坤荣会同省公安厅治安总队有关领导赴庆元县，调查处理省保袅桥保护范围内违法建设情况，并与庆元县政府有关领导及文化广电新闻出版局、民政局等相关部门进行沟通。

博物馆与社会文物处处长杨新平陪同摩洛哥文物代表团考察杭州雷峰塔和中国茶叶博物馆，并与中国茶叶博物馆领导进行座谈。

24日　省文物局文物保护与考古处组织专家，就省级文物保护单位越剧诞生地旧址之香火堂前维修方案进行现场踏勘和座谈。文物保护与考古处处长郑建华等参加。

全省文物系统先进集体和先进工作者评选表彰工作领导小组召开会议，审议产生了全国先进集体和先进工作者上报名单及全省先进集体、先进工作者初审名单。省文化厅巡视员鲍贤伦主持会议，文化厅副厅长杨越光、副巡视员陶月彪、省文物局副局长吴志强、综合处处长钱剑力等参加会议。

博物馆与社会文物处召开博物馆免费开放省级最佳做法推荐专家评议会，博物馆与社会文物处处长杨新平主持会议，省文化厅副巡视员、文物局副局长陈官忠出席。

25日　省文物局文物保护与考古处组织有关专家讨论《浙江省省级以上文物保护单位保护范围与建设控制地带图集》编写方案。副局长吴志强、文物保护与考古处处长郑建华等参加。

由海宁市政府和中国丝绸博物馆联合召开的海宁蚕桑丝织文化遗产生态园规划方案座谈会在海宁市举行。省文化厅巡视员鲍贤伦，副巡视员、省文物局副局长陈官忠，博物馆与社会文物处处长杨新平等参加。

26日　博物馆与社会文物处处长杨新平陪同国家文物局博物馆与社会文物司司长段勇一行考察宁海市长安镇大运河遗产长安闸等地。

28日　大运河保护与申遗宣传工作表彰会暨通讯员培训班在绍兴市举行。省文物局副局长吴志强出席并讲话。

29日　省文物局副局长吴志强查勘湖州邱城遗址，并与省文物考古研究所领导、专家商讨遗址保护事宜。文物保护与考古处处长郑建华等参加。

30日至6月1日　文物保护与考古处组织专家赴衢州市，对衢江区吴氏宗祠、常山县里择祠、江山市大陈汪氏宗祠、峡口大公殿、杨氏宗祠等省级文物保护单位保护维修工程进行竣工验收。文物保护与考古处处长郑建华等参加。

31日　省文化厅巡视员鲍贤伦出席《浙江馆藏文物大典》编委会会议并讲话。副巡视员、省文物局副局长陈官忠主持会议。

六 月

1 日　省文化厅厅长杨建新会见了采访省文物考古研究所创先争优事迹的中央有关媒体记者。省文物局副局长吴志强参加。

4 日　省文化厅巡视员鲍贤伦列席省政府第94次常务会议。

5 日　省文化厅副巡视员陶月彪出席2012年浙江省“文化遗产日”活动新闻发布会。

处州府城墙行春门保护方案论证会在丽水市召开。省文物局副局长吴志强出席会议并讲话。文物保护与考古处处长郑建华主持会议。

6 日　省文化厅巡视员鲍贤伦出席浙江原始瓷考古研究中心挂牌仪式。

6 日至 8 日　国家文物局委派江南水乡古镇申报《中国世界文化遗产预备名单》考察专家，对湖州南浔、德清新市古镇进行现场考察评估，并召开了交流会。省文物局副局长吴志强等陪同考察交流活动。

国家文物局委派闽浙木拱廊桥申报《中国世界文化遗产预备名单》考察专家组，对庆元县、景宁县、泰顺县的木拱廊桥申遗点进行了现场考察评估，并召开交流会。文物保护与考古处处长郑建华等陪同考察交流活动。

7 日　由跨湖桥遗址博物馆和浙江省博物馆联合举办的“东土佛光——浙藏中国古代青铜佛像珍品展”在跨湖桥遗址博物馆开幕。省文化厅副巡视员、文物局副局长陈官忠、博物馆与社会文物处处长杨新平等出席开幕式。

8 日　由浙江省博物馆与长兴县博物馆联合举办的“紫玉金砂——浙江长兴紫砂茗壶特展”在浙江省博物馆开幕。省文化厅副巡视员、省文物局副局长陈官忠、博物馆与社会文物处处长杨新平等出席开幕式。

9 日　浙江省文化遗产日主场城市活动在湖州市举行。省文化厅巡视员鲍贤伦，副巡视员陶月彪，副巡视员、省文物局副局长陈官忠，副局长吴志强、综合处处长钱剑力、文物安全处处长沈坤荣等参加。

杭州博物馆开馆仪式举行。省文化厅副巡视员、省文物局副局长陈官忠，博物馆与社会文物处处长杨新平处长等参加。

省级文物保护单位夏鼐故居开放仪式在温州市举行。文物保护与考古处处长郑建华等参加。

10 日　“碧水蓝天、绿野仙居——仙居县生态建设成果展”在浙江自然博物馆开幕。博物馆与社会文物处处长杨新平等参加。

11 日　省文物局机关支部召开党员大会，评选推荐创先争优优秀共产党员对象。支部书记、省文化厅副巡视员、省文物局副局长陈官忠主持会议，省文化厅巡视员鲍贤伦、副巡视员陶月彪、副局长吴志强、综合处处长钱剑力、文物安全处处长沈坤荣、综合处副处长李俏、博物馆与社会文物处副处长金萍及全体党员参加。

11 日至 15 日　省住房和城乡建设厅、省文物局陪同省人大教科文卫委员会赴温州市瑞安、苍南、泰顺等地，就《浙江省历史文化名城名镇名村保护条例（草案）》进行立法调研。文物保护与考古处处长郑建华等参加。

12日　省文化厅巡视员、省书协主席鲍贤伦参加陈振濂书法展开幕式活动。

省文化厅副巡视员陈官忠接待中国财税博物馆馆长来访。

13日　博物馆与社会文物处处长杨新平参加嘉兴南湖革命纪念馆发展十年规划论证会。

14日　省文化厅副巡视员陶月彪接待来访的庆元县政府有关领导。

15日　省文物局副局长吴志强出席由江南水乡博物馆（余杭区博物馆）举办的“考古余杭系列展——新石器时代”开幕式活动，博物馆与社会文物处处长杨新平等参加。

16日至18日　国家文物局委派明清古城墙申报《中国世界文化遗产预备名单》考察专家对台州府城墙进行现场考察评估，并召开交流会议。省文物局副局长吴志强等陪同考察交流活动。

16日　负责大运河申遗文本编制的中国文化遗产研究院专家赴杭州市考察桥西历史街区、凤山水城门等遗产点。文物保护与考古处处长郑建华等陪同。

18日　省文化厅副巡视员、省文物局副局长陈官忠出席杭州土火斋古陶瓷博物馆开馆仪式。

省文物局副局长吴志强赴台州市椒江区，考察省级文物保护单位戚继光祠维修与保护工作情况。

文物安全处处长沈坤荣、博物馆与社会文物处处长杨新平赴嘉兴，调查了解有关嘉兴市博物馆借用瑞安博物馆藏三级文物沈增植书法扇面丢失情况，并与嘉兴市文广新局、嘉兴市博物馆领导进行座谈。

19日　省文化厅副巡视员、省文物局局长陈官忠召集博物馆与社会文物处商议2012年度博物馆展陈经费等事项。处长杨新平、副处长金萍等参加。

省文化厅巡视员鲍贤伦出席文物保护科技创新联盟理事会会议。副巡视员、省文物局局长陈官忠、博物馆与社会文物处副处长金萍等参加会议。

19日至20日　省政府在宁波市召开全省城市地下空间开发利用工作现场会。省文物局副局长吴志强参加。

20日　省文化厅副巡视员陶月彪听取文物安全处工作汇报。文物安全处处长沈坤荣等参加。

省文化厅副巡视员、省文物局副局长陈官忠出席省文保科技项目初审会并讲话。会议由博物馆与社会文物处副处长金萍主持，处长杨新平等参加。

20日至21日　文物保护与考古处组织专家就各地申请省级文物保护专项经费，省宗祠建筑保护专项资金补助项目的必要性和具体安排等事宜进行讨论。省文物局副局长吴志强、文物保护与考古处处长郑建华、副处长李新芳等参加。

21日　省文物局召集中国丝绸博物馆、宁波市文物考古所、余姚市文广新局负责人，商议余姚南宋史嵩之墓出土丝织品保护工作。副局长吴志强、博物馆与社会文物处副处长金萍等参加。

21日　省文物局组织省文物考古研究所主要领导和有关专家，对2012年度文物保护工程资质申报材料进行审议。文物保护与考古处处长郑建华、副处长李新芳等参加。

博物馆与社会文物处处长、省博物馆学会秘书长杨新平出席浙江省博物馆学会会长（扩大）会议。

23日　浙江宁波象山小白礁Ⅰ号水下考古暨央视直播活动新闻发布会在象山县召开。省文物局副局长吴志强出席新闻发布会，并赴渔山岛水下考古现场考察发掘活动，看望了水下考古队员。

25日　省文化厅巡视员鲍贤伦、省文物局副局长吴志强听取了文物保护与考古处处长郑建华、副处长李新芳关于大运河申遗工作汇报。

省文化厅副巡视员、省文物局副局长陈官忠出席全省馆藏文物保管业务培训班开班仪式并讲话，博物馆与社会文物处处长杨新平主持，副处长金萍等参加。

省文化厅副巡视员、省文物局副局长陈官忠出席纺织品保护新疆班培训结业典礼活动。

26日　省文化厅副巡视员陶月彪与文物安全处研究打击盗墓问题。

省文化厅副巡视员、省文物局副局长陈官忠出席安吉昌硕文化中心建筑设计方案专家论证会并讲话。博物馆与社会文物处处长杨新平主持会议。

省人大教科文卫委员会赴余姚考察文物保护工作。省文物局副局长吴志强陪同。

27日　中共浙江省委宣传部副部长龚吟怡一行在温州市有关领导陪同下，赴温州博物馆考察。

省人大教科文卫委员会组织相关部门和专家召开《浙江省历史文化名城名镇名村保护条例（草案）》征求意见座谈会。文物保护与考古处处长郑建华等参加。

28日　省文化厅副巡视员陶月彪赴嘉兴，参加2012中国蚕桑丝织民俗文化论坛开幕式和“龙行浙江——浙江出土化石”特展（嘉兴）开幕式等活动。

29日　浙江省政协副主席盛昌黎、陈艳华等领导出席在浙江自然博物馆举行的生态浙江摄影作品展开幕仪式并参观展览。

省文物局组织专家赴上虞市，对虞余运河、萧曹运河保护工作进行现场考察，就虞余运河保护整治与上虞市政府、市文广新局进行沟通，并召开《萧曹运河申遗点段保护修缮设计方案》审查会议。副局长吴志强、文物保护与考古处处长郑建华等参加。

省文化厅副巡视员、省文物局副局长陈官忠与新疆文物局举行可移动文物保护工作交流座谈会。省文化厅巡视员鲍贤伦接待新疆文物局领导一行。

30日　省文化厅巡视员鲍贤伦出席浙江生态日纪念雕塑揭幕仪式。

七　月

2日　省文化厅巡视员鲍贤伦出席杭州西湖世界遗产揭幕仪式。

省文化厅副巡视员、省文物局副局长陈官忠赴浙江省博物馆检查“惠世天工”展览布展情况。博物馆与社会文物处副处长金萍陪同。

文物保护与考古处组织论证全国重点文物保护单位西泠印社保护规划。处长郑建华、副处长李新芳参加。

2日至3日　博物馆与社会文物处处长杨新平赴新昌县、嵊州市调研博物馆建设等工作。

3日　省文化厅副巡视员陶月彪赴丽水调研文物安全工作。

省文化厅副巡视员、文物局副局长陈官忠接待来访的宁波博物馆领导，听取有关情况汇报。

4日　省文化厅巡视员鲍贤伦接待来访的温岭市文广新局领导。

博物馆与社会文物处处长杨新平陪同国家机械工业部（工信部）原副部长沈烈初一行参观浙江省博物馆武林馆区。

5日　省文化厅巡视员鲍贤伦出席“惠世天工——中国古代发明创造文物展”开幕式。副巡视员、省文物局副局长陈官忠、博物馆与社会文物处副处长金萍等参加。

省级历史文化名村温州瓯海水碓坑、黄坑保护规划部门联席审查会，平阳历史文化名城保护规划及其坡南街历史文化街区整治方案咨询会在杭召开。文物保护与考古处处长郑建华等参加。

6日　省文物局副局长吴志强、文物保护与考古处处长郑建华、副处长李新芳听取了湖州市文广新局及南浔区有关部门关于南浔文物保护事项的汇报。

7日　舟山白节山海域水下文物重点调查项目协商会在舟山市召开。省文物局副局长吴志强副主持会议。

10日　在京召开的全国文物工作会议上，我省嘉兴市文物局、余姚市河姆渡遗址博物馆被授予“全国文物系统先进集体”荣誉称号。

省历史文化村落保护利用工作协调小组第一次会议在杭召开。省文物局副局长吴志强参加。

10日至11日　温州市辖区海域内文化遗产联合执法业务培训会暨温州首次辖区海域内文化遗产联合执法巡查举行。

磐安茶文化博物馆展陈设计方案初评会在磐安县举行，浙江省博物馆学会、中国丝绸博物馆、中国茶叶博物馆和金华市博物馆、磐安县文广新局、县文物办的专家、领导参加了会议。博物馆与社会文物处处长杨新平主持会议。

11日　跨湖桥遗址保护工程屋面改造方案研讨会在萧山召开。省文物局副局长吴志强出席。

宁波“小白礁Ⅰ号”沉船遗址2012年度水下考古发掘结束。

11日至12日　浙江省文物局在杭举办2012年度全省文博系统安防知识更新培训班。文物安全处处长沈坤荣主持。

12日至13日　省住房和城乡建设厅会同省文物局组织专家考察省级历史文化名村龙泉市上田村，并就上田村历史文化名村保护规划进行评审。文物保护与考古处处长郑建华参加。

13日　中国丝绸博物馆与海宁市举办的“蚕月条桑：江南水乡蚕桑丝织主题摄影展”在中国丝绸博物馆开幕，博物馆与社会文物处处长杨新平参加开幕式并致词。

浙江自然博物馆藏品征集专家会在浙江自然博物馆召开，博物馆与社会文物处副处长金萍参加。

17日　省文化厅巡视员鲍贤伦主持召开局务会议，学习贯彻全国文物局长会议精神，布置浙江援藏工作任务。副巡视员陶月彪，副巡视员、文物局副局长陈官忠，副局长吴志强，综合处处长钱剑力、副处长李俏，文物安全处处长沈坤荣，文物保护与考古处处长郑建华、副处长李新芳，博物馆与社会文物处处长杨新平、副处长金萍等参加。

省文化厅巡视员鲍贤伦接待来访的丽水市文广新局有关领导一行。

18日　文物保护与考古处处长郑建华和杭州市大运河申遗办领导就大运河杭州段申遗事宜进行沟通。

23日　杭州西湖申遗工作先进评选表彰工作领导小组会议在杭州召开。省文化厅巡视员鲍贤伦主持会议，省文物局副局长吴志强汇报推荐评选工作情况。副巡视员、省文物局副局长陈官忠，综合处、文物保护与考古处等有关处室负责人参加。

23日至24日　作为办理国家文物局执法案件转办单位，省文物局组成由文物安全处、文物保护与考古处和省文物监察总队相关人员参加的调查组，对宁波市历史文化街区保护整治工作中文物保护单位被用作商业设施的情况进行专项调查。文物安全处处长沈坤荣、省文物监察总队队长吕可平参加调查。

25日　省十一届人大常委会第三十四次会议第二次全体会议听取关于《浙江省历史文化名城名镇名村条例（草案）》的说明。省文化厅巡视员鲍贤伦列席会议。

省文化厅副巡视员、省文物局副局长陈官忠、文物安全处处长沈坤荣专程赴临海，参加临海市博物馆新馆建筑方案评审会。

26日　文物保护与考古处处长郑建华与丽水市莲都区文广新局、交通局人员就全国重点文物保护单位通济堰保护范围和建设控制地带内拟修建公路事宜交换意见。文物保护与考古处派人参加。

省文化厅副巡视员陶月彪赴余杭区，调研文化遗产宣传普及工程试点情况。综合处处长钱剑力参加。

省十一届人大常委会第三十四次会议第二次全体会议分组审议《浙江省历史文化名城名镇名村条例（草案）》。省文化厅巡视员鲍贤伦列席会议，文物保护与考古处处长郑建华等参加。

为研究落实郑继伟副省长批示精神，商议部署打击盗掘、盗挖田野文物专项行动相关事项，文物安全处召集省公安厅、省国土资源厅、省环境保护厅、省住房和城乡建设厅、省工商行政管理局、杭州海关等安全工作联席会议联络员召开文物安全工作联席会议。文物安全处处长沈坤荣参加。

27日　综合处处长钱剑力参加全省网络与信息安全检查会议。

省文物局文物保护与考古处组织专家，就全国重点文物保护单位海宁盐官海塘与海神庙之海神庙保护规划进行论证，并对省级文物保护单位陈阁老宅建设控制地带内建设工程方案进行讨论。文物保护与考古处处长郑建华主持会议，文物保护与考古处派人参加。

省文化厅副巡视员陶月彪出席百位将军颂总理书法展开幕仪式。

29日　北京大学第五届全国中学生考古夏令营（浙江线）开营仪式在良渚博物院举行。

省文物局副局长吴志强出席。

30 日　省文物局副局长吴志强、文物保护与考古处处长郑建华赴京，向国家文物局领导汇报大运河（浙江段）保护申遗工作情况。

八　月

1 日　省人大常委会法工委召集省住房和城乡建设厅、省文物局就人大委员对《浙江省历史文化名城名镇名村保护条例（草案）》的修改建议进行讨论。文物保护与考古处处长郑建华等参加。

仙居高迁历史文化名村保护规划省级部门联席审查会在杭召开。文物保护与考古处处长郑建华等参加。

2 日　"清幽湿地 圣洁仙子——中国荷花展"在杭州湿地博物馆开幕，博物馆与社会文物处处长杨新平参加开幕式。

省文化厅副巡视员、省文物局副局长陈官忠、博物馆与社会文物处处长杨新平、副处长金萍和宁波市文广新局、宁波博物馆、天一阁博物馆领导座谈宁波申报国家一级博物馆工作。

3 日　省文物安全技术防范工程审核组会同杭州市公安局对杭州西泠印社文物库房安防工程进行验收。文物安全处处长沈坤荣参加。

6 日　浙江省副省长郑继伟、省政府副秘书长马林云听取了西湖申遗工作表彰情况汇报。省文化厅巡视员鲍贤伦参加。

省政府在杭组织召开首次项目联合会审省级部门筹备协调会。文物保护与考古处处长郑建华参加。

7 日　省博物馆评估委员会召开国家一级博物馆省级评估会议，省文化厅副巡视员、省文物局副局长陈官忠、博物馆与社会文物处处长杨新平、副处长金萍、文物安全处处长沈坤荣参加。

7 日至 8 日　省人大常委会法制工作委员会会同省住房和城乡建设厅、省文物局赴余杭区、海宁市，就《浙江省历史文化名城名镇名村保护条例（草案）》进行立法调研。文物保护与考古处处长郑建华等参加。

9 日至 11 日　中国文化遗产研究院领导和专家实地考察了杭州西兴塘、海宁长安闸、湖州南浔古镇和頔塘故道等处，参加了大运河西兴保护与展示设计方案、大运河（海宁段）长安闸保护与展示设计方案、大运河（南浔区）保护与展示设计方案专家论证会。文物保护与考古处处长郑建华等陪同考察并参加会议。

10 日　省文化厅副巡视员、省文物局副局长陈官忠赴丽水，出席丽水市博物馆新馆陈列方案专家论证会。博物馆与社会文物处处长杨新平、文物安全处处长沈坤荣参加。

13 日　金华市政府组织金华市博物馆展陈考察组一行考察浙江省博物馆，并与浙江省博物馆、浙江省文物局进行座谈。博物馆与社会文物处处长杨新平参加座谈会。

省文化厅巡视员鲍贤伦主持召开局务会议，研究讨论《2012 年度省级文物保护与征集专项资金安排》、《2012年度全省免费开放博物馆陈列展览经费补助安排》、《2012年度浙江省宗祠建筑保护专项资金安排》等三项建议方案。副巡视员陶月彪、副巡视员、省文物局副局长陈官忠、副局长吴志强、综合处处长钱剑力、副处长李俏、文物安全处处长沈坤荣、文物保护与考古处处长郑建华、副处长李新芳、博物馆与社会文物处处长杨新平、副处长金萍等参加。

14日 文物保护与考古处召开处室碰头会，讨论、安排2013年经费预算编制和近期重要工作事项。处长郑建华、副处长李新芳等参加。

省人大常委会法制工作委员会召集省住房和城乡建设厅、省文物局修改《浙江省历史文化名城名镇名村保护条例（草案）》。文物保护与考古处处长郑建华等参加。

16日 宁波北仑港口博物馆陈列文本论证会在宁波北仑区召开。省文化厅副巡视员、省文物局副局长陈官忠、博物馆与社会文物处处长杨新平等参加。

文物保护与考古处处长郑建华等听取了杭州市滨江区建设局领导关于大运河申遗事宜的汇报。

17日 省文化厅副巡视员陶月彪参加全省社会管理综合治理工作会议。

余杭茅山独木舟测量与前期保护工程设计方案评审会在临平召开。省文物局副局长吴志强出席会议，博物馆与社会文物处副处长金萍参加。

香港历史博物馆一行赴杭州考察，博物馆与社会文物处处长杨新平等陪同。

26日 国际古迹遗址理事会副主席郭旃考察大运河申遗点段嘉兴长虹桥整治工作。省文物局副局长吴志强陪同。

26日至27日 博物馆与社会文物处处长杨新平参加中国规划学会历史文化名城专业学术委员会2012年会。

28日 国家文物局在上海召开“国有博物馆对口帮扶民办博物馆试点总结暨经验推广会”，博物馆与社会文物处处长杨新平等参加。

30日 全省文物局长座谈会在千岛湖召开，省文化厅巡视员鲍贤伦、副巡视员陶月彪、副巡视员、省文物局副局长陈官忠、副局长吴志强、综合处处长钱剑力、副处长李俏、文物安全处处长沈坤荣、文物保护与考古处处长郑建华、博物馆与社会文物处处长杨新平、副处长金萍及各设区市文物（文化）局长、省直单位主要领导等参加。

31日 国家文物局在京召开大运河保护和申遗工作协调会。文物保护与考古处处长郑建华等参加。

九 月

3日 博物馆与社会文物处处长杨新平和绍兴县文广新局、县文化发展中心、县博物馆领导商议将在绍兴县召开的“新时期博物馆展陈与教育学术论坛”有关事宜。

省文化厅巡视员鲍贤伦接待新昌县领导。

4日 省文化厅巡视员鲍贤伦出席程泰宁建筑作品展开幕式。

省文物局在杭组织召开大运河（浙江段）保护和申遗工作协调会。副局长吴志强出席会议并讲话，文物保护与考古处处长郑建华主持会议。

5日　中共浙江省委常委、副省长、宣传部部长葛慧君一行在台州、温岭相关负责人陪同下，考察温岭王伯敏艺术史学馆。

全省文物执法培训班在杭召开。文物安全处处长沈坤荣、博物馆与社会文物处处长杨新平到会并授课。

5日至6日　由浙江省文物局主办，省文物监察总队承办，义乌市文广新局协办的全省文物（管辖海域文化遗产）执法人员业务培训在义乌市举行。

6日　省文化厅巡视员鲍贤伦、博物馆与社会文物处处长杨新平和安吉县文广新局商谈安吉生态博物馆开馆活动安排及研讨会事宜。

7日　浙江省副省长朱从玖在当地领导陪同下，赴畲族博物馆参观考察。

省文化厅巡视员鲍贤伦出席省政协书画精品展开幕式。

省文物局邀请国家青铜器文物鉴定专家郝本性、高至喜、陈佩芬等五人来杭进行涉案青铜器鉴定。省文化厅副巡视员、省文物局副局长陈官忠主持会议，博物馆与社会文物处处长杨新平、副处长金萍等参加。

省文化厅巡视员鲍贤伦出席“朱痕积萃”展开幕式。

省人大法制委员会组织召开《浙江省历史文化名城名镇名村保护条例（草案修改稿）》省级有关部门座谈会。文物保护与考古处处长郑建华等参加。

博物馆与社会文物处处长杨新平参加省委宣传部召开的省级爱国主义教育基地创建（复评）检查验收暨先进典型宣传工作研讨会。

8日　省人大法制委员会组织召开《浙江省历史文化名城名镇名村保护条例（草案修改稿）》专家论证会。文物保护与考古处处长郑建华参加。

上海市文物局文物进出境鉴定审核管理处（文物处）谭玉峰处长一行来杭，为浙江省博物馆赴韩国文物展进行出关验审。博物馆与社会文物处处长杨新平等陪同。

9日　全国政协原副主席、中国工程院院士、中国工程院原院长徐匡迪一行在宁波市领导陪同下，考察宁波市保国寺古建筑博物馆。

国家文物局在湖南省长沙市召开全国田野文物安全现场会，浙江省等6个省（市、区）应邀参加。省文化厅副巡视员陶月彪、文物安全处处长沈坤荣出席。

10日　省文化厅巡视员鲍贤伦与武义县领导商谈文物工作。

省文化厅副巡视员、省文物局副局长陈官忠出席中国丝绸博物馆基本陈列改陈方案讨论会。

省人大常委会法制工作委员会召集省住房和城乡建设厅、省文物局修改《浙江省历史文化名城名镇名村保护条例（草案修改稿）》。文物保护与考古处处长郑建华参加。

11日　2012年《浙江文物》编审会在杭召开，省文化厅副巡视员陶月彪出席会议并讲话，综合处处长钱剑力参加。

12日　省文化厅巡视员鲍贤伦主持召开《浙江通志文化遗产卷》编纂会议，研究讨论编目大纲和工作方案。副巡视员陶月彪、副巡视员、文物局副局长陈官忠、综合处处长钱剑力等参加。

省文化厅副巡视员、省文物局副局长陈官忠组织召开涉案文物鉴定工作会议。

12日至13日，中国世界文化遗产（庐山）保护利用和博物馆建设座谈会在江西举行。省文物局副局长吴志强参加。

13日　省文化厅副巡视员、省文物局副局长陈官忠出席浙江省博物馆中长期发展规划论证会。

2012年度浙江省文物保护培训班在杭开班。文物保护与考古处处长郑建华在开班仪式上讲话，并讲授开班第一课。

为取得省财政支持，有序推进文物平安工程，文物安全处处长沈坤荣、综合处副处长李俏专程赴省财政厅，向相关处室进行专题汇报。

14日　省文化厅巡视员鲍贤伦出席中国丝绸博物馆“沙鸣花开”展览开幕式活动。

省文物安全技术防范工程审核组根据海盐县文化广电新闻出版局申请，组织省、市、县三级公安、文物（文化）对海盐县博物馆新馆安防工程进行验收。文物安全处处长沈坤荣参加。

14日至15日　坡南街省级历史文化街区保护规划及顺溪镇、腾蛟镇省级历史文化名镇保护规划方案专家论证会在平阳县召开。文物保护与考古处处长郑建华等参加。

19日　省文化厅副巡视员陶月彪赴奉化，出席中国奉化雪窦山弥勒文化节活动。

省文物局组织专家赴宁波市，就天一阁广场建设工程、省级文物保护单位灵桥修缮工程、轻轨交通涉及市保单位城隍庙保护等事宜进行现场踏勘，并与宁波市相关部门座谈，研究提出处理意见。文物保护与考古处处长郑建华等参加。

19日至20日　“中国柯桥·新时期博物馆展陈与教育学术论坛”在绍兴县柯桥举行。省文化厅副巡视员、省文物局副局长陈官忠参加。

20日　省文物局组织专家赴余姚市梁弄镇，对浙东抗日革命根据地旧址进行现场踏勘，并召开《全国重点文物保护单位浙东抗日根据地旧址（浙东银行旧址与新浙东日报旧址区块）环境整治方案》审查会议。文物保护与考古处处长郑建华等参加。

20日至23日　省文化厅副巡视员、省文物局副局长陈官忠陪同国家文物局一级博物馆评估考核组对浙江自然博物馆、宁波博物馆、温州博物馆进行复核。

21日　省文化厅巡视员鲍贤伦出席嘉兴博物馆“回望南湖”展开幕式。

浙江省副省长郑继伟一行考察杭州大运河保护与申遗工作。省政府副秘书长马林云，省文化厅巡视员鲍贤伦，省文物局副局长吴志强，省政府办公厅教卫处处长吕伟强，省文物局文物保护与考古处处长郑建华，杭州市运河综合保护委员会主任李包相，拱墅区副区长虞文娟，杭州市运河综合保护委员会副主任高小辉等陪同考察。现场考察后，有关人员还召开大运河浙江段保护工作汇报会。省文化厅巡视员鲍贤伦汇报了我省大运河申遗工作进展和下一阶段工作计划。郑继伟副省长就大运河浙江段保护和申遗工作做出指示。

22日　中国历史文化名街保护同盟成立大会在杭召开。省文化厅巡视员鲍贤伦出席，省文物局副局长吴志强参加。

24日，省文化厅巡视员鲍贤伦听取良渚遗址管委会领导关于良渚遗址申遗工作的汇报。省文物局副局长吴志强参加。

省文化厅巡视员鲍贤伦主持召开《浙江通志·文化遗产卷（文物分卷）》编委会第一次全体会议并讲话。会议讨论了篇目大纲及编辑部工作方案。副巡视员陶月彪，副巡视员、省文物局副局长陈官忠，综合处处长钱剑力、博物馆与社会文物处处长杨新平等参加。

25日　省文化厅巡视员鲍贤伦列席省人大常委会第35次会议。

文物保护与考古处处长郑建华和丽水市文广新局负责人就之江监狱地块建设项目事宜进行商谈。

省文物局副局长吴志强、文物保护与考古处处长郑建华、副处长李新芳与东阳市文广新局、卢宅管委会负责人及省古建筑设计研究院有关专家，就全国重点文物保护单位卢宅保护范围和建设控制地带环境整治项目事宜进行商谈。

25日至27日　省文化厅副巡视员、省文物局副局长陈官忠赴永康参加五金博览会活动。

26日　省十一届人大常委会第三十五次会议第一次全体会议分组审议《浙江省历史文化名城名镇名村条例（草案）》。省文化厅巡视员鲍贤伦列席，文物保护与考古处处长郑建华等参加。

省文化厅副巡视员陶月彪出席永嘉文化旅游节活动。

省文物局副局长吴志强出席2012年度浙江省文物保护培训班结业典礼。

省直部门机构编制管理工作会议在杭召开，综合处处长钱剑力参加。

根据衢州市文化广电新闻出版局申请，省文物安全技术防范工程审核组会同衢州市公安局等部门对衢州市博物馆安防系统更新改造工程进行验收。文物安全处处长沈坤荣参加。

良渚博物院举办的“紫砂故事——无锡博物院藏紫砂艺术展”开幕，博物馆与社会文物处处长杨新平出席开幕式并致词。

26日至27日　省住房和城乡建设厅规划处会同省文物局文物处就丽水市申报省级历史文化名城开展实地考察和专家咨询。文物保护与考古处处长郑建华参加。

27日　中共浙江省委常委、副省长、宣传部部长葛慧君一行在温州市相关负责人陪同下考察温州博物馆。

省文化厅副巡视员陶月彪列席省政协十届二十六次常委会议。

省文物局召开省直文博单位办公室工作交流会。综合处处长钱剑力、副处长李俏参加。

27日至28日　国家文物局文保司副司长陆琼应邀出席杭州市大运河文化节有关活动。省文物局副局长吴志强、文物保护与考古处处长郑建华陪同。

28日　省文化厅巡视员鲍贤伦出席浙江美术馆“兰亭书社双年展”活动，还列席了省人大常委会第三十五次会议。

省文化厅副巡视员、省文物局副局长陈官忠赴海盐，出席海盐县博物馆新馆开馆活动，博物馆与社会文物处处长杨新平参加。

“壬辰年杭州祭孔典礼”在孔庙举行，省文物局副局长吴志强参加。

省级文物保护单位杭州灵隐寺两石塔两经幢现状调查与测绘项目成果验收会在杭召开，文物保护与考古处副处长李新芳参加。

“龙行浙江”展在宁波博物馆开幕，博物馆与社会文物处处长杨新平出席开幕式活动。

29日　省文化厅副巡视员、省文物局副局长陈官忠出席中国丝绸博物馆“海宁蚕桑丝织文化园”项目方案讨论会。

绍兴鉴湖风景名胜区总体规划（修编）部门联席审查会议在杭召开，文物保护与考古处处长郑建华参加。

“紫玉金砂”展在萧山博物馆开幕，博物馆与社会文物处处长杨新平出席开幕式活动。

十月

2日　全国人民代表大会常务委员会副委员长韩启德在杭州市等相关领导陪同下，赴良渚博物院参观考察。

9日　省文物局在临安召开全国重点文物保护单位吴越国王陵、功臣塔保护规划专家评审会。副局长吴志强参加。

省文化厅巡视员鲍贤伦参加上海美术馆陈燮君油画展开幕式活动。

9日至12日　省文物局组织专家对常山徐氏旧宅等一批省级以上文物保护单位保护工程方案进行集中审查。文物保护与考古处处长郑建华等参加。

10日　省文化厅巡视员鲍贤伦赴安吉检查安吉生态博物馆开馆准备工作。

10日至14日　省文物局局机关组织赴福建考察世界文化遗产保护。省文化厅副巡视员陶月彪，副巡视员、省文物局副局长陈官忠，副局长吴志强，综合处处长钱剑力、文物安全处处长沈坤荣、博物馆与社会文物处处长杨新平、综合处副处长李俏等参加。

12日　省文化厅巡视员鲍贤伦赴宁波出席宁波博物馆展览开幕式活动。

萧山跨湖桥独木舟出土十周年纪念大会在杭州举行。文物保护与考古处处长郑建华参加。

13日至14日　中共浙江省委宣传部常务副部长胡坚等检查磐安县榉溪孔氏家庙等文物保护单位。文物保护与考古处处长郑建华陪同。

15日　省文化厅巡视员鲍贤伦出席跨湖桥遗址博物馆展览开幕式，并听取了龙泉市委宣传部、市文广新局领导关于龙泉申报国家历史文化名城工作的汇报。副局长吴志强、文物保护与考古处处长郑建华参加。

省文化厅副巡视员、省文物局副局长陈官忠赴宁波，出席全国民办博物馆馆长培训班开班仪式。

17日　省文化厅巡视员鲍贤伦出席浙江美术馆百代风范中国现代绘画艺术典藏大展开幕式。

省文化厅副巡视员陶月彪召集研究讨论《浙江通志》文化遗产卷文物分卷经费落实问题，综合处处长钱剑力、副处长李俏等参加。

省文化厅巡视员鲍贤伦与故宫博物院领导洽谈《元画全集》编撰事宜。

省文物局副局长吴志强召集文物保护与考古处、省文物考古研究所领导和有关专家，商议省级文物保护单位邱城遗址保护事宜。文物保护与考古处处长郑建华等参加。

博物馆与社会文物处处长杨新平与磐安县文广新局、文物办、中国茶叶博物馆有关领导共同商议帮助、支持磐安县建设茶文化博物馆事宜。

18日　由省文物考古研究所主办的钱塘江流域早期新石器时代文化学术研讨会在萧山举办。省文物局副局长吴志强参加。

18日至19日　省文物局组织专家对绍兴会稽山古香榧林申报省级文物保护单位进行现场考察论证。文物保护与考古处处长郑建华等参加。

博物馆与社会文物处处长杨新平参加国家文物局举办的社会文物管理工作座谈会。

20日至21日　国家文物局副局长宋新潮出席全国民办博物馆馆长培训班结业仪式，并考察宁波文博工作。省文化厅副巡视员、省文物局副局长陈官忠陪同，副巡视员陶月彪、博物馆与社会文物处处长杨新平等参加了闭幕式。

23日　省文化厅巡视员鲍贤伦赴安吉出席诸乐三艺术馆开馆仪式，并接待了来访的丽水市文广新局领导。

省文物局召集湖州市文物、水利等部门，商议苕溪清水入湖河道整治工程沿线文物保护单位（点）实施保护工作事宜。副局长吴志强、文物保护与考古处处长郑建华参加。

24日　省文化厅巡视员鲍贤伦、文物保护与考古处处长郑建华赴湖州市，调研湖州申报国家历史文化名城工作并进行座谈。

文物保护与考古处处长郑建华等听取杭州市滨江区建设局人员关于大运河申遗事宜的汇报。

25日至28日　2012良渚论坛·世界文化景观国际峰会暨国际文化景观科学委员会年会在杭州市召开。省文化厅巡视员鲍贤伦出席。省文物局副局长吴志强、文物保护与考古处处长郑建华参加。

26日　省文物局副局长吴志强赴绍兴考察天章寺遗址考古发掘工地。

27日　省文化厅巡视员鲍贤伦，副巡视员、省文物局副局长陈官忠出席浙江省博物馆举办的曹其镛先生漆器文物捐赠仪式。

“宋金瓷话——五窑址博物馆瓷器联展”在杭州南宋官窑博物馆开幕。省文化厅副巡视员、省文物局副局长陈官忠，博物馆与社会文物处处长杨新平应邀参加开幕式活动。

2012良渚论坛·良渚遗址展示工作咨询会在杭州召开。省文物局副局长吴志强参加。

28日　全国重点文物保护单位临安城遗址保护总体规划修改完善座谈会在杭州召开。省文物局副局长吴志强参加。

29日　省文化厅巡视员鲍贤伦，副巡视员、省文物局副局长陈官忠等出席中国·安吉生态博物馆开馆仪式，并参加安吉生态博物馆暨全国生态博物馆建设论坛活动。

30日　省文物局副局长吴志强赴临安，参加钱王家庙展陈方案征求意见会。

31日　省文化厅巡视员鲍贤伦出席浙江省历届县书协主席书法展开幕式。

十一月

1日　省文化厅巡视员鲍贤伦出席第二届浙江省县书协工作经验交流会。

1日至2日　省文物局组织召开全省考古工作会议。副局长吴志强出席会议并讲话。文物保护与考古处处长郑建华等参加。

5日　秦汉土墩墓国际学术研讨会在安吉开幕，省文物局副局长吴志强参加。

省文化厅厅长办公会议就安吉县政府提出将浙江自然博物馆迁址安吉问题进行专题研究，博物馆与社会文物处处长杨新平等列席会议。

省文化厅巡视员鲍贤伦出席浙江大学博物馆开工典礼，并与副巡视员、省文物局副局长陈官忠出席纺织品文物保护国家文物局重点科研基地主任招聘会。

6日　省文化厅副巡视员、省文物局副局长陈官忠出席浙江省钱币学会第五届二次常务理事会。

省文物局副局长吴志强赴长兴检查全国重点文物保护单位苏浙军区司令部旧址维修工程。

芝英省级历史文化名镇保护规划专家会议在永康召开。文物保护与考古处处长郑建华参加。

博物馆与社会文物处处长杨新平应邀参加浙江大学建筑学系硕士研究生毕业论文答辩。

7日　浙江省副省长郑继伟考察安吉，省文化厅巡视员鲍贤伦陪同。

“起于累土——土台、土墩、土冢史迹展”开展仪式在长兴举行。省文物局副局长吴志强参加。

8日　浙江省副省长陈加元在市地相关领导陪同下，赴庆元廊桥博物馆考察。

8日至11日　中国博物馆协会博物馆学专业委员会2012年年会在杭举行。

9日　省文化厅副巡视员、省文物局副局长陈官忠出席全省非遗协会会长办公会议。

省文物局副局长吴志强在武义参加“徐渭礼文书国际学术研讨会”。

萧山跨湖桥独木舟恒温恒湿环境控制评审会在杭州召开。省文物局副局长吴志强参加。

12日至13日　省文化厅副巡视员、省文物局副局长陈官忠赴河南参加全国可移动文物普查实施方案研讨会。

13日　省文化厅巡视员鲍贤伦随省政协主席周国富赴绍兴兰亭调研。

省文化厅副巡视员陶月彪赴仙居出席仙居文化旅游节活动。

省文物局召集省文物考古研究所和海宁市重点办、文广新局负责人，商议海宁皇坟头遗址保护与建设事宜。副局长吴志强等参加。

14日　省文化厅巡视员鲍贤伦出席厅文博单位建设座谈会。

15日　国家文物局正式核定公布了第二批17家国家一级博物馆。我省的浙江自然博物馆、中国丝绸博物馆、宁波博物馆等三家博物馆榜上有名。

省文化厅副巡视员陶月彪，副巡视员、省文物局副局长陈官忠赴天台国清寺参加方丈升座庆典活动。

省文物局向全省公共图书馆赠送《浙江省第三次全国文物普查丛书》。副局长吴志强等参加仪式。

17日　省文物局副局长吴志强赴北京，参加国家文物局召开的全国世界文化遗产工作会议。

19日　省文化厅党组中心学习组召开扩大会议，传达中共十八大会议精神。厅巡视员鲍贤伦，副巡视员陶月彪，副巡视员、省文物局副局长陈官忠，副局长吴志强，综合处处长钱剑力，文物安全处处长沈坤荣，文物保护与考古处处长郑建华，博物馆与社会文物处杨新平等参加学习。

20日　省文化厅巡视员鲍贤伦参加省政府专题会议。

省文化厅副巡视员陶月彪参加国家文物局文化遗产日主场城市活动方案讨论会。

省文物局副局长吴志强在杭州市余杭区人大组织的学习会上做“文化遗产保护的浙江实践”讲座。

21日　省文化厅巡视员鲍贤伦参加全省领导干部会议。

21日至22日　中国古城墙保护与申遗学术论坛在临海市举行。省文物局副局长吴志强参加。

22日　省文化厅巡视员鲍贤伦出席浙沪豫女书家联展开幕式活动。

23日　省文化厅巡视员鲍贤伦，副巡视员陶月彪，副巡视员、省文物局副局长陈官忠，副局长吴志强，综合处处长钱剑力，副处长李俏文物安全处处长沈坤荣等参加厅党代会。

全国重点文物保护单位飞来峰造像二期保护工程方案专家论证会在杭召开。文物保护与考古处处长郑建华等参加。

文物保护与考古处处长郑建华等与龙泉市文广新局领导商议全国重点文物保护单位大窑龙泉窑遗址建设控制地带内村委会办公楼建设事宜。

省文化厅与省国土资源厅研究商议中国丝绸博物馆土地纠纷问题。省文化厅、省文物局、省国土资源厅、杭州市国土资源局、中国丝绸博物馆等单位与会。博物馆与社会文物处处长杨新平参加。

24日　中共中央政治局原委员、全国政协原副主席杨汝岱一行在温州市相关负责人陪同下，赴温州博物馆考察。

省文化厅巡视员鲍贤伦出席新昌县文化旅游节活动。

26日　省文化厅巡视员、文博系列中评委主任鲍贤伦主持召开2012年度文博系列中评会。省文物局副局长、文博系列职改办主任吴志强等参加。

省文化厅副巡视员、省文物局副局长陈官忠向省政府办会厅汇报启动全国第一次可移动文物普查准备工作事宜。博物馆与社会文物处处长杨新平、副处长金萍参加。

省文物局副局长吴志强、文物保护与考古处处长郑建华接待湖州市文物局、长兴县文广新局领导，就长兴县县级文物保护单位盛家桥迁移保护事宜进行商谈。

27日　省文物局召开全省中国世界文化遗产预备名单更新工作座谈会。副局长吴志强主持并讲话。文物保护与考古处处长郑建华等参加。

28日　省文化厅副巡视员、省文物局副局长陈官忠，博物馆与社会文物处处长杨新平赴余杭江南水乡博物馆，出席“丰子恺漫画作品展”开幕式。

省文物局组织对全国重点文物保护单位余姚河姆渡遗址现场展示设施修复工程进行竣工验收。副局长吴志强等参加。

省文化厅巡视员鲍贤伦、副巡视员陶月彪、文物保护与考古处处长郑建华等参加厅长办公会，讨论西湖申遗表彰工作会议方案。

29日　中共浙江省委常委、宣传部部长、副省长葛慧君在湖州市、安吉县相关负责人陪同下，赴安吉县重点考察了中国·安吉生态博物馆中心馆。

省文化厅副巡视员、省文物局副局长陈官忠与杭州市园文局会商“西湖文化遗产数字平台”重点项目推进工作，并接待了国家文物局来杭参加中国丝绸博物馆馆庆及重点基地挂牌活动的领导。

余杭茅山遗址提取的牛脚印、水稻田等遗迹科技保护项目结项验收会在杭召开。省文物局副局长吴志强等参加。

省文物局召集省文物考古研究所、余杭区开发区管委会和区文广新局等单位，就玉架山遗址保护相关事项进行商议。副局长吴志强等参加。

省文物局副局长吴志强、文物保护与考古处处长郑建华、综合处副处长李俏与文物保护与考古处全体人员讨论了2012年第二批省级文物保护专项经费安排方案。

文物安全处处长沈坤荣专程赴桐乡，与有关方面商议全国重点文物保护单位茅盾故居安防系统工程相关技术事宜，并与工程中标单位就文物系统安防工程技术要求和许可程序等事项进行了沟通和交流。

中国丝绸博物馆馆庆20周年系列活动“穿越——2012时尚回顾展”开幕式在中国丝绸博物馆举行，省文化厅副巡视员、省文物局副局长陈官忠，博物馆与社会文物处处长杨新平等参加。

30日　省文化厅巡视员鲍贤伦，副巡视员、省文物局副局长陈官忠出席了中国丝绸博物馆20周年馆庆活动。

绍兴兰亭书法博物馆奠基仪式在兰亭举行，省文物局博物馆与社会文物处处长杨新平应邀参加。

博物馆与社会文物处处长杨新平参加浙江省博物馆举办的“大雅久不作——寻觅朱家济先生”展及其座谈会。

十二月

4日　省文化厅副巡视员、省文物局副局长陈官忠赴长兴，调研新四军纪念馆铸币旧址陈列布展项目实施情况。

省文化厅副巡视员陶月彪带队赴省直文博单位，进行综合治理考核。综合处处长钱剑力、文物安全处处长沈坤荣等参加。

文物保护与考古处专题讨论《省级文物保护专项资金管理办法（征求意见稿）》。省文物局副局长吴志强、文物保护与考古处处长郑建华、综合处副处长李俏等参加。

5 日　省文化厅巡视员鲍贤伦，副巡视员陶月彪，副巡视员、省文物局副局长陈官忠参加中共浙江省委十三届二次会议。

省文化厅巡视员鲍贤伦出席宁波第二届“海上丝绸之路”文化节开幕式。

省文化厅副巡视员、省文物局副局长陈官忠出席全省国有博物馆对口帮扶民办博物馆试点工作会议。

文物保护与考古处组织专家讨论省级文物保护单位杭州通益公纱厂旧址维修方案及其一号、二号厂房展示、装修方案对文物建筑保护的影响。处长郑建华等参加。

6 日　省文化厅巡视员鲍贤伦出席浙江省第六届中青年书法展开幕式活动。

省文化厅厅机关总支与省文物局局机关支部组织召开十八大精神学习辅导报告会。文化厅副巡视员、省文物局副局长陈官忠、综合处处长钱剑力、副处长李俏、文物安全处处长沈坤荣、博物馆与社会文物处处长杨新平、副处长金萍及文物局全体党员干部参加。

省文物局组织召开《全国重点文物保护单位临安城遗址保护总体规划》修改稿专家论证会。副局长吴志强主持会议，文物保护与考古处处长郑建华等参加。

6 日至 7 日　历史文化名村宁海许家山、龙泉上田、兰溪虹霓山及历史文化名镇遂昌王村口、兰溪永昌保护规划省级部门联系席审查会议在杭州召开。文物保护与考古处长郑建华等参加。

7 日　省文物局邀请国家文物局专家赴丽水考察全国重点文物保护单位通济堰，并听取了通济堰保护规划编制及公路建设工程对通济堰文物影响评估汇报。副局长吴志强等陪同。

8 日　省文化厅巡视员鲍贤伦出席中国美术学院书法专业创办 50 周年文献展活动。

17 日　省文化厅副巡视员、省文物局副局长陈官忠出席浙江省博物馆“龙泉现代青瓷展”开幕式，并组织召开平阳县博物馆建筑方案评审会。

省文化厅组织讨论浙江省申报杭州西湖文化景观申报世界文化遗产工作总结表彰大会会议方案。省文物局副局长吴志强、文物保护与考古处处长郑建华参加。

18 日　省文化厅副巡视员、省文物局副局长陈官忠出席浙江省古生物化石收藏研究中心挂牌仪式，并与桐乡分管市长商谈桐乡博物馆新馆建设有关工作。

19 日　省文化厅副巡视员、省文物局副局长陈官忠组织召开浙江省博物馆中长期发展规划纲要专家论证会。

国家文物局在山西省太原市召开第五次全国文物保护工程会。省文物局副局长吴志强参加并发言。

20 日　省文化厅巡视员鲍贤伦，副巡视员陶月彪，副巡视员、省文物局副局长陈官忠出席加强文化系统直属单位建设大会。

省文化厅副巡视员、省文物局副局长陈官忠参加“浙江省博物馆之友”年会。

20 日至 21 日　省住房和城乡建设厅、省文物局联合召开全省历史文化名城名镇名村保护工作暨《浙江省历史文化名城名镇名村保护条例》宣传贯彻会议。省文化厅巡视员鲍贤伦出席会议并讲话。副局长吴志强、文物保护与考古处处长郑建华等参加。

24日　2012年度生态省建设和“811”生态文明建设推进行动专项督查和考核工作会议在杭召开。省文物局副局长吴志强参加。

24日至25日　省文化厅副巡视员、省文物局副局长陈官忠赴北京参加全国文物局长会议。综合处处长钱剑力参加。

24日至26日　平阳坡南历史文化街区、顺溪历史文化名镇、腾蛟历史文化名镇、瑞安林垟历史文化名镇、嵊州华堂历史文化名村、义乌赤岸历史文化名镇保护规划省级部门联系席审查会议在杭召开。文物保护与考古处处长郑建华等参加。

25日　浙江省申报人类与国家级非物质文化遗产、杭州西湖文化景观申报世界文化遗产工作总结表彰大会在杭州举行。省文化厅巡视员鲍贤伦，省文物局副局长吴志强、文物保护与考古处处长郑建华、综合处副处长李俏等参加。

26日至27日　省文化厅副巡视员、省文物局副局长陈官忠赴台州临海参加临海市博物馆新馆建设方案专家论证会。

28日　第三届中国廊桥文化论坛在泰顺县举办。省文物局副局长吴志强出席并讲话。

省文化厅巡视员鲍贤伦、文物保护与考古处处长郑建华等调研大运河申遗点杭州西兴过塘行码头保护整治工作，听取工作汇报并进行座谈。

特辑

中共中央政治局常委、中央纪律检查委员会书记贺国强
考察我省文博单位

2月11日，中共中央政治局常委、中央纪律检查委员会书记贺国强在浙江省委书记赵洪祝等领导陪同下，考察衢州市博物馆。

2月14日，贺国强书记赴良渚博物院考察。

中共中央政治局原委员、全国政协原副主席杨汝岱
参观温州博物馆

11月24日，中共中央政治局原委员、全国政协原副主席杨汝岱一行在浙江省政协原主席刘枫、原副主席龙安定等陪同下，参观温州博物馆。

全国人大常委会副委员长路甬祥考察浙江省博物馆

10月20日，全国人大常委会副委员长路甬祥到浙江省博物馆武林馆区，参观了“越地长歌——浙江历史文化陈列”和“十里红妆——宁绍婚俗中的红妆家具”专题陈列，并鉴赏了曹其镛夫妇捐赠的部分古代漆器。

全国人大常委会副委员长韩启德参观良渚博物院

10月2日，全国人大会常委会副委员长韩启德在相关领导陪同下，赴良渚博物院参观。

全国人大常委会原副委员长司马义·艾买提参观景宁畲族博物馆

3月24日，全国人大常委会原副委员长司马义·艾买提一行参观景宁畲族博物馆。

全国人大常委会原副委员长何鲁丽参观我省文博单位

1月26日，全国人大常委会原副委员长何鲁丽在相关领导陪同下，参观良渚博物院并题字留念。1月28日，何鲁丽一行赴鲁迅故里参观。

全国人大常委会原副委员长顾秀莲参观我省文博单位

1月24日，全国人大常委会原副委员长顾秀莲在相关领导陪同下，参观良渚博物院并题字留念。26日，顾秀莲一行赴绍兴参观鲁迅故居、百草园和三味书屋。5月18日，顾秀莲参观胡雪岩故居。

全国人大常委会原副委员长曹志参观我省文博单位

3 月 8 日，全国人大常委会原副委员长曹志在相关领导陪同下赴兰亭参观。5 月 20 日，曹志在相关领导陪同下，赴余姚河姆渡遗址博物馆参观，听取博物馆展厅及遗址发掘现场介绍。21 日，曹志一行在相关领导陪同下，赴绍兴鲁迅纪念馆参观。

全国政协副主席孙家正参观绍兴博物馆

9 月 26 日，全国政协副主席孙家正出席绍兴博物馆举行的“光影彩墨——首届电影家与美术家作品展”开幕式并参观展览。

全国政协原副主席徐匡迪参观宁波市文博单位

9月9日，全国政协原副主席徐匡迪在宁波市相关领导陪同下参观了宁波市保国寺古建筑博物馆等处。

全国政协原副主席张怀西参观衢州市博物馆

4月2日，全国政协原副主席、民主促进会原中央主席张怀西一行在衢州市相关领导陪同下赴衢州市博物馆参观。

环保部部长周生贤赴安吉考察

9月25日，环保部部长周生贤一行赴安吉县考察，参观了全国首批生态（社区）博物馆示范点之一的中国·安吉生态博物馆生态文化陈列厅。

中共中央组织部副部长张纪南参观中国茶叶博物馆

9月15日，中共中央组织部副部长张纪南在浙江省委书记赵洪祝、省委组织部部长蔡奇陪同下参观中国茶叶博物馆。

人力资源和社会保障部副部长信长星参观良渚博物院

2月8日，人力资源和社会保障部副部长信长星一行在中共浙江省委组织部副部长、省人力资源和社会保障厅厅长乐益民及杭州市相关负责人陪同下，实地参观良渚博物院。

环保部副部长张力军参观良渚博物院

6月13日，环保部副部长张力军率中央加快转变经济发展方式第五检查组，在浙江省环保厅厅长徐震等陪同下参观良渚博物院。

交通运输部副部长李家祥参观浙江省博物馆

8月21日，交通运输部党组副书记、副部长，中国民用航空局局长李家祥在浙江省副省长王建满陪同下，赴浙江省博物馆武林馆区参观。

文化部副部长杨志今参观宁波蒋氏故居

5月9日，文化部副部长杨志今副一行在市地相关领导陪同下，参观了全国重点文物保护单位蒋氏故居的丰镐房、玉泰盐铺、小洋房和溪口博物馆。

文化部副部长、国家文物局局长励小捷考察我省文博单位

4月7日，文化部副部长、国家文物局局长励小捷在浙江省文化厅副厅长、省文物局局长鲍贤伦及杭州市有关领导陪同下，考察了拱墅区桥西历史文化街区的博物馆群落等文博单位，了解了我省在保护利用工业遗产、传承非物质文化遗产等方面进行的尝试探索。

卫生部副部长顾英奇参观龙泉市青瓷博物馆

4月23日,卫生部副部长顾英奇一行参观龙泉市青瓷博物馆。

中共浙江省委书记、省人大常委会主任赵洪祝考察浙江省博物馆

10月27日,中共浙江省委书记、省人大常委会主任赵洪祝在全国政协文史和学习委员会副主任周国富,省委常委、秘书长赵一德,副省长郑继伟等陪同下,出席"曾在曹家——曹其镛夫妇捐赠中国古代珍贵漆器特展"开幕式并参观展览。

中共浙江省委副书记、省长夏宝龙赴安吉调研

10月6日,中共浙江省委副书记、省长夏宝龙赴安吉县,对安吉县文博工作进行走访。

中共浙江省委副书记、政法委书记李强考察景宁畲族博物馆

3月13日,中共浙江省委副书记、政法委书记李强考察景宁畲族博物馆。

中共浙江省委常委、组织部部长蔡奇考察我省文博工作

2月23日,中共浙江省委常委、组织部部长蔡奇一行赴嘉善吴镇纪念馆,参观了吴镇高仿真作品展及梅花庵、八竹碑、吴镇墓等处。

5月23日,蔡奇部长在常务副部长于跃敏、省文化厅厅长杨建新、副厅长金兴盛、厅巡视员鲍贤伦等陪同下,赴浙江省文物考古研究所调研、了解"创先争优"活动开展情况,并看望了良渚工作站考古人员,实地察看了莫角山遗址考古发掘现场及良渚工作站整理库房。

中共浙江省委常委、副省长、宣传部部长葛慧君考察我省文博工作

9月5日,中共浙江省委常委、副省长、宣传部部长葛慧君一行参观温岭王伯敏艺术史学馆。9月27日,葛慧君一行赴温州博物馆参观。11月29日,葛慧君赴安吉县调研,参观了中国·安吉生态博物馆。12月11日,葛慧君一行赴衢州市博物馆考察。12月20日,葛慧君在省文化厅厅长金兴盛陪同下赴浙江自然博物馆考察。

浙江省人大常委会副主任程渭山考察我省文博工作

6月10日，浙江省人大常委会副主任程渭山参加浙江自然博物馆“碧水蓝天 绿野仙踪——仙居县生态建设成果展”开幕仪式。12月11日，程渭山赴景宁畲族博物馆参观。

浙江省副省长郑继伟考察我省文博工作

2月23日，浙江省副省长郑继伟赴上虞博物馆参观青瓷展厅。

5月3日，郑继伟副省长在省文化厅厅长杨建新、巡视员鲍贤伦等陪同下，参观了浙江省第三次全国文物普查成果展。

9月21日下午，郑继伟副省长一行在省政府副秘书长马林云，省文化厅巡视员鲍贤伦，省文物局副局长吴志强等相关人员陪同下，实地考察富义仓、拱宸桥、桥西历史文化街区及城区部分运河河道，调研杭州大运河保护与申遗工作。

11月7日，郑继伟副省长省政府副秘书长马林云，省文化厅厅长金兴盛，省文化厅巡视员鲍贤伦等陪同下，赴安吉县考察中国·安吉生态博物馆。

浙江省副省长龚正参观畲族博物馆

3月24日，浙江省副省长龚正赴景宁畲族博物馆参观。

浙江省副省长、温州市委书记陈德荣考察温州历史文化名城创建工作

5月5日，浙江省副省长、温州市委书记陈德荣一行赴温州，先后考察了东瓯王庙、墓的保护维修情况，实地了解历史文化遗存保护现状。6月22日，陈德荣副省长一行又实地察看了谯楼子城片、城西沧河片、庆年坊片及南塘风貌街现状，调研历史文化街区保护开发工作。

浙江省副省长朱从玖参观丽水文博单位

9月6日，浙江省副省长朱从玖一行赴龙泉青瓷博物馆参观，7日又参观了景宁畲族博物馆。

浙江省副省长陈加元考察庆元廊桥博物馆

11月8日，浙江省副省长陈加元赴庆元廊桥博物馆考察，参观了博物馆展厅。

浙江省政协副主席陈艳华考察良渚遗址

2月22日，浙江省政协副主席陈艳华在中共浙江省委宣传部常务副部长胡坚等领导陪同下，考察良渚博物院、良渚古城遗址。

浙江省政协副主席盛昌黎、陈艳华参观浙江自然博物馆展览

6月29日，浙江省政协副主席盛昌黎、陈艳华等领导出席了在浙江自然博物馆举行的生态浙江摄影作品展开幕仪式，并参观展览。

2011年度全省文物行政执法监察工作会议举行

1月5日，2011年度全省文物行政执法监察工作会议暨工作成绩显著单位表彰会在杭召开。省文物局相关处室、省文物鉴定审核办公室、全省各设区市文物监察机构负责人及受表彰单位代表参加。会议对2011年全省文物执法监察工作进行了总结，表彰了31家2011年度文物行政执法监察工作成绩显著单位。杭州市余杭区、宁波市海曙区、永嘉县文物监察大队做了典型发言。

2012年全省文物局长会议在嘉兴海宁召开

2月16日至17日，全省文物局长会议在嘉兴海宁市召开。来自全省各设区市和义乌市的文物行政部门分管领导、业务处（科）室负责人，省直文博单位主要负责人，省文物局领导、相关处室人员及海宁市领导参加。会议回顾、总结了我省2011年文物工作情况，就全省文物系统深入贯彻十七届六中全会、省委十二届十次全会及全国文物局长会议精神进行了部署，还宣读了2011年度浙江省陈列展览精品奖获奖项目名单。与会各市、各单位结合当地、部门实际，就做好2012年工作进行了交流讨论，提出了建设性意见与建议。

全国文物进出境管理工作座谈会在甬召开

2月23日，全国文物进出境管理工作座谈会在宁波举行。本次会议由浙江省文物局、宁波市政府承办，来自国家文物局、海关总署相关司处，17个省、市、自治区文物局及国家文物局派驻各地的国家进出口审核管理处负责人参加了会议。与会人员就国家文物局博物馆与社会文物司（科技司）提交的工作报告进行了讨论。天津、广东、山西、陕西、安徽等五个省市的文物进出境审核机构负责人分别在会上作重点发言，介绍了当地开展文物进出境审核管理工作的情况与经验。

全省文物安全工作联席会议第一次全体会议在杭召开

3月2日，全省文物安全工作联席会议第一次全体会议在杭召开。省文化厅、省民族宗教事务委员会、省公安厅、省国土资源厅、省环境保护厅、省住房和城乡建设厅、省工商行政管理局、杭州海关、省旅游局及省文物局等联席会议成员单位的联络员等参加了会议。

会议介绍了全省文物资源情况，通报了近年来我省文物安全监管工作取得的成绩及当前存在的主要问题，就发挥全省文物安全工作联席会议制度的协作配合、联合作业作用，共同做好全省文物安全工作做出了部署。联席会议各成员单位就强化彼此间协作，共同做好文物安全工作提出了计划和建议。

我省被授予《中国文物年鉴》编辑“先进集体”、“先进个人”两项荣誉

3月31日，由国家文物局、中国文物信息咨询中心主办的《中国文物年鉴》编辑工作座谈会在京举行。由于在历年来的《中国文物年鉴》编辑工作中表现突出，我省被《中国文物年鉴》编辑委员会授予“先进集体”和“先进个人”两项荣誉称号。

2012 年全国考古工作会在我省举行

4 月 6 日至 7 日，由国家文物局主办、浙江省文物局承办、浙江省文物考古研究所协办的2012 年全国考古工作会在浙江省杭州市召开。来自全国各省、自治区、直辖市的文物管理部门领导、考古发掘单位负责人、部分高等院校代表、文物考古界知名专家、国家文物局有关领导及新闻媒体代表共170 余人参加。会议回顾、总结了过去两年多来我国文物考古工作的重要成果。出席大会的文化部副部长、国家文物局局长励小捷对两年来我国文物考古工作事业所取得的成就给予高度评价。国家文物局文物保护与考古司宣布了“2009 至2010 年度国家文物局田野考古奖”获奖名单，并当场举行颁奖仪式。

我省开展辖区海域内文化遗产联合执法

4 月25 日，由浙江省文物局、浙江省海洋与渔业局等承办的浙江省辖区海域内文化遗产联合执法启动仪式暨椒江区海域内文化遗产联合执法应急预案演练活动在大陈举行。浙江省文物监察总队、中国海监浙江省总队、我省沿海设区市文物、海洋行政部门、文物、海洋执法监察机构和公安边防、海警、海事等有关部门代表参加了仪式。有关人员为椒江区水下文化遗产首批保护义务监督员颁发了聘书，登船观摩了椒江区海域内文化遗产联合执法应急预案演练活动。海洋、海事、公安边防部门模拟了对不明船只涉嫌违法盗捞水下文物突发事件的处理。此次启动活动标志着浙江省集中、统一、整体性的辖区海域内文化遗产联合执法行动正式开始。演练活动在全国范围内尚属首次。

7 月11 日，温州首次辖区海域内文化遗产联合执法巡查举行。省、市、县三级文物执法、海监机构开展了历时9 小时的联合执法巡查，跨越4 个县（市、区）的60 余海里海域，这在省内属首次。

全国人大常委会执法检查组检查我省文物保护法贯彻实施情况

5月7日至14日，全国人大常委会副委员长路甬祥率文物保护法执法检查组，对浙江省贯彻实施文物保护法情况开展执法检查。全国人大教科文卫委员会和国家文物局有关领导陪同。浙江省副省长郑继伟汇报了我省贯彻实施《文物保护法》总体情况。省文化厅巡视员鲍贤伦做了专题补充汇报；省民宗委、省财政厅、省公安厅、省工商局、国土资源厅等部门就各自领域内贯彻落实《文物保护法》的情况做了补充发言。随后，检查组赴杭州、宁波、绍兴、嘉兴等地开展实地检查。

浙江省第三次全国文物普查工作总结表彰大会暨第三次全国文物普查成果展举行

5月3日，浙江省第三次全国文物普查工作总结表彰大会在杭召开。浙江省第三次全国文物普查领导小组组长、副省长郑继伟等领导及省普查领导小组成员、各设区市普查领导小组负责人、各先进县普查领导小组组长、各设区市普查办负责人、先进集体、先进个人代表等200余

人出席。会议介绍了我省第三次全国文物普查的总体工作和普查成果情况，授予桐庐县、余姚市、遂昌县3县（市）"浙江省第三次全国文物普查先进县"荣誉称号，浙江省测绘与地理信息局等30个集体"浙江省第三次全国文物普查先进集体"荣誉称号，黄斌等174人"浙江省第三次全国文物普查先进个人"荣誉称号。

同一天，由浙江省第三次全国文物普查领导小组办公室主办，浙江省文物考古研究所、浙江自然博物馆协办的"浙江省第三次全国文物普查成果展"在浙江自然博物馆开幕。

国家水下遗产保护宁波基地象山工作站揭牌

5月11日，国家水下文化遗产保护宁波基地象山工作站正式揭牌，这是目前我国设立的首个水下文化遗产保护工作站，主要职能是协助宁波基地重点开展象山海域及其内陆水域的水下文化遗产保护工作。

绍兴印山越国王陵原址保护工程入选2011年度全国十大文物维修工程

6月，绍兴印山越国王陵原址保护工程入选2011年度全国十大文物维修工程，成为本次我省唯一入选项目。全国重点文物保护单位印山越国王陵位于绍兴境内西南，是迄今发现的第一座越国王陵，1998年被评为全国十大考古新发现之一。2011年度十大文物维修工程评选由中国文物报社与中国文物保护基金会共同主办。

文化遗产日浙江省主场城市活动在湖州举行

6月9日第七个文化遗产日之际，由浙江省文物局、湖州市政府主办的浙江省文化遗产日主场城市活动在湖州举行。湖州市除举办“发现：湖州市考古成果展”、浙江省三普成果市地巡展和“公众眼里最美历史文化名城摄影作品展”等展览外，还举行了公益性文物鉴定咨询、文化遗产保护法律知识咨询、良渚玉器鉴真识伪文物知识讲座及湖州文博界老同志座谈会等。有关方面邀请主流媒体对历史文化名城保护工作进行深入报道，邀请公众参与了“寻找城市景观中的文明记忆——公众走近文化遗产探访”活动。

庆祝西湖申遗成功一周年活动举行

7月2日，杭州市庆祝西湖申遗成功一周年暨世界遗产标志落成揭幕仪式举行。省市相关领导及杭州西湖风景名胜区党委班子成员、机关全体工作人员、基层单位党政班子成员、中层干部、中央、省、市新闻单位参加了仪式。

我省两文博单位获“全国文物系统先进集体”称号

7月4日，中华人民共和国人力资源和社会保障部与国家文物局联合发文，授予全国50家文博单位“全国文物系统先进集体”称号。我省嘉兴市文物局和余姚市河姆渡遗址博物馆榜上有名。

全省文物局长座谈会在淳安召开

8月30日，全省文物局长座谈会在杭州淳安县举行，全省各设区市及义乌市的文化广电新闻出版局（文物局）有关领导，省直文博单位、省文物局各处室主要负责人参加。会议回顾总结了上半年工作，研究部署了下半年工作，并就文物安全、文物宣传、博物馆建设、文物保护与考古等方面进行了讨论。部分设区市及义乌市与会代表结合当地工作实际进行了交流。

全国民办博物馆馆长培训班在宁波举行

10月16日,国家文物局主办,浙江省文物局、宁波市文化广电新闻出版局承办的第二届全国民办博物馆馆长培训班开班仪式在宁波博物馆举行。本次培训共有来自全国28个省、市、自治区的36位民办博物馆馆长报名参加。学员们接受了为期一周的培训,内容包括民办博物馆的角色与职业道德、博物馆藏品管理、博物馆陈列展览、博物馆教育与开放服务等方面。培训期间,学员们进行了座谈交流,参观、考察了宁波博物馆、天一阁博物馆及紫林坊艺术馆、宁海十里红妆博物馆等民办博物馆。

安吉生态博物馆开馆

10月29日,我国东部第一座生态博物馆——中国·安吉生态博物馆开馆。安吉生态博物馆中心馆位于县城中心的昌硕公园,建筑总面积15141平方米,分生态厅、历史厅、铜镜厅、临时展厅四个展厅,还包括安吉竹文化生态博物馆、安吉白茶生态博物馆、上张山民文化生态博物馆、鄣吴竹扇文化生态博物馆、上马坎古文化遗址生态博物馆、安吉古军事防御文化生态博物馆(在建)、龙山古墓葬文化生态博物(在建)、郎村畲民生态博物馆、石龙林业生态博物馆、马村蚕桑生态博物馆、天荒坪生态能源博物馆、安吉现代竹产业生态博物馆等十二专题馆,以及分散在各级乡镇村,展现地域文化特色的民间博物馆等多个展示点。

我省三馆被评为国家一级博物馆

11月15日，国家文物局正式核定公布第二批17家国家一级博物馆，我省浙江自然博物馆、中国丝绸博物馆、宁波博物馆榜上有名，使我省的国家一级博物馆数量达到4家。

省委、省政府表彰杭州西湖文化景观申遗工作

12月25日于杭召开的浙江省申报人类与国家级非物质文化遗产、杭州西湖文化景观申报世界文化遗产工作总结表彰大会上，省委、省政府对在杭州西湖文化景观申遗工作做出显著成绩和贡献的单位、个人进行了记功表彰，并向被表彰的先进单位颁发了奖牌，对记功人员和授予特别贡献奖的专家颁发了证书、奖章。此次受表彰的先进单位8家，记一等功的人员11名，记二等功人员26名，授予专家特别贡献奖的人员3名。会上还通报了西湖文化景观申报世界文化遗产工作。先进单位代表做了交流发言。

我省启动第一次全国可移动文物普查工作前期准备

2012年，省文物局根据要求做好第一次全国可移动文物普查各项前期准备，开展了全省国有单位可移动文物收藏情况的摸底调查，上报省政府要求成立浙江省第一次全国可移动文物普查领导小组，提出小组建议名单，组建了全省第一次全国可移动文物普查工作办公室并报备案，还向全省各级文物行政主管部门印发了《关于做好第一次全国可移动文物普查启动准备工作的通知》，并争取当地财政部门的支持，着手编制浙江省第一次全国可移动文物普查方案。

2012年度省、中央财政对全省文物保护专项经费投入一览表

单位：万元

序号	项目	金额	备注
1	省级文物保护与征集专项经费	6040.00	其中省级单位2470万元，市县3570万元
2	省级宗祠建筑保护专项补助经费	1000.00	市县
3	全省文物库房维修、安全技防设施费	500.00	市县
4	省级历史文化名城保护专项资金	600.00	市县
5	第一批博物馆纪念馆免费开放补助经费	8373.00	其中省级单位749万元，市县7624万元
6	第二批博物馆纪念馆免费开放补助经费	1713.46	其中省级单位150万元，市县1563.46万元
7	第一批博物馆纪念馆陈列布展补助经费	1374.00	其中省级单位131万，市县1243万
8	第二批博物馆纪念馆陈列布展补助经费	726.00	市县
9	国家重点文物保护经费	3154.00	其中省级单位330万，市县2824万
10	大遗址保护专项经费	1110.00	其中省级单位550万，市县560万
11	中央地方共建国家级博物馆专项经费	1949.00	省级单位
	总　　计	26539.46	其中省级单位6329万元，市县20210.46万元

2012年国家重点文物保护专项补助经费

单位：万元

序号	补助项目名称	补助金额
1	《东苕溪流域夏商原始瓷窑址调查》考古报告	38
2	《浙江汉墓》考古报告	37
3	《小兜里》考古报告	45
4	绍兴越国王陵及贵族墓调查与研究	90
5	浙江省安吉古城考古调查与研究	120
7	杭州岳飞墓、飞来峰造像等10处国保单位保护前期勘测	200
8	平阳顺溪古建筑群之老大份维修工程	150
9	平阳顺溪古建筑群之老七份大屋保护维修工程	150
10	苍南蒲壮所城之白湾堡城墙维修（一期）工程	200
11	苍南蒲壮所城之壮士所城城墙维修（二期）工程	380
12	泰顺廊桥–永庆桥、刘宅桥维修工程	100
13	安吉安城城墙（三期）维修工程	500
14	上虞市萧曹运河申遗点段保护修缮工程	300
15	郑义门古建筑群之御史第维修工程	200
16	舟山白节山海域水下文物重点调查项目	304
17	江山三卿口制瓷作坊保护工程（一期）方案编制	60
18	丽水通济堰之堰头村龙庙、社公庙抢修工程	80
19	景宁畲族自治县大漈时思寺维修工程	200
合　计		3154

2012年大遗址保护专项补助经费

单位：万元

序号	补助项目名称	补助金额
1	良渚古城遗址考古勘探与发掘	400
2	大窑龙泉窑遗址考古勘探与发掘	150
3	大运河申报世界文化遗产杭州点段整治	500
4	大运河（海宁段）中遗点段河道清淤工程	60
合　计		1110

文物业基本情况综合年报

（甲）		机构数（个）	从业人员（人）	专业技术人才	正高级职称	副高级职称	中级职称	文物藏品（件/套）	一级品	二级品	三级品	在藏品数中（件/套）本年新增藏品数（件/套）	本年从有关部门接收文物数（件/套）	本年藏品征集数（件/套）	本年修复藏品数（件/套）	一级品	二级品	三级品	基本陈列（个）	举办展览（个）	参观人次（万人次）	未成年人参观人次	门票销售总额（千元）	本年收入合计（千元）	财政拨款	
（甲）		1	2	3	4	5	6	7	8	9	10	11	12	13	14	15	16	17	18	19	20	21	22	23	24	25
总计	A	275	5,334	1,994	161	289	729	1,080,763	2,915	11,925	76,690	20,480	881	17,266	4,026	97	144	607	475	975	4,345.40	1,011.56	254,581	1,823,022	1,262,363	48,403
按单位类型分	—	—	—	—	—	—	—	—	—	—	—	—	—	—	—	—	—	—	—	—	—	—	—	—	—	—
文物科研机构	B	4	105	62	25	14	20	14,923	51	236	1,280	1	1	0	2,004	0	0	4	0	0	0.00	0.00	0	52,899	36,006	0
文物保护管理机构	C	92	1,408	530	35	79	199	61,540	232	564	4,340	165	8	78	197	3	0	30	64	76	1,223.05	128.19	230,212	625,070	292,377	5,272
博物馆	D	166	3,624	1,373	97	191	495	967,070	2,632	11,125	71,070	20,314	872	17,188	1,825	94	144	573	411	899	3,122.33	883.38	24,369	769,083	638,717	24,310
文物商店	E	9	58	17	0	2	12	37,230	0	0	0	0	0	0	0	0	0	0	0	0	0.00	0.00	0	29,346	72	0
其他文物机构	F	4	139	12	4	3	3	0	0	0	0	0	0	0	0	0	0	0	0	0	0.00	0.00	0	346,624	295,191	18,821
按隶属关系分	—	—	—	—	—	—	—	—	—	—	—	—	—	—	—	—	—	—	—	—	—	—	—	—	—	—
中　央	G	0	0	0	0	0	0	0	0	0	0	0	0	0	0	0	0	0	0	0	0.00	0.00	0	0	0	0
省区市	H	8	540	289	65	72	92	248,702	871	5,663	36,428	13,369	0	11,729	2,272	4	2	42	15	59	388.44	164.27	0	213,045	201,059	0
地　市	I	68	2,410	836	59	114	312	321,351	754	2,661	17,123	3,543	324	3,543	589	0	50	119	120	346	2,318.50	413.25	234,750	1,123,864	669,370	43,931
县市区	J	199	2,384	869	37	103	325	510,710	1,290	3,601	23,139	3,568	557	1,994	1,165	93	92	446	340	570	1,638.46	434.04	19,831	486,113	391,934	4,472
按部门分	—	—	—	—	—	—	—	—	—	—	—	—	—	—	—	—	—	—	—	—	—	—	—	—	—	—
文物部门	K	208	4,500	1,832	149	270	673	837,106	2,294	10,886	74,925	17,706	380	15,634	3,753	13	63	527	331	834	3,886.03	940.00	230,271	1,721,643	1,224,185	48,403
其他部门	L	67	834	162	12	19	56	243,657	621	1,039	1,765	2,774	501	1,632	273	84	81	80	144	141	459.37	71.56	24,310	101,379	38,178	0

（甲）		本年收入合计（千元）上级补助收入	事业收入	经营收入	附属单位上缴收入	其他收入		基本支出	项目支出	经营支出	本年收入合计（千元）在支出合计中：工资福利支出	商品和服务支出 差旅费	劳务费	福利费	各种税金支出	对个人和家庭补助支出	抚恤金和生活补助	其他资本性支出	各种设备购置费	资产总计（千元）	固定资产原值	实际使用房屋建筑面积（万平方米）	展览用房	文物库房	实际拥有产权面积（万平方米）	增加值（千元）
（甲）		26	27	28	29	30	31	32	33	34	35	36	37	38	39	40	41	42	43	44	45	46	47	48	49	50
总计	A	55,893	316,811	22,839	320	84,670	1,782,556	669,704	1,006,349	19,906	320,270	17,984	67,364	12,027	12,808	112,617	1,162	115,343	20,928	4,135,471	2,688,758	99.49	42.93	9.05	28.26	690,777
按单位类型分	—	—	—	—	—	—	—	—	—	—	—	—	—	—	—	—	—	—	—	—	—	—	—	—	—	—
文物科研机构	B	364	1,350	0	0	15,179	49,812	11,884	37,928	0	7,915	1,505	7,986	282	0	2,249	0	1,091	1,048	37,798	11,601	0.51	0.00	0.19	0.00	19,067
文物保护管理机构	C	26,957	291,065	972	60	13,639	586,240	352,863	220,215	1,123	124,032	5,331	22,746	3,630	8,323	59,400	729	11,056	1,585	1,283,066	926,123	19.16	6.84	0.63	4.09	302,954
博物馆	D	28,572	24,396	21,867	260	55,271	785,170	285,960	473,567	18,783	175,235	9,427	34,554	7,445	2,886	47,295	431	86,506	18,000	2,651,922	1,684,147	78.36	36.09	8.16	23.45	336,606
文物商店	E	0	0	0	0	0	26,774	0	0	0	356	417	0	356	1,411	0	0	0	0	67,759	19,755	0.39	0.00	0.09	0.19	10,860
其他文物机构	F	0	0	0	0	581	334,560	18,997	274,639	0	12,732	1,304	2,078	314	188	3,673	2	16,690	295	94,926	47,132	1.09	0.00	0.00	0.55	21,290
按隶属关系分	—	—	—	—	—	—	—	—	—	—	—	—	—	—	—	—	—	—	—	—	—	—	—	—	—	—
中　央	G	0	0	0	0	0	0	0	0	0	0	0	0	0	0	0	0	0	0	0	0	0.00	0.00	0.00	0.00	0
省区市	H	0	8,033	0	0	2,749	193,306	57,655	134,707	0	40,811	5,026	15,760	1,725	633	13,883	43	44,013	9,936	684,438	448,494	8.78	4.17	1.63	1.67	92,181
地　市	I	35,676	304,280	3,106	320	32,190	1,090,942	433,258	585,101	3,618	169,184	8,456	29,528	5,197	10,728	78,232	488	36,085	7,636	2,334,154	1,516,296	41.01	16.36	2.51	8.54	410,243
县市区	J	20,217	4,498	19,733	0	49,731	498,308	178,791	286,541	16,288	110,275	4,502	22,076	5,105	1,447	20,502	631	35,245	3,356	1,116,879	723,968	49.70	22.40	4.91	18.05	188,353
按部门分	—	—	—	—	—	—	—	—	—	—	—	—	—	—	—	—	—	—	—	—	—	—	—	—	—	—
文物部门	K	49,276	308,406	2,063	60	57,801	1,649,738	625,313	943,235	1,741	293,974	16,203	64,147	10,457	11,702	109,442	957	103,292	16,808	3,409,173	2,184,150	76.41	32.59	6.66	20.95	635,045
其他部门	L	6,617	8,405	20,776	260	26,869	132,818	44,391	63,114	18,165	26,296	1,781	3,217	1,570	1,106	3,175	205	12,051	4,120	726,298	504,608	23.08	10.36	2.43	7.32	55,732

文物业基本情况综合年报

		机构数（个）	从业人员（人）	专业技术人才				藏品数（件/套）			在藏品数中（件/套）			本年收入合计（千元）	财政拨款		在财政拨款中			本年支出合计（千元）			在支出合计中：	商品和服务支出				
					正高级职称	副高级职称	中级职称		一级品	二级品	三级品	本年新增藏品数（件/套）	本年从有关部门接收文物数（件/套）	本年藏品征集数（件/套）		基建拨款	行政运行	一般行政管理事务	文物保护等经费		基本支出	项目支出	工资福利支出		差旅费	劳务费	福利费	各种税金支出
（甲）		1	2	3	4	5	6	7	8	9	10	11	12	13	14	15	16	17	18	19	20	21	22	23	24	25	26	27	28
总计	A	41	113	4	0	2	1	0	0	0	0	0	0	0	340,694	290,996	18,821	7,628	3,791	249,557	328,765	16,484	272,301	11,135	234,451	759	1,798	226	0
中 央	B	0	0	0	0	0	0	0	0	0	0	0	0	0	0	0	0	0	0	0	0	0	0	0	0	0	0	0	0
省区市	C	1	19	2	0	2	0	0	0	0	0	0	0	0	8,731	8,681	0	2,684	3,471	0	9,258	4,727	4,531	2,048	4,898	421	732	170	0
地 市	D	8	84	0	0	0	0	0	0	0	0	0	0	0	288,981	239,333	18,821	3,956	120	215,120	280,136	10,415	229,941	8,324	213,723	283	887	56	0
县市区	E	32	10	2	0	0	1	0	0	0	0	0	0	0	42,982	42,982	0	988	200	34,437	39,371	1,342	37,829	763	15,830	55	179	0	0

		本年支出合计（千元）在支出合计中：对个人和家庭补助支出		其他资本性支出		资产总计（千元）		实际使用房屋建筑面积（万平方米）	实际拥有产权面积（万平方米）	举办出国（境）文物展览（个）	对外交流情况				参加国际组织活动数（个）	本年度培训情况 接受国内培训人员数（人次）				出国接受培训人员数（人次）	本辖区文物点（处）				各级文物保护专项资金设立情况（千元）			增加值（千元）
			抚恤金和生活补贴		各种设备购置费		固定资产原值				出国（境）人次（人次）	与国外文博机构签署协议或备忘录个数（个）	赴港、澳、台人员数（个）	对港、澳、台交流项目数（个）			国家级培训班	省级培训班	市县级培训班			全国重点文物保护单位	省级重点文物保护单位	市县级文物保护单位	中央级	省级	市县级	
（甲）		29	30	31	32	33	34	35	36	37	38	39	40	41	42	43	44	45	46	47	48	49	50	51	52	53	54	55
总计	A	3,379	2	16,361	295	83,979	42,581	1.07	0.55	0	3	0	0	0	0	144	4	20	120	1	73,943	130	755	4,521	0	110,000	253,241	18,287
中 央	B	0	0	0	0	0	0	0.00	0.00	0	0	0	0	0	0	0	0	0	0	0	0	0	0	0	0	0	0	0
省区市	C	1,929	0	352	165	32,365	26,291	0.33	0.33	0	2	0	0	0	0	4	3	1	0	1	73,943	130	755	4,521	0	110,000	0	5,958
地 市	D	1,399	2	15,923	130	26,074	9,081	0.64	0.12	0	1	0	0	0	0	37	0	12	25	0	0	0	0	0	0	0	207,211	11,045
县市区	E	51	0	86	0	25,540	7,209	0.10	0.10	0	0	0	0	0	0	103	1	7	95	0	0	0	0	0	0	0	46,030	1,284

文物保护管理机构基本情况综合年报

		机构数（个）	从业人员（人）					藏品数（件/套）				在藏品数中（件/套）			本年修复文物数（件/套）				基本陈列（个）	举办展览（个）	参观人次（万人次）		门票销售总额（千元）	本年收入合计（千元）			
				专业技术人才	正高级职称	副高级职称	中级职称		一级品	二级品	三级品	本年新增藏品数（件/套）	本年从有关部门接收文物数（件/套）	本年藏品征集数（件/套）		一级品	二级品	三级品				未成年人参观人次			财政拨款	基建拨款	上级补助收入
（甲）		1	2	3	4	5	6	7	8	9	10	11	12	13	14	15	16	17	18	19	20	21	22	23	24	25	26
总计	A	92	1,408	530	35	79	199	61,540	232	564	4,340	165	8	78	197	3	0	30	64	76	1,223.05	128.19	230,212	625,070	292,377	5,272	26,957
按隶属关系分	—	—	—	—	—	—	—	—	—	—	—	—	—	—	—	—	—	—	—	—	—	—	—	—	—	—	—
中　央	B	0	0	0	0	0	0	0	0	0	0	0	0	0	0	0	0	0	0	0	0.00	0.00	0	0	0	0	0
省区市	C	0	0	0	0	0	0	0	0	0	0	0	0	0	0	0	0	0	0	0	0.00	0.00	0	0	0	0	0
地　市	D	22	1,002	310	28	40	112	3,563	17	30	80	1	0	1	120	0	0	0	35	46	989.20	88.02	226,621	493,887	175,250	800	18,410
县　市	E	70	406	220	7	39	87	57,977	215	534	4,260	164	8	77	77	3	0	30	29	30	233.85	40.17	3,591	131,183	117,127	4,472	8,547
按部门分类	—	—	—	—	—	—	—	—	—	—	—	—	—	—	—	—	—	—	—	—	—	—	—	—	—	—	—
文物部门	F	89	1,367	517	35	79	197	61,540	232	564	4,340	165	8	78	197	3	0	30	64	76	1,169.58	125.26	221,292	617,378	290,977	5,272	26,957
宗教部门	G	0	0	0	0	0	0	0	0	0	0	0	0	0	0	0	0	0	0	0	0.00	0.00	0	0	0	0	0
园林部门	H	0	0	0	0	0	0	0	0	0	0	0	0	0	0	0	0	0	0	0	0.00	0.00	0	0	0	0	0
其他部门	I	3	41	13	0	0	2	0	0	0	0	0	0	0	0	0	0	0	0	0	53.46	2.93	8,920	7,692	1,400	0	0
按机构类型分	—	—	—	—	—	—	—	—	—	—	—	—	—	—	—	—	—	—	—	—	—	—	—	—	—	—	—
区域性文物保护管理机构	J	73	834	376	33	69	143	58,136	215	536	4,271	164	8	77	194	0	0	30	44	48	785.67	83.09	175,514	420,523	188,353	800	7,185
专门为一处或几处文物保护单位设立的保护管理机构	K	19	574	154	2	10	56	3,404	17	28	69	1	0	1	3	3	0	0	20	28	437.38	45.10	54,698	204,547	104,024	4,472	19,772

		本年收入合计（千元）				本年支出合计（千元）				在支出合计中：工资福利支出	商品和服务支出					对个人和家庭补助支出		其他资本性支出		资产总计（千元）		实际使用房屋建筑面积（万平方米）			实际拥有产权面积（万平方米）	增加值（千元）	
		事业收入	经营收入	附属单位上缴收入	其他收入		基本支出	项目支出	经营支出			差旅费	劳务费	福利费	各种税金支出		抚恤金和生活补贴		各种设备购置费		固定资产原值		展览用房	文物库房			
（甲）		27	28	29	30	31	32	33	34	35	36	37	38	39	40	41	42	43	44	45	46	47	48	49	50	51	49
总计	A	291,065	972	60	13,639	586,240	352,863	220,215	1,123	124,032	229,887	5,331	22,746	3,630	8,323	59,400	729	11,056	1,585	1,283,066	926,123	19.16	6.84	0.63	4.09	302,954	0.00
按隶属关系分	—	—	—	—	—	—	—	—	—	—	—	—	—	—	—	—	—	—	—	—	—	—	—	—	—	—	—
中央	B	0	0	0	0	0	0	0	0	0	0	0	0	0	0	0	0	0	0	0	0	0.00	0.00	0.00	0.00	0	0.00
省区市	C	0	0	0	0	0	0	0	0	0	0	0	0	0	0	0	0	0	0	0	0	0.00	0.00	0.00	0.00	0	0.00
地　市	D	290,772	530	60	8,865	459,013	310,658	145,967	530	98,434	182,479	4,368	16,810	2,323	8,278	53,859	400	1,849	961	1,160,869	861,020	13.43	4.98	0.15	2.24	262,128	0.00
县　市	E	293	442	0	4,774	127,227	42,205	74,248	593	25,598	47,408	963	5,936	1,307	45	5,541	329	9,207	624	122,197	65,103	5.73	1.86	0.48	1.85	40,826	0.00
按部门分类	—	—	—	—	—	—	—	—	—	—	—	—	—	—	—	—	—	—	—	—	—	—	—	—	—	—	—
文物部门	F	285,092	961	60	13,331	578,552	352,347	214,779	1,112	121,593	226,627	5,328	21,863	3,489	8,323	59,163	729	11,040	1,569	1,279,406	925,794	18.94	6.79	0.63	4.09	299,237	0.00
宗教部门	G	0	0	0	0	0	0	0	0	0	0	0	0	0	0	0	0	0	0	0	0	0.00	0.00	0.00	0.00	0	0.00
园林部门	H	0	0	0	0	0	0	0	0	0	0	0	0	0	0	0	0	0	0	0	0	0.00	0.00	0.00	0.00	0	0.00
其他部门	I	5,973	11	0	308	7,688	516	5,436	11	2,439	3,260	3	883	141	0	237	0	16	16	3,660	329	0.22	0.04	0.00	0.00	3,717	0.00
按机构类型分	—	—	—	—	—	—	—	—	—	—	—	—	—	—	—	—	—	—	—	—	—	—	—	—	—	—	—
区域性文物保护管理机构	J	214,710	468	0	9,807	386,904	243,754	131,959	619	88,303	160,913	2,877	19,148	2,536	4,824	39,822	621	9,133	1,257	714,065	470,904	11.57	3.67	0.55	2.81	218,604	0.00
专门为一处或几处文物保护单位设立的保护管理机构	K	76,355	504	60	3,832	199,336	109,109	88,256	504	35,729	68,974	2,454	3,598	1,094	3,499	19,578	108	1,923	328	569,001	455,219	7.60	3.15	0.08	1.28	84,350	0.00

博物馆基本情况综合年报

		机构数（个）	从业人员（人）	专业技术人才	正高级职称	副高级职称	中级职称	在从业人员中：安全保卫人员（人）	藏品数（件/套）	一级品	二级品	三级品	在藏品数中（件/套）：本年新增藏品数（件/套）	本年从有关部门接收文物数（件/套）	本年藏品征集数（件/套）	本年修复文物数（件/套）	一级品	本年修复文物数（件/套）：二级品	三级品	基本陈列（个）	举办展览（个）	中央补助资金举办的陈列布展	举办培训次数（次）	参观人次（万人次）	未成年人参观人次	外宾参观人次	门票销售总额（千元）	本年承担课题、项目数（个）	省部级以上课题、项目数	结项课题、项目数	科研成果：专利（个）	专著或图录（册）	论文（省级及以上刊物公开发表）（篇）	古建维修报告（册）
（甲）		1	2	3	4	5	6	7	8	9	10	11	12	13	14	15	16	17	18	19	20	21	22	23	24	25	26	27	28	29	30	31	32	33
总计	A	166	3,624	1,373	97	191	495	925	967,070	2,632	11,125	71,070	20,314	872	17,188	1,825	94	144	573	411	899	59,847	117,727	3,122.31	883.37	68.63	24,369	113	66	27	5	89	289	12
其中：免费开放	B	149	3,163	1,244	91	166	453	838	843,190	2,503	10,534	64,419	20,185	872	17,116	1,725	94	98	519	391	838	59,847	117,723	2,530.81	773.46	56.74	79	111	65	26	5	89	284	12
按机构类型分	—	—	—	—	—	—	—	—	—	—	—	—	—	—	—	—	—	—	—	—	—	—	—	—	—	—	—	—	—	—	—	—	—	—
综合性	C	65	1,832	823	53	103	317	515	492,491	1,472	8,543	59,151	4,612	356	4,530	1,300	7	61	430	197	451	11	89	1,255.87	411.24	20.99	6,489	33	15	9	2	46	157	11
历史类	D	30	440	171	8	21	58	122	22,744	160	719	2,063	306	17	73	35	4	10	21	80	103	1	68	824.41	174.58	11.91	40	24	3	5	3	13	27	0
艺术类	E	22	206	89	4	14	32	41	54,606	533	897	2,325	1,192	0	776	257	82	70	71	38	190	3	62,643	140.33	33.51	4.77	27	7	7	0	0	7	18	1
自然科技类	F	9	225	74	15	25	26	32	268,344	365	761	1,905	9,364	0	9,236	32	0	0	0	29	36	59,832	54,862	246.61	113.89	3.79	4,089	25	22	7	0	8	29	0
其他	G	40	921	216	17	28	62	215	128,885	102	205	5,626	4,840	499	2,573	201	1	3	51	67	119	0	65	655.07	150.14	27.17	13,724	24	19	6	0	15	58	0
按隶属关系分	—	—	—	—	—	—	—	—	—	—	—	—	—	—	—	—	—	—	—	—	—	—	—	—	—	—	—	—	—	—	—	—	—	—
中　央	H	0	0	0	0	0	0	0	0	0	0	0	0	0	0	0	0	0	0	0	0	0	0	0.00	0.00	0.00	0	0	0	0	0	0	0	0
省区市	I	3	413	230	38	57	76	86	248,702	871	5,663	36,428	13,369	0	11,729	272	4	2	42	15	59	2	58	388.44	164.27	18.73	0	67	52	17	2	32	108	0
地　市	J	35	1,243	496	29	70	182	306	265,635	686	2,395	15,763	3,541	323	3,542	465	0	50	115	85	300	9	100	1,329.29	325.24	28.37	8,129	37	11	7	1	25	111	2
县　市	K	128	1,968	647	30	64	237	533	452,733	1,075	3,067	18,879	3,404	549	1,917	1,088	90	92	416	311	540	59,836	117,569	1,404.57	393.87	21.53	16,240	9	3	3	2	32	70	10
按系统分类	—	—	—	—	—	—	—	—	—	—	—	—	—	—	—	—	—	—	—	—	—	—	—	—	—	—	—	—	—	—	—	—	—	—
文物系统	L	103	2,831	1,224	85	172	441	722	723,413	2,011	10,086	69,305	17,540	371	15,556	1,552	10	63	493	267	758	11	253	2,716.40	814.75	56.93	8,979	111	64	25	2	78	258	6
非文物系统	M	22	384	77	1	5	24	100	24,435	4	30	150	1,065	499	1,003	0	0	0	0	33	49	5	62,590	252.96	31.02	7.23	15,357	1	1	1	1	4	21	2
私人	N	41	409	72	11	14	30	103	219,222	617	1,009	1,615	1,709	2	629	273	84	81	80	111	92	59,831	54,884	152.94	37.61	4.47	33	1	1	1	2	7	10	4

		本年收入合计（千元）	财政拨款	基建拨款	上级补助收入	事业收入	经营收入	附属单位上缴收入	其他收入	本年支出合计（千元）	基本支出	项目支出	文物征集	馆藏品保护	陈列展览	教育与科研	经营支出	在支出合计中：工资福利支出	商品和服务支出	差旅费	劳务费	福利费	各种税金支出	对个人和家庭补助支出	抚恤金和生活补贴	其他资本性支出	各种设备、交通工具、图书购置费	资产总计（千元）	固定资产原值	实际使用房屋建筑面积（万平方米）	展览用房	库房	实际拥有产权面积（万平方米）	增加值（千元）
（甲）		34	35	36	37	38	39	40	41	42	43	44	45	46	47	48	49	50	51	52	53	54	55	56	57	58	59	60	61	62	63	64	65	66
总计	A	769,083	638,717	24,310	28,572	24,396	21,867	260	55,271	785,170	285,960	473,567	50,345	15,224	56,694	7,311	18,783	175,235	294,358	9,427	34,554	7,445	2,886	47,295	431	86,506	18,000	2,651,922	1,684,147	78.36	36.09	8.16	23.43	336,606
其中：免费开放	B	668,368	571,969	0	24,167	12,525	5,445	260	54,002	666,693	237,500	420,884	49,759	13,864	56,101	7,311	3,353	149,005	267,123	7,614	31,660	5,881	1,970	42,533	421	73,942	16,696	2,278,192	1,364,917	70.74	32.48	7.23	21.41	287,117
按机构类型分	—	—	—	—	—	—	—	—	—	—	—	—	—	—	—	—	—	—	—	—	—	—	—	—	—	—	—	—	—	—	—	—	—	—
综合性	C	401,665	336,017	4,004	25,490	12,598	1,312	0	26,248	402,407	162,522	237,907	15,768	5,191	36,788	4,642	1,295	104,929	168,593	4,615	18,370	3,404	930	27,406	217	44,829	7,845	1,119,368	658,508	42.10	19.07	4.45	6.30	182,054
历史类	D	68,435	61,248	0	340	3,343	300	260	2,944	83,230	36,578	43,622	4,060	3,612	6,218	613	1,786	17,800	23,002	1,059	6,213	958	617	4,762	77	1,847	1,413	254,843	221,890	11.30	5.00	0.80	6.64	39,360
艺术类	E	28,870	27,188	0	400	168	1	0	1,113	31,424	13,999	15,328	1,821	249	2,981	124	97	8,318	10,833	405	2,221	351	50	2,205	100	3,255	222	77,145	66,506	3.75	2.08	0.21	1.80	15,731
自然科技类	F	44,937	36,382	0	1,009	2,139	4,233	0	1,174	60,988	16,741	38,320	4,250	1,790	4,736	1,627	5,727	11,946	23,877	1,009	1,875	792	464	2,821	0	15,538	2,223	380,948	347,615	7.59	3.40	2.21	3.11	31,897
其他	G	225,176	177,882	20,306	1,333	6,148	16,021	0	23,792	207,121	56,120	138,390	24,446	4,382	5,971	305	9,878	32,242	68,053	2,339	5,875	1,940	825	10,101	37	21,037	6,297	819,618	389,628	13.64	6.59	0.53	5.58	67,564
按隶属关系分	—	—	—	—	—	—	—	—	—	—	—	—	—	—	—	—	—	—	—	—	—	—	—	—	—	—	—	—	—	—	—	—	—	—
中　央	H	0	0	0	0	0	0	0	0	0	0	0	0	0	0	0	0	0	0	0	0	0	0	0	0	0	0	0	0	0.00	0.00	0.00	0.00	0
省区市	I	167,001	158,433	0	0	6,683	0	0	1,885	148,585	40,168	108,417	9,595	4,694	25,323	4,312	0	29,993	66,531	2,599	7,191	1,208	445	9,699	43	42,360	8,799	607,028	407,865	8.02	4.17	1.54	1.35	65,711
地　市	J	290,134	248,459	24,310	16,902	13,508	2,576	260	8,429	304,875	110,548	190,686	10,255	4,499	17,303	2,378	3,088	61,328	99,302	3,344	11,402	2,439	1,039	22,686	86	18,194	6,469	1,075,752	624,626	26.48	11.38	2.19	5.99	124,652
县　市	K	311,948	231,825	0	11,670	4,205	19,291	0	44,957	331,710	135,244	174,464	30,495	6,031	14,068	621	15,695	83,914	128,525	3,484	15,961	3,798	1,402	14,910	302	25,952	2,732	969,142	651,656	43.86	20.54	4.43	16.10	146,243
按系统分类	—	—	—	—	—	—	—	—	—	—	—	—	—	—	—	—	—	—	—	—	—	—	—	—	—	—	—	—	—	—	—	—	—	—
文物系统	L	675,670	601,939	24,310	21,955	21,964	1,102	0	28,710	660,244	242,085	415,889	24,992	12,646	48,223	6,607	629	151,378	267,300	7,658	32,220	6,016	1,797	44,357	226	74,471	13,896	1,929,961	1,179,887	55.49	25.80	5.76	16.12	284,702
非文物系统	M	64,847	35,843	0	5,615	2,352	17,958	260	2,819	72,783	31,539	22,879	692	1,546	6,237	196	16,071	15,911	23,051	489	1,455	837	918	2,653	49	11,414	3,554	99,030	70,367	12.14	4.90	0.40	0.98	24,719
私人	N	28,566	935	0	1,002	80	2,807	0	23,742	52,143	12,336	34,799	24,661	1,032	2,234	508	2,083	7,946	4,007	1,280	879	592	171	285	156	621	550	622,931	433,893	10.73	5.44	2.04	6.33	27,185

文物商店基本情况综合年报

		机构数（个）	从业人员（人）					库存文物数（件/套）				资产、负债、所有者权益（千元）							损益（千元）
				专业技术人才								资产总计			负债合计	所有者权益合计			营业收入
																	实收资本		
					正高级职称	副高级职称	中级职称		一级品	二级品	三级品		固定资产原价	当年提取的折旧总额				国家资本金	
（甲）		1	2	3	4	5	6	7	8	9	10	11	12	13	14	15	16	17	18
总计	A	9	58	17	0	2	12	37,230	0	0	0	67,759	19,755	791	30,727	37,032	11,539	11,539	29,346
按隶属关系分	—	—	—	—	—	—	—	—	—	—	—	—	—	—	—	—	—	—	—
中　央	B	0	0	0	0	0	0	0	0	0	0	0	0	0	0	0	0	0	0
省区市	C	0	0	0	0	0	0	0	0	0	0	0	0	0	0	0	0	0	0
地　市	D	8	58	17	0	2	12	37,230	0	0	0	67,759	19,755	791	30,727	37,032	11,539	11,539	29,346
县　市	E	1	0	0	0	0	0	0	0	0	0	0	0	0	0	0	0	0	0
按系统分类	—	—	—	—	—	—	—	—	—	—	—	—	—	—	—	—	—	—	—
文物系统	F	9	58	17	0	2	12	37,230	0	0	0	67,759	19,755	791	30,727	37,032	11,539	11,539	29,346
非文物系统	G	0	0	0	0	0	0	0	0	0	0	0	0	0	0	0	0	0	0

		损益（千元）											工资、福利费、税金（千元）			实际使用房屋建筑面积（万平方米）			实际拥有产权面积（万平方米）
		营业收入	营业成本					营业利润	营业外收入		营业外支出	利润总额	本年发放工资总额	本年支付的职工福利费	本年应交税金总额		营业用房	库房	
		主营业务收入		养老、医疗、失业等各种社会保险费	住房公积金和住房补贴	差旅费	工会经费			政府补助（补贴收入）									
（甲）		19	20	21	22	23	24	25	26	27	28	29	30	31	32	33	34	35	36
总计	A	26,995	26,774	1,320	301	417	80	2,572	583	72	36	3,119	3,840	356	1,411	0.39	0.28	0.08	0.19
按隶属关系分	—	—	—	—	—	—	—	—	—	—	—	—	—	—	—	—	—	—	—
中　央	B	0	0	0	0	0	0	0	0	0	0	0	0	0	0	0.00	0.00	0.00	0.00
省区市	C	0	0	0	0	0	0	0	0	0	0	0	0	0	0	0.00	0.00	0.00	0.00
地　市	D	26,995	26,774	1,320	301	417	80	2,572	583	72	36	3,119	3,840	356	1,411	0.39	0.28	0.08	0.19
县　市	E	0	0	0	0	0	0	0	0	0	0	0	0	0	0	0.00	0.00	0.00	0.00
按系统分类	—	—	—	—	—	—	—	—	—	—	—	—	—	—	—	—	—	—	—
文物系统	F	26,995	26,774	1,320	301	417	80	2,572	583	72	36	3,119	3,840	356	1,411	0.39	0.28	0.08	0.19
非文物系统	G	0	0	0	0	0	0	0	0	0	0	0	0	0	0	0.00	0.00	0.00	0.00

其他文物事业机构基本情况综合年报

		机构数（个）	从业人员（人）					藏品数（件/套）				在藏品数中（件/套）			本年修复文物数（件/套）				本年收入合计（千元）								本年支出合计（千元）		
				专业技术人才																财政拨款									
					正高级职称	副高级职称	中级职称		一级品	二级品	三级品	本年新增藏品数（件/套）	本年从有关部门接收文物数（件/套）	本年藏品征集数（件/套）		一级品	二级品	三级品			基建拨款	上级补助收入	事业收入	经营收入	附属单位上缴收入	其他收入		基本支出	项目支出
（甲）		1	2	3	4	5	6	7	8	9	10	11	12	13	14	15	16	17	18	19	20	21	22	23	24	25	26	27	28
总计	A	2	18	7	4	1	2	0	0	0	0	0	0	0	0	0	0	0	4,776	4,195	0	0	0	0	0	581	4,851	2,513	2,338
按隶属关系分	—	—	—	—	—	—	—	—	—	—	—	—	—	—	—	—	—	—	—	—	—	—	—	—	—	—	—	—	—
中央	B	0	0	0	0	0	0	0	0	0	0	0	0	0	0	0	0	0	0	0	0	0	0	0	0	0	0	0	0
省区市	C	2	18	7	4	1	2	0	0	0	0	0	0	0	0	0	0	0	4,776	4,195	0	0	0	0	0	581	4,851	2,513	2,338
地市	D	0	0	0	0	0	0	0	0	0	0	0	0	0	0	0	0	0	0	0	0	0	0	0	0	0	0	0	0
县市	E	0	0	0	0	0	0	0	0	0	0	0	0	0	0	0	0	0	0	0	0	0	0	0	0	0	0	0	0
按部门分	—	—	—	—	—	—	—	—	—	—	—	—	—	—	—	—	—	—	—	—	—	—	—	—	—	—	—	—	—
文物部门	F	2	18	7	4	1	2	0	0	0	0	0	0	0	0	0	0	0	4,776	4,195	0	0	0	0	0	581	4,851	2,513	2,338
其他部门	G	0	0	0	0	0	0	0	0	0	0	0	0	0	0	0	0	0	0	0	0	0	0	0	0	0	0	0	0

		本年支出合计（千元）											资产总计（千元）		实际使用房屋建筑面积			补充资料										增加值（千元）
			在支出合计中：																							拍卖文物标的审核数		出国展览文物审核数（件/套）	
		经营支出	工资福利支出	商品和服务支出					对个人和家庭补助支出		其他资本性支出			固定资产原值	（万平方米）	库房	实际拥有产权面积（万平方米）	国家文物进出境审核管理处（个）	责任鉴定人员（人）	出境文物审核数（件/套）	禁止出境文物数（件/套）	临时入境文物审核数（件/套）	涉案文物鉴定数（件/套）	馆藏文物鉴定数（件/套）	（件/套）	禁止上拍文物标的数		
					差旅费	劳务费	福利费	各种税金支出		抚恤金和生活补贴		各种设备购置费																
（甲）		29	30	31	32	33	34	35	36	37	38	39	40	41	42	43	44	45	46	47	48	49	50	51	52	53	54	55
总计	A	0	1,591	2,636	530	280	82	0	294	0	329	0	8,468	3,488	0.00	0.00	0.00	1	6	28,971	33	249	2,377	,398	37,007	403	211	2,420
按隶属关系分	—	—	—	—	—	—	—	—	—	—	—	—	—	—	—	—	—	—	—	—	—	—	—	—	—	—	—	—
中央	B	0	0	0	0	0	0	0	0	0	0	0	0	0	0.00	0.00	0.00	0	0	0	0	0	0	0	0	0	0	0
省区市	C	0	1,591	2,636	530	280	82	0	294	0	329	0	8,468	3,488	0.00	0.00	0.00	1	6	28,971	33	249	2,377	,398	37,007	403	211	2,420
地市	D	0	0	0	0	0	0	0	0	0	0	0	0	0	0.00	0.00	0.00	0	0	0	0	0	0	0	0	0	0	0
县市	E	0	0	0	0	0	0	0	0	0	0	0	0	0	0.00	0.00	0.00	0	0	0	0	0	0	0	0	0	0	0
按部门分	—	—	—	—	—	—	—	—	—	—	—	—	—	—	—	—	—	—	—	—	—	—	—	—	—	—	—	—
文物部门	F	0	1,591	2,636	530	280	82	0	294	0	329	0	8,468	3,488	0.00	0.00	0.00	1	6	28,971	33	249	2,377	,398	37,007	403	211	2,420
其他部门	G	0	0	0	0	0	0	0	0	0	0	0	0	0	0.00	0.00	0.00	0	0	0	0	0	0	0	0	0	0	0

其他文物企业机构基本情况综合年报

		机构数（个）	从业人员（人）					资产、负债、所有者权益（千元）							损益（千元）				
				专业技术人才				资产总计			负债合计	所有者权益合计			营业收入		营业成本		
					正高级职称	副高级职称	中级职称		固定资产原值	本年折旧			实收资本	国家资本金		主营业务收入		养老、医疗、失业等各种社会保险费	住房公积金和住房补贴
（甲）		1	2	3	4	5	6	7	8	9	10	11	12	13	14	15	16	17	18
总计	A	2	8	1	0	0	0	2,479	1,063	85	589	1,890	950	800	1,154	1,154	944	39	0
按隶属关系分	—	—	—	—	—	—	—	—	—	—	—	—	—	—	—	—	—	—	—
中　央	B	0	0	0	0	0	0	0	0	0	0	0	0	0	0	0	0	0	0
省区市	C	2	8	1	0	0	0	2,479	1,063	85	589	1,890	950	800	1,154	1,154	944	39	0
地　市	D	0	0	0	0	0	0	0	0	0	0	0	0	0	0	0	0	0	0
县市区	E	0	0	0	0	0	0	0	0	0	0	0	0	0	0	0	0	0	0
按系统分类	—	—	—	—	—	—	—	—	—	—	—	—	—	—	—	—	—	—	—
文物系统	F	1	8	1	0	0	0	1,802	1,044	67	579	1,223	800	800	880	880	740	39	0
非文物系统	G	1	0	0	0	0	0	677	19	18	10	667	150	0	274	274	204	0	0

		损益（千元）							工资、福利费、税金（千元）			实际使用房屋建筑面积		实际拥有产权面积（万平方米）	文物拍卖机构补充资料				
		营业成本		营业利润	营业外收入		营业外支出	利润总额	本年发放工资总额	本年支付的职工福利费	本年应交税金总额	（万平方米）	业务用房		文物拍卖场次（次）	文物拍卖标的数（件/套）		文物拍卖标的成交数（件/套）	文物拍卖标的成交金额（千元）
		差旅费	工会经费			政府补助（补贴收入）											经审核禁止出境文物数		
（甲）		19	20	21	22	23	24	25	26	27	28	29	30	31	32	33	34	35	36
总计	A	15	0	210	25	0	1	234	54	6	188	0.02	0.02	0.00	0	0	0	0	0
按隶属关系分	—	—	—	—	—	—	—	—	—	—	—	—	—	—	—	—	—	—	—
中　央	B	0	0	0	0	0	0	0	0	0	0	0.00	0.00	0.00	0	0	0	0	0
省区市	C	15	0	210	25	0	1	234	54	6	188	0.02	0.02	0.00	0	0	0	0	0
地　市	D	0	0	0	0	0	0	0	0	0	0	0.00	0.00	0.00	0	0	0	0	0
县市区	E	0	0	0	0	0	0	0	0	0	0	0.00	0.00	0.00	0	0	0	0	0
按系统分类	—	—	—	—	—	—	—	—	—	—	—	—	—	—	—	—	—	—	—
文物系统	F	6	0	140	25	0	0	165	49	6	171	0.02	0.02	0.00	0	0	0	0	0
非文物系统	G	9	0	70	0	0	1	69	5	0	17	0.00	0.00	0.00	0	0	0	0	0

文物保护单位保护、维修情况综合年报

		维修项目数（个）	项目总预算（千元）	累计拨入项目经费（千元）			本年项目资金来源合计（千元）					本年支出合计（千元）	项目累计支出（千元）	维修面积（万平方米）
					中央补助	省专项补助		财政拨款			其他资金			
									中央补助	省级补助				
（甲）		1	2	3	4	5	6	7	8	9	10	11	12	13
总计	A	329	272,713	207,972	25,685	59,361	153,755	111,532	11,835	38,247	42,223	106,474	149,478	144.81
按部门分	—	—	—	—	—	—	—	—	—	—	—	—	—	—
文物部门	B	296	243,505	184,872	21,685	57,461	133,980	101,820	7,835	36,647	32,160	96,029	139,808	142.16
宗教部门	C	4	4,460	1,920	0	800	1,620	1,620	0	800	0	920	1,420	0.13
园林部门	D	0	0	0	0	0	0	0	0	0	0	0	0	0.00
其他部门	E	28	24,741	21,173	4,000	1,100	18,148	8,085	4,000	800	10,063	9,518	8,243	2.52
按保护单位级别分	—	—	—	—	—	—	—	—	—	—	—	—	—	—
国保单位	F	52	85,136	55,154	18,585	15,500	29,634	23,320	6,335	10,006	6,314	21,315	43,348	118.91
省保单位	G	82	60,464	43,586	2,200	22,196	27,977	22,441	600	11,383	5,536	17,852	28,902	8.96
市县保单位	H	195	127,113	109,232	4,900	21,665	96,144	65,771	4,900	16,858	30,373	67,307	77,228	16.94
按维修进度分	—	—	—	—	—	—	—	—	—	—	—	—	—	—
前期准备	I	43	39,716	23,840	0	19,425	16,222	14,547	0	11,135	1,675	3,007	6,743	13.45
施工	J	98	146,975	97,425	21,450	25,781	69,292	48,691	9,200	17,154	20,601	44,327	61,740	114.69
竣工	K	188	86,022	86,707	4,235	14,155	68,241	48,294	2,635	9,958	19,947	59,140	80,995	16.67
成果出版	L	0	0	0	0	0	0	0	0	0	0	0	0	0.00

文物保护科学研究机构基本情况综合年报

（甲）		机构数（个）	从业人员（人）	专业技术人才	正高级职称	副高级职称	中级职称	藏品数（件/套）	一级品	二级品	三级品	在藏品数中（件/套）：本年新增藏品数（件/套）	本年从有关部门接收文物数（件/套）	本年藏品征集数（件/套）	本年修复文物数（件/套）	一级品	二级品	三级品	规划及方案设计（个）	承担文物保护项目（个）	国保单位	省级保单位	市、县级保单位	基本陈列（个）	举办展览（个）	参观人次（万人次）	未成年人参观人次	门票销售总额（千元）	本年完成科研项目（个）	获国家奖	获省、部奖	专利（个）	专著或图录（册）	论文（省级及以上刊物公开发表）（篇）
（甲）		1	2	3	4	5	6	7	8	9	10	11	12	13	14	15	16	17	18	19	20	21	22	23	24	25	26	27	28	29	30	31	32	33
总计	A	4	105	62	25	14	20	14,923	51	236	1,280	1	1	0	2,004	0	0	4	0	0	0	0	0	0	0	0.00	0.00	0	0	0	0	0	2	55
按性质分类	—	—	—	—	—	—	—	—	—	—	—	—	—	—	—	—	—	—	—	—	—	—	—	—	—	—	—	—	—	—	—	—	—	—
考古研究	B	4	105	62	25	14	20	14,923	51	236	1,280	1	1	0	2,004	0	0	4	0	0	0	0	0	0	0	0.00	0.00	0	0	0	0	0	2	55
古建研究	C	0	0	0	0	0	0	0	0	0	0	0	0	0	0	0	0	0	0	0	0	0	0	0	0	0.00	0.00	0	0	0	0	0	0	0
其他研究	D	0	0	0	0	0	0	0	0	0	0	0	0	0	0	0	0	0	0	0	0	0	0	0	0	0.00	0.00	0	0	0	0	0	0	0
按隶属关系分类	—	—	—	—	—	—	—	—	—	—	—	—	—	—	—	—	—	—	—	—	—	—	—	—	—	—	—	—	—	—	—	—	—	—
中　央	E	0	0	0	0	0	0	0	0	0	0	0	0	0	0	0	0	0	0	0	0	0	0	0	0	0.00	0.00	0	0	0	0	0	0	0
省区市	F	1	82	49	23	12	14	0	0	0	0	0	0	0	2,000	0	0	0	0	0	0	0	0	0	0	0.00	0.00	0	0	0	0	0	0	55
地　市	G	3	23	13	2	2	6	14,923	51	236	1,280	1	1	0	4	0	0	4	0	0	0	0	0	0	0	0.00	0.00	0	0	0	0	0	2	0
县市区	H	0	0	0	0	0	0	0	0	0	0	0	0	0	0	0	0	0	0	0	0	0	0	0	0	0.00	0.00	0	0	0	0	0	0	0
按经费来源分类	—	—	—	—	—	—	—	—	—	—	—	—	—	—	—	—	—	—	—	—	—	—	—	—	—	—	—	—	—	—	—	—	—	—
文物经费	K	3	93	51	23	12	15	14,923	51	236	1,280	1	1	0	2,004	0	0	4	0	0	0	0	0	0	0	0.00	0.00	0	0	0	0	0	0	55
科研经费	L	0	0	0	0	0	0	0	0	0	0	0	0	0	0	0	0	0	0	0	0	0	0	0	0	0.00	0.00	0	0	0	0	0	0	0
其它经费	M	1	12	11	2	2	5	0	0	0	0	0	0	0	0	0	0	0	0	0	0	0	0	0	0	0.00	0.00	0	0	0	0	0	2	0

（甲）		科研成果：古建维修报告（册）	主办刊物（种）	本年收入合计（千元）	财政拨款	基建拨款	上级补助收入	事业收入	经营收入	附属单位上缴收入	其他收入	本年支出合计（千元）	基本支出	项目支出	经营支出	在支出合计中：工资福利支出	商品和服务支出	差旅费	劳务费	福利费	税金支出	对个人和家庭补助支出	抚恤金和生活补贴	其他资本性支出	各种设备购置费	资产总计（千元）	固定资产原值	公用房屋建筑面积（万平方米）	文物库房（含标本室）面积	实验室面积	国际合作：项目数（个）	外方投资（千元）	增加值（千元）	
（甲）		34	35	36	37	38	39	40	41	42	43	44	45	46	47	48	49	50	51	52	53	54	55	56	57	58	59	60	61	62	63	64	65	65
总计	A	0	0	52,899	36,006	0	364	1,350	0	0	15,179	49,812	11,884	37,928	0	7,915	20,325	1,505	7,986	282	0	2,249	0	1,091	1,048	37,798	11,601	0.51	0.19	0.00	0	0	19,067	0.00
按性质分类	—	—	—	—	—	—	—	—	—	—	—	—	—	—	—	—	—	—	—	—	—	—	—	—	—	—	—	—	—	—	—	—	—	—
考古研究	B	0	0	52,899	36,006	0	364	1,350	0	0	15,179	49,812	11,884	37,928	0	7,915	20,325	1,505	7,986	282	0	2,249	0	1,091	1,048	37,798	11,601	0.51	0.19	0.00	0	0	19,067	0.00
古建研究	C	0	0	0	0	0	0	0	0	0	0	0	0	0	0	0	0	0	0	0	0	0	0	0	0	0	0	0.00	0.00	0.00	0	0	0	0.00
其他研究	D	0	0	0	0	0	0	0	0	0	0	0	0	0	0	0	0	0	0	0	0	0	0	0	0	0	0	0.00	0.00	0.00	0	0	0	0.00
按隶属关系分类	—	—	—	—	—	—	—	—	—	—	—	—	—	—	—	—	—	—	—	—	—	—	—	—	—	—	—	—	—	—	—	—	—	—
中　央	E	0	0	0	0	0	0	0	0	0	0	0	0	0	0	0	0	0	0	0	0	0	0	0	0	0	0	0.00	0.00	0.00	0	0	0	0.00
省区市	F	0	0	31,383	29,750	0	0	1,350	0	0	283	29,668	10,247	19,421	0	7,173	19,421	1,461	7,557	259	0	1,961	0	972	972	34,098	9,787	0.41	0.09	0.00	0	0	17,509	0.00
地　市	G	0	0	21,516	6,256	0	364	0	0	0	14,896	20,144	1,637	18,507	0	742	904	44	429	23	0	288	0	119	76	3,700	1,814	0.10	0.10	0.00	0	0	1,558	0.00
县　市	H	0	0	0	0	0	0	0	0	0	0	0	0	0	0	0	0	0	0	0	0	0	0	0	0	0	0	0.00	0.00	0.00	0	0	0	0.00
按经费来源分类	—	—	—	—	—	—	—	—	—	—	—	—	—	—	—	—	—	—	—	—	—	—	—	—	—	—	—	—	—	—	—	—	—	—
文物经费	K	0	0	32,104	30,107	0	364	1,350	0	0	283	30,389	10,553	19,836	0	7,425	19,820	1,472	7,870	259	0	1,988	0	1,015	972	36,077	11,415	0.51	0.19	0.00	0	0	18,167	0.00
科研经费	L	0	0	0	0	0	0	0	0	0	0	0	0	0	0	0	0	0	0	0	0	0	0	0	0	0	0	0.00	0.00	0.00	0	0	0	0.00
其它经费	M	0	0	20,795	5,899	0	0	0	0	0	14,896	19,423	1,331	18,092	0	490	505	33	116	23	0	261	0	76	76	1,721	186	0.00	0.00	0.00	0	0	900	0.00

考古发掘项目情况综合年报

		项目数（个）	考古发掘人员构成情况					项目总预算（千元）	累计拨入项目经费合计（千元）					本年项目资金来源合计（千元）					本年支出合计（千元）					项目累计支出合计	
			高级职称（人）	中级职称（人）	初级职称（人）	技术工人（人）	民工（人）			中央补助	省级补助	地市级补助	其他		中央补助	省级补助	地市级补助	其他		中央补助	省级补助	地市级补助	其他	（千元）	中央补助
（甲）		1	2	3	4	5	6	7	8	9	10	11	12	13	14	15	16	17	18	19	20	21	22	23	24
总计	A	12	4,275	732	13,228	14,149	33,522	13,362	13,362	9,423	3,939	0	0	13,147	9,423	3,724	0	0	7,675	4,517	3,158	0	0	10,456	5,517
按考古发掘项目文物保护单位级别分类	—	—	—	—	—	—	—	—	—	—	—	—	—	—	—	—	—	—	—	—	—	—	—	—	—
全国重点文物保护单位	B	1	587	0	13,003	4,236	0	1,823	1,823	1,823	0	0	0	1,823	1,823	0	0	0	1,437	1,437	0	0	0	1,437	1,437
省级文物保护单位	C	0	0	0	0	0	0	0	0	0	0	0	0	0	0	0	0	0	0	0	0	0	0	0	0
市、县级文物保护单位	D	2	171	4	0	4,123	456	430	430	0	430	0	0	430	0	430	0	0	389	0	389	0	0	300	0
尚未核定为文物保护单位	E	9	3,517	728	225	5,790	33,066	11,109	11,109	7,600	3,509	0	0	10,894	7,600	3,294	0	0	5,849	3,080	2,769	0	0	8,719	4,080
按部门判别分类	—	—	—	—	—	—	—	—	—	—	—	—	—	—	—	—	—	—	—	—	—	—	—	—	—
文物部门	F	12	4,275	732	13,228	14,149	33,522	13,362	13,362	9,423	3,939	0	0	13,147	9,423	3,724	0	0	7,675	4,517	3,158	0	0	10,456	5,517
其他部门	G	0	0	0	0	0	0	0	0	0	0	0	0	0	0	0	0	0	0	0	0	0	0	0	0

		项目累计支出合计（千元）			本年项目支出合计										考古发掘面积情况			考古发掘成果						
		省级补助	地市级补助	其他	（千元）	人工费	发掘工作管理费	发掘现场安全保卫费	考古发掘费					报告出版费（含资料整理费）	调查面积（万平方米）	勘探面积（万平方米）	发掘面积（万平方米）	古墓葬（座）	古遗址（平方米）	出土器物（件/套）	原址保护展示面积（平方米）	异地保护展示面积（平方米）	回填保护面积（平方米）	出版物（万字）
										前期经费	占地补偿费	出土文物修复费	标本测试鉴定费											
（甲）		25	26	27	28	29	30	31	32	33	34	35	36	37	38	39	40	41	42	43	44	45	46	47
总计	A	2,769	0	2,170	9,845	5,440	1,072	237	2,536	163	14	65	100	370	1.43	26.00	0.66	425	332	4,811	0	0	200	1
按考古发掘项目文物保护单位级别分类	—	—	—	—	—	—	—	—	—	—	—	—	—	—	—	—	—	—	—	—	—	—	—	—
全国重点文物保护单位	B	0	0	0	1,437	1,181	191	0	65	51	14	0	0	0	0.30	0.00	0.00	0	0	0	0	0	0	0
省级文物保护单位	C	0	0	0	0	0	0	0	0	0	0	0	0	0	0.00	0.00	0.00	0	0	0	0	0	0	0
市、县级文物保护单位	D	0	0	300	689	477	139	18	55	13	0	0	0	0	0.08	0.00	0.02	20	40	1,000	0	0	0	0
尚未核定为文物保护单位	E	2,769	0	1,870	7,719	3,782	742	219	2,416	99	0	65	100	370	1.05	26.00	0.64	405	292	3,811	0	0	200	1
按部门判别分类	—	—	—	—	—	—	—	—	—	—	—	—	—	—	—	—	—	—	—	—	—	—	—	—
文物部门	F	2,769	0	2,170	9,845	5,440	1,072	237	2,536	163	14	65	100	370	1.43	26.00	0.66	425	332	4,811	0	0	200	1
其他部门	G	0	0	0	0	0	0	0	0	0	0	0	0	0	0.00	0.00	0.00	0	0	0	0	0	0	0

世界文化遗产地情况综合年报

（甲）		机构数（个）	从业人员（人）	专业技术人员	正高级职称	副高级职称	中级职称	本年收入合计（千元）	财政拨款	基建拨款	上级补助收入	事业收入	经营收入	附属单位上缴收入	其他收入	本年支出合计（千元）	基本支出	项目支出	本体保护	环境保护	基础研究	保护管理体系
（甲）		1	2	3	4	5	6	7	8	9	10	11	12	13	14	15	16	17	18	19	20	21
总计	A	1	37	0	0	0	0	9,020	9,020	0	0	0	0	0	0	9,020	4,440	4,580	0	0	0	0
按机构行政级别	—	—	—	—	—	—	—	—	—	—	—	—	—	—	—	—	—	—	—	—	—	—
部级单位	B	0	0	0	0	0	0	0	0	0	0	0	0	0	0	0	0	0	0	0	0	0
局级单位	C	1	37	0	0	0	0	9,020	9,020	0	0	0	0	0	0	9,020	4,440	4,580	0	0	0	0
处级单位	D	0	0	0	0	0	0	0	0	0	0	0	0	0	0	0	0	0	0	0	0	0
科级单位	E	0	0	0	0	0	0	0	0	0	0	0	0	0	0	0	0	0	0	0	0	0
按部门判别	—	—	—	—	—	—	—	—	—	—	—	—	—	—	—	—	—	—	—	—	—	—
文物部门	F	1	37	0	0	0	0	9,020	9,020	0	0	0	0	0	0	9,020	4,440	4,580	0	0	0	0
其他部门	G	0	0	0	0	0	0	0	0	0	0	0	0	0	0	0	0	0	0	0	0	0

（甲）		本年支出合计（千元）：经营支出	在支出合计中：工资福利支出	商品和服务支出	差旅费	劳务费	福利费	各种税金支出	对个人和家庭补助支出	抚恤金和生活补贴	其他资本性支出	各种设备、交通工具、图书购置费	资产总计（千元）	固定资产原值	遗产区占地面积（万平方米）	实际使用房屋建筑面积（万平方米）	管理用房	实际拥有产权面积（万平方米）	包含文物保护单位数量（处）：全国重点文物保护单位	省级文物保护单位	市、县级文物保护单位	尚未核定为文物保护单位
（甲）		22	23	24	25	26	27	28	29	30	31	32	33	34	35	36	37	38	39	40	41	42
总计	A	0	4,440	0	0	0	0	0	0	0	0	0	0	0	3,322.88	0.51	0.00	0.00	0	0	0	0
按机构行政级别	—	—	—	—	—	—	—	—	—	—	—	—	—	—	—	—	—	—	—	—	—	—
部级单位	B	0	0	0	0	0	0	0	0	0	0	0	0	0	0.00	0.00	0.00	0.00	0	0	0	0
局级单位	C	0	4,440	0	0	0	0	0	0	0	0	0	0	0	3,322.88	0.51	0.00	0.00	0	0	0	0
处级单位	D	0	0	0	0	0	0	0	0	0	0	0	0	0	0.00	0.00	0.00	0.00	0	0	0	0
科级单位	E	0	0	0	0	0	0	0	0	0	0	0	0	0	0.00	0.00	0.00	0.00	0	0	0	0
按部门判别	—	—	—	—	—	—	—	—	—	—	—	—	—	—	—	—	—	—	—	—	—	—
文物部门	F	0	4,440	0	0	0	0	0	0	0	0	0	0	0	3,322.88	0.51	0.00	0.00	0	0	0	0
其他部门	G	0	0	0	0	0	0	0	0	0	0	0	0	0	0.00	0.00	0.00	0.00	0	0	0	0

大遗址基本情况综合年报

		机构数（个）	从业人员（人）	专业技术人员	正高级职称	副高级职称	中级职称	本年收入合计（千元）	财政拨款	基建拨款	上级补助收入	事业收入	经营收入	附属单位上缴收入	其他收入	门票销售总额（千元）	本年支出合计（千元）	基本支出	项目支出	前期费用	保护工程	保护性设施	保护管理体系
（甲）		1	2	3	4	5	6	7	8	9	10	11	12	13	14	15	16	17	18	19	20	21	22
总计	A	1	63	26	2	2	8	28,826	27,833	0	752	0	0	0	241	0	31,941	11,995	19,946	3,500	8,500	0	5,000
按机构行政级别	—	—	—	—	—	—	—	—	—	—	—	—	—	—	—	—	—	—	—	—	—	—	—
部级单位	B	0	0	0	0	0	0	0	0	0	0	0	0	0	0	0	0	0	0	0	0	0	0
局级单位	C	1	63	26	2	2	8	28,826	27,833	0	752	0	0	0	241	0	31,941	11,995	19,946	3,500	8,500	0	5,000
处级单位	D	0	0	0	0	0	0	0	0	0	0	0	0	0	0	0	0	0	0	0	0	0	0
科级单位	E	0	0	0	0	0	0	0	0	0	0	0	0	0	0	0	0	0	0	0	0	0	0
按部门判别	—	—	—	—	—	—	—	—	—	—	—	—	—	—	—	—	—	—	—	—	—	—	—
文物部门	F	1	63	26	2	2	8	28,826	27,833	0	752	0	0	0	241	0	31,941	11,995	19,946	3,500	8,500	0	5,000
其他部门	G	0	0	0	0	0	0	0	0	0	0	0	0	0	0	0	0	0	0	0	0	0	0

		本年支出合计（千元）：经营支出	在支出合计中：工资福利支出	商品和服务支出	差旅费	劳务费	福利费	各种税金支出	对个人和家庭补助支出	抚恤金和生活补贴	其他资本性支出	各种设备、交通工具、图书购置费	资产总计（千元）	固定资产原值	实际占地面积（万平方米）	实际使用房屋建筑面积（万平方米）	管理用房	实际拥有产权面积（万平方米）	遗址公园占地面积（万平方米）	包含文物保护单位数量（处）：全国重点文物保护单位	省级文物保护单位	市、县级文物保护单位	尚未核定为文物保护单位
（甲）		23	24	25	26	27	28	29	30	31	32	33	34	35	36	37	38	39	40	41	42	43	44
总计	A	0	8,404	22,447	1,162	135	92	0	885	0	205	205	121,204	72,657	2.25	1.87	0.80	0.00	250.00	1	0	0	0
按机构行政级别	—	—	—	—	—	—	—	—	—	—	—	—	—	—	—	—	—	—	—	—	—	—	—
部级单位	B	0	0	0	0	0	0	0	0	0	0	0	0	0	0.00	0.00	0.00	0.00	0.00	0	0	0	0
局级单位	C	0	8,404	22,447	1,162	135	92	0	885	0	205	205	121,204	72,657	2.25	1.87	0.80	0.00	250.00	1	0	0	0
处级单位	D	0	0	0	0	0	0	0	0	0	0	0	0	0	0.00	0.00	0.00	0.00	0.00	0	0	0	0
科级单位	E	0	0	0	0	0	0	0	0	0	0	0	0	0	0.00	0.00	0.00	0.00	0.00	0	0	0	0
按部门判别	—	—	—	—	—	—	—	—	—	—	—	—	—	—	—	—	—	—	—	—	—	—	—
文物部门	F	0	8,404	22,447	1,162	135	92	0	885	0	205	205	121,204	72,657	2.25	1.87	0.80	0.00	250.00	1	0	0	0
其他部门	G	0	0	0	0	0	0	0	0	0	0	0	0	0	0.00	0.00	0.00	0.00	0.00	0	0	0	0

2012年浙江省文物库房安全技防建设专项投资计划

单位：万元

序号	项目名称	建设地点	建设性质	建设规模	项目审批文号	总投资	到2011年底预计完成		2012年计划投资			备注
							投资	财务款	资金来源	投资	建设内容及进度要求	
	省文物库房安全技防建设专项								小计			
									省级专项资金	500		
									自筹			
1	临安市文物馆文物库房技防改造项目	临安市	改建	库房面积362平方米，	浙文物发[2012]43号	55.93			小计	55.93	基本完成	
									省级专项资金	30		
									自筹	25.93		
2	乐清市周昌谷艺术馆库房建设项目	乐清市	新建	库房面积100平方米，恒温恒湿设备、藏品柜等设施	乐发改投资[2008]326	120			小计	120	基本完成	
									省级专项资金	40		
									自筹	80		
3	文成县文物馆文物库房安全技防建设项目	文成县	新建	安防设备采购、安装		16.5			小计	16.5	安防设备采购安装	
									省级专项资金	15		
									自筹	1.5		
4	桐乡市君匋艺术院文物库房改造及安全技防建设项目	桐乡市	改建	库房扩建，恒温恒湿设备，技防安装	浙文物发[-2012]69号	58			小计	58	基本完成	
									省级专项资金	35		
									自筹	23		
5	安吉县博物馆文物库房建设项目	安吉县	新建	文物库房1882平方米	安发改投[2008]167号	736		500	小计	236	完成	
									省级专项资金	30		
									自筹	206		
6	东阳市博物馆文物库房改造项目	东阳市	改建	改造库房460平方	东发改审批[2012]208号	160			小计	160	完成	
									省级专项资金	50		
									自筹	110		
7	台州市黄岩区博物馆文物库房建设项目	黄岩区	新建	建设博物馆，其中库房面积1031平方米	黄发改投资[2011]99号				小计	1000	基本完成	
									省级专项资金	80		
									自筹	920		
8	衢州市博物馆技防改造项目	衢州市	改建	技防安装	浙文物发[2012]208号	185			小计	185	基本完成	
									省级专项资金	60		
									自筹	125		
9	庆元县廊桥博物馆文物库房安全技防项目	庆元县	新建	恒温恒湿设备，完善技防设施	庆发改投[2011]9号	130			小计	130	采购设备等	
									省级专项资金	60		
									自筹	70		
10	舟山市海洋博物馆库房建设项目	舟山市	新建	库房建设	舟发改审批[2011）136号	560			小计	560	完成	
									省级专项资金	100		
									自筹	460		

浙江文物年鉴 2013

文物保护与考古

绍兴浙东古运河皋埠段古纤道维修

2月2日，绍兴市文物管理局邀请专家来绍指导浙东古运河皋埠段古纤道维修工作，并召开维修方案协调会。专家现场踏勘了古纤道，听取了设计单位对维修方案的介绍，就方案中有关内容提出了处理意见，达成了几点共识。

我省第三次全国文物普查收官

2月10日，省普查办向省政府做了《关于浙江省第三次全国文物普查结束阶段总结工作安排的请示》，对我省第三次全国文物普查结束阶段工作提出了由省政府发文公布《浙江省第三次全国文物普查不可移动文物名录》，由浙江省第三次全国文物普查领导小组审定公布《浙江省第三次全国文物普查工作报告》，组织召开浙江省第三次全国文物普查总结表彰大会，由浙江省第三次全国文物普查领导小组对我省第三次全国文物普查先进集体和个人进行表彰，举办浙江省第三次全国文物普查成果展，编辑出版浙江省第三次全国文物普查丛书，请浙江省第三次全国文物普查领导小组组长、副省长郑继伟为《浙江省第三次全国文物普查（新发现）丛书》及《浙江省第三次全国文物普查汇编丛书》做序等建议。

3月5日，省普查办《转发国家文物局关于做好第三次全国文物普查后续文物保护工作的通知》，要求全省各市、县（市、区）文物行政部门尽快制定文物普查后续文物保护工作计划，及时向所属辖区政府汇报；尽快公布不可移动文物名录和各级文物保护单位，改善文物保护状况，确保文物普查成果安全；同时充分利用文物普查成果，加强普查数据分析研究，推动普查成果转化应用；扩大宣传，提高民众文物保护意识，确保普查后续文物保护工作顺利推进。

省政府公布27处省级以上文物保护单位的保护范围及建设控制地带

2月29日，省政府新公布了奉化蒋氏故居之蒋母墓等3处全国重点文物保护单位、奉化王任叔故居及墓之王任叔故居等24处省级文物保护单位的保护范围和建设控制地带，并要求各地按照《中华人民共和国文物保护法》和《浙江省文物保护管理条例》有关规定，落实保护管理措施，纳入当地城乡规划和风景名胜区规划，切实加强保护。

我省7项目列入更新的《中国世界文化遗产预备名单》

根据国家文物局统一部署，从2011年7月起，我省在全省范围内开展了世界文化遗产预备名单更新工作。经各地申报，省文物局组织专家对各地上报的项目材料进行论证评审，于2012年3月向国家文物局申报6个项目。10月22日，国家文物局确定公布了更新的《中国世界文化遗产预备名单》共45个项目，我省有7个项目入选，其中单独申报项目2个：良渚遗址（杭州市）、青瓷窑遗址（慈溪市、龙泉市）；跨省联合申报项目5个：大运河（浙江省），中国明清城墙：临海台州府城墙（临海市），江南水乡古镇：乌镇（桐乡市）、西塘（嘉善县）、南浔（湖州市）、新市（德清县），海上丝绸之路（宁波市），闽浙木拱廊桥（泰顺县、景宁县、庆元县），数量在全国名列前茅。

望湖宾馆改扩建项目发现南宋大型墙基

3至5月，为配合望湖宾馆改扩建项目建设，杭州市文物考古研究所对位于望湖宾馆主体建筑东侧原有地块和扩建地块进行了考古发掘，发掘面积400平方米，发现了南宋时期大型墙基及散水，出土了大量瓷器及建筑构件、铜钱等遗物。根据文献资料推测，墙基应与南宋时期祚德庙、太一宫等宫观区院墙有关。

良渚古城遗址考古获田野考古奖一等奖

4月6日，在全国考古工作会上，良渚古城遗址考古被评为“2009－2010年度国家文物局田野考古奖”一等奖。这是良渚古城遗址继“2007年度十大考古新发现”、“2007－2008年度国家文物局田野考古奖二等奖”之后获得的又一奖项。良渚古城是长江下游第一次发现的这一时期城址，也是同时代中面积最大的古城。特殊的营建方式系国内首次发现。规模宏大的营建工程及其反映的惊人管理和社会组织动员能力表明，除了具有政治功能，其还可能具有军事和防洪功能，标志着良渚文化已经进入了成熟的史前文明。

余杭玉架山史前聚落遗址入选“2011年度全国十大考古新发现”

4月13日,“2011年度全国十大考古新发现”终评结果在京揭晓,余杭玉架山史前聚落遗址名列其中。这是自1991年“全国十大考古新发现”评选活动开展以来我省第十五项获选项目。玉架山遗址位于余杭经济开发区万陈社区,西距良渚古城约20公里。省文物考古研究所与江南水乡文化博物馆合作,自2008年10月起对玉架山遗址进行了调查、勘探和发掘。考古证实,总面积约15万平方米的玉架山遗址是由六个相邻的环壕组成的良渚文化聚落遗址,表现了良渚文化社会基本单元的概貌,出土文物也非常丰富。这种由环壕组成的完整聚落形态是良渚文化乃至长江流域史前文化的新发现,也是中国史前田野考古的一次新突破,为研究当时的社会性质、组织单元、人口数量等提供了的全新材料。

我省第三次全国文物普查成果出版

4月,《浙江省第三次全国文物普查丛书》正式出版。该丛书包括《浙江省第三次全国文物普查新发现丛书》13种(《古遗址》上下册、《古窑址》、《古墓葬》、《古村镇》、《民居》、《宗祠》、《宗教祭祀建筑》、《水利设施》、《桥梁》、《近现代史迹》、《近现代建筑》、《摩崖石刻》、《大运河遗产》上下册)和《浙江省第三次全国文物普查概览》、《浙江省第三次全国文物普查先进事迹》、《浙江省第三次全国文物普查文集》、《浙江省第三次全国文物普查日记》。中共浙江省委书记赵洪祝、省长夏宝龙分别为丛书做出批示,副省长郑继伟为丛书作序。

5月至7月,省普查办将该套丛书陆续赠送给省委省政府相关领导、省历史文化遗产委员会成员单位、全省文博系统、浙江省图书馆及部分高校图书馆。11月15日,《浙江省第三次全国文物普查丛书》赠书仪式在杭举行。省图书馆将100套丛书下发到全省各市,县(市、区)图书馆。

同时,台州、舟山等地也相继编辑出版了当地的成果汇编。

浙东沿海近代灯塔群等入选全国“三普”百大新发现

5月，国家文物局主持评选、编撰了《第三次全国文物普查百大新发现》。书中汇集了自2007年第三次全国文物普查开始以来全国各地的百处重要新发现，浙江省的“浙东沿海近代灯塔群”等四处入选。

浙江原始瓷考古研究中心落户德清

6月6日，浙江原始瓷考古研究中心授牌仪式举行。经浙江省文物局批准，浙江省文物考古研究所和德清县博物馆联合组建了浙江原始瓷考古研究中心。中心设在德清乾元镇老博物馆，主要开展东苕溪下游地区原始瓷考古调查与发掘、考古资料整理与研究等工作。

湖滨地区发现南宋宗学遗址

6月至11月，为配合湖滨地区地下停车场项目建设，杭州市文物考古研究所进行了考古发掘，发掘面积800平方米。该地块位于浙江省妇幼保健院南侧。发掘发现了房址、排水沟、水井、灶等遗迹，出土了较多瓷器及建筑构件、铜钱等各类遗物，年代从南宋一直延续到明清时期，以南宋时期遗迹最为丰富。南宋时期遗迹分初期、早期和中晚期三个时期。初期遗迹主要为一处房址，包括夯土台基、天井、水池、排水沟和灶等。根据文献记载，对照古地图及在元代地层中发现记有“宗学”字样的碑额推测，该处遗址应与南宋宗学有关。

宁波“小白礁Ⅰ号”水下考古2012年度发掘结束

7月11日，象山“小白礁Ⅰ号”沉船遗址水下考古2012年度发掘工作结束。发掘项目于5月11日正式启动，6月4日开始进入潜水发掘阶段，7月11日结束年度发掘。这期间，有关方面共派人下水作业360人次，总潜水时间超过18000分钟，基本完成了遗址主体——沉船船体之上埋藏堆积的发掘清理和船载文物的提取出水，发掘面积约160平方米，出水文物134件，其中青花瓷87件、五彩器9件、陶器8件、铜器3件、紫砂壶1件、酱釉器盖1件、青砖1块、石板24块及植物果核若干，并同步完成了水下摄影摄像、测量绘图、检测样品采集和现场文物保护等工作，以及对船体的形式结构、规模尺寸、木料用材、船板层数、腐朽程度等基本保存状况的评估。

萧山举办多项跨湖桥文化学术活动

10月12日，“中华第一舟——跨湖桥独木舟出土十周年纪念大会”在杭州萧山举行。中国博物馆协会、中国博物馆学会史前遗址委员会、北京郑和与海洋文化研究会古船研制工作委员会、中国社科院、北京大学考古与文博学院、浙江省文物局、浙江省文物考古研究所、杭州市园林文物局等单位、部门、杭州地区各博物馆馆长、在独木舟发现、发掘、保护中做出贡献的知名专家、学者及热心人士近300人参加。会上回忆了跨湖桥遗址的发现、发掘与保护历程，举行了《跨湖桥文化国际学术研讨会论文集》首发仪式，并聘请北京大学考古与文博学院教授严文明、浙江大学教授、原全国人大常委毛昭晰、浙江大学教授陈桥驿为跨湖桥文化国际研究中心终身顾问。

第三届跨湖桥文化国际学术研讨会暨中国史前遗址博物馆馆长高峰论坛也于当天在萧山举行。来自国内外遗址、考古、博物馆、舟船研究方面专家、学者50余人参加了会议。

全省考古工作会议召开

11月1日,全省考古工作会议在杭召开。会议总结了新世纪以来的考古工作成果和经验,明确了下一阶段全省考古工作的目标和任务。在浙全体考古领队、全省考古研究机构、设区市及义乌市文物行政主管部门、杭州良渚遗址管理区管理委员会、浙江大学文化遗产研究院负责人等近60名代表参加了会议。省文物局副局长吴志强在会上做了《把握机遇,开拓创新,努力谋求浙江考古事业新发展》的工作报告。

全省历史文化名城名镇名村保护暨《浙江省历史文化名城名镇名村保护条例》宣传贯彻工作会议召开

12月21日,全省历史文化名城名镇名村保护暨《浙江省历史文化名城名镇名村保护条例》宣传贯彻工作会议在富阳市召开。省级有关部门,市、县(市)规划、文物主管部门,历史文化名镇所在地镇政府有关负责人及历史文化名村代表等200余人参加。会议回顾、总结了我省历史文化名城名镇名村保护工作,研究部署了新形势下历史文化遗产保护任务,并部署开展了《浙江省历史文化名城名镇名村保护条例》宣传贯彻工作。

我省推进大运河(浙江段)保护和申遗

2012年,大运河(浙江段)保护和申遗工作进入关键阶段。省政府批准公布了大运河省级保护规划,大运河市级保护规划也经沿线5个设区市政府批准公布。申遗运河河道和遗产点的保护与整治工作进展顺利,保护整治方案编制工作全部完成,包括浙东运河西兴段、海宁市长安镇等情况较为复杂点段在内的所有申遗点段均进入施工阶段。一些县、市根据保护规划要求,对辖区内已实施或即将实施的项目提出控制要求,落实具体协调方案。大运河展示标识系统设计和监测平台研究工作顺利推进,大运河资源调查成果整理出版与研究、申遗点段“四有”档案编制等其他申遗前期准备工作也如期开展、有序进行。此外，我省还承担了大运河申遗部分全局性工作，省古建院承担了全国大运河展示标识系统总方案设计，杭州市运河综保委承接了大运河宣传片拍摄任务。

西湖文化景观预警监测平台建设取得阶段性成果

2012年，杭州西湖文化景观监测预警平台建设项目取得新进展，已初步确定遗产预警监测框架，基本整理完成了西湖十景和14处历史文化史迹的监测内容，并采集了部分数据，梳理出影响西湖文化景观各类因素的监测标准。预警监测方案获得国家文物局立项批复，列为国家世界文化遗产监测工作试点，纳入《中国世界遗产监测预警体系建设规划》。

杭州县、市、区考古工作取得新成果

2012年，杭州市文物考古研究所独立建制后，配合县、市、区基本建设进行考古勘探和发掘，抢救性清理了一批古墓葬，在余杭、萧山、富阳等地区考古工作中取得新成果。

2月至5月对余杭05、06号地块进行的发掘清理墓葬40座，出土文物80件(组)。其中汉墓6座，东晋南朝墓34座，均为砖室墓。汉墓平面呈长方形，随葬品有陶壶、灶、罍、罐及铜钱币等。东晋南朝墓均为砖券单室墓，以中小型为主，墓葬大多被盗扰，随葬品仅存个别青瓷盘口壶、碗、钵。

3月至6月联合萧山博物馆对萧山柴岭山至蜈蚣山土墩墓进行抢救性清理，共发掘37座土墩，清理59座墓葬、8个器物群、1座窑址和1个灶。墓葬和器物群内出土器物867件(组)，封土、填土、扰土中出土器物55件。墓葬包括无石室土墩墓和石室土墩墓两大类，出土了原始瓷器豆、盂、碗、盘、罐、印纹硬陶罐、坛、翁、瓿等。墓葬年代从商代中晚期延续到战国初期。

6月至10月对余杭108号地块进行的抢救性考古发掘，面积1415平方米，发现余杭禾丰遗址的地层堆积十层，遗迹现象49处，出土陶、瓷、石、铜和竹木器等。余杭禾丰遗址是一处跨越马桥、西周、汉代、六朝、明清等多个时期的重要的古文化遗址，出土的马桥时期木桨、竹篓、西周时期木锛、战国时期木梯和汉代陶井在杭州地区的历年考古发掘中非常罕见。

7月至8月对余杭区中泰镇百亩地村地块基本建设中发现的古墓葬进行清理，共发掘墓葬21座，出土文物260件。本次发掘均为汉代墓葬，其中砖室墓5座，土坑墓16座，初步判定土坑墓时代为西汉，砖室墓为西汉晚期到东汉。

博物馆与纪念馆

全省“加强馆际合作办展、促进馆藏资源整合共享”专题工作会议举行

3月5日，全省“加强馆际合作办展、促进馆藏资源整合共享”专题工作会议在湖州南浔召开。各设区市文物行政部门分管领导（对口业务处室负责人）、各省直博物馆馆长（分管领导）、设区市博物馆馆长和部分县（市、区）博物馆馆长等60多人参加了会议。会上，浙江省博物馆等单位做了典型发言，介绍了工作情况与经验。与会代表还结合自身实际，就加强馆际合作办展、促进馆藏资源整合共享进行了交流讨论。

景宁畲族博物馆开馆

3月25日，畲族博物馆正式对外开放。博物馆占地面积3400平方米，建筑面积3554平方米，展厅面积1500余平方米，于2007年6月动工建设。展陈以畲族发展变迁为主线，通过大量的文物、实物和图片，讲述了畲族的发展史和畲族的文化。

杭州博物馆完成提升改造开放

3月，杭州历史博物馆与杭州市文物考古所分别建制，并正式更名为杭州博物馆，成为杭州市第一座真正意义上的综合博物馆。6月9日，改造后的杭州博物馆正式向公众开放。

杭州博物馆前身系2001年建成开放的杭州历史博物馆。2010年，博物馆提升改造工程启动，将原吴山博物馆建筑作为北馆，把北馆与南馆（杭州历史博物馆）连成一体。新馆占地面积2.3万平方米，建筑面积1.4万平方米，展区面积7千平方米，馆藏文物1.2万件，其中一级文物81件（套）。南馆机动展厅提升改造工程也于12月底顺利完工。

仙岩历史文化遗产专题展示馆开馆

仙岩历史文化遗产专题展示馆于4月27日正式开馆。展示馆共两层，建筑面积300多平方米，主要展示了西周土墩墓出土文物、慧光塔出土文物及非物质文化遗产项目。

浙江、新疆两地四方签订新疆文化遗产保护与研究战略合作框架协议

5月7日，浙江省文物局、新疆维吾尔自治区文物局、浙江大学和塔里木大学在乌鲁木齐共同签订了《新疆文化遗产保护与研究战略合作框架协议》。根据协议，四方将围绕新疆文物保护工作及浙江大学与塔里木大学相关学科建设需要，充分发挥各自的文物资源、人才资源、科技研究资源等优势，联合开展多层次的科学研究、技术交流与人才培养，共同编制、实施新疆文化遗产保护与研究合作工作规划，开展遗产资源调查、文物资源数字化采集、遗址环境监测、物探考古、保护材料研究等工作，着手新疆文物系统和塔里木大学文化遗产保护、研究人员的培养，联合规划建设新疆文化遗产保护数据资源库、新疆文化遗产数字化公共服务平台与专题资源库等平台（或实验基地），为新疆文化遗产保护与研究工作提供支持。

“浙江省5·18博物馆学术论坛”在嘉兴举行

5月16日，由浙江省文物局、浙江省博物馆学会、嘉兴市南湖风景名胜管理委员会联合主办，嘉兴南湖革命纪念馆承办的“浙江省5·18博物馆学术论坛”在嘉兴召开。本次论坛以“处于变革世界中的博物馆：新挑战、新启示”为主题，邀请六位专家做了“以创新作为拯救之道：面对变革世界的美国博物馆”、“原创性展览的思考与实践”、“收藏今天，积累资源——博物馆当代藏品的价值认知和征集思路”等学术报告，来自全省文物博物馆界的100多位代表参加了论坛。

六横里岙民俗风物馆开馆

5月18日,普陀区六横里岙民俗风物馆开馆,成为普陀系列海洋博物馆首家分馆。风物馆坐落于里岙白象山南麓小平原,建筑面积800平方米,投资170万元。馆内分序厅、文物史迹、民间工艺、红色记忆、民风习俗、海洋生物六个展区,共有展品近2000件。该馆的开馆也标志着普陀区博物馆总分馆制度的正式实施。

温州矾矿博物馆建成开放

6月8日,温州矾矿、苍南县文化广电新闻出版局、矾山镇政府等三家单位累计投资130万

元，联合打造的温州矾矿博物馆正式挂牌成立。

夏鼐故居陈列馆、南戏博物馆开馆

6月9日，经过两年多的整理和施工，位于温州市区仓桥街的夏鼐故居陈列馆正式对外开放。当天，位于市区四营堂巷的温州南戏博物馆也正式开馆。该馆收藏了大量南戏文史资料、戏曲服装道具及经典曲目等展品。

瑞安博物馆开展新馆续建工程

8月，瑞安博物馆新馆续建工程正式开工。6月，瑞安市政府召开专题会议进行了部署。续建工程包括一层改造、旧设备更换、安防、展陈设计等方面。

苍南县博物馆完成新馆陈列文案策划

苍南博物馆新馆在基建工程完工的基础上，于8月委托启动了新馆陈列文案策划，几经编撰、修改，于12月底向省文物局提交了陈列大纲并审定通过。

“中国柯桥·新时期博物馆展陈与教育学术论坛”在柯桥举行

9月19日至20日，“中国柯桥·新时期博物馆展陈与教育学术论坛”在绍兴县柯桥举行。来自国内文博界的50多位代表围绕“新时期博物馆精品展览的新思维、新探索”和“博物馆教育与传播在当代文化发展中的作用”两大主题，就当前我国、我省博物馆展陈、教育实践中的重点、难点问题与热点、亮点话题进行了交流和探讨。

此次论坛由浙江省文物局、浙江省博物馆学会、绍兴县文化广电新闻出版局主办，绍兴县文化发展中心、越国文化博物馆承办，中国博物馆协会为学术顾问单位。与会专家学者通过大会学术报告、分组学术交流、参观考察浙江省获国家、省级陈列展览精品奖回顾展等形式，就有关问题进行了讨论。

海盐县博物馆新馆正式开放

9 月 28 日，海盐县博物馆新馆正式对外开放。新馆投资 1.4 亿元，建筑面积 1 万平方米，其中展区面积 5300 平方米，设主展厅一个、临展厅两个、专题厅一个。基本陈列“海盐- 嬴政二十五年”以千年聚落、千年盐都、千年海塘、千年港埠、千年古刹等“五个千年”为中心，介绍了海盐的地域特征和历史文化特色。开馆仪式上还举行了朱南田遗作《红雨润心庐诗稿》的手稿捐赠仪式。截至 2012 年底，新馆开放三个月，接待观众 82797 人次。

赵延年艺术馆开馆

9 月 29 日，赵延年艺术馆开馆。艺术馆设在湖州市博物馆内，是唯一以赵延年为名的艺术馆。3 月，赵延年正式将自己各类代表性作品整体捐赠给家乡湖州，并移交湖州市博物馆入藏，捐赠数量达 1000 余幅，囊括了赵延年从上个世纪 30 年代到现在各个时期的作品，包括木刻原作 368 幅，木刻原版 28 幅，水墨漫画、水墨画 103 幅，速写 233 幅，创作草图素材 320 幅以及 1938 年上海美专时期原作 11 幅等。

北仑博物馆分馆暨九峰乡土文化馆开馆

9月29日，北仑博物馆分馆——九峰乡土文化馆举行开馆仪式。作为北仑博物馆第一个分馆，九峰乡土文化馆展厅面积约330平方米，目前主要由“鲁彦·乡秀”、“风声·茶韵”、“记忆·民风”三个展厅组成，展陈了大碶名人鲁彦、周大风的成就及风箱、铜暖果、米升、锡茶壶等各类经典民俗藏品。

周昌谷艺术馆开馆

10月15日，周昌谷艺术馆在乐清开馆，中国美院中国画系教学实践基地也正式挂牌。周昌谷，浙江乐清人，现代浙派人物画代表人物之一，为新中国美术界获得了第一块国际金奖。周昌谷艺术馆坐落于乐清市中心公园，建筑面积1500平方米，展厅面积919平方米，历时4年，投资1700万元筹建。展馆收藏了51件周昌谷书画精品、部分遗物及其家属、好友的作品。周昌谷艺术研讨会等活动也同期举行。

诸乐三艺术馆开馆

10月23日，诸乐三艺术馆在安吉正式开馆。艺术馆位于安吉县城昌硕公园内，建筑面积1000多平方米，内设“诸乐三艺术人生”和“诸乐三作品展”两大陈列，展示了诸乐三的生平和各时期书画、篆刻、手稿原件。

王蘧常学术馆开馆

王蘧常逝世23周年纪念日前夕，王蘧常学术馆于10月24日开馆。学术馆位于揽秀园，陈列面积约520平方米，集中展示了王蘧常生平家世和其在教学、史学研究及书法上的造诣和成就。

鄞州区举行沈光文纪念馆开馆仪式

10月29日，位于鄞州区石碶街道星光村的沈光文纪念馆正式开馆。纪念馆以甬台两地沈光文血缘、文缘关系为纽带，以“缅怀台湾文化初祖、共同弘扬中华文化”为主题，进行了陈列布展，评述了沈光文在困境中传播中华文明并使之成为台湾文化光源的功绩。

中国生态博物馆建设安吉论坛举行

10月29日，由浙江省文物局、安吉县政府主办，浙江省博物馆学会协办，安吉县文化广电新闻出版局承办的中国生态博物馆建设安吉论坛在安吉县举行。文化部党组成员、故宫博物院院长单霁翔作了主旨演讲，安吉县县长王树介绍了安吉县生态博物馆建设情况；中央民族大学教授潘守永、贵州地扪生态博物馆馆长任和昕分别作了题为《生态博物馆在中国》、《生态博物馆的贵州实践》的演讲。来自美国亚利桑那州立大学、福州市三坊七巷管理委员会、浙江省文物局、中国丝绸博物馆、浙江自然博物馆、温州市瓯海区文博馆的专家在会上做了交流发言。与会代表共同探讨了生态博物馆的建设之路。

横峰革命纪念馆重新开放

11月7日，历时一年多翻修改造的温岭市横峰革命纪念馆重新开放。纪念馆是中共原温岭县委早期的活动地点，也是原温岭北区人民抗租反霸斗争的遗址所在。在温岭市党史办的帮助下，纪念馆收集、整理了自1924年以来中国共产党领导下建立农会组织，开展抗租反霸斗争、碗窑工人大罢工和请愿活动，以及抗日战争时期活动等历史资料，分为星火燎原、烽火硝烟、胜利曙光、浩气长存、横峰新貌五个篇章，介绍了温岭北区人民的革命斗争史。

中国博物馆协会博物馆学专业委员会2012年年会在杭举行

11月8日至11日，由中国博物馆协会博物馆学专业委员会主办，浙江省博物馆承办的中国博物馆协会博物馆学专业委员会2012年年会暨学术研讨会在杭举行。来自全国25个省、市、自治区61家博物馆、高校的博物馆学专家、学者、代表近90人参加了会议。国家文物局副局长、中国博物馆协会理事长宋新潮做了题为《什么是好的博物馆展览》的主题报告。随后，浙江省博物馆馆长陈浩、浙江大学教授严建强、甘肃省博物馆馆长俄军围绕会议主题做了主旨发言。此外，研讨会还就“原创性展览的概念和类型”和“原创性展览的功能和发展方向”两个议题特设了两场开放论坛，10位来自全国博物馆及高校的专家学者在论坛上做了学术发言。

普陀区博物馆白沙渔俗馆开馆

11月14日，普陀区博物馆白沙渔俗馆开馆并授牌，成为继普陀区博物馆六横里岙民俗风物馆之后，第二家成功授牌的普陀系列海洋博物馆。该馆坐落于白沙乡后沙头，在后沙头大队仓库原址上建造，展厅面积230平方米，耗资100多万元。馆内分序厅、渔捕、渔风、渔钓4个展区、8个场景，收藏、记录了近150件东海海域渔业发展情况和渔民生活习俗的生产工具、生活用具及历史资料，以体现白沙乡的地域和历史文化特色。

余姚市蒋梦麟故居重新开馆

11月23日，余姚市举行中国近代著名教育家、原北大校长、浙江大学首任校长蒋梦麟故居开馆仪式。蒋梦麟故居为余姚市市级文保单位，坐北朝南，原由门厅、正屋、两侧厢房及后灶屋组成，现仅存正屋五间，蒋梦麟的童年在此度过。2010年10月起，余姚市政府、黄家埠镇政府共同出资200余万元，对蒋梦麟故居进行修缮，同时重建了东西厢房、围墙、庭院等建筑。修复后的故居将作为蒋梦麟事迹陈列室，展示文字资料、书法作品、摄影作品、纪念影像、已出版的蒋梦麟著作和反映姚西风情的文史资料与实物。

谢灵运纪念馆、温州数学名人馆试开放

11月29日，谢灵运纪念馆和数学名人馆对外开放。谢灵运纪念馆位于温州市区谢池巷东首池上楼，展陈内容分“谢灵运和山水诗”、“谢灵运和温州”、“山水诗和温州古迹”三大板块。温州数学名人馆位于市区白鹿洲公园东侧谷宅，展出了晚清以来温籍数学家的事迹、研究成果和有关物品。

泽雅传统造纸生态博物馆开馆

利用省级历史文化村水碓坑村古民居修缮改建完成的“意纸斋”艺术家工作室与泽雅纸

山民俗文化专题展示馆于12月6日正式开馆。“意纸斋”艺术家工作室由国内著名画家王文生等5位艺术家无偿捐赠近60幅画作，以个人专题画展的形式，将传统造纸的传承示范与书画相结合。泽雅纸山民俗文化专题展示馆面积约300平方米，展示了纸农的劳动、生活及“纸山”民俗风情。

陈傅良与永嘉学派纪念馆竣工

陈傅良与永嘉学派纪念馆是利用瓯海区省级文物保护单位陈傅良祠进行陈列布展。整个工程于12月竣工并对外开放。

浙江文物年鉴 2013

文物安全与执法

舟山处理破坏古遗址违法事件

2011年12月5日，舟山市文物监察支队接举报，位于定海区马岙镇的区级文物保护单位马岙土墩遗址有施工破坏。支队随即会同市文物办赶赴现场调查，发现当地村民在遗址保护范围内东北角搭建违章建筑，原先设立的北部保护界桩也被破坏。2012年2月13日，舟山市文物监察支队会同市文物办，再次与区、镇相关部门对现场进行落实检查，勘定保护范围，妥善处理了这一事件。

全省各地开展春节前安全检查

春节来临之际，杭州、宁波、温州、湖州、嘉兴、金华、丽水等地文物行政部门领导率领业务处室、文物执法机构、文保所等单位，对辖区内文博开放单位开展了以防火、防盗为核心的安全

大检查。省文物局领导也带队对杭州等地开展了节前安全工作抽查。全省共计检查文物保护单位766家，发现各类安全隐患32处，当场整改28处。春节期间，全省确保文物的安全。

青田加强文物监察

2月14日，青田县配合丽水市文物监察大队对县内省级文保单位进行安全巡查。9月24日，青田县文物办联合文物监察队对县内省级、县级文物保护单位开展隐患排查。检查人员分别对多处省级文保单位的消防安全和保护情况进行实地勘察，并向文保点和周边住户进行了生活、生产用火安全宣传。截至10月，全县共出动32人次、13车辆次，检查文物点31处。11月7日，有关方面又配合青田县船寮派出所对该区域内2处被盗挖古墓进行了现场勘查，将现场基本情况向当地派出所书面反馈，建议立案侦查。

舟山市对普陀山文保单位进行安全巡查

3月28日至29日，舟山市文物监查执法支队会同市文物管理办公室，联合对普陀山17处

文物保护单位进行安全巡查，并针对巡查过程中发现的安全、修缮、消防设施、人居环境等问题，与具体负责人进行沟通，解释相关法律法规规定，提出整改意见。

龙湾开展文保单位保护管理

3月，龙湾区文博馆先后完成马初翁墓、姜家坦遗址、王闾墓等7处文物保护点的标志碑立碑工作。4月下旬，龙湾区文博馆开展全区木构文物保护单位和文保点消防安全检查，增设灭火器80余只，更换原有灭火器过期粉末1000余斤。

瑞安利济医学堂拆除违法建筑

3月，省文物局接举报，瑞安市全国重点文物保护单位利济医学堂建设控制地带内正在搭建面积1000平方米左右、建筑高度超过文物本体的钢构建筑。省文物局随即派人前往调查，并召集瑞安市政府、建设局、文化局、旧城办及房地产企业等单位参加协调会，要求限期进行拆除。经多次协调，违法建筑终在5月底全面拆除，恢复了文物原状。

舟山市推进文物安全巡查工作

3月至5月，舟山市文物管理办公室组成安全巡查队伍，对全市各级文物保护单位进行安全巡查，范围覆盖全市大部分文物保护单位（点），使文物巡查成为常态性工作。

杭州地区文物行政执法案卷评审会召开

4月25日至26日，杭州地区文物行政执法案卷评审会在临安召开。杭州市园林文物监察支队及各县（市、区）文物大队分管领导、业务骨干25人参加。会上，各大队按照文物案卷评审标准，对提交的五份案卷进行交叉评分，并就存在问题开展讨论。

丽水市联合开展节前安全大检查

4 月 28 日，丽水市文物保护管理所联合市文物监察支队对管辖区域内各级文保单位和文物点进行了全面安全大检查。检查组检查了 8 处省保单位、15 处市保单位及 6 处文物点，就存在的问题当场与使用单位、产权户达成整改意向，要求三日内完成整改，还在向主管部门书面汇报检查情况的基础上，部署、制定了各级、各类文保单位安全应急预案和安全责任制，与产权单位签订文物保护责任书，使责任落实到人。

泰顺县统一增挂文物保护监督举报监督牌

4 月，泰顺县文物监察大队为 2 处全国重点文物保护单位（泰顺廊桥、仕水矴步）16 个单体和 7 处省级文物保护单位（泰顺廊桥、玉岩包氏宗祠、雪溪胡氏大院、上交垟土楼、罗阳石亭、雅阳林一牧墓、前坪张氏厝屋）10 个单体，统一挂上“12318”文物保护监督举报监督牌。

绍兴县开展“文物安全月”活动

5月15日至6月14日，绍兴县组织、开展“文物安全月”宣传活动，对全县范围内各级文保单位开展全方位安全大检查，同时在开放文保单位组织消防安全演练活动。此外，在安全月活动期间，文物部门还利用向县城主要街道、社区、乡村、文保单位下发、张贴文物宣传资料，联合电影公司在映前放映文物保护宣传片，在全县中小学校开展“三普”图片展及利用电视媒体等形式，向社会开展文物保护知识宣传。

舟山消除文物点白蚁危害

5月23日，舟山市文物办获悉，定海城区市级文保点吴家大院出现白蚁，随即与白蚁防治部门取得联系，同时与社区、房屋所有人等沟通，联合赴现场察看蚁害情况，做出治理措施，还针对院内存在的消防设施配备不全，走廊通道杂物堆积，生活用火不规范等安全隐患，与相关责任人进行沟通指导，确保文保点的妥善合理利用。

绍兴市联合开展文物市场执法检查

5月29日和6月5日，绍兴市文物局会同公安、工商执法部门，分别对绍兴市区古玩市场、上虞收藏品市场、嵊州古玩市场和艺术村的260多家经营户开展了联合执法检查，还召集三地市场负责人及管理人员对检查情况作了反馈，就存在的问题提出整改意见，分别分发了《文物法律法规选编》等资料。

云岫寺开展白蚁防治

5月，德清县民族与宗教事务局、县白蚁防治研究所、县文物保护管理所联合对云岫寺进行现场踏勘。专业人员对原先预埋在寺内的白蚁监测器进行检查，认为通过几年治理，云岫寺的白蚁数量已得到控制，并根据现场勘查情况制定了一套治理对策，以进一步加强对云岫寺白蚁的防治。

安吉县开展文物保护志愿者培训

6月6日，安吉县文广新局举办全县文保志愿者培训。全县15个乡镇文化站长、72名文保志愿者参加。培训举办了文物保护法及文物保护知识等方面的讲座，结合国内外典型案例，讲述了突发事件应急管理课程，就应急预案建立的重要性、应急管理体系的基本框架及突发事件与文物保护等问题做了阐述，就文物执法过程中遇到的疑难问题展开讨论。

绍兴市举办古建筑文保单位消防安全培训

6月12日，绍兴市文物监察支队组织、举办古建筑文保单位消防安全知识培训，来自市区未开放文保单位的业余文保员、义务消防队员及古建筑文保单位内居（村）民100余人参加培训。

学员们听取了古建筑文保单位消防安全知识专题讲座，现场进行了灭火器操作演练，吕府等5处未开放文保单位的5支义务消防队还接受了演练辅导，领取了《消防法》、《文物法律法规选编》等宣传资料。

舟山市博物馆开展消防安全知识培训暨灭火演练

6月12日，舟山博物馆邀请定海区消防大队为全馆工作人员举行了消防安全知识培训暨灭火演练。培训内容主要涉及建筑防火及消防设施配备、火灾逃生注意事项、日常防火检查要点及灭火器使用等方面，还进行了灭火演练和消防器材实际操作。

余姚成立全省首个乡镇文物监察中队

6月27日，余姚市正式成立文物监察大队梁弄中队，这是省内第一个乡镇级文物监察队伍。梁弄中队主要负责对辖区内文保单位、文保点和其他不可移动文物的定期巡查和常态化管理，及时报告、制止人为破坏文物或违规建设等情况，积极开展文物保护宣传，提高群众的文物保护意识。

杭州市加强高温天气文物安全工作

7月6日，杭州市文物保护研究所发函，要求各文保单位的管理、使用单位关注高温天气下的文物安全，进行消防安全自查，并制定了防火应急预案，组织开展了消防培训和演练；同时加强了高温值班管理和木结构建筑的巡查力度，对于存在的问题督促相关单位及时整改。

浙江省文物局举办全省文博系统安防知识更新培训班

7月11日至12日，浙江省文物局在杭举办“2012年度全省文博系统安防知识更新培训班”。全省文博系统负责安全防范工作的100多名相关人员参加了为期两天的专业知识和操作技能培训。培训班设置了安全技术防范与安全防范技术、安全防盗报警系统、电视监控技术及设备的主要功能与使用方法、安全技术防范系统工程的要求和注意事项等内容，还结合当前文物安全形势，对文博系统安全防范技术要求做了分析。培训期间，有关方面对免费开放博物馆观众流量智能统计与分析系统进行了演示。

绍兴市联合开展夏季消防安全检查

7月16日至20日，绍兴市文物局会同绍兴市消防支队组成联合检查组，开展古建筑文保单位消防安全专项检查。检查组重点对市区未开放文保单位中的吕府、鲍氏旧宅建筑群、古越藏书楼、尚德当铺、陈家台门等32处古建筑开展检查，并向各文保单位发放了消防安全标志标识，向消防安全责任人宣传消防知识，对在检查中发现的问题进行了现场指导，及时向管理使用单位（人）提出了整改意见，要求整改落实。

我省文物部门积极抗击台风侵袭

2012 年夏，我省连续遭到台风侵扰，继“苏拉”和“达维”之后，第 11 号强台风“海葵”正面袭击了包括杭州在内的浙江中北部，造成了不小破坏。我省杭州、宁波等地文物部门根据气象部门发布的台风橙色预警及有关方面部署，立即启动防台应急预案，采取措施，做好抗台各项准备，努力确保文物保护单位、考古工地、文物库房及相关人员的安全。杭州市未发生文物安全事故，台风登陆地象山县和靠近象山的宁海县损失严重，不可移动文物较多的余姚市、奉化市、海曙区和临港的北仑区受损情况也比较严重。

普陀区文化消防“走亲”促交流

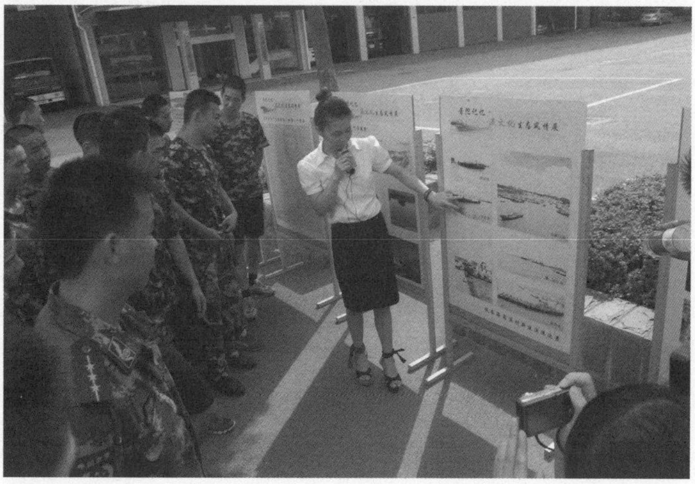

8 月 28 日，普陀博物馆与区消防中队开展“走亲”形式的文化交流活动。博物馆工作人员为消防员展出了“普陀记忆·文化生态风情展”，赠送了《普陀记忆》和《普陀文博》刊物，并进行了中国传统文化茶道和古琴表演。消防员则带领博物馆工作人员参观了消防教育馆，实施了火灾现场自救演习，讲解了灭火知识与技巧。

嘉兴开展文物安全隐患排查整治专项行动

9月4日至6日，嘉兴市文化广电新闻出版局文物处、嘉兴市文物监察支队及嘉兴市文物保护所相关成员组成检查组，在全市集中开展文物安全隐患排查整治专项行动。检查组实地检查了市本级及各县（市）十几家文保单位和博物馆，将文物、博物馆单位防洪涝灾害和博物馆文物展览、保管设施设备安全情况列为重点检查内容，听取了当地文物行政部门的汇报。根据检查情况，检查组及时反馈，形成专项检查情况报告，上报浙江省文物局。

浙江省文物（管辖海域文化遗产）执法人员业务培训在义乌举办

9月5日至9月6日，由浙江省文物局主办，省文物监察总队承办，义乌市文广新局协办的全省文物（管辖海域文化遗产）执法人员业务培训在义乌市举行。有关专家应邀为参加培训的120余名全省各市、县（市、区）文物执法监察机构执法人员开展了海洋和海洋执法、文物建筑保护与管理等方面内容的授课。

诸暨城东派出所向博物馆移交追缴文物

9月6日，诸暨城东派出所向诸暨博物馆移交了一件被盗掘的文物东晋青瓷点彩鸡首壶。该文物系2012年破获的盗掘古墓葬案中的涉案文物。2011年底，犯罪嫌疑人先后四次至诸暨市街亭镇周村燕山一带实施盗掘，共挖掘盗洞七处，盗得一只东晋青瓷点彩鸡首壶。经浙江省文物委员会鉴定，该壶为三级文物。

湖州及时制止古桥拆除事件

9月10日，湖州市文物监察支队获悉，织里镇有一座古桥正在被拆除，立即派人与市文保所人员一起赶往现场。该古桥名永福壩桥，为近现代重要史迹及代表性建筑，是湖州市政府公布的不可移动文物之一。经现场勘查，该桥桥面石构件被搬离。湖州市文物监察支队和市文保所当即与织里镇镇政府取得联系，要求协助处置，立即停止施工，保护好已拆除的古桥石构件，将古桥恢复原状。9月12日，湖州市文物监察支队和市文保所再次赴现场监督检查，古桥已基本恢复原状。

宁波市部署文物安全整治专项行动

9月14日，宁波市文化广电新闻出版局召开全市文物安全工作会议，部署2012年度文物安全隐患排查整治专项行动。行动范围包括文物保护单位和尚未公布为文物保护单位的不可移动文物，博物馆、纪念馆等文物收藏单位，文物保护工程施工工地、考古发掘工地，其中以全国重点文物保护单位和核定公布为一级风险单位的文物收藏单位为重点。

绍兴市开展文物安全隐患排查整治专项行动

9月20日，绍兴市文物局会同市消防支队，联合对市区及各县（市）现有的16处全国重点文物保护单位进行全面检查，并对10处省级文物保护单位和4家博物馆进行了重点抽查。在为期4天的检查中，检查组通过实地踏勘，对每处（家）文博单位的消防设施配备、规章制度落实、技防监控操作、文物安全机构、人员管理等工作情况进行全面检查和详细了解，当场提出整改意见。检查结束后，检查组将情况向当地文物行政管理部门进行了反馈。

衢州市开展文物安全隐患排查整治专项行动

9月，衢州市开展2012年文物安全隐患排查整治专项行动，共排查不可移动文物和文物收藏单位888处，发现安全隐患264项，整改241项，整改率91.3%，其中全国重点、省级文物保护单位和文物收藏单位的安全隐患整改率达100%。

余杭区追缴一批出土文物

10月15日，余杭区接群众举报，余杭街道道路建设施工过程中发现古墓，出土文物被附近村民带走。余杭区文物监察大队赶往现场展开调查处置，在当地街道工作人员协助下，经过说服教育，成功追回了3件流失出土文物。经鉴定，3件出土文物分别为盘口壶、双系罐和洗，均属西晋时期青瓷器。这些文物被存放到江南水乡博物馆。

杭州制止钱塘第一井擅自加装

10月16日，杭州市园林文物监察支队执法人员巡查时，发现省级文物保护单位钱塘第一

井西侧中部的一眼井旁被加装了石质龙头抽水泵及引水槽。经查，该加装工程未经过文物行政部门批准。执法人员对使用单位进行了宣传教育，要求限期自行拆除。至11月21日，整改已全部完成。

绍兴市文物监察支队举办全市文物行政执法培训

10月25日至26日，绍兴市文物监察支队在市区组织举办2012年度绍兴市文物行政执法培训。来自全市各县（市）的30余名文物行政执法人员参加了培训，接受了文物行政处罚案卷制作过程中的常见问题、加强文物保护管理、依法实施行政强制等专题讲座。学员们结合实际，对近一年来的工作进行了回顾、总结，相互学习交流。期间，全体学员赴宁波市考察了博物馆、天一阁等文博单位。

岱山县举办博物馆消防安全技能培训

10月30日，灯塔博物馆特邀岱山县消防大队有关人员，为全县博物馆工作人员进行消防安全知识培训。培训介绍了典型火灾案例，特别针对博物馆日常工作中常见的火灾隐患，提出了防治处理方法，就火灾中各类消防器材的使用方法和逃生技能进行了现场指导，还进行了实战训练。

苍南依法拆除蒲壮所城保护范围内违章建筑

10月，蒲壮所城保护范围内一住户未经有关部门批准，擅自私建两间红砖建筑。蒲城文物保护管理所要求其立即停止违规活动，苍南县文化广电新闻出版局进行现场劝导，并下发《责令限期改正通知书》。在做了大量政策宣传后，11月2日，苍南县规划、国土、公安、文物和马站镇政府等部门依法拆除了该违章建筑。

江山市博物馆开展消防安全演练大比武活动

11月5日，江山市博物馆举办消防安全综合演练大比武活动。演练项目分为保安队列演练、展览厅安全疏散、文物抢救演练等。随后，博物馆还以团体赛和个人赛的形式，举行了团体现场灭火和个人接消防水带、水枪大比武。

天台县济公故居开展消防演练

11 月 7 日，天台县济公故居组织开展消防演练。故居管委会通过定期组织消防安全教育，对全体员工开展了消防安全常识、灭火器使用、火灾初期扑救等培训。

路桥处理古墓盗挖案

11 月 15 日，路桥法院以盗掘古墓葬罪分别判处两名当事人有期徒刑9 个月和8 个月。经浙江省文物鉴定委员会专家鉴定，被盗挖的古坟中有两座系六朝时期古墓葬，具有一定的历史、艺术、科学价值。

我省在全国文物处罚案卷评查中获奖

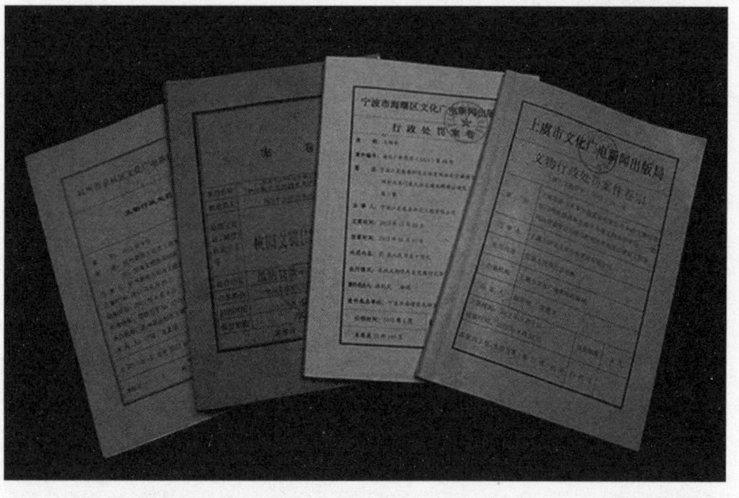

11 月 19 日，国家文物局组织开展的全国文物行政处罚案卷评查结果揭晓，我省选送的四个案卷分别获全国十佳案卷和优秀案卷。

浙江省文物局开展社会治安综合治理专项检查

12 月 4 日、5 日，省文物局专项检查组对中国丝绸博物馆、浙江省博物馆、浙江自然博物馆、浙江省文物考古研究所等单位进行了社会治安综合治理专项检查。检查组听取了各单位领导对年度社会治安综合治理工作情况的汇报，重点对文物展厅、文物库房、监控中心等风险部位及制度落实情况进行了查看。

杭州召开2012年度文物行政执法工作会议

12月17日至18日，杭州地区2012年度文物行政执法工作会议召开。会上，杭州市园林文物监察支队做了2012年度杭州地区文物行政执法工作总结与汇报，各地就文物执法监察工作经验进行了交流。会议还对2012年度杭州地区文物执法工作先进单位和个人进行了表彰。杭州市园林文物监察支队等6家单位获优秀案卷（案例）奖项，良渚遗址文物行政执法大队等5家单位获文物执法责任制考核优胜（优秀）奖项，12位执法工作者和文物守望者获先进个人荣誉称号。

温州博物馆实施恒温恒湿系统改造工程

12月，温州博物馆展柜及库房恒温恒湿系统改造工程竣工。工程项目包括书画馆、工艺馆、书画库房的恒温恒湿改造，共投资300万元。

全国文物执法动态监管与预警系统试点落户良渚

2012年底，国家文物局组织开展文物执法动态监管与预警系统研发和建模工作，杭州良渚遗址入选成为全国首批试点之一。项目实施将持续至2013年8月。

浙江省部署加强田野文物安全工作

2012年，省文物局联合全省文物安全工作联席会议部分成员单位，印发了《关于进一步加强田野文物安全工作的通知》，在全省范围内部署、开展、加强田野文物安全，依法查处、打击盗挖、盗掘、贩卖、走私出土文物等违法行为。案件频发地区的文物和公安部门联合开展专项行动。萧山、桐乡、安吉、余姚、松阳、龙泉等地破获了一批田野文物盗掘案，依法惩处了数十位犯罪分子。

我省推进文物系统博物馆安防达标建设

2012年，省文物局、省公安厅推进文物系统风险单位安防达标建设，根据相关规划，结合各地新馆安防工程建设、老馆安防工程更新换代情况，依据国家和行业标准要求，审核各地上报安防工程设计方案，及时审批工程方案，把好工程验收关。杭州西泠印社文物库房、临安市文物馆、余杭章太炎生平陈列馆、平阳县博物馆、乐清林曦明艺术馆、洞头县文物保护所、嘉兴南湖革命纪念馆、海盐县博物馆、绍兴博物馆越王城分馆、衢州市博物馆、温岭王伯敏艺术史学馆、丽水摄影博物馆、龙泉青瓷博物馆、庆元廊桥博物馆等安防工程通过省级验收。一批新建馆及老馆安防工程新建和改造方案通过审查、审批。

部分沿海市、县建立辖区海域内文化遗产联合执法工作机制

2012年，根据国家文物局、国家海洋部门相关通知，我省温州、宁波、舟山、宁海、椒江等市（县、区）纷纷建立起辖区海域内文化遗产联合执法工作机制，成立了文化遗产联合指导小组，定期开展联合执法巡查，严厉打击不法打捞、偷盗水下文化遗产等违法行为。

洞头完成古民居老化电线线路整改

2012年，洞头县政府投入10万元，对东岙卓宅、东沙陈进宅、三盘海蜇行等7处清末、民国时期民居建筑内的老化电线线路进行了规范整改，对已经出现倒塌或者面临倒塌的墙体进行抢修、加固，同时在温州市历史文化基金会的帮助下，完成了东岙卓宅建筑维修方案设计。

平阳县加强文物安全工作

2012年，平阳县下发《关于加强顺溪古建筑群消防安全设施管理的通告》，加强消防安全管理，与10幢古屋所有住户签订了消防安全责任书，完成了顺溪古建筑群消防给水管道一期工程，举办了消防演练暨消防管道通水仪式和青街古民居消防培训与演练，对生活（厨房）用火进行隔火处理改造，面积达7000多平方米，更换改造了16000多米老化电线，对新装电线安装套管及漏电保护开关，为青街李氏、池氏大屋配置了1台移动消防泵，新增、更换灭火器200多个，购置200支矿灯分发给顺溪、青街等住户。

嵊州探索文保单位安全管理新路子

2012年，嵊州文管处推出舆情短信群发机制，每逢节假日及雨情、讯情、大风大雪等恶劣天气，均事先向全市各乡镇长、分管乡镇长、文化站长等责任人发出短信提示，强调属地管理原则，要求做好文保单位安全防范；灾害天气过后，再次短信提示做好灾后巡查，要求发现灾情第一时间上报，及时安排抢修。

龙游县开展文物安全检查

2012年，龙游县文物监察大队开展文物安全检查及文物保护监察，立案查处了擅自在省保单位姜席堰范围内挖掘、擅自在省保单位蒋氏宗祠保护范围内修建违章建筑两起案件。

庆元枭桥拆除违建

2012年，庆元县省级文物保护单位枭桥保护范围内开始建造一座现代钢筋混凝土结构的桥梁。庆元县文物监察大队发现后及时发出了停工通知，但未得到响应。省文物局得到举报后，会同省公安厅专程前往督办，并约见县政府相关领导说明违法建设工程的严重性。经过半年的反复，违法建造的桥梁最终被拆除，文物恢复了原貌。

对外及港台文物交流

以色列驻上海领事馆总领事艾雅克参观湖州博物馆

2月8日，以色列驻上海领事馆总领事艾雅克一行参观了湖州博物馆基本陈列“吴兴赋”和“十里红妆女儿梦”展。

中国印学博物馆举行“群英荟萃、古墨生香——杭州市、岐阜市中日友好书法交流笔会”

2月11日，岐阜市书作家协会友好访华团来杭访问，并在中国印学博物馆参加中日友好书法交流笔会。

国际航海博物馆协会主席访问浙东海事民俗博物馆

2月16日，国际航海博物馆协会主席、荷兰鹿特丹航海博物馆馆长卢梅杰一行访问了浙东海事民俗博物馆（庆安会馆），就博物馆管理经营、陈列展览策划、博物馆与青少年教育、博物馆与城市文化形象塑造等问题进行了交流探讨。

韩国光州代表团访问温州博物馆

3月20日，韩国光州广域市市长姜云太等广域市政府代表团一行19人赴温州博物馆考察，了解了博物馆的运行和管理情况。

日本友人赴余姚交流

3月24日，日本德川博物馆理事长德川齐正率领日本茨城县代表团一行参观了余姚王阳明故居。25日，德川齐正一行访问了朱舜水纪念堂、四先贤故里碑、朱舜水纪念碑及余姚博物馆，并举行会谈，就朱舜水相关文物跨国展等合作事宜进行商谈。

“衣锦环绣——5000年中国丝绸精品展”在英展出

3月30日至9月16日，“衣锦环绣——5000年中国丝绸精品展”在英国诺丁汉城堡博物馆展出。展览由英国诺丁汉市政厅主办，英国诺丁汉城堡博物馆、中国丝绸博物馆承办。57组、92件展品主要来自中国丝绸博物馆的收藏，通过丝织本源、古代织绣和当代丝绸三部分，展示了战国至清代的织绣珍品、款式各异的历代服饰、当代丝绸艺术品、织机模型等，并辅以手工木织机表演等互动项目，介绍了丝绸与中国古代礼仪制度、科学技术、中外文化交流的密切关系和丝绸的文化内涵。该展览也是2012年伦敦奥运会“世界故事”展览项目组成部分。

第十五届西湖国际茶会举行

3月至4月，第十五届西湖国际茶会在中国茶叶博物馆举行。茶会共分6大篇章、18项活动，内容涉及临时展览、各色雅集、主题讲座、体验培训、摄影比赛等方面。

浙江省博物馆引进“古典与唯美——墨西哥西蒙基金会藏雕塑、绘画展”

4月20日至6月16日，“古典与唯美——墨西哥西蒙基金会藏雕塑、绘画展”在浙江省博物馆武林馆区举办。该展览由中华世纪坛世界艺术馆、深圳博物馆、重庆中国三峡博物馆、浙江省博物馆、湖北省博物馆、河南博物院等单位联合引进。西蒙基金会由墨西哥收藏家胡安?安东尼奥·佩雷斯·西蒙创立，是欧洲本土之外最大的艺术品私人收藏机构之一，收藏了中世纪到当代的数千件艺术品，尤以欧洲19世纪至20世纪的藏品最为丰富。展览集中了欧洲学院派、新古典主义、浪漫主义、现实主义及现代派艺术家的作品，包括吕德、莱顿、巴里、卡尔波、罗丹、克洛代尔、热罗姆、毕沙罗、雷诺阿、高更、博纳尔等众多欧洲艺术史上声名卓著的艺术家，用雕塑与绘画两种艺术形式综合性展现了这一阶段的西方艺术。这在国内尚属首次。

绍兴鲁迅纪念馆与希腊卡赞扎基斯博物馆缔结友好博物馆

5月10日，在中希建交四十周年之际，绍兴鲁迅纪念馆与希腊卡赞扎基斯博物馆缔结友好博物馆签约仪式举行。两馆就制作、交流、展出各自城市、国家、文化的专题展览，及用母语及

英语交换一定数量的资料等达成了多项共识。

浙江省博物馆举办“明代浙派绘画国际学术研讨会”

5月12日，明代浙派绘画国际学术探讨会在浙江省博物馆武林馆区开幕。来自海峡两岸及美国、日本、韩国等地的专家、学者、文博界人士探讨了浙派绘画的艺术源流、政治和文化背景、与明院绘画的关系、画家与作品相关个案研究及其国际化影响等内容。

中国印学博物馆举办第十四届“锦带桥之缘”中日书法交流展

5月14日，由杭州市对外友好协会、西泠印社、日本国际书道文化交流协会实行委员会共同举办的第十四届“锦带桥之缘”中日书法交流展在中国印学博物馆举行。

中国茶叶博物馆赴韩交流茶文化

5月15日至21日，应韩方邀请，中国茶叶博物馆一行赴韩国宝城、大邱、首尔，进行为期一周的交流访问，并与韩国宝城郡郡守签订了《茶文化友好交流协议书》，还在首尔金浦茶道博物馆展示了具有中国特色的《西湖茶礼》。

联合国教科文组织官员考察杭州工艺美术博物馆

5 月 15 日,联合国教科文组织总干事伊琳娜·博科娃女士来杭州工艺美术博物馆参观。6 月 17 日,联合国教科文组织副总干事格塔卓·恩吉达来杭州工艺美术博物馆、手工艺活态展示馆参观。

日本国东市历史体验学习馆访问团参观浙江省博物馆

5 月 21 日,日本国东市访问团一行 6 人访问浙江省博物馆,参观了“越地长歌”、“明代浙派绘画”、“非凡的心声”、“意匠生辉”、“十里红妆”等陈列。浙江省博物馆与日本国东市历史体验学习馆有长达十七年的友好交流历史。

“有情世界——丰子恺的艺术”在港展出

5月24日，由香港康乐及文化事务署与浙江省博物馆合办的“有情世界——丰子恺的艺术”展览在香港艺术馆开幕。展览分为“护生护心”及“人间情味”两个专题展厅，其中“护生护心”专题展厅展出了浙江省博物馆珍藏《护生画集》中的100页作品，描绘题材以救护动物、爱护天地万物为主。该展览是香港特别行政区成立15周年及香港艺术馆50周年馆庆庆祝活动节目之一，展期两个月，5月25日至7月25日向当地公众开放。

浙江自然博物馆实施“恐龙蛋与教学”项目

5月22日，9名经过选拔的美国大学生到达浙江自然博物馆，进行为期近一个月的“恐龙蛋与教学”项目室内教学和野外调查工作。5月29日，浙江自然博物馆组织美国“恐龙蛋与教学”项目交流大学生和浙江大学地球科学系学生参观了长兴“金钉子”地质公园。

“恐龙蛋与教学”是由美国蒙大拿州立大学和浙江自然博物馆联合申请的国际交流合作项目，目的之一就是利用化石和野外地质剖面对大学生进行现场教学。

宁波博物馆举办
“和谐之彩——纪念中墨建交40周年墨西哥现代艺术展”

为纪念中国、墨西哥建交40周年，6月1日，宁波博物馆和墨西哥驻上海总领事馆联合举办的“和谐之彩——纪念中墨建交40周年墨西哥现代艺术展”在宁波博物馆开幕。本次展览的展品是墨西哥财政部“文化遗产和实物支付部”收藏中的精选，涵盖了迭戈·里维拉、鲁菲诺·塔马约等墨西哥20世纪最富盛名的艺术家的代表性作品，完整呈现了墨西哥艺术，尤其是与“壁画运动”齐名的“绘画雕塑运动”在20世纪的发展脉络。

美国马里恩市友好代表团参观范氏宗祠

6月3日，美国印第安纳州马里恩市友好代表团参观了金东区市级文物保护单位下范村范氏宗祠，并欣赏了孝顺镇“和风书社”现场表演的道琴、婺剧、武术、快板等金华传统非遗节目。

美国宾夕法尼亚州里海大学考察团参观庆元县廊桥博物馆

6月15日，来自美国宾夕法尼亚州里海大学桥梁建筑专业的考察团赴庆元县廊桥博物馆，就庆元木拱廊桥传统营造技艺进行考察。

亚洲恐龙协会筹备会在浙江自然博物馆召开

6月21日，由中国、日本、蒙古、泰国、俄罗斯5国共同发起的“亚洲恐龙协会”筹备会在浙江自然博物馆召开。各国专家就亚洲恐龙协会的正式名称、设立目的、活动形式、职位设置等方面进行了讨论，还参观了浙江自然博物馆的地学库房和标本修复室。

浙江自然博物馆访问团赴日考察

7月3日，浙江自然博物馆访问团考察了日本东京国立博物馆及日本国立科学博物馆。东京国立博物馆是日本最大的博物馆，也是世界著名的博物馆之一，创建于明治四年（1871）。日本国立科学博物馆是综合性科技博物馆，也是日本最早的博物馆之一，设有“生物的进化”、“陨石与太阳系的钟表”、“日本的动植物”等5大展厅。

中国中央电视台与日本NHK电视台赴良渚博物院拍摄大型纪录片

7月3日，中国中央电视台、日本NHK电视台联合摄制组赴良渚博物院拍摄大型纪录片《中国古代文明探源》。

“翼龙之谜”展览开幕式在日本福井举行

7月6日，由日本福井县立恐龙博物馆主办，中国地质科学院地质研究所、浙江自然博物馆等单位协办的“翼龙之谜”特展开幕式在福井县立恐龙博物馆开幕。

2012年两岸中学生自然探索夏令营活动结束

7月12日至19日，由浙江自然博物馆、台湾自然科学博物馆联合主办，台湾自然科学博物馆文教基金会承办的“2012年两岸中学生自然探索夏令营”在台湾举行。浙江省杭州第六中学、杭州市建兰中学等学校师生共30人参加了活动。营员们先后参观了台北故宫博物院、台湾自然科学博物馆、台湾兰阳博物馆、台湾传统文化艺术中心、9·21地震教育园区、101大楼以及野柳地质公园、阳明山地质公园、太鲁阁公园、金瓜石黄金博物园区、东北角暨宜兰海岸风景区、龟山岛、日月潭等自然、文化景观。

第九期非洲国家新闻官员和记者研修班成员参观河姆渡遗址博物馆

7月26日，第九期非洲国家新闻官员和记者研修班赴河姆渡遗址博物馆参观。本期研修班由国务院新闻办公室和商务部共同主办、国务院新闻办公室干部培训中心实施，共有来自埃塞俄比亚、尼日利亚、利比里亚等18个非洲国家的46位政府新闻官员、主流媒体负责人及资深记者参加。

温岭王伯敏艺术史学馆举行中韩青少年友好文化交流

7月29日，中韩青少年友好文化交流活动在温岭市王伯敏艺术史学馆举行。来自韩国大田广域市西区东邦女子学校的20位师生与温岭市三中师生开展了文化交流。温岭与大田广城市西区是友好城市，两地学生互访交流密切。韩国师生结束访问后，温岭市三中师生还将赴韩国开展回访交流。

意大利专家考察杭州梵天寺经幢

7月30日至31日，意大利著名文化遗产专家维吉利奥·曼尼一行赴杭州，考察了位于临安城遗址核心区块的全国重点文物保护单位梵天寺经幢，了解了经幢所处具体地理位置、最常见风向、地下考古勘测情况及目前保护程度等情况，及实施科技保护工程中涉及的构件加固修复、本体防风化等保护工艺和材料事宜，就三维激光扫描监测系统在经幢本体日常保护方面的运用等专业问题进行了交流和探讨。

韩国中学生团体参观舟山博物馆

8月11日至12日，韩国江华郡中学生交流团和南海实验学校相关学生、家长赴舟山博物馆，参观了舟山史迹陈列、百年老床展及海洋生物标本展等基本陈列。这是韩国江华郡中学生交流团第八次造访舟山。

巴塞罗那市友好代表团访问瑞安

8月26日，西班牙巴塞罗那市政府城市房屋与环境委员会主席乔迪·威廉姆·卡奈斯率西班牙巴塞罗那市友好代表团一行赴瑞安玉海楼考察。

韩国金海女子中学访问团参观浦江博物馆

9月6日，韩国庆尚南道金海女子中学师生访问团一行14人参观了浦江博物馆。访问团成员与浦江中学生进行友好交流，并体验了中国文化、风俗、生活。这也是浦江县实验中学与韩国庆尚南道金海女子中学自上半年正式结为中韩友好关系学校后的首次访问。

西班牙巴尔斯市代表团访问德清县博物馆

9月7日，西班牙塔拉戈那省巴尔斯市市长阿尔贝托·巴特·卡那德率代表团赴德清县博物馆交流，参观了基本陈列“家住吴越山水间”和“原始瓷陈列展”、“德清窑馆藏精品及瓷窑址考古成果展”。

联合国官员参观浦江博物馆

9月7日，联合国教科文组织驻华代表处文化项目官员卡贝丝、李江萍一行赴浦江博物馆考察竹编工艺。

浙江省博物馆赴韩举办“浙江名宝展”

2012年是中韩建交二十周年，也是浙江省博物馆与韩国国立光州博物馆缔结友好关系五周年。9月24日至11月25日，由浙江省博物馆组织的“浙江名宝展”在韩国国立光州博物馆举办。展览共展出文物200件，其中一级文物38件，包括史前文物、青铜类文物、陶瓷类文物、佛教类文物、书画类文物、工艺类文物6个部分，是浙江省博物馆出国举办文物展览中规模最大、种类最丰富的一次。

“超越历史和物质：中国丝绸艺术展”在西班牙举行

9月30日至11月30日，“超越历史和物质：中国丝绸艺术展”在西班牙马德里中国文化中心举办。展览由浙江省文化厅、西班牙马德里中国文化中心主办，中国丝绸博物馆承办。展览分为三个部分：第一部分“自然浑成”以绘画、剪纸、皮影、灯彩等不同民间艺术形式，表现了栽桑养蚕过程及与蚕桑有关的民俗文化。第二部分“天工之巧”介绍了当代艺术家们在传统工艺基础上，用新的设计思路对丝绸艺术作品进行形式、内容上的创新，以及对丝绸艺术的新理解和新尝试。第三部分“标新立异”表现了当代设计师在丝绸文化启迪下，从不同视角创作的新作品，使丝绸成为表达现代人精神世界的重要元素。

西泠印社外访并举办安卡拉特展

9月，西泠印社组团先后赴南非、瑞典、芬兰、土耳其等地举办海外文化交流活动，应邀访问了文博机构和高等院校，开展了创作交流笔会和座谈，还邀请吸收马悦然、史美德两位瑞典汉学大师为印社名誉社员。

安卡拉特展是2012土耳其中国文化年57项正式活动项目之一，西泠印社为联合主办单位。为期一个月的“百年西泠·中国印”安卡拉特展展出了西泠印社社员创作的书画篆刻精品近200件。

天一阁馆藏扇面赴法意巡展

应法国鲁昂、意大利维罗纳市政府邀请，天一阁“‘袖里翰香——百年书楼的风雅’扇面艺术展”9月27日在法国鲁昂雅克·维永图书馆，10月1日在意大利维罗纳朱丽叶故居正式展出。展出的40件明清扇面作品既有以文征明、董其昌、程嘉燧、龚贤为代表的文人书画流派，以王原祁为主的宫廷画派，也有扬州八怪黄慎、罗聘，海上画派任熊、任颐和浙东书风吴昌硕等作品。这也是天一阁建阁450多年以来，首次将藏品有组织、有系统地在国外巡展。

黄宾虹与现代艺术思想史国际学术研讨会举行

10月15日，黄宾虹与现代艺术思想史国际学术研讨会在浙江省博物馆孤山馆区举行。来自美国普吉湾大学、德国柏林自由大学、加拿大多伦多大学的多位教授、研究人员做了主题发言。与会专家和学者还鉴赏了浙江省博物馆馆藏的黄宾虹册页、画轴、手稿、书信。

德国马尔市因·洛坎普文理中学师生参观桐乡市博物馆

10月17日，桐乡市博物馆接待了德国马尔市因·洛坎普文理中学师生代表团，介绍了姚家山遗址出土文物展（良渚文化）、罗家角遗址出土文物展（马家浜文化）。

法国驻沪总领事参观宁波博物馆

10月23日，法国驻沪总领事马伊容女士赴宁波博物馆，先后参观了“东方神舟——宁波海上丝绸之路”陈列、专题展“阿拉老宁波——民俗风物”陈列等展览。

2012 良渚论坛·国际文化景观科学委员会年会召开

10 月 25 日至 28 日，2012 良渚论坛·国际文化景观科学委员会年会暨良渚遗址遗产展示专家咨询会在杭举行。此次论坛包括国际文化景观科学委员会年会、城市文化景观遗产保护联盟会议和2012 良渚论坛·良渚遗址遗产展示专家咨询会三个部分。2012 良渚论坛·良渚遗址遗产展示专家咨询会上，与会专家听取汇报后对良渚遗址展示和申遗工作进行了研究、讨论。出席年会的专家学者还实地参观了良渚博物院等。

余姚市举办第二届国际阳明学研讨会

10 月 31 日，由国际阳明学研究中心主办，余姚市委宣传部、余姚市文化广电新闻出版局承办的第二届国际阳明学研讨会在余姚开幕。中外 30 余位阳明学专家参加了会议。王阳明故居新“王阳明生平事迹陈列展”也重新开放。

中国丝绸博物馆与美国布莱恩特大学签署科研和展览合作协议

11 月 4 日，美国布莱恩特大学和中国丝绸博物馆科研和展览合作签约仪式举行。美国布莱恩特大学是一所已有150 年历史的学校，享有优质的学术声誉。此次双方签约的合作项目主要为两个方面：一是促进丝绸之路出土纺织品多学科综合性研究的发展，合作开展基于丝绸之路出土纺织品的氢同位素技术研究，二是促进中国文化在海外的传播。

宁波市在台举行纪念沈光文诞辰400 周年系列活动

11 月 4 日至 10 日，宁波市文化代表团赴台开展以“缅怀开台先师、传承华夏文脉”为主题的纪念沈光文诞辰400 周年纪念活动。纪念活动由甬台两地书画笔会暨沈光文研究专辑新书发表活动、沈光文诞辰400 周年祭祀典礼、甬台文化合作交流意向签订仪式、宁波市领导接见在台沈光文后裔代表、两岸沈氏后裔代表乡情聚餐、甬台两地书画展览暨笔会、纪念沈光文诞辰400 周年座谈会等 7 项内容组成。活动期间，宁波文物考古博物馆协会与台南市文化协会签订了《文化合作交流意向书》，宁波天一阁博物馆与台湾中华书学会签订了《合作开展甬台两地书画家联谊活动意向书》，宁波庆安会馆和台南善化庆安宫签订了《关于开展妈祖文化研究合作意向书》，就开展文化交流活动和文化研究做出了约定。

“秦汉土墩墓国际学术研讨会”在安吉召开

11月5日，由中国社会科学院考古研究所、浙江省文物考古研究所主办，安吉县博物馆、长兴县博物馆协办的“秦汉土墩墓国际学术研讨会”在安吉县召开。中国社会科学院、山东、江苏、湖南、安徽、广东、浙江等地专家和北京大学、南京大学、中国民族大学、西北大学教授及韩国、日本学者共50余人参加了会议，并对秦汉土墩墓的发现与命名，秦汉土墩墓的文化属性，各地秦汉土墩墓的成因与特征及其相互关系，中国秦汉土墩墓与日韩坟丘墓的关系，先秦土墩墓与秦汉土墩墓的关系等问题展开讨论。

中国国民党中央评议委员会主席团主席张荣恭参观温州博物馆

11月9日，台湾中国国民党中央评议委员会主席团主席张荣恭一行赴温州博物馆参观。

龙泉举办2012中韩陶瓷艺术交流展

2012年是中韩两国建交20周年，11月11日至18日，龙泉青瓷馆举办中韩陶艺交流活动，展出了韩国知名陶瓷艺术家的代表作品98件及龙泉青瓷大师的代表作品108件。

天一阁博物馆与香港大学饶宗颐学术馆建立学术交流关系

12月17日，天一阁博物馆与香港大学饶宗颐学术馆建立学术交流与合作关系签约仪式举行。饶宗颐学术馆自2003年成立以来，成为全球汉学界的学术文化交流中心。签约后，双方将在陈列展示、学术交流、学者互访、出版物交流、共同举办学术研讨会等方面开展合作与交流。此次签约合作是天一阁继与中国社会科学院建立中国藏书文化研究基地以来又一重要学术活动。

浙江省博物馆举办
“大元帆影——韩国新安沉船出水文物精华暨康津高丽青瓷特展”

12月18日，“大元帆影——韩国新安沉船出水文物精华暨康津高丽青瓷特展”在浙江省博物馆武林馆区开幕。展览共展出文物展品289件（组），除新安沉船的出水文物外，还有各时期的高丽青瓷89件，汇集了韩国国立光州博物馆、韩国国立中央博物馆、韩国国立海洋文化财研究所等机构的藏品。

新安沉船是661年前从庆元港（宁波）出发前往日本博多港（福冈）的一艘远洋商船，也是目前发现的世界上现存最大、最有价值的古代商贸船之一。本次展览是浙江省博物馆首次利用国外博物馆藏品举办的原创性展览。

浙江省博物馆举办“2012海上丝绸之路
——中国古代瓷器输出及文化影响国际学术研讨会”

12月18日，浙江省博物馆举办“2012海上丝绸之路（陶瓷之路）——中国古代瓷器输出及文化影响国际学术研讨会”。来自国内及韩国、日本、越南、泰国、英国、新加坡、德国等国的七十多位学者参加。会议收到论文46篇，20余位学者在会上发言，内容涉及中外文化交流研究、新安沉船及出水文物研究、高丽青瓷研究、沉船及丝绸（陶瓷）之路研究、海外出土及收藏瓷器研究、外销瓷及其窑业技术研究、茶叶和钱币、金属器的对外传播及影响、航海技术及航海史研究、金属器的对外传播和影响、东亚儒家文明区的产生过程等方面。

日本静冈县文化交流团访问浙江省博物馆

12月26日，来我省出席浙江省与日本静冈县结好30周年庆典的静冈县文化交流团一行访问浙江省博物馆武林馆区，参观了“越地长歌”陈列。

浙江文物年鉴

2013

省直文博单位

省文物监察总队

2012年,省文物监察总队紧紧围绕年初制定的各项工作任务,在执法巡查、案件督察、举报受理、联合执法、理论研究等方面取得了显著成绩。

一、深入开展文物执法巡查工作。

省文物监察总队积极开展文物执法巡查,全年巡查440人次,检查文博单位220处(家),积极指导市、县(市、区)文物执法监察机构开展高频率、高质量的文物执法巡查,有效消除了危及文物安全的各类隐患,遏制了违法行为,确保了文物安全。全省共计出动巡查14489人次,检查文博单位8051家次,发现涉嫌违法行为120起,安全隐患349处,整改到位338处。

二、加大对文物违法案件的督察力度。

省文物监察总队全年督办文物违法案件11起:4月对瑞安市全国重点文物保护单位利济医学堂、省级文物保护单位观音寺石塔保护范围内的违章建筑进行现场督办(违章建筑被及时拆除);8月,对兰溪市全国重点文物保护单位芝堰村建筑群保护范围内的群体性违法建设行为进行督察,要求当地做好对违法行为的查处,加大文物保护宣传力度,及时做好宅基地置换地工作,尽快改善文物保护单位原住户的居住条件,依法打击故意损毁文物保护违法行为。11月9日,当地公安部门逮捕了一名涉嫌犯罪者,事态得到了有效控制。

各地文物执法监察机构在省文物监察总队的带动与指导下,继续做好文物违法案件的查处。全省共查处违法案件59起,罚款69.2万元,追缴文物1160件,拆除违法建筑24处,建筑面积近1.4万平方米。

三、组织文物执法监察工作交叉检查活动。

按照省文物局工作部署,省文物监察总队开展各设区市之间的文物执法监察交叉检查,组织12个交叉检查组对11个设区市、40多个县(市、区)的文物执法监察进行了检查,现场抽查文博单位240余家。各地通过执法交叉检查达到了相互交流、取长补短,快速提升文物执法监察工作整体水准的目的。

四、承办全省文物执法监察人员业务培训。

省文物监察总队承办了全省文物(管辖海域内文化遗产)执法人员业务培训班,邀请省政府法制办、中国海监台州支队、省文物局博物馆与社会文物处专家授课。学员们通过学习《中华人民共和国行政强制法》、海洋执法与海洋知识、古建筑保护与管理等相关课程,开阔了视野,增长了知识。

省文物监察总队组织部分设区市、县(市、区)文物执法监察人员参加2012年度江浙沪文物行政执法培训会。受国家文物局邀请,省文物监察总队有关人员在国家文物局督察司和中国海监总队联合举办的培训班上，介绍了我省开展管辖海域内文化遗产联合执法的实践经验及工作设想，受到一致好评。

五、积极开展我省管辖海域文化遗产联合执法工作。

省文物监察总队积极做好我省管辖海域内文化遗产联合执法工作。4月25日，省文物监察总队与椒江区文物监察大队组织，策划了我省管辖海域内文化遗产联合执法启动仪式暨椒江区辖区海域内文化遗产联合执法应急预案演练活动的具体方案。活动取得圆满成功，标志着我省集中、统一的辖区海域内文化遗产联合执法行动正式开始。9月，省文物监察总队与中国海监浙江省总队在舟山、宁波部分海域对海岛上文物保护单位、水下文物保护区进行联合执法巡查，巡查组从舟山沈家门出发，途径普陀区六横岛、象山县石浦镇、渔山岛和小白礁，历经航时12小时，航程195海里。我国开展的管辖海域内文化遗产联合执法活动开辟了文物执法监察工作的新领域，受到了国家文物局赞扬。

在省文物监察总队指导下，宁波、温州、舟山、嘉兴、台州市及沿海县（市、区）文物执法监察机构与海监机构建立了联合执法工作机制，纷纷开展了联合执法巡查、组织执法业务培训等活动。

六、开展省文物行政执法网络监管平台试运行。

根据省文物局《关于在全省开展浙江省文物行政执法网络监管平台试运行工作的通知》要求，省文物监察总队安排专人负责平台的日常维护与指导，运行情况良好。据统计，全年有92家文物执法监察机构、364名执法人员参与了信息录入，共录入执法信息97条，巡查日志4145篇，举报处理信息9条，案件查处信息15条。此外，总队还处理和采纳了各地提出的有关问题与建议，为监管平台的健康发展起到了促进作用。监管平台的成功试运行，标志着我省文物监察工作逐步迈入信息化发展阶段。

七、加强对文物执法监察工作理论研究。

受国家文物局委托，省文物监察总队承担了《文物行政执法巡查档案标准研究》的课题编写，经调研、编撰、论证，于11月结题，成果获得国家文物局肯定。省文物监察总队通过课题研究对文物执法巡查档案编制有了新认识，推动我省文物执法监察理论研究向前发展。全省各地文物执法监察机构执法人员也纷纷积极撰写、发表理论文章。

八、组织案卷评比活动。

我省积极参加国家文物局组织的2012年度全国文物行政处罚案卷评查活动，所选送案卷2个荣获全国十佳案卷，2个获优秀案卷，获奖数量和位次位居全国前例。省文物监察总队承办了第二届全省文物行政处罚案卷评比活动，经初选和专家复评，最终评出优秀奖3个，良好奖6个，鼓励奖3个。参加、组织文物行政处罚案卷评比活动进一步提高了我省对文物违法案件查处与案卷制作的水准。

九、其它工作。

根据浙江省文化厅党组《关于做好基层组织建设年整改完善阶段工作的通知》文件要求，省文物监察总队统一思想，提高认识，加强制度建设，强化理论学习，拓展活动内容。总队党支部与安吉县文化广电新闻出版局、县文物执法监察大队、县文保所党支部联合开展了党员“创先争优”活动，专门制作展板，组织全体人员赴安吉县进行文物法律、法规宣传活动；向全县业余文保员介绍了文物知识，讲解了典型文物违法案例。省文物监察总队党支部书记被评为省级文化系统创先争优活动优秀共产党员。省文物监察总队组织全体人员认真学习党的十八大精神，要求切实贯彻落实精神，精心谋划好2013年工作思路，确保各项工作有序推进。

2012年初，省文物监察总队工会与省文物鉴定审核办公室工会赴江苏宜兴开展业务考察；参加省文化厅组织的工会负责人读书会。由省文物局省文物监察总队与省文物鉴定审核办公室组建的职工之家通过了省直工会考核验收，被评为“优秀职工之家”；退休干部侯小玉在省文化厅组织的《省级文化系统喜迎十八大摄影作品展》中荣获三等奖；12月底，在和省文物局、省文物鉴定审核办公室工会联合组织的毅行活动中，总队人员积极参与，取得了第一、二、六名的好成绩，为省文物监察总队工会增添了荣誉；工会以开展各项活动为切入点，促进了交流和团结。

省文物监察总队认真贯彻执行各项财务规章制度，依法进行会计核算和会计监督，加强部门预算管理，完成了《2013年部门预算报表》、《2013年项目申报书》的二次上报及2012年部门决算报表的编制上报；完成了2012年度工会经费的会计核算、预决算财务报表的编制上报，顺利通过省级文化系统对2011年度至2012年前三季度的财务审计。为加强对国有资产的管理，总队及时对新购进的设备做好固定资产卡片的建立与资产数据的录入，调拨、破损、闲置等资产的汇总、调拨、报废审批移交等工作；加强对项目经费的使用管理，做到专款专用，使经费预算执行率达到89.77%。全年总队还完成政府采购网上审批、采购事项20多项，规范公务用卡的使用，做好职工工资、公积金、医保、住房补贴的调整、发放、清算、统计及资金的使用调配；进一步做好现金、支票、票据的安全管理，会计凭证、账簿、报表等的及时整理归档。财会人员被省文化厅评为省级文化系统部门决算报表先进个人。社会治安综合治理各项任务得到较好完成，民主党派也开展了有关活动。

对杭州地区开展文物执法巡查

3月15日至16日，浙江省文物监察总队、杭州市园林文物监察支队联合对桐庐县、富阳市开展地方文物巡查，共检查两地省级文物保护单位7处、县级文物保护单位1处、博物馆1处，还对县市文物行政执法工作进行了调研。

赴瑞安市开展文物执法巡查

3月21日，浙江省文物监察总队一行赴瑞安市开展文物执法巡查，共检查了文物保护单位7家，并针对存在的问题要求当地文物执法监察机构进行依法查处。

赴宁波开展文物执法巡查

3月22日至23日，浙江省文物监察总队、宁波市及属县（市、区）三级文物监察部门在宁波联合开展文物执法巡查，检查了宁波市镇海区镇海口海防遗址威远城、月城、郑氏十七房等一批省级以上文物保护单位，还对镇海区后海塘遭破坏的整改情况进行了实地复查。总队对宁波市、县（区）两级文物监察部门的队伍建设、执法巡查、案件查办等工作予以肯定，对文物保护单位认真落实相关管理制度，切实有效保护文物表示认可，针对检查中发现的有关问题提出了具体整改要求。

赴嘉兴开展文物执法巡查

3月22日，浙江省文物监察总队赴嘉兴开展文物执法巡查，对嘉兴南湖中共“一大”会址、马家浜遗址、南河浜遗址三处全国重点文物保护单位进行了实地检查，针对问题要求相关责任单位（人）及时整改，消除隐患。

我省辖区海域内文化遗产联合执法在台州椒江启动

4月25日，浙江省辖区海域内文化遗产联合执法启动仪式暨椒江区辖区海域内文化遗产联合执法应急预案演练观摩会在台州市椒江区举行。浙江省文化厅副厅长、省文物局局长鲍贤伦，省海洋与渔业局副巡视员李学民，省文化厅副巡视员、省文物局副局长陈官忠，国家文物局督察司副司长刘铭威及椒江区领导出席了启动仪式，并观摩指导演练活动。此次活动的具体内容由省文物监察总队与椒江区文物监察大队共同组织策划，标志着我省集中、统一的辖区海域内文化遗产联合执法行动正式开始。

全省文物行政执法监察工作交叉检查活动启动

5月7日，全省各设区市之间文物行政执法监察工作交叉检查活动正式启动。此次交叉检查分三个月进行，共组织10个检查组对11个设区市的50多个市、县文物执法监察工作进行检查，并对242家文博单位进行实地抽查，就当地文物执法监察机构工作情况开展检查，还根据有关要求对当地文物保护单位、国有收藏单位的安全隐患等情况进行了重点排查，反馈、交流了检查情况。

我省在我国管辖海域内文化遗产联合执法培训班上作经验介绍

7月17日，在国家文物局督察司、中国海监总队联合主办的2012年度我国管辖海域内文化遗产联合执法培训班上，浙江省文物监察总队介绍了我省管辖海域内文化遗产联合执法工作机制的建立和联合执法工作开展情况等实践经验。来自我国沿海11个省（市、区）文物监察、中国海监的160余名机构负责人参加了此次培训。其中我省是各省（市、区）中应邀到会进行经验交流的唯一代表。

浙江省文物（管辖海域文化遗产）执法人员业务培训在义乌举行

9月5日至9月6日，由浙江省文物局主办、省文物监察总队承办、义乌市文广新局协办的全省文物（管辖海域文化遗产）执法人员业务培训在义乌市举行。全省各市、县（市、区）文物执法监察机构执法人员120余人参加了培训。

活动邀请有关专家进行授课。参加培训的学员们接受了浙江省文物行政执法网络监管平台操作方法的技能培训，并赴全国重点文物保护单位黄山八面厅进行实习。

我省开展管辖海域内文化遗产联合执法巡查

9月24日至9月25日，浙江省文物监察总队与中国海监浙江省总队对我省舟山、宁波部分海域内的文化遗产开展联合执法巡查，对海岛上文物保护单位、水下文物保护区的安全隐患和违法行为进行检查，对管理利用情况进行督查。舟山市、宁波市、舟山普陀区、象山县、慈溪市的文物执法监察、业务部门受邀参加。此次巡查从舟山沈家门出发，途径普陀区六横岛、象山县石浦镇、渔山岛和小白礁，历经航时12小时，航程195海里，检查文物保护单位、水下文物保护区6处。

第二届全省文物行政处罚案卷评比活动参评案卷评审会在杭举行

12月6日至7日，省文物监察总队受省文物局委托，在杭州组织召开全省第二届文物行政处罚案卷评比活动参评案卷评审会。来自省内部分市、县（市、区）文物执法监察机构的相关人员参加。会议依据《文物行政处罚案卷评查标准》对参评案卷进行了逐一评审，最终评选出优秀奖案卷3份，良好奖案卷6份，鼓励奖案卷3份。

浙江省博物馆

2012年，浙江省博物馆在浙江省文化厅、浙江省文物局的领导下，紧密团结、依靠全馆干部职工，努力提升业务能力和管理水平，圆满完成各项工作任务，较好地发挥了中央地方共建国家级博物馆的示范引领作用。

一、扎实开展各项业务工作

一年来，浙江省博物馆干部职工明确目标、真抓实干，在藏品征集保护、学术研究、展览展示、对外交流、宣传教育等方面扎实开展工作，全面推进各项业务建设，取得了较为显著的成绩。

藏品是博物馆的根本。浙江省博物馆十分重视藏品建设，下大力气做好藏品的征集、保管、保护等各环节工作。2012年，浙江省博物馆藏品征集在数量和质量上都有显著提高，藏品征集范围和渠道得到进一步拓展，全年共征集藏品303件（组），其中一级文物27件、二级文物132件、三级文物37件、一般文物37件和资料70件，使用征集经费450万元。

成功接受香港著名浙籍实业家曹其镛夫妇所藏中国古代漆器捐赠是2012年度浙江省博物馆藏品征集工作的重点。曹氏夫妇本着热爱家乡、报效桑梓的赤子之心，有意将珍藏多年的160件（组）漆器捐赠国家。在省委、省政府的高度重视下，在省文化厅、省文物局的直接指导下，双方经过一年多的联络洽商，终于促成这项义举。经浙江省文物局组织国内权威专家鉴定，捐赠的珍贵文物达154件，其中一级文物21件，二级文物118件，三级文物15件。宋元时期一色漆器、明早期剔犀漆器、明嘉靖万历戗金填漆漆器、清乾隆时期漆器都是极为珍贵的文物精品，元代雕漆名家张成创作的剔红婴戏图盘更堪称国宝级文物。此次捐赠不仅从数量上增加了浙江省博物馆的漆器藏品，更极大完善了浙江省博物馆中国古代漆器的藏品结构，填补了多项空白，使浙江省博物馆的漆器收藏位居全国前列。

为了有序开展藏品和古籍管理，浙江省博物馆按照制度开展文物库房管理，对各库的温湿度情况进行监测，确保库房设施设备的正常运行；并做好库房内藏品的整理、保洁；完成新入藏藏品的登记、注册，建立相应帐目；完成723件文物的建档；做好藏品的使用和服务。据统计，全馆全年共提用藏品6022件（次），其中提供鉴定与定级5286件（次），鉴赏与研究96件（次），拍摄635件（次），复仿制5件（次）。

在古籍管理方面，浙江省博物馆全年提供馆内外查阅古籍90余种、500余册；完成古籍书目与卡片编号的校对复核；完成首批浙江省古籍重点保护单位、浙江省古籍保护达标单位和《浙江省古籍名录》的申报；还配合省文物局承办了第二期“全省博物馆藏品保管培训班”，为来自全省文博单位的105名学员提供培训。

2012年，浙江省博物馆保护、修复河姆渡出土木构件等馆内外文物160件（组），委托完成近百件畲族文物的修复、清洗；发挥了浙江省文保科研基地的技术优势，为嘉兴博物馆、湖州博物馆、衢州博物馆、安吉县博物馆、余姚博物馆、新昌县博物馆、浙江大学、上海博物馆等省内外单位制定了文物保护修复方案或实施保护处理。

在省文物局领导下，浙江省博物馆以“国家文化遗产保护科技区域创新联盟（浙江省）”为依托，对余杭茅山良渚文化独木舟保护修复工程进行项目管理，完成独木舟保护修复方案的编写并通过国家文物局专家组论证；完成了独木舟舟体脱水保护设备的招标。

学术研究是博物馆的主要职能之一。浙江省博物馆鼓励业务人员申报各级各类课题，开展文物科技保护、文物学、博物馆学等领域研究，撰写学术论文，出版学术专著和展览图录，不断提升自身的科研能力、学术地位和社会影响力。

在文保类课题方面，浙江省重大科技专项“大型饱水木质文物的真空冷冻脱水研究”顺利通过验收并结题。中国文化遗产研究院委托的“‘南海一号’沉船现状评估与发掘保护预研究”完成。浙江省文物保护课题“唐五代越窑青瓷的综合性研究”按计划进行。“文物的光环境保护研究”按计划进行。同时，浙江省博物馆以“国家文化遗产保护科技区域创新联盟（浙江省）”为平台，开展文物保护课题合作项目的调研和申报，完成“中国传统书画装裱粘合剂制备工艺研究”项目的联合申报。

社科类课题方面，浙江省博物馆按计划实施了文化部科技创新项目“运用现代科技手段研究唐琴斫制工艺”、国家文物局文化遗产保护领域科学和技术研究课题“博物馆馆藏古琴的‘活化’保护与利用研究”以及国家文物局“指南针计划”立项课题“中国古代瓷器输出及文化影响”，参与省委党史研究室主持的《中华人民共和国浙江日史》第一卷编写工作。“近代影印善本碑帖录”被公布为2012年度浙江省哲学社会科学规划立项课题。浙江省文化厅科研项目“浙江新石器时代陶器的三维信息无损采集及动态展示”完成结题。“吴越文化研究”、“浙派绘画研究”2项课题完成结题；“中兴纪胜——南宋风物观止”、“沙耆与中国早期油画研究”、“馆藏抗战时期文物的整理与研究”、“中国古代漆器艺术研究”等4项课题研究立项并启动。《博物馆的陈列展示》获“浙江省博物馆学人丛书”出版立项。

2012年，浙江省博物馆结合展览成功举办“明代浙派绘画国际学术研讨会”、“2012海上丝绸之路——中国古代瓷器输出及文化影响国际学术研讨会”、“纪念朱家济先生诞辰110周年学术研讨会”，与中国美术学院联合主办“黄宾虹与现代艺术思想史国际学术研讨会”，承办了“中国博物馆协会博物馆学专业委员会2012年会暨学术研讨会”。高水准的学术会议为学术研究的开展搭建了广阔平台。

一年来，浙江省博物馆业务人员积极参加学术活动，开展学术研究，撰写学术论文。据不完全统计，全年共出版论著5部，在各类专业刊物上发表学术论文和学术文章64篇，展现了浙江省博物馆浓厚的学术氛围和较高的学术水平。

2012年，浙江省博物馆编辑出版《东方博物》4辑（第42至45辑），刊登各类文章67篇、80余万字，巩固了已较成熟的青瓷、南方青铜器专栏，加强了书画、文物举隅类栏目，重点策划了考古专栏，深入挖掘、推介浙江文物及学术成果，并有计划赴周边省市文博机构、高校组稿，进一步扩大了刊物在全国文博界的学术影响力。

浙江省博物馆结合临时展览的推出，配套编印了《惠世天工——中国古代发明创造文物展》、《浙派集英——明代浙派绘画珍品特展集》、《大元帆影——韩国新安沉船出水文物精华》、《翡色出高丽——韩国康津高丽青瓷特展》、《考古中华——中国社会科学院考古研究所成立六十周年成果荟萃》、《曾在曹家——曹其镛先生夫妇捐赠中国古代珍贵漆器特展》、《山哈风韵——浙江畲族文物特展》、《江南晨曦——良渚文化展》、《天趣逸情——馆藏明清花鸟画精品展》、《意在神全——西泠八家书画印精品展》、《唯印示信——馆藏印章展》、《古镜今照——中国铜镜研究会成员藏品集萃展》、《紫玉金砂——浙江长兴紫砂茗壶精粹》等图录14种。这些图录不仅起到了配合宣传和资料保存作用，也反映了浙江省博物馆业务人员的学术研究水平。《十里红妆——浙东地区民间嫁妆器物研究》、《百情重殇——中国古代酒文化》、《以铜为鉴——中国古代铜镜艺术》、《丹漆随梦——中国古代漆器艺术》、《芳荼远播——中国古代茶文化》、《大雅久不作——寻觅朱家济先生》、《明代浙派绘画国际学术研讨会论文集》相继编辑出版。《走进浙江省博物馆系列丛书》（一套5种）被评为“2011年度文化遗产优秀图书”。

陈列展览是博物馆直接面向社会、面向公众的窗口。近年来，浙江省博物馆坚持自主策划与“引进来、走出去”相结合，逐步构建起富有自身特色的博物馆展览体系，2012年共举办各种展览17个，其中原创性展览10个，引进展览7个；完成外出展览23批（次），其中赴国外境外展览或参展3批（次），赴省外博物馆展览6批（次），赴省内博物馆展览14批（次）。

浙江省博物馆不断挖掘自身学术潜力和收藏优势，在深入研究的基础上，向社会推出原创性临时展览，不断增强社会影响力和学术号召力。2012年，浙江省博物馆经过精心策划和资源整合，推出了“惠世天工——中国古代发明创造文物展”、“浙派集英——明代浙派绘画珍品特展”、“天趣逸情——馆藏明清花鸟画精品展”、“意在神全——西泠八家书画印精品展”、“唯印示信——馆藏印章展”、“曾在曹家——曹其镛先生夫妇捐赠中国古代珍贵漆器特展”、“大雅久不作——寻觅朱家济先生展”、“江南晨曦——良渚文化展”、“山哈风韵——浙江畲族文物特展”等一批高质量的原创性临时展览。其中由国家文物局主办，浙江省博物馆承办的“惠世天工——中国古代发明创造文物展”是“指南针计划——中国古代发明创造的价值挖掘与展示”专项成果的第二届展览，共展出文物312件（组），其中向全国各地博物馆、考古所借展文物189件（组），展出的一级文物达138件（组），全面介绍了酒、茶、漆器、铜镜的起源、发展、文化和传播等信息。浙江省博物馆还依托本次展览推出了手机自助导览、IPAD虚拟导览等数字化延伸服务。

“浙派集英——明代浙派绘画珍品特展”是浙江省博物馆经过近三年研究、筹备，整合了故宫博物院、上海博物馆等省内外14家博物馆的相关藏品，组织、推出的有史以来最齐全、最精彩的浙派绘画大集合。展出的57件（组）明代浙派绘画作品较为完整地呈现浙派绘画艺术的精华。浙江省博物馆以馆藏畲族文物为基础，整合丽水市博物馆和景宁畲族博物馆馆藏资源，策划、举办的“山哈风韵——浙江畲族文物特展”，推出了“全国少数民族文物系列特展”这一全新的展览系列。为彰显曹其镛夫妇无私捐献的义举，并使广大民众早日一睹受赠漆器，“曾在曹家——曹其镛夫妇捐赠中国古代珍贵漆器特展”举办。

同时，浙江省博物馆加强与省内外文博机构的联系与交流，充分利用其它文博机构资源，做好展览的引进和联合办展，先后引进或联办了“考古中华——中国社会科学院考古研究所成立60周年成果荟萃”、“世界遗产摄影展”、“紫玉金砂——浙江长兴紫砂茗壶精粹展”、“如翠似玉——龙泉现代青瓷艺术特展”和“朱痕积萃——中华珍藏印谱联展”等展览；并积极利用民间收藏资源，主动搭建交流展示平台，推出了“浙江民间收藏精品走进博物馆系列特展之七：古镜今照——中国铜镜研究会成员藏品集萃展”。从国外引进的“古典与唯美——墨西哥西蒙基金会藏雕塑、绘画展”、“大元帆影——韩国新安沉船出水文物精华暨康津高丽青瓷特展”两个高规格文物艺术品特展均获得良好的社会反响。特别是“大元帆影”特展从创意策划到展品挑选，从内容设计到形式设计，都是浙江省博物馆专业人员主导进行的，是浙江省博物馆首次利用国外博物馆藏品举办的原创性展览。

在办好馆内展览的基础上，浙江省博物馆积极利用馆藏资源，赴山西博物院、贵州省博物馆、苏州博物馆等处举办了丰子恺画展、良渚文化展、黄宾虹书画展等极富地域特色的展览，在展出地均获得良好反响，吸引了众多观众。

为积极发挥省级博物馆的作用，浙江省博物馆为省内市县博物馆提供免费巡展或展品，先后无偿向浙江美术馆、嘉兴市博物馆、衢州市博物馆、德清县博物馆、兰溪市博物馆、江山市博物馆、余杭博物馆、萧山博物馆、跨湖桥遗址博物馆、王伯敏艺术史学馆等12家单位提供展览或展品14批（次）。

孤山馆区改造项目已委托省建筑设计研究院完成计划建议书及概算。文澜阁古建区陈列、主楼陶瓷陈列、西湖美术馆重新装修均已进入施工阶段。黄宾虹艺术馆、常书鸿美术馆陈列内容设计和形式设计已完成，漆器艺术馆完成内容设计和陈列形式概念设计。

2012年，浙江省博物馆为国家和浙江省外事工作大局开展对外交流：于5月赴香港艺术馆举办“有情世界——丰子恺艺术展”，将丰子恺《护生画集》中的一百页作品介绍给香港观众。2012年是中韩建交二十周年，也是浙江省博物馆与韩国国立光州博物馆缔结友好关系五周年。9月，浙江省博物馆赴韩国国立光州博物馆举办“浙江名宝展”。展览共展出文物200件，包括史前文物、青铜类文物、陶瓷类文物、佛教类文物、书画类文物、工艺类文物6个部分，是浙江省博物馆出国举办规模最大、种类最丰富的一次文物展览。10月，浙江省博物馆文物赴日本东京国立博物馆参加“中华大文明展”。这些展览有效地对外传播了浙江的优秀文化和悠久灿烂的古代文明，加强了馆际间的了解与合作，也提升了浙江省博物馆的国际知名度。

与此同时，日本国东市访问团、韩国国立公州博物馆访问团、台湾历史博物馆访问团、香港历史博物馆访问团、香港珠海学院文化考察交流团和毛里塔尼亚文化、青年与体育部部长茜赛·布瓦德、墨西哥驻上海总领事罗兰多·加西亚等国外或境外团体、来宾对浙江省博物馆进行了访问。浙江省博物馆派出代表团对美国印第安纳州立博物馆等国外、境外文博机构进行了学术交流考察。

作为文化窗口单位，浙江省博物馆积极适应构建公共文化服务体系和建设学习型社会的需要，不断创新宣教形式，丰富宣教手段，进一步拓展服务对象和空间，努力打造成社会公众学习历史文化知识、接受文明熏陶、进行终身学习的文化阵地和课堂，在2012年相继获全国2011年度博物馆免费开放最佳宣传推广奖和浙江省2011年度博物馆免费开放最佳综合示范奖。据统计，全年进馆参观观众达148.2万人次（包括孤山馆区、武林馆区、西湖美术馆、黄宾虹纪念室、沙孟海旧居）。

为加强讲解员和志愿者队伍建设，浙江省博物馆通过多种形式的业务培训和交流，提高讲解员的业务水平与职业素养，充分发挥爱国主义教育基地的作用，推出对未成年人团队免费预约讲解的服务，根据不同团队要求设计讲解接待方案，以更加主动、积极、开放的姿态做好未成年人的讲解接待。

随着志愿者队伍的不断壮大，目前浙江省博物馆在册志愿者人数已达498人；志愿服务领域也不断拓展，服务内容从较为单一的博物馆咨询、讲解服务拓展到咨询导览、双语讲解、展厅古琴弹奏、观众调研等多个领域。为此，浙江省博物馆特加强了对志愿者的管理和培训，组织开展志愿者讲解比赛、讲解点评等活动。全国人大财政经济委员会副主任委员、浙江省原省长吕祖善加入浙江省博物馆志愿者队伍，是2012年浙江省博物馆志愿者工作的突出亮点。吕祖善已先后14次在浙江省博物馆进行志愿服务，为来馆参观的大中专学校学生、企事业单位职工、机关干部及台湾同胞讲解“越地长歌——浙江历史文化陈列”，其率先垂范鼓励、吸引着越来越多的人加入到浙江省博物馆志愿者队伍中来。

浙江省博物馆围绕陈列展览，通过组织形式灵活多样、内容丰富多彩的活动，普及历史、文物知识，积极发挥博物馆传播文化、传承文明的作用。为加强系列化、品牌化建设，努力办好“武林文博讲坛”，浙江省博物馆邀请国内外有一定学术造诣和社会影响的专家学者先后举办了“跨湖桥文化的发现与探索”、“良渚文明的圣地”、“杭州出土的高丽青瓷”、“人体与神话：一个唯美的世界”、“为有牺牲多壮志——中国共产党在浙江的革命斗争”等讲座，同时组织馆内专家向社会推出“画之大者——黄宾虹书画艺术解读”、“冰玉先声——越窑青瓷的生产、交流和影响”、“海洋文明的曙光”等讲座，受到社会公众和专业人员的好评。在“古典与唯美——墨西哥西蒙基金会藏雕塑、绘画展”期间，中国美术学院艺术人文学院30多名师生来到展厅开展了别开生面的现场教学。

在国际博物馆日到来之际，浙江省博物馆赴中国计量学院举办了为期三天的“越地长歌——浙江历史文化陈列”图片展；并在我国第七个文化遗产日举办了“小学生走进文化遗产日——我是文化遗产小使者”主题活动，培养学生保护、传承文化遗产的使命感和责任感。2012年，浙江省博物馆推出“浙博伴你共成长”系列教育活动和“看展览、写感想、拍照片——《惠世天工》学生摄影征文活动”，受到学生、家长和老师们的欢迎。这些活动充分发挥了爱国主义教育示范基地和“第二课堂”的作用。

第六回“武林雅韵”音乐会在保留传统古琴演奏特色的基础上，融合了香道与茶道表演、创意书法、传统剪纸、畲歌演唱、楼塔细十番、昆曲等多种非物质文化遗产的艺术形式，并结合了现代沙画表演，使这一系列性活动更具活力。

为继续加强共建基地建设，浙江省博物馆与杭州市玉公桥社区、所巷社区、东园小学签订共建爱国主义教育基地协议，并赠送部分展览图录；与空军笕桥场站联合举办了“浙江省博物馆文化进军营——中国人民解放军建军85周年纪念”图片展；组织武警杭州支队六大队十八中队40余名官兵参观了“惠世天工——中国古代发明创造文物展”。博物馆文化走进社区、走进军营活动受到社区居民和部队官兵欢迎。

在与传统媒体保持良好合作的基础上，浙江省博物馆推进与新兴媒体的广泛合作，将展讯发布扩展为持续性、专题性、多角度的深度报道，增强了展览活动及博物馆的曝光度，使社会公众能够及时了解博物馆的动态。

浙江省博物馆官网及时更新自身及文博信息动态，完成全部馆藏一级文物资料公布。据统计，2012年浙江省博物馆的网站访问量达120万人次，编印《浙博天地》12期，继续推出季度展讯导览、临时展览宣传折页、导赏手册和科普读物供观众免费取阅。

为期3个月的观众问卷调查活动和在此基础上形成的《2012年度浙江省博物馆武林馆区观众调查报告》为浙江省博物馆进一步改进服务质量、提升服务水平提供了第一手参考资料。

二、深化改革，完善管理机制

2012年9月，浙江省博物馆被中宣部、文化部、国家广电总局和新闻出版总署等四部委联合授予“全国文化体制改革工作先进单位”称号。这是对浙江省博物馆文化体制改革成果的充分肯定，也是对浙江省博物馆深化文化体制改革的有力推动和促进。

为不断提升办馆水平，明确自身发展目标和工作任务，全面推进各项工作的开展，浙江省博物馆根据国家文物局《博物馆事业中长期发展规划纲要》，科学谋划，结合实际制订了《浙江省博物馆中长期发展规划纲要（2011—2020）》。

依据国家有关事业单位公开招聘制度，浙江省博物馆制定招聘方案及细则，成立招聘小组，严格按照规定程序，公开择优招聘在编职工5人；并积极创造条件，鼓励干部职工参加多种形式的学术研讨、业务研修和在职教育。

安全保卫是常抓不懈的重要工作。结合近年来其它文博单位的安全事故案例，浙江省博物馆对全馆干部职工加强安全教育，定期进行安全演练，不断提高安全意识和防范能力；修订、完善了《浙江省博物馆值班管理暂行规定》，做好日常巡查和安全隐患排查，尤其加强重点要害部位的检查力度，做到及时发现隐患，及时整改落实，做好技消防设备的维护更新和安装调试，确保文物安全。对于重大安全保卫工作，浙江省博物馆专门制订方案，有组织领导，有实施步骤，通过合理安排馆内保卫力量，圆满完成了各类大型展览、活动、文物押运等安保任务，实现全年安全无事故。

在行政管理方面，浙江省博物馆加强制度建设，修订、完善了《浙江省博物馆在编职工各类假期规定》、《浙江省博物馆考勤管理暂行办法》、《浙江省博物馆年休假管理暂行办法》等规章制度；认真做好文秘、保密、人事、外事、档案、老干部、职称评审等工作，做到工作制度化、管理规范化。

在财务管理方面，浙江省博物馆认真贯彻执行各项财务规章制度，依法进行会计核算、会计监督；完成了2011年文物征集费预算绩效考评；根据省纪委要求完成《2012年厉行节约工作情况统计表》填报；完成财政票据管理使用情况检查，进一步规范票据的管理；合理安排收支预算，严格预算管理，充分发挥资金的使用效益，保证了2012年度各项工作的顺利开展，预算执行情况良好。

在后勤保障方面，浙江省博物馆做好国有资产管理，完成各馆区的设施设备保养维护，进行孤山馆区主楼屋面修缮和省文保科研基地综合楼维修，确保高配用电全年安全正常运行，车辆运行安全无事故；圆满完成各项展览和大型活动的服务保障；坚持经常性馆容馆貌检查维护，为观众提供了良好的参观环境。

为做好馆内商店、观众休闲区的经营服务，浙江省博物馆积极利用馆藏文物和陈列展览中丰富多彩的文化元素，开发了多种兼具创新性和实用性、适应市场趋向和社会公众需求的博物馆文化产品，充分发挥文化产品在传播历史文化中的独特作用。配合“惠世天工——中国古代发明创造文物展”开发的仿元代龙泉窑梅子青釉葫芦酒瓶、仿宋代菊瓣纹银盏、茶叶礼盒及铜镜杯垫等集美观与实用为一体的产品在创造良好销售业绩的同时，在扩大博物馆文化影响力和浙江省博物馆知名度方面也起到了积极作用。通过与台北故宫博物院联合授权，中金国礼发行的《富春山居图》艺术黄金合璧典藏版，使分藏两岸的这一旷世名作以黄金艺术品的形式实现了再次合璧。此外，浙江省博物馆还组织近年来开发的博物馆文化衍生产品参加了“2012第五届博物馆及相关产品与技术博览会”。

曹其镛夫妇捐赠中国古代漆器

接受香港著名浙籍实业家曹其镛夫妇所藏中国古代漆器捐赠是2012年度浙江省博物馆藏品征集工作的重点。双方经过一年多的联络洽商，终于促成这项义举。1月13日，“曹其镛先生夫妇捐赠中国古代漆器签约仪式”在杭举行。10月27日，在省委书记、省人大常委会主任赵洪祝，全国政协文史委副主任周国富，省委常委、秘书长赵一德，副省长郑继伟等见证下，陈浩馆长代表浙江省博物馆与曹其镛签署了《关于捐赠漆器藏品的补充协议》。“曾在曹家——曹其镛夫妇捐赠中国古代珍贵漆器特展”也于同一天向公众开放。

经浙江省文物局组织国内权威专家鉴定，这批捐赠的154件珍贵文物中，一级文物21件，二级文物118件，三级文物15件。其中宋元时期一色漆器、明早期剔犀漆器、明嘉靖万历戗金填漆漆器、清乾隆时期漆器等都是极为珍贵的精品，元代雕漆名家张成创作的剔红婴戏图盘更堪称国宝级文物，从而使浙江省博物馆的漆器收藏位居全国前列。

“考古中华——中国社会科学院考古研究所成立60周年成果荟萃”展出

1月13日至4月8日，继在北京、广东、海南、内蒙古等地巡展之后，我国迄今规模最大的考古学专题展览“考古中华——中国社会科学院考古研究所成立60周年成果荟萃”在浙江省博物馆武林馆区展出。本次展览分为史前考古、商周考古、都城考古、帝陵考古、窑业考古、佛教考古、冶金考古、科技考古等八个单元，共展出60多处重要聚落遗址、都城遗址、佛寺遗址与大型墓葬等考古发掘出土的348组、413件珍贵文物。

“古镜今照——中国铜镜研究会成员藏品集萃展”举办

3月20日至5月29日，浙江省博物馆在孤山馆区推出“浙江民间收藏精品走进博物馆系列特展之七：古镜今照——中国铜镜研究会成员藏品集萃展”。此次展览汇集了中国铜镜研究会会员收藏的铜镜300件，时代跨商周、两汉隋唐、宋元明清等各个历史时期，完整展现了中国古代铜镜的发展历史。

浙江省博物馆举办“浙派集英——明代浙派绘画珍品特展”

4月27日至6月10日，“浙派集英——明代浙派绘画珍品特展”在浙江省博物馆武林馆区举办。该展览是浙江省博物馆经过近三年研究和筹备，整合了故宫博物院、上海博物馆等省内外14家博物馆的相关藏品，推出的有史以来最齐全的浙派绘画大集合，展出的57件（组）明代浙派绘画作品较为完整地呈现浙派绘画艺术的精华。

浙江省博物馆荣获全国“2011年度博物馆免费开放最佳宣传推广奖”

5月18日，“2011年度博物馆免费开放最佳做法”评选结果揭晓，浙江省博物馆获“2011年度博物馆免费开放最佳宣传推广奖”。2011年，浙江省博物馆《富春山居图》（剩山图）赴台北故宫博物院参加“山水合璧——黄公望与《富春山居图》特展”的宣传运作，使浙江省博物馆的知名度和社会影响力实现了显著提升。

《走近浙江省博物馆系列丛书》获“2011年度文化遗产优秀图书”

6月8日，“2011年度文化遗产十佳图书”评选结果揭晓。由浙江省博物馆组织编写的《走进浙江省博物馆系列丛书》被评为“2011年度文化遗产优秀图书”。

浙江省博物馆获全省“2011 年度博物馆免费开放最佳综合示范奖”

“浙江省2011 年度博物馆免费开放最佳做法”评选结果于6 月9 日揭晓，浙江省博物馆获“2011 年度博物馆免费开放最佳综合示范奖”。

浙江省博物馆承办第二期“全省博物馆藏品保管培训班”

6 月25 日至29 日，浙江省博物馆承办了第二期“全省博物馆藏品保管培训班”。培训内容包括藏品保管的相关法规制度、藏品的入藏流程与帐目管理、藏品的建档规范及档案制作、馆藏文物数据库管理系统的完善与维护、藏品的出入库制度与提用规范等。来自全省文博单位的105 名学员参加了培训。

“惠世天工——中国古代发明创造文物展”举办

7 月5 日至12 月3 日，由国家文物局主办，浙江省博物馆承办，中国茶叶博物馆、湖北省博

物馆、浙江省文物考古研究所、越国文化博物馆等单位协办的“惠世天工——中国古代发明创造文物展”在浙江省博物馆武林馆区举办。本次展览是中宣部、国家文物局等多部门联合实施的“指南针计划——中国古代发明创造的价值挖掘与展示”之专项研究成果展示，也是继2008年“奇迹天工——中国古代发明创造文物展”之后的第二届展览。

展览分“芳茶远播——中国古代茶文化”、“丹漆随梦——中国古代漆器艺术”、“以铜为鉴——中国古代铜镜艺术”和“百情重觞——中国古代酒文化”四个部分，以信息定位的方式进行设计、布置，再现了中国古代茶、漆器、铜镜、酒的历史，揭示了这些创造发明源于生活而又惠及世人生活的主题。展出文物共计312件（组），其中一级文物138件（组）。

“意在神全——西泠八家书画印精品展”举办

7月14日至9月2日，“意在神全——西泠八家书画印精品展”在浙江省博物馆武林馆区举办。该展集聚了浙江省博物馆和西泠印社所收藏的“西泠八家”精品，并首次将书、画、印三者结合。

“武林雅韵（第六回）——天涯共此时·中秋国庆音乐会”举办

9月27日，“武林雅韵（第六回）——天涯共此时·中秋国庆音乐会”在浙江省博物馆武林馆区举行。本次音乐会在保留传统古琴演奏特色的基础上，融合了香道与茶道表演、创意书法、传统剪纸、畲歌演唱、楼塔细十番、昆曲等多种非物质文化遗产的艺术形式，还结合了现代的沙画表演。

“山哈风韵——浙江畲族文物特展”开幕

9月28日，“山哈风韵——浙江畲族文物特展”在孤山馆区开幕。浙江省博物馆以该展览为首展，推出了“全国少数民族文物系列特展”这一全新的展览系列。

畲族是我国五十五个少数民族之一，散居在我国福建、浙江、江西、广东和安徽等省境内，总人口70余万，其中90%以上居住在闽北、浙南广大山区，是我国典型的散居民族之一，自称“山哈”（“哈”在畲语中意为“客”）。此次展览以浙江省博物馆馆藏畲族文物为基础，整合了丽水市博物馆和景宁畲族博物馆的馆藏资源，以畲族历史、宗教信仰、生产习俗、生活习俗为主线，展现了畲族人民的民族精神。该展览还将在湖州、嘉兴、绍兴、温州、衢州、舟山、景宁等地博物馆巡回展出。

“大雅久不作——寻觅朱家济先生”展举办

11 月 1 日至 12 月 8 日，“大雅久不作——寻觅朱家济先生”展览在浙江省博物馆孤山馆区精品馆举办。朱家济是 20 世纪中国文化界的代表人物之一，也是中国杰出的文物研究及保护专家、书法家和书法教育家，本人及其家庭与浙江省博物馆渊源深厚。1962 年，浙江省文管会与浙江省博物馆合署办公后，原文管会全部业务归属博物馆历史部，朱家济也成为浙江省博物馆的一员。他和子女先后向浙江省博物馆捐献了明紫檀画桌、明柳如是写经砚、清方絜款竹刻臂搁以及笔记、书籍、拓片和文房用具等文物。1994 年，朱家济的兄弟们还将其父朱翼盦收藏的宋及明清书画多种、南宋王安道砚、明代潞王府制琴等文物捐献给浙江省博物馆。为纪念朱家济诞辰 110 周年，浙江省博物馆特于 2012 年举办该展览，并出版了同名文集。11 月 30 日，“纪念朱家济先生 110 周年诞辰学术研讨会”在浙江省博物馆孤山馆区召开，会议充分肯定了朱家济在书法界、文物界、教育界的重要贡献。

浙江省博物馆举办“亲情合璧、烂漫画意——丰子恺漫画创意赛”

12 月 22 日，“浙博伴你共成长”教育系列活动启动仪式暨“亲情合璧、烂漫画意——丰子恺漫画创意赛”在浙江省博物馆武林馆区举行。“浙博伴你共成长”是浙江省博物馆依托资源优势，专为未成年人打造的系列主题教育活动。近 80 名学生在家长陪伴下参加了比赛。活动结束后，浙江省博物馆在武林馆区开辟专区展示优秀作品。

吕祖善加入浙江省博物馆志愿者队伍

全国人大财政经济委员会副主任委员、浙江省原省长吕祖善加入浙江省博物馆志愿者队伍，是2012年浙江省博物馆志愿者工作的突出亮点。一年内，吕祖善先后14次在浙江省博物馆进行志愿服务，为来馆参观的大中专学校学生、企事业单位职工、机关干部及台湾同胞讲解了“越地长歌——浙江历史文化陈列”。

浙江自然博物馆

2012年,浙江自然博物馆进行了领导班子换届。新一届班子秉持“稳中求进,进中求好”的基调,努力保持全馆工作的稳定性、连续性、开拓性,稳步推进事业发展,圆满完成了年度目标任务。获全国“2011年度博物馆免费开放最佳网站服务奖”“浙江省2011年度免费开放最佳未成年人教育奖”“浙江生态日系列活动优秀组织单位”“浙江省级治安安全示范单位”,被评为国家一级博物馆。

一、展览展示

精心推出临特展。相继推出“龙行浙江”、“2012年两岸龙年特展”、“恐龙宝宝回家了——中国蛋化石特展”、“神秘辽西——辽宁中生代古生物化石展”、“关东瑰宝——东北野生动物展”、“绿野仙居——仙居县生态建设成果展”、“会飞的花——中国蝴蝶特展”、“英国野生生物摄影年赛2011年度获奖作品巡展”、“人类亲缘——灵长类多样性和人类起源特展”、“世界自然遗产——江山江郎山油画写生展”、“浙江省第三次文物普查成果展”等22个临特展。策划巡展“龙行浙江——浙江出土恐龙化石”、“2012年两岸龙年特展”、“鸣虫特展”、“自然科技奇幻之旅”等4个,分别赴天台博物馆、嘉兴博物馆、衢州博物馆、宁波博物馆、永康博物馆、东阳博物馆、杭州良渚博物院、中国香菇博物馆、杭州万象城等地,累计展出115场次,受益观众共计40余万次。组织浙江省未成年人3套图版——“浙江鸟类”、“青春期健康教育展”与“龙行浙江”赴宁波、嘉兴、景宁、云和、衢州、缙云、天台、永康等地巡展,累计完成106场,受益学生达10余万人。做好基本陈列的日常维护,定期对三大主题陈列场景的展品、展示环境等进行全面清洁维护;投影仪、灯光照明、残疾人电梯等对常设展览设备进行检查、维修;对互动设备进行及时维护、更新和修理,使展厅设备等完好率达到95%以上,保证了展厅的日常开放及质量。

二、宣传教育

为努力提升科普服务质量,浙江自然博物馆每周组织科普队员进行普通话、礼仪等方面练习,定期邀请不同专家为科普人员讲课,适时召开业务交流学习会;全年为观众提供大件物品寄存、残疾车婴儿车、常备药品等服务1467人次;向社会公开招募10名公共文化服务义务监督员,监督促进开放服务和各项业务工作。全年接待观众134万人次,完成讲解3674场次,观众满意度98%。

策划组织主题日科普教育活动。与杭州西溪国家湿地公园及小爱迪生杂志社在爱鸟周期间组织了“万名儿童画百鸟”比赛和西溪湿地观鸟活动;与都市快报联合开展了“5·18国际博物馆日”夜间开放、夜宿、展厅寻“宝”等系列活动;开展“地球日”系列活动;成功组织“文化遗产日”自然藏品鉴定、“博物馆之友”启动;在生态日组织“环保小妙招”作品征集活动等。

推进未成年人教育活动。在做好传统的“科普小讲堂”、“草根论坛”、“展厅猜谜”等活动基础上，策划推出了咿呀学玩、碳循环、科普DIY等新项目，全年共举办各类活动367场次；组织青少年科普队开展雁荡山地学之旅及下渚湖环保之旅活动；完成2012年海峡两岸中学生自然探索夏令营活动。

加强志愿者队伍建设。编撰志愿者风采录；召开“博物馆之友”恳谈会，制定博物馆之友章程，并向社会公开招募，截至2012年12月31日共有志愿者630人，完成服务时数15600小时，讲解1388场次，组织草根论坛、亲子活动及体验之旅40场次。

三、藏品工作

在藏品征集方面，浙江自然博物馆全年新增藏品9365件，其中地球科学类948件，生命科学类8416件，藏画1件。地球科学类包括圆形、长形共生蛋化石标本、成窝胚胎蛋化石、小型翼龙化石、含头骨的大型禽龙化石珍贵标本等。生命科学类有有白臀叶猴、白颊长臂猿、川金丝猴、黑叶猴、红珊瑚等国家一级重点保护动物标本和南方红豆杉等国家一级重点保护植物标本，稀有的菊花珊瑚标本，来自美国、阿根廷、巴西、德国等国家的贝类标本，以及海南山鹧鸪卵标本等，填补了馆藏空白。

在藏品管理方面，做好藏品建档和新增藏品的鉴定和登记入库，本年度共登记入库标本5486件，使登记入总账的藏品达141106件，其中生命科学类126674件，地球科学类14300件，藏画132件。在做好藏品库房卫生清理、消毒保洁工作基础上，根据不同类型标本采取不同的保存方法，定期抽样检测藏品，对动物标本进行了多次熏杀虫害处理，确保展品安全；登记并实施数字化管理组织的标本9865份，并对展区动物、植物标本进行杀虫、药物投放及熏蒸等多次防范处理，未发生霉变虫蛀现象。

在标本修理维护方面，全年完成恐龙化石、恐龙蛋等30余件标本的修理；复制达尔文翼龙化石、甘肃禽龙化石、浙江各地恐龙化石等40多件；剥制蛇类、鸟类标本16件；完成鲸鲨、野牦牛、藏野驴、大型鱿鱼标本的日常维护；完成参加巡展、外展的500多件化石的保护修复。

四、学术研究

科研科考工作按计划有序进行。国家自然科学基金资助项目“城市化与鸟类繁殖适应研究”、“中国西南地区三叠纪蛇颈龙祖先类群——纯信龙类的个体发育和系统演化研究”、“龟类的起源和早期演化”和省自然科学基金项目“浙江和安徽光唇鱼系统分类研究”、“浙江特有极危动物安吉小鲵保护遗传学研究”等取得阶段性研究成果；省文化厅文化科研立项课题“开放式展区动物标本保持技术研究”、“馆藏珍稀动物组织标本低温保存技术研究”、“动物鸣声收藏的初步研究”、“虫蚀法动物骨骼标本制作技术研究”及“地学藏品的保管与保护研究”按计划推进；“西溪国家湿地公园生物多样性监测示范项目”、“百山祖国家级自然保护区生物多样调查”、“杭州江海湿地生物多样性调查”“浙江鸟类多样性示范监测”等项目研究顺利进行中。

继续实施浙江生物多样性组织标本采集工作。组织标本库管理系统进行数字化更新，全部实现数字化统一管理；除委托征集外，全年采集动物组织标本62件。

充分发挥两个实验室的作用。地学实验室制定管理规定，积极参与科普活动和实习活动，开展科学研究和实验数据采集等100余次；生物多样性实验室随着设备逐步配备到位，运行管理更趋规范科学，开展了国家自然科学基金、省自然科学基金资助科研项目的室内实验工作、实验活动计256人次。

加强业务学习和学术研究全年发表学术论文29篇，出版专著8部，参加国内外学术会议35人次、作学术报告21人次，发表科普文章5篇，作科普讲座21场，邀请中科院院士周忠和等国内外著名专家来馆作讲座，加强了业务学习和学术研究。

成功举办“恐龙宝宝回家了——中国蛋化石特展”暨第五届“恐龙宝宝与恐龙蛋”国际学术会议，来自国内外的古生物研究专家参加了会议并做了相关报告；经过多方努力，省编委发文批复同意浙江自然博物馆增挂“浙江省古生物化石保护研究中心”牌子，确定了机构设置，配备了负责人，并于12月18日举行授牌仪式。

五、安全保卫

切实落实安全保卫责任制。根据馆领导班子调整后分工变化的情况，及时调整综合治理领导小组、防火委员会、反恐领导小组和国家安全、反盗窃、保密小组及志愿消防队等9个组织。馆部与各部门签订安全责任书，加强对安全重点部位、重要岗位人员的教育和检查，再次被浙江省公安厅、浙江省社会管理综合治理委员会办公室、浙江省社会治安综合治理协会被为“浙江省治安安全示范单位”。被杭州市公安局列为安全防范工作评估试点单位，并顺利通过安全评估，安全保障部被杭州市公安局评为先进集体。

加强免费开放的安全管理。根据开馆三年来的运行特点及周边治安状况，认真分析工作中出现的新情况、新问题，对照《杭州市治安保卫重点单位安全防范工作评估办法》，加强组织领导，强化工作措施。周末及节假日馆领导轮流值班，分管领导每月定期夜间检查门卫、监控中心、消控室等重点防范部位，专职保卫干部每天多次巡视展厅，加强对低龄儿童、老年人、残疾人等参观群体的重点看护，以及观众出入口、自动扶梯、展厅玻璃地面及闭馆清场的安全管理，做好防火、防盗、防破坏、防人身伤亡和反恐工作，详细记录保卫工作日志，未发生重大安全事故。

开展安全防范教育和业务技能培训。组织全馆职工开展安全教育、灭火及应急疏散预案演练2次，及时对新进员工进行上岗前安全培训，组织志愿消防队、讲解员、保安员及物业服务人员等进行消防灭火训练，组织安保夜间防盗实战演练。全年召开综治工作会、安保工作专题会、保安人员会14次。认真做好安防工作，对消防设施及电气防火进行年度检测，根据消防系统保修期届满情况及时招标择选维保单位。

六、行政管理

稳步推进单位绩效工资制度，进一步完善绩效工资方案，于5月正式付诸实施；根据单位实际，兼顾退休人员利益，提高了退休人员的待遇；推出《浙江自然博物馆职工继续教育暂行规定》制度，鼓励职工参加继续教育和培训；举办中层以上干部培训班，邀请省委党校、浙大等教授讲课；组织科普队员、保安人员业务培训；支持专业人员、管理人员参加各种研修班、培训班107人次；举行部门年度工作报告会；组织人员赴国（境）外学习交流17人次，接待国内兄弟单位来馆考察32批次。

做好信息报送工作，在省文化厅网站和文化信息网发布信息200余条，省文物局网站发布80余条，政务信息采用在厅属单位中名列第三；按照上级要求和公文格式做好发文工作，全年发文57号（次）。推进网站建设，推出少儿版，开通新浪微博和腾讯微博，网站发布各类信息740余条，全年网站访问量220万人次，发布新浪微博400余条，腾讯微博267条；获国家文物局颁发的全国免费开放最佳网站服务奖；做好图资档案工作，现有中（外）专业期刊120余种6754册、馆藏图书8897本，完成2011年度档案的收集整理和归档计326卷（件），编制新馆基建设备档案18卷，提供档案利用80人次600余卷件，《浙江自然博物馆新馆筹备文献（1999—2009）》获三等奖。

完成中国鸟类学史料中心的内装修和展柜购置工作完成，着手启动鸟类学史料的征集、收藏；空调、电梯、高配等设备进行检修、维护，保证设备正常运行；通过政府招标，聘请新的物业管理公司，进一步细化服务标准，提升服务品质；制定并完善《浙江自然博物馆车辆管理规定》，做好车辆日常维护保养工作，全年行车安全无事故。

“龙行浙江”新春贺岁特展推出

1月12日，由浙江省文化厅、省国土资源厅、省文物局主办，浙江自然博物馆承办，衢州、丽水、天台等市县博物馆协办的“龙行浙江——浙江出土恐龙化石”龙年特展开幕仪式在浙江自然博物馆举行。展览展出了近百件恐龙和恐龙蛋化石标本(包括首次联袂展出的达尔文翼龙雌雄个体的珍稀标本)，以及数十幅野外实景发掘和恐龙生活场景复原油画等，讲述了浙江地理概要、浙江地质概况、浙江恐龙化石、浙江恐龙遗迹化石、浙江翼龙、恐龙概述等科普知识。

浙江自然博物馆新一届行政领导班子组成

3月12日，浙江自然博物馆召开全馆职工大会，省文化厅副厅长、省文物局局长鲍贤伦主持会议并宣布了新一届行政领导班子组成人员。省文化厅厅长杨建新做了讲话，对上一届领导班子在新馆筹备、免费开放、运行管理及博物馆功能发挥等方面所取得的成绩给予充分肯定，特别对康熙民从事文博工作三十几年、担任浙江自然博物馆馆长十多年以来为博物馆事业发展做出的重大贡献给予高度赞赏，同时从加强学习、恪尽职守、团结协作、强化管理、反腐倡廉五个方面

对新一届领导班子提出了希望和要求。原馆长康熙民和新任馆长严洪明先后讲话。

浙江自然博物馆开展“世界地球日”宣传活动

2012 年4 月22 日是第43 个世界地球日，浙江自然博物馆推出了“走近恐龙，我想对地球说——第43 个世界地球日暨龙行浙江特别互动活动”。活动内容包括“自然之心·草根论坛——我们的地球，我们的家”、显微镜标本观摩、垃圾分类亲子活动、科普电影《世界自然奇观》等。

浙江自然博物馆获“2011 年度博物馆免费开放网站最佳服务奖”

5 月18 日，由国家文物局主办的“2011 年度博物馆免费开放最佳做法”评选结果揭晓，浙江自然博物馆获“2011 年度博物馆免费开放最佳网站服务奖”。浙江自然博物馆馆长严洪明出席颁奖仪式，并在博物馆免费开放最佳做法研讨会上介绍了浙江自然博物馆网站服务方面的具体做法和成功经验。

浙江自然博物馆荣获“浙江省2011年度博物馆免费开放最佳未成年人教育奖”

6月9日，在浙江省文物局、湖州市政府主办的浙江省“文化遗产日”主场城市活动开幕式上，“浙江省2011年度博物馆免费开放最佳做法”获奖名单揭晓。浙江自然博物馆获“浙江省2011年度博物馆免费开放最佳未成年人教育奖”。

“碧水蓝天、绿野仙居——仙居县生态建设成果展”开幕

6月10日，由省文化厅、省农业厅、省环保厅、台州市委市政府主办，浙江自然博物馆、仙居县委县政府承办的“碧水蓝天、绿野仙居——仙居县生态建设成果展”在浙江自然博物馆开幕。展览由“人间仙居”、“生态立县”、“生态文化”、“生态经济”和“守望仙居”五个部分组成，展出了部分珍贵动植物标本、恐龙化石和油菜花节复原场景，并布置了无骨花灯、彩石镶嵌等具有地方特色的民间文化艺术品。本次展览也是浙江自然博物馆生态系列展览的首场展出。

“会飞的花——中国蝴蝶特展”举行

8月15日至10月7日，“会飞的花——中国蝴蝶特展”在浙江自然博物馆向公众免费开放。此次展览由浙江自然博物馆独立筹划并推出，共展出我国分布的各科蝴蝶精美标本500余种。展览还特别开辟了活体蝴蝶展示区与观众互动区，举办了配套科普讲座。观众可以参与展览知识答卷填写，赢取配套图书《迷蝶——蝴蝶探秘》。

“恐龙宝宝回家了——中国蛋化石特展”举行

9月16日，由国家古生物化石专家委员会办公室、浙江省文化厅、浙江省国土资源厅和浙江省文物局主办，浙江自然博物馆和浙江省古生物化石专家委员会办公室承办，中国地质博物馆、中国地质科学院地质研究所和北京自然博物馆协办的“恐龙宝宝回家了——中国蛋化石特展”暨第五届“恐龙宝宝与恐龙蛋”国际会议开幕仪式在浙江自然博物馆举行。该展览以浙江自然博物馆收藏的恐龙蛋及相关化石为主，介绍了我国追缴流失国外化石的历程和《古生物化石保护条例》的主要内容，回顾了我国化石追缴的历史与成果，展出了中国的主要蛋化

石类型等内容（特别是从美国追缴的一个22枚窃蛋龙的蛋窝），还介绍了恐龙蛋化石的研究方法、恐龙蛋化石的分类等知识。

公共文化服务义务监督员聘任仪式举行

9月21日下午，浙江自然博物馆举行公共文化服务义务监督员聘书颁发仪式，馆领导严洪明、冯飞、陈水华、余幸生分别为10名义务监督员颁发了聘书。

为深入贯彻省第十三次党代会精神，积极推进文化强省建设，为社会公众提供优质的公共文化服务，浙江自然博物馆于8月初与都市快报合作，面向社会公开招募公共文化服务义务监督员，并最终选聘了10名公共文化服务义务监督员。根据工作职责，义务监督员今后将不定期对展览服务、讲解服务、教育服务、设施服务、保洁服务、便民服务、安全服务等进行明察暗访，督促从业人员放进和加强服务工作，提升公共文化服务的质量和水平。

学术委员会、藏品征集委员会会议举行

10月19日，浙江自然博物馆召开学术工作委员会、藏品征集工作委员会会议。省文化厅副巡视员、省文物局副局长陈官忠出席会议并讲话，还为外聘的馆学术委员会委员、浙江大学教授严建强、丁平颁发了聘书。委员会成员冯飞、陈水华、金幸生、骆土泉、张方钢、杜天明、范忠勇、赵丽君、陈莹、何纯清、丁明等参加了会议。会议审阅并原则通过了《浙江自然博物馆学术委员会章程》，并讨论了《浙江自然博物馆藏品征集规划》。与会委员为浙江自然博物馆的建设和发展，特别是学术建设和藏品征集等建言献策。

浙江省古生物化石收藏研究中心揭牌暨浙江自然博物馆客座研究员聘任仪式举行

12月18日，浙江省古生物化石收藏研究中心揭牌暨浙江自然博物馆客座研究员聘任仪式在浙江自然博物馆举行。省文化厅厅长金兴盛到场为客座研究员颁发了聘书，省国土资源厅副厅长潘圣明、省文物局副局长陈官忠为浙江省古生物化石收藏研究中心成立揭牌。仪式结束后，周忠和院士作了“中国古生物学及其科学传播意义”讲座。

浙江省古生物化石收藏研究中心是以浙江自然博物馆为依托的场所，以专业技术人员为主体，特聘请周忠和院士等8位国内外知名专家学者为客座研究员。

“人类的亲缘——灵长类多样性和人类起源”专题展开幕

12月25日，“人类的亲缘——灵长类多样性和人类起源”专题展在浙江自然博物馆开幕。专题展分为“什么是灵长类”、“形形色色的灵长类动物”、“灵长类的社会行为”、“灵长类生活在哪”、“我国的灵长类”、“我们从哪来”、“感恩我们的近亲”、“保护我们的近亲”和“我心中的灵长类动物”等9个部分，通过图版和标本较为系统地介绍了灵长类在多样性、身体结构、思维和智慧、活动行为、社会制度、自然保护及人类起源与演化等方面的知识与信息。

该专题展由中国科学院动物研究所、中国动物学会、中国生态学会动物生态专业委员会、北京动物学会主办，国家动物博物馆、浙江自然博物馆、浙江省动物学会承办。展期自2012年12月25日至2013年3月17日，期间邀请灵长类研究专家作科普讲座，并组织专题影片播放等。

中国丝绸博物馆

2012年是中国丝绸博物馆开馆20周年。一年来，在省文化厅、省文物局的直接指导下，全馆干部职工按照浙江省文化厅2012年目标管理责任书要求，扎扎实实做好各项工作，取得了可喜成绩。经过多年努力，中国丝绸博物馆于2012年正式列入国家一级博物馆行列，并成功举办了20周年馆庆活动；纺织品文物保护国家文物局重点科研基地正式揭牌，全面投入运行；"华装风姿——中国百年旗袍展"成为中国丝绸博物馆在国内巡展城市最多的展览，取得了较好的社会影响；"超越历史和物质：中国丝绸艺术展"与"丝绸之路——中国古代丝绸艺术展"的同期展出，实现了展览方式的新突破；科研工作方面，项目申报取得重大突破，国内合作进一步深化，国际合作全面铺开；对外宣传取得新突破，进一步扩大了在全国的影响。

一、陈列展览

为配合开馆20周年庆典，"中国丝绸的故事"基本陈列得到完善、创新，形成了由历史文物厅、天蚕灵机非遗厅、纺织品文物修复展示馆和新猷资料馆组成的陈列体系。"天蚕灵机——中国蚕桑丝织技艺非物质文化遗产展示"反映了包括蚕桑、习俗、制丝、丝织、印染、刺绣技艺等在内的中国蚕桑丝织技艺，是对博物馆全面、系统传承、保护、展示人类非物质文化遗产项目的一次尝试。纺织品文物修复展示馆集纺织品文物清洗、修复、保护、展示于一体，是对外展示的新亮点。新猷资料馆是以朱新予、蒋猷龙两位纺织界老前辈命名的信息中心，对外提供有历史价值的丝绸之路、纺织人物、纺织史相关书籍、论文集、档案、现代面料及设计稿、声像、数字信息等纺织科研信息服务。

与此同时，中国丝绸博物馆在省内外共举办"把酒画桑麻画展"、"百年华装·丝情杭州——中华服装的遗产与繁荣"、"蚕月条桑——江南水乡蚕桑丝织主题摄影展"等十个临时展览；在国外举办了"从杭州到卢卡——穿越历史的丝绸之路"、"衣锦环绣——5000年中国丝绸精品展"、"超越历史和物质：中国丝绸艺术展"、"丝绸之路——中国古代丝绸艺术展"4个展览，并筹备了"锦绣撷英——中国丝绸艺术的历史和时尚展"、"海上魅惑——中国现代女性时装展"、"中国丝绸文化展"等3个对外展览，令各类品牌展览得到创新。

二、藏品工作

2012年，中国丝绸博物馆新增藏品3772套（件），其中历史文物391件、现代藏品3381套（件）。著名敦煌艺术和艺术设计研究专家、工艺美术教育家常沙娜、黄能馥和李绵璐（已故）三位学者捐赠的206张敦煌装饰纹样原稿，对敦煌图案等研究与收藏具有重要意义，填补了空白；从境外征集的320件19世纪末世博会清代面料和清代外销绸充实了馆藏体系；116件蚕桑书法绘画作品完善了馆藏美术作品体系；四川美术学院2099件上世纪60年代至90年代的纺织样本和蓝印花布等设计样稿，充实、提高了当代纺织样稿、样片的数量和质量；32件由北京服装学院、香港理工大学、浙江理工大学、清华大学美术学院等知名高校师生设计的作品，使数量上有了新的突破。2012年入库馆藏品以批次为特征的藏品编号系统完成。藏品数据库软件继续更新、完善，完成160余件2011年藏品的档案信息；文物库房工作室、文物库房木柜等进行了重新更换，并新增教工路面料库房，基本形成了文物库房、当代服饰库房、当代面料库房和展具库四大库区，在一定程度上缓解了收藏品储存空间的不足，改善了藏品储藏设施条件。纺织档案资料收集工作积极开展中，馆藏资料进一步充实。

三、文物保护

2012年，纺织品文物保护重点科研基地结合馆庆正式揭牌运行，同期还举办了首届学术委员会会议。基地不断完善大型科研设备，提升科研硬件配置；完成质谱、红外和多光谱成像系统、汉氏展柜的招标、安装与调试，全面投入使用；激光共聚焦显微镜、三维视频显微镜、便携式荧光光谱仪的市场调查、选型、询价和招标完成；纺织品文物科技标本库初步建成，开展纺织品文物标本、现代茧丝标本、现代皮毛标本和现代染料标本的收集整理，同时进行了典型标本的分析测试，建立、健全科学测试数据库；初步建成纺织品文物保护科技文献资料库；加强科研管理，对科研工作实行月报制度，对大型仪器设备制定专人管理制度；以科研基地为主体，共举办25次小型学术研讨会，通过交流增进了了解，提高了科研人员的综合素质。全年完成课题6项，在研课题3项，新立项课题7项，合作研究3项，重要课题申报2项。

科研合作方面，中国丝绸博物馆参与国家文化遗产保护科技区域创新联盟（浙江省）建设，加强与浙江省博物馆、浙江理工大学、浙江省文物考古研究所、浙江大学等单位的科研合作，全面展开与国内外单位的合作，抓住机遇，促进自身科研工作更快更好发展。

2012年，中国丝绸博物馆全年对无锡考古研究所大坟山M1墓丝织品、武义博物馆考古出土丝织品等498件文物进行消毒（其中馆藏文物406件）；清洗文物68件（其中馆藏文物23件）；修复了辽代鸽子纹锦袍、辽代大窠四海东青纹锦袍、元代海青衣、汉晋对鸟对兽“宜王”锦袍、绮地刺绣龟甲花卉纹囊、北朝列堞对虎纹锦翘头靴、红地簇四花卉纹锦枕等馆藏文物73件；保护、修复镇江博物馆委托周瑀墓出土丝织品、嘉兴王店明墓出土纺织品、浙江省博物馆馆藏畲族文物等136件（套）；整理纺织品残片若干件。为期半年的“纺织品文物保护修复新疆学员杭州第一期培训班”为新疆三个文博单位的6名纺织品修复专业人员提供了修复技能及修复方案、报告编写能力的培训。

2012年，中国丝绸博物馆继续推进“中国蚕桑丝织文化遗产生态园”项目建设，重点实施整体规划方案的设计与论证，建立了项目领导小组；5月25日在海宁举行中国蚕桑丝织文化遗产生态园规划方案专家座谈会，成立了中国蚕桑丝织文化遗产生态园专家指导委员会；8月13日和10月7日先后在杭州举行中国蚕桑丝织文化遗产生态园核心区城市设计方案竞选评审会；12月3日成立了由海宁市和中国丝绸博物馆组成的中国蚕桑丝织文化遗产生态园项目推进领导小组。

一年来，中国丝绸博物馆在理论研究方面出版了《中国丝绸艺术》及英文版等五部专著，在各类专业杂志、报刊发表了《唐代宝花狮纹锦织物的特点和复制》、《战国对龙对凤纹锦研究》等多篇研究、调研论文。

四、学术交流

在学术交流和理论研究方面，中国丝绸博物馆采取“走出去、请进来”的方式，组织、参与了一系列学术交流活动，取得了可喜的学术研究成果：

一年来先后有5批专业技术人员赴美国、菲律宾、丹麦、香港等国家和地区开展学术交流活动，同时有日本、新西兰、香港许多国家或地区的同行来馆开展合作交流。

五、社会教育和宣传

一年来，中国丝绸博物馆不断推进社会教育工作，全年接待观众62万人次，其中外宾40150人次；讲解次数935次；并接待了澳大利亚西澳洲下议院议长格兰特·伍德姆斯、毛里塔尼亚文化部部长茜赛·布瓦德、乌克兰内务部部长扎哈尔琴科、摩洛哥文化部文物局长阿卜杜拉·萨利等20批境内外重要来宾。

为加强讲解员队伍建设，中国丝绸博物馆新聘3位编外讲解员，组织实施了系统培训；还专门制定了《讲解员岗位责任书》、《讲解接待登记表》、《讲解接待观众反馈表》，从管理层面、自身层面及观众层面对讲解工作进行了规范，以树立良好的窗口形象。同时，中国丝绸博物馆制定、实行了团体观众预约、零散观众随到随讲的免费讲解制度，组织社会教育人员到兄弟博物馆参观学习，不断提高社会教育人员的业务水平。

同时，中国丝绸博物馆开展了关爱小候鸟、丝绸文化大课堂、走进社区、学校巡回展等丰富多彩的社会教育活动，继续开展科普养蚕与手工制作活动，为大中学生提供社会实践平台，创新了志愿者服务工作，举办了“服饰搭配”、“青瓷风韵——永恒的千峰翠色”、“中国丝绸与装饰艺术”、“中华茶文化及其对外影响”、“无言的祝福——童服里的故事”、“寻找海路的丝绸遗存”、“百年旗袍解读”、“胜朝遗风——蒙元冠服及其影响”、“旗袍盘扣教室”、“对弗利尔美术馆中国纺织品收藏的重新认识”、“用现代科技之光照亮中国古代文明”、“明代丝织业研究漫谈”、“蒙元服饰及其装饰艺术”、“宗教与艺术的结合——良渚文化玉器解读”、“当代纤维艺术：定位、市场、前景——在欧洲展现纤维艺术的时机”等专题讲座，举办了基于氨基酸的丝织品保存现状评估、博物馆丝织物氙灯加速老化实验方案、皮革类文物的保护研究概况、Micro-fading tester的设计及在纺织品文物色彩保护的应用、修复背衬材料系统化研究、中国传统织造工艺现状调研、纺织品污染病害调查及清洗剂研发进展、糟朽丝织品的丝蛋白加固机理研究等25个小型学术研讨会。

同时，中国丝绸博物馆对外宣传又有新突破，编印了《筚路蓝缕，以启桑林——中国丝绸博物馆建馆二十周年(纪念集)》、《中国丝绸博物馆馆介》、《中国丝绸博物馆2011年年鉴》、《中国丝绸博物馆简介》等宣传资料。重新设计、改版的官方网站以全新面貌向社会各界展示。博物馆结合中心工作和重大活动，利用网络，通过报纸、期刊、电视、电台等载体积极开展宣传。特别是“华装风姿——中国百年旗袍展”、“沙鸣花开——敦煌历代服饰图案临摹原稿展”和“中国丝绸博物馆二十周年馆庆典礼”等活动，不仅在《中国文物报》、《浙江日报》、《钱江晚报》、

《明报周刊》(香港)等报刊上进行了专版报道,还在国内颇具影响的《三联生活周刊》杂志上作了专题报道。

六、行政管理

2012年,中国丝绸博物馆开展国家一级博物馆定级评估申报,在省文物局指导下顺利入选第二批国家一级博物馆名单。馆制度汇编《中国丝绸博物馆作业指导书》、《中国丝绸博物馆程序文件》充实、完善并印刷成册;还在此基础上编制了《中国丝绸博物馆员工手册》;按照《浙江省事业单位公开招聘人员暂行办法》规定,开展了在编和非在编人员的公开招聘;加强了人事基础管理工作,根据省文化厅统一部署,进行了事业单位在编人员实名制信息统计申报和人事档案个人基本信息核实上报。

为做好消防安全,中国丝绸博物馆加强技防、消防管理和保安队伍建设,与馆属各部门及协作单位签订了2012年度社会治安综合治理目标管理责任书,层层落实工作责任制。

馆里严格遵守、执行国家财经法规、财务、政府采购制度及省文化厅颁发的各项财务规定,做到无财务违规违纪情况发生;加强项目经费使用管理,严格专款专用;加强国有资产的管理,确保国有资产安全。

“华装风姿——中国百年旗袍展”举行

3月8日至3月27日，“华装风姿——中国百年旗袍展”在北京中国妇女儿童博物馆举行。展览由中国丝绸博物馆、中国妇女儿童博物馆、中国美术学院主办，共分为“推陈出新——旗袍的起源”、“历久弥新——旗袍的流变”、“中西合璧——旗袍的新语”、“妙手天成——旗袍的工艺”、“风华永恒——旗袍的今天”等五个部分，从旗袍的文化背景、款式变奏、时代特征及旗袍的面料品种、制作工艺、图案风格等方面展现了中华的服饰文化和技术。展出的旗袍展品共计120余件，其中既有中国丝绸博物馆收藏的百余件近百年来的旗袍，以及与旗袍相关的老照片、广告画、生活用品，也有20世纪下半叶世界各地华人女性的旗袍和当代设计师设计的旗袍。

开幕式后举办的“中华女装学术论坛”由中国丝绸博物馆馆长赵丰主持，许江、范迪安、杨源、杨玲、李当岐、吴海燕、张志峰等嘉宾出席论坛并发言，就旗袍与中国女装的关系进行了探讨。

中国丝绸博物馆举办“小手拉小手、情暖杭少图——关爱小候鸟”活动

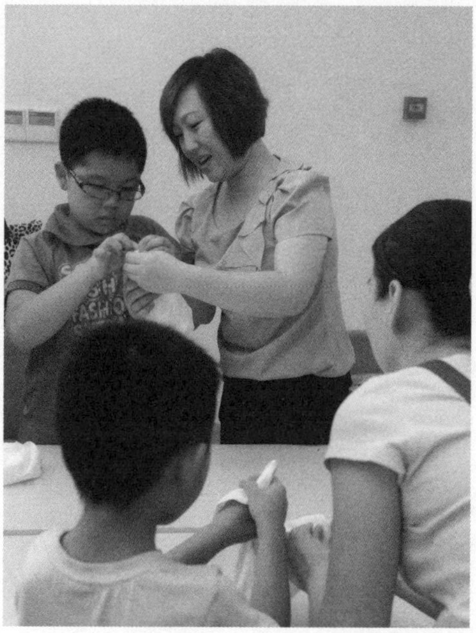

7月29日，15位杭城户籍的小学生和15位外来务工子女共同参加了由中国丝绸博物馆、杭州少儿图书馆联合举办的“小手拉小手、情暖杭少图——关爱小候鸟”活动。在活动中，孩子们互相结对，参与了互动游戏，观看了手工缫丝表演，还在博物馆老师的辅导下，动手体验了手工丝绸扎染。

“沙鸣花开——敦煌历代服饰图案临摹原稿展”举行

9月14日至11月20日，中国丝绸博物馆推出“沙鸣花开——敦煌历代服饰图案临摹原稿展”。展览由浙江省文化厅、浙江省文物局主办，中国丝绸博物馆承办，浙江省敦煌学研究会协办。9月14日，“沙鸣花开——敦煌历代服饰图案临摹原稿展”开幕式暨常沙娜、黄能馥、李绵璐作品捐赠仪式在中国丝绸博物馆举行。开幕式上，常沙娜代表黄能馥和已故的李绵璐将年轻时完成的206张画作、近400幅敦煌装饰纹样原稿全部捐赠给了中国丝绸博物馆。该展览共展出敦煌服饰和装饰图案临摹作品252张，实物作品近20件，其中有常沙娜设计的丝巾、陶瓷挂盘、面料及2001年为国务院设计的敦煌系列茶杯等。

开幕式结束后举办的“丝带上的明珠”学术座谈会上，常沙娜叙述了她与敦煌及新中国工艺美术设计之间的往事，阐述了对当下工艺美术设计的想法。会后，常沙娜为父亲常书鸿自传《九十春秋——敦煌五十年》现场签名。

“穿越——2012年度时尚回顾展”开幕

11月29日,中国丝绸博物馆举行了“穿越——2012年度时尚回顾展”开幕式。展览由中国服装设计师协会、国家纺织产品开发中心主办,中国丝绸博物馆承办,共展出展品100余件,分为五个部分:第一部分“逆向”展示了香港理工大学、北京服装学院、浙江理工大学等高校毕业生及“汉帛杯”青年服装设计师设计大赛的获奖作品。第二部分“源本”集中展示了中国著名服装和面料企业的产品。第三部分“科技”反映了高科技应用赋予传统纺织面料的优良性能,告诉观众科技并非改变、征服世界的工具,而是人类改造生活并使自己与自然相处更为和谐的方法。第四部分“花境”展现了以花为主题的服装和面料设计。第五部分“圆融”展示了历届中国服装设计最高奖“金顶奖”得主的作品。开幕式上还专门举办了一台时装秀,展示了2012年“金顶奖”得主曾凤飞、最佳男装设计师王玉涛和最佳女装设计师刘薇的作品。

中国丝绸博物馆举办开馆20周年庆典

11月30日,中国丝绸博物馆二十周年庆典暨纺织品文物保护国家文物局重点科研基地揭

牌仪式在中国丝绸博物馆举行。中共浙江省省委常委、副省长、省委宣传部部长葛慧君，浙江省人大常委会副主任徐宏俊，国家文物局副局长宋新潮，浙江省文化厅厅长金兴盛、巡视员鲍贤伦，新疆维吾尔自治区办公厅副主任姚晓君，江苏省文物局局长、南京博物院院长龚良，国家文物局学术会委员会主席王丹华，国家纺织工业联合会会长王天凯，中国服装设计师协会会长李当岐，中国丝绸博物馆原总顾问黄能馥以及来自国内纺织、丝绸、设计、博物馆、文物科技保护领域的领导、专家，浙江省、杭州市有关部门领导、专家，在杭各博物馆馆长，来自美国、法国、英国、丹麦、韩国和香港地区的专家学者，媒体代表出席了典礼。宋新潮副局长、徐宏俊副主任为纺织品文物保护国家文物局重点科研基地揭牌。馆庆期间中国丝绸博物馆开展了一系列相关活动：新猷资料馆于11月28日开馆，"穿越——2012年度时尚回顾展"于11月29日开幕，11月30日召开了纺织品文物保护国家文物局重点科研基地第一次学术委员会会议，11月30日举办了"丝绸艺术与特色博物馆论坛"，12月2日召开了"丝路之绸研究与保护"国际学术报告会等。

《中国丝绸艺术》英文版荣登《纽约时报》2012艺术书籍榜首

《中国丝绸艺术》是中国外文出版社和美国耶鲁大学出版社共同出版的"中国文化与文明"系列丛书中的一本。全书约42万字，主体分九章，依次讲述了"蚕桑丝织的起源与初兴——远古至战国时代的丝绸生产"、"融合创新、承前启后——隋唐五代时期丝绸艺术"等内容，从文化史、艺术史的角度，对自新石器时代至20世纪初中国历代丝绸的织造技艺、艺术特色、生产格局、造作制度及政治、经济、文化、时尚、域外艺术对丝绸发展的影响做出系统解说。书中650幅配图大多选自美、英、法、中等国文博机构及个人收藏，其中有许多都是此前从未发表过的。

《中国丝绸艺术》的编辑、出版过程长达15年，不仅是中外一流学者第一次集体尝试写作中国丝绸通史，也是中西学者在这方面前所未有的一次合作。《纽约时报》艺术评论人在关于“2012 年艺术书籍”的长篇评论及榜单中，将《中国丝绸艺术》英文版排在了第一位。中国丝绸博物馆馆长赵丰担任中文版主编。

“党的光辉照我心，爱的阳光洒杨绫”主题志愿者活动举行

2012 年，中国丝绸博物馆党支部策划了“党的光辉照我心，爱的阳光洒杨绫”主题志愿者活动。社教部党员和大学生党员志愿者一起与杨绫子学校孩子结对，共同创作手工艺术作品，之后又组织爱心义卖，将义卖所得善款全部捐献给学生用于艺术学习。

浙江省文物考古研究所

2012年，浙江省文物考古研究所紧紧围绕中心、服务大局、默默奉献、自觉自信，推动各项文物考古工作取得明显成效。

一、“创先争优”，成绩斐然

2012年5月下旬，省委常委、组织部长蔡奇一行来所调研，了解“创先争优”活动开展情况，看望良渚工作站考古人员，实地察看了莫角山遗址考古发掘现场及良渚工作站整理库房，并发表了“吃不了苦，考不了古”的微博，吸引了各路记者。新华社、中新社、《中国文化报》、《中国文物报》、《中国新闻网》、《光明日报》、《浙江日报》、《钱江晚报》、《共产党员杂志》等纷纷刊载了考古工作者的事迹。在浙江省纪念建党91周年暨创先争优活动表彰大会上，考古工作先进代表刘斌荣获“浙江省创先争优优秀共产党员”，还被授予“全国文物系统先进工作者”、“浙江省创先争优闪光言行月度之星”、“省直机关第二届道德模范”等称号。浙江省文物考古研究所获“省级文化系统创先争优活动先进单位”，所党总支获“省级文化系统基层党建工作示范点”荣誉。

二、考古发掘，如火如荼

2012年，浙江省文物考古研究所加强基本建设项目中的文物介入力度，做好大型基本建设项目工程中的考古调查、勘探与文物保护，对金衢高速公路拓宽、浙能绍兴滨海热电二期、浙能乐清电厂三期、大唐江滨热电配套天然气管道、浙能长兴热电配套天然气管道、诸暨天然气、天然气热电联产抢建项目配套天然气管道（浙能常山、琥珀柯城、浙能金东、大唐江山、华电龙游）、杭平申线海宁段航道改造、临海方溪水库库区、浙江音乐学院、亿丰亿盛置业有限公司、浙江海远科技发展有限公司、金华御员园项目、丽水监狱、邱城遗址锦绣天地区块与德隆置业区块等20项高速公路、电厂、天然气、水利工程、房产大中型项目进行了考古调查和勘探，调查面积达656万平方米，勘探清理9400平方米；并对建设过程中无法实施原地保护的文物开展考古发掘，全年发掘25个遗址（墓地），面积5.24万平方米，清理各阶段墓葬、窑址、房址、灰坑等645座（个），出土各类文物5964件（组）。史前考古方面开展了龙游荷花山、余姚田螺山、桐庐小青龙、余杭玉架山、官井头、海宁皇坟头、象山姚家山等7个遗址的抢救发掘，均有重要收获。其中荷花山遗址再一次证明了上山文化与跨湖桥文化存在地层叠压和文化发展关系；田螺山遗址首次在同一个聚落遗址内完整发现了代表河姆渡文化早、晚4个不同阶段的木构建筑遗迹；小青龙遗址首次发现了良渚文化中的联排式建筑；官井头遗址发现了良渚文化时期的成组石砌遗迹；皇坟头遗址首次发现了良渚文化时期的叠石圈遗迹。这些发现为进一步研究提供了宝贵的田野资料。历史时期考古方面对良朋上马山、湖州杨家埠、长兴夏家庙、德清歌林小镇、拳头山、绍兴平水小家山、长兴夹浦环沉、武义徐谓礼等墓地，海宁长安闸坝，磐安岭干村明代造纸作坊，庆元潘里垄、湖州瓢山、德清尼姑山窑址等18处进行了抢救性考古发掘，获得了许多新资料。

为配合良渚申遗，浙江省文物考古研究所继续进行良渚古城考古勘探，在古城内铲探，完成对古城内北半部的钻探，建立、登记了所有探孔文字、坐标信息的探孔数据库，继续采用机钻对莫角山遗址进行系统钻探，进一步明确了莫角山西部边界；还对莫角山东坡、西坡及大莫角山东南角进行了解剖发掘。对莫角山遗址东坡的发掘清晰了莫角山东坡坡缘的结构、堆筑方式、与坡缘外侧的关系及年代问题。11号灰坑发现的大量碳化稻米遗存为莫角山中心区的性质和人口规模推测提供了新素材。莫角山遗址西坡的发掘揭示了莫角山遗址西边缘的小高台与姜家山间南北向凹陷带为良渚时期河道，为良渚古城城内河道网络的复原重建提供了新资料。莫角山遗址上有三个高台，即大莫角山、小莫角山和乌龟山，三者之间早年经钻探发现有一用砂土和黄土铺垫的面积较大活动广场。大莫角山南坡的发掘基本了解了高台与广场的堆筑关系，确定了彼此的具体年代范围、建筑方式。

在城内发掘的同时，对城外的扁担山遗址及良渚水坝系统塘山段所在的罗村进行的发掘都取得了阶段性进展。对扁担山遗址的解剖发掘证明了扁担山为东西向人工堆筑台地形居住址，与城东美人地遗址的性状与年代相似。对塘山遗址罗村段的发掘解决了塘山遗址的年代与堆筑方式问题。对良渚水坝系统罗村周边范围进行了钻探调查，对水坝系统所在区域作了进一步的遥感分析。

浙江省文物考古研究所与良渚遗址管委会、陕西大地测绘公司共同合作，对良渚古城及良渚遗址保护区的120平方公里范围进行了无人机航拍航测，获取了理想的正射影像图，为良渚古城及其外围的调查研究和良渚遗址总体保护、规划奠定了基础。

2012年，浙江省文物考古研究所整理平湖庄桥坟遗址发掘资料，基本完成所有一千多件出土器物的修复、绘图及墓葬描述；对湖州钱山漾遗址第三、四次发掘遗物和材料进行了整理，完成近千件出土遗物的修复、绘图等基础性工作，编写的《钱山漾报告》已完成约10万字；完成上山遗址的考古资料整理；对海宁小兜里与瑞寺桥遗址进行了初步整理；完成并上报海宁达泽庙遗址与德清亭子桥窑址的文物移交方案。

三、文物保护，一如既往

为配合开展我省大运河申遗，浙江省文物考古研究所参与省文物局及运河沿线市县组织召开的大运河保护整治与申遗工作会议，指导运河沿线五市对大运河立即列入的申遗点和河道开展保护整治；参与水利部、省水利厅的运河保护利用相关考察，参加项目论证与指导，对部分具体项目实施跟踪服务；还承办省大运河保护整治工作会议，发布了保护整治工作指导意见讨论稿；继续收集、整理运河文献史料，实施运河相关资料的全面收集、异地转存工作；督促指导宁波、嘉兴、绍兴等地完成运河项目“四有”档案；为《嘉兴运河遗产》等书籍出版撰稿。

对大运河海宁长安段长安闸坝遗址实施的考古调查，清理了中闸、下闸及长安拖坝遗址，证实现存长安三闸为南宋遗迹；配合中国文化遗产研究院编制了《大运河申遗文本》和《大运河国家级保护规划》，并提供技术协助；完成浙江省级《大运河浙江段遗产保护规划》的论证修改；参与制定的《大运河（杭州、嘉兴、湖州、绍兴、宁波段）遗产保护规划》获2011年度全国优秀城乡规划设计一等奖。

为全力推进《浙江通志》的编撰，浙江省文物考古研究所按照省通志办与省文物局部署，参加文物分卷编委会议，召集召开了主编和编辑会议，完成了文物分卷编纂工作方案、编辑部工作方案和编纂体例制定；派人参加了省通志第二期培训，组织参与了第三期培训；实施了通志文物分卷的篇目制定。经十多轮讨论与修改，篇目大纲方案初步定稿，即将论证。

浙江省文物考古研究所参与省水利厅通志运河卷的相关工作，参加会议、考察、大纲撰写、篇目初审；参加省档案局通志档案卷篇目论证和省方志办组织的相关协作卷目工作协调会议。

2012年，浙江省文物考古研究所完成文保规划、方案设计、施工图文件等审查、论证项目112处（次），出具施工意见函与勘察报告10份，现场考察指导或地方评审60处（次），国保规划维修项目专项审查15处；结合方案审查或项目实施赴实地检查68次，参加省文物局或县、市文物部门实施的工程竣工验收53次；参加省文物局文保单位保护范围、建控地带划定项目招标、图集；复制文保单位“两划”图集所需的文档与图纸160套，接收、存档各地区“两划”图集所需图纸与文档214套；分类整理了国家级、省级文物保护单位“四有”档案325处并做电子备份；接收、整理了省级历史文化名镇材料48套；清点、整理并移交2011年度23处文保单位的设计文本及施工图纸。

浙江省文物考古研究所配合省住建厅、省文物局开展了名城名镇名村（含历史街区）相关工作；参加了省文物局、省住建厅、省法制办、省人大常委会组织的《浙江省历史文化名城名镇名村保护条例》讨论；参加松阳老街整治方案评审，对保护与整治措施提出意见；配合第四批省级历史文化名镇名村申报，为新一轮古村镇调查提供了资料与技术指导；为省住建厅组织的全省历史村落保护培训班授课。

2012年度全省文物保护培训班在以往模式基础上分阶段强化了理论学习与实践锻炼，取得良好效果，对省内30余位文保业务骨干实施了培训。相关人员参加了台州市举办的“四有”培训班并授课辅导。

四、科研学术，蓬勃向上

2012年，浙江省文物考古研究所在基本建设考古任务繁重、时间紧迫的情况下，仍潜心各课题的学术研究，继续开展杭州地区旧石器时代遗存调查，在建德、淳安等地发现旧石器旷野、洞穴遗址各1处；继续开展浙中金衢地区早期新石器时代遗存调查与发掘；对龙游荷花山遗址和永康湖西遗址的分布做了更全面的调查和探掘，荷花山石块、石器遗存面貌得到更清晰的揭露。经过探掘，湖西遗址发现了具有原始栽培特征的较丰富小穗轴遗存，为稻作农业起源研究提供了宝贵资料。义乌、永康等地又发现2处早期新石器时代遗址。

继续开展的“东苕溪流域原始瓷窑址的调查与研究”课题调查了德清县境内的原始瓷窑址，新发现窑址20处；对德清商代尼姑山窑址做了考古发掘，发现商代龙窑1条，出土商代原始瓷标本2000多件。指南针项目“瓷之源”课题于2012上半年完成调查，《东苕溪流域夏商窑址调查报告》完成撰写并交出版社，相关单位开始各项测试，复原实验也已着手进行。

继续开展的“战国秦汉时期安吉古城及周边墓葬群的调查与研究”课题对西苕溪以西、石冲水库以东、安城镇以北、笔架山以南近50平方公里的范围进行了调查及局部钻探，新发现大庄、墙山上、小觉寺三处遗址。古城遗址南部、东南部的龙山、吴家山、骆驼山、李王山、笔架山及其西面的山前地带新发现土墩250余座。安吉古城遗址的试掘发现了丰厚的文化堆积，时代从战国延续至西晋，从而初步掌握了古城遗址及外围更大范围内的相关遗存总体分布情况。

“绍兴越国贵族墓的调查与研究”课题2012年完成了印山大墓1:500比例的测绘，开始印山、香山、平水越国贵族墓地的实地调查与测绘；对2011年发掘的香山越国贵族墓葬、平水镇祝家山，2012年上半年发掘的平水镇小家山战国墓葬进行了资料整理，其中祝家山和小家山墓葬已完成线图清绘。

继续开展的龙泉窑课题研究调查了80多处宋元明窑址，发现了多个烧造黑胎厚釉青瓷的窑址，是近年来龙泉窑研究的突破性成果。“2012龙泉黑胎青瓷与哥窑论证会”围绕龙泉窑黑胎青瓷的产品年代、宋代哥窑产地等问题进行了专题论证，明确了龙泉黑胎青瓷即是文献中的哥窑产品。

启动的教育部重点基地重大项目“秦汉时期江东地区的文化变迁”课题落实了人员，分解了任务，实行了分工负责。课题相关的安吉上马山与湖州杨家埠墓地发掘资料开始初步整理。

继续开展的“温州泽雅地区古代造纸工艺传承及遗产环境保护研究”课题实施实地调研，收集了考证资料，完善了报告初稿，完成了年度进度计划，还同步开展了对全省现存古代造纸遗存的考察。申报浙江省文物保护科技专项课题的《木拱廊桥结构传力机理研究》与《浙江地区古代城墙保存现状与工艺技术研究》得到立项批准并已开展工作。协作项目国家文物保护指南针课题《丽水通济堰价值挖掘与展示利用研究》及水利部《钱塘江临江古海塘保护加固研究》相关子课题研究已组织、实施了现场调查，撰写、提交了研究报告。

浙江省文物考古研究所围绕相关遗址的植物遗存进行调查，深入开展科技考古，完成了中华文明探源工程子课题“良渚文化农耕经济研究”，提交了《余杭美人地遗址植物遗存调查报告》；完成了龙游荷花山遗址周围钻孔点和试掘坑剖面土样的植物硅酸体分析，平湖庄桥坟遗址植物种子、土壤孢粉与植物硅酸体分析的研究报告，钱山漾遗址植物种子、树木遗存、土壤孢粉与植物硅酸体分析研究报告；开展了永康湖西遗址的植物遗存调查，部分完成了绍兴香山大墓棺椁用材材质鉴定。

考古报告、学术著作编撰与出版方面完成了《晚唐钱宽夫妇墓》、《浙江汉六朝墓报告集》、《起于累土：土台、土墩、土冢》、《武义南宋徐谓礼文书》、《浙江宋元墓志集录·丽水卷》、《玄翠子霓——德清古陶瓷图录》等报告与著作的出版。《下家山》与《龙泉大窑枫洞岩窑址》均已交稿。约40万字的《塔山遗址》报告编写任务完成，已交出版社。《浙江汉墓》完成文图编撰，正处理照片部分。《浙南商周石棚墓》完成文字内容，正处理图、照片资料。《浙江大运河文化遗产》（含《江南运河》、《浙东运河》）初稿编撰完成。全年还撰写、发表学术论文、简报、书稿等55篇（部）。

2012年，浙江省文物考古研究所在注重科研的同时也积极开展学术交流，举办或共同承办研讨会5次，邀请国内外学者就玉架山遗址、钱塘江早期新石器时代文化、皇坟头遗址、龙泉黑胎青瓷与哥窑、秦汉土墩墓等相关问题上进行深入探讨。秦汉土墩墓遗存引起考古学界高度关注，《考古》杂志以专号形式集中发表了会议相关成果。与相关单位共同承办的“2012中国南方基建考古区域协作会”就当前基本建设考古中所遇到的问题做了交流探讨。协助省文物局承办的全国考古工作会议，与萧山博物馆合作举办的“钱塘江新石器时代考古成果展”，与长兴博物馆合作举办的“秦汉土墩墓考古成果展”顺利完成。全年所里共接待日本、韩国、美国、澳大利亚等国以及台湾地区的专家学者7批40人次，应邀派出12批20人次出访日本、韩国、美国、俄罗斯及台湾地区。

为加强横向科研合作，推动科技考古合作项目深入开展，浙江省文物考古研究所与故宫博物院合作开展龙泉黑胎青瓷课题研究，与南京大学地球科学与工程学院合作开展“良渚遗址群石料矿物及土壤环境测试分析”课题，与中国丝绸博物馆合作开展浙江省文物保护科技项目“浙江早期纺织技术研究——以出土纺织工具为主”，与浙大合作开展国家文物局课题“浙江中部新石器时代早期遗址出土的稻谷遗存及其环境背景”，与创新联盟成员单位浙大、中国丝绸博物馆、浙江省博物馆合作开展潮湿环境下有机质文物的应急保护技术研究，与余杭博物馆合作开展玉架山遗址出土玉器无损分析研究，继续参与浙大主持项目“考古遗址发掘数据采集与集成关键技术研究及应用”。

浙江原始瓷考古研究中心的成立有利于开展东苕溪下游地区原始瓷的考古调查与发掘、考古资料的整理与研究等相关工作，有利于开展学术交流与人才培训、展示原始瓷考古成果，使之成为探索中国瓷器起源、加强国内外相关学术交流合作的工作平台。

五、综合管理，稳步推进

2012年，浙江省文物考古研究所平稳推进事业单位绩效工资制度实施，完善岗位绩效考核办法，发挥收入分配的激励导向作用。继2011年扩编10名之后，2012年又完成了70人编制变更岗位设置方案，全所人员薪级工资正常晋升与2人岗位变更与增资等工作；还根据岗位绩效考核办法，完成了2011年度全所人员的岗位目标考核，签订了2012年度个人岗位目标责任书。

浙江省文物考古研究所严格按照《浙江省事业单位公开招聘人员暂行办法》实施公开招聘，做好招聘人员的资格审查、笔试、面试；安排专业人员出卷阅卷，在省文化厅人事处监督下进行考生面试，按照第一次公开招聘方案公开招聘考古专业人员1名。

为加强人事工作科学化管理，浙江省文物考古研究所以深化改革为动力，岗位设置管理为抓手，及时做好职称评审与人事档案的整理归档，2012年完成1名人员档案转入手续，2名劳务派遣工使用合同的签订与1名合同的解除；完成6人的职称申报与1人的职称定级；完成2011年度工资、人员报表的上报，2012年度人事数据库的年报，人事档案（含代理人员）“三龄二历一身份”的审核。

为加强办公室行政管理，提高后勤服务质量，浙江省文物考古研究所强化公文管理，做到公文报送的规范有序；重视保密工作，特别是网络环境下电子文件的安全保密，做到全年没有发生重大泄密事件；及时办理外事出访手续，全年完成出访手续12批20人次；做好老干部工作；合理调度车辆出行；做好会务接待、政府采购、固定资产、办公用品、公费医疗、子女统筹等各项事务，保证业务工作的正常有序运转。

为认真落实社会综合治理目标管理责任制，浙江省文物考古研究所与各科室、考古领队层层签订安全责任书，按照"谁主管、谁负责"原则，以预防为主、突出重点、落实责任，确保安全措施的到位，实现了全年综合治理平安无事故。标本库房文物与人员出入库管理、考古工地安全检查、文物移交与文物展览的点交管理等得到加强。文物库房、考古工地实现全年安全，无责任事故发生。

为加强图书、档案管理工作，所里完成年度文书档案、文保规划设计档案、2005-2010年度会计档案、2003-2011年度工会档案的整理归档，第三次全国文物普查全省档案的整理以及部分室藏档案全文数据库的数字化加工任务；开展了重要业务活动和重大活动档案资料的采集。

为做好文化遗产保护宣传，浙江省文物考古研究所积极参与文化遗产日相关活动，与浙江大学人文学院、省图书馆等联合举办文化遗产保护系列讲座，宣传文物保护，提升保护意识，承担了全年七讲中的4个专题讲座。此外，浙江省文物考古研究所与德清、湖州、余杭等地博物馆合作举办文物展览；配合中央电视台、浙江卫视等进行了千岛湖狮城水下考古探险直播，派人全程提供专业咨询；配合永嘉楠溪江旅游文化节进行了古村落保护专题讲座。

为及时、准确地报送政务信息，所里向浙江文化信息网、浙江文物网等报送各类信息20条，积极向《中国文物报》、《中国文化遗产》、《浙江文化月刊》、《浙江文物》等提供考古发掘、文物保护与创先争优等相关稿件；配合省普查办完成了我省第三次全国文物普查总结表彰与成果展示，制定了展陈方案，撰写了相关文稿，预选了展览素材，配合展览制作等，完成展览材料的收集、布展、撤展，配合全省巡展工作。

为加强单位计算机网络建设与设备维护，所里新购了企业级路由器提升网络速度，电脑全部配装正版安全防毒软件。

浦江上山、海宁瑞寺桥、湖州钱山漾、余姚田螺山遗址及武义南宋徐谓礼墓等一千余件器物的2300余张摄影拍照和考古遗址的模拟摄像带数字转换工作宣告完成。教工路科研楼建设项目办公室成立并完成了选址论证报告，进行了公示。

瓦窑路窑址考古发掘

2011年至2012年6月，浙江文物考古研究所会同龙泉县博物馆对瓦窑路窑址进行了抢救性发掘，清理了残存的斜坡式龙窑窑炉遗迹一座，并在窑炉周围进行了布方发掘，面积近300平方米。发掘结果表明，该处窑址除窑炉遗迹外已无堆积地层发现，残存碎片极少。发掘的斜坡式龙窑残长10.6米，宽1.58至1.72米，仅残存窑前工作面、火膛和一段窑室。窑炉侧壁残高仅0.5米。窑室底部残留部分匣钵，出土少量粉青釉黑胎青瓷，与窑炉外堆积坑内发现的开片玻璃釉黑胎青瓷大相径庭。

潘里垄宋代窑址考古发掘

2011年9月至2012年7月，浙江省文物考古研究所、庆元县文物管理委员会办公室联合在庆元县竹口镇潘里垄清理了1处宋代窑址，面积800平方米，清理出龙窑形制窑炉一处，残长26米，宽1.4米，高0.2至0.6米。窑具有M型匣钵、漏斗型匣钵、圆形垫饼、手捏垫柱、柱形垫圈等。产品以黑胎黑釉瓷盏为主，兼有少量擂钵、执壶、坩埚、罐、青瓷器。黑釉瓷盏分束口、敞口、直口三种，品优者有兔毫纹。潘里垄瓷窑址为浙江境内以烧黑釉瓷茶盏为主的窑址，其产品系建窑风格，时代为南宋早期。

荷花山遗址考古发掘

荷花山遗址位于龙游县湖镇邵家自然村南侧一个山丘上，钱塘江上游的衢江南岸，2011年4月被发现。2011年9月至2012年11月，浙江省文物考古研究所、龙游博物馆对遗址进行考古发掘，发掘分东、西两区进行，面积约900平方米，同时对荷花山约50000平方米的范围做了进一步的考古调查。2012年发掘与调查主要收获包括发现了7个文化层堆积，发掘清理了灰坑、柱洞等遗迹现象和丰富的陶石器，从发掘出土遗物分析遗址年代距今约7500年至9000年；初步复原陶器20多件。从复原陶器和大量带有器形特征的陶片分析，遗址年代约相当于上山文化晚期，但延续时间较长，西区晚期出现了不少跨湖桥文化的因素。上山文化晚期器物也具有自身特色；发现了形态粗糙但数量丰富的石器；夹炭陶片中羼和了大量稻壳，反映了上山文化利用稻米资源的共同特征（为此，浙江省文物考古研究所科技考古室专门在遗址周围进行了钻孔调查，寻找这一阶段的农耕遗迹及其相关的环境资料）。荷花山遗址遗存堆积存在片区分隔的不连续现象，这一现象在上山、小黄山遗址中已有显露，在保存较好的荷花山遗址中得到了完整体现，特别是西区探方中发现了一处“石堆”遗存，在百余平方米范围内鹅卵石密集分布，分层累积，杂有大量粗石器，对复原原始人类聚落生活内容具有重要研究价值。

荷花山遗址早期遗存内涵丰富，是浙西地区迄今发现年代最早的新石器时代遗址，也是继上山遗址、小黄山遗址后我省早期新石器时代考古又一突破，再次证明整个钱塘江上游地区不但是浙江新石器时代文明的发祥地，也是中国乃至东亚地区最重要的稻作农业文明发祥地之一。同时，荷花山遗址继上山遗址、小黄山遗址、青碓遗址之后，又一次证明了上山文化与跨湖桥文化存在地层叠压关系和文化发展关系，为研究浙江地区早期新石器时代文化的区域分布、源流关系，特别是上山文化与跨湖桥文化的发展关系提供了珍贵资料。

小家山墓地考古发掘

小家山墓地位于绍兴县平水镇四丰村蔡家岙北面,2012年2月至7月,浙江省文物考古研究所与绍兴县文化发展中心联合对小家山墓地进行了抢救性考古发掘,共清理墓葬37座,出土随葬品260余件(组)。其中一座战国早中期墓葬是本次发掘的重要收获。该墓呈"甲"字形,由墓道和墓室两部分组成,全长13.26米,虽被盗,但还是出土了玉璜、玉扣饰、青铜矛、铜镦、原始瓷罍等随葬品。原始瓷罍腹径达42.4厘米,肩部装饰四个铺首衔环,硕大的体型和特殊的装饰在绍兴属首次发现。更重要的是,在距其西北角约10米处发现了该墓的器物陪葬坑。器物坑为竖穴岩坑,近东西向,共出土原始青瓷和印纹陶器45件。原始瓷大部分为仿铜礼器,有兽面鼎、盆形鼎、盖鼎、盂形鼎、提梁盉、匜、盘、鉴等。

33座汉、六朝墓分为土坑木椁墓、砖椁墓、券顶砖室墓等,保存状况不佳,除三座保存完整外,其余均被盗。出土随葬品有鼎、盒、瓿、罍、壶、罐、灶、井、铜镜、铜钱、铁釜、铁刀、铁剑、铁削、石黛板和石研磨器等。其中汉代墓葬大部分为西汉晚期至东汉初,少量墓葬年代可到东汉晚期。墓葬大部分分布于山脊,没有明显封土。这种分布和埋葬特点有别于环太湖地区的湖州、安吉等地同时期墓葬的埋葬习俗。六朝墓葬虽被盗一空,但出土了精美的墓砖纹饰、模印青龙、朱雀、玄武等画像砖,有些墓葬还伴出纪年砖,年代确切。据研究,画像砖浙江地区少见而在北方地区多见。另有明代万历年间墓葬一座。

小青龙遗址考古发掘

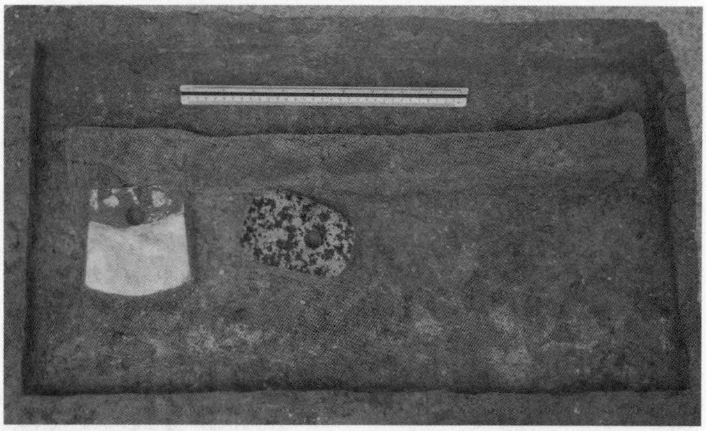

小青龙遗址位于桐庐县，2011 年 9 月至 2012 年 9 月，浙江省文物考古研究所与桐庐博物馆联合对遗址进行了考古发掘。

遗址分南、北两区，发掘面积共 3000 平方米，北区清理良渚文化墓葬 34 座，建筑遗迹 3 处，沟槽 2 条，灰坑 28 个，南区清理良渚文化墓葬 10 座，灰坑 6 个，烧火坑 1 个。墓葬中共出土陶器、石器、玉器、漆木器等各类遗物 200 余件。

小青龙遗址是浙西地区首次发现的完整良渚文化墓地。墓地等级较高，布局显然经过精心规划而成。随葬品以玉石器为主，陶器一般每墓仅随葬双鼻壶 1 件，高等级墓葬多随葬玉钺和漆觚，这些都是小青龙良渚文化高等级墓葬最显著的特点。小青龙遗址发现建筑遗迹 3 处，沟槽两条，均位于北区墓地南部约 10 米处，其中联排式建筑在良渚文化中尚属首次发现。

玉架山遗址考古发掘

玉架山遗址位于杭州市余杭区东部，西距良渚遗址群20余公里，总面积约15万平方米。2012年2月至12月，浙江省文物考古研究所联合余杭博物馆对遗址进行考古发掘，发掘面积约4000平方米，清理良渚文化墓葬24座、房址1座、灰坑2座，出土各类遗物约300件；还发现存在着一处良渚文化堆筑土台。土台的东、南、西三面有壕沟，北面不详；面积约3000平方米，清理良渚文化晚期墓葬18座，陶器组合为鼎、豆、罐；石器主要为石钺，偶见石镞；玉器以管珠为主，还有璧、璜等。四年多的发掘对玉架山遗址有了基本了解，对探讨余杭良渚遗址群内的良渚聚落有着重要意义。

上马山古墓群考古发掘

2012年2月至12月，浙江省文物考古研究所和安吉县博物馆联合继续对上马山古墓群进行抢救性发掘，共发掘土墩11座，清理墓葬42座，其中两周时期土墩墓11座，战国竖穴土坑墓2座，西汉竖穴土坑墓24座，东汉砖室墓5座，出土陶、瓷、玉、石、铜、铁器等各类随葬器物552件。汉代竖穴土坑墓依然是发掘的重点，24座墓葬可分为三型，其中“凸”字形墓葬1座，带斜坡墓道的甲字形墓葬6座，其余17座平面均为长方形，出土器物以陶器和釉陶器为主，器物种类有鼎、盒、壶、瓿、罍、罐等，还有铜镜、铜釜、铁釜、铁剑、铁削、玉璧等。一座平面直径不足30米、高不足2米的中型土墩内，共发现时代相近的西汉中晚期竖穴土坑墓16座，墓葬排列紧密、井然有序，墓葬间无打破关系，有4对8座墓葬为两两并列的异穴合葬墓，13座墓葬墓向均为南北向，体现出经过统一规划的布局特征，极有可能为一家族墓地。

安吉古城遗址调查与勘探

古城遗址位于安吉县递铺镇古城村，平面近方形，四周为保存基本完好的土筑城墙，城墙外有护城河，城内东西长600米，南北宽550米，面积约33万平方米。2012年3月至6月，浙江省文物考古研究所与安吉县博物馆联合在西苕溪以西、石冲水库以东、安城镇以北、笔架山以南近50平方公里范围内进行了调查及局部钻探，新发现大庄、墙山上、小觉寺遗址，在古城遗址南部及东南部的龙山、吴家山、骆驼山、李王山、笔架山和西面的山前地带新发现土墩250余座。

大庄遗址位于古城遗址西北角，为高于地表的土台，平面呈长方形，面积约5000平方米。土台地表可见方格纹、席纹硬陶片，西南部断面发现泥质灰陶绳纹板瓦。钻探发现土台为夯筑而成，应与古城存在极为紧密的关系。墙山上遗址位于古城西北约1500米，为明显高出周边田地的台地，平面近圆形，面积约1.8万平方米，中间现为水塘。台地地表可见米筛纹硬陶片，现有断面发现丰厚的文化堆积，包含绳纹夹砂陶片、叶脉纹硬陶片及较多炭粒、红烧土颗粒等遗物，时代跨度为新石器时代晚期至商周，钻探发现文化层厚度局部达3米左右。此外调查还发现山墩遗址东部约15万平方米范围内存在与山墩遗址内涵基本一致的文化堆积，表明山墩遗址范围在原有调查基础上有所扩大，总面积达30多万平方米，大体相当于古城遗址的面积。调查初步掌握了古城遗址及外围更大范围内相关遗存的总体分布情况，为古城及其他不同性质相关遗存空间关系的建立提供了基础资料。

姚家山遗址考古发掘

姚家山遗址位于象山县丹东街道梅溪村姚家山自然村村西的小山丘上，距塔山遗址约500米。2012年3月至9月，浙江省文物考古所联合象山县文管会对姚家山遗址进行考古发掘，面积约1500平方米，清理史前时期竖穴土坑墓葬2座，商周时期红烧土遗迹一处，明清时期墓葬3座，明清时期窑2个，出土锛、凿、斧、刀、纺轮、箭头、磨石等50余件石器和1件完整的夹砂红陶豆，2件管状玉玦。姚家山遗址位于塔山遗址东南，可能与塔山遗址是一个整体，包含河姆渡文化晚期、商周时期乃至唐宋明清时期的文化堆积，史前和商周时期堆积均有1米左右，保存状况较好。此次发掘出土的距今五六千年的管状玉玦为塔山遗址中的首次发现，另外还出土了商周时期的建筑遗迹及多种多样的石刀、石犁等遗物，为象山地区史前文化的研究提供了材料。

玉架山遗址考古现场会召开

2012年4月5日，浙江省文物考古研究所在余杭玉架山遗址召开考古现场讨论会，中国考古学会理事长张忠培，北京大学教授严文明，国家文物局考古专家组组长黄景略等著名考古学家实地察看了遗址，均认为“玉架山遗址是良渚文化新的重要发现”，“玉架山遗址具有唯一性”，并提出要对3年多来的考古成果进行深入思考与总结，从抢救性发掘转变到保护性发掘，选择一个环壕进行全面解剖，注重深入研究，同时做好玉架山与茅山、横山、灯笼山的整体研究，制定好考古工作规划，研究与保护并重，确定保护范围、保护手段，因地制宜保护好玉架山遗址。

“2012中国南方基建考古区域协作会”在永嘉召开

2012年4月19日，由浙江省文物局主办，浙江省文物考古研究所、温州市文化广电新闻出版局承办，永嘉县文化广电新闻出版局、温州市文物保护考古所协办的“2012中国南方基建考古区域协作会”在温州永嘉召开。来自《中国文物报》和安徽、重庆、福建、广东、广西、贵州、海南、湖南、湖北、江苏、江西、上海、四川、云南、浙江等15个省（区、市）考古所及杭州、宁波、温州考古所的50余位代表参加了会议，就基本建设考古取得的成绩、跨区域合作、考古定额执行情况、经费管理等进行了交流探讨，考察了楠溪江和乐清古村落。

官井头遗址考古发掘

2012年4月至12月，浙江省文物考古研究所对杭州市余杭区良渚镇官井头遗址进行考古发掘，揭露面积5000余平方米，清理良渚文化成组石砌遗迹1处、墓葬58座、房址4处、灰坑8个，出土各类文物700多件，还清理了宋代砖室墓4座、汉代窑址1座、战国灰坑和灰沟6处。

良渚文化成组石砌遗迹是本次考古发掘的重要收获。该遗迹主体为一个椭圆形的石砌水池，水池西南部有往南延伸的石砌排水沟，长18米，东北部外侧有较宽的石砌面，一口石板加石块构筑的方形水井距水池北缘约2米。水池周边所垒石块间的填土呈灰白色，可能含有某种粘合剂。这种既有排水设施，又有配套水井的石砌水池遗迹是良渚文化考古史上的首次发现。

良渚文化墓地已清理墓葬58座，出土随葬品600多件，以玉器为主，陶器次之，石器少见。玉器器形有璧、琮、琮式管、璜、玦、圆牌饰、柱形器、梳背、镯、锥形饰、管、珠、泡等；陶器以鼎、豆、罐为基本组合，偶见盆、纺轮、甗、澄滤器、杯等；石器有钺、纺轮、锛、镞四种。墓葬头向绝大多数朝北，与以往所见大多朝南的葬俗有明显差异。

官井头遗址聚落布局大体以一条东北—西南走向的冲沟为界，分东、西两区。西区又以成组石砌遗迹为界，西面为生活区，东面为墓地。东区中部有房屋遗迹，其周围埋设墓葬。两边墓地时代接近，多数为良渚早期（有的可早至崧泽与良渚文化过渡阶段），据开口层位和随葬品特征初步判断，墓地应有三个阶段的更迭。

官井头遗址经过2004年之后的一系列考古，现已探明大雄山丘陵南麓的文化堆积几乎连成一片，且从马家浜文化开始有人类活动，崧泽文化、良渚文化乃至两者过渡阶段的遗存都较丰富。包括官井头遗址在内的大雄山丘陵南麓文化带与当时的良渚遗址群应具有密切关系。

瓢山窑址考古发掘

瓢山窑址位于湖州市埭溪镇东红村瓢山上，共有两处，2011年发现。2012年5月至6月，浙江省文物考古研究所会同湖州市博物馆进行了抢救性发掘。发掘主要针对2号地点。该窑址分布面积不大，约300平方米，发掘面积近100平方米，清理了窑炉遗迹及丰富的地层堆积。窑址堆积最厚处近1米左右，可分成两个时期，早期为夏代晚期，晚期为商代，出土了大量产品标本，基本为原始瓷与印纹硬陶。原始瓷形态相当原始，胎与硬陶一致：胎色较深且多不纯净，大多数胎呈夹心饼干状，胎质较疏松，夹有大量大小不一的气孔，火候较高，胎质较硬，除一部分生烧外，几乎不见软陶，器型主要包括钵、三足盘、长颈罐、大翻折沿罐、豆、网坠形器、垫、拍等。硬陶包括素面与印纹硬陶两种，基本为长颈罐与翻折沿罐类器物，纹饰均为曲折纹。

瓢山窑址是目前发现并发掘最早的原始瓷窑址，时代可到夏代晚期，原始瓷无论是胎还是釉均具有相当的原始性，某些特征上与硬陶更相似，是硬陶与原始瓷刚分野时的一种形态。此次清理的窑炉亦是目前已知最早的龙窑炉遗迹，与同一地区的北家山窑址、南山窑址共同展现了瓷器起源及其初步发展的早期形态。

尼姑山窑址考古发掘

尼姑山窑址位于德清县洛舍镇砂村宅前自然村北边，西南与2008年初发掘的长山战国窑址位距500米左右，与新发现的野猫山春秋晚期窑址相邻。2012年7月至8月，浙江省文物考古研究所会同德清县博物馆进行抢救性发掘，发掘面积近200平方米，清理残龙窑炉一座，产品标本若干。

尼姑山是一座比较低矮的小山，窑址位于山坡北坡，堆积破坏严重，地层堆积不厚，且保存面积不大。保存地层中有大量红烧土烧结块以及少量产品标本，包括印纹硬陶和素面硬陶两种，不见原始瓷，可能纯烧陶器，不烧原始瓷。窑炉保存不佳，仅存火膛部分，锅形下凹，青灰色烧结面，上坡窑床完全不存，从形态上分析应该是龙窑炉。从产品的纹饰、器型等方面来看，窑址时代约在商代。

这是目前浙江东苕溪流域清理的第一条商代硬陶窑址，部分产品还有极薄的釉层，对于了解这一地区的陶器烧造技术及其与原始瓷之间的关系具有比较重要的意义，也为该地区先秦时期陶瓷业生产增加了新类型。

塘山遗址罗村段抢救性发掘(城外)

2012年8月,因村民在塘山遗址罗村段遗址上盖房,地基过深,浙江省文物考古研究所遂派人进行现场清理,并在地基靠东处布探沟一条,发现了一良渚时期灰坑打破土垣。土垣堆筑过程大致分为两个阶段,首先是大面积平行状堆土,其后在上堆筑一条条垄状堆土带彼此叠压;堆土中陶片很少,都属于良渚时期。清理房子地基过程中发现了一个汉代大灰坑,出土了大量高温釉陶,包括弦纹罐、盘口壶、纺轮等,大多保存完整,但多有变形,疑似烧窑残次品。

环沉遗址考古发掘

环沉遗址位于长兴县夹浦镇环沉村老104国道西边。为配合明珠路北延伸段改建工程,浙江省文物考古研究所和长兴县博物馆于2012年8月至10月进行抢救性发掘,发掘面积310平方米。

根据地层堆积和平面遗迹分布情况看，该遗址的古代人类活动大致可以分为两个阶段。出土的第一阶段商时期遗物种类主要是陶器、石器、原始瓷等。长兴地区有大量商周时期墓葬、遗址分布，土墩墓经过多年发掘和调查，已大致理清其发展脉络，但遗址正式进行考古发掘的不多，发掘对于了解本地区商周时期文化面貌具有重要意义。

2012年度浙江省文物保护培训班在杭举行

2012年9月12日至27日，浙江省文物局举办，浙江省考古学会和浙江省文物考古研究所承办的2012年度全省文物保护培训班在杭举行。来自全省11个地区的30位文物保护业务骨干参加了培训。文物行政主管领导、浙大教授及文保专家全面系统讲授了文物保护管理经验及古建筑相关知识与技能。专业老师还以富阳窈口村潘氏友于堂等为实训点，分组指导学员开展实践，在进行系统测绘的基础上完成了全套计算机制图。

“钱塘江早期新石器时代文化学术研讨会”在萧山召开

2012年10月18日，由浙江省文物考古研究所、浙江省考古学会和萧山博物馆联合举办的钱塘江早期新石器时代文化学术研讨会在萧山区召开。与会人员就钱塘江新石器时代文化谱系及相关问题、钱塘江早期新石器时代文化特征及农业起源等热门议题进行了讨论，一致认为钱塘江早期新石器时代考古成果丰硕，内涵发人深思，对加深认识浙江新石器时代的发生发展和东亚稻作文明起源等问题意义重大，应更加全面地开展考古调查与针对性发掘，并对今后工作提出了具体意见。与会领导和专家还参观了“钱塘江新石器时代考古成果展”，进行了现场交流。

皇坟头遗址考古发掘专家座谈会在海宁召开

2012年10月29日，由浙江省文物考古研究所和海宁市文化广电新闻出版局共同举办的皇坟头遗址考古发掘专家座谈会在海宁召开。北京大学、故宫博物院、中国社会科学院考古研究所、江苏省考古研究所、上海博物馆和良渚博物院等文博单位、高校的专家学者出席了会议。浙江省文物考古研究所研究员、海宁皇坟头遗址考古队领队芮国耀对皇坟头遗址考古发掘工作进行了简要介绍，各与会专家学者对考古工作和相关遗迹发表了见解，对“叠石圈”这一首次出现的良渚文化遗迹现象进行了讨论。

龙泉黑胎青瓷与哥窑论证会召开

2012年11月7日至9日，由浙江省文物考古研究所、龙泉青瓷博物馆主办的“2012龙泉黑胎青瓷与哥窑论证会”在龙泉举行。来自中国科学院、中国社会科学院、故宫博物院、台北故宫博物院、国家博物馆、北京大学、清华大学、南开大学、浙江大学、意大利威尼斯大学、福建博物院、浙江省博物馆、浙江省文物考古研究所等单位的20多位专家听取了龙泉窑址考古队对近几年来龙泉黑胎产品调查发掘情况的汇报，实地考察了瓦窑垟、瓦窑路、大窑等窑址的考古现场，并观摩了考古出土及馆藏的龙泉窑黑胎青瓷标本精品，围绕龙泉窑的黑胎青瓷产品年代、宋代哥窑产地等问题进行了专题论证，确认文献记载宋代五大名窑中的哥窑就在浙江龙泉。在随后的媒体见面会上，与会专家向20多家媒体公布了这一结论。

良渚古城考古发掘

2012年，浙江省文物考古研究所良渚工作站在原有基础上继续进行考古勘探，并为了解莫角山遗址东西边界及大莫角山高台与整个土台的堆筑过程与关系，对莫角山东坡继续开展发掘，同时对西坡以及大莫角山东南角进行了解剖发掘；对城北的扁担山遗址进行了解剖，均取得阶段性进展：基本搞清了莫角山东部边界的堆筑方式、使用过程及年代；确认了莫角山西部与江家山之间原有南北向河沟隔开；大莫角山与整个莫角山遗址在修筑时统一设计规划，堆筑基础青灰土时即在大莫角山边缘留出围沟，然后分别起筑；扁担山遗址为人工堆筑的长条形居住地，其生活堆积与美人地及下家山遗址的年代一致。起码在良渚文化晚期，良渚古城周边分布着成长排的居住高地，在城外形成围合之势。此外，浙江省文物考古研究所在4月合作对良渚古城及良渚遗址保护区的120公里范围（西至彭公乡，东至良渚镇，北至大遮山，南至大熊山）进行了无人机航拍航测，获取了理想的正射影像图。

田螺山遗址考古发掘

2012年1月至12月，浙江省文物考古研究所与河姆渡遗址博物馆联合对田螺山遗址进行考古发掘。2012年的田螺山发掘是第5次发掘的后半阶段，在保护棚内1200平方米发掘区

的中部、东部500多平方米范围内，初步清理出以排桩式基础为特征的河姆渡文化早期干栏式建筑典型遗迹，从而首次在同一个聚落遗址内完整发现了代表河姆渡文化早晚4个不同阶段的木构建筑遗迹。此外，遗址出土了象纹雕刻木板、独木梯、双鸟木雕神器、木磨盘等多件特殊遗物，发现了与村落建筑布局相关的各类生活遗迹、遗物，特别是多处鱼骨堆（坑）、牛头骨、鹿角、龟甲壳、稻谷壳堆、木屑堆、橡子和菱角储藏、处理坑等。同时，在田螺山聚落居住区西侧的古稻田发掘区内再次揭示出河姆渡文化晚期稻田，以及位于稻田边上，与村落相连，用大量小木条、树枝条、细竹杆等材料纵向铺设的东西向小路。更加重要的是，在早晚期两个阶段稻田堆积之间发现了厚度在70厘米左右的纯淤泥层，确凿表明在河姆渡文化中期出现过一个阶段的明显海平面上涨过程以及稻作农耕环境退化的阶段性情况。此外，在深270厘米的堆积中揭示出一个清楚的早期田块转角，以及边缘略微隆起似田埂迹象。

皇坟头遗址考古发掘

皇坟头遗址位于海宁市海昌经济开发区张家堰村，浙江省文物考古研究所于2011年3月开始进行抢救性发掘，已发掘面积3700平方米，2012年发掘仍在继续进行中，发现之间相对独立布列的崧泽至良渚文化土台4个，在全部土台上清理了崧泽文化墓葬2座、良渚文化墓葬110座（良渚文化墓葬大部分年代处在良渚文化中期），共出土随葬器物1500多件，以陶器和石器为主，还有一些玉器、骨器等。相对于其它地点，皇坟头遗址的石镰、“耘田器”出土比例较高，尤其是其他遗址少见的多孔石刀有较多出土，表明皇坟头遗址在良渚文化范围内具有自身鲜明的特点。

此外，发掘的重要收获是发现了17个良渚文化时期叠石圈遗迹。从平面分布状况和出土层位初步推断，叠石圈可能是良渚文化时期和墓地营建、丧葬制度有关的遗迹，这在整个良渚文化范围内尚属首次发现。

浙江省古建筑设计研究院

2012年,浙江省古建筑设计研究院务实创新、开拓进取、立足科研、服务社会,使文化遗产保护融入社会、经济建设、发展大潮中,积极探索文化遗产保护新模式、新技术,为保护文化遗产竭力工作。

一、夯实主业、为文保事业添砖加瓦

受福建省文物局和浙江省文物局联合委托,浙江省古建筑设计研究院承担了闽浙木拱廊桥申报世界文化遗产申报文本的编写,在2012年初赴闽、浙山区调研、勘察,评估了7个市、县的27处木拱廊桥,走访专业部门进行采集咨询,请教专家,在时间紧、任务急的情况下克服各种困难,通力合作,按时完成了编制任务,使其顺利进入了9月更新的《中国世界文化遗产预备名单》。

为配合国家有关部门的大运河申报世界文化遗产战略部署完成了《大运河杭州段申遗保护整治方案》、《大运河湖州南浔段保护申遗整治方案》、《大运河嘉兴段保护申遗整治方案》和《大运河海宁段保护申遗整治方案》;又在保护整治方案获得国家文物局批复后,相继开展了保护整治和文化展示工程的施工图设计;为各级领导、专家做好大运河杭州、嘉兴、湖州等地的申遗调研宣传和解读,为保护整治工程做好现场指导和服务。

受国家文物局委托编制了既能体现中国传统又具有时代气息,既能全局掌控又方便地方发挥的《指导意见》;设计了大运河遗产标志及标识系统范例,完成了《大运河展示标识系统研究报告》及《大运河浙江段展示与标识系统概念方案》。

探索世界文化遗产地的保护与利用模式,浙江省古建筑设计研究院应杭州市园文局和杭州市商贸局委托,编制了《杭州西湖"北山之夜"概念规划》、《北山之夜特色街修建性详细规划》及一期整治施工图设计。

浙江省古建筑设计研究院以遗产监测工作向制度化、规范化、科学化道路迈进为契机,积极发展监测业务,建立专业团队,成立遗产监测部门,目前已初步完成《西湖遗产监测框架设计和监测方式方法设计》,开展了杭州西湖文化景观遗产监测预警体系——两堤三岛、西湖十景、14处文化史迹的监测设计及专业监测。此外,浙江省古建筑设计研究院还开展了温州瑞安东塔安全性监测、绍兴上虞竺可桢故居等监测方案。

浙江省古建筑设计研究院继续坚持、发扬在文物保护设计领域的技术优势,坚持以优秀的设计诠释保护理念,以传承文化的要求做好设计,承担设计业务遍布全省并向全国拓展,业务类型包括文物维修、保护规划、遗址保护、街区修复文化景观等。针对江南文物保护的工作特点,根据文物的不同价值特征,浙江省古建筑设计研究院严格贯彻保护文物的真实性和完整性，积极进行实践探索，先后编制完成了《保国寺大殿修缮设计方案》等20余处各级文物保护单位的维修设计方案和施工图设计；完成了《良渚瑶山遗址保护方案》等遗址的保护设计；通过案例实践进一步提升、创新了保护理念，拓展、提高了专业人员的工作技能。

在文物保护规划编制实践中，浙江省古建筑设计研究院始终贯彻文物保护十六字方针，积极探索新形势下的保护规划理念，力求使文物保护规划与地方社会经济发展相适应，真正成为为地方文化事业和社会发展、经济增长发挥作用的资源；先后完成了《武汉大学早期建筑保护规划》等十余项规划的编制和修改任务。

此外，浙江省古建筑设计研究院还编制、完成了《平阳历史文化名城保护规划》等十余项规划编制任务，完成了《松阳明清街一期整治工程方案设计》等十余项历史建筑或街区相关设计方案。

浙江省古建筑设计研究院致力于优秀文化传承理念的诠释和推广，致力于弘扬传统的建筑文化，2012年先后承担了《江西抚州王安石主题文化园概念设计》等20余项新建筑、景观设计工程，进一步参与市场竞争，树立了设计品牌形象。

2012年，浙江省古建筑设计研究院被浙江省政府授予杭州西湖文化景观申报世界文化遗产工作先进单位，被拱墅区政府评为杭州市拱墅区建筑业2011年度先进企业；西湖申遗工作表彰中，陈易记一等功，黄滋记二等功，蒋双议被评为拱墅区优秀设计师。中国扇博物馆厂房改造项目、杭州玉皇山南历史遗迹整治工程获2011年度浙江省建设工程钱江杯（优秀勘察设计）二等奖。

二、科研立院、为遗产保护上下求索

浙江省古建筑设计研究院始终重视员工学术水平的提高和研究能力的升华，以科研和学术研究为根本，始终保持业内学术水平的领先地位。科技部“十二五”科技支撑计划项目《中国古代木构建筑营造技术科学化研究》正式开题。浙江省古建筑设计研究院调集全院技术骨干，与东南大学、中国美术学院、浙江大学等合作组成研究团队，较好地完成年了年度科研计划。《江南地区古代建筑营造传统工艺科学化研究》课题研究任务按计划顺利完成。同时，浙江省古建筑设计研究院积极参与浙江文物科技联盟的工作，与浙江大学合作申报国家文物局《传统木构建筑结构安全评估的方式方法研究》课题，还承担了浙江省文物局重点课题项目《浙江省涉台文物保护调查与研究报告》，根据浙江省涉台文物的特点、价值、作用和意义开展课题研究，完成了初步调研。

针对推进新农村建设和城乡区域统筹发展过程中出现的盲目拆旧建新、城乡趋同、千村一面、缺乏特色等问题，浙江省古建筑设计研究院承担了《杭州农村特色建筑课题》研究，挖掘、提炼杭州农村特色建筑的基本特征，为村庄建设、保护历史、规划编制、农村住房改造、美丽乡村建设提供基础性、引导性技术依据。

此外，浙江省古建筑设计研究院承担了国家指南针计划课题《中国古代木工工具调查与科学价值研究》，完成了《杭州城市特色风貌研究课题》和《古塔结构安全监测规程》初稿的编写。

2月，由省文物局、省文物考古研究所主办，浙江省古建筑设计研究院承办的“古建筑保存技术交流讲座”邀请台湾古建筑专家阎亚宁教授来杭授课，就“台湾文化资产保存的历程”、“木梁碳纤维补强修护”、“基于世界遗产整体性的古建筑防灾”三个专题进行了主题演讲，系统介绍了台湾地区文物保护现状和技术特色。浙江省文物保护勘察设计甲级、乙级资质单位及施工一级、二级、监理甲级单位参加。

浙江省古建筑设计研究院还与意大利建筑师协会、澳大利亚悉尼科技大学等境外学术机构进行合作或学术交流，6月组团赴台湾进行学术考察，系统调研了台南、彰化、台北、高雄等地的文物建筑、历史街区和工业遗产的保护、利用状况，与台湾中国科技大学进行了学术交流，与台湾忠煌营造等文物维修施工单位进行了维修工程和施工经验交流，进一步对台湾地区的历史文化遗产保护现状有了全面认识。

9月，浙江省古建筑设计研究院全体职工赴河北、北京等地进行古建保护专项考察，重点调研了鸡鸣驿、开元寺塔、开善寺、涞源阁渊寺、故宫古建筑，修德寺花塔施工工地，通过考察、学习开阔了视野，了解了河北历史文化遗产保护技术、理念和文物保护行业的发展状况，对我国北方早期建筑和官式建筑有了深入了解，收集到丰富的设计资料，为设计人员业务参考、日常学习提供了帮助。

浙江省古建筑设计研究院积极派遣技术人员开展学术活动，先后参加了中国文物古迹保护协会理事会年会、国家文物局文物保护科技领域技术路线图专家咨询会、世界文化景观国际峰会暨国际文化景观科学委员会年会、国际古遗址理事会第27届科学年会、中国文物学会传统建筑园林委员会2012年学术年会、海峡两岸文化遗产保护论坛第四届年会等学术会议；还赴西安参加中日“建筑抗震技术人员培训”授课及研讨，参与了新疆奴拉赛铜矿遗址、石头城遗址总体规划、罗布泊楼兰古城、高昌古城三期规划、山东郡墨古城保护修复方案论证，以及《文物建筑维修基本材料》标准评审等国家文物局相关保护规划、方案评审会议。

全院职工在设计任务之余不断总结设计经验。台湾中国科技大学教授阎亚宁、省住建厅原厅长胡理琛等专家应邀来院授课，使全体技术人员得到了学习机会，提高了学术修养。

2012年，浙江省古建筑设计研究院先后在国际、国内会议、论坛、杂志上发表论文16篇。

在做好日常工作的同时，浙江省古建筑设计研究院协助省文物局做好省内文物保护工作，积极为各地市政府职能部门当好参谋，为推进运河申遗、历史文化名城保护及历史建筑保护等工作积极奔走、献计献策。浙江省古建筑设计研究院结合项目安排，在设计工作间隙为杭州、湖州、温州、丽水等地文物管理单位提供无偿文物保护技术咨询援助，并派人参与各级文物保护单位保护规划方案、维修方案、历史文化名城、村镇保护规划方案及相关设计项目论证会，参加省文物局、省住建厅的各类调研、评估咨询。

《砖石古塔结构安全监测技术规程》（讨论稿）编制完成

2011年1月，受浙江省文物局委托，浙江省古建筑设计研究院承担了“古塔监测技术应用及结构安全评估体系研究”课题研究。课题为期三年，从2011年1月至2013年12月分三阶段开展，主要内容为砖石古塔监测指标体系、监测技术体系和监测评估体系研究，制定全省文物保护标准《砖石古塔结构安全监测技术规程》，以指导浙江省砖石古塔结构安全监测工作的开展。至2012年12月，浙江省古建筑设计研究院已初步完成监测指标体系和监测技术体系研究，以及《砖石古塔结构安全监测技术规程》讨论稿的编制，正处讨论稿征求意见和实际工程验证阶段。

杭州西湖文化景观遗产监测方案

2011年7月，杭州市成立西湖世界文化遗产监测管理中心，启动杭州西湖文化景观遗产监测预警体系建设项目。受监测管理中心委托，浙江省古建筑设计研究院承担了两堤三岛、西湖十景、西湖文化史迹三大要素的监测。

监测工作分为三个阶段进行：第一阶段以遗产价值为依据，明确监测对象和监测等级，从价值、安全、管理三个方面着手建立遗产监测框架；第二阶段配合实际监测，结合现场和操作情况，对各遗产点的监测框架进行调整，初步形成监测工作流程，制定监测方案；第三阶段进行首批监测数据的采集。

截至2012年底，浙江省古建筑设计研究院以岳飞墓（庙）为试点，完成了首次全面专业巡检和专业监测数据的采集，实践了监测工作流程。

遂昌县北界镇苏村苏氏大屋修缮工程

2011年7月，浙江省古建筑设计研究院承接了遂昌县北界镇苏村苏氏大屋修缮工程设计

任务。项目包括苏氏大屋及苏氏家庙。维修方案计划恢复建筑内外更改处,拆除后期搭建物,检查、疏通原排水系统,加设落水管及檐沟,减少局部环境内的潮湿度;对建筑木构架实施修补,视残损情况修复或更换朽烂构件,恢复按对称留存的实物样式建筑已坍塌部分;屋面全面翻修,在薄弱的天沟、屋脊处加设防水材料,增加局部防渗漏能力。方案主要对建筑内已糟朽的构件按残损情况修补或更换,后期更改的构件按对称留存位置的原构件样式、材质复制(现已更换处若形式、搭接关系与原构件不符须按原形式恢复)。截至2012年12月,工程已完成施工图编制,正在建设中。

漳州古城保护与有机更新规划编制完成

漳州古城总体鸟瞰效果图

漳州市位于福建省东南部,城市建成区约43平方公里,其中古城区约0.86平方公里,较完整保留了唐宋以来"枕三台、襟两河"的总体格局。2011年11月,漳州市委托浙江省古建筑设计研究院编制《漳州古城保护与有机更新规划》。2012年3月,浙江省古建筑设计研究院提交了规划框架和大纲,并向漳州市委、市政府进行汇报,获得认可。此后,浙江省古建筑设计研究院深化、细化规划内容,完成了规划文本与总图、规划分地块图册、重要节点概念性方案等三个层面的规划设计内容。

《王守仁故居和墓——王守仁墓保护规划》编制完成

2011年12月到2012年10月,浙江省古建筑设计研究院完成了《王守仁故居和墓——王守仁墓保护规划》的编制。规划仅针对位于浙江省绍兴县的王守仁墓,将王守仁墓堪舆理论的文字记载与实际地理环境相印证,明确了王守仁墓历史环境保护的对象和范围,并在规划文本中对现行保护区划提出了调整建议;针对村镇建设风貌协调性、工业区环境治理、视廊保护等问题提出具体保护措施;在文物管理和展示利用方面提出建设目标和设计条件要求。规划方案已提交绍兴县文物保护管理所。

武汉大学早期建筑保护规划

2012年1月，浙江省古建筑设计研究院在《武汉大学早期建筑保护规划》招标工作中中标，并以切实有效保护珍贵历史文化遗产，协调保护与发展的关系为目标，通过现场调查、历史研究、价值评估和规划对接，提出了从保护整治对象、范围、措施、成效到组织实施的一系列规划要求，以正确处理文物保护与发展延续、文物保护与学校发展的关系，全面、系统地揭示武汉大学早期建筑的历史文化价值，提升武汉大学的文化品位和社会效益。保护规划已通过武汉大学校级评审。

浙江省古建筑设计研究院开展古代建筑营造传统工艺科学化研究

2012年5月，“遗址博物馆预防性保护关键技术与古代建筑传统工艺科学化研究”项目的课题四“古代建筑营造传统工艺科学化研究”交由浙江省古建筑设计研究院承担。课题限时三年，批准经费476万元，浙江省古建筑设计研究院联合东南大学、中国美术学院、浙江大学三所高校共同开展研究。

课题主要对古代建筑营造传统工艺的木构营造技术、木构榫卯节点和青砖灰瓦营造工艺三个专题展开科学化研究。浙江省古建筑设计研究院负责“古代建筑木构营造技术科学化研究”专题的研究。针对大量古建筑设计和修缮技术人员对中国古代木构建筑的传统营造技术与科学性普遍缺乏了解，传统营造技术逐渐失真、失传，力学、材料学等跨学科领域较少涉足木构建筑研究，影响到古代木构建筑营造技术科学化运用的现实，课题以期通过对建筑学、材料学、力学、气候学等现代学科的综合运用，揭示典型区域（江浙地区）木构建筑的构架设计-尺度设计-营造工序的科学性原理，制订古代木构建筑设计、建造的技术操作规程，促进中国古代建筑营造传统工艺的传承和发展。

课题以江浙地区为研究区域，以“香山帮”和“东阳帮”两大匠帮为研究核心，通过对上述两大匠帮古代建筑营造传统工艺进行文献调研、匠人走访、现场取样，结合现代分析检测技术的运用，对古代建筑营造传统工艺的特点、工具和工艺流程等开展科学调查和规范记录，在此基础上进一步挖掘古代建筑营造传统工艺的科学成分，探讨其科学原理和存在的问题，进行科学性评价，进而开展结合现代科学技术的改良和优化研究，最终成果将以形成木构建筑代表性传统工艺的操作规范和相关技术标准、完成应用示范的典型案例的形式体现。

截至2012年底，课题已经顺利展开，各项调研工作正在进行，第一年度课题各项指标基本完成并通过第三方专家年度评估，正着手制定第二年度工作计划。

大运河遗产展示与标识系统设计指导意见

2012年5月，国家文物局委托浙江省古建筑设计研究院编制《大运河遗产展示与标识系统设计指导意见》，指导各地开展大运河申报点段展示与标识系统设计与建设工作。整个项目的编制内容由《指导意见》、《大运河遗产标志》及相关研究报告三大部分组成。第一部分《指导意见》对大运河遗产展示和标识系统制定了指导意见，对大运河遗产标识系统的框架结构、设置原则、风格和形态设计明确了具体要求，并附有大运河标志及大运河遗产标志碑设计范例。第二部分《大运河遗产标志》确定了标志的图案、文字、色彩等构成要素，通过不同的色彩效果及材质处理来表现标志的通用性。第三部分《大运河遗产展示与标识系统研究报告》对

《指导意见》中制定的遗产展示与标识系统的内容进行了说明并详细解读。该《指导意见》经专家评审通过，由国家文物局于2012年10月31日印发。

海宁盐官古城风情街延伸工程一期初步设计完成

宰相府邸风情街（古邑路）是以省级文物保护单位陈阁老宅为核心的传统历史街区，位于盐官古镇东北。工程项目位于风情街南侧，用地范围约3.3公顷。实施的一期部分自陈阁老宅围墙以西至人民路，南至宣德路，用地面积14568平方米，设计内容包括区域历史风貌的恢复、历史建筑的维修利用和配套服务设施的完善，建筑面积11095平方米，地下室4307平方米，2012年6月13日通过设计方案评审，8月29日进行了初步设计审查。

东阳卢宅一般保护区及建控地带一期工程

2012年6月，浙江省古建筑设计研究院承接东阳卢宅一般保护区及建控地带一期工程建筑方案设计任务。

东阳卢宅位于东阳市东郊卢宅村，1988年公布为全国重点文物保护单位，是目前江南地区保存规模最大、最完整的明清古建筑群，显示了以血缘关系为纽带的卢氏宗族聚居结构。1989年水灾后，由于缺乏统一规划设计，卢宅周边地区建设杂乱无序，建筑多为三、四层行列式砖混单元住宅和厂房，建筑风貌不协调，人口密集但基础设施落后，亟待规划与改造。2006年，《东阳历史文化名城保护规划》、《浙江省东阳市卢宅文物保护规划》批准通过；2010年，《浙江省东阳卢宅修建性详细规划》批准通过。东阳卢宅一般保护区及建控地带一期工程建筑方案设计在《浙江省东阳市卢宅文物保护规划》、《浙江省东阳卢宅修建性详细规划》框架下，对1988年水灾前绘制的肃雍堂宗支宅图及1991年制作的模型进行研究，通过拼接组合完成新建单体建筑及建筑组团方案的深化、完善设计，保留建筑修缮设计，对月塘环境景观进行梳理。截至12月，该方案设计已完成文本编制。

大皿历史文化名村保护规划

2012年6月，浙江省古建筑设计研究院受托编制《大皿历史文化名村保护规划》。

大皿村至今仍保存着较为完整的传统村落格局，留存有清至民国时期的各类建（构）筑物60余处（部分古井为宋至明时期），类型包括民居、宗祠、庙宇、桥梁、商业建筑等，其中省级文物保护单位1处、县级文物保护单位1处、县级文保点3处，另有形式多样的非物质文化遗产。

浙江省古建筑设计研究院通过现场调查、历史研究、价值评估和规划对接，确定了大皿村保护对象及措施，划定保护区划，制定了相应的保护要求与利用措施。

宁波保国寺大殿保护修缮工程设计

保国寺位于宁波市，寺内存有宋构大殿，建于大中祥符六年（1013），是江南现存年代最早、保存最完整的木构建筑，1961年被公布为第一批全国重点文物保护单位。近年来，大殿结构变形、构件破损、材质劣化等病害情况日益严重，保国寺古建筑博物馆启动了多项科技监测、

检测和勘察项目。浙江省古建筑设计研究院保国寺大殿保护修缮工程的设计，第一阶段进行了全面、系统的勘查研究，完成了保国寺大殿的勘查评估报告，对大殿进行现场详细勘查、测量，调查现状残损病害，同时加强修缮工程沿革的调查研究，采访、咨询了多位亲历前次修缮的工程专家，结合多项既有勘测、研究成果，从现状残损病害、近次维修效能和灾害风险三个方面进行了综合性评估。2012 年，设计工作进入第二阶段，根据勘查评估报告制定修缮方案，在8月底完成初步方案（讨论稿）。

安吉县安城城墙文物保护规划

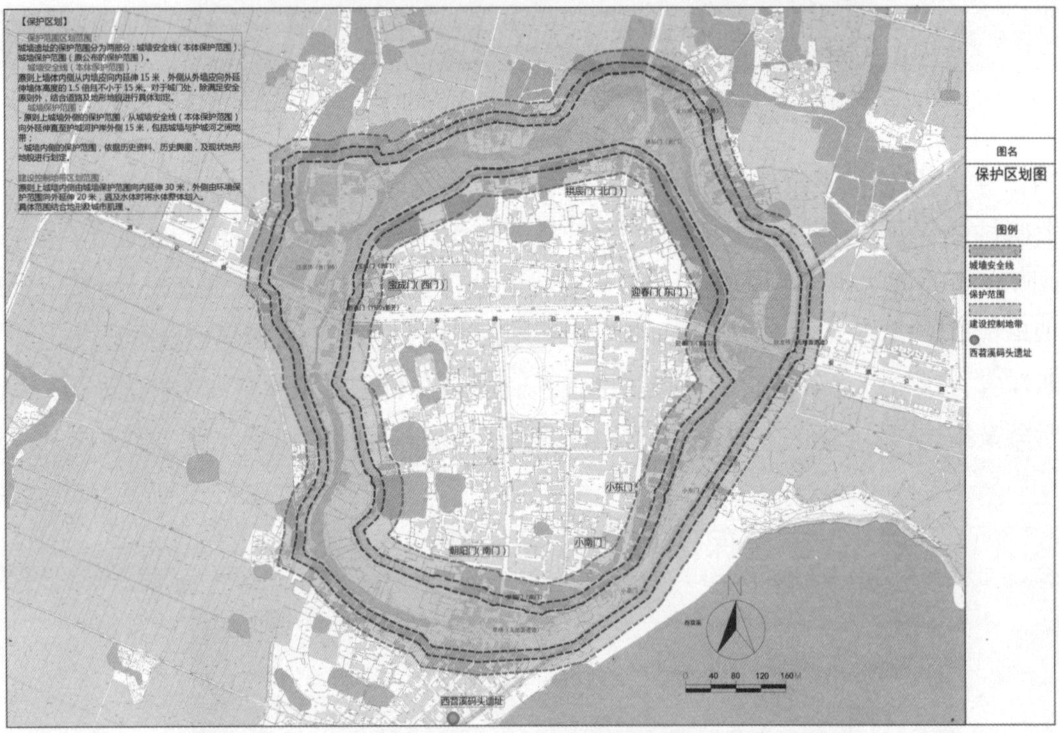

安城城墙位于湖州市安吉县递铺镇北约8.5 公里处的西苕溪西岸，始建于明初，具有防御和防洪双重功能，2006 年公布为第六批全国重点文物保护单位。

保护规划针对现状，依据相关法律法规，明确了安城城墙的保护对象，评估了其文物、社会、文化价值，城墙本体及其周边历史环境，厘清现存主要问题、主要破坏因素及综合影响因素，划定了保护区划范围，制定了相应的管理规定、有针对性的本体保护及环境整治措施和展示利用、考古研究、管理等各子项规划，对专项规划提出了调整建议。截至2012 年年底，规划已初步完成文本编制，正在报送审批中。

松阳县明清街保护整治方案完成

9月，浙江省古建筑设计研究院受松阳县建设局委托，承接了松阳县明清街保护整治工程设计任务。

松阳县明清街包括南直街历史地段内的南直街、人民大街、官塘路、横街、大井路、十字路等街巷。保护整治的目的是体现老街的传统风貌，改善当地居住者的生活条件。方案主要内容包括沿街建筑立面、部分建筑维修、道路整治、综合管线、标示标牌等。其中沿街建筑立面整治约14000平方米，建筑修缮面积约3000平方米，道路整治总长约1900米，宽约3米。方案在《松阳历史文化名城保护规划》基础上进行保护整治的深化设计，保护历史文化名城留存的空间格局，维护整体历史风貌，保存历史遗留的建筑肌理、传统的街巷及相关景观特征，延续、继承代表地方特征的传统技艺、风貌、物产、民俗等非物质文化遗产，挖掘充实地方文化内涵，加强地方特色；在保护的前提下有序更新，完善基础设施，改善居住环境，提高居民生活质量，切实实现历史文化名城的有效保护和可持续发展，合理利用历史资源发展地方经济，提升城镇活力、繁荣，促进实现经济发展和历史文化保护的和谐发展。至2012年年底，松阳县明清街保护整治方案文本编制已完成。

嵩溪历史文化名村保护规划

2012年10月，浙江省古建筑设计研究院受托编制《嵩溪历史文化名村保护规划》。

嵩溪村村落形态和街巷格局较为完好，留存有宋至民国时期的各类建（构）筑物60余处，其中县级文物保护单位2处，除建筑外还有宋墓（孝子椁）、桥梁、古井、石灰窑等遗存，保留了形式多样的非物质文化遗产和悠久的石灰烧制历史（由“夏灰市”带动当地商贸、典当、药铺等行业的兴旺），是浙江地区亦农亦商型村落发展的典范。

浙江省古建筑设计研究院以全面保护嵩溪村的历史文化遗产，提升嵩溪村的文化品位和环境质量为目标，通过现场调查、历史研究、价值评估和规划对接，确定了保护对象及措施，划定保护区划，制定了相应的保护要求与利用措施。

河桥历史文化名镇保护规划

11月，浙江省古建筑设计研究院承接了河桥历史文化名镇保护规划。

河桥镇位于临安市西南区域，为2000年公布的浙江省第二批省级历史文化名镇，是一处历史形成过程清晰、空间格局较为完整、传统街巷肌理明确、历史建筑特色明显的山水古镇。规划范围西至昌端线，东至后殿山，北至玉屏山过境公路，南至蒲溪对岸白下村沿江民居，总规划面积约42.51公顷。按照“总体控制、分级保护”的原则，将保护范围分为核心保护区、建设控制地带、环境协调区三个级别，确立了古镇三区、二轴、四片、六节点的保护框架。

长安闸保护与展示设计方案

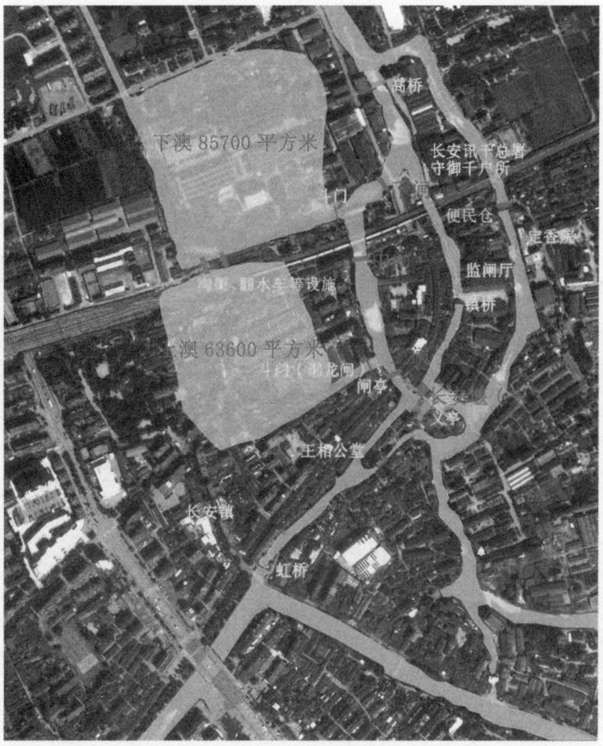

2012年11月，浙江省古建筑设计研究院在编制完成《大运河申报世界文化遗产——海宁点段整治方案》的基础上，继续开展长安闸保护与展示设计工作，根据大运河申遗要求，综合考虑保护的有效性和可操作性，确定以展示老坝遗址、王相公堂建筑基址和下闸遗址为重点，标识上闸和中闸遗址；通过对入口空间的整理和参观游线的组织，提升长安闸的整体性和可读性；在陈列馆模拟展示三闸、两澳和两坝的空间结构及其整体工作原理的模型。近期对长安历史街区开展初步整治，达到干净整洁的要求，远期通过历史文化名镇保护规划的编制，有序修缮保护历史街区，提升遗址周边环境风貌。

浙江省古建筑设计研究院开展“浙江省传统建筑木作工艺传承及其科学化研究”

《浙江省传统建筑木作工艺传承及其科学化研究》课题由浙江省古建筑设计研究院承担，中国美术学院和浙江大学参与，通过对浙江省具典型性、代表性的传统建筑的梁架类型、构造作法、构件形式、用料特点、斗栱作法等细部特征及其建筑空间的比较性分析，研究浙江省传统建筑谱系分区；选取具有典型性、代表性的一个区域进行传统建筑木作营造技艺的科学化调查研究，结合文物建筑的保护理念和修缮技术需求，对传统建筑木作营造工艺在实践上的运用进行研究，开展浙江省典型区域木作营造技艺在体系、技术及工艺方面的科学化研究，提出科学化应用思路，为后续的科学化应用搭建基础平台。

至2012年，研究团队已对浙江北部杭嘉湖地区、浙东宁绍台地区、浙中西的金衢地区、浙南的丽水、温州地区的一些代表区域开展了田野调查，选定浙西新安江流域作为古建筑修缮现场和传统工匠研究区域，并在此基础上开始进入成果梳理和研究阶段，完成了大部分地区调研成果的梳理，在研究层面上对浙江省传统建筑分区进行了深入研究，发表了相关文章。

闽浙木拱廊桥申遗预备名单申报文本编制

受浙江省泰顺县、景宁县、庆元县和福建省寿宁县、周宁县、屏南县、政和县县政府委托，浙江省古建筑设计研究院于2012年1月开始承接了闽浙木拱廊桥申报世界文化遗产预备名单的申报文本编制任务。

文本编制根据《实施世界遗产公约操作指南》（2005版），从100座木拱廊桥中遴选出闽浙四市七县的22座作为系列遗产的申报对象，年代序列包括了明、清、民国时期，分七个主要章节对申报对象进行了阐述，突出了闽浙木拱廊桥在结构技术和山地人居文化两方面的价值。截至2012年12月，申报文本已完成编制。

杭州植物园办公楼旧址修缮工程

2012年4月，杭州植物园委托浙江省古建筑设计研究院对杭州市第六批历史建筑杭州植物园办公楼旧址进行初步勘察，并编制维修、整治方案。

设计根据《杭州市历史文化街区和历史建筑保护办法》有关规定，综合考虑建筑的历史文化价值、保存现状，将植物园办公楼建筑群作为三类历史建筑进行保护。现场勘查测绘弄清了历史建筑的主要破坏因素。修缮设计内容主要包括恢复原有建筑格局；修缮加固主体结构，恢复原有建筑结构体系；修复历史建筑的原有风貌，适度改善外围护结构的物理性能；加强消防措施提高安全保障；改善环境，修复院落空间和利用更新与展示等；还从保护与合理利用的角度出发，重新划分空间，增加基础设施，利用新材料、新技术改善历史建筑物理性能，为将来的使用提供良好条件。截至2012年年底，工程施工图已通过审批。

平阳顺溪古建筑群维修工程

顺溪古建筑群位于平阳县顺溪镇顺溪村和溪北村，地处平阳县西部、鳌江上游，共十座，多建于乾嘉年间，总建筑面积25200平方米。2012年，浙江省古建筑设计对顺溪古建筑群中的陈氏老二份大屋、陈氏老四份大屋、陈氏新大份大屋、陈氏宗祠等四组建筑进行了维修工程设计和现状修整。

其中陈氏老二份大屋鉴于大屋主体结构尚属稳定，根据残损情况，修补、加固或更换大木构件，进行必须的结构加固和维修。

老四份大屋对严重危害木结构的虫害实施药物防治并进行专项设计，针对庭院内的环境进行整理，拆除庭院内后期建设的全部砖混建筑，适当保留部分蛮石构筑物，梳理庭院内植栽，疏通排水沟渠。

针对新大份居民居住现状与新大份建筑的损害情况，外移厨房与卫生间，外移给水系统，在室外新建卫生间与厨房套间。

陈氏宗祠主要侧重屋面翻修，加强屋面斜天沟防水措施；检查、维修草架部分受潮霉烂木檩条；拆除对宗祠影响较大的新建建筑；拆除周边建筑后沿宗祠北山墙与东山墙挖设排水沟渠，解决建筑周边排水问题。

安吉递铺城址文物保护总体规划编制

递铺城址是全国重点文物保护单位，地处太湖南岸、天目山北麓、江苏茅山余脉的丘陵地带，包括城址、地面可见城墙、护城河遗存等。根据考古资料、文化堆积等初步推断，城址系春秋战国时期越国重镇，秦汉时期鄣郡郡治所在地。

总体规划由浙江省古建筑设计研究院编制，通过评估，对遗产价值、保存状况进行重新定位，提高保护的可操作性，尽可能减少对遗存本体的干预，确保遗产的真实性、完整性、延续性、安全性，提高保护措施的科学性；通过实施定期的日常保养和科学监测，强调考古发掘的保护意识，建立抵御自然灾害与突发事件侵袭的预警机制；合理协调遗产保护与地方经济、社会发展之间的关系，防止过度开发利用，避免建设性破坏；强调遗产环境、城市格局与相关联遗产的整体保护，注重遗产保护与生态保护相结合；消解遗产分布区域内的城市化、工业化进程影响，控制、缩减人口，搬迁居民，迁移过境交通，保持传统农耕环境和江南水网湿地环境。目前规划已经完成初稿，等待进一步讨论、论证及上报审批。

浙江省文物鉴定审核办公室（国家文物进出境审核浙江管理处）

2012年，省文物鉴定审核办公室（国家文物进出境审核浙江管理处）按照年初制定的工作目标，脚踏实地、抓好落实，取得了成效。

一、发挥专业优势，全面做好各项业务工作

2012年，省文物鉴定审核办公室稳步开展文物进出境审核管理，共办理文物临时进境审核登记26起，249件（套）；文物出境（复出境）许可证核发9起，119件（套）；旧家具（新仿制品）出境许可104起、28852件（其中禁止出境33件）；文物复仿制品出境1起，1件；审核国有博物馆文物出境展览3起以及浙江省博物馆引进的韩国“大元帆影——韩国新安沉船出水文物精华暨康津高丽青瓷特展”文物285件，查验文物211件（组），

2012年是我国文物进出境管理工作60周年。12月11日，国家文物局和海关总署联合在国家博物馆举办“中国文物进出境管理工作60年成果展”。作为重点参展省份之一，国家文物进出境审核浙江管理处积极配合做好展览相关工作，派人出席了开幕式。

3月，省文物鉴定审核办公室承办了国家文物局在宁波召开的全国文物进出境审核管理工作会议，得到与会人员的一致好评。

2012年，省文物鉴定审核办公室积极配合公安、海关、文化文物行政执法等部门，坚决打击盗窃、盗掘、走私文物等犯罪活动，及时做好涉案文物的鉴定，至年底共办理各类涉案文物鉴定58起，鉴定各类器物2377件，其中三级珍贵文物11件，一般文物1654件，非文物710件，待定2件，还确认新近追回的徐谓礼官牒文书2件与2011年鉴定的一级文物宋徐谓礼官牒文书为同一组文物。

2012年，省文物鉴定审核办公室实地勘察鉴定武义、上虞、余杭等地被盗掘、破坏的古墓葬、古文化遗址、古建筑76座（处），其中被盗的徐谓礼夫妇合葬墓及位于全国重点文保单位内的余杭区良渚街道小竹山盗掘现场等2处为具有重要历史、艺术、科学价值的古墓葬、古遗址；上虞梁湖镇宅里湖村唐家山被盗古墓葬等2处为具有比较重要历史、艺术、科学价值的古墓葬。

此外，省文物鉴定审核办公室还多次对杭州萧山国际机场海关、杭州海关驻邮局办事处、宁波北仑海关、温州海关等单位的暂扣疑似文物进行了及时鉴定，与海关等部门共同把好国门，防止文物非法流失。

为规范审核文物拍卖标的，省文物鉴定审核办公室按照法律法规要求，全年受理文物拍卖申请55场次，审核拍卖标的37007件（其中属于文物拍卖标的24080件，允许拍卖的文物标的23677件，含书画17187件、陶瓷器564件、玉杂器5926件，撤拍国家禁止流通或超资质范围文

物403件）。遵照国家文物局《关于进一步做好文物拍卖标的审核工作的意见》，省文物鉴定审核办公室在审核过程中对一些拍卖公司以疑似出土文物或虚标拍品年代、作虚假宣传等行为提出了有针对性的整改意见，有效规范了文物拍卖市场秩序。

全年省文物鉴定审核办公室继续开展全省馆藏书画文物巡回鉴定专项工作，9月启动了对浙江省博物馆馆藏书画文物的鉴定，经过三个多月基本完成。同时，省文物鉴定审核办公室继续做好馆藏文物定级鉴定，组织专家分别对申报的香港曹其镛夫妇捐赠浙江省博物馆古代漆器、杭州工艺美术博物馆、杭州西湖博物馆、乐清市文物馆、宁波博物馆、遂昌县文管办等馆藏未定级或新征集文物进行定级鉴定，共计3304件，其中确定一级文物23件，二级文物153件，三级文物939件。

2012年，省文物鉴定审核办公室遵循规范后的工作程序，依各馆主管部门书面申报，组织专家对浙江省博物馆、中国丝绸博物馆、中国财税博物馆、绍兴市博物馆、义乌市博物馆等二十余家国有文物收藏单位的29批次、2197件待征集文物开展初鉴，在各馆自鉴基础上充分发挥专业优势，从藏品的真实性、价格区间的合理性等方面做出审核，为国有博物馆藏品征集把好质量关。

为继续协助市县文物行政主管部门做好民办博物馆审批前的鉴定评估，省文物鉴定审核办公室先后应杭州市园林文物局、绍兴县文广新局、绍兴市文物局、仙居县文管办申请，对个人筹办的杭州江南锡器博物馆、世华中国壶文化博物馆、绍兴市近百年书画博物馆及安峰青铜器博物馆的藏品，进行了数量、质量、真实性、系统性、专题性等方面的总体评估，为政府有关部门决策当好参谋。

二、加强内部管理，着力推进文明单位建设

省文物鉴定审核办公室以独立建制十周年为契机，加强单位文化建设，组织召开专题座谈会，邀请曾经在浙江文物鉴定和文物进出境审核方面工作过的老领导、老员工回顾历史，总结经验和成果，为在新起点开创新局面群策群力。由机构沿革、历年来工作成果和片段汇编成的《慧眼丹心》纪念册，以及将十年来省文物鉴定审核办公室专业人员在各类刊物发表的论文结集成的《辨古识真》论文集均正式出版发行。这既是省文物鉴定审核办公室十年来工作的阶段性成果和总结，也有助于秉承传统、开拓创新。

经过独立建制十年来的有序发展，省文物鉴定审核办公室摸索出一套行之有效的工作程序和管理机制，在领导班子的带动下，逐渐形成了低调实干的文化氛围。在长期的工作实践和自我学习提高中，业务人员均确定了自己的专业研究方向，并取得了各自的成绩，2012年新评上研究馆员一名、副研究馆员一名。目前六名专业人员中有五人具有正高职称，一名具有副高职称，在省内文博机构及全国文物进出境审核机构中形成鉴定专业团体优势。在提高学术能力的同时，省文物鉴定审核办公室充分发挥专业特长，先后组织专家赴桐庐、德清、兰溪等地进行公益性文物鉴定咨询，为民服务，尤其在文化遗产日期间组织部分省文物鉴定委员会专家前往湖州主会场开展大型公益鉴定。一些专家参加了各自所属民主党派组织的社会服务日活动，进行义务鉴宝，践行了文化惠民，为创建“两富”现代化浙江贡献了力量。周永良获全省文物系统先进工作者称号。

省文物鉴定审核办公室围绕打造学习型、实干型团队，学习交流常抓不懈：一方面加强领导班子建设，落实理论学习制度，认真参加省文化厅、上级统一安排的各类学习和培训，深入学习、贯彻党的十八大和省第十三次党代会精神，逐步增强单位党风廉政建设，未发生违法违纪等情况；一方面重视继续教育，以专业培训为重点，进一步提高业务水平，做到工作方式和理念与时俱进。2012 年，省文物鉴定审核办公室选派 2 名业务人员参加国家文物局举办的进出境责任鉴定员碑帖类文物鉴定培训；应高校、博物馆和收藏协会邀请，先后举办了“宋代青铜器”、“杭州出土的高丽青瓷”、“竹木牙角器鉴赏”等 11 场学术、文物鉴定知识讲座；组织业务人员赴上海博物馆参观“幽蓝神彩——元代青花瓷器大展”、“翰墨荟萃——美国收藏中国五代宋元珍品书画展”及本省博物馆举办的一些精品展览；积极派人参加省文化厅组织的工会、财务、保密、保卫等各类会议、培训；还组织全体职工赴内蒙古考察红山文化和少数民族文物。

由省文物鉴定审核办公室承担的省文物局《浙江馆藏文物大典》编辑工作，邀请了省内各门类专家组成编撰委员会，召开了编委会会议。各分册主编为选取最好的藏品，不断与收藏单位及专家沟通。目前该项工作已完成藏品筛选，进入后期编撰。

省文物鉴定审核办公室加强政务管理，保证政令畅通，公文、信息报送规范有序；重视保密工作，没有发生重大泄密事件；加强人事管理，做好职称评聘等各项工作；严格遵守、执行国家财务制度、政府采购制度，按要求统一核算；严格项目经费使用管理，专款专用，确保项目经费使用绩效，预算执行进度多次受到省文化厅、省财政厅表扬，年度财政经费预算执行率达 100%。为做好单位预、决算及日常财务管理工作，妥善处理资金短缺问题，省文物鉴定审核办公室加强国有资产管理，未设任何形式的“小金库”，全年无财务违纪情况。根据《浙江省文化厅关于印发浙江省省级文化系统社会治安综合治理工作考核细则的通知》文件精神，省文物鉴定审核办公室进一步完善综合治理，全面贯彻落实“预防为主，安全第一”的安全保卫工作方针，全年没有发生火灾、盗窃、刑事案件、工伤事故等重大责任事故，确保了职工队伍稳定和单位和谐。

此外，省文物鉴定审核办公室充分发挥职工大会作用，进一步推动单位民主管理和监督，在出国人选、“三公”经费使用等方面都以职工大会形式讨论、公开。为关心职工生活，2012 年省文物鉴定审核办公室同省文物局、省文物监察总队联合建立了“职工之家”，丰富职工业余文化生活，进一步增强职工间的沟通交流，提高整体凝聚力；并安排职工的疗养和健康体检，还加强职工队伍遵纪守法和职业道德教育，提高服务水平。

2012年全省文物鉴定审核统计表

一、文物出境许可

次数	总数	瓷器	玉器	书画	金属器	杂项	钱币
9	119	33	22	34	0	30	0

二、文物临时进境审核

次数	总数	瓷器	玉器	书画	金属器	杂项	钱币
26	249	54	26	62	16	91	0

三、古旧家具出境许可

次数	总数	上虞市	慈溪市	宁波市	象山县	温州市	鄞州区	杭州市	禁 出
104	28852	6978	13223	106	192	0	8353	0	33

四、文物出境展览审核

次数	总数	瓷器	玉器	书画	金属器	杂项	钱币
3	211	0	0	100	0	111	0

五、文物入境展览审核

次数	总数	瓷器	玉器	书画	金属器	杂项	钱币
1	285						

六、文物复仿制品证明

次数	总数	瓷器	玉器	书画	金属器	杂项	钱币
1	1	0	0	0	1	0	0

七、涉案文物鉴定

次数	可移动文物	总数	一级	二级	三级	一般	仿品	待定
58		2377	0	0	11	1654	710	2
	不可移动文物	总数	重要	较重要	一般	不确定	备注	
		76	2	2	71	1		

八、文物拍卖标的审核

场次	拍卖总数	文物标的数	允许拍卖文物标的	书画	陶瓷	玉杂器	撤拍
55	37007	24080	23677	17187	564	5926	403

九、馆藏书画鉴定

单　位	总数	一级	二级	三级	一般	待定
杭州工艺美术馆（刀剪剑博物馆）	307		9	271	90	
杭州工艺美术博物馆（伞业博物馆）	9		1	5	1	2
杭州工艺美术博物馆（扇业博物馆）	324		3	115	206	0
杭州西湖博物馆	3			3		0
杭州西湖博物馆	46		4	44		0
乐清市文物馆	190			57		0
宁波博物馆	777		2	374	401	0
遂昌博物馆	1480	2	12	53	1062	0
嘉兴博物馆	1			1		0
浙江省博物馆	167	21	122	16	4	4
合计	3304	23	153	939	1764	6

鉴定南宋徐谓礼及其夫人合葬墓

1月4日，省文物鉴定委员会受武义县公安局聘请，组织专家实地勘察武义县熟溪街道胡处村龙王山砖椁石顶墓。盗坑长3米，宽2.5米，深2米，见存较多条砖和一块石盖板。石盖板长1.4米，宽0.78米，厚0.28米。经省文物考古研究所抢救性发掘清理，5月在该墓中发现卒于南宋宝佑二年（1254）的徐谓礼圹志和卒于“淳祐戊申”（南宋淳祐八年，公元1248年）的其妻林氏圹志，证实该墓确系南宋徐谓礼及其夫人合葬墓。所追缴的该墓中被盗出土徐谓礼官牒文书具有极其重要的历史、艺术、科学价值，被确认为一级文物。

浙江省文物鉴定委员会召开年会

2月7日，2012年浙江省文物鉴定委员年会举行。省文化厅副厅长、省文物局局长、主任委员鲍贤伦，副主任委员陈文锦及委员30余人参加了会议。会议由省文物局副局长、副主任委员陈官忠主持，秘书长柴眩华在会上作了2011年度工作总结，并就2012年度工作做了初步计划。

2011年，省文物鉴定委员会积极配合公安、海关和文化文物行政执法部门，坚决打击盗掘、盗窃、走私文物等犯罪行动，及时做好涉案文物的鉴定工作；受理文物拍卖标的审核40123件、55场次，撤拍国家禁止流通或超资质范围文物127件；继续做好全省馆藏书画巡回鉴定工作，完成了对杭州地区国有馆藏书画的专项定级鉴定；同时继续开展对市县馆藏文物鉴定工作，还对全省十余家博物馆待征集文物进行了初鉴。

会议还从构建不可移动文物体系，完善博物馆发展体系，创新文物科技保护机制，健全文物安全监管机制，加快建设文物大省，以期最终建成文物博物馆公共文化服务体系等方面，介绍了《浙江省文物博物馆事业发展“十二五”规划》的总体目标，希望文物鉴定委员会再接再厉，承担起作为文物事业重要组成部分的职责，在现实工作中进一步发挥自身作用。

参观凌家滩文化玉器精品展

3月，省文物鉴定委员赴良渚博物院参观“玉魂国魄——凌家滩文化玉器精品展”。该展览汇聚凌家滩遗址1987年以来历次考古发掘出土的玉器精品100余件（组）。诸位委员结合展品进一步学习了史前玉文化和鉴定知识。

国家文物进出境审核浙江管理处独立建制十周年座谈会召开

5月9日，国家文物进出境审核浙江管理处、浙江省文物鉴定审核办公室独立建制十周年座谈会在杭召开。省文化厅、省文物局及部分省直文博单位的领导、专家，文博界有关人员，单位工作过的员工代表等出席了会议，对浙江省文物鉴定审核工作的发展历程进行了梳理，总结了独立建制以来取得的成绩。与会者还获赠新近编辑出版的《慧眼丹心》纪念图册和《辨古识真》论文集。

浙江省文物鉴定审核办公室前身是成立于1992年的浙江省文物出境鉴定组。2002年5月9日，浙江省文物鉴定中心（现名浙江省文物鉴定审核办公室）、国家文物出境鉴定浙江站（现名国家文物鉴定进出境审核浙江管理处）成为完全独立的法人事业单位。浙江省文物鉴定审核办公室集国家文物进出境审核浙江管理处、浙江省文物鉴定委员会秘书处于一身，三块牌子、一套人马，主要受国家文物局委托，承担文物进出境的审核许可，依法履行文物出境许可证核发和文物进境审核登记、文物出境展览审核登记，同时受浙江省文物局委托，负责我省文物拍卖标的审核、馆藏文物定级鉴定和涉案文物鉴定等事宜。

《浙江馆藏文物大典》编委会议召开

5月31日，浙江省文物局在杭州召开《浙江馆藏文物大典》编委会议，20余名编委参加。省文物鉴定审核办公室主任柴眩华对《大典》的编写进程、体例及存在的问题做了简要阐述；各卷主编介绍了选取的图片和内容，并向编委征求意见。编委们针对《大典》的编写体例、读者对象和编写文字的定调等问题提出意见和建议，从各自专业特长出发，就各卷的名称、分类划分、图片制版、文物选择、文字撰写等方面谈了看法。

省文物鉴定审核办开展免费文物鉴定公益活动

2012年，省文物鉴定审核办组织专家分书画、陶瓷器、玉器、青铜器、杂件五个类别，先后在6月的文化遗产日浙江主场城市湖州、9月的德清县政协第三届特别活动周和10月的兰溪市文化广电新闻出版局“弘扬兰城悠久文化、探寻瀔水历史底蕴”等活动中，开展了一系列免费文物鉴定，吸引了数百名文物收藏爱好者。

进出境文物审核

2012年，省文物鉴定审核办共办理文物临时进境审核登记26起，249件（套）；文物出境（复出境）许可证核发9起，119件（套）；旧家具（新仿制品）出境许可104起、28852件，其中禁止出境33件；文物复仿制品出境1起，1件；分别对中国丝绸博物馆赴英国诺丁汉博物馆“衣锦环绣——中国丝绸文化展”的57件（组）文物、浙江省博物馆赴香港艺术馆“有情世界——丰子恺艺术展”的100件（组）文物和中国丝绸博物馆赴西班牙马德里国家装饰艺术博物馆“丝绸之路——中国古代丝绸艺术展”的54件（组）文物进行了出境展览审核；还对浙江省博物馆引进韩国“大元帆影——韩国新安沉船出水文物精华暨康津高丽青瓷特展”的285件文物进行了审核。

浙江省馆藏书画文物专项定级鉴定工作告竣

2012年，浙江全省国有文物系统馆藏书画专项鉴定定级工作完成。我省基本厘清了馆藏全部书画藏品和珍贵书画的总量、质量、特点及分布区域、保存现状等基本情况。

自2004年9月起，由浙江省文物鉴定审核办公室和省博物馆、省图书馆书画鉴定专家组成的鉴定组受浙江省文物局委托，经过近十年时间，对全省11个设区市、市、县（区）的80余家博物馆、文管会等文博收藏单位的6万余件书画藏品进行了鉴定，确定三级以上珍贵书画24532件（包括一、二级藏品3040件），并全部做了规范化定级，还发现了一些原先不知、不重视或未曾明确的书画珍品。

现场勘查被盗掘古墓葬

2012年，浙江省文物鉴定审核办公室主要在武义、兰溪、龙游、衢州、余杭、萧山、诸暨、绍兴、上虞、长兴、鄞州、余姚、台州、温州等地查处盗掘古墓葬、古文化遗址案件，截至12月底共勘察鉴定涉嫌盗掘、破坏的古墓葬、古遗址、古建筑76处（座）。被盗古墓葬大多为汉六朝至明清时期。值得注意的是，明清甚至近现代墓葬近来也成为盗掘对象，比重日益增多。

浙江文物年鉴

2013

市县文博工作

杭州市

2012年，杭州市坚持以科学发展观为统领，以文物工作十六字方针为指导，认真贯彻落实党的十八大、全国、全省文物局长会议及市委、市政府指示，抓住机遇、坚持不懈，在继续深化西湖世界遗产保护与管理的同时，按照既定目标任务，在文物保护、考古、博物馆建设和宣传、文化陈设等方面扎实开展工作，全面提升水平，取得一系列新成绩。

一、以修编规划、农村历史建筑保护等为抓手，文物保护工作成绩斐然

全市以规划编制为龙头，进一步夯实基础工作。《杭州市区全国重点与省级文物保护单位用地保护规划》编制完成并上报省政府。规划对1998年省政府公布的杭州市全国、省级重点文物保护单位用地保护规划进行了适当调整，并划定了第五、六批全国重点文物保护单位和第五批省级文物保护单位的保护范围和建设控制地带。《杭州市市级文物保护单位用地保护规划》编制调整启动，开始划定第四批市级文物保护单位的保护范围和建设控制地带。《萧山区第一批不可移动文物和拟推荐保护建筑用地规划》初稿编制完成。

2012年全市文物保护工程和农村历史建筑修缮再现新成果，共实施仁爱医院旧址、澄庐、朱凤标故居、蒋经国旧居、浙江实业银行旧址等50多处文保单位的修缮；完成飞来峰造像二期、国民革命军第二十一师北伐阵亡将士墓遗址“血园陵”一期、六和塔开化寺遗址甬道地砖防风化保护工程、灵隐寺两石塔两经幢现状调查与测绘项目、九度岭关隘、海云洞摩崖题记保护修缮工程、凤凰寺保养维护工程等项目，进行了六和塔新型悬挑脚手架方案专家论证。白塔公园工程正式开工。首届西博会工业馆旧址维修工作启动。

农村历史建筑和古村落保护工作取得新进展。在前几年农村历史建筑保护工作的基础上，结合三江两岸、美丽乡村、风情小镇等建设，进一步加大对农村历史建筑和古村落的保护力度，已对2000余处农村历史建筑采取保护措施。富阳市龙门镇龙门村、建德市大慈岩镇新叶村、桐庐县江南镇深奥村入选首批中国传统村落名录。

截至2012年，杭州市第三次全国文物普查全面完成各阶段工作目标和任务。从2007年以来，全市共调查、发现不可移动文物20351处。在浙江省政府公布的第六批省级文物保护单位中，杭州市新增32处，其中新发现11处。

全年全市共完成19个文物审批项目，对涉及文化遗产的基建项目监控管理加大力度。积极开展文物日常安全巡查，共出动文物执法人员3021人次。继2006年在全国文物行政处罚案卷评比活动获奖后，杭州市第四次在全国文物案卷评比中斩获佳绩。

二、以大思路为统领，大遗址保护、申遗工作取得新突破

2012年，《全国重点文物保护单位临安城遗址保护总体规划》获国家文物局审核通过，标志着杭州市大遗址保护工作取得重要阶段性成果。保护规划成为指导南宋都城遗址保护的重要依据，也为实施南宋皇城大遗址综保工程奠定了坚实基础。与此同时，南宋皇城遗址土地置换工作正推进中。

良渚遗址被国家文物局列入更新的《中国世界文化遗产预备名单》，申遗文本编制及整治、展示等相关前期研究取得初步成果。大运河保护和申遗工作进入关键阶段，申遗点整治进展顺利，遗产点档案编制、陈列展示、遗产监测和标识标牌系统建设全面启动。

三、以南宋临安城遗址为重点，大杭州考古战略再见成效

2012年3月，杭州市文物考古研究所单独建制。杭州市考古部门立足城区，发展区县市考古，开展野外考古调查勘探26项，面积129万平方米；考古发掘11项，面积6068平方米；处理突发性事件6起，抢救保护了一批地下文物。余杭玉架山遗址入选“2011年度全国十大考古新发现”，良渚古城遗址考古项目获得“2009—2010年度国家文物局田野考古”一等奖。

文物部门在配合基建的抢救性发掘中先后发现南宋时期的宫观区大型墙基和宗学遗址；南宋临安城京城墙西南段调查勘探工作取得阶段性成果，已确定城墙的位置与走向；临安城遗址考古地理信息系统建设工作启动，目标是有效整合历年临安城遗址考古勘探资料。

区县市考古取得新成果。萧山柴岭山商周土墩墓群、余杭临平禾丰遗址、余杭华坞村40座汉六朝墓葬、余杭百亩地村21座汉墓考古发掘、小青龙遗址野外考古发掘和资料整理、余杭小林镇小横山墓葬群考古整理和报告编写等工作宣告完成。为配合富阳大源造纸作坊申报非物质文化遗产，对造纸作坊遗址进行了考古勘探调查。

四、以申遗成功为契机，积极推进世界遗产的保护和管理

西湖申遗成功后，根据《杭州西湖文化景观遗产保护管理规划》要求，杭州市园林文物局着力推进遗产保护管理体系和遗产监测预警管理平台建设，深化西湖遗产六要素和环境监测指标研究。杭州西湖文化遗产预警监测体系建设项目已纳入《中国世界遗产监测预警体系建设规划》，并被国家文物局列为国家世界遗产监测工作试点项目。“世界文化景观国际峰会暨国际文化景观科学委员会年会”在杭州举办，加强了杭州西湖遗产地与国际组织的合作，推动了文化景观项目的研究，扩大了西湖的国际影响力。受国家文物局委托开展的“世界文化遗产与社区发展”研究项目已顺利结题并通过审核，收录于国家文物局主编的《世界遗产与可持续发展》文集中。“西湖模式——西湖文化景观与利益相关者的研究”课题项目正开展中。

五、以提升管理服务水平为目标，做大做强博物馆事业

2012年，杭州市的博物馆事业取得新发展，改造提升取得新成果，陈列水平再上新台阶。杭州博物馆新馆于文化遗产日正式对外开放，杭城第一座真正意义上的综合博物馆正式向公众亮相。南馆机动展厅提升改造工程也已竣工，至年底参观人数超过120万人次。中国茶叶博物馆完成茶萃厅、茶事厅的陈列改造。钱王祠陈设改造及设施完善工程竣工。苏东坡纪念馆完成陈列改造并正式开馆，为西湖南线增添了一处新的文化景观。区、县、市文物馆、博物馆建设也取得新进展。临安市文物库房改造通过验收，富阳市博物馆正式开工建设。江南锡器博物馆、万事利丝绸文化博物馆等民办博物馆陆续筹建中。

2012年，全市各博物馆（纪念馆）不断创新，推出更多具有趣味性、吸引力的展览和活动，受到广大青少年欢迎。全年共开展第二课堂活动70余次，接待青少年观众人次超过参观总人次的1/2，满意度达99%以上。其中中小学生陶艺大赛、童画杭州名人等一些特色活动已成为杭州市的博物馆品牌，影响力和社会效益大大提升。杭州市星级讲解员评定活动已连续举办5年，为培养一支适应西湖世界文化遗产时代要求的高水平讲解队伍起到了良好的促进作用。2012年，杭州市园林文物局首次同杭州市总工会、杭州市人力资源和社会保障局联合举办"2012年杭州市展览讲解员职业技能竞赛"活动。

2012年，市属各博物馆（纪念馆）共举办展览百余场，连续三年数量破百，展览质量也日益提高。如南宋官窑博物馆的"宋金瓷话——五馆馆藏瓷器精品展"、西湖博物馆的"光影西湖 岁月留声——西湖明信片展"、杭州名人纪念馆与山西大学在国家博物馆合办的"章太炎、姚奠中师生书法展"、良渚博物院的"玉魂国魄——凌家滩文化玉器精品展"等均获广泛好评。

杭州市结合"文化遗产与文化繁荣"主题，积极开展第七个文化遗产日宣传活动，推出了专题展览、学术讲座、才艺培训、文化体验等活动，吸引了大批居民和游客。余杭区成为浙江省唯一一个被国家文物局列为全国文化遗产知识宣传普及工程试点县的地区。

全年全市举办了包括"陶瓷与生活"价值表述论坛、"钱塘江早期新石器时代文化学术研讨会"、"第三届跨湖桥文化国际学术研讨会"、"西湖遗产价值阐释论坛"、"司徒雷登与中国现代教育学术研讨会"等在内的多场学术会议及交流活动。学术研究取得新成果，出版专业学术书籍数十种，发表论文百余篇。

壬辰元宵钱王祭祀典礼

2月9日，钱王祠举办“壬辰元宵杭州祭钱王”祭祀典礼。本次典礼由湖滨管理处、杭州钱镠研究会主办，是2008年杭州恢复钱王祭以来规模最大的一次。目前，“杭州元宵钱王祭”已列入浙江省级非物质文化遗产名录。

第二课堂电子门票系统启动

2月14日，杭州市文明办、西湖风景名胜区管委会（杭州市园林文物局）、市教育局、市经信委、团市委联合在杭州博物馆举行杭州市青少年学生第二课堂电子门票系统启动仪式。电子门票系统由市民卡公司开发制作，分“学生市民卡”与“学校组织卡”两种。

第五届中小学生陶艺大赛举行

杭州市第五届中小学生陶艺大赛由杭州市园林文物局和杭州市教育局联合主办，杭州南宋官窑博物馆承办，自2月16日启动以来，共收到来自65所学校的242件参赛作品，最终评选出92件获奖作品，优秀指导老师奖21名，13所学校获得了优秀组织奖。6月中旬至10月中旬，陶艺大赛优秀作品在南宋官窑博物馆展出。从2012年起，杭州市将连续三年举办以“再现西湖文化景观”为主题的陶艺大赛系列活动。

武中奇巨幅书法作品入藏江南水乡文化博物馆

3月1日，武中奇巨幅书法作品“众志成城”入藏江南水乡文化博物馆。该幅作品纵140厘米、横360厘米，为武中奇在1996年九十高龄时所作。

岳飞诞辰909周年纪念活动举行

3月7日，岳飞诞辰909周年纪念活动在杭州岳庙举行。西湖风景名胜区管委会、岳庙管理处领导、岳飞研究会部分会员、杭州岳飞后裔代表、精忠小学白首“小学生”们、浙江三联专修学校、西湖小学、部队官兵等参加宣读《祭词》、献香祭拜、进献花篮、祭扫岳飞墓等纪念活动。

钱江管理处征集到民国版梁思成《杭州六和塔复原状计划》

3月13日，上海港务局退休职工王嘉江向杭州西湖风景名胜区钱江管理处捐赠民国24年（1935）版梁思成《杭州六和塔复原状计划》。书中记录了民国23年（1934）十月，梁思成受时任浙江省建设厅厅长曾养甫所邀，到杭州商讨六和塔复原计划的经过。梁思成根据实地调查认为，六和塔为南宋原物，并绘制了《六和塔复原状图》。该单行本是对六和塔史料的重要补充。

良渚博物院获评2011年度“杭州市文明示范博物馆”

3月21日，杭州市文物工作会议期间，良渚博物院以2011年度杭州市博物馆达标竞赛活动评比总分第一的成绩，被评为“杭州市文明示范博物馆”。

丹青生涯春不老——柳村书画展

4月14日—6月30日，良渚博物院推出“丹青生涯春不老——柳村书画展”，再次展出了柳村于2009年无偿捐赠给良渚博物院的101幅艺术作品。博物院还配合展览精心设计了“我与柳村先生共作画”和“我把版画带回家”等互动活动。

“让历史告诉我们——传承文化精髓”主题活动

4月25日，余杭区“让历史告诉我们——传承文化精髓”主题活动在余杭区实验小学正式启动。活动内容包括开展历史文化知识主题宣讲活动、“文化寻源”活动和学雷锋志愿服务等项目。活动持续到12月。

长三角地区“茶人之家”海选活动

4月,第四届长三角地区“茶人之家”海选活动在中国茶叶博物馆举行。杭沪宁共10户参赛家庭获得2012长三角地区“茶人之家”荣誉称号。

西泠印社做好文物库房已鉴定定级书画基础档案工作

4月至12月,西泠印社根据浙江省文物局对5000余件藏品重新鉴定的结果,完成了原有文物总账、分类电子文稿的修改,更新496件资料至藏品账,调整存放资料库房的书画作品至藏品库房并重新编号。

西湖艺术史论坛

西湖艺术史论坛是韩美林艺术馆与浙江大学艺术学院合作举办的讲座,自4月起先后举办了“书法章法研究新论”、“中国早期山水画的空间与结构”、“黄公望《富春山居图卷》之影响”、“宋代尚意思潮与文人画的兴起”和“那么西湖——一个摄影师眼中的人文西湖”等五场。

国家文物局等实地考察“中华文明探源工程”

5月10日,科技部、国家文物局、中国社会科学院考古研究所等有关人员赴良渚实地考察

"中华文明探源工程"阶段性成果。

良渚遗址开展三维遥感地理数据采集

5月15日，杭州良渚遗址管理区管委会与浙江省文物考古研究所委托开展良渚遗址三维遥感地理数据采集（包括航拍图片和等高模拟地形图制作），采集面积达120平方公里，主要用于良渚遗址的考古、研究、保护和展示。

杭州获联合国"工艺与民间艺术之都"称号

5月，杭州成为中国首个以"工艺与民间艺术之都"加入联合国教科文组织"全球创意城市网络"的城市。杭州市"工艺与民间艺术之都"建设工作领导小组授予西泠印社、中国茶叶博物馆、南宋官窑博物馆、杭州工艺美术博物馆群、清河坊历史街区等10家单位为首批"工艺与民间艺术之都"传承基地。

富阳市文物馆接收市政协455件书画作品

5月，富阳市政府将富阳市政协收藏的部分现代书画作品移交给富阳市文物馆。这些作品是政协成立以来的积累收藏，以中国画和书法为主，兼有油画、水彩等，共计455件，其中37件陈列于郁风、黄苗子艺术馆，其他作品暂存放于富阳市档案馆。

钱王祠陈设改造及设施完善工程竣工

杭州钱王祠是西湖南线一处重要人文景点。5月至9月，湖滨管理处对钱王祠进行陈设改

造和设施完善工程。本次工程内容涉及五王殿及南北功臣堂的内部陈设、整个钱王祠的防雷设施完善和建筑外立面油漆修缮。五王殿原先平板的格式天花改造为立体的天宫楼阁，彭祖像、供桌、供器、拜垫等殿内陈设也进行了改造。南北功臣堂壁画用漆画重新更新，展柜、照明系统等室内陈设实施了提升。

薪火相传、翰墨流光——章太炎、姚奠中师生书艺展

6月6日至17日，由九三学社中央、山西省政协、山西省委宣传部、山西省委统战部、中国书法家协会、杭州名人纪念馆（章太炎纪念馆）、山西大学、山西省文联、山西省书协、余杭章太炎故居、山西省姚奠中国学教育基金会等多家单位联合举办的“章太炎、姚奠中师生书艺展”在北京中国国家博物馆举行。全国人大副委员长、九三学社中央主席韩启德，全国政协副主席李金华出席了开幕式。展览共展出章太炎和姚奠中的120余幅书法作品。杭州名人纪念馆作为本次展览的主要承办方，挑选了《独居记》、《吴其为沼乎》等20幅章太炎与姚奠中的书法作品，多幅作品是近二十年来第一次出馆展出。

余杭区出台文物征集管理办法

6月7日，余杭区文广新局出台《杭州市余杭区文物征集管理办法（试行）》。该办法共12条，明确了全区文博单位征集文物的范围、征集方式、征集资金来源、征集专项经费支出、资金使用的审批程序、资金支付的要求、资金的管理与监督、征集文物的管理以及相关责任等内容。

第三届“童画杭州名人”活动

6月初，第三届“童画杭州名人”活动正式启动。该活动由杭州市精神文明建设委员会办公室、杭州市园林文物局、杭州市教育局、杭州日报报业集团主办，杭州名人纪念馆、杭州日报、杭州市美术家协会承办，共收到纸质作品1700余幅，最终评选产生了金奖10名，银奖20名，铜奖60名。

首届杭州市青少年西湖明信片设计大赛

6月13日，由杭州市园林文物局、中国国际动漫节节展办联合主办，杭州西湖博物馆承办的首届杭州市青少年西湖明信片设计大赛在杭州西湖博物馆正式启动。大赛共收到80余所学校的设计作品3452件，最终评出评委会特设大奖1名、一等奖15名、二等奖40名、三等奖65名，并另评出优秀组织奖12名、优秀指导教师奖13名。大赛的获奖及入围作品于11月上旬在杭州西湖博物馆展出。

“章太炎国学研修中心”揭牌

6月19日，由章太炎故居管理所和杭州师范大学国学院共建的“章太炎国学研修中心”在章太炎故居举行揭牌仪式。研修中心位于章太炎故居东侧30米，是一座七开间二层的历史建筑，建筑面积400余平方米，设有诵读室、研修室、报告厅等。

余杭区入选全国文化遗产知识宣传普及工程试点县

6月28日，余杭区入选全国文化遗产知识宣传普及工程试点县，这也是浙江省唯一一个试点县。文化遗产知识宣传普及工程是国家文物博物馆事业发展“十二五”规划的一项重点工程，2011年正式启动，主要目标是通过在试点县开展覆盖县域全部人口的文物博物馆法律法规、文物博物馆基本知识、文物保护常识等宣传普及活动，在县域内基本扫除文物知识盲区，总结推广经验，引领、促进和带动全国特别是重点地区逐步形成文化遗产知识宣传普及热潮，在城市和乡村营造文化遗产保护的浓厚氛围，稳步提升人民群众对文化遗产及其重要性的认识。

“良渚文化刻画符号研究”课题

6月29日，“良渚文化刻画符号研究”课题第一阶段外出拍摄结束。拍摄点涉及浙江、江苏、上海三省市八个博物馆，共计拍摄带有刻画符号器物557个，刻符个数逾620个。9月27日至28日，由杭州城市学研究理事会余杭分会主办，良渚博物院、良渚研究院协办的“良渚文化刻划符号研究课题专家咨询会”召开。来自江、浙、沪三地的考古专家和古文字专家参加。会议确定改“刻划符号”为“刻画符号”，并就《良渚文化刻画符号图录》的框架、内容编排、注意事项进行了讨论。

弘一法师圆寂70周年纪念活动

6月至10月，杭州李叔同纪念馆举办“李叔同弘一法师圆寂70周年”系列活动。6月4日，杭州虎跑公园举办弘一法师祭奠仪式，6月14日举办李叔同圆寂70周年座谈会。7月初，虎跑寺举办“生命花开·朵朵向善”第二届“我莲·我心”精品碗莲展，10月9日举办了纪念弘一法师圆寂70周年祭奠暨《断食日志》影印本首发仪式。《断食日志》手稿由朱德天捐赠。

西泠印社对孤山社址进行维护

6月至8月，西泠印社对出现线路老化故障的配电房至宝印山房段、配电房至竹阁、柏堂的电缆线进行了抢修和更换。7月，西泠印社委托浙江省文物局组织专家对《西泠印社保护规划》进行论证，12月上报国家文物局进行最终评审。11月中旬至12月上旬，西泠印社实施完成孤山社址零星维修项目，对油漆脱落较为明显的柏堂进行整体粉刷，更换石交亭、剔藓亭的屋顶茅草，并对印人印廊、数峰阁、竹阁的屋面实施整体翻瓦。

西泠印社组织文物修复

6月，西泠印社筛选十件破损字画送往南京博物院修复，至12月完成修复并入库。

西泠印象——中国文字博物馆馆藏拓片展

6月，中国文字博物馆举办“西泠印象——中国文字博物馆馆藏拓片展”，展出了西泠印社于2011年捐献给文字博物馆的五十余幅摩崖石刻拓片作品。

桐庐县博物馆免费举办民间剪纸培训班

自2012年6月开始，桐庐县博物馆于每周六上午开设免费民间剪纸兴趣班活动。活动期间特邀桐庐县热心剪纸艺术的民间艺人为青少年授课，截至12月共举办了28期，青少年学生500余人次参加了培训。

走进孟子故里——西泠印社社员书画篆刻作品展

7月8日，“走进孟子故里——西泠印社社员书画篆刻作品展”在山东邹城市博物馆举行。展览共展出西泠印社当代60余位社员的书画篆刻作品以及西泠印社社史、社址、印博外展活动等相关资料图片十余幅。

良渚博物院讲解岗被评为全省“百佳优质服务窗口”

7月17日，根据《关于认定“百佳优质服务窗口”“百名岗位建功标兵”的决定》，良渚博物院讲解岗被评定为浙江省“百佳优质服务窗口”。这是讲解岗继2010年荣获“省级巾帼文明岗”荣誉称号、2011年被授予“浙江省五一巾帼奖状”后再次获得肯定。

心香一瓣向西湖——陈汉民捐赠西湖资料展

7月18日，杭州西湖博物馆举办“心香一瓣向西湖——陈汉民捐赠西湖资料展”开幕式。陈汉民捐赠的西湖文献资料共6大类、152件(套)，包括历史照片、报刊钩沉、名人手札、传说资料、碑帖绘画、西湖图书等，其中包括多位国内外国家领导人游览、视察西湖的照片。

龙腾九州——2012壬辰龙年特展

7月20日，“龙腾九州——2012壬辰龙年特展”在良渚博物院开展，展览期间同时推出“龙袍试穿”、“锦囊妙计”及“龙形折页”等活动。

解读文化名湖、弘扬普世价值——西湖遗产价值阐释论坛

7月23日，由杭州西湖风景名胜区科协主办，杭州市风景园林协会协办，西湖博物馆承办的“解读文化名湖、弘扬普世价值——西湖遗产价值阐释论坛”在西湖博物馆举行。论坛由杭州电视台综合频道“钱塘论坛”节目全程录播。

灵动西湖·庆贺西湖申遗成功一周年专题书法展

7月26日至8月5日，西泠印社在浙江美术馆举办“灵动西湖·庆贺西湖申遗成功一周年专题书法展”。此次专题书法展展出了来自北京、上海、浙江三地32位书法艺术家的书法作品150余幅。

北京大学第五届全国中学生考古夏令营(浙江线)

7月29日，北京大学第五届全国中学生考古夏令营（浙江线）暨北京大学良渚考古实习合作基地、北京大学考古夏令营暨公众考古学基地开幕式及挂牌仪式在良渚博物院举行。此次夏令营由北京大学考古文博学院与浙江文物考古研究所、良渚博物院共同主办。来自全国19个省、80多所重点中学的130余名优秀高中学生与中学教师参加。在杭活动期间，学员们参观了杭州博物馆、南宋官窑博物馆、良渚博物院等博物馆及考古现场。北大全国中学生考古夏令营始于2008年，2012年设“四川线”和“浙江线”两条线路。

《全国重点文物保护单位——临安城遗址保护总体规划》通过审批

7月31日，国家文物局委托中国文物信息咨询中心组织召开《全国重点文物保护单位——临安城遗址保护总体规划》专家论证会。9月26日，国家文物局正式发文，原则同意规划内容，并要求进一步修改完善。12月6日，省文物局组织、凤凰山管理处承办的保护规划修改完善评审会召开，会上审查讨论保护规划按照国家文物局批复文件进行修改完善的情况。

苏东坡纪念馆提升改造工程竣工

8月1日，杭州苏东坡纪念馆陈设提升改造工程竣工并对外开放。本次改造对建筑进行全面整修，翻新屋面、铺设瓦片，进一步完善了防渗漏和防雷措施。陈设改造以“苏东坡与杭州”为主线，分“生平介绍”、“在杭德政”、“疏浚西湖”、“在杭逸事”和“文学创作”五个部分，重点突出了一代文豪苏东坡与杭州的渊源。环境整治对馆前广场绿化进行梳理和调整，同时在广场上点缀文化陈设。

《萧山区进一步加强文物保护工作的若干意见》出台

8月25日，萧山区政府正式出台《萧山区进一步加强文物保护工作的若干意见》。文件包括进一步统一思想、加大投入、依法行政、合理利用、加强领导等六项内容。

司徒雷登后人向杭州司徒雷登故居捐赠文物

8月30日，美国教育家、外交家司徒雷登的后人捐赠了一批司徒雷登及其家族的珍贵老照片和遗物，这批资料见证了司徒雷登及其家族当年在杭州的生活岁月，为研究司徒雷登及其家族历史提供了新的材料，丰富了杭州司徒雷登故居的收藏。

西泠印社完成两册《品位西泠丛书》系列图书出版

8月，《西泠印社缘何根植孤山》一书正式出版发行，该书对西泠印社成立于孤山南麓的原因进行了探索研究。9月，《西泠印社老照片续集》一书正式出版发行。该书主要以1963年底为限，整理、补充收录了《西泠印社老照片》中1949年前没有的图片。

南宋临安城城墙遗址调查取得阶段性成果

8月至9月及12月，杭州市文物考古研究所对临安城京城墙西南段开展考古调查，明确了该段城墙的走向和分布。南城墙东端自包家山东麓开始沿山脊向西延伸（部分已被破坏），经栖云寺北侧山岗折向北，再经由月岩西南侧山谷处高岗折向将台山，于排衙石西南侧沿慈云岭向北。城墙分层夯筑而成，观察部分断面可发现，夯层厚约17至26厘米。此次发现的临安城西南段城墙印证了《咸淳临安志》等文献关于城墙的记载，为南宋临安城遗址的范围、布局等研究提供了更加详实的资料。

朱痕积萃——中华珍藏印谱联展

9月7日至10月8日，西泠印社、中国国家图书馆、浙江省博物馆在浙江省博物馆武林馆区联合举办“朱痕积萃——中华珍藏印谱联展”，展出了三家单位选送的80件（套）印谱藏品。

“国大师带徒学艺”活动

“国大师带徒学艺”活动是2012年杭州市为延续、发展传统工艺美术技艺进行的一项创新型举措，由政府搭建平台，帮助五位国家级工艺美术大师选徒，力争通过5到8年培养出10名以上工美高端人才。活动由杭州工艺美术博物馆具体承办，自2012年9月18日正式启动，共有192人报名，最终确定24名徒弟，并签定师徒协议。

紫砂故事——无锡博物院藏紫砂艺术展

9月26日，“紫砂故事——无锡博物院藏紫砂艺术展”在良渚博物院开幕。展览从2000余件无锡博物院历代紫砂藏品中精选了100件艺术品，分明、清、民国、近现代四个历史阶段展出，并推出“茶香良渚、紫砂知秋”国庆智趣休闲游系列活动，出版了《紫砂故事——无锡博物院藏紫砂艺术展》配套图录。

2012年杭州祭孔典礼

9月28日，杭州孔庙举行“2012杭州祭孔典礼”，纪念孔子诞辰2563周年。祭孔典礼由杭州西湖风景名胜区管委会（杭州市园林文物局）主办，杭州孔庙承办。杭州市政协副主席朱祖德、全国人大常委会原委员、浙江大学教授毛昭晰、杭州西湖风景名胜区管委会等领导及师生代表300余人出席典礼。

新公布文保单位竖立保护标志碑

9月至12月，杭州市城区更换、安装54处文保单位标志碑，富阳县安装受降厅等7处文保单位保护标志碑及说明碑，桐庐县安装完成55处第四批县级文物保护单位标志碑。

“第三届中国（杭州）艺术品收藏与鉴赏高峰论坛暨中国现代绘画艺术典藏大展”系列活动

10月16日至28日，西泠印社艺术品鉴定评估中心、浙江美术馆、西泠印社文化艺术发展有限公司联合承办了“第三届中国（杭州）艺术品收藏与鉴赏高峰论坛暨中国现代绘画艺术典藏大展”系列活动。论坛内容包括“第三届中国（杭州）艺术品收藏与鉴赏高峰论坛大会”、“百代风范——中国现代绘画艺术典藏大展”、“中国现代绘画艺术国际学术研讨会”、“中国现代绘画艺术系列讲座”等四大项目。

钱塘江早期新石器时代文化学术研讨会

10 月 18 日，由浙江省文物考古研究所、浙江省考古学会和萧山博物馆联合举办的钱塘江早期新石器时代文化学术研讨会在萧山区召开。与会人员就钱塘江新石器时代文化谱系及相关问题、钱塘江早期新石器时代文化特征及农业起源等热门议题进行了讨论。

2012 年“相约西子湖”文化系列活动

10 月 24 日至 11 月 13 日，由杭州市政府主办，杭州西湖风景名胜区管委会（杭州市园林文物局）承办，唐云艺术馆、杭州风雅文化艺术有限公司策划执行的“2012 相约西湖文化系列活动”举行。此次系列活动内容包括开幕式、“2012 西湖国际诗会”、“克林姆教授西湖十景写生创作活动”、“首届微博达人杭州西湖行”、“四季花语——西湖花卉中国画创作展”等五个主要部分，众多国内外文化艺术名家参加。

2012 良渚论坛·良渚遗址遗产展示专家咨询会

10月27日,2012良渚论坛·良渚遗址遗产展示专家咨询会在良渚召开。来自国际古迹遗址理事会中国委员会、中国建筑设计研究院建筑历史研究所和有关省市文物考古、文化遗产保护、展示设计等领域的专家为良渚遗址遗产保护、展示和申报世界文化遗产工作建言献策。

会议初步确定将“良渚古城”作为申遗范围,要求加强对遗址的价值定位、发展脉络、文明衔接、地理环境等方面研究,科学确定申遗范围和规模,认真总结申遗经验与教训,审慎研究申遗策略和技巧;加强展示方式研究,以深入的遗产研究、严谨的价值阐述、充分的现场展示和完美的保护管理,为良渚遗址申遗工作奠定基础,整体提高良渚遗址保护和申遗工作水平。

杭州南宋官窑博物馆建馆20周年庆系列活动

10月,杭州南宋官窑博物馆举办了一系列庆祝建馆20周年活动。10月26日,博物馆召开新老职工座谈会。10月27日,“宋金瓷话——五馆馆藏精品展”暨中国古窑址博物馆联盟成立仪式开幕。该展览是杭州南宋官窑博物馆、耀州窑博物馆、磁州窑博物馆、龙泉窑博物馆、慈溪市博物馆等五家联盟博物馆共同打造的精品展,也是国内首次窑址博物馆合作之作。展览共展出宋金时期的瓷器精品及标本逾200件,其中90%皆是窑址出土文物。同时,南宋官窑博物馆成立了“博物馆之友”,并招募了一期会员。

“陶瓷与生活”价值表述论坛

10月29日,陶瓷行业核心价值表述研究系列活动之“陶瓷与生活”价值表述论坛召开。此次活动由杭州市西湖风景名胜区管委会(市园文局)和杭州市城市品牌工作指导委员会联合主办,杭州南宋官窑博物馆承办,特邀中国古陶瓷学会会长王莉英、陕西省考古研究院研究员禚振西及中国古窑址博物馆联盟的五家博物馆馆长出席,中国美术学院、浙江大学、文化界、陶瓷从业人士、媒体等相关业内人士参加了论坛活动。

《良渚玉韵——良渚文化玉器精品》图录出版

10月，由余杭博物馆、良渚博物院、宁波博物馆共同编写的《良渚玉韵——良渚文化玉器精品》图录正式出版发行。

西泠印社举办秋季雅集系列活动

11月5日至18日，西泠印社举办2012年秋季雅集系列活动。活动包括在浙江美术馆举办的“艺聚西泠——饶宗颐社长书画艺术特展”和“西泠印社社员金石拓片题跋展”，在杭州图书馆新馆举办的“百年西泠·翰墨春秋——西泠印社诗书画印大展”、2012（国际）印社社长高峰论坛和明清篆刻史国际学术研讨会等。其中“艺聚西泠——饶宗颐社长书画艺术特展”是系列活动的核心项目，共展出饶宗颐创作的38件书画作品。饶宗颐为此次活动题写了“艺聚西泠”，并创作书法作品“蹋天一石靡”捐赠给西泠印社。

“杭州手信”文化创意体验周

11月17日，杭州博物馆举办杭州手信文化创意体验周开幕式。文创体验周为期五天，汇集了近20余家博物馆和老字号的上百种特色文创产品。

“司徒雷登与中国现代教育”学术研讨会

2012年是司徒雷登辞世50周年。11月27日，由杭州西湖风景名胜区管委会（杭州市园林文物局）主办，杭州名人纪念馆和浙江安贤园承办的“司徒雷登与中国现代教育”学术研讨会在杭州召开。活动组委会邀请到了北京大学、燕京大学北京校友会、镇江赛珍珠纪念馆、杭州师范大学等单位的专家学者与会。

良渚博物院创意产品获奖

11月，在全国博物馆文化产品创意设计评选活动中，由良渚博物院文创公司杭州创意良渚艺术品有限公司生产选送、良渚博物院设计师刘雅丽设计的“神徽系列挂件”和“良渚琮形盆栽”两组产品分别获得了铜奖和提名纪念奖，这是浙江文博界在此次活动中唯一获奖的单位。

江南水乡文化博物馆评为“浙江省社会科学普及示范基地”

11月，江南水乡文化博物馆被浙江省社会科学界联合会命名为第四批浙江省社会科学普及示范基地，成为余杭区目前唯一的浙江省社会科学普及示范基地。

杭州市三处古村落入选首批中国传统村落名录

12月2日，住建部、文化部、财政部公布第一批列入中国传统村落名录的村落名单，杭州富阳龙门镇龙门村、建德市大慈岩镇新叶村、桐庐县江南镇深奥村入选。

中国茶叶博物馆获“中国茶文化旅游特别贡献奖”

12月3日，在江西南昌举办的“首届中国茶文化与旅游发展高峰论坛”上，中国茶叶博物馆获论坛组委会颁发的“中国茶文化旅游特别贡献奖”。

《玉魂国魄——中国古代玉器与传统文化学术讨论会文集（五）》出版

12月4日，由中华玉文化中心编写的《玉魂国魄——中国古代玉器与传统文化学术讨论会文集（五）》出版。论文集以凌家滩文化玉器及其相关问题研究为主题，汇集了两岸三地玉文化研究学者最新研究成果。

良渚遗址列入《中国世界文化遗产预备名单》

2012年11月中旬，国家文物局将良渚遗址列入更新后的《中国世界文化遗产预备名单》。这是继1994年后良渚遗址再次被列为我国申报世界文化遗产预备项目。

富阳市博物馆奠基

12月19日，富阳市博物馆、美术馆、档案馆“三馆合一”项目工程举行奠基仪式。该项目位于富阳市鹿山新区江滨西大道东吴文化公园西侧，总占地面积69亩，总建筑面积约38000平方米（博物馆建筑面积约6200平方米）。建筑主体四层，预计总投资5亿元，计划于2016年全面建成。

国家文物局批准同意良渚遗址保护总体规划

12月28日，国家文物局下发《关于良渚遗址保护总体规划的批复》，原则同意良渚遗址保护总体规划，并提出修改完善意见，要求修改完善后报国家文物局备案，并报请浙江省人民政府公布。

《尘沾影覆——梵天寺经幢科技保护工程》出版

梵天寺经幢为杭州市全国重点文物保护单位，位于杭州市区东南部凤凰山东麓。因多年来各种自然和人为因素，经幢产生了不同程度的风化、开裂和缺失。为确保文物安全，杭州市园林文物局于2006 年至2010 年实施了科技保护工程。《尘沾影覆—— 梵天寺经幢科技保护工程》一书于2012 年12 月出版，内容包括梵天寺及经幢介绍、保护工程实验、保护工程方案设计、防风化工程实施和验收等。

杭州市推进农村历史建筑保护

2012 年，杭州市进一步加大对农村历史建筑和古村落的保护力度，结合“三江两岸”、“美丽乡村”、“风情小镇”等建设，持续推进农村历史建筑保护工作。截至12 月底，全市重点修缮完成170 处，一般维修完成305 处，实际累计完成投资1.25 亿元（其中杭州市历史文化名城保护专项经费5000 万，七个县市区投入配套资金7506 万）。

杭州市扎实推进文保工程

2012年，杭州市继续推进文物修缮保护工作，开展仁爱医院旧址、澄庐、朱凤标故居、蒋经国旧居、浙江实业银行旧址外立面等50余处修缮工程，完成飞来峰二期保护、国民革命军第二十一师北伐阵亡将士墓遗址“血园陵”一期、九度岭关隘、海云洞摩崖题记、六和塔开化寺遗址甬道地砖防风化保护、凤凰寺保养维护、灵隐寺两石塔两经幢现状调查与测绘项目等工程。白塔公园工程正式开工。六和塔新型悬挑脚手架方案开展专家论证。首届西博会工业馆旧址维修启动。

“文化遗产数字化公共服务平台与产业化应用示范项目”启动

“文化遗产数字化公共服务平台与产业化应用示范项目”是由国家文物局组织策划的“十二五”科技计划现代服务业项目，按纳入2012年国家科技部“信息产业与现代服务业领域数字文化专项”优先启动项目，并由浙江大学联合国内具有优势的文博单位、高校科研机构和企业等单位共同承担实施，纳入到浙江省文化建设项目库。杭州是项目示范城市，杭州市园林文物局为项目应用示范单位。项目实施将从2012年1月至2014年12月，历时3年，分为三期进行，总计划投资3000万元，将通过逐步建立西湖文化景观数字资源库和数字化公共服务系统，推动西湖文化景观的价值挖掘和传承弘扬。

大运河（杭州段）申遗工作取得新进展

《大运河（杭州段）遗产保护规划》由杭州市政府颁布实施，保护整治方案获国家文物局批复。杭州市运河综保委所属申遗点整治工程已通过验收，西兴过塘行码头整治工作正在进行。西兴永兴闸、西兴驿、大城隍庙遗址的考古发掘全面完成。富义仓、拱宸桥、凤山水城门、广济桥四处遗产点的“四有”档案编制完成。剩余七处遗产点档案编制、中国京杭大运河博物馆、凤山水城门遗址及广济桥陈列布展、遗产监测和标识标牌系统建设启动。

南宋博物院筹备工作

2012年，南宋博物院筹备工作有序推进。省军区仓库等皇城遗址核心地块土地置换工作在滨江区、萧山区配合下，正进行相关报批。南宋博物馆院设计方案正在完善，文物征集正在进行中。

中国茶叶博物馆三期工程

2012年,中国茶叶博物馆三期建设工程全面展开。三期工程分为主馆提升改造、分馆建设两大子项目。其中主馆提升改造项目前期审批正在环评审批中。分馆建设项目分为保留、新建、停车场三大区块。新建和停车场区块前期审批正在进行。保留建筑区块分两个标段组织施工。第一标段于2012年4月完成竣工验收,第二标段于2012年12月下旬完工,工程范围面积48272平方米,拆除建筑面积约515平方米,保留建筑面积约1717平方米。建设内容包括清障拆违、建筑立面整治、基础设施完善、游步道修缮、环境绿化等。

杭州西湖博物馆举办18个临时展览

2012年,杭州西湖博物馆举办了包括"光影西湖、岁月留声——西湖明信片展"、"文化同根、和谐中华——浙江省与台中市两岸女画家艺术交流展"、"群芳灿烂——戏曲人物画名家作品暨'儿·戏'童画展"、"中国美术学院敦品概念展"、"心香一瓣向西湖——陈汉民捐赠西湖资料展"、"喜迎十八大、翰墨歌盛世——钱塘书画研究社书画作品展"、"千年等一回——白蛇传

民间艺术精品展”等在内的18个临时展览。

杭州名人纪念馆举办系列临时展览

2012年，杭州名人纪念馆策划推出了“印颂西湖——全国篆刻名家邀请展”、“《陈曼生研究》首发式暨湘浙书画名家作品交流展”、“药翁回富春——唐云艺术馆馆藏精品展”、“水墨传承——浙派中国画家邀请展”、“第七届‘天眼杯’中国国际少年儿童漫画大赛作品展”、“西湖名人别墅摄影展”等20多场专题展览。

良渚博物院举办多项展览

2012年，良渚博物院举办了包括“玉魂国魄——凌家滩文化玉器展”、“丹青生涯春不老——柳村书画展”、“龙腾九州——2012壬辰龙年特展”、“紫砂故事——无锡博物院藏紫砂艺术展”、“瑞玉呈祥——湖北省博物馆藏明清玉器精品展”等在内的多项展览，同时开展对外交流。“神圣与精致——良渚文化玉器精品展”在无锡博物院开展，和江南水乡文化博物馆合作的“良渚玉韵——良渚文化玉器精品展”在宁波博物馆展出。

于谦诞辰纪念活动暨“清风杯”书法大赛

为纪念著名的民族英雄于谦，杭州名人纪念馆和杭州市书法家协会于2012年组织、举办了于谦诞辰614周年纪念活动暨第二届“清风杯”青少年书法大赛。活动自3月初开始，全市共有20多家学校参加，共征得近300幅书法作品；经过专家评审，产生了50幅入围作品，并评出一等奖5名，二等奖15名，三等奖30名。

“名人讲堂”系列学术讲座

“名人讲堂”活动是杭州名人纪念馆2012年重点打造的文化品牌，包括名人后代讲名人和专家学者讲名人两个部分。自3月以来，先后有“杭州名人和西湖情缘”、“从辛亥先烈到蒋氏亲家——一个家族的百年沧桑”、“西泠印社的名人逸事”、“蒋复璁：中华文物瑰宝的守护神”、“西湖名人别墅”、“东坡诗词吟唱”、“商务印书馆创办人张元济”、“司徒雷登的中国情结”等讲座举办。

首届“2012年杭州市展览讲解员职业技能竞赛”

2012年，杭州市园林文物局首次会同杭州市总工会、杭州市人力资源和社会保障局联合举办了杭州市展览讲解员职业技能竞赛暨2012年星级讲解员评定活动。全市29家博物馆、纪念馆的142名选手获得参赛资格，最后有48名讲解员获得三级职业资格。前三名被授予“杭州市技术能手”称号，其余前八名被授予“杭州市职工经济技术创新能手”称号。根据比赛成绩，讲解员还进行了星级评定。

宁波市

2012年是完成宁波文物事业“十二五”规划主要任务的重要一年。文物部门承上启下,稳中求进,各项工作按年初既定目标顺利推进,圆满完成,事业发展赢得新的增长点,有利于事业发展的外部条件在把握机遇中形成。

一、深入学习贯彻党的十八大和全国文物工作会议精神,“三普”成果转化进一步促进全市不可移动文物保护体系的构建和完善

2012年,宁波市着力做好新晋升、新公布文物保护单位(点)的“四有”工作,继续实施“十二五”文物保护工程21项,重点做好月湖西岸、莲桥街、南塘河等历史街区、延庆寺、观宗寺、东钱湖石刻、沈光文故居、宁海古戏台等重大工程的方案评审、技术指导和安全监督。宁波市文物保护管理所、鄞州区文物管理委员会办公室、宁波市财政局三家单位荣获浙江省第三次全国文物普查先进集体,孟建耀等20人被评为浙江省第三次全国文物普查先进个人,宁波市文广新闻出版局文物与博物馆处获全省文物系统先进集体,余如龙、裘燕萍获全省文物系统先进个人。

文物部门结合“三思三创”破解难题的工作布署,积极开展文物保护与开发利用协调发展情况调研,已完成对全市现有22处国保、70处省保、440处县(市)区保单位保护与利用情况的调查、分析、统计,编制了全市534处文保单位的利用、使用情况表,完成了《宁波市各级文保单位使用与利用情况调研报告》初稿。“宁波市第三次全国文物普查系列丛书”研究出版工作有序推进。目前,《家底——品释七千年》、《宁波明清海防遗存研究》已进入编印排版阶段;配合建设、规划部门开展的全市传统村落调查工作切实推进了名城名镇名村保护。

二、全力推进大运河(宁波段)保护与申遗工作,“海丝”史迹和越窑青瓷窑址申报新一轮《中国世界文化遗产预备名单》获得成功

《大运河(宁波段)保护与申遗规划》由宁波市政府颁布,点段整治工程全面实施。浙东运河“三点八段”(永丰库、水则碑亭、庆安会馆以及余虞、慈江刹子港、大西坝西塘河河段)“四有”记录档案的整理和编制工作完成,共计档案126卷;按照省保和申遗工作要求,市本级配合余姚、鄞州、海曙、江北等县(市)区做好遗产点(浙东运河水利设施、运河河段)的标志碑树立,树立遗产点和省保标志碑23块,并开展研究与宣传,接受了国家文物局专家组的检查。海上丝绸之路:宁波史迹和上林湖越窑青瓷遗址以浙江省政府的名义再度向国家文物局申报《中国世界文化遗产预备名单》文本获得成功,被列入新一轮《中国申报世界文化遗产预备名单》,提交联合国教科文组织备案。宁波市牵头策划组织,联手其他“海丝”申遗相关城市成功举办的“跨越海洋——中国海上丝绸之路申遗八城市联展”自5月18日国际博物馆日起开展,三个月共接待观众22.6万人次,行政、外事接待150批次,成为宁波文化接待的年度重要名片。慈溪市成立上林湖越窑青瓷遗址申遗办,编制5名,正式启动越窑遗址申遗基础工作。

三、齐头并进开展水陆考古，央视直播沉船考古扩大宁波历史文化和海洋文化影响力

2012年我省第一个经国家文物局批准的水下考古项目，也是国家年度唯一重点水下考古项目的象山小白礁沉船考古如期完成年度打捞任务，央视连线直播4场。国内外新闻媒体的采访报道极大扩展了宁波文化影响力。与此同时，中国水下考古宁波基地象山工作站正式挂牌，这是宁波基地建立的第一个工作站。落户北仑的国家水下文化遗产保护宁波基地和中国港口博物馆的土建工程进展顺利，国家水下文化遗产保护宁波基地水下考古专题陈列《水下考古在中国》的大纲初稿等工作编制完成。文物部门组织开展基本建设抢救性考古调查项目9项，重点实施了南宋史嵩之夫妇墓、慈城古县城城墙、南塘河地块南郊路北段、奉化公交总站地块、东钱湖森林博览城、奉化物流中心、鄞江古城等考古勘探发掘项目13项，此外，宁波文物部门应邀走出浙江，参与了上海松江广富林遗址的援沪考古项目，圆满完成了承担的2000平方米发掘任务，发掘进度与发掘质量广受好评。有关人员参加了在美国举行的水下考古洞穴潜水培训，"宁波文物考古研究丛书"研究出版工作进展顺利。《宁波文物考古研究文集》(二)《傅家山——新石器时代遗址发掘报告》、《永丰库——元代仓储遗址发掘报告》已交稿，即将正式出版。《南方文物》2012年第3期推出的"宁波考古"专栏1期影响良好。

四、继续"国举民办"发展博物馆事业，宁波博物馆努力跻身国家一级博物馆行列

天一阁博物馆一期功能综合提升工程的陈列改造、古建养护、安防升级、恒温恒湿等项目基本完成，西大门形象工程、服务中心、西备弄建设和西园改造已完成初步设计。保国寺陈列改造提升及部分景区一期工程完成，千年庆典活动筹备积极推进中。庆安会馆完成环境整治和安澜会馆的陈列布展并对外开放。宁波博物馆二次提升工程立项审批。河姆渡遗址博物馆获全国文物系统先进集体。宁波博物馆申报国家一级博物馆获得成功，跻身全国综合实力百强博物馆行列，其办馆理念和实践作为迎接党的十八大公共文化事业发展范例，上了《光明日报》头版进行专题宣传。在全省免费开放博物馆最佳做法评选表彰中，宁波博物馆获最佳社会参与奖，河姆渡遗址博物馆获最佳讲解导览服务奖，镇海口海防历史纪念馆获最佳未成年人教育奖。《宁波市人民政府关于促进民办博物馆发展的若干意见》(草案)已拟定，民办博物馆协会得到积极筹划组织，并成功承办国家文物局主办的第二届全国民办博物馆馆长培训班。

五、努力健全文物安全工作机制，文物安全执法检查与依法行政工作有序开展

2012年，宁波市先后发生了甬江女中火灾，贝家巷、南郊路、郡庙等文物建筑被毁，月湖历史街区保留建筑保护不力等事件。文物部门积极应对、严肃执法，使负面效应得到有效控制。全国人大《文物保护法》执法检查组检查宁波文物工作时给予高度评价。业余文保员队伍向责任文保员的转型取得突破。北仑、海曙、余姚、慈溪、江北、鄞州等地开展培训，加强野外文物安全巡查制度。宁波市文化广电新闻出版局与宁波市海洋与渔业局正式签署《关于合作开展水下文化遗产保护工作的框架协议》，率先建立了浙江省内海域文化遗产联合执法机制。

六、卓有成效开展对外文化交流，纪念沈光文诞辰四百周年系列活动促成甬台文化长期合作

2012年，宁波市三件国宝选送参加2012年韩国世博会的展示活动。天一阁"'袖里翰香——百年书楼的风雅'扇面艺术展"先后在法国、意大利展出。全市还举办了第七个中国文化遗产日、第四个宁波"历史文化名城保护日"暨第十二届宁波"海上丝绸之路"文化节等活动。

余姚博物馆举办
“名邦遗珍——明清瓷器特展”

1月15日，由余姚市文化广电新闻出版局主办，余姚市文物保护管理所、余姚博物馆承办的“名邦遗珍”余姚民间典藏系列展首期展览“明清瓷器特展”在余姚博物馆开幕。展览精选73件收藏于余姚民间的明清瓷器，荟萃了明清瓷器的诸多名品珍玩，反映余姚民间的收藏成果。

江北区发现民国金融巨子冯受之墓表

1月11日，在江北区慈城镇东侧山麓一村民住宅中，发现了民国时期上海金融界巨子冯受之墓表。本次发现的墓表由梅园石雕成，长约130厘米，宽90厘米，残存前半部分。江北区文物管理所在对其进行保护的同时，经过多天寻找，发现了下半截墓表。除风化断裂外，该墓表保存完好，碑文清晰可见，确系冯受之自撰的墓表。江北区文物管理所将该墓表移至朱贵祠进行保护。冯受之先生在国外后人获悉此消息后，向江北区文物管理所表示感谢。

宁波博物馆举办
“沧海一粟——刘海粟美术精品特展”

1月18日，“沧海一粟——刘海粟美术精品特展”在宁波博物馆开展。此次展览是宁波博物馆与上海刘海粟美术馆联合举办的特展，展览持续到3月11日。精选了刘海粟的78幅中国画，覆盖其早、中、晚三个创作阶段，作品跨越60年。

港口博物馆核心展馆展览陈列大纲通过论证

2月20日，港口博物馆核心展馆中国港口历史馆、现代港口知识馆展陈大纲第二次评审会在京举行。参加评审的专家认为，展示大纲提出的中国港口历史馆展项内容把握了我国港口发展的基本脉络和重要史实，涵盖了港口各主要方面知识，展示内容编排科学。但展品制作时需要重视知识性、趣味性的协调统一，考虑展示内容的可参观、可触摸、可操作、可体验。

宁波考古队参加松江广富林遗址考古发掘

3月8日，宁波考古科研人员汇聚上海松江，开始参与对松江广富林遗址进行的抢救性考古发掘。广富林遗址位于上海市松江区方松街道，距今约4000年，是一处上海地区先民由原始社会走向文明社会的聚落文化遗址类型。宁波市文物考古研究所承担了2000平方米发掘面积，于6月底前完成野外发掘，年底前完成室内资料整理，并编制完成了年度报告。

保国寺古建筑博物馆举办体验式文化遗产讲坛

3月13日，应宁波市保国寺古建筑博物馆邀请，广东汕头大学的古琴演奏老师邓伟强为100多名文化志愿者讲述了《古琴与唐诗宋词吟唱》。自2012年起，宁波市保国寺古建筑博物馆多次举办古斗拱、古家具、古琴、古筝、古茶艺等系列体验式文化遗产讲坛，这次讲座亦是体验式文化遗产讲坛之一。

宁波博物馆与宁波诺丁汉大学签订志愿者协议

3月14日，宁波诺丁汉大学与宁波博物馆签订了宁波诺丁汉大学青年志愿者协会与宁波博物馆共建社会实践基地的合作协议，并建立了宁波诺丁汉大学青年志愿者协会社会实践基地。双方就宁波诺丁汉大学学生以宁波博物馆为平台，开展青年志愿者义务讲解、服务等各项活动达成共识。

宁波博物馆举办流动博物馆文化宣传月活动结束

3月26日，“让历史告诉我们——宁波博物馆·流动博物馆文化宣传服务月”活动最后一站在宁波育文外来工子弟学校举行。流动博物馆文化宣传服务月历时1个月，先后走入宁波石碶立星学校、宁波雅戈尔希望小学、宁波江北灵峰学校等5所农民工子弟学校，至此完满落幕。

天一阁获童书业论著手稿

4月9日，已故宁波籍著名历史学家童书业的三女儿、浙江大学教授童教英向天一阁博物馆甬籍名人库捐赠了一批包含童书业的论著手稿、档案在内的珍贵文献资料。天一阁博物馆向童教英教授颁发了收藏证书。这批珍贵捐赠物涉及童书业有关先秦思想史、中国手工业商业史、美术史、精神病与心理卫生研究、古史古籍考证、历史理论与教学、工作与人生档案等方面，共计203件（册），距今五十年以上，保存基本完好。

国家文物局批准《它山堰总体保护规划》

4月9日，《它山堰总体保护规划》由省政府提请报批国家文物局，获得批准。它山堰位于宁波市鄞江镇它山旁，樟溪出口处，建于唐代大和七年（833），是我国古代四大水利工程之一，1988年被列为全国重点文物保护单位。《它山堰总体规划》由规划文本、图纸、规划说明及附录四部分组成，包括专项评估、规划框架、保护区划、保护措施、环境规划、展示规划、管理规划、基础设施规划、旅游发展规划等多项专门规划，是对它山堰实时保护、管理的依据和保护纲领性文件。

保国寺古建筑博物馆举办"事事如意——宁波古代袖珍石雕展"

4月18日，保国寺古建筑博物馆举办"事事如意——宁波古代袖珍石雕展"。该展览展出宁波当代十大收藏家之一的董家权收藏的系列石雕艺术品。宁波古代民间袖珍石雕是区别于东钱湖大型古代石雕的另一个石雕门类，从实用功能逐渐成为文房、厅堂中的艺术观赏品，器型独特、雕刻工艺精巧、地域特征鲜明、吉祥寓意美好。

《大运河（宁波段）申遗河道与在用水工设施保护整治方案》审查会召开

4月25日，宁波市水利局召开《大运河（宁波段）申遗河道与在用水工设施保护整治方案》审查会。宁波市申遗办、市规划院及海曙、江北、鄞州、余姚等地水利管理部门参加会议。与会单位代表听取了宁波市水规院关于大运河（宁波段）申遗河道与用水工设施保护整治方案情况汇报，并对方案中申遗点段范围的进一步明确、运河申遗与沿线地区水利发展规划的结合等问题提出了意见和建议。

"阿拉宁波"文化遗产宣讲活动启动

5月15日，"阿拉宁波"文化遗产宣讲活动在天一阁启动。宣讲活动由宁波市近30位文化遗产工作者自发组成宣讲团，系统地为市民解读宁波的物质文化遗产与非物质文化遗产。

启动仪式上，“阿拉宁波”文化遗产宣讲团全体成员还发出倡议，号召为宁波文化遗产的民间普及、营造文化生活、建设书香社会奉献力量。

“良渚玉韵——良渚文化玉器精品展”开展

5月18日，由宁波博物馆、余杭博物馆和良渚博物院主办的“良渚玉韵——良渚文化玉器精品展”在宁波博物馆开展。良渚文化是中华文明多元起源的重要实证，主要分布在长江下游环太湖地区，有发达的犁耕稻作农业和以精美玉器、陶器、漆器、丝织品为代表的专门化手工业，也是中国新石器时代晚期第一个玉器制作与使用高峰期中的杰出代表。展览共展出123件（组）良渚文化玉器精品。通过简化神人纹玉琮、三叉形器等展品，向观众展示了良渚文化玉器，介绍了良渚文明与当时复杂的社会关系。

宁波博物馆举办“跨越海洋——中国‘海上丝绸之路’八城市文化遗产精品联展”

5月18日，由蓬莱、扬州、宁波、福州、泉州、漳州、广州、北海八城市文化（文物）局联合主办的“跨越海洋——中国‘海上丝绸之路’八城市文化遗产精品联展”在宁波博物馆举行开幕式。展览根据“海上丝绸之路”多航线、多始发港的特点，在展示“海上丝绸之路”发展历史的同时，突出了蓬莱、扬州、宁波等八个中国最主要“海上丝绸之路”城市在“海上丝绸之路”发展进程中的地位、作用和特点，同时将妈祖信仰、遣唐使、鉴真东渡、郑和下西洋等具有重大影响的人物和事件以特辑方式穿插其中。

江北区白沙街道德记巷整治工程竣工

6月1日，江北区白沙街道德记巷整治工程竣工并通过验收。德记巷建筑群位于江北区白沙街道德记巷，内有大量清代、民国时期民居建筑，其中1号董宅、12号严宅、18-19-20号方宅已经被公布为市级文物保护点，是宁波地区比较典型且保留相对完整的历史文化老街。工程自2010年10月20日正式开工，内容包括1号董宅、2号民宅、12号严宅、14-15号民宅、18-19-20号方宅等5处建筑及庭院的整治。项目总占地面积约3195.6平方米，总建筑面积约4397平方米。

宁波钱币博物馆举办红色货币展

6月21日，宁波钱币博物馆组织举办了“浙东地区三北敌后抗日根据地货币”展。展览分四个部分，着重介绍了浙东地区敌后抗日根据地发行的浙东银行地方货币，并配合中国人民银行总行钱币博物馆与银行博物馆委员会红色货币专题展览，赴中国钱币博物馆参展。

宁波市博物馆青年讲解员技能大赛落幕

6月29日，由宁波市文化广电新闻出版局、共青团宁波市委员会主办，共青团宁波市文化广电新闻出版局委员会、鄞州区团委、鄞州区文化广电新闻出版局承办的“宁博杯”宁波市博物馆青年讲解员技能大赛在宁波博物馆举行。本次技能大赛从5月初正式启动，历经两个多月的准备，吸引了全市23家博物馆的近30名青年讲解员参加，产生了一、二、三等奖。一等奖选手还被授予“宁波市优秀青年岗位能手”称号。

中共浙东区委成立处旧址重新开放

7月26日，中共浙东区委成立处旧址完成了维修保护和陈列改版工程，重新开放。中共浙东区委成立处旧址位于慈溪市观海卫镇宓家埭昌明村宓大昌老宅内。1998年7月，旧址内开辟中共浙东区党委成立纪念馆，并向社会开放。2003年增辟三北游击司令部成立史实陈列室和观海卫镇名人陈列室。2011年，慈溪市政府拨款对旧址进行重新维修布展。新开放的展厅包括正屋两间、东西厢房各三间，展览以“潮涌杭州湾”为主题，慈溪现境内的抗日革命斗争为重点，介绍了浙东抗日根据地开创、发展及新四军北撤的历史。

大运河（宁波段）记录档案工作会议召开

8月20日，宁波市运河办和市文保所联合召开大运河（宁波段）申报世界文化遗产“四有档案”工作会议。会议主要针对大运河（宁波段）申遗中的余虞运河段、慈江剎子港段、西塘河大西坝段、庆安会馆、永丰库、水则碑、压赛堰、马渚中河水利工程等相关点段记录档案进行交流。会上对大运河（宁波段）“三点三段”及第六批省保中涉及运河遗产点的记录档案做了审核与点评，特别对运河遗产点记录档案编制的方式方法与相关规范提出了意见建议。

鄞州区首次发现道观碑记

9月4日，鄞州区文物管理办公室在青阳观清理杂物时，首次发现道观碑记。该碑题为“碑记”，保存完整，字字可辨。碑头削角，碑尾以榫状，碑座已毁。碑高1.6米，宽0.7米，厚0.18米，小楷线刻，落款为嘉庆癸酉岁（1813）。碑文从右至左共有正文10列，落款1列，共211字。该道观碑记的发现，印证了鄞州区第三次全国文物普查青阳观道观建筑定名的正确性。青阳观已被公布为鄞州区级文物保护点，也是区内唯一的道观建筑。碑文内容记述了青阳观的来龙去脉，对于研究当时当地的民间民俗信仰具有一定参考价值。

宁波市文物考古研究所获“宁波市文化创新团队”称号

9月22日，在2012中国浙江·宁波人才科技周综合签约授牌仪式上，宁波市文物考古研究所“探索蓝色文明——水下考古创新团队”获宁波市文化创新团队称号。“探索蓝色文明——水下考古创新团队”依托国家水下文化遗产保护宁波基地和国家博物馆水下考古宁波基地，开展了浙东海洋文化遗产的调查、发掘、研究、保护与展示等工作。

保国寺举办“千米画卷迎千年大典”活动

9月26日，由宁波市文化广电新闻出版局主办，保国寺古建筑博物馆、宁波市书法家协会承办的“千米画卷迎千年大典”活动在保国寺举行。保国寺自2011年起正式启动了千年庆典书画摄影系列丛书的作品征集活动，本次活动在此基础上举行。展示的千米画卷由200余幅书法、绘画作品组成，以千年文化遗产保国寺为主要创作题材。其中包括王德惠、吴昌卿、周律之、沈元魁等百余位当今国内书画名家之作。

宁波博物馆举办“龙行浙江——浙江出土恐龙化石”龙年特展

9月28日，宁波博物馆与浙江自然博物馆共同举办的“龙行浙江——浙江出土恐龙化石”龙年特展在宁波博物馆开展。这是我省规模最大的一次恐龙大展，也是浙江恐龙的首次专题展览。展厅里复原了丽水浙江龙、中国东阳龙、镰刀龙等数件恐龙骨架，恐龙蛋、翼龙、鸟类脚印等珍贵化石，以及野外实景发掘、恐龙生活场景复原油画等展品，讲述了浙江地理概要、地质概况、浙江恐龙化石、恐龙遗迹化石、浙江翼龙等科普知识。

“宁波海上丝绸之路”摄影大赛结果揭晓

10月10日，由宁波博物馆举办的“我眼中的宁波海上丝绸之路”摄影大赛结果揭晓，两幅作品荣获二等奖（一等奖空缺）。为配合宁波博物馆“跨越海洋——中国‘海上丝绸之路’八城市文化遗产精品联展”，宁波博物馆在5日举办了本次摄影大赛，大赛历时3个月，共收到参赛摄影作品240余幅。这些照片记录了与“海上丝绸之路”有关的宁波各个遗迹、遗址，不乏主题鲜明、特点突出的组照作品。

柔石故居维修工程通过验收

10月25日，浙江省文物局组织省文物专家组成员，对柔石故居维修工程进行全面验收。柔石故居位于宁海县跃龙街道柔石路1号，为“五联五烈士”之一柔石的故居。主体建筑坐北朝南，平面布局呈三合院，占地面积567平方米，建筑面积886平方米，1989年12月公布为浙江省级文物保护单位。故居维修工程经过3个月施工，于2012年8月8日竣工。省专家组在听取建设、设计、施工等方面的情况汇报后，同意通过竣工验收。

“三江荟萃——收藏精品展”展出

11月4日至14日，“三江荟萃——收藏精品展”在天一阁博物馆云在楼正式展出。展览包括中国古代玉器、陶瓷、杂件等118件，书画45件，由海曙、北仑、奉化收藏家协会与天一阁共同举办，三地民间收藏界的精品特色，基本代表了三地民间收藏的最高水准。

溪口博物馆与南京中国近代史遗址博物馆开展馆际展览交流

2012年11月中旬，溪口博物馆前往南京参访交流，首次达成了与南京中国近代史遗址博物馆（总统府）之间的展览交流协议。12月24日，溪口博物馆提供的《武岭烟云——蒋氏家族图片史料展》在南京中国近代史遗址博物馆正式推出。12月28日，南京中国近代史遗址博物馆提供的《国民政府主席林森图片史料展》在溪口博物馆开展。

宁波市举办第十二届海上丝绸之路文化节

12月5日，宁波市庆祝第四个历史文化名城保护日暨第十二届宁波海上丝绸之路文化节开幕。活动共分为五大版块25个项目："和韵天下"版块涵盖了宁波博物馆与河南博物院、中国文字博物馆合作举办的"和韵天下——中国古代音乐文物展"和"大美汉字——中国文字发展史展"，天一阁推出的《自然的肖像——李天元摄影与绘画作品展》与景德镇名家陶艺展；宁波帮博物馆举办的《画影流年——上海月份牌珍藏展》。"海丝寻往"版块中，安澜会馆建筑群基本陈列经过重新改造提升，以《宁波的妈祖与会馆文化》为主题正式对外开放；镇海口海防历史纪念馆推出《踏浪长歌卫海洋——中国古代海军战船与海战特展》；镇海区文广局开展组织"海洋文化与海防文化"进学生课堂、进干部教育平台、进群众教育讲堂的"三进"普及教育活动；北仑区文广局组织遗产志愿者重走海防路·登山烽火台。"千年之约"版块中，保国寺古建筑博物馆一期陈列改造试开馆。"百年传承"版块中包括了纪念沈光文诞辰400周年浙东文化论坛，还有天一阁与香港大学建立学术合作交流系列活动，以及浙江文物科技联盟——纸张科技保护项目结题成果发布会及周退密先生捐赠书籍文物展。"欢乐名城日"版块包括银台第故事会、伏跗室读书会、第二届"我也是大师"少儿陶艺创意大赛。

北仑博物馆举办"宁波的城墙与城砖"专题展

12月7日，"宁波的城墙与城砖"专题展暨港口博物馆文物捐赠仪式在北仑博物馆举行。本次展览汇集了19世纪末前后来甬外籍人士为宁波城留下的城楼城墙影像。此外，古城墙砖收藏爱好者程健捷还展出了各个历史时期具有代表性的铭文城墙砖，其中包括珍贵的北宋元丰二年（1079）手书城砖、明嘉靖年间双排反书城砖、清"宁府城砖"及目前唯一尚在用的城砖"镇海县城砖"等。

文物部门商议望京门遗址保护事宜

12月12日，宁波市文物部门再次组织专家，对宁波市轨道交通1号线工程西门口站施工工地发现的望京门遗址进行实地踏勘，并与宁波市轨道交通指挥部和工程施工单位就遗址保护相关事宜进行商议。望京门是古代宁波城六座城门之一，位于望京路和中山西路交叉处，原设有一水关，使月湖与西塘河连通。宁波市文物部门希望在近期组织考古力量，对该区块进行抢救性考古发掘，范围基本划定在现城门遗址向北、向西延伸段内。

江北区发现革命烈士俞坚故居

2012年，江北区文物管理所从区民政局获得线索，在慈城镇发现革命烈士俞坚故居。俞坚原名余鸿章，是江北慈城人，17岁（1926）投身革命，后为慈溪县党部宣传部长，为慈溪县早期党的领导人之一。四一二反革命政变时被捕入狱，经党营救出狱后，继续在江浙一带为革命奔走，抗日战争期间在江山染病逝世。经过与烈士子女联系并在当地进行广泛调查后，文物部门最终确定烈士故居为今慈城镇永明路57号。

温州市

2012年,温州市文物工作围绕建设“三生融合·幸福温州”及创建国家历史文化名城的“六城九市联创”目标,加强了对名城创建和全市文化遗产工作的指导与管理,完成了各项既定工作,取得了显著成绩。

一、名城创建工作取得阶段性成果

2012年,温州市编印完成了4万余字的名城申报文本。该文本由前言、特色鲜明的城市历史文化与价值、保留较好的传统格局和历史风貌、集中成片的历史街区和历史建筑、特别丰富的保存文物和文化遗产、完善配套的保护管理措施、下阶段保护整治工作思路七部分组成,另有附表、附图等。10月,申报文本已上报省政府并转报国务院,标志着温州市名城创建从准备阶段转入正式申报阶段。

根据名城申报需要,温州市调整充实名城创建工作内容,《温州历史文化名城保护规划》新增海坦山、九山湖、温瑞塘河、景山4个风貌保护带,市级历史文化遗产保护点从81处增加到160处。东瓯王庙重修及周边环境整治规划,东瓯园建设规划,由瓯瓷、瓯塑、木雕、石雕组成的“两瓯两雕”和温州龙舟文化、清明文化等非遗项目的保护传承规划已制订完成,苍南矾矿、泰顺廊桥制订、开展了申遗前期工作,泰顺廊桥被国家文物局列为申遗候补名单。

夏鼐故居陈列馆、南戏博物馆、温州非遗博物馆、谢灵运纪念馆、温州数学名人馆等专题博物馆陆续完成布展并对外开放。东瓯王墓修建工程方案设计、华盖山古城墙修复工程、东瓯王庙主体建筑工程、国安寺塔修缮工程等已完成。同时,文物部门做好仰义王宅、沧河巷金宅、飞鹏巷陈宅等文保单位腾空修缮布展工程的立项与招投标;温州子城城墙州治府衙修建及周边环境整治、江心屿历史地段保护整治、永昌堡抗倭遗址修复、泽雅传统造纸技术保护传承示范等工程均有序推进中。华盖山古城墙修复工程于12月底竣工,东瓯王墓修建工程、东瓯王庙重建工程正有序展开。

温州市创名办每月25日收集、汇总名城创建工作进度,及时梳理需要领导小组研究、督促、协调解决的问题,为创建工作提供了切实、有效的保障;并通过项目会审、专题协调会等方式,加强与规划、名城集团等相关部门的沟通衔接,积极探索名城创建有效运行机制,逐步健全了名城创建工作运行机制。

为不断深入名城研究与宣传工作,文物部门开展了名城创建巡礼活动,于“5·18”国际博物馆日、6月9日“中国文化遗产日”期间举办了名城创建系列宣传活动,邀请国家历史文化名城保护专家谢辰生、阮仪三、陈志华等专家来温考察、讲座。新编历史剧《东瓯王》在两会期间进行公演,并赴杭州、台州等地巡演,扩大了温州作为东瓯古国都城所在地的影响力;《温州通史》编纂大纲、《温州历代志书目录》、《馆藏古籍地方文献要目》等相关专题资料的整理已经完成；《温州戏曲史》、《温州民俗史》等专题史资料编写基本完成；历史文化名人评选活动也已完成。

二、文物保护基础不断夯实

2012年，温州市做好文物保护单位的保护规划编制，编制实施了《温州市“十二五”文物事业发展规划》，修改完善了《指南针计划示范基地——泽雅传统造纸生态博物馆发展规划》，编制完成了《瓯海区文物保护单位总体保护利用规划》、《顺溪古建筑群保护规划》、乐清南阁牌楼群和高氏家族墓地保护规划、泰顺廊桥保护规划及泰顺廊桥的申遗前期准备工作，完成了瓯海文曲桥、泰顺张氏厝屋、平阳顺溪古建筑群、文成玉壶中美合作所旧址等维修方案编制，和苍南蒲壮所城（含白湾堡）城内建筑的整饬、新民居建筑的设计方案。

全市各地积极公布各级文物保护单位，划定保护范围与建设控制地带。瑞安市公布第六批市级文保单位25处。市本级、永嘉、文成完成了第六批省保和30多处市、县级文保单位标志碑、说明碑的树立。永嘉、平阳、乐清、洞头基本完成国保、省保保护范围及建设控制地带的测绘与划定，及时公布了已划定的文保单位保护范围和建控地带。

全市大力开展各级文物保护单位的保护维修：市本级的东瓯王庙、程让平祖居、天主教堂顶升维修工程和杨宅维修工程全面展开，平阳顺溪古建筑群修缮工程、苍南矾矿遗址民居一期修缮工程、蒲壮所城东瓮城城墙抢修工程、永嘉司马第大屋修缮工程、瓯海四连碓造纸作坊三期工程、文成谢林大宅院二期抢修工程相继完成，泰顺交洋土楼修缮工程、永嘉溪口李氏大屋等10处古民居方案设计和维修工程启动。

文物部门配合省文物考古研究所对温州绕城高速西南线、北线二期和甬台温高速公路复线进行了考古调查；开展了东瓯国史迹考古调查和文成苦马塘近现代崖葬墓立面图测绘，做好乐清明代家族墓、平阳宋桥六朝墓、东瓯王庙工地的考古清理；协助省文物考古研究所做好乐清盘石电厂、南岳浙南电厂三期工程的前期考古调查。

三、博物馆事业方兴未艾

2012年，温州全市大力开展博物馆建设：瓯海、乐清、永嘉、苍南新馆建设已启动；瑞安、洞头、泰顺博物馆新馆主体工程已完工，正在进行内部装修；龙湾博物馆完成立面改造；文成、平阳等博物馆新馆开工建设。叶同仁堂中医药博物馆、乐清周昌谷美术馆、温州近现代教育史馆已完成陈展并先后开馆。温州非遗馆、数学名人馆、仙岩文化遗产专题展示馆等专题博物馆也相继对外开放。温州博物馆对网上博物馆进行了二期整改。

为精心打造特色陈列展览，温州博物馆举办了《锦绣中华——全国刺绣精品大展》、《瓯窑精品展》等13场展览，全年接待观众80.4万人次，团体140次（场）。平阳《吴招廉先生首批书画藏品展览》、文成《刘基诗词·全国百名书法家作品展》、泰顺《泰顺文物——泰顺古窑址瓷片、瓷器》、瑞安第三次全国文物普查成果展等展览相继举办。

围绕“5·18”国际博物馆日、文化遗产日和传统节日，全市各地广泛开展文物法、文物保护宣传和义务鉴定文物、文物知识讲座、文化遗产图片展等公益文化服务活动。市本级举办了以“幸福温州、吉庆端午”为主题的端午习俗、温州传统文化展示系列活动，以及“传统手工艺制作”免费体验活动，让市民零距离接触瓯绣、米塑、剪纸等传统文化项目。5月，温州博物馆组织《涅槃的火凤凰——瓯窑陶瓷器图片展》进温州第十一中学展出，还开展了“体验造纸之旅，感悟人文之美——温博志愿者传统造纸学习”等文化志愿者活动。

根据国家文物局和省文物局统一部署，全市各地着手做好可移动文物普查的前期工作，深化藏品信息化建设及文物征集，共征集文物850件，完成2000件藏品的数字采集（其中永嘉120件，乐清93件，龙湾30件，瑞安征集的兴福寺北宋七如来塔、孙衣言书法长卷等文物尤为珍贵）。苍南启动了对谢云、林剑丹、萧耕春、尤有中四位苍南籍书画元老的作品征集工作，征集到文物50多件，同时加大了对民间民俗及少数民族文物的征集。

为加强馆藏文物的保护与相关制度的制定，温州市先后修复了碑帖、书画、古籍、漆器等一批馆藏文物，完成了《文物征集办法》及《温州博物馆查阅、拍摄文物藏品规定》等规章制度的修订；进一步完善了博物馆馆藏文物保护管理制度，做好文物登录、文物藏品档案登记、文物出入库、文物展览点交、提用、拍摄、馆藏文物保护等环节；组织了库房保管员业务培训；建立了库房巡查制度并定期予以检查；还认真做好文物盘点；建立分类帐册，推进账册电子化工作，全面实现账册电子化。

四、文物安全执法不断强化

温州市文物部门高度重视文物安全，始终把文物安全工作放在首位，在日常文物安全保护工作的基础上加强安全制度建设，在公安、消防等部门配合下开展文物执法监察和安全检查工作，2012年重点开展了全市博物馆安全、国保单位防雷安全及省保以上文保单位的安全检查，发现安全隐患立即下发通报，限期整改。温州博物馆完成安防设施二、三期改造报审并进场施工；制定下发《温州博物馆突发性事件应急处置预案》；进一步完善了安全检查制度和安全保卫工作档案，积极开展文物安全知识培训和消防演练。各地加强业余文保员的日常安全知识培训。

五、文物研究宣传不断深入

2012年，温州市深入广泛开展文物宣传，制订了创建国家历史文化名城的宣传工作方案，形成了良好的舆论氛围。泰顺县参与电影《廊桥1937》首映式活动。洞头配合中央电视台完成《东海霞光》在洞头叶宅的拍摄。永嘉组织成立了县收藏协会。温州博物馆编辑出版了《瓯窑》、《黄绍箕往来函札》等书籍。乐清出版了《雁荡之子——周昌谷传》等6本系列丛书。瑞安启动了瑞安文物馆馆藏文物精品画册的陶瓷器、书画两册准备工作。文成整理编印出版了《写情墨意——百名书法家作品集》。

温州博物馆全年开展系列学术讲座，先后举办了《古文字的现代呈现》、《从设计看温州古文化与温州人》等4场，顺利完成了年度工作指标。

温州全市各地切实加大普查成果的宣传力度，促进普查成果的社会共享，抓紧做好《瓯域遗踪》、《遗珍——瓯海区第三次全国文物普查成果选粹》、《罗阳蕴玉》、《苍南县文物概览》等成果的汇编整理，通过出版圆满完成了各项普查工作的成果转化。全市第三次全国文物普查成果系列丛书专题初稿编辑已完成，即将付梓出版。

温州博物馆举办刺绣精品展

1月19日，“锦绣中华——全国刺绣精品大展”在温州博物馆开幕。展览共展出26个地区刺绣流派及38个民族的刺绣服饰、艺术品150余件，还有王金山、蒋雪英、郝淑萍等20多位工艺美术大师的代表作，展现了不同民族的刺绣技艺和不同绣种之间的区别、技巧与风韵。

程让平祖居修缮工程竣工

1月，位于鹿城区藤桥镇驿头村的省级文保单位程让平祖居维修工程开始施工。让平祖籍温州，曾任非洲联盟主席和第59届联合国大会主席等职，长期致力于中加友好合作活动。11月，第一进维修完成，12月3日，温州市文物局组织有关单位和专家进行了初步检验。

张琴墓、张琴故居修缮工程竣工

1月，苍南博物馆投入20万元，对涉台文保单位清台湾总兵张琴墓的墓道、墓圈、拜坛、墓室穹顶等处进行了维修加固，同时整修了墓区排水系统，整治了周围环境，安装了防护围栏，加设了监控摄像头，工程于7月竣工。

张琴故居位于蒲壮所城城内，为七开间庭院式木构建筑。1990年，西厢房南侧尽间被改建成三层水泥建筑，破坏了其整体风貌。5月25日，文物部门委托有关方面进场维修，依据东侧厢房、庭园建筑风貌进行恢复修缮，至9月顺利竣工。

蒲壮所城实施东瓮城城墙、北侧敌台抢修工程

2月29日，受多种因素影响，全国重点文物保护单位蒲壮所城东瓮城东南角城墙发生坍塌。6月9日，蒲壮所城东段城墙北侧敌台因受持续暴雨影响，局部墙体出现断裂、移位、倾斜。险情发生后，苍南县蒲城文物保护管理所及时上报了事故情况，采取应急处理，根据现场调查分析紧急编制了抢修方案与后续综合整治意见，于6月完成坍塌城墙抢修工程，10月下旬顺利完成东段北侧敌台抢修工程。

《温州通史》首部专题史初稿完成

3月初，《温州通史》首部专题史《温州曲艺史》初稿完成。这是温州市首部介绍曲艺历史的著作，由温州著名戏曲理论家沈沉编著。初稿分上、下篇，由温州曲艺概说和温州鼓词组成。

温州市人大调查名城创建审议意见落实情况

3月29日至30日，温州市人大常委会副主任卓高柱率领调查组，对名城创建工作审议意见落实情况进行调查。调查组实地察看了东瓯王墓、谯楼、夏鼐故居等名城创建工程项目现场，并与重点建设项目负责人召开座谈会，进一步了解名城创建工作的进展情况。30日，调查组听取了名城创建工作专题汇报。

瓯海公学图书馆旧址维修工程竣工

瓯海公学图书馆旧址位于鹿城区九山湖畔，利用魁星阁旧址建造而成，坐北朝南，为单幢三间二层西式楼房。3月，因“校安工程”要求，温州市教育局启动瓯海公学图书馆旧址维修工程，总投资约60万元，完成了梁架修补、墙面粉刷、屋面铺设等工作。工程于12月12日竣工并通过温州市文物局验收。

《泰顺县文化遗产保护办法》出台

4月14日，泰顺县公布《泰顺县文化遗产保护办法》。该办法依据《中华人民共和国文物保护法》、《浙江省文物保护管理条例》等法律法规，结合实际情况制定，适用于物质文化遗产、非物质文化遗产及相关法律法规规定应予保护的其他文化遗产，明确了文化遗产保护的范围、机构、职责、措施、资金和奖惩等内容。

文成举办“刘基诗词·全国百名书法家作品展”

4月25日,“刘基诗词·全国百名书法家作品展”在文成县举行。活动共展出全国各地名家书画作品105幅。10月,文成县文物馆委托杭州西泠印社将这105副书法作品整理编印,出版了《写情墨意——百名书法家作品集》。

“泰顺文物——泰顺古窑址瓷片、瓷器展”展出

5月18日,泰顺县博物馆举办“泰顺文物——泰顺古窑址瓷片、瓷器展”。这是泰顺首次将历年来的考古发掘出土文物对外展出,共展陈百余件出土文物及50余幅图片,展示了泰顺县境内发现的30多处古窑址的考古发掘情况。

温州博物馆开展馆校共建活动

5月18日,温州博物馆与温州市第十一中学馆校基地合作共建签约授牌仪式在温州博物

馆举行。温州博物馆与温州第十一中学共同推出了首届瓯越文化周系列活动。活动包括在温州第十一中学展出“涅槃的火凤凰—瓯窑陶瓷器图片展”，举办“瓯风史语——温州文化历史讲读”讲座，成立“瓯苑”社团，吸纳学生成为温州博物馆志愿者，聘请温州博物馆专家成为温州第十一中学校外辅导员等。

乐清出土清代“和尚棺”

5 月，乐清市淡溪镇黄塘村大湾坦和尚山生态公墓建设发现三只瓮棺。该瓷棺器形完整，顶、盖、缸三个部分皆全，保存良好。其中两只缸用酱色陶土作胎骨，外面施以黄中泛绿的青釉，缸和盖表面绘有人物、鸟兽、花卉、山水等图像，采用堆贴工艺制成。另一只由酱色陶土胎骨烧成，表面不施釉。同时出土的墓碑青石质地，文字清晰，上书“传临济正宗戒沙门一证义和尚之寿塔、徒都监阁黎法园妙祇大宗师之寿域、徒孙监院比丘宽植、乐号静培、昌韶大禅师寿域”。经考证，三只瓮棺皆为清代文物。乐清上世纪 80 年代曾出土过类似的瓮棺。

龙湾开展系列文物保护宣传活动

6月6日，王瓒诞辰550周年系列活动启动仪式在永中街道丰台村王瓒书院举行。启动仪式包括王瓒书院碑林工程奠基仪式、龙湾区历史文化遗产图片展和传承人造型艺术现场制作等“非遗”表演活动。仪式后，宣传车到各镇街道巡回展示了龙湾区历史文化遗产图片。10月12日，龙湾区文博馆又制作了龙湾社会人文历史文物图片展板参加“喜迎‘十八大’社会科学普及周”活动。

泰顺廊桥进入中国世界文化遗产预备名单

6月7日至8日，国家文物局考察专家组一行赴泰顺，对木拱廊桥申报中国世界文化遗产预备名单工作进行现场考察。11月17日，泰顺廊桥之北涧桥、溪东桥、文兴桥、三条桥与景宁县、庆元县、福建省寿宁县、屏南县、周宁县、政和县等地的22座木拱廊桥合并成“闽浙木拱廊桥”进入中国世界文化遗产预备名单。

矾矿遗址之传统民居一期修缮工程竣工

6月8日，苍南县省级文物保护单位矾矿遗址之传统民居一期修缮工程竣工。工程于2011年12月启动，累计投资90万元，在修缮传统民居文物建筑主体的同时还实施了石板路改造、室内电力线路、白蚁防治等配套工程。

温州博物馆举办传统手工艺制作及传统文化展示活动

6月16日，温州博物馆举办传统手工艺学习制作公益活动。市民零距离接触了米塑、瓯窑陶瓷、瓯绣、泥塑、剪纸、面塑等传统文化项目，在手工艺人指导下亲手体验了传统手工艺制作。活动共举办4期。其中6月23日在温州博物馆举行的“我们的节日——端午节活动暨端午习俗及温州传统文化展示活动”邀请了100多名市民的参与（其中40多名为温州市七都岛的留守儿童）。活动内容包括端午宴、祭祀屈原大夫、兰汤净手、编制五彩蛋袋、刺五毒、手绘彩蛋等，活动期间还邀请温州瓯窑学会展现了瓯窑的古法制作。

乐清市征集、鉴定名家书画精品

6月，浙江省文物鉴定委员会专家对乐清市新征集的馆藏书画进行了鉴定定级。在鉴定的190件书画作品中，有57件被定为国家三级文物，使乐清市馆藏三级珍贵文物数量增至137件。同时，乐清市还征集了郑野夫的63幅版画，完成了502幅周昌谷、周沧米、林曦明收藏书画的复制，做好新征集各类文物的整理和登记。

乐清市清理明代墓葬群

7月3日，乐清市柳市峡门村发现明代墓群墓碑。据考证，墓主均为宋太祖七世孙赵伯药的后人。考古发掘工作经历3个月，共抢救性发掘清理明代墓葬18座，清代墓葬4座以及附近的六朝墓葬2座，至9月底完成出土器物的修复和墓碑拓片等工作。此次考古发掘出土墓志、瓷器、泥俑、钱币等数十件，其中明代祭祀泥俑系温州地区首次发现。

温州博物馆开展送展下乡活动

7月22日，温州博物馆送展至洞头县九厅村、洞头烈士陵园，并在传统的《温州文化遗产》巡回展出基础上增加了2012年制作完成的《涅槃的火凤凰——瓯窑陶瓷器图片展》，利用图文并茂的展板和博物馆工作人员的讲解宣传了文博知识。

木雕大师向温州博物馆捐献作品

9月28日，国家级非遗“乐清黄杨木雕”代表传承人、中国工艺美术大师王笃纯向温州博物馆捐献了《母子情》、《假日》、《跳马》等10件个人黄杨木雕作品及父亲王凤祚的《李逵打虎》、《小孩戏弥勒》2件黄杨木雕作品。温州博物馆于当天举办了“雕魂——王笃纯黄杨木雕精品展”。

蒲壮所城西门街华宅修缮工程竣工

9月，蒲壮所城西门街华宅修缮工程竣工。华宅是院落式木构建筑，五开间、左右置厢房。维修工程于5月7日启动，复原了正房东侧次间、尽间添建的二层建筑降层，拆除了东厢房等后建、添建构筑物，更换了腐蚀构件，修补了缺失装修，尽力保留了原花板、门窗等构件。

“百度百科·温州博物馆数字馆”开通

10月18日，“百度百科·温州博物馆数字馆”正式开通，数字馆下设宋塔遗珍、瓯越古韵、窑魂瓷光、学人墨迹、翰墨流芳五个分馆，集中展示了温州博物馆百余件代表性藏品。温州博物馆也是我省首家在百度百科开通数字馆的地市级综合性博物馆。

平阳博物馆首推个人收藏书画展

10月，平阳县博物馆举办了吴招廉先生首批书画藏品展。展览展出了张鹏翼、苏渊雷、王建之、蔡心谷、陈铁生、曹熙、唐唯逸、金冶8人的19幅书画作品，均是吴招廉数十年来的藏品。

中央电视台《东海霞光》摄制组走进洞头叶永源民居

10月，中央电视台《东海霞光》摄制组走进洞头进行拍摄。《东海霞光》以海霞原型人物为代表，讲述了海岛儿女在海霞精神的鼓舞下自强不息，在经济发展时期完成五岛相连工程的故事。为此，摄制组分别在省保单位岙内叶宅、县保单位叶永源民居开展实地拍摄，并择取洞头县可移动文物进行了拍摄宣传。

温州博物馆举办剪纸艺术展

11月19日，中国现代剪纸艺术邀请展在温州市博物馆开展。为期10天的展览展出了20世纪30年代以来全国各地剪纸艺术家创作的精品110余件，其中包括国家级、省级非物质文化遗产传承人创作的乐清细纹刻纸、苍南点色剪展览、平阳太平钿剪纸等。

瑞安开展文物征集

11月，瑞安市文物馆征集到一批近现代书画名家作品，经浙江省文物鉴定审核办公室鉴定审核，确定了包括孙衣言行书《征刻六书故启》等在内的50多件文物。

乐清举办业余文保员文保知识培训班

12月5日，乐清市举办业余文保员文保知识培训，来自全市的70余名业余文保员参加了培训。会上举办了《加强学习，履行职责，做好文化遗产的守护人》讲座，通报了近年来温州等地的文物安全情况，并就业余文保员的工作职责及做好文物信息员、警卫员等内容进行了讲解。2012年，乐清业余文保员队伍进行了大幅度调整，人员增加到94名，全面实现了队伍的年轻化、知识化，初步建成了乐清市的业余文保网络。

乐清举办出土文物精品展

12月上旬，为期两个月的“乐清首届出土文物精品展”在乐清博物馆展出。本次展览结合乐清馆藏出土文物的特色，挑选出具有地方代表性的出土石器、青铜器、陶瓷器等各类珍贵文物200余件。这些文物从新石器晚期至明代，包括生活器具、生产工具、佛教用品等种类。

温州博物馆举办小小文化讲解员评选活动

12月15日，温州市首届“浅草”杯小小文化讲解员评选活动决赛在温州博物馆举行。100多位小学生参加了角逐。决赛评选出温州市首届十佳小小文化讲解员和优秀小小文化讲解员，另有二十位优秀选手正式成为温州博物馆的小小志愿讲解员，在接受培训后担任起博物馆志愿讲解员的工作。

温州博物馆举办瓯窑展

12月27日，温州博物馆推出"中国·瓯窑青瓷精品展"和"触摸瓯窑——青瓷珍品展"。"中国·瓯窑青瓷精品展"以柜藏式传统展陈手法，展出古代瓯窑精品和宋元时期龙泉窑瓷器130多件，"触摸瓯窑——青瓷珍品展"以供观众触摸、把玩的展示手法，推出陶瓷作品180多件。开幕式上还举办了"看瓯窑·品瓯点"品赏活动。

温州博物馆出版学术专辑

2012年，温州博物馆编纂出版了《黄绍箕往来函札》、《中国陶瓷·瓯窑》等学术专辑。其中《中国陶瓷·瓯窑》收录了东汉至南宋时期的瓯窑瓷器精品202件、东汉至元代的瓯窑瓷片和窑具标本203件，《黄绍箕往来函札》为深入研究黄绍箕提供了依据。

东瓯王墓、庙修建工程推进

针对重要人文史迹东瓯王墓周边环境不协调的现状，温州提出修建东瓯王墓，改善周边环境的意见，于5月启动方案设计。修建项目包括整治现有墓室，修建墓前祭坛、神道、亭、阙、石像生和神道牌坊，以及周边环境绿化等。温州市文物保护考古所完成了工程项目规划的红线划定、红线范围内用地权属调查、建设用地征地和补偿等前期工作，12月正式启动维修。

东瓯王庙修建工程包括复建大殿、陈列室、厢廊和放生池，修缮现有门台等，投资额1200万元。12月，主体工程基本完工。同时，我国著名刑事相貌学、痕迹考古学专家赵成文教授经过3个月的调查研究，于8月完成了汉东瓯王驺摇的形象复原设计。

瓯海推进文物保护

2012年，瓯海区完成《瞿溪老街保护修建性详细规划》、《瓯海区文物保护利用总体规划》、《泽雅传统造纸生态博物馆环境整治规划》、《省级历史文化村——水碓坑村、黄坑村环境整治实施方案（一期）》等专项规划，以及四连碓造纸作坊（三期）、文曲桥、琦君故居等文保工程和黄坑村黄氏老宅、水碓坑村造纸设施的修缮。

平阳举办宋恕故居陈列展览

2012年是近代启蒙思想家宋恕逝世100周年。平阳县投入100多万元对宋恕故居进行修缮，并举办了宋恕故居陈列展览。展览分“少年早慧”、“东瓯师友”、“现代学术界宋恕研究成果”等十一部分，用图、文、物并茂的形式，介绍了宋恕的成长经历、思想形成、思想贡献等方面内容。

《顺溪古民居匾额注释》出版

2012年，由平阳县文物保护管理所编辑的《顺溪古民居匾额注释》正式出版。顺溪古建筑群现存32块匾额，内容或彰显门第，或写景言物，或评述人物，或修身养性，颇具特色。该书采用照片配文字注释的方式，分为三个部分："译意"部分用现代汉语解释了匾联语意，"作者"部分介绍了撰人、书写者及其简历，"简析"部分重在诠释词义，考核典实，交代一些背景材料。

东瓯国史迹考古调查初显成效

2012年，温州市文物保护考古所组织考古专业技术力量，先后在鹿城区、永嘉县、乐清市等地开展东瓯国史迹考古调查，掌握了崖葬、洞居、陶瓷遗址和崖刻等与古东瓯国相关或有一定联系的遗迹等线索。

永嘉司马第大屋、圣旨门楼维修工程竣工

因年久失修，雨雪等自然因素影响，永嘉县国保芙蓉村古建筑群司马第大屋、县保枫林圣旨门楼出现了渗漏及梁架腐烂等情况。2012年，永嘉县文物馆分别投入377万元和45万元实

施了维修，通过基础加固、屋面修理、梁架墙体等修复，确保了文物建筑安全。

文成完成省保保护规划编制

大会岭、道岭古道是文成县古时对外交通的两条重要驿道，沿途保留了各类文物和名木古树。2012年，文成县文物馆委托编制了《大会岭、道岭古道保护规划》，并召集县红枫古道保护和开发工作领导小组成员，对规划初稿进行了审议。省保玉壶中美合作所旧址为清嘉庆年间三进合院式木构建筑，曾为中美合作所第八训练班宿舍。文成县文物馆委托编制完成了《玉壶中美合作所旧址——上新屋古民居的维修方案》。

嘉兴市

2012年，嘉兴市紧紧围绕市委、市政府"文化兴市"战略总体部署，以大运河保护与申遗工作为重点，稳步推进各项工作。嘉兴市文物局还获得了"全国文物系统先进集体"称号。

一、名城保护工作进一步巩固

按照嘉兴市委、市政府《关于深化历史文化名城保护工作的意见》要求，文物部门在城市有机更新过程中积极做好文物古迹、历史建筑、工业遗产等抢救和保护工作，起草了《嘉兴市加强工业遗产保护工作的意见（暂名）》、《<嘉兴市促进民办博物馆发展的意见>实施细则》、《关于加强嘉兴市古桥保护工作的意见（暂名）》等规范性文件；加强对海宁及平湖历史文化名城申报工作的指导，和对市本级新塍古镇、新篁古镇等保护规划编制工作的指导。2012年6月，海宁市的长安镇与平湖市新埭镇获省级历史文化名镇称号。

二、大运河保护与申遗工作稳步推进

3月，嘉兴市政府出台《大运河（嘉兴段）遗产保护和整治工作指导意见》，明确了工作目标和任务，提出了工作措施。9月，嘉兴市政府又颁发《大运河（嘉兴段）遗产保护规划》，为有效实施大运河嘉兴段遗产保护和申遗提供了依据。

嘉兴市梳理大运河申遗有关材料，基本完成了申遗点段"四有"档案的编制。大运河嘉兴段申遗文本进行了最后的资料汇总；嘉兴段大运河申遗宣传片摄制工作完成。

为有序推进大运河遗产保护整治工程，根据国家文物局要求，嘉兴市率先出台《大运河申报世界文化遗产嘉兴点段整治方案》，开展了项目整治工作；启动了分水墩、落帆亭、长虹桥、长安闸等一期保护整治项目，正在实施文生修道院主体建筑修缮工程，并完善了长虹桥及周边环境整治工程方案。海宁市制定了申遗工作方案，对相关整治任务进行了细化落实，开展了长安闸考古发掘，取得了重要成果。嘉兴船文化博物馆展陈提升工程启动。工程以"嘉兴大运河与舟船"为主题，展示了大运河嘉兴段的历史内涵和独特价值。

三、遗址公园建设有条不紊

马家浜遗址公园方案设计工作启动，3月初向嘉兴市政府上报设计专项经费请示。白坟墩遗址保护和环境整治工程设计方案得到省文物局批复，各项工作正在有序推进中。

四、博物馆服务能力进一步增强

嘉兴博物馆继续深化免费开放工作，整合全省博物馆藏品资源，加强馆际联合办展，举办了越窑青瓷精品展、纪念沈曾植逝世九十周年书法展、鸣虫特展、陈浩书法篆刻展、嘉兴市少儿漫画作品展等43个展览；继续做好"文化有约"特色活动，全年共举办十二期"零距离赏宝"活动，吸引了大批文物及文化爱好者踊跃参与。

五、文物保护力度进一步加强

为加大保护力度，嘉兴市有计划地对各级文物点进行日常维护，完成嘉兴市本级古桥保护性修缮方案、秀州北弄石库门住宅修缮方案，正在完善血防博物馆展陈设计方案，完成曝书亭排水系统改造、西木桥弄北粮仓修缮、塔塘桥维修以及金九避难处陈列室改版等工作，以及高家洋房、血印寺及秋泾桥等12处文保单位“四有”记录档案文字卷的编制；做好汪胡桢故居腾迁、房产转让、交接和故居开放陈列的前期准备。

2012年，嘉兴市及时上报普查资料，顺利完成浙江省第三次全国文物普查成果展展陈。嘉兴市本级、海宁市普查办获全省第三次全国文物普查先进集体称号，另有13人获省级普查先进个人称号。经过核实和遴选，5月，嘉兴市政府正式发文公布穆家洋房等487处为嘉兴市本级不可移动文物，使文物普查成果保护有了坚实保障。6月，“浙江省第三次全国文物普查成果展”在嘉兴市巡展。

一年来，嘉兴市狠抓文物安全工作，充分发挥市本级文保志愿者队伍的作用，全年巡查2835次，上报险情77次。3月，浙江省文物监察总队对嘉兴市的全国重点文物保护单位及部分省级文保单位进行了执法巡查。9月，全市集中开展“2012文物安全隐患排查整治专项行动”，维护了文物、博物馆单位的安全。

六、历史文化宣传研究水平进一步提升

4月，嘉兴市举办钱氏“清芬堂”纪念馆开馆仪式暨钱镠文史研讨会，扩大了钱氏清芬堂纪念馆的影响，彰显了嘉兴深厚的历史文化底蕴。“5·18”国际博物馆日及文化遗产日期间，嘉兴市先后开展流动博物馆送展及文化有约推介等活动，嘉兴博物馆赴大桥镇花园村展出《嘉兴7000年图片展》，通过“文化有约”、“零距离赏宝”等特色活动展板进行了宣传及现场观众调查。各县（市）博物馆也开展广场宣传咨询、赏宝鉴宝会、博物馆资源进校园、馆校共建、户外图片展等活动。为纪念中国著名莎士比亚翻译大家朱生豪诞辰100周年，10月，嘉兴市举行朱生豪百年诞辰系列纪念活动暨《朱生豪译莎士比亚戏剧手稿》影印本首发式，召开了学术研讨会。《嘉兴历代才女文学作品选（暂名）》正在编撰整理中，计划于2013年上半年出版。2012年，嘉兴市编发《嘉兴市文化遗产工作简报》12期，及时宣传、报道了运河申遗及相关文化遗产保护工作。

"发现历史——新世纪浙江考古成果展"出成效

自2011年11月22日嘉兴市推出"发现历史——新世纪浙江考古成果展"以来,2012年1月至3月,浙江省博物馆、安徽省考古研究所及丽水、舟山、良渚、余姚、德清、长兴、义乌、江山等地多家文博单位纷纷前来参观考察。

嘉兴博物馆举办春节迎新活动

2012年春节期间,嘉兴博物馆组织了新春开放服务活动。假日期间,嘉兴博物馆推出了"纪念辛亥革命一百周年—— 于右任书法精品展"、"蓝白妙趣—— 馆藏明清青花瓷器展"、"发现历史——浙江新世纪考古成果展"等展览,在2月1日以"红红火火过大年"为主题,联合嘉兴市社会福利院举办了"嘉禾有邀"活动,邀请嘉兴市社会福利院的孩子们来馆参观,并准备了新年礼物。

嘉兴市召开文生修道院修缮工程设计评审会议

2月20日,嘉兴市组织召开文生修道院修缮工程设计评审会议,市建委、市财政局、市文化局、市民宗局、市交通局、市环保局、嘉城集团、嘉实集团、天主教杭州教区、浙江省古建筑设计研究院等单位有关负责人参加。文生修道院为省级文保单位,2011年列入大运河申报世界文化遗产预备名单。会议对文生修道院修缮工程设计方案进行讨论并给予肯定,要求修缮严格按照设计方案进行,真实还原文生修道院历史面貌,同时充分考虑建筑本体与周边环境的协调性。

《中共一大代表的故事》正式出版

3月,南湖革命纪念馆编写的《中共一大代表的故事》正式出版发行。该书以青少年为主要阅读对象,介绍了一个个曾经发生在"一大"代表们身上的故事。

嘉善县金氏后厅修缮工程竣工

金氏后厅位于嘉善县罗星街道子胥社区盐典埭50号，占地188平方米，始建于明代，曾是太平天国的议事厅，2004年1月公布为嘉善县县级文物保护单位。由于出现了墙体倾斜、屋面漏雨等情况，嘉善县文物部门决定对其进行修缮，并于2011年9月进场施工。工程历时4个多月，于2012年3月完工并通过验收。

"润洁秀雅——越窑青瓷精品展"开展

4月1日，由嘉兴博物馆和绍兴县博物馆（越国文化博物馆）联合推出的"润洁秀雅——越窑青瓷精品展"在嘉兴博物馆正式开展。此次展出的越窑青瓷全部由绍兴县博物馆提供，大部分为国家二级或三级珍贵文物，共计55件（组），具有较高的历史和艺术价值，吸引了本地及上海等周边地区的观众。

嘉兴举办钱氏"清芬堂"纪念馆开馆仪式暨钱镠文史研讨会

4月20日，钱氏清芬堂纪念馆开馆仪式举行。当日下午，来自全国各地钱镠文史研究会的专家举行了钱氏文化研讨会。嘉兴钱氏"清芬堂"是清代名臣钱陈群的故居。钱陈群曾历事康熙、雍正、乾隆三朝，又任经筵讲官，深得乾隆尊宠。清芬堂始建于乾隆年间，原址在市区莲花桥，1998年旧城改造时被拆，2005年在梅湾街按原样复建，2010年完成第一期布展工作。2012年，"清芬堂"第二期布展工作也已完成，主要陈列钱武肃王历史功绩及嘉兴各支钱氏系谱与历代名人。

嘉兴博物馆举办"纪念沈曾植逝世九十周年书法联展"

5月15日，由嘉兴市文化广电新闻出版局、嘉兴文物局主办，嘉兴博物馆承办的《游龙舞凤、奇趣横生——纪念沈曾植逝世九十周年书法联展》开幕。

沈曾植是嘉兴籍书法家，以草书著称，被誉为“清代草书第一人”。此次展览展出了浙江省博物馆、杭州博物馆、宁波市天一阁博物馆、温州博物馆、嘉兴博物馆等馆收藏的沈曾植书法作品100余件（组），涉及其书法艺术创作的早、中、晚期。

浙江省2012年“5·18”博物馆学术论坛在嘉兴举行

5月15日至17日，由浙江省文物局、浙江省博物馆学会等单位主办，南湖革命纪念馆承办的“浙江省2012年‘5·18’博物馆学术论坛”在嘉兴举行。来自全省各地文博系统各单位的领导、专家学者100多人参加了论坛。6位专家学者作了主题报告，内容涉及博物馆的变革、原创性展览、积累藏品资源、传播红色文化、提升服务水平、迎接变革世界的挑战等方面。

“鸣虫特展”在嘉兴博物馆举行

在台湾自然科学博物馆、浙江自然博物馆支持下，5月23日，由嘉兴市文化新闻广电出版局、嘉兴市文物局主办，嘉兴博物馆承办的“鸣虫特展”开幕。展览从科学、文化及艺术等角度，介绍了鸣虫与人类的密切关系及鸣虫的各种知识，还在展览材料上使用了环保纸板和纸箱的组合，以减少施工污染，有利于回收再利用，体现了低碳展览、低碳旅游的环保理念。

《盐邑瑰宝——海盐县博物馆馆藏文物精选》出版

5月，由海盐县博物馆主编的《盐邑瑰宝——海盐县博物馆馆藏文物精选》出版。该书按时间顺序分为新石器时代、商周时期、汉六朝时期、唐宋时期、元明清时期五个章节，每个章节再按器物类别分编，利用实物照片和文字说明介绍了海盐县博物馆具有代表性的馆藏精品222件（组）。

金九避难处重新开馆

6月1日，经过一个多月装修布展的省级文物保护单位金九避难处重新开馆。金九避难处于2006年开放。2011年，嘉兴市文物保护所与韩国独立纪念馆经商谈后开始筹划重新布展事宜，并于2012年4月起闭馆装修。工程于5月竣工，6月1日正式对外开放。此次布展更新了版面内容，背景展墙、灯光、展板都采用了全新展陈形式，还增加了实物、场景模型、视听设备、船坞、触摸屏等设施，展示了金九避难嘉兴的历史。

嘉兴召开市本级文保志愿者工作总结表彰大会

6月8日，嘉兴市文化广电新闻出版局（市文物局）召开市本级文物保护志愿者工作总结表彰大会。会议回顾了一年来的工作情况，强调了文物保护志愿者工作的重要性，并对当前文物保护工作提出了要求。会上，南湖区、秀洲区的文保志愿者先进代表发了言。全体文物保护志愿者还观看了《我们的文化，我们的遗产》及《大运河——我们的母亲河》专题片。

2011年5月，嘉兴市本级文物保护志愿者队伍经过充实调整后重新成立，负责嘉兴市本级不可移动文物的巡查和信息报送。截至2012年6月，市本级共有文保志愿者138名，全年巡查2835次，上报险情77次。

"浙江省第三次全国文物普查成果展"在嘉兴巡展

6月20日，"浙江省第三次全国文物普查成果展"在嘉兴开展。展览介绍了全省各地文物普查工作情况和取得的成果。"浙江省第三次全国文物普查成果展"6月9日在湖州拉开全省巡展的序幕。嘉兴为本次巡展的第二站。

"龙行浙江——浙江出土恐龙化石"特展在嘉举行

6月28日，由省文化厅、省国土资源厅、省文物局主办，嘉兴博物馆、浙江自然博物馆共同承办，衢州、丽水、天台等市县博物馆协办的“龙行浙江——浙江出土恐龙化石”龙年特展在嘉兴博物馆开展。展览第一次全面总结、展示了浙江各地出土的恐龙化石、恐龙蛋化石标本以及数十幅野外实景发掘、恐龙生活场景复原油画等。为配合展览，7月12日，嘉兴博物馆和嘉兴市教育局关工委联合举办“走进博物馆——我和恐龙做朋友”少年儿童绘画比赛。7月28日，嘉兴博物馆特邀浙江自然博物馆副馆长金幸生做了“龙行浙江——浙江出土的恐龙化石”专题讲座。

嘉兴增加两省级历史文化名镇

6月，浙江省第四批历史文化街区名镇名村正式公布，平湖新埭镇和海宁长安镇被评为“省级历史文化名镇”，从而使嘉兴市拥有了包括新塍镇在内的三处省级历史文化名镇。

海宁市开展民间收藏展暨2012海宁民间收藏十大精品评选活动

7月2日，由浙江省收藏协会、海宁市文化广电新闻出版局等单位主办的“海宁民间收藏展暨2012海宁民间收藏十大精品评选”活动在海宁市博物馆开幕。来自故宫博物院、浙江省收藏协会的5位专家为80多位藏家现场鉴定了150余件藏品，并于7月13日在《海宁日报》上公布了海宁民间收藏展暨2012海宁民间收藏十大精品名单。

徐肖冰、侯波家属捐赠资料抵桐乡

9月5日，徐肖冰、侯波家属向桐乡市政府捐赠的文献资料从北京安全抵达桐乡。

徐肖冰、侯波是我国著名革命摄影家伉俪。2009年徐肖冰先生去世后，二老家人决定再次捐献一批文献资料。自2010年9月起，桐乡市博物馆派专人到北京二老家中帮助整理，至2012年6月共整理书籍、书画、照片、文件及个人物品3864件（组）。桐乡市成立了由市委、市政府、政协、公安局、文化广电新闻出版局等部门（单位）领导组成的14人运送工作领导小组，组建了由桐乡市文化广电新闻出版局、桐乡市特警大队共11名人员组成的护送队，经过筹划和部署，于2012年9月5日将资料安全从北京运抵桐乡市博物馆。

“回望南湖——陈浩书法篆刻展”展出

9月21日，由嘉兴市委宣传部、深圳市文联、深圳市政协文教体卫委员会等单位联合主办的“回望南湖——陈浩书法篆刻展”在嘉兴博物馆开幕。展览展出陈浩近三十年来不同时期的书法篆刻作品100余件（组）。

陈浩号微斋，西泠印社社员、中国书法家协会会员、深圳市书法家协会副主席兼秘书长，曾获中国文联“全国百名德艺双馨中青年文艺家”和中国书协“全国百名德艺双馨中青年书法家”称号。

吴云心子女商谈书画作品捐赠事宜

9月21日至23日，吴云心之子吴坚及夫人赴嘉兴，向嘉兴博物馆无偿捐赠了吴云心的《古木无人径图轴》等三幅书画作品，并就后续捐赠事宜进行了商谈，达成了初步意向。吴云心（1906—1989）祖籍嘉兴，学识渊博，集作家、诗人、戏剧家、画家于一身，是天津近代史上的文化名人。

“车帝麟篆书篆刻展”开幕

9月25日，“车帝麟篆书篆刻展”在陆维钊书画院开幕。车帝麟，浙江台州人，是陆维钊第三代嫡系门徒。此次展览是其首次个展，共展出车帝麟在平湖生活期间创作的40件书法作品、16件篆刻作品，创作内容从《平湖历代诗词汇编》与《中国对联集成·平湖卷》中选出。

海盐博物馆举办“记忆与信仰——宋元时期浙江塔藏文物展”

9月28日，“记忆与信仰——宋元时期浙江塔藏文物展”在海盐博物馆开展。展览由海盐县政府主办，海盐县文化广电新闻出版局承办，浙江省博物馆、温州市博物馆、嘉兴博物馆、黄岩区博物馆、东阳市博物馆、海盐县博物馆等单位协办。整个展览分为“像、器、经”三个部分，集中了温州、金华、嘉兴等地的塔藏精品共计106件。

“党和国家领导人对嘉兴南湖的关怀”图片展展出

9月28日，“关怀与鼓舞——党和国家领导人对嘉兴南湖的关怀”图片展开展仪式在南湖革命纪念馆举行。展览集中展示了94位副总理以上级别的党和国家领导人关怀党的诞生地的照片和题字留念，这也是南湖革命纪念馆新馆建成开放以来推出的首个长期展览。

“老上海风情展”举办

10月15日，嘉兴博物馆和上海市历史博物馆联合推出“老上海风情展”。展览分“租界风云”、“市政经济”、“移民社会”等五个单元，共展出上海历史博物馆馆藏精品236件（组）、老照片百余张，再现了百年前老上海的风貌。

海宁市召开皇坟头遗址考古发掘专家座谈会

10月29日，海宁市召开皇坟头遗址考古发掘专家座谈会，研究讨论海宁皇坟头遗址考古发掘中

首次出现的良渚文化遗迹现象——叠石圈。故宫博物院、中国社会科学院考古研究所、浙江省考古研究所、江苏省考古研究所、苏州市考古研究所、安徽考古研究所、湖南省文物考古研究所、上海博物馆、良渚博物院、北京大学、复旦大学、山东大学等文博单位、高校的有关专家、领导出席了会议。

嘉兴举办朱生豪百年诞辰纪念系列活动

2012年是中国著名莎士比亚翻译大家朱生豪诞辰100周年，嘉兴市举办了朱生豪百年诞辰纪念系列活动。

10月29日上午，“朱生豪百年诞辰纪念活动暨朱生豪译莎士比亚戏剧手稿首发式”在嘉兴市举行。该手稿全套共10册，包括朱生豪翻译的31个莎士比亚剧本。首发式上，朱生豪的儿子朱尚刚还捐赠了朱生豪和夫人宋清如的部分手稿。下午，纪念朱生豪百年诞辰学术研讨会召开。与会专家、学者从多角度、多途径探讨了朱生豪的成就、翻译思想、演出、版本、文本及传播等内容。朱尚刚还为嘉兴学院人文学院的大学生作了《我的父母亲朱生豪宋清如》专题讲座。嘉兴实验初级中学的50名学生参观了朱生豪故居。

嘉善举办元季四家故里书法美术作品展

10月30日，元季四家故里书法美术作品展在嘉善吴镇纪念馆开幕。展览共展出书画作品88件，期间各地艺术家还举行了书画笔会，主办方出版了书画作品集。这是继2010年举办元季四家故里中国画展后，嘉善县再次与常熟、锡山、富阳、余杭、平阳等地联合举办的展览。

嘉兴市下发关于加强古桥保护工作的通知

12月23日，嘉兴市政府下发了《关于加强古桥保护工作的通知》，对今后的古桥保护工作进行了统筹安排，明确提出了古桥保护的指导思想、总体目标和工作任务，并从组织领导、制度、机制等方面为强化古桥保护提供了保障。

嘉兴举办纪念蒲华诞辰一百八十周年座谈会

2012年12月26日，“纪念蒲华诞辰一百八十周年座谈会”在嘉兴蒲华美术馆举行。书画艺术家和书画爱好者围绕蒲华的生平及作品进行了探讨研究。

嘉兴召开市本级文保志愿者年度工作总结暨文化站长年度工作座谈会

12月26日，嘉兴召开市本级文保志愿者年度工作总结暨文化站长年度工作座谈会。会议回顾总结了嘉兴文保志愿者队伍调整一年多来所做的工作。与会代表就2012年度工作亮点和存在的问题进行了讨论，并对2013年工作重点进行了交流。

《嘉兴市本级不可移动文物名录》出版

12月，嘉兴市文物保护所根据第三次全国文物普查成果，正式出版了《嘉兴市本级不可移动文物名录》。《嘉兴市本级不可移动文物名录》是全面介绍嘉兴市本级不可移动文物信息的工具书，包括嘉兴市本级全国重点文物保护单位、浙江省级文物保护单位、嘉兴市级文物保护单位、嘉兴市文物保护点、嘉兴市历史建筑及嘉兴市本级(含南湖区、秀洲区、经济开发区)第三次全国文物普查名录共计540处不可移动文物的文字介绍和图片。

嘉兴推进大运河遗产保护与申遗工作

2月10日,嘉兴市召开大运河遗产保护与申遗工作领导小组会议,总结前一阶段嘉兴段运河遗产保护与申遗工作进展情况,研究部署了下一阶段重点工作。3月14日,嘉兴市召开大运河遗产保护和申遗工作推进会。嘉兴市大运河申遗办汇报了大运河申遗工作进展情况及当前重点工作,各责任部门(单位)分别汇报了运河整治项目推进情况,并就工作中存在的问题进行了交流。3月16日,嘉兴市大运河申遗办组织省市有关文博专家,就大运河(嘉兴段)文化遗产展示方案进行会商。4月17日,嘉兴市召开大运河遗产保护和申遗工作推进会。会议传达了2012年全国大运河保护和申遗工作会议精神,汇报了大运河申遗工作进展情况及当前重点工作。嘉兴市交通运输局、市水利局、嘉城集团、秀洲区政府、海宁市政府等部门、单位分别汇报了大运河整治项目最新推进情况。国家大运河保护和申遗专家组成员、浙江省文物考古研究所文保室主任张书恒在会上做了专题讲座。8月10日,国家文物局专家组组长、中国文化遗产研究院文物保护工程与规划所所长王金华、中国文化遗产研究院文物保护工程与规划所世界遗产部主任赵云等对大运河(嘉兴段)申遗点、段进行了实地考察,现场踏看了海宁长安"一坝三闸"整治情况及周边环境风貌清理情况,并召开大运河(海宁段)长安闸保护与展示设计方案申遗专家评审会。会议审核、通过了大运河(海宁段)长安闸保护与展示方案。此外,2012年初嘉兴市委托有关方面制作了《嘉兴母亲河——大运河》专题片,并于2月28日召开申遗专题片摄制工作会议。经两次专家论证审读和多次修改完善,至12月底,长约17分钟的专题片正式定稿。

嘉兴博物馆"零距离赏宝"活动启动

“零距离赏宝”是嘉兴博物馆在“文化有约——嘉兴公益性文化场馆免费开放深化工程”启动后，于每个月第2个周六下午推出的一项活动。活动根据文物爱好者要求，每期确定一个主题，精选一批馆藏文物精品，在嘉兴博物馆文物鉴赏室供观众零距离欣赏和共同探讨、交流，并由博物馆工作人员讲解。2012年嘉兴博物馆共举办零距离赏宝12期，相关媒体多次进行了报道。

平湖市启动“历史文化遗产保护专项基金”

2012年，平湖市启动了“历史文化遗产保护专项基金”，加强对不可移动文物的日常监管，完善文物保护单位的“四有”工作。不可移动文物的保护维修以文物所在镇（街道）为主导，平湖市文物局提供专业意见和技术指导。截至2012年底，平湖市先后完成了中山林纪念塔、运港大队大礼堂、清溪桥、马厩庙大桥、界泾桥等文保单位及文物点的修缮保护。

平湖市开展申报浙江省历史文化名城工作

2012年，平湖市以申报浙江省历史文化名城为重点，开展了一系列相关工作：9月，平湖市政府成立了“平湖市申报浙江省历史文化名城工作领导小组”，向省政府递交了《关于平湖市申报第三批浙江省级历史文化名城的请示》；12月，六册《创建浙江省历史文化名城申报文本》编制完成，并呈送省政府、省住房建设厅和省文物局。

陈勤、陈琳向平湖市博物馆无偿捐赠

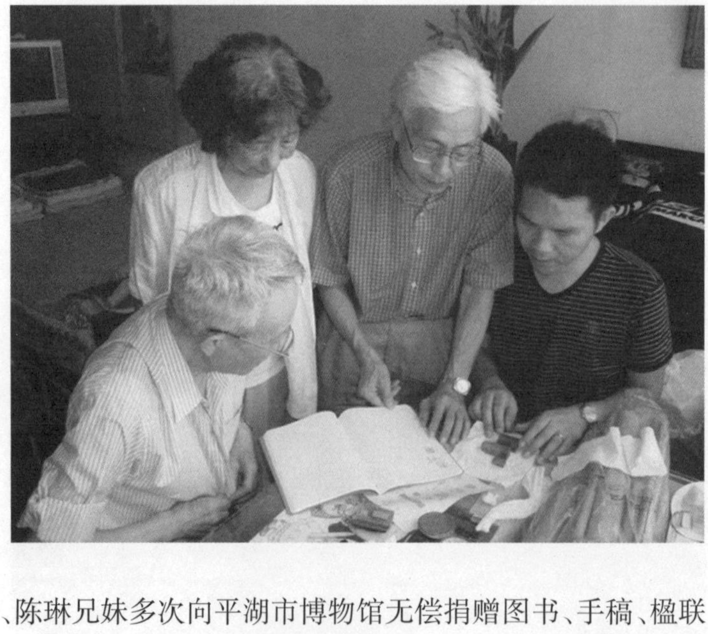

2012年，陈勤、陈琳兄妹多次向平湖市博物馆无偿捐赠图书、手稿、楹联、扇面、印章、绣品、证书等59件（组）文物，其中包括资深编辑家周振甫的“古今图书集成经济汇编戎政典”标注

及注释61页手稿、周振甫信札、当代著名军旅作家胡石言信札等一批珍贵资料。平湖市博物馆及时登记入库，并附上收藏证书。陈勤是原平湖稚川学堂教师陈翰的孙子，中国第一代防化兵。

殳书铭家属捐赠文物132件

2012年，殳书铭家属将其132方印石、2件书法作品和132枚印蜕捐献给了桐乡市博物馆。殳书铭（1918—1995），桐乡濮院人，生于中医之家，一生以行医为生，但自幼酷爱书画篆刻，早年从上海书画印名家黄葆钺门下学习书法篆刻，个人小传见于《中国印学年鉴》，是桐乡成就较高的篆刻家。1995年3月，殳书铭曾将自己珍藏的弘一法师《寒笳集》（手稿）捐献给桐乡市博物馆。

湖州市

2012年，湖州市坚持“以文化人、以文惠民、以文兴业、以文铸城”的目标导向，突出重点，狠抓落实，各项文博工作都取得了积极成效。

一、文化遗产保护管理体系逐步完善，申遗工作不断推进

2012年，湖州市扎实推进大运河（湖州段）保护与申遗工作，编制了南浔历史街区、頔塘故道整治方案，经专家审查后上报国家文物局审批，整治工作也已同步启动。11月，国家文物局公布了更新的《中国世界文化遗产预备名单》，湖州市南浔区南浔镇、德清县新市镇被列入“江南水乡古镇”联合申遗名单。为有效推进国家历史文化名城申报工作，湖州市着重研究了毗山遗址考古公园建设的可行性和小西街保护性修缮整治工作的方向，并积极向省文物局争取了毗山遗址保护规划编制经费，启动了钱山漾遗址、下菰城遗址保护规划编制的调研准备工作，起草了《湖州市历史文化名城保护办法》等政策性文件，初步确定了湖州历史文化名城的定位和申报国家历史文化名城文本的编制，配合建设部门做好市区历史建筑的普查、梳理和推荐。

二、文物保护基础工作进一步加强，文物保护能力得到提升

2月，湖州市政府公布了第六批市级文保单位的保护范围和建设控制地带，基本完成了第七批市保保护范围和建设控制地带的划定，并完成了第七批市保和市本级第六批省保标志碑的安装，还完成了第六批市保单位的“四有”档案编制。安吉县启动了国保安城城墙、古城遗址及省保龙山·笔架山墓群等3个专项保护规划的编制，德清县启动了原始瓷考古公园规划的编制。

为加大不可移动文物保护维修力度，湖州市先后完成了鹤和小学、义皋范家大厅、大钱节孝坊、戴山塔二期等维修工程，启动了南浔庞氏旧宅维修工程，积极争取市财政的古桥维修专项经费100万元，开展了白莲桥、寿安桥、安乐桥、白龙塘桥、圣驾桥等古桥的维修，完成了《省保单位铁佛寺保护修缮设计方案》、《纯阳宫玄帝阁施工图纸》的编制，启动了省保单位頔塘碑亭维修方案编制。

2012年，湖州南浔区荻港村及安吉县鄣吴村被公布为第三批省级历史文化名村。湖州市文物局会同市规划局、市新农办开展古村落调查和推荐。全市共上报古村落79个，省级审核确定34个，其中民俗风情村6个，古建筑村23个，自然生态村5个。

为加大考古及研究工作力度，长兴和安吉两县联合承办了“秦汉土墩墓国际学术研讨会”，期间又举办了“起于累土：秦汉土墩墓考古成果展”，对秦汉土墩墓的发现与命名、文化属性、成因与特征等课题做了进一步研究。德清博物馆和省文物考古研究所共同设立的“浙江原始瓷考古研究中心”正式挂牌，并进一步开展了“瓷之源”课题研究。

为加大文物服务经济社会建设力度，湖州市上报了邱城遗址环境整治项目中旅游集散中心项目（得到省文物局审批），参与了太嘉湖工程服务工作，开展了国电浙江南浔天然气热电联产项目地块及104国道拓宽工程长兴县境内的文物调查，完成了国家重点水利工程苕溪清水入湖河道整治工程文物保护方案的报批等。

三、博物馆建设不断优化，免费开放工作取得新成效

2012年，湖州市倾力打造博物馆陈列展览精品，注重文化引领，引进高端展陈，相继推出了“十里红妆女儿梦展”、“朔地恋歌：宁夏岩画特展”、“丹青锦绣：武汉博物馆馆藏明清书画精品展”、“挥麈烟岚：任重千里行”画展等8个临时展览，接待观众20多万人次。在纪念湖州博物馆建馆五十周年之际，湖州市与省文物考古研究所及三县联动，自主策划了“发现：湖州市考古成果展”，将湖州五十年以来的文物考古事业进行回顾与阐述。这是湖州博物馆挖掘本土资源推出的展陈精品，受到全省业内的高度好评。同时，“扇舞清风：湖州博物馆馆藏明清扇面精品展”作为“文物走亲”活动的主旨形式，丰富、拓展了“晋韵流衍”的品牌内涵和服务路径，先后在衢州博物馆和武汉博物馆展出，观众反响热烈。此举加强了馆际、省际博物馆之间的交流，扩大了湖州博物馆的知名度与美誉度。2012年，湖州博物馆荣获全省博物馆免费开放最佳做法综合示范奖。德清县举办的“德清窑”专题展览囊括了韩国公州博物馆、上海博物馆、浙江省博物馆、德清博物馆等11家博物馆的珍贵馆藏，是德清窑一次全面、集中展示。长兴县在全省推出“紫玉金砂：浙江长兴紫砂茗壶特展”巡回展览，并出版了《长兴紫砂茗壶精品专著》，取得了广泛的社会效益。长兴县还完成了“帝乡佛国：陈武帝故居基本陈列”、“新四军苏浙军区旧址江南银行”2个陈列的布展。

湖州市着力推进湖州文化特色场馆建设，完成了赵孟頫故居旧址纪念馆的陈列布展并试开放。3月，赵延年先生作品捐赠签字仪式在杭举行。所捐赠的603件（套）作品悉数由湖州市博物馆永久收藏。9月29日，作为第六届湖笔文化节重要活动之一的“刀木人生：赵延年艺术陈列”举办。此外，文物部门积极指导沈家本纪念馆、民国文化馆的布展、技防和开放等工作，对衣裳街历史街区内的赵景贤旧宅（即玫瑰艺术馆）展陈设计方案进行了专业指导，给予文保单位利用政策上的支持。安吉生态博物馆的开馆是国家文物局在我国东部建立生态博物馆的示范，为我国生态博物馆实践经验与理论创新提供了新思路和新方向。

赵延年先生捐赠书画作品的点交、入藏及文物商店库房40件留存文物的征集、入藏，极大提升了全市馆藏文物的数量，丰富了藏品的内涵。《馆藏11件绢本字画的修复计划》、《馆藏16件金属器的修复计划》的编制完成，和铁观音保护方案前期研究的完成，稳步提升了馆藏品的管理。同时，湖州市委托南京博物院编制完成了《馆藏铁器修复方案》，并请其“流动文物医院”对59件馆藏铁器进行了保护性修复。德清县启动了馆藏第四批书画修复工程，邀请上海博物馆书画修复专家对30件书画进行修复。全市开展的三级文物鉴定将552件（套）文物鉴定升级为三级文物，丰富了全市馆藏。

为努力推动全市各类博物馆建设，湖州市召开了全市博物馆建设工作会议，介绍了各自的特色工作、办馆经验，探讨了今后博物馆事业建设发展的新思路。湖州市文物博物馆学会成立大会暨学术研讨会通过了博物馆学会章程，成立了博物馆学会领导机构，进行了业务研讨交流，邀请省文物专家作了专题讲座。2012 年批准设立的德清蛇文化博物馆等民办博物馆进一步丰富了全市博物馆建设类型。德清陆有仁中草药博物馆确定为湖州博物馆帮扶对象，和《湖州市促进民办博物馆建设意见》的起草一道进一步体现了对民办博物馆建设的鼓励和扶持。

四、文物宣传富有成效，全民保护文物意识得到深入

湖州市结合文化遗产日活动和《文化保护法》实施30 周年，全力做好文物保护宣传工作，着力营造良好氛围和环境。

根据全国人大和国家文物局要求，湖州在全市范围内认真组织《文物保护法》检查工作，对一些好的做法进行了总结，对存在的问题进行了梳理，在此基础上形成了湖州市落实《文物保护法》情况的总结，通过检查，与县、区和有关部门就加强文物保护达成了共识。

围绕文化遗产日主场城市活动，湖州市加强组织领导，成立了局长挂帅的2012 年文化遗产日浙江省主场城市活动组织机构，根据“文化遗产与文化繁荣”活动主题，确定了4 个类别10 项活动：其中宣传系列举办了“2012 年文化遗产日浙江省主场城市活动开幕式”、“浙江省文化遗产日暨湖州市申报国家历史文化名城新闻发布会”；展览展演系列举办了“发现：湖州市考古成果展”、“浙江省三普成果市地巡展第一站”、“公众眼里最美历史文化名城摄影作品展”、“精彩浙江——非物质文化遗产精品项目展演”；论坛讲座系列举办了《良渚玉器鉴真伪》；体验互动系列举办了广场公益鉴宝、法律咨询及非遗项目展示、媒体走进历史文化名城等活动。文化遗产日前后，全省文物系统领导、专家、学者聚集湖州，对文化遗产日主场城市活动给予高度评价和肯定。此次活动不仅营造了文化遗产日的浓厚氛围，加强了湖州与各地市文化遗产保护工作的交流和合作，同时也是对湖州今后加强文化遗产保护工作的鞭策和鼓励。而社会公众的积极参与不仅营造了全社会关心热爱文化遗产保护工作的良好局面，也进一步增强了全社会文化遗产保护的意识，使文化遗产保护理念深入人心。

新四军苏浙军区纪念馆赴京征集文物

1月13日，新四军苏浙军区纪念馆从家属手中征集到革命老前辈江渭清在新中国成立初期使用的望远镜一副。据介绍，新中国成立初期，中国人民革命军事博物馆在筹办时曾向江渭清征集了一副抗战时期使用的望远镜。为了表示感谢，博物馆又把这副望远镜回赠给其留作纪念。江渭清一直把这副望远镜珍藏直至逝世。

新四军苏浙军区纪念馆参加王必成将军百年诞辰纪念座谈会

2月11日，长兴新四军苏浙军区纪念馆应邀参加了由上海警备区和上海新四军研究会联合举办的"纪念王必成将军诞辰100周年座谈会"。在沪的新四军六师十六旅老战士、新四军后代代表、新四军纪念馆代表及上海警备区领导、王必成将军子女等170余人参加了活动。

会上，发言者从各个方面回顾了王必成将军60年革命生涯的丰功伟绩和高尚的人格品德，重温了王必成将军为新中国军队建设和国防事业作出的重要贡献。

长兴新四军苏浙军区纪念馆接受老人捐赠文物

3月16日，朱德水老人向长兴新四军苏浙军区纪念馆捐赠了他收藏68年的革命文物——江南银行伍圆券、壹圆券抗币各1张、泗安区临时流通券柒角伍分1张。

95岁的朱德水出生于安吉孝丰，抗战期间粟裕、王必成等领导曾在他家居住。2012年春节后，得知长兴正在修复新四军江南银行旧址并要对外开放的消息，老人马上表示要为长兴做点贡献，在中国人民银行浙江省分行、省钱币协会、中国人民银行长兴县支行等领导帮助下完成了心愿。

湖州博物馆展出“朔地恋歌：宁夏岩画特展”

3月20日，由宁夏博物馆和湖州市文广新局共同主办的“朔地恋歌：宁夏岩画特展”在湖州博物馆开展。展览共展出宁夏博物馆所藏珍贵岩画资料100余件，不仅有岩画实物和制作岩画的石器、骨器，还有采集自贺兰山、香山、灵武东山等多个岩画遗址的大量珍贵拓片，反映了北方游牧草原文化和中原农耕文化，以及中西方文明之间的交流、融合与发展，是人类研究文化起源等世界性命题的重要标本。活动期间，湖州博物馆小小文保志愿团成员还提供了讲解服务。

德清博物馆举办“翰墨遗珍 华彩流年——馆藏精品书画展”

3月25日，“翰墨遗珍 华彩流年——德清博物馆藏精品书画展”在德清博物馆开展。展览以德清博物馆馆藏明清书画为基础，遴选出50余幅具有代表性的作品，内容涵盖山水、花鸟、人物，又有真、草、隶、篆诸体，形式丰富多样。

新四军苏浙军区纪念馆举行主题教育活动

4月2日，长兴县新四军苏浙军区纪念馆和长兴县新四军研究会老战士70余人联合开展了“让历史告诉我们——缅怀革命先烈，传承铁军精神”清明节祭奠先烈主题教育活动。

老战士向粟裕骨灰敬撒处敬献了花圈并鞠躬默哀；老战士刘玉玺回忆、讲诉了自己的革命斗争经历，重温了当年战斗的历程；2名新党员举行了入党宣誓，老党员重温了入党誓词。员工代表与革命老战士还进行了座谈。

德清博物馆举办《良渚文化玉器》专题讲座

4月26日，《玉之魂——良渚文化玉器解读》讲座在德清博物馆举行。讲座深入介绍了良渚文化的玉器，同时提供了一个交流经验、互相学习的平台。

德清两处考古项目获重大成果

2011年10月至2012年5月，德清博物馆联合浙江省文物考古研究所对德清经济开发区第二期低丘缓坡平整工程和歌林小镇项目两处工程涉及范围内的古墓葬进行了抢救性考古发掘。发掘共发现、清理土墩墓5座、砖室墓63座，年代从西周至南宋，出土各类文物标本50余件。其中出土的德清窑黑釉鸡首壶、青铜豆、青铜碗、南宋景德镇窑白瓷碗、琉璃耳钉等在德清县文物考古史上均属首次发现。

长兴夏家庙土墩遗存考古发掘进展顺利

2011年4月至2012年6月，浙江省文物考古研究所和长兴博物馆联合对长兴五峰村夏家庙土墩遗存进行了抢救性考古发掘，面积约8000平方米，共发掘土墩10座，清理两周、汉六朝、明清时期墓葬86座，出土随葬器物500多件。

本次发掘的10座土墩大多有明显盗掘痕迹。砖室墓全部被盗，连底砖都被挖出来，随葬品基本无存。土坑墓大多保存较好。随葬器物有泥质陶、釉陶、原始瓷、铜器等。釉陶壶、罍、瓿等出土数量较多。墓葬时代以两汉时期为主。

从已发掘的十座土墩来看，其堆筑过程、埋葬形式较多样，这对研究商周时期吴越地区流行的土墩墓的后期发展演变具有十分重要的资料价值。

南浔庞氏旧宅维修整治工程设计方案通过论证

6月13日，湖州市文物局组织专家就南浔庞氏旧宅维修整治工程设计方案进行论证。作为大运河（湖州段）重要文化遗产的庞氏旧宅位于南浔历史街区内，坐北朝南，系著名浔商庞云缯始建于清同治年间的规模庞大传统江南宅院。解放后，庞氏旧宅由国家代管，曾先后为部队、医院、供销社和民居使用，原有建筑格局基本尚存，2011年被列为市级文物保护单位。

与会专家实地踏勘了庞氏旧宅，听取了设计单位关于《湖州市南浔古镇庞宅修缮工程方案设计》的介绍，进行了审查、讨论。专家一致认为，该方案基础工作扎实，前期调查研究较为深入，现状勘察较为认真、详尽，指导思想和保护原则把握准确，总体修缮措施可行，原则同意该方案，同时要求该方案与《大运河（湖州段）南浔历史街区和頔塘故道整治方案》相衔接，并就进一步修改完善提出了意见与建议。

湖州博物馆举办“发现：湖州市考古成果展”

6月20日，为纪念建馆50周年，湖州博物馆举办了“发现——湖州市考古成果展”。展览分旧石器时代、新石器时代、先秦时期、秦汉六朝时期和唐宋元明清时期，集中了湖州市50年来的考古成果，展出展品近500件，是湖州博物馆和下属三县博物馆50年来考古发现的精品，其中国家一级文物近20件。如此大规模集中展示考古成果的展览在湖州尚属首次。

德清博物馆开设官方微博

6月25日，德清博物馆在腾讯开设了官方微博，通过网络介绍馆内藏品，发布馆内最新展览、讲座、研究成果和各种活动信息，及时了解、搜集广大市民的意见和建议，邀请公众积极主动地参与博物馆建设和发展。

湖州召开大运河南浔段保护整治方案专家审查会

8月12日，湖州市召开大运河（湖州段——頔塘故道与南浔古镇）保护整治方案专家审查会。中国文化遗产研究院、浙江省文物局、浙江省文物考古研究所、浙江省古建筑设计研究院的领导和专家，湖州市大运河保护和申遗领导小组办公室、南浔区政府及有关部门负责人参加了会议。

与会领导和专家在实地考察頔塘故道与南浔古镇后，听取了方案编制单位省古建筑设计研究院关于大运河（湖州段——頔塘故道与南浔古镇）保护整治方案的介绍，并就保护整治方案进行了审查和讨论。专家组认为，该方案以大运河南浔段保护整治为主要工作对象，基础工作扎实，调查研究和评估较为深入，保护整治目标明确，保护整治措施总体可行，同时对方案提出了进一步修改、完善的意见与建议。

湖州市第六批省保、第七批市保标志碑制作安装完成

2012年，湖州市文物部门展开了对子城城墙等8处第六批省保及谭降遗址等42处第七批市保的标志碑制作安装工作。本次制作的标志碑采用中国黑花岗岩石质，含碑身和碑座，规格分为120厘米×80厘米×10厘米（遗址类）和100厘米×80厘米×10厘米（其他类）两种。碑文字体为金色，明确注明了文物保护单位的级别、名称、公布时间等信息。另外，遗址、窑址、墓葬类保护单位保护范围周围还设置了规格为12厘米×12厘米×12厘米的文保界桩220根。截至9月，所有标志碑已全部安装到位。

“起于累土——秦汉土墩墓考古成果展”在长兴开幕

11月7日，由社科院考古所、浙江省文物考古研究所主办，长兴博物馆承办，嘉兴、湖州、萧山、东阳、缙云、德清、安吉等博物馆协办的“起于累土——秦汉土墩墓考古成果展”在长兴举行。

“起于累土——秦汉土墩墓考古成果展”是2012年在我省举办的“秦汉土墩墓国际学术研讨会”的组成部分，包括新石器时期土台遗存、先秦土墩遗存和秦汉土冢遗存三大部分，展出文物300余件，图片200余张，较为系统地展示了我省尤其是湖州地区近十年来的秦汉土冢考古成果。

王必成将军夫人再次寻访旧踪

11月17日，王必成将军夫人陈瑛一行十余人在长兴文物部门领导陪同下，参观了新四军苏浙军区纪念馆、“纪念王必成将军百年诞辰文物图片展”及江南红村，并表示会一如既往地关注、关心、支持革命老区长兴的发展建设。

新市古镇列入中国世界文化遗产预备名单

11月17日，国家文物局公布了更新后的《中国世界文化遗产预备名单》。湖州市南浔镇、新市镇等共6个江南古镇作为“江南水乡古镇”项目被增入其中。

湖州市文物局召开全市博物馆建设工作会议

12月13日，湖州市文物局召开全市博物馆建设工作会议，各县区文广新局、文体局分管领导，各国有、行业、民办博物馆、纪念馆馆长30余人参加了会议。

会议传达了全省“国有博物馆对口帮扶民办博物馆试点工作会议”精神，通报了湖州市将要出台的《湖州市促进民办博物馆发展意见》（征求意见稿）的背景、起草过程和主要内容，就博物馆建设、管理、运作等方面做了交流。

湖州市文博学会成立大会暨首次学术研讨会召开

12月24日，湖州市文博学会成立暨首次学术研讨会在湖召开。湖州、德清、安吉、长兴、南浔等多家国有博物馆以及陆有仁中草药博物馆、德清蛇文化博物馆等数家民办博物馆的56名代表出席了会议。

会议听取了湖州市文博学会筹备工作报告，审议通过了《湖州市文博学会章程（草案）》，选举了首届文博学会理事会成员，宣布了湖州市文博学会顾问并颁发了聘书，还安排了各博物馆与会代表就管理建设、展陈服务、文物保护、藏品研究等方面进行了交流、探讨。省文物考古研究所专家做了《浙江汉墓概况》的讲座。

绍兴市

2012年，绍兴市认真贯彻落实市委、市政府关于加强文物保护事业的指示精神，按照省文物局工作部署，加大文物保护力度，加强文物服务意识，为全市经济和社会发展作出了贡献。

一、加强指导，稳步推进全市文物工作

2012年，绍兴市各级文物部门、单位明确目标、协调一致，顺利推进全局性文物工作。年初召开的全市文物工作会议传达了全省文物局长会议精神，总结了2011年全市文物工作情况，研究部署了2012年全市文物工作计划，为全市文物工作确定了基调、指明了方向。

大运河申遗与保护工作进展顺利。来自全国大运河沿线35个城市的通讯员参加了绍兴市承办的全国大运河保护与申遗宣传工作表彰会暨通讯员培训班。古纤道、运河桥梁石材与东湖石宕遗址石质对比检验报告完成，证实了两者是就地取材的共生关系。经积极争取，八字桥历史街区和浙东运河古纤道已纳入大运河新增遗产点。长达29.5公里的运河市区段设立了遗产点保护标志碑。文物部门协同水利局完成了市区皋埠古纤道一期保护修缮方案的修订，启动了二期修缮方案的编制；大运河（绍兴段）遗产保护整治推进会的相关具体工作得到落实。

会稽山古香榧种植园申遗工作成效显著。文物部门对绍兴县稽东镇、嵊州市谷来镇、诸暨市赵家镇等6个乡镇23个行政村的古香榧种植园开展考古调查，共调查登记各类文化遗存399处（点），在此基础上完成了会稽山古香榧种植园省级文保单位申报文本的编制，目前已通过经省文物局专家组的评估，并报请省政府公布。申遗培训班加深了农业、林业、住建、文化等有关部门对于申遗工作重点、难点、路径的领会与认识。

2012年，绍兴市两次召开全市性部署会与推进会，在省内率先开展“三普”回头看工作，安排、敦促全市各文物单位切实按照国家文物局通知精神，落实“三普”后续工作，积极探索文物保护管理的新途径和新方法，着力巩固、深化第三次全国文物普查成果，绍兴市文物管理局还荣膺全省先进集体称号。

二、统筹兼顾，各项基础工作扎实推进

2012年，绍兴市文物局在队伍自身建设、行政审批优化、文物维修等方面多有举措：经报省编委办同意，绍兴市文物局实施参照公务员法管理，完成了由事业单位向行政机关的过渡，同时根据市编办颁布的文物局“三定”方案精神，局内设机构由3个分解成4个，结构更趋合理。市本级根据当地群众的意愿和要求，累计投入300万元实施了市级文保单位三接桥、梅东陈家台门（大厅）的维修工程，以及东安村水乡戏台屋面翻修、三江闸栏板维修、吕府大厅、内侧厢屋面及围墙、影壁克顶维修等项目。上半年完成的鲍氏旧宅建筑群二期修缮工程安排省级验收。国保秋瑾纪念碑年内先后两次被撞，市民呼声不断，绍兴市文物局投入5万元，加固了栏杆，新增了醒目的警世灯装置。原人民医院内开元寺大殿拆卸事件曾惊动媒体，文物部门

积极、稳妥地进行了参与、处理。

按照“四减少”的要求，根据绍兴市审改办有关通知精神，绍兴市文物局将行政审批审核事项由原来的46项减至29项，其中4项下放至各县（市），优化了行政审批工作，年内完成涉及文物保护的行政审批事项9项。

根据遗产申报要求，绍兴市建立了大运河（绍兴段）遗产“四有”档案，启动了会稽山古香榧种植园“四有”档案工作，完成了全市“三普”成果及档案汇总的编印，实现了具体工作与建档工作的同步。绍兴市文物局档案室建设逐步完善，获绍兴市档案系统网上年检优秀奖。

三、注重管理，博物馆工作有序展开

2012年，绍兴市加强对博物馆的管理，认真做好全市10家博物馆的年检审核，注重民办博物馆的结构与质量，主动服务企业、服务发展，为绍兴美术馆、越国文化博物馆等民办博物馆申办年度财政补助42万元，新批准1家民办博物馆，并指导全市博物馆开展馆际展览交流、藏品鉴定、“5·18”国际博物馆日宣传等活动。

根据国家文物局等部门联合下发的《关于进一步加强文物经营活动管理工作的通知》要求，绍兴市文物局牵头对市区、上虞、嵊州三地古玩市场的170余家收藏品经营户开展基本情况核实，为2013年全省范围内推进的在古玩旧货市场中从事文物经营商户的资质审批做好基础调研。

为提升文物藏品管理水准，绍兴市加强文物藏品的电子化管理程度，不断充实、完善文物藏品信息内容；投入12万元对4件（5幅）书画藏品进行修复，投入60多万元征集到高仿真《兰亭书法全集》1套及西晋时期青瓷虎子1件；同时做好藏品资料的利用工作，为浙江省博物馆的“惠世天工——中国古代发明创造文物展”等展览、《浙江馆藏文物大典》等书籍的出版提供文物展品或图片资料80余件。

四、注重成效，考古工作积极展开

全市各级文物部门高度重视、合理安排，扎实做好文物考古工作，通过分工负责加强了地下文物管理力度，明确了由绍兴市文物考古研究所负责市本级地下文物的管理。根据《浙江省文物保护管理条例》精神，绍兴市文物考古研究所全面关注3万及以上平方米建设工程，主动联系、及时了解、掌握信息、动向，稳步建立了地下文物管理责任制，先后与18家大型基建单位签订了《地下文物保护合同》，并在工程开工前完成考古调查。对皋埠镇任家湾村一处古墓葬的抢救性考古发掘共出土完整原始瓷器2件、印纹硬陶器2件、泥质陶角形器2件、陶镇2件、陶璧等装饰品2件及可以修复的陶器残片若干。对越城区皋埠镇牌口村、攒宫村、下堡村等行政村山区古墓葬分布区域进行的考古调查，初步掌握了调查区内的古墓葬分布情况，为划定与设立地下文物埋藏区打下了基础。

五、警钟长鸣，安全工作全面推进

2012年，绍兴市文物部门、文物单位落实措施、加强保障，稳步推进文物安保工作。为进一步加强文保单位日常巡查，文物部门坚持日常巡查和定期抽查相结合，重点查看了文保单位防倒、防拆、防盗、防火等安全情况及文保单位保护范围、建设控制地带内的历史风貌，全年共出动检查人员368人/次，检查国家级、省级、市级文保单位165处/次，并做好文物保护单位巡查日志表和省文物执法信息平台的登录。为进一步做好古建筑文保单位的消防安全，文物部门制定了吕府文物消防安全管理工作考核办法，实行24小时值班，并以吕府为重点，对城区范围内未开放文保单位进行每日巡查，发现问题及时向管理单位（使用人）提出整改意见。

为贯彻落实国家、省文物局通知精神，进一步做好文物单位消防安全工作，绍兴市组织文物单位消防安全“清剿火患”战役和绍兴市2012年文物安全隐患排查整治专项行动，市、县（市）联动，重点对全市国家级、省级文保单位联合开展督查，对存在的问题和安全隐患及时提出整改意见。专项检查活动成效显著，得到了绍兴市消防安全委员会的充分肯定，在全市消防工作大会上做了典型发言。

为有效保护历史文化遗产，严厉打击各种文物犯罪活动，绍兴市文物局强化行政执法职能，积极、主动与公安、城管、工商等部门配合，及时处理好涉及文物保护的事件，先后查处了在秋瑾故居保护范围内擅自搭建等8起违法事件，及时做好市政府督办件和市长热线电话答复函11件，市人大建议、政协提案答复件9件，会同公安、工商部门对绍兴市区、上虞、嵊州古玩收藏品市场联合开展执法检查，对个别违法经营户提出限期整改，及时、有效遏制了文物违法事件。

为加大文物执法力度，防范和打击犯罪分子盗掘古文化遗址、古墓葬、破坏古建筑等文物犯罪活动，确保辖区文物安全，绍兴市牵头成立了由市文物监察支队、市城管执法局各分局负责人和越城区、镜湖新区、袍江新区公安分局所属治安大队、各街道（镇）派出所、水上派出所、车站派出所分管治安负责人及文物监察支队全体人员组成的文物行政执法网络队伍，且不断扩大成员单位，不断增加人数，进一步完善了工作联席制度，召开联席会议，联合拆除违章建筑，合力打击违法犯罪分子，不断探索新形势下做好文物保护和执法工作的新途径、新方式，通过相互配合形成合力，齐抓共管，取得了明显成效。

中心库房管理日益加强。各博物馆严格遵守值班制度，认真落实库房防盗、防火措施，切实做好藏品防潮、防霉、防虫等保护工作；同时加强技防管理，做好技防设施的日常检验与维护，年底对技防设施和110报警系统进行了全面测试，确保设备的正常运行。

六、彰显文物，宣传工作有声有色

2012年，绍兴市各级文物部门、单位注重文物宣传工作。市本级的中国兰亭书法节、祭奠大禹和黄酒文化节三大节会已呈常态化，强化了影响。国际博物馆日和文化遗产日期间，文物部门通过媒体向社会发出启事，征集具有地方特色的文化遗产主题与口号，取得了良好的宣传效果。文化遗产日主场宣传活动得到市民热烈响应。5月30日《中国文物报》（专题版）整版刊登了绍兴市近年来文物保护、文物管理的做法与成就；6月7日的《绍兴日报》（新周刊）以四个整版刊登了“申遗，绍兴在行动”的理念、经历与具体事例。《绍兴文化遗产》（馆藏书画卷）和（遗址墓葬卷）先后正式出版，全面介绍了绍兴书画收藏品、遗址、墓葬类文物史迹的保存现状和重要价值。文物部门利用春节、“五一”、国庆等节假日，开展文物法律法规和消防安全专项宣传，利用电视、电台、短信等载体，面向全市播报安全信息，还在市区发放了《文物保护法》、《文物保护公开信》、《消防法》等宣传资料2000多份，张贴文物保护、消防进社区宣传画600多套，形成了“保护文物、人人有责”的良好氛围。

绍兴博物馆举办“会稽铜镜的故事”展览

1月1日至3月10日，绍兴博物馆举办“会稽铜镜的故事”展览。展览展出铜镜实物80件，拓片、图片110幅，采用一镜一故事的形式，介绍了每件铜镜的历史文化和工艺科技。为配合展览，著名铜镜鉴赏家孔祥星做了专题讲座，文物出版社出版了《会稽铜镜的故事》书籍，绍兴市邮政局发行了会稽铜镜系列个性邮票，电视台摄制了专题宣传片，志愿者开展了展览进校园巡展活动，博物馆开辟了拓铜镜、绘铜镜、拼铜镜的DIY互动区等区域。

周恩来总理逝世36周年纪念活动举行

1月8日是周恩来总理逝世36周年纪念日，浙江越秀外国语学院“周恩来班”50余名学生在周恩来纪念广场举行“人民的总理，永远活在我们心中”缅怀活动。学生们在总理铜像前敬献花篮，书写励志誓言，在缅怀厅敬献小白花。同时，周恩来纪念馆举行了作为浙江越秀外国语学院社区义工校外服务基地的挂牌仪式。

大通学堂改版后重新开放

3月18日，大通学堂在经过一个多月的闭馆改版后重新对外开放。改版后的大通学堂新增了《大通学堂简史》和《缅怀先烈》内容，同时开辟了寝室和史料室两处陈列。此外，陈列还引进了模型、油画、多媒体等新元素，增强了与游客的互动。

绍兴市启动文物普查“回头看”工作

3月21日，绍兴市第三次全国文物普查“回头看”工作会议在绍兴县稽东镇召开。此次“回头看”工作持续三个月，分为准备启动、复查核实、分析评估、建章立制四个阶段，对文物普查成果开展分类研究，并通过公布“三普”名录、文物保护单位（点）、核定历史建筑、出台保护管理办法、召开保护管理整治现场会等方法，建立文物保护管理规章制度，健全工作机制，推动

文物保护管理工作制度化、规范化、常态化。2007年至2011年,绍兴市在“三普”期间共调查、登记不可移动文物9328处,其中新发现文物占86.4%。

第28届中国兰亭书法节在兰亭开幕

3月24日,第28届中国兰亭书法节在兰亭开幕。中国书法家协会分党组书记、驻会副主席赵长青,中国书法家协会顾问、全国政协人口资源环境委员会主任邵秉仁,中国残联党组副书记、副理事长王乃坤,原海军装备部副部长、少将肖殿川,中国文联国内联络部主任罗成琰,中国书法家协会分党组副书记、秘书长陈洪武,省人大常委会副主任程渭山,副省长郑继伟,省政协副主席盛昌黎,省委宣传部副部长、省文联党组书记、副主席吴天行,省文联党组成员、书记处书记高克明,省文化厅副厅长、省文物局局长、省书协主席鲍贤伦,省书法家协会副主席兼秘书长赵雁君,市领导张金如、黄秋芳、顾秋麟、王文序、黄秋生、冯建荣、陈伯怀,市领导、浙江省书法家协会顾问、市书法家协会主席袁长寿,绍兴市旅游集团有限公司有关领导以及来自海内外书法界、旅游界、新闻界300余人出席开幕式。

绍兴市文物管理局单位体制调整

3月,绍兴市文物局单位体制由全额拨款事业单位调整为参照公务员法管理的事业单位。5月30日,经资格审查、考试、考察,绍兴市文物局在职工作人员17人作为参照公务法管理机关(单位)工作人员并予以登记。

《绍兴文化遗产·石桥卷》出版发行

3月，由绍兴市文物局组织编纂的《绍兴文化遗产》丛书第一卷（石桥卷）正式出版。

《绍兴文化遗产》（石桥卷）精装8开本，主要分为梁桥篇、拱桥篇、拱梁组合桥篇和附录，囊括了绍兴市第三次全国文物普查登录的701座古代石桥，并对其中211座较具典型性和代表性的桥梁进行了详细说明，以全面介绍绍兴古代石桥的保存现状和存世价值。这是第三次全国文物普查工作结束之后，绍兴市首部全面揭示绍兴古代石桥文化内涵，完整介绍绍兴古代石桥保存面貌，客观反映绍兴古代石桥演变规律的资料书。

近代混凝土结构文物建筑保护科研项目实施

浙江省文物局科研项目“近代混凝土结构文物建筑保护对策研究——以大禹陵禹庙大殿为例”于2007年6月15日立项，几年来经与东南大学等各相关方面的专家研讨，确定了可行性实施方案。项目于2011年12月1日投入开工，2012年4月6日竣工并对外开放。

越国文化博物馆举办黄宾虹山水精品展

4月17日，“印象神州——黄宾虹山水画精品展”在越国文化博物馆（绍兴博物馆）开展，展览共展出黄宾虹各时期创作的山水画精品45件。5月25日，越国文化博物馆特邀请浙江省博物馆书画部专家作了“画之大者——黄宾虹书画艺术赏析”专题讲座。

2012年公祭大禹陵典礼举行

4月20日，2012年公祭大禹陵典礼在大禹陵广场举行，省人大常委会副主任程渭山，省政协副主席冯明光，水利部原党组成员、纪检组长张印忠，绍兴市委书记张金如，市长钱建民，市人大常委会主任黄秋芳，绍兴市政协主席顾秋麟作为主祭人参加典礼。

嵊州市推进属地管理

4月26日，嵊州市人民政府出台《关于进一步加强和改善文物保护的实施意见》后，深入推进属地管理，进一步明确各级文保单位、市级文保点由所在地政府负责防火、防盗、防拆等日常行政管理工作；规定乡镇（街道）、经济开发区管委会及温泉度假区管委会主要负责人是文保安全工作第一责任人，属地政府负责实施辖区内各级文保单位、文保点的修缮项目。分管市长与全市23个乡镇（街道）、经济开发委、温泉度假区管委会分管领导签订了《嵊州市文物安全责任书》，全面实行文物安全责任追究制。文物所在地政府也与各行政村及文保单位所有人或使用人签订了保护管理责任书。

绍兴博物馆丰富展览活动

5月1日至8月30日，绍兴博物馆举办“江汉吉金”青铜器特展，共展出青铜文物93件（组），相关图片120余幅，其中一级文物占50%。全部展品由湖北省博物馆提供。展览期间，两馆进行了互访活动和展览技术交流，共同编印了相关书籍，开发了特色纪念品。绍兴博物馆通过馆际交流合作，全年举办各类展览活动30期，观众增长到50万人次。

大运河保护与申遗宣传工作表彰会暨通讯员培训班举行

5月27日至29日，大运河保护与申遗宣传工作表彰会暨通讯员培训班在绍兴举行。本次表彰会奖励了来自大运河沿线35个城市中的10位2011年度优秀通讯员。培训班则由姜师立副主任讲授。

绍兴东湖石宕遗址真实性又添新证据

5月，绍兴市文物管理局委托南京工业大学对绍兴东湖石宕遗址、绍兴段运河古纤道、跨运河古桥梁等8处遗产的石质样本进行了化学成分分析实验。实验表明，所有样本均为砂岩，化学成分相同，各类组成元素的含量总体接近，全部样品具有高度相似性。这一结论为东湖石宕遗址作为大运河重要遗产点必须具备的真实性提供了新的有力证据。

东湖石宕遗址位于绍兴市区城东约5公里处的浙东运河畔，开采历史可以追溯到汉代。因其位于浙东运河沿岸，自古取石即由水道运至运河沿线地区，用于修砌运河河岸、纤道、斗门等各种水利、航运设施及城镇建设。其后，石宕因为河水和地下水淹灌而与运河水域融为一体，遗址得以保存。清末，越中名士陶浚宣利用石宕遗址构筑园林，因园林位于绍兴城东，且内有石宕遗址形成的湖面，故名东湖。建成后的东湖园林仍保留原来的石宕遗址，是民国时期浙江的著名园林，也被誉为浙江三大名湖之一。

新昌举办基层干部文物保护培训班

6月8日，新昌县文管办邀请绍兴市有关专家在梅渚镇开展文物保护工作专题报告，全镇干部、村委主任、重点村两委干部和镇业余文保员到会。报告以在美丽乡村建设中如何做好文物保护工作为主题，从新昌县第三次全国文物普查中的一些数据分析了文物保护的必要性和迫切性，并以梅渚村为例，阐述了文物保护在美丽乡村建设中的重要性，对照《文物保护法》、《文物法实施条例》、《浙江省文物保护管理条例》等法律法规要求，提出了在美丽乡村建设中文物保护的几条出路。

嵊州市出版《长河存璧——嵊州文物典藏》

6月，嵊州市文管处编辑出版了馆藏可移动文物图录《长河存璧——嵊州文物典藏》。全书分为“天工巧夺”、“陶瓷铭世”、“吉金璀璨”、“翰墨流芳”四个篇章，收录库藏珍品192件，品类包含石器、玉器、陶器、瓷器、青铜兵器和农具、碑志书画。这也是继2011年《嵊州文明形迹》后，嵊州市物质文化遗产保护领域又一次成果展示。同时，嵊州市文管处还参与了《浙江馆藏文物大典》、《绍兴文化遗产》等系列丛书的编著。

越国文化博物馆举办西汉闽越文明展

7 月 10 日至 8 月 21 日，越国文化博物馆（绍兴博物馆）与福建西汉闽越王城博物馆共同主办的“西汉闽越文明展”在绍兴展出。

闽越族是以绍兴为中心区域的於越族南迁入闽，与福建当地七闽土著发生融合而产生的“百越”中的一支。西汉闽越国王城遗址面积约 14.3 平方公里，是目前国内规模、级别及保存完好度都较高的汉代城址之一，证实了《史记》、《汉书》等史书中关于於越与闽越为一脉相承关系、闽越上层阶级及部分子民为於越之后的史实。展览以百余件极具地域特色的陶器、瓷器、铁器等文物和图片资料，分四个部分讲述了闽越族的兴起、发展历程和由他们创造的文明。

“伟大的国际主义战士——白求恩”大型图片展展出

8 月 15 日，由白求恩纪念馆、上海鲁迅纪念馆、绍兴鲁迅纪念馆联合主办的“伟大的国际主义战士——白求恩”大型图片展在鲁迅纪念馆展出。展览分为“从加拿大到延安”、“奔赴抗日第一线”、“战斗在晋察冀边区”三个单元，通过九十多张历史照片记述了白求恩大夫的一生。

《绍兴文化遗产》（馆藏书画卷）出版

8 月，大型文献书籍《绍兴文化遗产》（馆藏书画卷）由绍兴市文物局编辑，中华书局出版。该书从绍兴全市国有收藏单位的近万件藏品中，挑选了二百余件藏品，包含了从元代到现代近二百位在历史上具有广泛影响的书画名家的精品，不少藏品是第一次公开面世。

中国柯桥·新时期博物馆展陈与教育学术论坛举办

9月19日至20日，中国博物馆协会为学术顾问单位，浙江省文物局、浙江省博物馆学会、绍兴县文化广电新闻出版局主办，绍兴县文化发展中心、越国文化博物馆（绍兴县博物馆）承办的“中国柯桥·新时期博物馆展陈与教育学术论坛”在绍兴县柯桥举办。论坛围绕“新时期博物馆精品展览的新思维、新探索”、“博物馆教育与传播在当代文化发展中的作用”两大主题，以学术报告会、研讨会等形式进行探讨与交流。其间，与会代表还考察了越国文化博物馆、印山越国王陵和徐渭墓。

“珍藏32年的照片曝光——电影《阿Q正传》拍摄故事”大型图片展展出

9月25日，由绍兴日报社、上海电影家协会、绍兴市文学艺术联合会主办的“珍藏32年的照片曝光——电影《阿Q正传》拍摄故事”大型图片展在鲁迅纪念馆展出。图片展通过照片讲述了影片摄制过程中的幕后故事。

绍兴市文物考古研究所发掘战国时期墓葬

9月25日至26日，绍兴市文物考古研究所在越城区皋埠镇任家湾村抢救性发掘了一座战国时期墓葬。该墓为长方形土坑木椁墓，开口于表土层下，长5.35米、宽2.5米、残深1.3米。葬具为一棺一椁，棺木已朽，仅存木椁。椁室由长2.5米、宽0.5米、厚0.25米的枋木构筑而成。内部发现了少量随葬品，器形有原始瓷盅、印纹陶罐、灰陶镇、灰陶角形器、灰陶璧、灰陶璜等。

“光影彩墨——首届电影家与美术家作品展”开幕

9月26日，由中国电影家协会、中国美术家协会、绍兴市政府联合主办的“光影彩墨——首届电影家与美术家作品展”在绍兴博物馆开幕，全国政协副主席孙家正为展览题词并参加了开幕仪式。

“人文上虞书画展”开展仪式举行

9月26日，由上虞市收藏家协会、博物馆、文化馆等单位举办的“人文上虞书画展”开展仪式在上虞博物馆举行。展览通过“先贤歌上虞”、“名人咏上虞”、“乡贤赞上虞”、“书家颂上虞”四大版块，展出了100多位名家咏赞、歌颂上虞的200多幅书画精品。

越国文化博物馆举办李德忠花鸟画作品精选展

9月28日，浙江省文化厅、浙江省侨联为支持单位，浙江省美协、浙江省侨界文协、绍兴县委宣传部、绍兴县文广新局、绍兴县文联、绍兴县书画越社主办，绍兴县文化发展中心、越国文化博物馆（绍兴博物馆）承办的“柯亭情思——李德忠花鸟画作品精选展”开幕仪式在越国文化博物馆（绍兴博物馆）举行。李德忠系绍兴人，自幼习画，师承朱颖人、卓鹤君、闵学林，以花鸟画见长。展览以“柯亭情思”为主题，吸引大批观众参观。

周恩来祖居家世陈列改版完成

9月，绍兴市名人故居完成了对周恩来祖居家世陈列的改版对外开放。此次改版在原有基础上对陈列内容进行调整和充实，通过大量实物资料突出“周恩来是绍兴人”这一主题。

青藤书屋陈列论证会召开

10月16日，青藤书屋陈列论证会在名人故居管理处召开。与会者现场踏看了青藤书屋，深入了解了相关情况，随后召开了论证会，对青藤书屋的建筑布局、园林设施、版面陈列等方面提出具体意见。

钱汉东、孙奇威向诸暨捐赠珍贵文物

10月30日，钱汉东、孙奇威向诸暨市博物馆捐赠了红陶多角尊、白釉执壶、青釉五盅盘等12件珍贵文物。这些藏品以宋代青白瓷（影青）为主，器形有弦纹瓶、注碗、荷叶盖罐、谷仓罐、魂瓶等，另有青瓷、白瓷器。其中一件新石器时代的红陶多角尊造型独特，为红山文化时期物品。

钱汉东祖籍诸暨江藻钱池村，现为文汇新民联合报业集团《新读写》杂志社社长、主编，文汇报高级记者，中国古陶瓷学会会员、中国马家窑文化研究会副会长。孙奇威是诸暨籍企业家，毕业于华东理工大学，在上海创业。

新昌公布5处县级文保单位保护范围及建设控制地带

11月15日，新昌县在前期进行实地勘测、绘图和文字编辑的基础上，根据《文物保护法》有关规定，公布了雅庄农会旧址、中溪张氏昭穆堂、后梁村世恩祠、韩丰村韩妃庙、斑竹村章家祠堂5处第六批县级文保单位的保护范围及建设控制地带。

“传承国粹·服务时代”书画印临摹展开幕

11月16日，为庆祝党的十八大胜利闭幕和纪念毛泽东《在延安文艺座谈会上的讲话》发表七十周年，由绍兴市政协墨华书画院主办，绍兴鲁迅纪念馆协办的“传承国粹·服务时代”为主题的书画印临摹展在绍兴鲁迅纪念馆开幕。

绍兴召开大运河（绍兴段）保护整治工作推进会

11月21日，绍兴市召开大运河（绍兴段）遗产保护整治工作推进会。会上，绍兴市文物局就大运河（绍兴段）自申报世界文化遗产以来所开展的工作情况、下一步的任务、存在的问题、现阶段保护整治主要任务及建议四个方面进行了汇报。市直各有关部门和运河经过的县（市）、区政府分管领导、代表对各自承担的运河遗产保护整治工作情况做了交流发言。

绍兴兰亭书法博物馆举行奠基典礼

11月30日，兰亭书法博物馆奠基典礼在兰亭举行。中国书协主席张海，中国文联国内联络部主任罗成琰，中国书协分党组书记、驻会副主席赵长青，中国书协顾问朱关田，中国书协副主席王家新、吴东民、何应辉、言恭达、张业法、张改琴、陈振濂、胡抗美、聂成文和来自省文物局、省、市、区书协领导，参加第四届中国书法兰亭奖评审工作的评委，兰亭项目设计、施工单位代表，兰亭书法学院师生，新闻界代表约300人参加了典礼。

《中国柯桥·宋六陵暨绍兴南宋历史文化学术研讨会论文集》出版

12月3日，绍兴县文化发展中心、越国文化博物馆编纂的《中国柯桥·宋六陵暨绍兴南宋历史文化学术研讨会论文集》正式出版。全书分“六陵探究”、“史学钩沉”、“文化研究”三部分，共收录论文22篇，约23万字，浙江大学历史系教授、杭州市社科院南宋史研究中心主任何忠礼作序。

“华夏视界——绍兴、丽水民盟摄影邀请展”展出

12月29日，“华夏视界——绍兴、丽水民盟摄影邀请展”在绍兴鲁迅纪念馆展出。

越国文化博物馆新征集珍贵文物六件

12月，越国文化博物馆（绍兴博物馆）面向社会征集到菱格纹青铜剑、青铜复合剑、菱格纹青铜矛、青铜耨和青铜车马器构件等六件越国时期文物。经浙江省文物鉴定审核办公室鉴定，六件文物品相基本完整且少见，均可达到国家二级及以上珍贵文物标准。

绍兴市推进会稽山古香榧群申遗工作

2012年，绍兴市加快推进会稽山古香榧群申遗工作。绍兴县、嵊州市、诸暨市等地先后公布古香榧群为县（市）级文物保护单位；市文物局迅速实施会稽山古香榧群考古调查，组织召开会稽山古香榧群申报省级文物保护单位专家评审会和申遗工作座谈会，举办会稽山古香榧群申遗培训班，调研督查会稽山古香榧群文化遗产资源登记工作。编制的《绍兴会稽山古香榧群省级文物保护单位申报文本》经绍兴市政府审议通过，上报浙江省政府审核。

《绍兴出土商周印纹硬陶与原始瓷》出版

2012年，《绍兴出土商周印纹硬陶与原始瓷》由绍兴县文化发展中心编写出版。全书分印纹硬陶和原始瓷两部分，收录了自1984年绍兴县文物保护管理所成立以来，绍兴县境内出土的大部分商周时期印纹硬陶和原始瓷精品，其中印纹硬陶44件，原始瓷71件，不少为首次发表。这些器物有礼器、乐器、盛贮器、炊器、饪食器、水器，既包括实用器又有明器，时代从商代至战国末期，是印纹硬陶和原始瓷产生、发展、繁荣、鼎盛、衰落各时期的代表性产品。

一批金属类文物藏品得到修复

2012年，绍兴县文化发展中心对库房内一批残损金属类文物进行分类整理编目，并安全运送至安徽省博物院进行修复。这批文物共计100余件，以铜镜为主，并有釜、甑、卮、矛、刀、鐎斗、勺、盆等器形。修复方采取科学的保护措施——如裂缝部位用铅锡焊接、残缺部位翻模铜铸焊接补配，再用传统工艺上色做锈等——使其尽量接近最初状态，并得以长久保存。

绍兴县加强历史文化村保护与开发

2012年,绍兴县多措并举,加强对传统村落的保护与开发。一方面,绍兴县政府进一步加快研究部署,召开关于历史文化名村保护和开发利用工作的专题会议,对历史文化古村落特别是中国历史文化名村稽东镇冢斜村的保护和开发利用进行专题部署,并号召各部门通力合作;另一方面进一步加大财政投入力度,每年投入专项文物保护经费80万元,用于冢斜古村落的保护和开发利用,确保冢斜村古村落文化遗产保护顺利推进。

越国文化博物馆以特色临展凝聚观众

2012年,越国文化博物馆(绍兴博物馆)共举办"惠风和畅——当代中国书画名家扇面精品展"、"印象神州——黄宾虹山水画精品展"、"西汉闽越文明展"、"浙江省博物馆陈列展览精品奖回顾展"、"柯亭情思——李德忠花鸟画作品精选展"等5个临时展览,同时积极为由国家文物局主办、浙江省博物馆承办、越国文化博物馆等协办的"惠世天工——中国古代发明创造文物展"中的"百情重觞"展览提供展品和布置展览场景,还制作图片展赴县域内各镇街学校、社区进行巡回展示。

嵊州市文保单位维修取得成果

2012年,嵊州市文管处向国家文物局申报了国保崇仁村建筑群沈家台门、老屋台门、当典台门、员外台门四组传统民居的保护工程立项,委托开展保护修缮工程设计,并委托完成省级文保单位越剧诞生地旧址东王村香火堂前修缮方案的编制,联系完成了马寅初墓地修缮与环境整治工程设计方案,委托完成了文保点东郭祠堂修缮方案设计,同时编制了王金发故居、湖清庙、小昆马氏宗祠、仙岩徐春荣故居等一批文保单位、文保点及"三普"登记对象的修缮方案或预算。2012年年底,全国重点文保单位马寅初故居的二期修缮方案已通过省文物局审批。

全年共投入市级文保资金逾100万元，民间集资及其他经费投入逾500万元，完成了马寅初墓地修缮及环境整治等5处省级文保单位的修缮，以及天章塔等2处市级文保单位的修缮和东郭祠堂等8处文物保护点的修缮。

新昌县钦寸水库库区文物迁建工程启动

2012年，新昌县钦寸水库库区文物迁建工程可行性研究报告完成审批，并实施迁建地的土地征用及浸塑护栏的围圈安装，标志文物迁建地工程正式启动。

钦寸水库库区文物迁建工程为浙江省重点水利工程钦寸水库建设中的文物保护工程。项目拟在新昌县羽林街道三丰村选址建设，总占地面积约21343平方米，拟建总建筑面积约8997.75平方米，项目一次规划，分期实施，其中一期建设4742.75平方米，二期建设4255平方米。一期工程主要建设内容包括入口区、公共建筑展示区、传统民居保护区、休闲旅游区、出口区，项目内容包括文物的征集、考古发掘及道路、水、电、绿化等配套工程。项目总投资估算2129.7万元。

新昌民资助推绍德堂维修

2012年，新昌县文物部门在当地村委支持下，利用社会筹资88万元，对县级文保点绍德堂进行了修缮。

绍德堂位于新昌县儒岙镇雅张村，始建于清嘉庆年间，坐北朝南，原为四合院格局，建筑面积344平方米，是新昌县乡村宗祠建筑的典型代表，具有一定的历史、艺术价值。由于年久失修，工程除对绍德堂尚保存的正厅进行维修、加固外，还对门厅、戏台、厢房等部分已毁坏建筑进行修复。

新昌完成15处古建筑维修工程

新昌县文管办按照“政府补助、地方配套、群众集资，共同做好文物保护”的原则，积极抓好古建筑的抢救性维修，2012年重点对雅庄农会旧址、善政乡主庙、芭蕉山真君殿等15处文保单位和文保点的屋面、地面、梁架及门窗等进行了整体修缮，维修面积达6270平方米，总投资327.2万元。

金华市

2012年，金华市在市委、市政府的正确领导和国家文物局、省文物局的大力支持下，认真学习、贯彻、落实中共十七届六中全会和省、市党代会精神，围绕加快推进文化强市建设总目标，以开展“思想大解放、作风大转变”主题实践活动为总抓手，结合名城文物工作实际，在名城保护及整治、文物保护与利用、博物馆建设和行政执法监察等方面攻坚克难、真抓实干，各项工作均取得新进展。

一、深入贯彻实施名城保护规划，大力开展名城文物保护宣传工作

2012年，金华市文物局始终坚持将《金华历史文化名城保护规划》作为金华历史文化名城和文物保护最重要的公共政策，落实监管措施，按照规划要求，依法对历史城区范围内的建设活动进行前置性审查，规范了建设行为，积极维护了《规划》的权威性与严肃性。

为纪念第三个3·18名城日，金华市精心组织，全力举办以“百艺相约兴名城”为主题的活动，并在期间开展了百姓歌舞颂名城、百名艺人秀名城、百名书家写名城、百幅照片忆名城、百名义工靓名城等“五个百”系列项目，同时成立了古子城志愿者服务队，将志愿者宣传服务活动常态化。

全市紧扣“文化遗产与文化繁荣”主题，开展了第七个中国文化遗产日活动，制定了活动方案，举办各种展览，张贴宣传标语，发放宣传资料，开展市县联动，有效营造了活动氛围，取得了较好的宣传效果。全市各地有效结合“三普”成果展，举办了富有特色的文化遗产宣传活动。其中磐安借助“送戏下乡”平台，在演出过程中穿插文物知识有奖问答。永康举办第三次全国文物普查成果巡回展，用半年时间覆盖了各乡镇。

为加大名城文物工作宣传力度，金华市文物局领导班子成员多次参加电台、报社等新闻媒体组织的舆情访谈节目，就金华市博物馆建设、名城文物保护利用等工作进展情况和相关政策法规展开宣传，接受群众监督，解答市民疑问，收到了良好成效。为加强宣传、信息工作，全市建立了文物系统信息员队伍，提出了工作要求和考核办法；创办了《金华名城文物工作》简报，提供宣传信息交流平台，目前已出版简报5期，刊登各类信息和文章21篇。文物部门学习优秀政府部门网站建设经验，积极推进网站升级改版，拓宽对外宣传渠道，重视局门户网站建设，下半年上传信息数32篇，与2011年同期相比增加21篇，增长率为191%，省局网站刊登信息9篇。

二、继续加强古子城保护与整治，积极探索历史建筑保护利用新方式

2012年“中德合作·金华历史文化名城保护整治改造项目”重点完成了以下几项工作：

首先是加强古子城核心区的日常管理，联合工商、街道、行政执法等部门对古子城农贸市场进行监管整治；重视公房的日常管理及矛盾处理，通过法律程序收回租赁到期公房一处；积极做好自管房的产权证补办工作，已完成三宗土地确认；扎实做好历史街区道路及历史建筑维修维护，共维修道路200多平方米，翻修建筑面积逾450平方米；还完成了古子城核心区域地形测绘，为下步办理、完善土地权证打好了基础。

其次是积极推进各项工程项目的设计、报批及实施，完成古子城二期迁建环境整治工程的设计论证和招标（目前已完成路面硬化与挡墙施工，2012年底前基本全面完工）；八咏路步行街提档改造方案设计已完成并通过评审，目前正在进行施工图设计；酒坊巷72号、121号及东市街76号（福音医院）维修工程也已完成。

再次是努力探索历史建筑保护与利用新方式，针对古子城历史街区内历史建筑产权的复杂性，积极摸索灵活多样的保护、利用方式，按照街区业态布局，在酒坊巷72、78号院落引进古婺酒艺项目，以贴近市民的方式将其打造成展示、宣传金华酒文化的场所；采取合作办馆的方式，对八咏路192号黄宾虹故居进行保护与利用，解决了多年来关门的局面，目前已完成前期装修，布展工作正在紧张有序进行，计划于2013年初对外开放；通过引入第三方修缮保护的方式，较好解决了酒坊巷121号院落内公房、私房混杂，无法正常修缮的问题，目前已基本完成修缮工程；采用军地合作保护的方式，积极推进市级文保单位将军楼的保护修缮工程，并计划将其作为对公众开放的金华地方革命武装斗争史展示、宣传场所。

三、积极争取上级支持，努力推进博物馆建设各项工作

2012年以来，金华市各地博物馆建设继续稳步推进，文化遗产宣传基地作用进一步增强。金华市本级继续围绕市博物馆基本展陈的前期准备工作，从完善展陈方案、硬件设施建设、举办临时展览等方面着手，全力推进博物馆二期展陈建设，邀请浙江省文物局领导及全省各大博物馆专家实地调研展陈工作，召开专家恳谈会，征求对基本陈列的意见建议。根据省文物局建议，经市政府同意，博物馆按照现代展陈设计理念，对一期工程进行了全面改造和提升完善，对基本陈列方案进行重新设计。金华市政府副秘书长牵头，市纪委、发改、财政、建设、规划、文物等部门组成协调小组，积极支持配合项目进展，已委托省内著名专业设计团队进行策划和设计。

为夯实各项硬件设施，金华市文物部门完成了金华市博物馆周边的环境整治，对景观绿化工程进行了验收结算；有序开展文物库房藏品的清理工作；对博物馆建筑及设备状况实施排查，对出现问题的设备组织维修，确保正常运行；基本完善了办公设施配置，完成了固定资产清查。

2012年，金华全市积极举办临时展览。其中市本级共举办、协办"八咏墨畅——百名书家写名城书法展"、"传承与呼唤——金华市老一辈中国画展"、著名书画家张文龙画展、"文化走亲·金华、湖州美术联展"等10次临时展览，参观人数逾9万，受到群众的欢迎与好评。

各县（市）博物馆建设进展顺利，展览各具特色。其中义乌博物馆的前期准备工作有序开展，基本确定了以商贸文化主题为建设目标。磐安玉山古茶场陈列馆（浙中茶文化博物馆）工程顺利动工，目前已完成主体工程的70%。东阳博物馆积极开展对外合作，与日本福井县立恐龙博物馆合作举办了"翼龙之谜"特别展览。浦江博物馆多次吸引国外官方及民间团体的参观。

四、不断巩固"三普"成果，切实抓好文保单位保护修缮工作

金华市的"三普"工作取得丰硕成果，共计登录不可移动文物12663处，占全省总数的

17.1%，其中新发现10428处，占全省总数的16.9%，各项数据均位居全省前列。为表彰先进，6月7日召开的金华市第三次全国文物普查工作成果展及总结表彰大会对12家市级普查先进集体和20位市级普查先进个人进行了表彰。

全市全力推进文保单位的修缮与利用。其中市本级主要开展五方面工作：一是投资550万元，实施国保单位太平天国侍王府的整体维修，目前已完成西院维修工程，进入东院维修阶段；并委托有关单位进行展陈更新和环境整治设计，力争尽快以新的面貌重新开放。二是预计总投资190万元的省保滕氏宗祠维修方案通过审批，进入组织实施阶段，维修工程进行了招标代理。三是编制完成省保邵飘萍旧居和李友邦将军办公旧址维修方案，并通过省文物局审批，正委托建设工程招标代理。四是市保鼓楼里将军楼修缮工程基本完成，进入陈列设计阶段。五是市区全年争取文物保护专项补助资金240万元，比2011年增加172.8万元。各县市文保单位修缮工作也有序开展。兰溪两处国保金大宗祠、光裕堂的维修保护工程实施顺利。永康湖西遗址保护规划工作稳步推进。

同时，全市积极开展文保单位的维护保养，组织实施了省保徐氏宗祠的临时加固工程，完成了省保八咏楼、鹿田书院、永康考寓及市保何氏三杰陈列馆的屋面翻漏，还指导完成了省保汤溪城隍庙围墙修复及基础加固，对省保孝顺镇严氏宗祠屋面维修给予技术指导和资金补助。

五、积极开展文物安全和行政执法检查，配合做好历史文化村落的保护利用工作。

2012年，金华市严格执行文物安全责任制度，进一步落实安全责任，定期组织开展了文博单位消防安全检查，清除安全隐患。金华市文物局主要领导亲自带队，对市本级文保单位进行汛期安全大检查。市本级组织开展九次各类安全大检查，并配套完善、更换新增文保单位、文保点的消防设备115件。10月，金华市文物监察支队积极配合省文物监察总队、湖州市文物监察支队对市本级及四个县（市、区）开展交叉执法检查，总体情况良好。

为配合有关部门做好绿城御园项目建设工地考古调查和王柏墓迁建保护，金华市文物部门一方面会同规划建设部门制订王柏墓迁移方案，供市政府决策参考，一方面积极向浙江省文物局汇报，争取支持，尽快完成考古调查工作。为及时、有效抓好文物安全突发事件的处理，金华市重点加强文保单位周边建设工程的管理监督和文物安全事件的处置，依法制止了文保单位建设控制地带的违法建设行为，配合公安部门严肃查处文物盗窃案件。其中武义县破获的国家一级珍贵文物17卷徐谓礼文书已全部追回。金东区积极配合公安机关对5起文物安全举报案件进行立案查处。

金华市各级文物部门在历史文化村落建设过程中按照要求和分工，认真发挥自身职能和作用。在文物部门指导下，各地积极、科学地开展古村落、古民居保护，使古村落基本格局、风貌和特色得到保护延续。同时，金华市以历史文化遗存为依托，在保护的前提下适度发展旅游产业，实现了对历史文化资源的有效保护和合理利用，出现了一批保护与开发相结合的成功典型。

东阳市博物馆开展馆标征集活动

从2月1日起，东阳市博物馆面向社会公开征集馆标。征集活动为期一个月，截至2月29日，共征集来自社会各界的创意方案234余件（组）。文化遗产日期间举办的馆标评选活动邀请市民参加评选，并根据观众选票情况，结合专家意见，评出入围作品，以期在进一步深化完善的基础上适时作为馆标启用。

上山遗址出土文物拍摄工作完成

2月24日，为配合《上山遗址考古发掘报告》的出版发行，浙江省文物考古研究所、浦江博物馆联合完成了为期五天的上山遗址出土文物拍摄。其中浦江博物馆参与了文物的提取和文字登记等工作。

昌文塔实施整体维修

昌文塔位于磐安县安文镇北的马鞍山腰，始建于明万历三十五年（1607），为六面七层楼阁式空心砖塔，高41.68米，是磐安县城标志性历史建筑，第五批省级文物保护单位。因2012年初雨水较多，冰冻天气严重，昌文塔的菱角牙子破损冻裂，掉落情况时有发生。为保证安全，磐安县文物办于2月暂停昌文塔对外开放，并在塔四周设置护栏，8月实施维修，11月底完工，共投资18.1万元。

《金东区文物古建筑精粹》正式出版

4月26日，金东区教育文化体育局主编的文物普查成果专著《金东区文物古建筑精粹》正式出版。该书从金东区第三次全国文物普查成果中，选取了文物价值较高的文物点268处，照片1915张，字数30余万，按古道路亭、老街店铺、古建筑群、古民居、名人故居、古墓、宗祠、古戏台、牌坊、古井、古桥、古堰、古寺庙、摩崖石刻、古遗址窑址、学校、圆仓、其他、消逝的繁华等分为十九卷。

湖西遗址发现最早的人工栽种稻谷

2012年4月，湖西遗址正式开展试掘，出土了陶器、石器、有机文物若干。特别是一些炭黑状谷物，可能为最早的人工栽种稻谷。10月召开钱塘江早期新石器时代文化学术研讨会后，北京大学、厦门大学、上海博物馆等地文物考古专家纷纷参与到湖西遗址研究中。

义乌举办《金玉满堂》展览

4月,义乌博物馆从南京博物院引进《金玉满堂》展览,为期两个月的展览吸引观众8000余名。

徐谓礼文书实施保护

4月,在省文物考古研究所主持、配合下,徐谓礼墓葬清理工作顺利完成,出土了徐谓礼夫妇的墓志铭各一块、棺木一副、丝织物及人骨若干。经上级部门批准同意,墓葬暂时进行原址覆土保护。武义县博物馆多次请教文物专家,认真落实徐谓礼有关文物的保护保管,配合中国丝绸博物馆专家对出土丝织物进行了初步清理和清洁,并筑池对棺木实施初级保护,还积极申请资金采购专门的恒温恒湿展柜用于文书的保管;更换了原有监控和电路系统,增加了摄像头和照明设施;加强安保人员防卫意识。11月8日,由省文物局和武义县政府主办,武义县博物馆协办的徐谓礼文书学术研讨会暨《武义南宁徐谓礼文书》首发座谈会召开。

金华市政协调研金义都市新区文保工作

5月8日,金华市政协组织文史委赴金东区,调查研究文物保护和利用情况。调研组实地察看了省级文物保护单位傅氏宗祠、畈田蒋村艾青故居和国家历史文化名村山头下村的保护现状,听取了金东区政协和区文物管理部门关于新区文物保护的情况介绍,对存在的困难和问题做了重点调研,通过走访、座谈等形式对新区境内文物情况进行了全面了解。

永康举办第九届全国刻字艺术展暨第十四届国际刻字艺术展

5月27日，由中国书法家协会、中国书协刻字研究会、浙江省书法家协会主办，永康市政府、浙江省书协刻字委员会承办的“永康杯”第九届全国刻字艺术展暨第十四届国际刻字艺术展在永康市启动。经过一年的征集，截至2012年6月，活动共收到投稿作品6000多件，初评入选783件。9月23日，艺术展在永康市博物馆开幕，共展出作品667件。

东阳市公布文物保护点

6月6日，东阳市文化广电新闻出版局公布了高城宜雅堂、景溪公祠、洗马塘怡和堂等28处为第七批文物保护点，使东阳市的文物保护点增至178处。

浦江博物馆举办“美丽乡村·魅力浦江”摄影展

6月7日，2012“美丽乡村·魅力浦江”摄影展在浦江博物馆开幕。大展吸引了百余位摄影爱好者的300多幅投稿作品，通过评委筛选，最后展出近百幅，内容涵盖古村落特色文化村、文化遗产和民俗文化活动。

东阳市完成尊经阁修缮工程

尊经阁是东阳市第三批市级文物保护单位，也是省级历史文化名城规划保护的重要建筑之一，位于市中心黉门前原工人文化宫北面，为孔庙（县学）重要建筑，属东阳市老城区的六大坐标性古建筑之一。现存建筑为清晚期重建，五开间重檐歇山顶阁楼式，坐北朝南，总面宽19.35米，纵进深13.15米，占地210.8平方米，建筑面积310.5平方米。2012年6月至9月，尊经阁进行了全面修缮，恢复了原貌。

磐安茶文化博物馆开工建设

磐安茶文化博物馆为全国重点文保单位玉山古茶场配套服务设施，包含原玉山古茶场建筑及新建区块两部分，新建占地面积1400平方米，总建筑面积1200平方米，项目总投资1300万元，为磐安县2012年十大重点工程之一。工程于2012年8月10日开工，截止年底完成了主体工程90%的工程量。

黄绍竑别墅维修

黄绍竑别墅位于金华市婺城区罗店镇罗店村，始建于1937年，坐南朝北，建筑面积234平方米，砖木结构，五开间，硬山四坡顶，小青瓦屋面，1995年公布为金华市级文物保护单位。

因长年闲置，年久失修，别墅现已多处坍塌，急需抢修。2012年8月，金华市委托设计了《金华黄绍竑别墅修缮工程设计方案》，11月完成《黄绍竑别墅修缮工程施工方案》。

义乌市文物保护机构设置有突破

2012年8月，经义乌市编委同意，义乌博物馆增挂“义乌市文物管理办公室”牌子。

兰溪市公布第六批市（县）级文物保护单位

8月，兰溪市公布了25处第六批市（县）级文物保护单位。本次公布的市（县）级文物保护单位中以宗祠、厅堂、庙宇等集体、民间产权的明清古建筑为多。2012年底，兰溪市完成了保护标志的设立和保护范围的划定，并根据属地管理原则确定了业余文保员。

蔡宅村史馆陈列布展工程完工

蔡宅村是东阳市首批历史文化名村、金华市文物保护示范村。8月，村里开始筹建村史馆，陈列布展工程历时3个多月。村史馆设在文物保护点涵玉堂内，总投资约20万元，展馆面积143平方米。展览根据蔡宅村貌特色和历史人文特色，以古村与古建风貌、名人与故居、传统教育、非物质文化遗产等内容作为重点，反映村史，展示村貌。

金店狮子炉维修保护工程完成

金店狮子炉位于金华市婺城区罗埠镇西金店村，建筑年代不详。建筑形状似塔，平面四边形，分上、下两层，残高约2米。炉身逐层内收，下层底宽1.1米、高1.1米；上层底宽0.85米、高0.68米，每层青瓦腰檐。炉身用平砖错缝叠砌。下层西面开拱券门，南北各开长方形孔；下层西面开拱券门，南北各设壶门。因年久失修和自然侵蚀，炉顶部及东北角已局部坍塌，炉身粉刷层脱落、砌体裸露，腰檐多处坍塌，炉内残物堵塞。9月，金店狮子炉开始维修保护，工程于10月完工。

浦江县完成马墅张氏堂屋修缮工程

马墅张氏堂屋系明代早期建筑，浦江县第四批县级文物保护单位，由于年久失修，部分木构架缺失、糟朽、脱落，已危及整体结构稳定，亟需修缮。9月，张氏堂屋维修工程正式开工，11月底竣工并通过验收，投资总额30余万元。

兰溪举办免费文物鉴定公益活动

10月15日，由兰溪市文化广电新闻出版局主办、兰溪市博物馆承办的免费文物鉴定公益活动开幕。该次活动以“弘扬兰城悠久文化，探寻瀔水历史底蕴”为主题，邀请省文物鉴定审核办的5位专家，分字画、瓷器、玉器、青铜器、杂件类别进行鉴定，吸引了数百名文物收藏爱好者。

岭干造纸作坊遗址试掘

10月至12月，磐安县文物办联合省文物考古研究所对岭干造纸作坊遗址进行保护性发掘，布探方3个，清理房址1处、探沟1条，出土了较多青花瓷片，器形有碗、盘、杯等，另出土一枚“康熙通宝”铜钱。初步认定，该遗址为明代造纸作坊遗址，其内涵和性质有待进一步发掘研究。

宇溪公祠维修工程通过竣工验收

12月4日，永康市级文物保护单位宇溪公祠修缮工程通过验收。宇溪公祠位于石柱镇前郎村，建于清代中期，坐西朝东，占地面积998平方米，建筑面积1280平方米，2010年被公布为永康市第五批市级文物保护单位。维修工程于2011年11月8日开工，2012年10月18日竣工，历时11个月，对公祠屋面进行了全面翻修，共投资190余万元。

义乌市加强遗址保护和考古调查

12月中旬，义乌市配合佛堂镇和水务局实施环溪水渠改造工程，邀请省文物考古研究所专家对南宋蜀墅塘水利遗址进行保护方案论证，明确了保护意见；并请专业部门对蜀墅塘水利工程遗址进行了全线摄影、摄像等图像资料采集，完善了基础档案资料。12月底，省文物考古研究所对城西桥头村新石器时代早期遗址进行调查勘探，出土了夹炭陶片、夹砂陶钵等器物。

古方洞山塔维修保护工程完工

洞山塔建于明万历二十三年（1595），为楼阁式空心砖塔，平面六角形，七层，高二十余米，是金华市区唯一一座古塔，1982年被公布为市级文物保护单位。

因年久失修，塔身微向西南倾斜，东北角有五条纵向裂缝，其中三条宽约2到3厘米。西北角也有一条宽约2厘米的纵向裂缝伸至第三级。塔刹木已无存，石质砌体松动，一半坍塌。一至四级东北角腰檐已塌，五、六两级稍完整，至第七级，六个翘角已严重损坏。南面有一条20余厘米的裂缝，塔顶也已破坏。维修工程于2011年7月开始进行，至2012年底全部完成。

兰溪市实施长乐金氏大宗祠二期保护工程

兰溪市诸葛镇长乐村金氏大宗祠是全国重点文物保护单位诸葛、长乐村民居中的重要建筑，建于明万历至清康熙年间，平面布局呈“回”字形，占地2015平方米，建筑面积1320平方米，由门厅、享堂、神寝、显扬祠、崇德祠和东西厢房组成，用材硕大，制作考究，雕刻精湛，是江浙一带宗祠建筑中的典型代表。经报国家文物局批准立项和省文物局批准方案，自2008年起宗祠实施二期保护，内容包括除享堂以外所有建筑的修缮和部分被拆毁建筑的复原。工程于2012年底实施完工，共投入修缮保护资金220余万元。

《磐安县文物地图集》正式出版

《磐安县文物地图集》共收录687处文物登记点，涵盖古遗址、古墓葬、古建筑、石窟寺及石刻、近现代史迹及代表性建筑五大类，由概述、图例、序图、乡镇文物分布图、重点文物图、文物单位简介、磐安县各级文物保护单位一览表、磐安县文物保护点一览表及后记等九个部分组成，于2012年正式出版。

衢州市

2012年,衢州市文物工作根据省文物局和衢州市委、市政府的总体部署,以科学发展观为统领,"十二五"规划为指导,保护文物资源、合理开发利用为目标,围绕中心、服务大局,在各项工作上取得良好成效。

一、再接再厉,普查工作圆满完成

衢州第三次全国文物普查工作自2007年9月启动以来,历时五年,于2012年上半年全面完成各阶段工作。全市共整理普查档案1000余册,报送省普查办参加省"三普"成果展;74篇文章入编省《"三普"文集》、《普查日记》、《"三普"先进事迹》及《普查概览》;178处不可移动文物入编省"三普"新发现丛书。由于成效明显,态度认真,江山市文化广电新闻出版局、龙游县文化广电新闻出版局被评为浙江省第三次全国文物普查先进集体,赵世飞、陈昌华等9人被评为浙江省第三次全国文物普查先进个人。

为进一步摸清衢州市文化家底,为建设文化强市提供详实决策依据,衢州市委、市政府在全市范围内开展了一次文化资源普查,并在第三次全国文物普查不可移动文物普查的基础上,对全市文物保护单位、历史文化名城(名村、名镇)及文博机构情况进行了调查。据普查结果显示,全市共有不可移动文物7926处,其中古遗址329处,古墓葬337处,古建筑4667处,石窟寺及石刻48处,近现代重要史迹及代表性建筑2537处,其他8处;历史文化名城(名镇名村)7处,其中国家级3处,省级4处;各类文博机构共21家,其中文保所(文物办)4家,国有博物馆(纪念馆)7家,民办博物馆(纪念馆)7家,收藏协会组织3个。

二、统筹安排,文物保护扎实推进

在文物保护利用工作中,衢州市突出与经济、社会发展相结合的理念,坚持走"大保护大利用"之路,从被动的抢救性保护向主动的规划性保护转变,从补丁式的局部保护向着眼于规模性、格局性的全面保护转变,从封闭式保护向引领参观、旅游的开放式保护转变。

为使文物保护单位得到更好保护与利用,衢州市文物部门在科学规划指导下进行了各项保护修缮和开发利用工作,启动了全国重点文物保护单位衢州城墙和三卿口制瓷作坊的保护规划编制工作;并充分利用古城墙的稀缺性、珍贵性及位于城区的位置优势,与制瓷作坊的可看性、可参与性,作为文物保护利用的龙头示范项目。《衢州城墙保护规划》在多次修改完善的基础上报国家局审批,《三卿口制瓷作坊保护规划》已经国家文物局审批通过。

为确保不可移动文物脱离濒危状况,加强对文物本体的保护,衢州市开展了全市性文物保护情况摸底调查,按照濒危程度和价值大小统筹安排,有序开展保护修缮工作。2012年以来,全市共有50多处各级不可移动文物及乡村历史建筑开展了保护修缮或前期方案设计。在保护修缮前期和施工过程中，文物部门注重管理督查和业务指导，确保工程保质保量完成。

2012年，衢州市文物部门推荐公布了136处县级文物保护单位，为文物保护提供了法律依据，也扩大了文物在干部群众中的影响。目前全市有各级文物保护单位506处，其中全国重点文物保护单位4处，省级文物保护单位74处，县（市）文物保护单位428处。

三、多管齐下，宣传工作广泛开展

为丰富展陈，提高博物馆吸引力，衢州市县两级博物馆不断创新陈列展览内容、手段和形式，加强博物馆的文化传播能力，较好地实现了专业性、知识性、趣味性、观赏性的有机统一。衢州市博物馆除基本陈列外，共推出了14个临时展览，还根据“创新展览，更好发挥宣传衢州的平台作用”的批示，推出了一批彰显地方特色展览，并对现有陈列展览进行调整，制定了三年布展规划，不断创新布展内容、形式与手段，提升服务水平。

在保护基础上，衢州市文物部门充分挖掘文物保护单位的文化内涵，使其得到最大限度的利用，服务于社会，让保护与利用相得益彰。衢州市文保所在省级文物保护周宣灵王庙、天后宫和市级文物保护单位神农殿举行了三次祭祀活动，参加市民达4000余人次。同时，天后宫还作为民工文化俱乐部基地，积极支持民间演出团体在此演出。中央电视台中文国际频道《北纬30° 中国行》节目组特地在天后宫拍摄了衢州特色戏曲。此外，省保单位赵抃祠被评为衢州市“十佳基层文化建设示范点”。

衢州市紧紧抓住“5·18”国际博物馆日、文化遗产日等节点，做好做足宣传文章。国际博物馆日期间，衢州市博物馆开展了“流动博物馆”进校园活动，受到学生的热烈欢迎。“流动博物馆”的视频还作为我省做好博物馆对外服务工作的典型，上了“5·18”国际博物馆日当天中央电视台的新闻联播。为积极开展第七个“文化遗产日”系列宣传活动，衢州市文物部门在《衢州日报》人文地理版专版介绍了衢州市第三次全国文物普查成果和历史文化街区保护成就，由市文保所和市民间艺术家协会在周宣灵庙联合举办了以孝文化为主题的“守望民间、关注传承——衢州民间剪纸艺术展”。天后宫举行了“我眼中的文化遗产——小学生绘画摄影作品展”及颁奖仪式。在南湖广场举行的现场宣传活动展出了第三次全国文物普查成果和历史文化街区保护成就展板27块，非遗成果图片12版，发放了文化遗产保护宣传册、市区文保单位简介、非遗项目介绍碟片及展示资料等千余份。活动结束后，所有展板在天后宫继续展出。这次“文化遗产日”宣传活动持续时间长、形式多样，受到社会各界的好评，取得了良好的社会效益。

四、强化管理，文物基础工作有力加强

为落实责任，向文物安全提供保障，衢州市健全网络，签订责任书，有效构建起县、乡、村三级文物保护安全网络，充实业余文保员队伍，使全市业余文保员达到近500人，基本做到重要文保单位有专人24小时守护，一般文保单位有专人看护。各县（市、区）文物行政主管部门与文保单位责任人签订了《安全责任书》，按奖罚考核办法进行安全考核。各级文物执法机构将新发现文物列入巡查内容，定期、不定期开展安全巡查。9月在全市开展的“2012年文物安全隐患排查整治专项行动”排查面广，整改率高，共排查不可移动文物和文物收藏单位888处，发现安全隐患264项，整改241项，其中全国重点、省级文物保护单位和文物收藏单位的安全隐患整改率为100%。同时，文物部门联合文物监察支队对市区及各县（市、区）的文保单位进行抽查，大部分情况良好。

2012年年初，衢州市法制办颁布实施了《衢州市区历史文化街区保护管理办法》，为市区北门街和水亭门历史文化街区的保护提供了法律依据，也为各县（市、区）的历史文化村镇保护提供了参考。龙游县出台《古建筑保护与管理的实施办法》、《进一步加强文物工作的实施意见》，率先在全省提出产权置换保护机制：凡是古建筑原产权人自愿将产权转让给政府或集体的，政府和集体给予另选宅基地安置优惠政策；对有一定代表性、原生环境遭到破坏、本身文物价值较高的古建筑，如原产权人有转让意愿，政府应及时启动产权置换保护机制收购搬迁，实行异地保护。据统计，该县目前已有近50座古建筑通过产权置换方式得到妥善保护。同时，衢州市对古建筑实行“分级、分类、分区、分片”管理，分批、分次落实保护，按照分类管理要求将古建筑划分为三个等级，分别按照30%、20%、10%的标准给予财政资金修缮补助。近三年来，衢州市共投入1200余万元，完成了48个宗祠的就地修复保护，还在政府主导的前提下大力鼓励社会资金修缮、认养非国有古建筑。此外，龙游县为了加大青碓遗址的保护力度，颁布实施了《青碓、荷花山遗址保护的管理条例》，限制了大规模开发和破坏性种植，有效保护了古遗址。

为完善“四有”工作，规范文保单位档案，衢州市一方面基本完成了新公布省级文物保护单位的标志碑竖立，一方面完成了文物保护单位数字地图的编制。根据省文物局要求，衢州市重新编制前六批全国重点、前五批省级文物保护单位的数字地图，于2012年上半年完成了4处全国重点、23处省级文物保护单位的保护范围和建控地带数字地图编制报送，进一步完善了文物保护单位的“四有”档案。

“衢州首届黄玉·黄蜡石精品展”展出

2011年12月30日至2012年3月6日，衢州市博物馆展推出“衢州市首届黄玉·黄蜡石精品展”。该展览由衢州市文化广播电视新闻出版局和衢州市观赏石协会主办，向市民征集展品近400件，包括观赏石、料石、雕件三部分。衢州黄蜡石主产于衢江区，具有温、润、密、透、凝、腻六大特性。

衢州市博物馆开展古籍修复工作

衢州博物馆有古籍3万余册，其中善本书61种，500余册，档案资料200余册。衢州博物馆于2012年2月10日开始实施古籍修复，至12月24日结束，共修复180册。工作得到了浙江省古籍保护中心评审考察组的一致认可。

《衢州古陶瓷探秘》出版发行

5月18日,《衢州古陶瓷探秘》举行首发仪式。该书约25万字,分陶器篇、瓷器篇、调查篇三部分,是婺州窑系古代陶瓷的一项重要科研项目。该项目以考古学、器物类型学的研究方法,对衢州市范围历代分布的古窑址、出土陶瓷的古遗址及古墓葬进行了实地调查考察、论证,对陶瓷的制作工艺、各瓷种的分析、相互之间的关系进行了系统科学研究,并配以出土文物陶瓷器精品及标本照片。

赵抃祠获衢州市"十佳基层文化建设示范点"称号

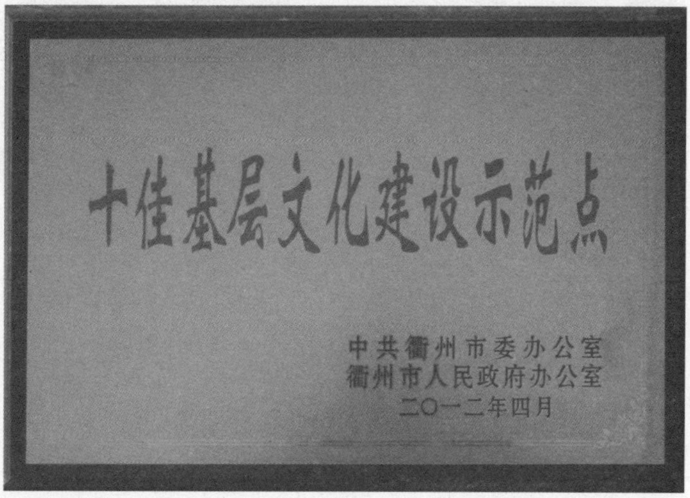

赵抃是北宋著名政治家,史称"铁面御史",在宋史中与包拯齐名。近年来,衢州市文物保护管理所借助省级文物保护单位赵抃祠,充分挖掘、弘扬、宣传廉政文化建设,开展多种形式的宣传教育活动。2012年4月,赵抃祠被衢州市政府评为市"十佳基层文化建设示范点"。

江山市编制三卿口制瓷作坊修缮方案

2012年4月，三卿口制瓷作坊第一期修缮工程项目获国家文物局批复，同意项目立项。三卿口制瓷作坊是江山市唯一的国家级文物保护单位。受江山市文广新局委托，浙江省古建筑设计研究院承接了此项目的方案设计任务。11月，设计单位开始进场测绘，至12月31日基本完成方案初稿。

龙游县公布第四批县级文物保护单位

4月27日，龙游县政府公布了第四批71处县级文物保护单位，其中古遗址14处，古墓葬6处，古建筑50处，石窟寺及石刻1处。

江山市傅竹街节孝牌坊修缮工程竣工

傅竹街节孝牌坊位于江山市四都镇傅筑园傅竹街西端，系乾隆四十八年（1783）为表彰已故生员徐永忠之妻祝氏节孝而建，为四柱三开间五楼石构建筑，高约10米，宽6米。明楼正中置一葫芦装饰物，明楼、次楼饰鱼龙吻脊，柱头置简易石斗拱。龙门枋、小额枋浮雕“双狮对舞”、“双龙戏珠”等，上额横刻“为故生员徐永忠妻祝氏建”。次间额枋为透雕枝花纹，下额横雕“钦命总督浙江福建等处地方军务钟音”等题款。正门正中字“节孝”两字，上有盘龙匾额竖刻“圣旨”两字，花板镂雕龙形图纹，柱基设须弥座，四柱均装置抱鼓石。

工程于2012年2月动工，5月7日完工，主要对牌坊周边环境进行了清理整治，对缺损石构件按原材质、原式样修复，并做好防风化、防雷击等措施。

炎帝诞辰祭典活动举行

5月16日，由衢州市文物保护管理所、衢州市民间文艺家协会主办的“华夏同根，和合天下”炎帝诞辰祭典活动在衢州市神农殿举行，参加活动的达2800余人次。

江山市启动多项修缮工作

5月16日至7月1日，江山相继启动了清溪锁钥门亭及五路亭（大陈乡西岭亭、峡口镇鹭鸶桥路亭、保安乡青山根路亭、关顶路亭、福依亭）、清湖染坊、清湖盐仓、贺村镇坝贺戴氏宗祠、廿八都镇徐家墩戴氏宗祠、石门镇泉塘赵氏宗祠和长山源柴氏宗祠等处的修缮工程。截至年底，清溪锁钥门亭及五路亭抢救性修缮、贺村坝贺戴氏宗祠一期工程、石门镇泉塘赵氏宗祠和长山源柴氏宗祠修缮工程已完成。

衢江区吴氏宗祠第二期维修工程通过验收

5月30日，衢江区吴氏宗祠第二期维修工程通过省专家验收组验收。吴氏宗祠始建于明景泰年间，重建于嘉靖十二年（1533），建筑面积1432平方米，1989年被公布为省级文物保护单位。工程于2006年启动，总投资约140万元。

汪氏宗祠、大公殿、杨氏宗祠通过竣工验收

5月31日至6月1日，江山市省保单位汪氏宗祠、大公殿、杨氏宗祠三处修缮工程通过省文物局专家组竣工验收。

大陈汪氏宗祠位于江山市大陈乡大陈村，始建于清康熙五十三年（1714），咸丰十一年（1861）被焚毁，同治癸亥年（1863）重建。建筑坐西朝东，三进二天井结构，用材讲究，精雕细刻，装饰华美。全面修缮工程于2007年5月动工，2007年11月完工，投资120万元。

大公殿位于江山市峡口镇广渡村，又称水星阁、文昌阁，占地面积500平方米，坐北朝南，清乾隆四十六年（1781）建造。主体建筑共三层，逐级递缩，形如塔状呈八角，每层八角出挑，攒尖顶。东、西、北建有附属厢房，正南端设水池，东南角置门亭。全面修缮工程于2009年9月28日动工，2010年2月24日完工，投资总额50万元。

杨氏宗祠分为内外两祠。内祠始建于元代，明万历四十八年（1620）重建，坐北朝南，占地约1000平方米。外祠重建于清代，坐西朝东，占地面积2000平方米，体现了明代后期至清代的古建筑特点，具有民间地方特色。两祠全面修缮工程于2011年5月动工，2012年4月完工，投资300多万元。

衢州市完成27处省保数字地图编制

6月，衢州市根据省文物局要求，重新编制了前六批全国重点、前五批省级文物保护单位的数字地图。全市共计完成4处全国重点、23处省级文物保护单位的保护范围和建控地带数字地图编制报送，进一步完善了文物保护单位的“四有”档案。

江山市完成第六批省保保护范围及建控地带图文制作

6月至12月,江山市完成了大陈乡土建筑、张村乡土建筑、柴村乡土建筑、和睦陶窑群、新塘边姜氏宗祠、凤里姜氏宗祠、礼贤城隍庙、县前粮仓、泉井(含周氏宗祠)9处第六批省保单位保护范围及建控地带的图文制作,这9处都是2011年1月浙江省政府新公布的文保单位。

衢州市5村落入选第四批“浙江省历史文化名村”

6月18日,浙江省政府公布了第四批浙江省历史文化街区名镇名村,衢州市的龙游县庙下村、灵山村、泽随村,江山市大陈村、南坞村等5处村落入选。

衢江区巽峰塔修复工程开工

7月21日，衢江区巽峰塔修复工程开工。巽峰塔位于衢江区杜泽镇五村塔山顶，建于清康熙三十二年（1693），1982年被公布为文物保护单位，2010年5月18日因雷击倒塌。修复工程总投资约200万元，历经两年多准备。

江山博物馆开展“走基层、种文化、孕幸福”活动

7月至9月，江山博物馆在江山市文广新局支持下，奔赴碗窑乡和长台镇各村，对江山市乡镇地方特色文化开展大摸底，同时针对各村特色文化，适时提出“一村一品”设想，将村内文化融入地方经济发展。

开化县启动汪氏宗祠保护修缮工程

霞田汪氏宗祠位于开化县马金镇霞田村中部，始建于元朝至元庚辰年（1280），后几经毁损、修复。现存建筑重修于清光绪二十九年（1903）至民国六年（1917），2005年被公布为第五批省级文物保护单位。由于村民修缮能力有限，缺少政策、人才、技术、资金等方面支持，以往

的修缮只起到加固作用，未能恢复原貌。2012年9月18日，修缮工程完成招标计划并于11月1日开工，项目总投资80多万元，主要是对戏台、牌楼、牛腿、宗祠内外原有条石地面、阶砖地面实施加固、修复，并对宗祠的瓦屋面、排水系统、墙面等进行翻新清洗及后期保护处理。

衢州博物馆引进“商代江南——江西新干大洋洲出土文物精品展”

9月20日至11月25日，衢州博物馆引进展出了“商代江南——江西新干大洋洲出土文物精品展”。展览分《器以藏礼——青铜礼器》、《鎛铙之声——青铜乐器》、《刀光剑影——青铜兵器》、《巧夺天工——青铜工具》等七个展区，展出商代青铜器124件（套），其中国家一级文物珍品30件，展示了长江以南地区的青铜文明。新干大洋洲遗址是目前在同一遗迹单位内出土商代青铜器最多之处，也是继河南安阳殷墟、四川广汉三星堆之后又一重大发现。

衢州市博物馆开展2012年巡展工作

11月至12月，衢州博物馆工作人员根据巡展计划，将《浙江鸟类图片展》送往衢州市区幼

儿园展出，《浙江恐龙图片展》送往衢州市衢江区中心小学、莲花乡中心小学，全旺乡中心小学等乡镇小学展出。《十八大图片展》在衢州市政府、衢州市柯城区政府、衢州市衢江区政府、红五环集团公司、驻衢部队、十里丰监狱等机关企事业单位展出。巡展参观人数达四万余人次。

“勉冲·罗布斯达唐卡艺术精品展”展出

12月9日至12月19日，由中国西藏文化保护与发展协会、西藏自治区文化厅和衢州市政府共同主办的“勉冲·罗布斯达唐卡精品展”在衢州博物馆展出。

本次展出的《十八罗汉》、《开眼观音》、《莲花生三尊》等30余幅作品集中体现了藏族唐卡勉萨派代表性传承人、西藏唐卡画院院长勉冲·罗布斯达的绘画艺术成就。展览结束时，勉冲·罗布斯达特向衢州市博物馆赠送了一幅精心绘制的唐卡。

“工业立市、创业创新——‘走进红五环’大型企业历程展”开展

12月18日，衢州博物馆举办为期3个月的“工业立市、创业创新——‘走进红五环’大型

企业历程展”。展览由衢州市文广局、衢州绿色产业集聚区、衢州市工商联与红五环集团共同举办，是衢州博物馆利用自身平台宣传当地经济建设新成就的一次创新尝试。红五环集团前身是1997年6月成立的衢州红五环科工贸有限公司，现有员工1200余人，拥有国家专利23项，是5项国家标准的参与制定单位。被列为浙江省工业重点企业。

“衢州市建立健全惩治和预防腐败体系 2008年——2012年成果展览”展出

12月25日，第四届赵抃廉政文化节暨“衢州市建立健全惩治和预防腐败体系2008年——2012年成果展览”在衢州市赵抃祠展出。衢州市四大班子领导及全市机关公务人员前来参观学习。展览将持续至2013年3月底。

衢州市博物馆开展多种形式宣传

2012年，衢州博物馆“流动博物馆”活动走进衢州城郊六所小学，将恐龙厅和“衢州六千

年”展厅及江山三卿口制瓷作坊的内容以多媒体形式进行了展示。

江山市博物馆举办临时展览

2012年，江山博物馆引进各类不同的临时展览：1月举办了“海洋贝类图片展”，5月份与江山市残联合作举办“江山市残疾人书画展”，6月与省博物馆合作举办“古代铜镜展”，9月至10月与江山市图书馆、江山市文化馆、江山市婺剧团联合举办“江山市首届视觉艺术展”，10月份与宁波服装博物馆合作举办“百年服饰时尚展”。全年博物馆共接待观众6.3万余人次。

龙游县实施宗祠保护工程

2012年，龙游县多渠道筹备资金，积极实施宗祠保护工程，完成了青塘坞村劳氏宗祠、茶圩里村吴氏宗祠、华青村方氏宗祠、西何村小溪自然村胡氏宗祠、平坦村姚村自然村姚氏宗祠、希塘村吴氏宗祠、清塘村“光天化日”、里王村余氏宗祠等17处宗祠建筑的保护性修缮。

舟山市

2012年，舟山市坚持“保护为主、抢救第一、合理利用、加强管理”的文物工作方针，按照年初计划有序推进各项工作，取得了良好成绩。

一、文物普查完美收官

2012年，舟山市围绕全省“三普”总结表彰会议及成果展，集中力量全力做好文物普查收尾工作，根据省文物局统一要求整理制作了舟山市及定海区的文物普查档案、工作报告、文物名录纸质文本，同时指导各县区做好相关工作；还完成了全省“三普成果展”参展材料的收集、整理和制作，协助省文物局在舟山博物馆开展了全省第三次文物普查成果巡展工作，编辑出版了《海山风物》。据统计，全市共登录不可移动文物849处，其中新发现604处，复查245处，基本摸清了舟山不可移动文物家底，为今后的文物工作打好了坚实基础。在完成各项常规任务的基础上，舟山市举办了第三次全国文物普查成果展，以图片、实物、视频等形式，图文并茂地多样化展示了文物普查成果，社会反响较好。

二、水下考古工作进一步推进

2012年，白节山海域水下文物调查作为国家水下文化遗产保护中心的重点调查项目获国家文物局批复同意。该项目在中国文化遗产研究院、浙江省文物局的共同领导下，由国家水下文化遗产保护中心、浙江省文物考古研究所、国家水下文化遗产保护宁波基地和舟山市文广新局共同实施，目前已根据工作安排先后开展了相关线索和资料的搜索、调查与整理，制定了调查工作方案，成立了领导小组和工作小组，完成了相关审批手续的报批、探测探摸设施设备的租赁及后勤保障准备工作，为调查探测工作的正式启动做好了准备。

三、文物安全进一步强化

2012年，舟山市积极开展文物保护单位安全巡查，针对巡查过程中发现的安全、修缮、消防设施、人居环境等问题，与相关单位进行沟通，提出整改意见。根据群众举报，文物部门先后对马岙土墩遗址、金塘平倭碑、吴家大院、普陀山大乘庵及白泉陈家老宅等文物或附属建筑进行检查，并配合对马岙土墩遗址的相关违法活动进行了查处，及时消除了文物安全隐患，妥善处理了突发文物安全事件。在为期2个月的“2012年文物安全隐患排查整治专项行动”中，全市共检查文物、博物馆226处，排查安全隐患19处，整改隐患15处。

董浩云故居由于历史遗留问题，多年来无人管理，政协委员在多种场合提出整改意见。2012年，舟山市安排专款进行了保护性维修，排除了安全隐患。中共定海工委旧址由于其所在地惠民桥村整体搬迁，存在较大安全隐患。考虑到无法有效原址保护，舟山市政府决定迁移异地保护，目前正积极开展各项审批。三毛祖居受台风“海葵”的影响，西厢房墙体和屋面一定程度受损。舟山市及时督促指导小沙镇做好有关抢修工作，并协助其向省文物局申请涉台文物维修经费。

2012年，定海区金塘镇大鹏岛、岑港镇里钓山村被公布为第四批省级历史文化名村，至此舟山全市已有省级历史文化名城1处（舟山）、省级历史文化名镇2处（马岙镇、东沙镇），省级历史文化名村2处（大鹏岛、里钓山村）。

同时，舟山市文物部门积极配合城建部门做好舟山历史文化名城的自查和保护范围内旧房的维修审批工作，全年共完成审批维修事项6项。

四、文物保护基础工作进一步夯实

2012年，舟山市加强了文物"四有"工作，向各县、区布置了划定第六、第七批市级文物保护单位保护范围及建设控制地带的任务，预计划定工作将在年内完成。

"国际博物馆日"、"文化遗产日"期间，舟山市大力开展文化遗产保护宣传活动，在分发资料、悬挂横幅、展出图版等常规宣传手段的基础上，进一步创新宣传工作思路，拓展文化遗产宣传渠道，继续开展"走读昌国"活动。此项活动已连续举办了4年，受到社会各界的广泛好评。

为加强文物保护专业人才队伍建设与培养，舟山市先后选送文物保护专业人员参加了浙江大学考古学及博物馆学研究生进修班、2012年度全国出水文物保护修复培训班、浙江省古建筑测绘培训班、浙江省第一期历史文化名村保护与发展培训班和博物馆讲解员培训班等培训，进一步提升了文物保护人才队伍的专业素养。

此外，舟山市有效完成了全市文物年报快报、博物馆年检统计、全国文物行业状况调查统计等统计工作。

五、博物馆工作稳步推进

2012年，舟山市全力推进市博物馆新馆建设，完成了新馆展陈方案设计，征集了一批代表海洋文化的展品，并做好展陈和室内项目设计一体化招标各项准备工作。中国海洋渔业文化生态博物馆建设工作继续推进中。全市公共博物馆实施了全年免费开放。舟山博物馆在做好4个基本陈列正常开放的基础上，举办了"舟山民间佛像藏品展"、"馆藏扇面册页展"、"舟山市第三次全国文物普查成果展"、"浙江省全国文物普查成果展"4个临时展览。

六、文物学术交流工作进一步提升

2012年，舟山市完成《中日交流史上的舟山》历史考察与考古调查专题报告，先后接待了福冈、澳门、台湾、东京大学、国家文物局的5批次专家学者，分别就中日交流史、倭寇史迹、海上丝绸之路等学界关注的热点问题进行了探讨、交流。

岱山县举办“我的波浪家园”何仁岳海韵专题摄影展

1月18日至2月18日，“我的波浪家园”何仁岳海韵专题摄影展在岱山县海洋文化展览中心开展。此次摄影展由岱山县文联主办，岱山县摄影家协会承办，分为“雾”、“浪”、“岸”三个篇章，展出作品56件。这也是岱山的第一次个人专题摄影展。

普陀区博物馆举办“普陀记忆·渔文化生态风情展”

1月20日至2月6日，普陀区博物馆举办“普陀记忆·渔文化生态风情展”。展览共展出图板26块，分渔港、渔村、渔船、渔具、渔民五大版块，呈现了当地渔民生活习俗、生产方式、工具变革及渔港形成、发展历史等内容。

“舟山民间佛像藏品展”在舟山博物馆展出

1月23日至2月6日，由舟山博物馆主办、舟山市收藏家协会协办的“舟山民间佛像藏品展”举行。展览共展出自明、清、民国至现代的佛像藏品40余件，质地包括铜、木、石、瓷、象牙等，均来自诸位民间收藏家的多年收藏，另有如宋代张胜温画梵像以及历代经书、名人画观音等辅助展品。

岱山县完成“三普”工作报告、名录撰写、编印

2月初，岱山县文物普查办按照工作计划完成了全县“三普”工作报告、名录撰写和编印。历时4年多的岱山县第三次全国文物普查工作共调查不可移动文物238处，其中软件登录文物122处（包括新发现99处，复查23处），一般登记114处，登记消失不可移动文物2处，复查历史街区1处。工作报告主要包括普查背景、普查工作情况、不可移动文物普查数据汇总、不可移动文物普查数据分析、普查主要成果和政策建议六部分，名录编制主要包括重要不可移动文物的名录公布、简介、照片、分布地图。

舟山市开展普陀山新增市级文物保护单位划界工作

2月13日，舟山市文物部门会同普陀山风景区管理委员会规划部门共同完成了当地近年新增市级文物保护单位的保护范围与建设控制地带划界勘察工作。舟山市文物部门与普陀山相关部门相互沟通，先后三次进岛，经过现场协商，确定了保护范围与建设控制地带，绘制了比例地图，解决了划界过程中存在的问题，形成了一致意见，将各县（区）意见汇总整理后统一向市政府汇报。

嵊泗县花鸟乡发现一处贝丘遗址

2月下旬，舟山市协同嵊泗县文物工作者在花鸟乡大岙村发现一处贝丘遗址。遗址位于大岙朝东南方向海口，距沙滩3米左右，是当年修筑花鸟海塘及文化广场时断层在外的截面裸露部分。断层垂直于海塘护墙，高5米左右，以下为生土层，中间1米左右为贝丘遗址部分，以上2米左右为熟土层。熟土层中散落了大量自宋元起各个历史时期的陶瓷碎片，有黑釉瓷、青瓷、青花瓷、龙泉窑青瓷及年代不明的韩瓶碎片等。

花鸟岛位于嵊泗县最北面，处于长江口与杭州湾国际航道线交汇处。岛上有全国重点文物保护单位花鸟灯塔，建于清末的英国人休闲避暑房，周边还有丰富的沉船遗址。

岱山县举办“余显定先生书画艺术展”

3月13日至4月10日，“余显定先生书画艺术展”在岱山县海洋文化展览中心开展。展览共展出余显定多年来创作的50余幅优秀作品。这也是岱山县海洋文化展览中心开馆以后举办的第二次个人专展。

普陀大蒲湾社区老人来舟山博物馆参观

3月21日，普陀大蒲湾社区的近60位老年人到舟山博物馆，参观了“百年老床展”及“舟山史迹陈列”等常设展览。

舟山博物馆赴桃花岛采集山石、礁石标本

4月11日至12日，舟山博物馆赴桃花岛鹁鸪门村所属海岛进行野外考察。考察人员详细了解了当地的文化特色、岩石种类及形成原因，并出海实地考察了大穿鼻山、小穿鼻山、滴落沙

头山、狼尖山、驼背老山、凹斗嘴山等地，对山石、礁石进行了拍照、文字描述和标本采集。此次考察工作初步了解了海岛山石、礁石的成因、分类、构造特点及风化、海蚀、海洋生物寄生、海相沉积等情况，搜集了第一手资料。

岱山县召开业余文物保护员座谈会

4月17日，全县业余文物保护员座谈会在岱山县召开。会议传达了《浙江省业余文物保护员管理办法》，邀请县文物监察大队负责人就文物保护安全措施等做了培训指导。各乡镇代表进行了交流发言。经各乡镇推荐，报业务主管部门审核，16位乡镇业余文保员被授予岱山县文化广电新闻出版局制作的聘书。

舟山博物馆爱国主义教育进校园

4月26日，舟山博物馆为南海实验学校学生们带来了为期一周的“舟山革命斗争史”展。这也是该馆开展“让历史告诉我们——传承文化精髓”主题宣讲活动的内容之一。

舟山博物馆推出馆藏扇面册页展

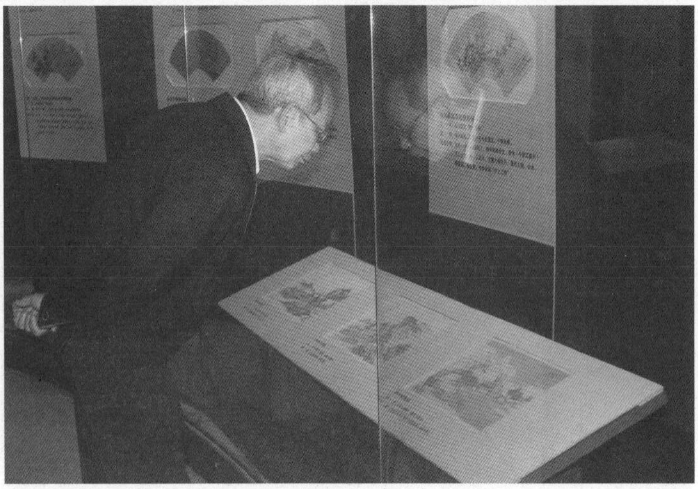

4月29日至5月20日，舟山博物馆举办馆藏扇面册页展。此次展出的作品以黄山寿、任薰、任熊等“海上画派”名家的书画扇面、册页等作品为主，内容包括山水画、花鸟画、书法等，涵盖了卷轴、扇面、横批、册页、对联等形式，题材丰富，清代作品居多。随后，展览又分别在普陀区博物馆、岱山县文化中心做了专题展出。

舟山博物馆打造宣传展示新平台

4月起，舟山博物馆不定期编辑出版《舟山博物信息》，内容涵盖舟山博物馆领导调研、文物收藏、课题研究、陈列展览、宣传教育、精神文明创建等各项工作开展情况，既有先进经验总结，又有各类动态信息。

普陀区博物馆送展览到六横

5月18日，普陀区博物馆送展览到六横蛟头社区，并举办了“普陀记忆·渔文化生态风情展猜”活动。活动现场共展出渔文化生态风情展图板26块，展示了具有普陀海洋特色的绿眉毛、大小捕船船灯、带鱼、鲳鱼鱼灯十余盏，发放“里岙风物”馆宣传册800余册、文保单位宣传杯200个，展出了以海洋文化保护为主题的灯谜300余条，吸引了2000余名观众参与。

嵊泗县举办文化遗产零距离体验活动

6月19日至8月20日，由嵊泗县文化广电新闻出版局联合嵊泗县团委、嵊泗县青少年宫举办的“走近历史、品读嵊泗——嵊泗县文化遗产零距离体验活动”在嵊泗县举行。活动按区域分片次进行，首次的青沙、金平片由中大街88号民居（王宝龙宅）—青沙潘氏民居—里街巷51号民居（唐家老宅）—源森行渔行旧址—金平天后宫—嵊泗渔歌（非遗项目）路线组成，还开展了马关、东山、东海社区、黄龙、花鸟等分片的体验活动。

舟山市2012年第一次“走读昌国”活动进小沙镇

7月19日，2012年首次“走读昌国——舟山市文化遗产零距离体验活动”走进定海区小沙镇。近40位来自社会各界的市民由文化志愿者引导，参观了三毛祖居、甩龙桥、傅家老宅、复翁堂等小沙镇文化遗产。“走读昌国”活动从2009年开始，已持续开展四年。

舟山市新增两处省级历史文化名村

8月，浙江省政府核定公布第四批省级历史文化街区名镇名村，定海区岑港镇里钓山村、金塘镇大鹏岛名列其中。新增的两处历史文化名村是在刚刚结束的第三次全国文物普查过程中发现并上报的。

“走读昌国——2012舟山市文化遗产零距离体验活动”走进普陀区

8月23日，“走读昌国——2012舟山市文化遗产零距离体验活动”走进沈院。讲解员带领45名市民参观了海路厅、孝女馆、国公厅、沈德精舍4大陈列展厅，讲解了沈清“卖身尽孝”和中韩两地人民友好往来的文化渊源。主办方特选择一批海洋气息浓厚的普查新发现与文保单位作为本次活动的主要体验内容，以强化宣传舟山文化遗产的品牌。

普陀区渔文化普查成果展进校园进小区

9月，普陀博物馆先后举办了“渔文化普查成果展进校园”和“渔文化普查成果进小区一日展”活动。活动共展出渔船、渔村、渔港、渔具等渔文化知识图板26块，还分发了《普陀文博》、《普陀记忆》及文保纪念品等300多份，参观人数达2600余人。这也是普陀区首次以小区居民及区内民工子女为宣传对象，将全区渔文化普查内容以展板形式带进小区、走近居民的活动。

舟山市文化遗产摄影展在岱山县展出

9月10日至25日，由岱山县文化广电新闻出版局（体育局）主办，县海洋文化博物馆承办的舟山市文化遗产摄影展在岱山县开展。此次摄影展共展出优秀文化遗产摄影作品50余幅，涵盖了舟山各级非物质文化遗产项目、群岛各地古村落、古街道、古建筑、古文物及民俗节庆文化、传统生活现象等方面，反映了特有的海岛民间艺术和民俗风情。

岱山县开展全县博物馆讲解员业务水平专项审查

9月下旬，岱山县文广新局会同县旅游局对全县五个博物馆的讲解员讲解水平进行了专项审查。审查组听取了各博物馆讲解员的讲解，针对发现的问题进行逐一指出、纠正，并建议在今后工作中加强岗位交流，拓宽讲解员知识面，多举办讲解员业务知识培训和比赛，以进一步提高讲解员的业务水平能力。

舟山市政协专题调研名人故居保护工作

9月24日，舟山市政协副主席蒋宝华率政协文史和学习委员会的20位政协委员，在舟山市文化广电新闻出版局局长邱平海、副局长李敏霞等陪同下，对舟山名人故居进行了考察，实地走访了刘鸿生故居、蓝府大院，听取了舟山市文化广电新闻出版局关于名人故居保护现状的汇报。

舟山博物馆推出“海山风物——舟山市第三次全国文物普查成果展”

10月1日至30日，舟山博物馆推出“海山风物——舟山市第三次全国文物普查成果展”。展览由舟山市文化广电新闻出版局主办，舟山市文物管理办公室、舟山博物馆、舟山市博物馆协会承办，以图片、实物和视频等形式，多样化展示了全市的文物普查前期准备、实地调查、数据录入等三个阶段工作及普查成果。

普陀区“渔文化专刊”面世

10月1日，记录普陀渔文化普查成果的专刊《普陀文博》（渔文化特刊）正式面世。普陀区博物馆历经三个月的筹划、资料收集和设计定稿，由11位渔文化研究学者供稿形成，内容涉及本地渔村、渔船、渔港、渔民、渔俗的发展概况及现状。

岱山县举办“凝固的艺术——中国电影老海报图片展”

10月25日至11月5日，“凝固的艺术——中国电影老海报图片展”在岱山县海洋文化展览中心开展。展览共展出中国电影老海报图片201幅。

普陀博物馆举办“遨游海洋”科普知识图展

11月10日至12月10日，普陀博物馆举办为期一个月的“遨游海洋”科普知识图展，展出图板40块，包括海洋资源、海洋运输、海洋危害等内容，吸引了500余名市民前来参观。

普陀博物馆被命名为“浙江省社会科学普及示范基地”

12月8日，普陀博物馆被命名为“浙江省社会科学普及示范基地”。这是继展茅街道干施岙后普陀区第二家省级社会科学普及示范基地。近年来，普陀博物馆举办各种临时展览，开展国际博物馆日、文化遗产日等宣传教育，举办普陀记忆·渔文化生态风情展、文物普查成果展等“展览走进街道、社区、学校”活动，提供了优质科普教育资源。

舟山博物馆志愿社志愿者招募工作结束

12月9日，历时近两个月的舟山博物馆志愿社志愿者招募工作结束。经过层层选拔后最终确定的首批20名志愿者将随后接受礼仪知识、普通话语音基础训练、讲解基础训练等多项志愿服务专业培训。

文物部门积极配合重大项目建设

12月，浙江大学舟山校区在舟山市定海区惠民桥区域开工建设。为配合重大工程，舟山市文物部门对位于该地块的区级文物保护单位中共定海县工委旧址采取多种保护措施，确保工程建设期间的文物安全。针对较为混乱的周边环境，文物部门赶赴现场，对拾荒人员进行劝诫，在醒目位置张贴告示，防止文物保护单位遭受破坏。

舟山博物馆举办“浩云沧海——国际船王董浩云专题展”

12月14日，由宁波帮博物馆、舟山博物馆协会共同举办的“浩云沧海——国际船王董浩云（1912—1982）专题展”在沈家门新街开展。展览分“序”、“逐梦”、“青衿性情”、“海浪无语、拍岸有声”、“回家”五个部分，以展板的形式讲述了董浩云白手起家，成为世界七大船王之一的故事。该展览还先后在普陀博物馆、舟山博物馆进行巡展。

岱山县举办“暖流——符鸿雁蓬莱风情摄影作品展”

12月27日，由岱山县文学艺术界联合会主办，县文化馆、县摄影家协会和县海洋文化博物馆协办的“暖流——符鸿雁蓬莱风情摄影作品展”在岱山县海洋文化展览中心开展。此次摄影展共展出符鸿雁的个人作品50幅，集中展示了舟山群岛的民俗风情，展期近一个月。

舟山博物馆新馆建设取得新进展

舟山博物馆新馆位于新城的舟山海洋文化艺术中心，建筑面积1.4万平方米，陈列面积达7250平方米（分别为现馆的3.7和8倍）。截至2012年12月底，新馆土建工程已完成，进入陈列展览布展阶段。展览区设有“天宝海洲”、“东海渔歌”、“群岛往事”三大板块13个专题，主要陈列海洋资源、海岛历史、海洋文化三个方面的内容，以大型场景制作、标本模型制作、多媒体互动运用等形式，较为全面地介绍了舟山得天独厚的自然资源、悠久的海岛开发史、海味浓郁的渔盐生产和民俗信仰。

台州市

2012年，台州市围绕浙江省文物局的安排和要求，有效开展了文物保护、宣传以及博物馆建设等工作。

一、基础文物工作扎实进行

2012年，台州市召开全市工作会议，交流了文物工作经验，明确了文物工作思路，部署了全年工作计划。全市开展国有可移动文物收藏保管情况调研和县级文物保护情况调查，围绕重大项目的立项开展考古勘探，围绕台州市的重点建设，完成了临海方溪水库、台州大石化项目、宁波温州段天然气管道铺设工程等项目的文物调查勘探；并根据上世纪80年代的档案资料，对可能存有石棚墓遗址的满山岛进行了探寻。

文物部门组织各县（市、区）参加浙江省第三次全国文物普查成果展、全省文物工作先进集体和先进个人评选及全国先进个人的评选，取得了不错的成绩。

二、文物保护及宣传工作有序展开

2012年，台州市文物部门继续在《台州晚报》上开设“探访台州文明史迹”专栏，并为此走访了临海、椒江、黄岩等地。文化遗产日期间，台州市文物处开展以“文化遗产与文化繁荣”为主题的台州馆藏文物精品图片展，参观人次达2万多。在台州市图书馆巡展的浙江省第三次全国文物普查成果展取得了良好的宣传效果。

10月，台州市文物处会同各县、市文化遗产保护中心、执法支队等单位，对全市国保、省保、市保、县保等进行了防洪防涝安全检查。为开展文物保护“四有”工作，台州市19家文物保护相关单位派出近50名文博工作人员，参加了为期三天的“台州市文物四有培训班”，接受了省里专家的指导，同时相互交流了经验，进一步提高了全市文博系统业务人员的专业水准，为做好第六批省级文保单位和即将公布的第七批国保单位的“四有”工作奠定了基础。

文物部门多次召开三普丛书《丹丘遗韵》编辑座谈会，完成了丛书的稿件编辑、校对等工作，并于12月公开发行。全市九县（市、区）在年底前完成并公布了“三普”期间新发现的不可移动文物名录。

6月，临海明清古城墙接受相关专家考察，申报《中国世界文化遗产预备名单》。11月17日，临海古城墙入选《中国世界文化遗产预备名单》。11月22日，中国古城墙保护与申遗学术论坛在临海举行。

三、推进博物馆建设，促进民办博物馆发展

全市国有博物馆建设稳步开展。台州市博物馆对台州籍书画家基本情况进行摸底，先后前往杭州、苏州、南京、重庆等地，拜访台州籍知名书画家并征集作品，以丰富馆藏。全年向24

位台州籍书画家征集作品近70幅。黄岩博物馆新馆开工建设,温岭市博物馆项目初步设计通过评审。

各博物馆开展丰富多彩的展陈活动。如温岭王伯敏艺术史学馆举办了“方城六人画展”、“清风墨韵——清代名家纨扇展”、“温岭桐庐浦江剪纸精品展”等深受欢迎的展览。文物部门走访民间博物馆,调查民办博物馆发展现状,完成了台州地区2011年民办博物馆基本情况调查表,起草、汇总了相关部门的修改意见,逐步完善了《台州市促进民办博物馆发展办法》征求意见稿。2012年初,台州市文物处会同当地文保部门对临海博物馆、三门博物馆、天台博物馆的技防、人防工作进行检查,了解了各博物馆的安全工作制度建立、执行情况,查看了各博物馆的安全工作相关设备。

仙居发现神秘摩崖石刻

2012年元旦，仙居发现了一块面积约40平方米的摩崖石刻。这块巨型岩壁位于仙居县淡竹乡黄旦村英山自然村附近的对山岗（仙居、永嘉两县交界处），表面平整，上有一个直径约60厘米，类似农家石磨盘的图形，里面刻着长短不一却很规则的线条。除了石磨盘外，崖壁上还刻着3个直径约10厘米的棋子状图形，有一些看上去像乌龟、兔子、月亮等的图案。岩壁上另发现一行石刻文字，每个文字直径约10厘米。

温岭王伯敏艺术史学馆举办“方城六人画展”

1月30日，“方城六人画展”在温岭王伯敏艺术史学馆开展。展览展出了温岭陆阳春、陈曼声、王伯敏、郭修琳、陈野林、王大川六位乡贤的近60幅作品。为配合画展的举行，馆方还出版了《方城六人集》，举办温岭书画名家新春座谈会及书画笔会。

台州市文物工作会议召开

3月8日，台州市文物工作会议在温岭召开。全市各县（市、区）分管局长、文博单位负责人参加会议，明确台州市2012年的新思路，交流2012年工作计划。

《清风墨韵——清代名家纨扇展》举行

3月9日，《清风墨韵——清代名家纨扇展》在温岭王伯敏艺术史学馆举行。此次展览共展出70件清代名家的纨扇，分为绘画、书法两大类，以“海上画派”作品为主，绘画作品涵盖山水楼阁、花鸟人物等各种题材，书法作品则包括行、草、隶、楷诸体。其中不乏费丹旭的《红拂女图》、张熊的《岁寒三友图》、蒲华的《为子云草书》、任薰的《庭墀秋艳图》、钱慧安的《唐人诗意图》、何煜的《飞燕桃花图》、陆恢的《百合草虫图》等佳作。

临海历史文化名城保护规划通过专家论证

5月22日，临海历史文化名城保护规划专家论证会召开。会上，与会专家仔细审阅并论证通过了临海历史文化名城保护规划文本，还就进一步完善规划提出了一些意见和建议。

台州古籍进行点校

6月，《台州文献丛书》编纂委员会面向社会公开聘请有资质的专家学者、学术团队，为十种古籍进行点校整理。这次需要点校整理的古籍涉及《台州文献丛书》甲集5种20卷，乙集5种72卷，共计150多万字。

《台州文献丛书》分古籍整理和文化研究两大部分，古籍部分将收录70种民国以前台州籍或久居台州，在学术、政治上享有盛名的名家著作。文化研究部分将收录71个研究项目，包括台州文化专题研究、台州历代名人研究、台州文化遗产研究3大系列。

温岭桐庐浦江剪纸精品展举行

6月6～20日，"陌上花开——温岭桐庐浦江剪纸精品展"在王伯敏艺术史学馆开展。此次展览由温岭市、桐庐县、浦江县文广新局主办，温岭市文化遗产保护中心、桐庐县非物质文化遗产保护中心、浦江县非物质文化遗产保护中心承办，汇聚了温岭、桐庐、浦江三地剪纸艺术的精华，呈现出浙派剪纸手法细腻、样式精巧、韵味隽永的艺术特色，以及温岭海洋剪纸、桐庐山水剪纸、浦江戏曲剪纸的不同风格。温岭是该展览的首站。

台州馆藏文物精品图片展开展

6月8～10日，台州馆藏文物精品图片展举行。本次展览展出文物（不包括书画）图片62幅，如仙居下汤的石器、温岭的青铜蟠龙大盘、临海的宋徽宗内府大晟应钟、黄岩的青瓷五联罐等，其中既有出土文物，又有传世文物。

楚门公布为省级历史文化名镇

7月，浙江省政府公布第四批省级历史文化街区名镇名村。楚门镇位列10处历史文化名镇之列。这也是本次台州市唯一上榜的名镇。

黄岩博物馆新馆完成招标

7月13日，黄岩博物馆新馆工程完成招标工作。新馆建设工程总占地面积11亩，分为展示空间、内部管理与工作空间、公共空间三大功能区块。地上建筑面积1万平方米，总投资约1.2亿元。工程预计在一年内建设完成。

王德惠画展开展

7月17日，由浙江省文化厅、台州市政府和中国油画艺术委员会等联合举办的"赤城霞·王德惠画展台州巡展"在台州心海书画艺术博物馆开幕。王德惠祖籍天台县平桥镇溪头王村，被称为中国油画民族化的代表人物。此次展览共展出王德惠的油画作品近300件。

温岭市博物馆项目初步设计通过评审

7月27日，温岭市博物馆项目初步设计评审会议召开。温岭市文广新局、财政局、建设规划局、国土资源局、环保局、水利局、供电局、气象局、人防办、消防大队等单位的领导及有关专家参加了会议。会议简要介绍了博物馆项目前期工作的进展情况，并从概况、总平面设计、建筑设计、超常设计、节能设计、存在问题、相关各专业设计七大方面对博物馆项目初步设计内容做了汇报。与会专家、各单位领导对博物馆项目初步设计进行了评审，针对初步设计中存在的问题与不足提出意见和建议。

温岭市博物馆位于温岭市新区核心地段，西邻横湖北路，南靠九龙大道，北濒双桥河，建筑面积8800平方米，其中地上面积7993平方米，地下面积806平方米，采用钢结构与混凝土结构相结合的架构。

温岭修缮南宋石闸桥

9月，温岭市文保部门对南宋石闸桥北闸进行全面修缮。由麻糍闸、中闸、北闸、下卢闸四座闸桥组成的温岭新河闸桥群始建于南宋，具有丰富的历史信息和较高的文物价值，在我国水利史、建筑史上有着特殊的地位，是全国重点文物保护单位。此前，文保部门已对麻糍闸、中闸两闸桥进行了修复。

天台山举行道教南宗文化周活动

9月5日，首届天台山中国道教南宗文化周在天台县桐柏宫开幕。开幕式上举行了祈福法会和紫阳真人像、玉皇像、灵官像开光典礼。活动期间，主办方还举办了道教南宗文化书画展、经忏音乐法会、中国道教养生文化学术交流会等活动。

中国道教自古将天台桐柏列为第六洞天。宋仁宗时，被后人尊为“紫阳真人”的道家张伯端居桐柏修行，著有《悟真篇》等书，自此开创了道教南宗。2005年起，天台县启动了桐柏宫重建工程。

临海设花茶亭碑

9月16日，临海市文物保护点花茶亭碑在江南街道山头行政村花茶亭设立。该亭碑高1.27米，刻有“为民善举司户遗风”亭柱联。据史料记载，400多年前郑氏先人曾在此建茶亭。2008年，中国茶叶博物馆收藏了民国七年的古碑拓片。

台州市古玩商会义卖57件藏品

9月20日，台州市古玩商会在成立两周年纪念日之际，对57件藏品进行义卖，所得10万多元善款被当场用于公益事业。

临海出土三方明代墓志铭

9月25日，邵家渡街道溪边村菱塘后山西麓山坡相继出土了宁国通判陈公墓志和其子后山陈公的墓志，同时还在村里发现了明工部都水司员外郎潜斋陈公的墓志。

宁国通判陈公墓志长74厘米，宽51厘米，厚9厘米，字径1厘米，文连题25行，每行31字，共计字775个。志石完好，系红砂石质，因长期埋于地下，文字已有腐蚀。经墨拓，志文基本可以辨读。志额篆“宁国通判陈公墓铭”，两侧镌刻云纹。志首题“赐进士通议大夫礼部右侍郎掌国子祭酒事太平谢铎撰文”，“赐进士通议大夫文华殿学士兼礼部左侍郎南宫白钺篆额”，“赐进士中顺大夫赞治尹江西广信知府同邑王瑭书丹”。现三方墓志均已入藏临海市博物馆。

台州市勘探海岛石棚古墓情况

9月27日，台州市文物处、台州市博物馆与省文物考古研究所专家根据上世纪80年代的原始图片资料，坐船赴三门满山岛，对海岛石棚古墓进行勘探。

石棚墓为古代墓葬构筑形式之一，利用巨大天然石块（有的经过加工）再加支撑、覆盖而成。浙南的石棚墓主要分布在瑞安莘塍岱石山、马屿棋盘山、塘下杨梅山、平阳钱仓龙头山和苍南桐桥等处。

《古桥神韵》出版

10月，考证浙江天台山古桥的专著《古桥神韵》正式出版发行。该书共50多万字，特色图片184幅，收集了天台山有科技、考古价值的古桥28座，主要包括天台九遮山悬链线三折边拱，稍迟于河北赵州桥的国清寺丰干桥，有折边拱演进说活化石之称的贤投卷洞桥，近似悬链线型的欢岙椭圆拱高桥，早于欧洲500年的变截面、变幅西坑大桥头卵石拱桥等，详细论述了天台山古桥的科技含量。

台州府城墙入围《中国世界文化遗产预备名单》

11月，在京举行的全国世界遗产工作会议公布了更新的《中国世界文化遗产预备名单》，台州府城墙被列入国内8个“中国明清城墙”预备名单。台州府城墙始建于东晋元兴元年

（402），主体部分一直保存至今。现存的台州府城墙全长4670米，城墙弧形马面及其他防洪遗构至今仍承担着阻挡台风暴雨、海水倒灌和灵江大水的重要防洪功能。

台州五村落成为浙江首批历史文化村落保护利用重点村

11月，浙江省首批历史文化村落保护利用重点村名单公布，台州市黄岩区北洋镇潮济村、临海市东塍镇岭根村、玉环县坎门街道东沙社区、仙居县白塔镇高迁上屋村、三门县横渡镇东屏村5个村落名列其中。

台州市举办文保单位“四有”工作业务培训班

11月5～7日，台州市文保单位“四有”工作业务培训班在三门县举行。台州市19家文物保护相关单位共派出近50人，参加此次为期三天的培训。授课老师对记录档案的规范、“四有”工作的理解和方法等内容进行了系统讲解。学员们还相互交流了经验。

天台宗第一道场修禅寺重建项目启动

11月15日，天台宗第一道场修禅寺重建项目启动仪式在天台县石梁镇太平村举行。修禅寺始建于南陈太建七年（575），是智顗大师修禅、弘法的主要道场，被当作佛教天台宗的教源圣地。包括国清寺首任方丈智越在内的智顗大师许多弟子都曾在此习修，故而又被称为“教源”、“佛陇”。

临海紫阳街获殊荣

11月21日，临海市举行中国历史文化名街紫阳街揭牌仪式。紫阳街也是继杭州河坊街后，第二条获此殊荣的浙江省名街。

“中国古城墙保护与申遗学术论坛”在临海召开

11月21～22日，中国古城墙保护与申遗学术论坛在临海市召开。论坛由浙江省文物局、中国古都学会城墙保护专业委员会主办，临海市委、市政府承办。这是2012年11月17日“中国明清城墙”成功入围“中国世界文化遗产预备名单”后，中国明清城墙组合项目的八个城市相关代表首次聚会。八城市的文物工作领导及51名代表出席了论坛。21日，各地主管领导及专家就管理与政策方面进行了汇报。22日，与会代表对中国明清城墙的历史意义、功能、保护、维修、展示等专业性问题及今后发展走向、申遗步骤进行了探讨。

此次论坛共收集学术论文20篇，讨论并通过了《关于“中国明清城墙”入围“中国世界文化遗产预备名单”的临海共识》。《共识》强调，应强化项目的整体意识，建立八城市的联动机制，建立健全联席会议制度、信息交换制度、学术交流制度，推进中国明清城墙的联合申遗工作，推动古城墙的保护与城市发展。

临海举行古城文化节

11月21～29日，临海召开古城文化节。节会期间举办了名人名家书画展等活动，举行了中国历史文化名街紫阳街揭牌仪式和中国古城墙保护与申遗学术论坛。

天台县启动民国县府大堂维修工程

民国天台县府大堂位于天台县中山东路和中山西路街区连接处，是天台古城历来的政治中心所在地，1932年时重建，现存占地近1000平方米，合院式建筑，有明确纪年，结构严谨、做工考究，融中西建筑风格于一体，有鲜明的时代和地方特色，是浙江省内现存为数不多的民国时期县衙建筑，文物价值较高，2003年被列为县级文保单位。2012年12月，天台县投入资金100多万元，启动了县府大堂维修工程，对其进行修复。

陆俨少书画精品展举行

12月15日，“风流今见·陆俨少大师艺术鉴赏会暨名家精品展”在台州书画院开展。展览共展出陆俨少各个历史时期的作品40余件，同时还展出潘天寿、黄宾虹、吴昌硕、齐白石、张大千等人的精品。

郑士龙水彩画作品展开展

12月17日，“家园·郑士龙水彩画作品展”在台州心海书画艺术博物馆开展。此次画展是台州本土著名画家郑士龙多年创作的一次集中展示，共展出作品百余幅。

“丁家画展故乡行”开幕

12月20日，“丁家画展故乡行——丁立人先生祖孙三代绘画作品展”在台州书画院开幕。本次画展共展出丁立人及夫人杨紫见，第二代丁比凡、丁比下，第三代丁牧儿、丁好共三代6人的168幅作品，包括油画、现代人物画等类型，其中部分是家乡台州的山景。展览开幕后，丁家把部分画作捐赠给台州市书画院和博物馆。

丽水市

2012年,丽水市文物工作乘势而上、顺势而为,取得了新的亮点和成绩。

一、深入普查、摸清家底,为文物工作良性发展奠定坚实基础

2012年,丽水市进入第三次文物普查收尾阶段,全市共普查登记不可移动文物8185处(总量列全省第四),编辑出版了六个专题丛书、市本级文物普查名录和全市文物普查名录,编制了全市普查工作报告,完成了文物普查建档归档工作,共建立文物普查档案662卷。全市3个先进集体和18名先进普查员得到省文化遗产委员会表彰,遂昌县被评为全省三个先进县之一。6月15日,丽水市召开全市第三次文物普查总结表彰大会,2个先进县、4个先进集体和39名先进个人受到表彰。

同时,丽水市文物部门根据《关于开展全省历史文化村落普查工作的通知》要求,配合建设等部门联合开展古村落普查。在首批省级历史文化村落保护利用重点村名单中,丽水市共有9个村落名列其中,占全省的22.5%,8个镇、村成为第四批省级历史文化街区、名镇名村。目前,全市共有国家级历史文化名镇1个,名村1个,省级历史文化名城2个,省级名镇1个,名村15个。在全省最终确定的971个历史文化村落中,丽水市有137个村入围。这137个村将分为重点村和一般村,在2012年至2015年进行规划保护和利用。为此,丽水市政府还专门召开了古村落保护利用现场会。此外,龙泉窑大窑遗址,庆元、景宁各两座木拱廊桥被国家文物局列入更新的《中国世界文化遗产预备名单》。

丽水市通过文物普查进一步摸清了文物家底,也为下一步工作奠定了坚实基础。

二、围绕重点、科学规划,申报省级历史文化名城工作全面铺开

6月,丽水市委明确了申报省级历史文化名城的任务。丽水市文广新局作为主要责任单位,在人手紧、任务重的情况下,全力以赴投入到申报工作中。8月,丽水市文物部门跟随市政府组织的考察团到湖州、温州现场学习后,着手准备相关工作,完成了《丽水申报省级历史文化名城实施方案》(送审稿),正着手编制《丽水市城市紫线规划》、《酱园弄街区保护规划》。龙泉市、松阳县启动了申报国家级历史文化名城的申报工作。

在申报省级历史文化名城工作的大背景下,丽水市加快了全市文保单位的修缮和保护力度,全年共有46处各级文物保护单位得到维修保护,共投入文物保护修缮经费1174.32万元。市本级完成了市保万年桥、顾宅的维修;省保黄景之律师事务所旧址保护维护工程于11月启动;莲都区通济堰龙庙维修项目方案正在完善中;西溪村文物保护规划已经通过省级论证;缙云县慕义桥、河阳虚竹公祠、西岸吕氏宗祠、中共缙云县一大会址维修已竣工并通过初验;庆元县如龙桥的修缮设计方案正在完善;景宁县时思寺维修项目正在启动;东坑下桥落架维修工程正在进行；敕木山畲族古民居（1号）抢救性维修已经完成；遂昌县长濂村古建筑群之宝俭堂、滋德堂修缮正在进行；松阳县黄家大院、城隍庙维修已完成，明清街整治一期工程方案通过会审，南直街道路实施了改造，地埋给水、排污、消防、电力及通信管网，改善了老街基础设施条件，街道两侧建筑立面也进行了整治，恢复清末民初的建筑风貌，挖掘了老街古建筑和古商贸文化。工程估算总投资1146.58万元。《丽水市江滨区块文物古迹保护规划》和《刘祠堂背街区保护规划》通过丽水市规划委员会审议，丽水市政府发文批复。

三、抢抓机遇、创新机制，在保护中实现“文化惠民”工程的深度延伸

2012年，丽水市在文物工作中善于抢抓机遇，在保护机构设置、保护机制方面取得了新突破，并大胆创新机制，探索保护与惠民的双赢新途径。

文物部门争取党委、政府的重视与支持，进一步理顺文物保护工作体制机制，丽水市文物保护管理所实现分设；云和县文保所已经县机构编制委员会批准；龙泉市正在申请成立龙泉市文物局，计划将青瓷博物馆升格为副科级事业单位，还顺利完成了市收藏协会换届工作。

11月15日，丽水市政府召开第十次常务会议，审议通过了《丽水市民办博物馆管理办法》，以政府令形式颁布。这是丽水市在民办博物馆管理体制上的新突破，也是探索文物管理工作中的重大成果。文物部门代政府草拟了《进一步加强文物工作的意见》，起草了《丽水市文物保护单位安全管理工作规范》，从制度上进一步规范了文物保护和管理程序。

市县级文物行政审批原有14项许可、5项审核。2012年行政审批制度改革中，省文物局审批权限下放给市级5项。《浙江省历史文化名城名镇名村保护条例》修改实施后，又有两项行政许可调整到建设规划部门，调整后的文物行政许可达18项。

2012年，文物部门围绕文化遗产日和国际博物馆日主题，召开了全市博物馆人员参加的“5·18国际博物馆日”纪念宣传工作会议，各县市文广新局及博物馆负责人40余人参加会议。丽水市博物馆举办了“打开珍藏的记忆——丽水老照片展”、丽水市文物精品图片展，联合浙江自然博物馆、浙江省博物馆、中国文联等单位共同举办了“龙行浙江”、“山哈风韵”等展览，对“法国‘前尘影事’大型摄影主题展”进行了筹备。各县（市、区）通过广场活动、专题展览与讲座，宣传专版、横幅等形式，开展了形式多样、丰富多彩的节日宣传活动，并充分利用广播、电视、报纸、网络等媒介进行活动宣传，引导社会各界走近文化遗产，关注、关心文物保护工作，在全市上下营造了全社会关心、参与文化遗产保护事业的良好氛围。截止12月25日，全市在国家文物局网站发布信息13条，省文物局网站发表213条。文物处、博物馆和文保所的微博开通以来，文物工作的宣传力度加大，文物保护工作的关注度得到提高。博物馆以免费开放为契机，充分发挥博物馆、纪念馆的社会教育功能，坚持以人为本，不断拓展服务领域、方式和手段，提供更加人性化的服务设施和服务项目，在展示形式上积极探索、大胆创新，极大丰富了题材、品种和载体，使陈列展览更具吸引力、感染力，提高了展示传播水平。全年全市国有、民办博物馆免费开放参观人数达180万人次，真正做到文化惠民，文化遗产全社会共享。

在强化宣传、营造氛围的同时，丽水市注重创新文物保护工作机制、开源拓渠，引导、激发社会各界力量参与文物保护工作，实现合作共赢。如丽水地委机关旧址是普查新发现并及时公布的市级文物保护单位,有百年历史,具有较高的保存价值和纪念意义。由于年久失修,建筑屋面、外墙、结构等都存在较大安全隐患,急需整体修缮,却因地方财政困难,一直没有专项维修经费。2012年8月,丽水市文保所获悉莲都区老小区改造项目将分批实施,丽水地委机关旧址所在地正好被列入改造名单,但改造内容只包含道路、管道、绿化、亮化等公共设施改造及管线地埋工程,对旧址修缮项目并不涉及。于是丽水市文保所积极与莲都区政府、莲都建设分局沟通,反映了丽水地委机关旧址的历史价值和维修经费短缺的实际情况,建议他们能够将旧址保护维修工程列入老小区改造项目。征得初步同意以后,丽水市文保所一方面协调落实有资质的古建筑维修设计单位编制修缮方案,以最快速度上报莲都区政府;另一方面多次与社会热心人士毛传书沟通协调,明确保护意见和方式,以社情民意的方式上报区政府,充分发挥社会知名人士在文物保护工作中的重要推动作用,最终获得莲都区领导的同意。城关丽阳学校旧址是市级文物保护单位,建于60年代。由于校舍多年荒废,墙体开裂、屋面漏水严重,已成危房。2012年7月,丽水市文保所得知莲都区教育系统有笔省拨校舍维修改造经费后,及时与校方联系,要求校方按文物修缮原则报批,并利用暑假期间对建筑进行整体修缮。8月,城关丽阳学校旧址维修工程如期动工,丽水市文保所请示丽水市文广新局以文件形式对修缮方案做出具体批复,要求校方在文物保护单位的建设控制地带内进行建设工程,不得破坏文物保护单位的历史风貌,同时按照“修旧如旧、不改变文物原状”的修缮原则进行施工;还派出业务人员不间断到现场指导修缮,使修缮项目赶在开学前全面完工。校方对结果相当满意,修缮后的文保单位也恢复了历史原貌。

2012年,在省文物局全力支持下,全市共获经费补助1205.49万元,其中宗祠维修补助260万元,占全省的26%;文物维修补助经费480万元;免费开放补助经费407.19万元;陈列布展与安防技防补助经费158.3万元。

四、加强培训、完善设施,实现文物工作软件硬件“双提升”

在加强交流的基础上,丽水市继续创新方式,开展文博大讲堂业务培训,全年组织安排两次大型文博大讲堂,通过邀请文博系统专家来传授专业知识,增强本系统工作人员的业务知识。同时,为进一步提升文博系统干部职工业务水平,促进业务交流,加强对员工的培训,丽水市博物馆创办了“丽博学堂”,为全市文博工作人员创造各种学习、培训平台。丽水市博物馆的研究成果显著,浙江省社科联课题成果《处州古堰》书稿已交付印刷。作为集中考证、展示、研究处州历代古堰的书籍,该书是丽水古代堰坝等水利工程收录最全面的研究专著,在地方水利史、农耕文化史等方面有一定的研究、参考价值。此外,《浙江宋元墓志·丽水卷》专业论著已经定稿,即将付梓印刷,将填补丽水宋元墓志研究领域的空白。《金逢孙捐献剪纸作品集》一书已交付出版社进行排版印刷。

丽水博物馆土建工程9月基本完工并正式移交。新馆内的亮化和绿化工程皆纳入土建工程项目。目前,亮化工程进入实施阶段,馆舍周边绿化工程也已进场。为给博物馆陈列打下扎实基础,文物部门共召开《丽水市博物馆陈列展览文本》市级专家讨论会8次,省级专家讨论会2次。《文本》结合专家意见几易其稿,基本确定了陈展工程的组织机构、各单位职责分属及工程设计施工一体化实施方式、工程目标定位、工程造价估算等相关内容。

五、部门联动、紧密配合，文物安全保障更有力

2012年丽水全市文物执法监察机构出动1170人次，检查文保单位908家次，受理举报53起，遏制文物违法行为26次，发放整改（停工）通知书35份，查处违法行为2起，配合公安部门鉴定被盗古墓葬1起，抢救性发掘施工现场古墓葬一处，文物整体安全形势有较大提升。但全市各地依然存在执法能力还不完全适应文物保护与城乡建设之间存在的长期矛盾，工作方式还不完全适应文物工作面不断扩大、任务日益繁重的新形势，面对社会关注度越来越高的新情况新招术不多，各项制度有待健全、有关管理办法需要制定，需要从宏观上研究解决新问题，人才队伍建设还不完全适应文物保护利用、传承发展的新要求等难题，亟待解决。

缙云县举行“壶镇九进厅”管委会成立揭牌仪式

1月1日，壶镇九进厅管理委员会成立揭牌仪式在缙云县举行。这是丽水市首个成立的镇村级文物保护单位管理委员会。九进厅位于缙云县壶镇镇工联村，坐西朝东，为原壶镇富商吕载扬家族于清道光年间所建，面积3300平方米，1997年被浙江省政府公布为第三批省级文物保护单位。

敕木山畲族民居抢救性维修工程完成

1月，景宁县敕木山畲族民居1号住宅抢救性维修开始进行。敕木山畲族民居是2011年公布的第六批省级文物保护单位，共有4座民居，是典型的畲族传统村落。其中敕木山1号住宅建于1911年。1929年，德国学者哈·史图博及其中国学生李化民来敕木山村开展畲民族调查，并在此著了《浙江景宁敕木山畲民调查记》一书。该书第一次向世界介绍了畲民的民俗风情。因年久失修，该民居残损比较严重，夯土墙多处坍塌倾斜，东南面厢房及正房木结构局部坍塌，构件严重腐朽霉烂。本次修缮工程投资100万元，重新铺设了室内外地面，补接、更换了木构架，修补及复原了门窗，修补了墙体，油漆了门窗、封檐板，翻修了屋面揭顶，新做了屋脊，更换了椽子望板。

丽水处州府行春门城墙保护方案设计论证会举行

2月10日，丽水市建设（规划）局、文化广电新闻出版局组织、召开省级文物保护单位处州府行春门城墙保护修复方案深化设计论证会。省住建厅、省文物考古研究所专家、丽水市国土、财政、水利、环保局等有关部门及部分文化人士参加了会议。

与会人员现场踏勘了处州府行春门遗址现场，听取了设计单位对保护方案的介绍，对方案有关内容提出了建议和意见，并达成共识：应以《文物法》和《文物保护工程管理办法》为依据，结合城市总体规划及城墙发掘成果，明确市政府保护意向，结合专家意见及时与省文物局沟通；按照文物保护修复可逆性原则，处理好修复性保护、展示性保护与遗址性保护的关系，进一步修改完善方案；明确定位，统筹兼顾申报省级历史文化名城，根据文物、规划、水利等部门要求，结合文物实体城墙修复、古街区改造、护城河环境景观等方面协调设计，遵循保护和适当利用原则；充分研究现有的考古资料和文献资料，以此为依据进行深化设计；设计方案要依法依据，在深化设计的基础上严格按照报批程序上报审批。

缙云县博物馆对西岸吕氏宗祠展开调研

2月14日，缙云县博物馆组织人员对西岸吕氏宗祠进行调研。吕氏宗祠位于缙云县西北部的新建镇西岸村村落东南，整体格局保存完整，规模较大，形制特征明显，具有一定的价值。

莲都区开展《通济堰保护规划》编制工作

2011年起，莲都区积极开展《通济堰保护规划》的编制、论证修改和上报。2012年2月28日，省文物局组织召开《通济堰保护规划》省级专家论证会，提出了修改意见和建议。9月，规划经修改完善后上报国家文物局审批获得通过。

“全国知名画家油画展”举行

2月，丽水市博物馆与古堰画乡在丽水摄影博物馆合作举办“2012全国知名油画家古堰画乡写生作品展”。此次展览包括潘鸿海、管建新、梁力宏等13位全国知名油画家的近百幅油画新作，历时一个月。

丽水市文物保护管理所分设挂牌仪式举行

3 月 29 日，丽水市文物保护管理所分设挂牌仪式举行。丽水市文物保护管理所于2006 年经丽水市机构编制委员会批准挂牌成立，没有编制，与市博物馆合署办公。随着第三次全国文物普查的开展，丽水市不可移动文物从2000 多处增加到目前的8185 处。为适应形势发展需要，丽水市机构编制委员会正式发文，同意将丽水市文物保护管理所调整为单独设置，属丽水市文化广电新闻出版局下属正科级公益一类事业单位。

丽水市收藏协会会员大会召开

3 月 31 日，丽水市收藏协会会员大会召开。上届收藏协会秘书长作了工作报告和协会修改章程报告。会议对丽水市第一届收藏协会班子进行了重新改选，推选产生了新一届协会常务理事、副会长、会长。

庆元首届廊桥文化讲解志愿者培训开班

4月14日，庆元县廊桥博物馆主办的"弘扬廊桥文化，我们准备好了"庆元首届廊桥文化讲解志愿者培训班举行开班仪式。庆元县职业高级中学旅游专业的60多名学员参加了讲解志愿者培训活动。

中央电视台赴缙云县拍摄专题片

4月25日，中央电视台四频道工作人员赴缙云县，为八集专题片《中国书法五千年》拍摄了缙云县博物馆收藏的《城隍庙碑》、《黄帝祠宇》碑刻、五云镇的"吏隐山"、仙都的"倪翁洞"石刻及城隍庙遗址、黄帝祠宇遗址、吏隐山遗址、说洞遗址等唐代箸名书法家李阳冰遗迹。李阳冰字少温，是唐代文字学家、书法家，曾在唐代乾元二年（759）任缙云县县令。

青田注重涉台文化史迹保护

4月，青田文管办编辑、刊印了《青田涉台文化文物史料》，呈报县四套班子和主要领导；并配合县政协、县宣传部做好《陈琪文集》的首发式暨“陈琪与世博文化”讲座。

庆元县廊桥博物馆举办多项活动

5月2日，来自庆元县五大堡乡四个村的40多名青年团员在廊桥博物馆开展了“保护母亲河，创建国家级生态县”活动。5月4日，廊桥博物馆又组织职业高中46名团员开展“迎五四、弘扬廊桥文化”廊桥创意写生活动。5月18日，由廊桥博物馆、书法家协会、江滨小学联合举办的廊桥诗词书法艺术现场展示活动举行。来自庆元县江滨小学的28名小学生参加了比赛。

云和举办全县业余文物保护员业务培训

5月28日，云和县举办了为期两天的全县业余文物保护员业务培训会议。来自各乡镇、街道文化站的干部和村级业余文物保护员共37人参加了培训。培训期间，云和县文物管理委员会办公室还与每位业余文物保护员签订了《业余文物保护员责任书》，颁发了由省文物局统一印制的业余文物保护员证。

兴华广货号旧址完成展览改陈

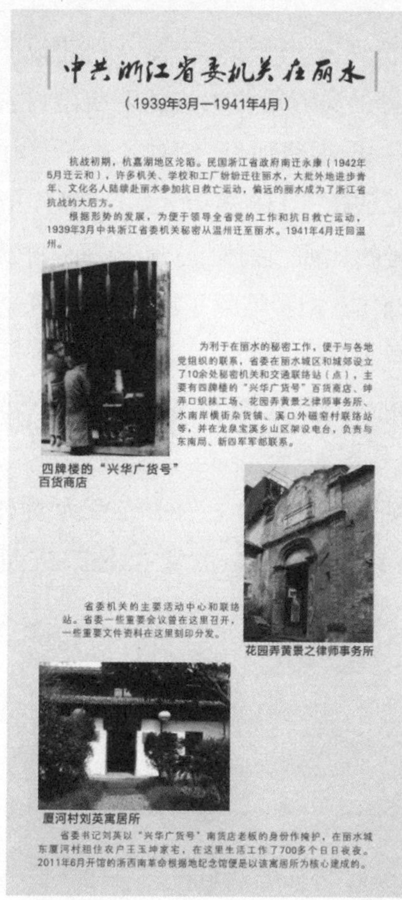

5月，丽水市博物馆部署了兴华广货号陈列展览改陈工作，召开了由市党史办、市文保所和社会知名文化人士参加的“兴华广货号改陈讨论会”，讨论修改展版设计和陈列。在讨论会的基础上，博物馆重新调整了版面内容和设计，于7月下旬完成改陈工作。经修改后，兴华广货号展陈现分为“省委机关在丽水”、“兴华广货号”、“秘密联络站”、“刘英在丽水”四个板块。

莲都区完成下南山古民居群修缮一期工程

下南山村古民居群2012年被列入“浙江省美丽乡村建设”考察点后，莲都区政府专门成立了由区农办、区文广新局、区建设局等单位组成的下南山村古村落修缮加固工作组，通过现场勘查，将村口5幢房子列为第一期维修项目，编制了《下南山古民居群抢修方案（第一期）》和《下南山村保护和利用规划》，总投资110多万元。工程于2012年5月开工，10月通过检查验收。该项目对村口5幢古民居的地面、墙体、门窗、屋面等按照原材料、原做法进行了修缮，修整了村内卵石道路，疏通了排水沟，初步恢复了历史原貌，还通过了现场会验收。

丽水市举办第四期文博大讲堂

6月5日，丽水市举办第四期文博大讲堂。有关专家为丽水市民作了《丽水古建筑保护面临的形势与对策》的报告，就如何看待古建筑、欣赏古建筑，进而采取有效措施保护古建筑进行了讲座。

处州府城行春门城墙保护方案通过评审

6月7日,《处州府城行春门城墙保护方案》通过专家评审。根据评审意见,处州府城行春门城墙保护工程将同时采取整体修缮、部分复原两种手段,其中沿大洋路平行段将采取复原方式保护,行春门将修复,沿大猷街段将采取遗址保护方式。

丽水召开市本级业余文保员会议

6月7日,丽水召开市本级业余文保员会议,10位业余文保员在会上签署了《业余文物保护员责任书》。

"澄怀——李震坚90华诞艺术展"举行

6月21日,缙云县博物馆联合浙江省博物馆推出的"澄怀——李震坚90华诞艺术展"开幕式在缙云县博物馆举行。李震坚(1922—1992),浙江缙云人,1950年毕业于杭州国立艺术

专科学校（中国美术学院前身），留校任教多年，曾任浙江美术学院教授、浙江美术家协会理事等职。此次艺术展共展出李震坚艺术生涯各个时期的代表作100余幅。

丽水市博物馆举办纪念建党91周年系列活动

为庆祝建党91周年，丽水市博物馆开展了系列活动。6月30日，丽水市博物馆在岩泉街道丽阳社区东苑小区举办“丽水市博物馆浓情送展进社区”活动，制作并推出《丽水博物馆馆藏精品图片》和《丽水摄影精品图片》两个流动展览。“七一”前后，丽水市博物馆党支部对5位博物馆退休干部、老党员和部分文化系统老党员进行了走访慰问。7月20日至22日，丽水市博物馆全体党员走访了庐山会议纪念馆等革命纪念地。7月29日，兴华广货号旧址完成改陈。

浙闽木拱廊桥列入《中国世界文化遗产预备名单》

6月，中国古迹遗址保护协会组织专家对景宁县木拱廊桥进行了现场考察。11月17日，国家文物局下发《关于印发更新的〈中国世界文化遗产预备名单〉的通知》，景宁县的东坑下桥、大赤坑桥、章坑接龙桥被捆绑列为世界文化遗产预备名单。

丽水市完成《浙江馆藏文物大典》拍摄任务

7月2日至6日，丽水市文物部门配合浙江省文物局全面完成入选《浙江馆藏文物大典》35件藏品的拍摄任务。为确保编纂出版质量，丽水市文物行政部门高度重视，缜密安排拍摄工作行程，组织各相关文物收藏单位及时做好拍摄场地安排、文物说明文字撰写等工作，并采取有效措施，确保文物进出库和拍摄中的安全，全面完成了拍摄任务。

河阳虚竹公祠进入施工阶段

河阳村省级文物保护单位虚竹公祠于7月底正式进入施工阶段。这期间，缙云县博物馆工作人员开展实地考察，了解工程进度，并督促施工方严格按照设计图纸完成任务，注重施工安全，确保修缮工程按计划顺利完成。施工方承诺将严格按照设计图纸，加强安全工作力度，确保按时完成任务。

庆元举行第一届博物馆志愿者表彰联谊会

8月8日，庆元香菇博物馆与廊桥博物馆联合举办第一届志愿者表彰联谊会。与会人员跟随志愿者讲解员参观了博物馆。

《丽水市博物馆陈列展览文本》省、市专家讨论会召开

8月9日，《丽水市博物馆陈列展览文本》省、市专家讨论会召开。会上，省、市专家结合实地考察情况，对新馆的展线设计、展览大厅设计、陈列文本框架结构和内容等进行了商讨，对丽水市博物馆陈列展览文本予以大体通过，提出了意见和建议。

“紫玉金砂——浙江长兴紫砂名壶特展”举行

9月13日，“紫玉金砂——浙江长兴紫砂名壶特展”在缙云县博物馆开展。本次展览由缙云县博物馆和长兴县博物馆主办，缙云县农业局、浙江秦邑装饰工程有限公司、长兴县文化文博发展有限公司协办，展示了长兴紫砂壶的制作工艺。

丽水市推进历史文化名城申报

丽水自隋朝开皇九年（589）建置处州府，至今已有1400多年的历史，老城区的文化遗存丰富，文物遗迹众多。为申报省级历史文化名城，丽水市成立了申报省级历史文化名城工作领导小组。文物部门经过充分调研，起草了名城申报实施方案，委托编制了历史街区保护规划。9月26至27日，由浙江省住建厅、浙江省文物局组成的历史文化名城申报工作指导组一行赴丽水，对申报省级历史文化名城工作进行了指导。目前处州府城墙行春门保护修复项目进展顺利，城墙保护方案已通过省文物局审批。

丽水市博物馆开设“丽博学堂”

9月起,丽水市博物馆推出每月一期的“丽博学堂”,采用能者为师、相互学习原则,为博物馆工作人员创造了涉及藏品管理、文书写作等方面学习、培训的平台。

缙云县博物馆命名为第一批“丽水市社会科学普及基地”

10月7日,缙云县博物馆被丽水市社科联正式命名为第一批24家“丽水市社会科学普及基地”之一。

龙泉召开青瓷研究会成立大会

10月12日,龙泉青瓷研究会成立大会暨第一次会员大会召开。中共浙江省委常委、组织部部长蔡奇及省文物局、中国古陶瓷学会等领导发来贺信,对龙泉青瓷研究会的成立表示祝贺。

省内外知名作家赴缙云县文保单位采风

10月21日至23日，缙云县邀请省内外知名作家采风考察团深入缙云进行实地采风创作。考察团一行先后参观考察了省级文物保护单位河阳乡土建筑、道门进士第及县级文物保护单位岩下石头特色村等处。

龙泉举办哥窑瓷片标本展

11月7日至10日，龙泉青瓷博物馆标本中心举行“哥窑瓷片标本展”。展览共展出龙泉溪口瓦窑垟窑址考古发掘的黑胎青瓷标本、小梅瓦窑路窑址出土考古发掘的黑胎青瓷标本、大窑调查采集的黑胎青瓷标本等，并采用了分片区、分釉色摆放，开放式与封闭式相结合的展陈方式。

遂昌举办杨可扬艺术作品展

11月8日，遂昌汤显祖纪念馆承办的杨可扬艺术作品展开幕。本次作品展共展出杨可扬

的版画、藏书票68幅，吸引了众多学生、市民及外地游客。

庆元启动未成年人生态教育巡回展

11月12日，由浙江自然博物馆主办，庆元香菇博物馆和廊桥博物馆承办的《龙行浙江图片展》、《浙江鸟类图片展》在庆元县实验小学、江滨小学巡回展出。参观学生达4000余名。

《丽水市民办博物馆管理办法》颁布

丽水市人民政府令

第75号

《丽水市民办博物馆管理办法》已经市政府第10次常务会议审议通过，现予公布，自2013年2月1日起施行。

市长 王永康

2012年12月10日

11月15日，丽水市政府召开第十次常务会议，审议通过了《丽水市民办博物馆管理办法》并以政府令形式颁布。

随着社会经济的发展，丽水市民办博物馆得到较快发展，全市经合法审批的民办博物馆有6家，正在筹建且有一定规模的有8家，同时还有规模大小不一的陈列馆、展览馆，馆藏品总量约5万件。由于准入标准把关不一,权利义务不明确,行政主管部门管理难,内部管理制度不健全,运行机制不完善等问题,丽水市先后多次组织专家与相关部门座谈、交流,在进行广泛调研的基础上最终形成了《丽水市民办博物馆管理办法》。该《办法》将于2013年2月1日起开始实行。

丽水市联合举办民间收藏公益鉴宝

11月25日,丽水市收藏协会邀请省收藏协会民间鉴宝专家、市本土鉴定专家、丽水市电视台绿谷采风栏目组以及市文物部门,在市区联合举办了民间收藏公益鉴宝活动,吸引了众多市民。

云和梯田保护规划编制启动

11月26日,省古建筑设计研究院云和梯田保护规划编制工作组开展了对云和梯田保护规划编制的实地勘察和相关数据采集,正式启动了省级重点文物保护单位云和梯田的保护编制。

丽水维修黄景之律师事务所旧址

黄景之律师事务所旧址是抗战时期中共浙江省委机关迁至丽水期间的主要活动点之一，建于民国时期，为二层楼砖木结构建筑，占地面积558平方米。自2012年11月正式动工以来，旧址维修工程基本完成了对整个屋面的整修及霉烂木构件的更换，修缮面积630平方米，总投资约50万元。

大窑龙泉窑青瓷遗址被列入中国世界文化遗产预备名录

11月，国家文物局正式公布更新的《中国世界文化遗产预备名单》，大窑龙泉窑青瓷遗址入选。

《丽水市博物馆陈列展览文本》"华侨之乡"专题研讨会召开

12月13日,《丽水市博物馆陈列展览文本》"华侨之乡"专题研讨会在青田召开。与会专家对"华侨之乡"专题陈列的文本框架进行了讨论,认为该框架结构合理,全面概括了华侨从"番邦客"到"华侨"的历史演变,还表示将动员广大侨胞侨眷积极捐赠陈列所需展品。

《处州古堰》出版

12月,《处州古堰》付梓印刷出版。该书是一本集中考证、展示、研究处州历代古堰的专著,全面收录了丽水古代堰坝等水利工程,在地方水利史、农耕文化史等方面有一定研究、参考价值。

丽水市对口帮扶民办博物馆

2012年,丽水市博物馆通过调查与协商,试点开展对口帮扶景宁畲族自治县畲乡民俗博物馆、晓琴畲族民间陈列馆的业务工作。相关工作从帮扶藏品管理保护能力的提升,指导开展藏品清理、定名、建账、建档;帮扶展示服务功能的提升,指导编制展览方案及大纲,改善陈列布展,提高展览接待的能力;帮扶业务人员培养,提高其业务能力等方面入手,以期通过对口帮扶提高民营博物馆的藏品管理保护能力、展示服务功能和业务人员能力,全面提升丽水市民办博物馆的影响力。

丽水摄影博物馆举办摄影展览

2012年,丽水摄影博物馆通过合作先后主办了"丽水·南川摄影艺术作品联展"、"第二届中国国际数码摄影艺术展览"、"中国第二届国际数码摄影大赛获奖作品展"、"中国第十四届国际摄影展览作品精选展"、《德国摄影师安切·科夫极地风光摄影作品展》等多个摄影展览,并荣获全省免费开放博物馆最佳社会参与奖。同时,丽水摄影博物馆还开展中国国际摄影展廊联盟后续工作,联系、落实了第二届联盟活动参加单位、邀请单位、主办地等筹备事宜。

莲都区开展《通济堰的价值挖掘与展示研究》

《丽水通济堰的价值挖掘与展示研究》项目入选国家文物局研究课题“指南针计划”后，莲都区文物部门会同丽水古堰画乡管委会，与中国水科院水利史研究所、浙大遗产研究院、省文物考古研究所等专家共同商讨课题任务、年度计划、详细分工及经费筹措等事项，组织国家水科院、省文物考古研究所专家到通济堰现场考察，联合市水利局等部门专程赴国家文物局、水利部对接项目，将通济堰博物馆建设与课题研究相结合，完成了中期研究报告书。

莲都区全面开展宗祠保护维修

2012 年，莲都区将岱后村朱氏宗祠（区保单位）、曳岭脚村蔡氏宗祠、下陆村陆氏宗祠、皂坑村金氏宗祠、富村富氏宗祠、根竹园村何氏宗祠、库头村朱氏宗祠、瑶畈村何氏宗祠 8 处宗祠建筑列入保护维修项目。维修工程由宗族后裔或村双委承担，文物部门负责业务指导。维修资金采取民间集资和文物部门补助相结合的方式，其中民间集资 281 万元，文物部门下拨补助款 19.7 万元。维修工程对霉烂、虫蛀的木构架按照原有工艺、材料进行了加固、更换，对屋面实施了翻修，确保了宗祠建筑的安全，初步改善了宗祠的内部环境。

遂昌汤显祖纪念馆完成清代建筑前院改造工程

2012年，遂昌县启动了遂昌汤显祖纪念馆清代建筑前院改造工程。本次工程改造面积300平方米，项目建设资金25万元，对屋面凹陷渗漏、木构架局部糟朽等处进行了维修，同时对汤显祖纪念馆、陈家大屋、文物库房屋面实施了全面翻修。翻修面积约2800平方米，建设资金15万元。整个工程于11月竣工并通过验收。

遂昌县省保维修工程进展顺利

2012年，长濂古建筑群之滋德堂、宝俭堂维修工程完工并进行了初验。蕉川乡土建筑也进行了包括屋面翻漏、墙体修补、更换柱子、檩条、椽子等木构件在内的抢救性加固维修，通过了验收。北界镇苏村村苏氏大屋墙体进行了抢救性加固维修。

遂昌县加强好川遗址保护

鉴于好川遗址及周边存在山体滑坡等地质灾害威胁，2012年，遂昌县文物部门根据保护规划，对于村民提出的新建住房、原拆原建等申请位置逐一进行实地勘察，按程序上报省文物局审批。

遂昌县完成11处宗祠维修

遂昌县现有宗祠146处。2012年，遂昌县文管办向省文物局、县政府争取专项资金60万元，对新路湾镇大侯周村周氏宗祠等11处宗祠实施了维修。

云和县发动社会力量参与文物保护

因县财政对文物保护投入不足，2012年，云和县文物管理部门积极发动社会力量参与文物保护工作，通过企业赞助、群众捐资、村民投工投料等渠道，筹措经费百余万元，对黄家畲村刘氏宗祠、天堂坑村张氏宗祠、河上村赵氏宗祠、小徐村林氏宗祠、梓坊村张氏宗祠、滩下村徐氏宗祠、岭脚村宋家宗祠7处宗祠进行了保护性修缮。

景宁完成孔庙文化陈展设计方案

景宁孔子庙（也称文庙）始建于明景泰三年（1452），位于城西，因历史上多次毁坏，清道光二十七年（1847）在现址重建，是丽水市唯一保存完好的孔庙。2012 年，孔庙文化陈展设计经过意见征求，完成了公开招投标工作。

景宁县文保单位保护标志碑工作全面完成

2012 年，景宁县文物保护管理所根据《文物保护法》“四有”（有保护范围、有保护标志、有记录档案、有保管机构）工作规定，在原有基础上对全县一些文保单位制作了保护标志碑。保护标志碑正面介绍文物保护单位的名称、级别、公布单位及公布时间，背面详细介绍了文物保护单位的情况。

各地内设机构一览表

浙江省文物监察总队内设机构一览表

部　门	姓　名	职　务	联系电话（0571）
队领导	吕可平	队　长	87083088
	谭进良	副队长	87038118

地址：杭州教场路26号
传真：0571-87080193
邮编：310006

浙江省博物馆内设机构一览表

部　门	姓　名	职　务	联系电话（0571）
馆　部	陈　浩	馆　长 党委书记	87970836
	李　刚	副馆长	87988993
	沈军甫	副馆长	87986719
	许洪流	副馆长	87989680
	雍泰岳	副馆长	87978183
	杨　铿	党委副书记	87999773
保管部	蔡小辉	主　任	87964397
技术保护部	郑幼明	主　任	85120267
历史文物部	黎毓馨	主　任	87979615
党史部	梅丛笑	主　任	88211785
书画部	赵幼强	主　任	87971501
陶瓷部	沈琼华	主　任	87964133

续表

部　门	姓　名	职　务	联系电话(0571)
工艺部	范珮玲	主　任	87964157
陈列部	王　炬	主　任	87982190
宣教部	陈　平	主　任	87970017
信息资料中心	王屹峰	主　任	87979331
办公室	徐永盛	主　任	87971177
武林馆区综合管理部	何宏斌	主　任	88211786
财务科	何素敏	主　任	87969326
保卫科	冻军勇	主　任	87986742
经营管理部	吴越宇	主　任	87970991
后勤保障部	卓春新	主　任	87996669

地址:杭州市孤山路25号
总机:87980281
传真:87989650
邮编:310007

浙江自然博物馆内设机构一览表

部　门	姓　名	职　务	联系电话(0571)
馆长室	严洪明	馆　长	89939890
	冯　飞	书　记	85395136
	陈水华	副馆长	88212787
	金幸生	副馆长	88219136
办公室	陈苍松	主　任	88840700
安全保障部	张国俊	主　任	88050631

续表

部　门	姓　名	职　务	联系电话（0571）
经营管理部	李怡红	主　任	88212005
财务部	何纯清	主　任	88212901
生命科学部	范忠勇	主　任	85395172
地球科学部	杜天明	主　任	85395165
科普服务部	兰国英	主　任	85395170
陈列技术部	杨　岭	主　任	85395167

地址：杭州西湖文化广场6号
传真：0571-85395152
邮编：310014

中国丝绸博物馆内设机构一览表

部　门	姓　名	职　务	联系电话（0571）
馆长室	赵　丰	馆　长	87036127
	蔡　琴	馆长助理 党支部副书记	87037023
	张　毅	馆长助理	87036120
	徐德明	正处级调研员	87036110
办公室	张　毅	主任（兼）	87032060
	叶水芬	副主任	87036643
	沈国庆	副主任	87036679

续表

部门	姓名	职务	联系电话（0571）
社会教育部	俞敏敏	主任	87035150
	楼航燕	副主任	87035223
陈列保管部	金琳	主任	87032259
	徐铮	副主任	87032259
技术部	汪自强	主任	87035579
	周旸	副主任	87035579

地址：杭州玉皇山路73-1号
传真：0571-87068136
邮编：310002

浙江省文物考古研究所内设机构一览表

部门	姓名	职务	联系电话（0571）
所部	李小宁	所长	88315836
	沈岳明	党总支书记	88310686
	王海明	副所长	88313362
	刘斌	副所长	88034931
	黄斌	副所长	88038571
办公室	吕苗英	主任	88315833
	张建华	副主任	88038198
考古一室	孙国平	主任	88353174

续表

部门	姓名	职务	联系电话（0571）
考古二室	郑嘉利	主任	88034622
文保室	黄斌（兼）	主任	88038571
科技考古室	郑云飞	主任	88315839
资料信息中心	张苹	主任	88353212
财务科	何茵茵	科长	88315835
保卫科	徐洪谦	科长	88311361

地址：杭州市假山路假山新村26号
传真：0571-88315837
邮编：310014

浙江省古建筑设计研究院内设机构一览表

部门	姓名	职务	联系电话（0571）
院长室	黄滋	院长	88322007-810
	陈易	副院长	88322007-816
	卢远征	院长助理	88322007-807
总工室	黄滋	总工程师	88322007-810
办公室	杨彩琴	主任	88322007-825
建筑与文化设计研究室	陈易	主任	88322007-816
建筑与传统设计研究室	卢远征	主任	88322007-807

续表

部　门	姓　名	职　务	联系电话(0571)
建筑与历史设计研究室	郑殷芳	主　任	88322007-815
规划设计研究室	梁　伟	主　任	88322007-803
技术设计研究室	蒋双议	副主任	88322007-832
遗产监测部	蒋双议	副主任	88322007-832

地址:杭州市假山路假山新村26号
传真:0571 — 88322007-819
邮编:310014

浙江省文物鉴定审核办公室内设机构一览表

部　门	姓　名	职　务	联系电话(0571)
主任室	柴眩华	主　任	87916116
	周　刃	副主任	87080937
综合科	邓琪瑛	科　长	87083310
业务科	周永良	科　长	87080173

地址:杭州教场路26号
传真:0571-87080725
邮编:310006

杭州市直属文博单位一览表

单位名称	地　址	邮　编	姓　名	职　务	联系电话（0571）
杭州市园文局	杭州市龙井路1号	310007	刘　颖	局　长	87179596
			张鸿斌	副局长	87179133
杭州市园文局文物处	杭州市龙井路3-1号	310007	卓　军	处　长	87179543
			潘沧桑	副处长	87179584
杭州市文物保护管理所	杭州市劳动路65号	310002	杜正贤	书　记 所　长	87015900
			傅宏明	副所长	87017822
			沈　坚	副所长	87919759
杭州园林文物监察支队	杭州市莲花峰35号	310002	杨　正	书　记 支队长	87961487
			吴建良	副书记 副支队长	87986001
			胡利红	副支队长	87983506
中国茶叶博物馆	杭州市双峰龙井路88号	310013	王建荣	书　记 馆　长	87964778
			罗晓莹	副馆长	87964522
			朱珠珍	副馆长	87979507
杭州博物馆	杭州市粮道山 18号	310002	吴晓力	馆　长	87831134
			房友强	书　记 副馆长	87815243
			张惠琴	副馆长	87555617
杭州文物考古研究所	杭州市粮道山 18号	310002	唐俊杰	所　长	87813506
			郎旭峰	副所长	87555637
杭州名人纪念馆（唐云艺术馆）	杭州市南山路苏堤口（唐云艺术馆 杭州市南山路45号）	310007（310002）	吴　晨	书　记 馆　长	87979245
			许　俭	副书记	87969019
			张　帆	副馆长	87969387
			余洪峰	副馆长	87969387

续表

<table>
<tr><th>单位名称</th><th>地 址</th><th>邮 编</th><th>姓 名</th><th>职 务</th><th>联系电话（0571）</th></tr>
<tr><td rowspan="3">杭州南宋官窑博物馆</td><td rowspan="3">杭州市南复路60号</td><td rowspan="3">310008</td><td>韩建明</td><td>书 记</td><td>86082594</td></tr>
<tr><td>邓禾颖</td><td>馆 长</td><td>86087108</td></tr>
<tr><td>陈京怀</td><td>副书记
副馆长</td><td>86086819</td></tr>
<tr><td rowspan="3">杭州西湖博物馆（西湖风景名胜区档案馆）</td><td rowspan="3">杭州市南山路89号</td><td rowspan="3">310002</td><td>郑利群</td><td>书 记
馆 长</td><td>87882298</td></tr>
<tr><td>刘春蕙</td><td>副馆长</td><td>87882266</td></tr>
<tr><td>杨 鸣</td><td>副馆长</td><td>87882299</td></tr>
<tr><td rowspan="2">韩美林艺术馆</td><td rowspan="2">杭州市西湖区玉泉桃源岭3号（杭州植物园内）</td><td rowspan="2">310013</td><td>朱学斌</td><td>馆 长</td><td>87975567</td></tr>
<tr><td>陈云飞</td><td>副馆长</td><td>87978556</td></tr>
<tr><td rowspan="2">灵隐管理处</td><td rowspan="2">杭州市灵溪南路8号</td><td rowspan="2">310013</td><td>高泉法</td><td>书 记
副主任</td><td>87970598</td></tr>
<tr><td>唐宇力</td><td>主 任</td><td>87996656</td></tr>
<tr><td rowspan="2">岳庙管理处</td><td rowspan="2">杭州市孤山后山路1号</td><td rowspan="2">310007</td><td>张太宏</td><td>书 记
副主任</td><td>87979515</td></tr>
<tr><td>李慧敏</td><td>主 任
连横纪念馆
馆长</td><td>87979870</td></tr>
<tr><td>湖滨管理处</td><td>杭州市清波桥河下4号</td><td>310002</td><td>钱小平</td><td>书 记
主 任</td><td>87060450</td></tr>
<tr><td>吴山景区管理处</td><td>杭州市吴山3号</td><td>310002</td><td>包 静</td><td>书 记
主 任</td><td>87015318</td></tr>
<tr><td rowspan="2">凤凰山管理处</td><td rowspan="2">杭州市玉皇山路1号</td><td rowspan="2">310002</td><td>陈永明</td><td>书 记</td><td>87794648</td></tr>
<tr><td>金志敏</td><td>副书记
主 任</td><td>87039426</td></tr>
<tr><td>花港管理处</td><td>杭州市三台山路161号</td><td>310007</td><td>徐 飞</td><td>书 记
主 任</td><td>87967416</td></tr>
<tr><td rowspan="2">钱江管理处</td><td rowspan="2">杭州市九溪路24号</td><td rowspan="2">310008</td><td>章德根</td><td>书 记
副主任</td><td>86086854</td></tr>
<tr><td>任晓红</td><td>副书记
主 任</td><td>86086853</td></tr>
</table>

续表

单位名称	地 址	邮 编	姓 名	职 务	联系电话（0571）
杭州西湖世界文化遗产监测管理中心	杭州市南山路89-91号	310002	杨小茹	书 记 主 任	87882336
			阮少茜	副主任	87882258
良渚遗址管委会	杭州市莫干山路勾庄	311112	吴立炜	副主任	88781098
良渚遗址管委会文物管理局	杭州市莫干山路勾庄	311112	严国琪	局 长	88754968
良渚博物院	杭州市余杭区良渚镇美丽洲路1号	311113	蒋卫东	院 长	88770700
西泠印社社务委员会	西湖文化广场E区32号5楼	310014	赵一文	副主任	85812990

宁波市直属文博单位一览表

单位名称	地 址	邮 编	姓 名	职 务	联系电话（0574）
宁波市文化广电新闻出版局	宁波市解放北路148号	315010	陈佳强	局 长	87189101
			舒月明	副局长	87189107
宁波市文化广电新闻出版局文物与博物馆处	宁波市解放北路148号	315010	徐建成	处 长	87189143
天一阁博物馆	宁波市天一街10号	315010	庄立臻	馆 长	87329638
保国寺古建筑博物馆	宁波市江北洪塘	315033	余如龙	馆 长	87586317
宁波市文保所、考古研究所、中国国家博物馆水下考古宁波工作站	宁波市月湖景区大方岳第	315010	王结华	所 长	87321337
宁波博物馆	宁波市鄞州区首南中路1000号	315040	纪云飞	馆 长	82815501

温州市直属文博单位一览表

单位名称	地　址	邮　编	姓　名	职　务	联系电话（0577）
温州市文化广电新闻出版局	温州市行政管理中心	325009	吴　东	局　长	88962828
			李　震	副局长（文物局局长）	88960533
			王同军	文化遗产管理处处长	88967193
			都清璞	副处长	88960281
			余求红	副处长	88967192
温州博物馆	市府路世纪广场	325009	王新宇	馆　长	88939987
			杨思好	书记、副馆长	56988686
			高启新	副馆长	56988677
			伍显军	副馆长	56988696
温州市文物保护考古所	黎明西路257弄7号	325000	董　姝	所　长	88893329
			蔡钢铁	书　记	88893218
			梁岩华	副所长	88893228
			黄培量	副所长	88893298
温州文物商店	沧河巷26号	325000	徐　青	经　理	88222032

湖州市直属文博单位一览表

单位名称	地　址	邮　编	负责人	职　务	联系电话（0572）
湖州市文物局	湖州市行政中心4号楼	313000	宋　捷	局　长	2399221
	湖州市仁皇山新区吴兴路1号	313000	张国强	副局长	2398008
湖州市文物局文物处	湖州市仁皇山新区吴兴路1号	313000	沈忠伟	处　长	2398098
湖州市博物馆（湖州市文保所）	湖州市仁皇山新区吴兴路1号	313000	潘林荣	馆　长 所　长	2399518
南浔区文保所	湖州市南浔区小莲庄内	313011	李　彦	所　长	3011516

嘉兴市直属文博单位一览表

单位名称	地 址	邮政编码	负责人姓名	职 务	联系电话（0573）
嘉兴市文化局（文物局）	嘉兴市中山东路922号	314001	金琴龙	局 长	82159751
			陈建江	副局长	82159756
嘉兴市文化局文物处	嘉兴市中山东路922号	314001	汪红星	处 长	82159775
嘉兴博物馆	嘉兴市南湖区海盐塘路485号	314000	葛金根	馆 长	83677070
嘉兴市文物保护所	嘉兴市环城西路703号	314000	徐 信	所 长	82068321
嘉兴市蒲华美术馆	嘉兴市中和街25号	314000	张觉民	馆 长	82071602

绍兴市直属文博单位一览表

单位名称	地 址	邮政编码	姓 名	职 务	联系电话（0575）
绍兴市文物管理局	绍兴市中兴南路112号	312000	宣传中	局 长	85132088
绍兴市文物考古研究所	绍兴市中兴南路112号	312000	董忠耿	所 长	85081180
绍兴博物馆	绍兴市延安路481号	312000	金 燕	馆 长	85096356
绍兴鲁迅纪念馆	绍兴市鲁迅中路235号	312000	陈 斌	馆 长	85123607
绍兴市兰亭管理处	绍兴市兰亭景区内	312045	汤晓蕾	主 任	84600895
绍兴市东湖管理处	绍兴市东湖景区内	312000	陈亚娟	书 记	88650600
绍兴市名人故居文物保护所	绍兴市劳动路277号	312000	曾绍晖	主 任	85111664
绍兴市沈园管理处	绍兴市鲁迅中路318号	312000	陈 斌	主 任	85123607
会稽山景区管理处	绍兴市大禹陵景区内	312000	张 军	主 任	88364166

金华市直属文博单位一览表

单位名称	地址	邮政编码	负责人姓名	职务	联系电话（0579）
金华市文物局（金华市国家历史文化名城工作委员会办公室）	将军路51号	321000	蓝跃军	局长、党组书记（名城办主任）	82317990
古子城历史文化区管委会办公室	飘萍路138号	321000	蓝跃军	主任	82317990
太平天国侍王府纪念馆	将军路鼓楼里	321000	施冠荣	馆长	82310581
金华市博物馆	东市街128号	321000	施冠荣	常务副馆长	82310581
金华府城隍庙民俗馆	马路里116号	321000	卢萍	馆长	82312986
金华汤溪城隍庙	汤溪镇中山路60号	321075	谢光浚	主任	82667256
天宁寺文保所（筹）	飘萍路100号	321000	王伟	责任人	82310291
八咏楼文保所（筹）	八咏路228号	321000	王伟	责任人	82326307

衢州市直属文博单位一览表

单位名称	地址	邮编	负责人姓名	职务	联系电话（0570）
衢州市文化广电新闻出版局	新桥街开明坊9号	324000	王建华	局长	8560169
衢州市文物局	新桥街开明坊9号	324000	黄韬	局长	8586923
衢州市文物局文物处	新桥街开明坊9号	324000	赵世飞	处长	8586919
衢州市博物馆	新桥街开明坊9号	324000	柴福有	馆长	8551808
衢州市文物保护管理所	新桥街开明坊9号	324000	柴福有	所长	8551808
			叶四虎	副所长	8267280

舟山市直属文博单位一览表

单位名称	地　址	邮　编	姓　名	职　务	联系电话（0580）
舟山市文化广电新闻出版局	定海海天大道681号市行政中心东二楼	316021	李敏霞	副局长	2285506
舟山市文物管理办公室（国家博物馆水下考古舟山工作站）	定海海天大道681号市行政中心东二楼	316021	邓进平	主　任	2285550
			郑学军	副主任	2285551
			杜美燕	副主任	2285551
舟山博物馆	定海环城南路453号	316000	吴承华	馆　长	2820993
			高培国	书　记	2823741
			金伟平	副书记 副馆长	2823220
			周若溪	副馆长	2820218
普陀山文物保护管理所	普陀山悦岭庵	316107	陈舟跃	所　长	6091159

台州市直属文博单位一览表

单位名称	地址	邮政编码	负责人姓名	职务	联系电话（0576）
台州市文化广电新闻出版局	台州市行政中心2号楼6楼	318000	郑楚森	局　长	88698258
台州市文物办	台州市政府第二办公区7楼	318000	任志强	处　长	88227561
台州市博物馆	台州市文化馆2楼	318000	劳宇红	副馆长	88869152

丽水市直属文博单位一览表

单位名称	地址	邮编	负责人姓名	职务	联系电话（0578）
丽水市文化广电新闻出版局	市行政中心19楼	323000	周一红	局长	2091369
丽水市文物管理委员会办公室	市行政中心19楼	323000	周杰	主任	2091366
			林巍	副主任 文物处处长	2091365
丽水市博物馆	栝苍路701号	323000	梁晓华	馆长	2271630
丽水市文物保护管理所	中山街646号	323000	吴志标	所长	2075596
丽水市摄影博物馆	栝苍路583号	323000	傅为新	副馆长	2113393

浙江文物年鉴 2013

文献辑存

国务院关于开展第一次全国可移动文物普查的通知

国发〔2012〕54号

各省、自治区、直辖市人民政府，国务院各部委、各直属机构：

为提高我国文化遗产保护管理水平，促进社会主义文化大发展大繁荣，建设社会主义文化强国，根据《国家“十二五”时期文化改革发展规划纲要》，国务院决定从2012年开始开展第一次全国可移动文物普查。现将有关事项通知如下：

一、目的和意义

种类丰富、数量庞大、价值突出的可移动文物是中华民族文化的实物见证。可移动文物普查是继第三次全国文物普查（不可移动文物部分）之后在文化遗产领域开展的国情国力调查，是确保国家文化安全、保障人民群众基本文化权益的重要措施，是健全国家文物保护体系的重要基础工作。可移动文物普查是通过国家统一组织、由专业部门采用现代信息手段集中调查统计的方式，对可移动文物进行调查、认定和登记，掌握可移动文物现状等基本信息，为科学制定保护政策和规划提供依据。开展可移动文物普查，将有利于掌握和科学评价我国文物资源情况和价值，健全文物登录备案机制和文物保护体系，加大文物保护力度、扩大保护范围，保障文物安全，并将进一步促进文物资源整合利用，丰富公共文化服务内容，有效发挥文物在国民经济和社会发展总体布局中的积极作用。

二、范围和内容

此次普查的范围是我国境内（不包括港澳台地区，下同）各级国家机关、事业单位、国有企业和国有控股企业、中国人民解放军和武警部队等各类国有单位所收藏保管的国有可移动文物，包括普查前已经认定和在普查中新认定的国有可移动文物。普查统计国有可移动文物数量、类型、分布和收藏保管等基本信息。县级以上地方各级人民政府要根据普查结果，编制普查报告，建立普查档案和本行政区域内的国有可移动文物名录，并进一步加大保护管理力度。

三、时间和安排

此次普查从2012年10月开始，到2016年12月结束，分三个阶段进行。普查标准时点为2013年12月31日。2012年9月至12月为普查第一阶段，主要任务是制定标准和规范，开发软件，开展培训、试点工作；2013年1月至2015年12月为普查第二阶段，主要任务是以县域为基本单元，开展调查、文物认定、信息采集和审核；2016年1月至2016年12月为普查第三阶段，主要任务是进行调查资料的整理、汇总、数据库建设和公布普查成果。

四、组织和实施

为加强对普查工作的组织领导，国务院决定成立第一次全国可移动文物普查领导小组，负责普查工作的组织和领导，协调解决重大问题。领导小组办公室设在文物局，负责普查工作的日常组织和具体协调。各有关部门要各司其职、通力协作，广泛动员和组织本系统国有单位积极参加并认真配合地方政府普查工作。县级以上地方各级人民政府要按照国务院的统一部署，设立相应的普查领导小组及其办公室，认真做好本行政区域文物普查的组织实施工作。各国有单位要按照属地管理原则，在单位所在地的县级普查机构完成本单位可移动文物的普查登记。

五、经费保障

此次普查所需经费由中央和地方分别负担，并分别列入中央和地方相应年度的财政预算。

六、资料填报和管理

凡在我国境内收藏保管国有可移动文物的单位，都必须按照《中华人民共和国文物保护法》、《中华人民共和国统计法》的有关规定和此次普查的具体要求，按时、如实、完整地填报普查信息，配合普查机构开展普查工作。任何地方、部门、单位和个人都不得虚报、瞒报、拒报、迟报，不得伪造、篡改普查资料。各级普查机构要通过实物调查认真核查普查信息，确保普查质量。普查机构及其工作人员要妥善保存普查数据和资料，对普查中涉及的国家秘密，必须履行保密义务。

中国人民解放军、武警部队可移动文物普查由总政治部按照本通知精神自行组织开展，普查成果统一汇总后报送国务院第一次全国可移动文物普查领导小组办公室。

附件：国务院第一次全国可移动文物普查领导小组人员名单

国务院第一次全国可移动文物普查领导小组人员名单

组　长：刘延东　国务委员

副组长：蔡　武　文化部部长

　　　　江小涓　国务院副秘书长

　　　　励小捷　文物局局长

成　员：李忠杰　中央党史研究室副主任

朱之鑫　发展改革委副主任

杜玉波　教育部副部长

姜　力　民政部副部长

张少春　财政部副部长

江　民　国土资源部副部长

杨　志　今文化部副部长

金　琦　人民银行行长助理

孟建民　国资委副主任

李　强　统计局副局长

蒋坚永　宗教局副局长

李明华　档案局副局长

宋新潮　文物局副局长

禹　光　总政治部宣传部副部长

徐延豪　中国科协书记处书记

领导小组办公室主任由文物局局长励小捷兼任。

国务院关于进一步做好旅游等开发建设活动中文物保护工作的意见

国发〔2012〕63 号

各省、自治区、直辖市人民政府，国务院各部委、各直属机构：

我国是历史悠久的文明古国，拥有极其丰富的文物资源。各类文物既是中华民族优秀传统文化的重要载体，也是旅游业可持续发展的重要基础。国家高度重视在旅游等开发建设活动中的文物保护工作，采取了一系列措施，既确保了文物安全，又有效利用了文物资源。但是也存在有的地方违法转让、抵押国有不可移动文物，将国有不可移动文物作为企业资产经营，过度开发利用文物资源、导致文物破坏或损毁，甚至擅自拆除文物古迹和历史文化街区、村镇以及历史建筑等问题。为进一步做好旅游等开发建设活动中的文物保护工作，现提出以下意见：

一、严格执行文物保护法律法规。国有不可移动文物不得转让、抵押，不得作为企业资产经营。文物古迹和历史建筑应当尽可能实施原址保护，不得擅自拆除、迁移。对于历史文化街区、村镇，要逐步改善基础设施、公共服务设施和居住环境，不得擅自拆除。国有不可移动文物已经全部毁坏的，不得擅自在原址重建、复建。辟为参观游览场所的国有文物保护单位，所在地人民政府应当依法设立专门机构负责管理，不得将文物保护单位管理机构作为企业的下属机构或交由企业管理。国有其他文物也要按照文物保护法律法规严格管理，不得赠与、出租或者出售给其他单位、个人，也不得抵押或作为企业资产经营。

二、严格履行涉及文物的旅游等开发建设活动审批。要加强各级文物保护单位的规划编制工作，提高规划的科学性。各地编制旅游等开发建设规划要符合城乡规划，并与文物保护单位的规划相衔接，坚持文物保护优先，把文物安全放在首位。旅游等开发建设项目要严格履行基本建设审批程序。在文物保护单位和历史文化街区、村镇以及历史建筑的保护范围和建设控制地带内实施建设工程的，要事先依法征得文物行政部门同意，报城乡规划部门批准；未经文物行政部门同意的，不得立项，更不得开工建设。

三、合理确定文物景区游客承载标准。文物、旅游等部门要立足文物安全，科学评估文物资源状况和游客流量，合理确定文物旅游景区的游客承载标准，并向社会公布。对于古遗址、古建筑、石窟寺等易受损害的文物资源，要通过预约参观、错峰参观等方式调节旅游旺季的游客人数，防止背离文物旅游景区实际、片面追求游客规模。要定期对利用古遗址、古建筑、石窟寺等易受损害的文物资源开展旅游等开发情况进行安全评估，对可能造成文物资源破坏的要及时采取保护措施，确保文物安全。

四、加大对文物保护的投入。各级人民政府要将文物保护经费列入本级财政预算，保证财政拨款随着财政收入增长而增加。要切实保障文物保护单位的日常维护经费和文物保护的抢救性投入。要加大基础建设投入，改善文物本体及其环境状况，加强文物保护基础设施和安全设施建设。国有文物保护单位的事业性收入应当专门用于文物保护。鼓励社会力量采取捐赠、设立文物保护社会基金等方式参与文物保护。文物旅游景区经营性收入要优先用于文物保护，具体比例由地方人民政府确定。文物保护单位管理机构要加强资金管理，严格遵守财务制度，提高资金使用效益。

五、加强文物旅游的指导和监管。旅游、文物等部门要把依法保护文物、确保文物安全列入旅游景区质量标准管理体系。对文物保护与安全管理规定不落实，造成文物破坏、损毁的，要依照相关规定处理并通报批评，涉嫌违法的要依法追究相关单位和人员责任。要建立文物旅游突发事件应急预警机制、巡视检查制度、专家咨询制度，定期组织评估文物保护与旅游发展状况并向社会公布，促进文物保护和文物资源的合理利用。

六、切实落实文物保护责任。县级以上地方人民政府及其文物行政部门是文物保护的第一责任人。地方各级人民政府要切实加强对文物保护工作的领导，把文物保护事业纳入本级国民经济和社会发展规划，加强文物保护机构队伍建设，定期解决文物保护面临的问题。国务院每两年组织开展一次文物保护法律法规落实情况检查，对领导不力、玩忽职守、决策失误，造成文物破坏损毁的，要严肃追究责任。

七、认真履行文物保护职责。进一步发挥全国文物安全工作部际联席会议制度的作用，对各地在旅游等开发建设活动中文物保护情况进行督导。文物行政部门要加强对文物保护的监督管理，统筹协调和指导文物保护工作，履行文物行政执法督察职责；旅游部门要在发展旅游中切实落实文物保护的相关规定；发展改革部门要加大对文物保护设施的投入，把好文物旅游基本建设项目立项审批关；财政部门要加大文物保护经费的投入，加强经费使用的监督管理；国土资源部门要加强对国有不可移动文物、考古遗址等重点文物保护用地及规划的监管；城乡规划、文物部门要加强对历史文化名城和历史文化街区、村镇以及历史建筑的保护；公安部门要加强对损毁文物特别是国家保护的珍贵文物或损毁全国重点文物保护单位、省级文物保护单位的违法犯罪活动的查处力度。

八、依法纠正违法违规行为。各地要对本行政区域内旅游等开发建设活动中涉及文物古迹和历史文化街区、村镇以及历史建筑等的保护情况进行一次检查，全面摸清有关情况，依法纠正违法违规行为。

（一）对于将国有不可移动文物转让、抵押的，要限期改正，予以回购、终止抵押。对于将国有不可移动文物作为企业资产经营的，要限期将其从企业资产中剥离；暂不具备剥离条件的，可以设定过渡期，并由省级人民政府向国务院报告。

（二）对于游客接待量超过承载量，造成文物破坏或可能造成文物安全隐患的，要限期改正。

（三）对于擅自拆除文物古迹和历史文化街区、村镇以及历史建筑的，由县级以上地方人民政府或其城乡规划、文物等部门依法定职权责令停止违法行为、限期恢复原状或者采取其他补救措施。历史文化街区、村镇遭到严重破坏的，由批准机关撤销历史文化街区、村镇称号。

（四）对于将文物保护单位管理机构作为企业的下属机构或交由企业管理的，要从企业中分离，恢复文物保护单位管理机构的事业单位性质，交由文物行政部门管理。

（五）对于把历史文化街区、村镇整体出让给企业管理经营的，要予以纠正。暂不具备条件的，应当由省级人民政府向国务院说明情况。

在检查工作中，对涉嫌违法的行为，要依法追究相关单位和人员的法律责任。检查结束后，各省、自治区、直辖市人民政府要在2013年5月底前将检查情况上报国务院。国务院将组织督查组对各地检查情况进行督导。

将安全切实融入文物事业发展目标

文化部党组书记、部长　蔡武

在全党全国深入贯彻十七届六中全会精神，学习落实中共中央《关于深化文化体制改革推动社会主义文化大发展大繁荣若干重大问题的决定》的重要时刻，全国文物安全工作部际联席会议适时召开第二次全体会议，研究、解决文物安全领域突出问题，会议的召开非常及时，也很有必要。刚才，顾玉才同志通报了当前文物安全形势，介绍了一年来联席会议办公室协同各成员单位开展的主要工作，各部门负责同志分别介绍了工作情况，审议通过了2012年重点工作计划，就《加强和改进文物安全工作的指导意见》提出了很好的修改意见，会议开得很成功。下面，我谈四点意见，供同志们参考。

一、深刻理解文物安全的极端重要性

党的十七届六中全会提出建设社会主义文化强国，对文化、文物工作提出了新的更高的要求。文物作为优秀传统文化的物化载体，是不可再生、无可替代的公共文化资源和精神财富。确保文物安全，对于建设优秀传统文化传承体系、维护国家文化安全、服务外交大局，保障人民群众基本文化权益具有重要的现实意义和深远的历史意义。

第一，确保文物安全，关系到构建社会主义核心价值体系与国家文化安全大局。党的十七届六中全会强调，要推进社会主义核心价值体系建设，而民族性是社会主义核心价值观的重要特点之一，核心价值观必须建立于民族优秀文化传统之上。无论是物质文化遗产，还是民族、民俗、民间等非物质文化遗产，都是具有代表性和民族性的历史文化成果，都包含着中华文化精神的内涵，这个精神内涵最后凝聚成我们民族的核心价值观，最能代表中国的文化形象。目前，随着经济全球化趋势的加快，世界文化的多样性面临着一体化的趋势，强势文化对弱势文化的侵吞逐步加剧，削弱了人类历史积累起来的文化资源和创新能力。维护文化多样性，留存住本国本民族独特的文化遗产不被同化和破坏，已成为各个国家，尤其是发展中国家的重要任务。一个国家和民族只有保持自己的文化传统和特色，才不至于在走向世界的过程中迷失方向。我国丰富文物资源所承载的优秀传统文化，凝聚着中华民族自强不息的精神追求和历久弥新的精神财富，是发展社会主义先进文化的基础，是构建社会主义核心价值体系的重要支撑。

第二，确保文物安全，是文化遗产事业服务于外交大局的重要内容。近年来，我国充分发挥文化遗产在国际交往中的独特作用，通过出境文物展览等文化交流项目传播中华文化，树立中国繁荣昌盛、和平崛起的形象，提高了中华文化的国际影响力。同时，我国先后加入《保护世界文化和自然遗产公约》、《关于禁止和防止非法进出口文化财产和非法转让其所有权的方法的公约》、《关于被盗或非法出口文物公约》和《武装冲突情况下保护文化财产公约》4个国际公约。在党中央、国务院高度重视下，我国与14个国家签署了关于防止盗窃、盗掘和非法进出境文物的政府间双边协定或谅解备忘录。加入这些国际组织和国际公约，签署这些双边协定，不仅提升、扩大了我国在国际文化领域的话语权和影响力，彰显了党和政府保护我国文化遗产的坚强决心，也对我们加强文化遗产保护和安全管理赋予了更多的责任，提出了更高要求。

第三，确保文物安全，是保障人民群众公共文化权益，维护党和政府形象的现实需要。文化是民族的血脉，是人民共有的精神家园。文化遗产作为全人类创造的文化结晶，是公共文化权利的重要内容，具有鲜明的公益性。这种权属的特殊性，决定了文物违法犯罪案件不同于普通案件，虽然没有直接的受害人，但受损的是国家利益和人民群众整体文化权益；虽然不关乎群众个人现实利益，但其侵害对象不可再生、无可替代，其侵害后果是对民族赖以存在的文化根基的毁灭性侵蚀，是对国民自尊心、自豪感刺伤的日趋深切。今年以来，一些重大文物违法犯罪案件的发生、发酵和持续形成舆论热点，中央领导同志的一系列重要批示，新闻媒体和广大公众的普遍关心，都足以说明人民群众对文化遗产工作的认知正在不断加深，对文物安危的关注与日俱增，足以说明文物安全事关人民利益，事关民族情感。保护和传承好祖国历史文化遗产是各级政府义不容辞的社会责任和法律义务，一系列案件的发生，严重影响了党和政府在人民群众心目中的形象，必须引起高度警觉和重视。

二、科学认识文物安全总体形势

就文物安全工作来讲，2011年是非常特殊的一年。一方面，在党中央、国务院高度重视下，在部际联席会议各成员单位通力合作和各地区、各部门共同努力下，在全社会的关注支持下，文物安全监管与保障力度显著增强，打击文物犯罪专项行动深入开展，文物安全隐患综合治理力度日渐加大，文物犯罪案件立案数和文物博物馆单位火灾事故数量同比均呈下降趋势，文物安全形势出现了向好发展趋势。

与此同时，今年以来，一些地区文物犯罪活动依然猖獗，帝王陵寝甚至世界文化遗产地屡遭破坏；一些地方忽视文化遗产资源独特的历史文化价值和巨大的发展潜力，片面追求经济利益、眼前利益，破坏文化遗产本体和整体环境的法人违法现象严重；一些文物管理单位安全防范意识不强，麻痹大意，懈怠思想严重，致使馆藏文物被盗，造成恶劣社会影响。

这种鲜明的对比和反差，既反证了文物安全工作的极端重要性，也充分表明了文物安全形势的长期性与复杂性。在当前乃至今后相当长一个历史时期，我国将处于“文物安全事故多发期”。这是由当前国际、国内大环境以及文化遗产事业自身发展状况所决定的，文物安全面临的外部、内部挑战将长期存在。

从国际看，当今世界正处在国际格局大发展、大变革、大调整时期，不确定、不稳定、不安全的因素不断增多，特别是国际金融危机持续发酵，世界经济复苏的步伐缓慢，西亚北非局势动荡，西方主要发达国家民众的不满情绪增多，连续掀起抗议的浪潮，国际和地区的热点此起彼伏，我国发展的外部环境更趋复杂。

从国内看，当代中国进入了全面建设小康社会的关键时期和深化改革开放、加快转变经济发展方式的攻坚时期，经济社会发展中不平衡、不协调、不可持续的问题依然突出，各种热点、难点增多，许多矛盾叠加出现，文化遗产事业既面临难得的历史机遇，也面临诸多可以预见和难以预见的风险考验。

从文物事业自身发展情况看，当前危害文物安全的各类自然和人为因素尚未消除，全国范围内各地区、各领域、各环节实施全方位、长期性的文物安全防范长效机制尚未形成，文物保护管理机构不健全、编制短缺、力量薄弱的现象依然普遍存在，博物馆和文物保护单位安全防范设施达标率依然普遍偏低。《刑法修正案（八）》取消盗掘古文化遗址、古墓葬等文物犯罪死刑刑罚后，文物安全面临着更为严峻的形势和更加艰巨的任务。

《国务院关于加强文化遗产保护的通知》明确要求，到2015年，全国要基本形成较为完善的文化遗产保护体系，具有历史、文化和科学价值的文化遗产得到全面有效保护；要使保护文化遗产的观念深入人心，成为全社会的自觉行动。必须认识到，严峻的文物安全形势已经成为制约这一目标实现的瓶颈因素之一。面对"文物安全事故多发期"，采取长效措施，确保文物安全，是各级政府、相关职能部门及各有关方面需要共同应对的重大问题，必须予以高度重视。

三、准确把握文物安全的关键点与切入点

针对文物安全工作面临的长期严峻形势和出现的新情况、新问题，我们必须经常性地分析问题、总结经验、举一反三，处理好、把握好制约文物安全的关键性因素，选择好工作切入点。

确保文物安全，科学定位是前提。长期以来，我们强调安全是文物工作的生命线，是实现文物事业又好又快发展的前提和保障，将文物安全作为支撑文物事业发展的四项基础工作之一。频繁发生的文物案件警醒我们，当前既处于文物事业战略机遇期、高速发展期，又处于安全事故多发期。实现优秀传统文化的永续传承，是文物事业赖以安身立命的核心社会属性，没有安全保障，文物事业难以实现科学发展、可持续发展。要深刻认识到，安全不仅是文物工作的生命线，更是衡量文物工作的及格线，要正确处理好安全与发展的关系，牢固树立安全发展理念，把安全切实融入文物事业发展目标，始终摆在重中之重的首要位置。

确保文物安全，领导重视是关键。胡锦涛同志多次强调，搞好安全工作，领导重视是关键。但是，当前一些地方、一些部门、一些单位，领导干部对自身肩负的特殊使命认识不深、把握不牢，没有从思想深处真正把文物安全工作放在第一位，当做一切工作的立足之本，而是将文物安全工作摆在可有可无的边缘状态，口头强调重视、内心非常漠视，会上讲得重要、会下应付了事。在机构设置、人员配置、经费投入、项目安排等行政资源的使用上，往往是文物安全让路于其他工作。惨痛的教训一次次证明，文物安全需要人员来落实，需要经费来保障，各地区、各部门、各单位负责同志要正确处理好文物安全与其他业务的关系，切实付出时间与精力真抓实干。

确保文物安全，单位负责是核心。"责任制"、"责任心"，在安全领域被反复提及，但在日常工作中，层层负责有时变成了敷衍塞责，甚至无人负责。要依法将"单位全面负责"放在更加突出的位置，严格区分政府的领导责任、部门的监管责任和文物、博物馆单位的主体责任，推动文物、博物馆单位切实履行"社会人"应该承担的责任与义务。要明确"安全自查"、"隐患自除"、"责任自负"，推动基层单位牢固树立"隐患险于明火、防范胜于救灾、责任重于泰山"的理念，坚决克服“等、靠、要”的惰性，切实为文物安全战战兢兢、寝食难安，“责任制”与“责任心”才能实现重心下移，从根本上落到实处。

确保文物安全，依法行政是保障。“十一五”期间，文物保护法律法规体系基本形成。法律法规通过规范、约束行政与业务行为，将潜在的安全风险控制在最小程度，从而保障文物安全。如果严格依法行政，很多案件完全可以避免。事实证明，越是在事业快速发展的时期，越要强调依法行政的重要性，用执行法规制度的“刚性”，最大限度降低发生文物安全案件的偶然性。文物安全不是文物一个部门的事，只有立法、执法、审批、监管各个环节、各个部门牢固树立文物安全意识和一盘棋的思想，在涉及文物安全的事项上严格把关、依法办事，文物安全才能实现预防为主、关口前移，从而得到切实保障。

确保文物安全，公益属性是底线。公共文化服务体系建设关系亿万群众的文化权益，是社会高度关注的领域，其根本特征是“为民”、“惠民”，是“均等化”。文化遗产作为公共文化资源，利用、管理要切实保持公益性质，如何建设、如何管理、如何运营，一定要从“利民”、“惠民”、实现社会公平与正义的角度考虑，切不可损害群众利益，有失社会公平，更不能变成只为少数人服务的场所，损害公共利益，引发社会情绪。要始终保持高度的政治敏感性，坚决避免片面追求经济效益，急功近利、功利短视、竭泽而渔，始终坚持文物合理利用的公益底线不动摇。

四、着力解决突出问题，全面推进各项工作

2012年是文物保护法颁布30周年、修订10周年，国务院领导同志要主持召开全国文物工作会议，全国人大常委会要组织实施文物保护法执法检查，国务院要核定公布第七批全国重点文物保护单位，文物工作大事多、任务重，文物安全工作也面临着新的形势和更高的要求。要进一步发挥全国文物安全工作部际联席会议制度的统筹协调作用，贯彻好、落实好中央领导同志批示精神，既要着力解决一些突出问题，又要从统筹全局的角度全面推进各项工作：

一是在构建体系上下工夫。本次会议提请审议的《关于加强和改进文物安全工作的指导意见》，是指导当前和今后一个时期文物安全工作的纲领性文件，要体现继承与创新的统一、治标与治本的统一、务虚与务实的统一，切实推进构建文物安全工作格局。各成员单位要从本部门职责角度，对征求意见稿进一步加以研究，重点是对本行业、本系统提出要求。国家文物局要认真归纳、吸收各部门的意见与建议，进一步修改完善，再次征求各部门意见后印发施行。要尽快完成新增成员单位的增补工作，明确工作职责，发挥职能作用；要推动更多的省份建立文物安全工作厅（局）部际联席会议制度，促进部门、地方间协作配合。

二是在长效机制上下工夫。联席会议制度建立以来，各成员单位在打击文物犯罪、保护南海水下文物安全、文物单位消防安全、博物馆安全管理、国保单位防雷安全等领域，通过部署专项行动、实施专项检查、开展专项调研，取得一定成效，有了很好的工作基础。下一步的工作重在建立长效机制，在深入调研的基础上，提炼做出制度性安排，实现从专项行动、阶段性检查向常态化规范管理的转变，坚持常抓不懈。近年来，公安部高度重视文物安全工作，在部领导关心支持下，治安、刑侦、边防、消防、科技、缉私、国际合作等多个业务司局与国家文物局有着广泛、深入的业务联系，给予了文物工作巨大支持，两部局全面合作的态势业已形成，希望国家文物局珍惜机遇，继续主动争取公安部支持，全面深化合作。

三是在建章立制上下工夫。规章制度和标准规范的不健全是当前制约文物安全工作的关键性因素，在一定程度上造成了文物安全工作无据可依、缺乏度量的局面，致使文物安全管理与监督工作缺少科学性、系统性和规范性。国家文物局要协调各成员单位，从加强管理的角度，抓紧修订、完善、出台一批法规、规章与标准规范，2012 年要推动修订《水下文物保护管理条例》，修订出台《文物建筑消防管理规则》和《博物馆安全保卫规定》两项部门规章。要研究建立文物安全、消防领域的标准规范体系，有序推进技术标准、管理标准的研究起草工作。

四是在工作创新上下工夫。针对文物安全领域的重点、难点问题，转变思路，创新方法，破解工作难题。要建好、用好"全国文物犯罪信息中心"，充分发挥其职能作用，为转变应对文物犯罪模式、有效防范和打击文物犯罪提供信息技术支持。要深入整改文物安全隐患，在强化执法监管、加大经费投入的同时，试点开展"文物安全综合管理实验区"创建工作，引导地方政府将文物安全逐级纳入绩效考核，切实履行文物保护管理职责。要切实落实信息公开，主动公开文物安全与行政执法工作信息，保障人民群众的知情权、参与权，勇于面对群众监督、舆论监督、社会监督，理解群众心声，听取群众意见，回应人民期待。

五要确保水下文化遗产安全。水下文化遗产在维护国家主权和领土完整、保证国家文化安全等方面发挥着重要作用。最近一段时间，各部门为保护水下文化遗产已经开展了大量卓有成效的工作，下一步要在联席会议制度框架下，继续落实各项工作分工，统筹谋划水下文化遗产保护管理，加快推进水下考古中心、考古研究船等项目建设，切实加强巡查监管，严厉打击违法犯罪，确保水下文物安全。

同志们，文物安全工作任务艰巨，使命光荣，任重道远。在党中央、国务院的正确领导下，各成员单位和有关部门要进一步密切协作、通力配合，以高度的责任心和使命感加倍努力工作，促进文物安全形势持续稳定向好发展，为推动社会主义文化大发展大繁荣、建设社会主义文化强国做出新的更大贡献，用更加出色的成绩迎接党的十八大胜利召开！（此为在全国文物安全工作部际联席会议第二次会议上的讲话）

（2012 年 1 月 4 日）

中华人民共和国文化部令

第54号

《大运河遗产保护管理办法》已经2012年7月27日文化部部务会议审议通过，现予公布，自2012年10月1日起施行。

部长　蔡武

二〇一二年八月十四日

大运河遗产保护管理办法

第一条　为加强对大运河遗产的保护，规范大运河遗产的利用行为，促进大运河沿线经济社会全面协调可持续发展，根据《中华人民共和国文物保护法》，制定本办法。

第二条　本办法所称大运河遗产，包括隋唐运河、京杭大运河、浙东运河的水工遗存，各类伴生历史遗存、历史街区村镇，以及相关联的环境景观等。

近代以来兴建的大运河水工设施，凡具有文化代表性和突出价值的，属于本办法所称的大运河遗产。

第三条　大运河遗产保护实行统一规划、分级负责、分段管理，坚持真实性、完整性、延续性原则，依照国家有关法律、行政法规和本办法的规定执行。

第四条　国家设立的大运河保护和申遗省部际会商小组，协调大运河遗产保护中的重大事项，会商解决重大问题。

国务院文物主管部门主管大运河遗产的整体保护工作，并与国务院国土、环保、交通、水利等主管部门合作，依法在各自的职责范围内开展相关工作。

大运河沿线县级以上地方人民政府文物主管部门，负责本行政区域内的大运河遗产保护工作，依法与其他相关主管部门合作开展工作，并将大运河遗产保护经费纳入本级财政预算。

第五条　国家鼓励公民、法人和其他组织参与大运河遗产保护。

公民、法人和其他组织可以通过捐赠等方式设立大运河遗产保护基金,用于大运河遗产保护。大运河遗产保护基金的募集、使用和管理,依照国家有关法律、行政法规的规定执行。

国务院文物主管部门、大运河沿线县级以上地方人民政府文物主管部门,应当对在大运河遗产保护中作出突出贡献的组织或者个人给予奖励。

第六条 大运河沿线省级人民政府文物主管部门应当组织调查本行政区域内的大运河遗产。

属于大运河遗产的不可移动文物,县级以上地方文物主管部门应当依法予以认定,并报同级人民政府核定公布为文物保护单位。大运河遗产中具有重大历史、艺术、科学价值的不可移动文物,应当确定为全国重点文物保护单位,报国务院核定公布。

第七条 国家实行大运河遗产保护规划制度。大运河遗产保护规划由总体规划、省级规划和市级规划构成。

大运河遗产保护总体规划, 由国务院文物主管部门会同国务院有关部门制订,经大运河保护和申遗省部际会商小组审定后报国务院批准公布。大运河遗产保护总体规划应当与国家水利、航运、环境等规划相协调。

大运河遗产保护省级规划和市级规划,分别由省级和市级文物主管部门会同同级有关部门制订,报省级和市级人民政府批准公布,并报上级文物主管部门备案。

第八条 大运河遗产保护规划应当明确大运河遗产的构成、保护标准和保护重点,分类制定保护措施。

在大运河遗产保护规划划定的保护范围和建设控制地带内进行工程建设,应当遵守《中华人民共和国文物保护法》的有关规定,并实行建设项目遗产影响评价制度。建设项目遗产影响评价制度,由国务院文物主管部门制定。

除防洪、航道疏浚、水工设施维护、输水河道工程外,任何单位或者个人不得在大运河遗产保护规划划定的保护范围内进行破坏大运河遗产本体的工程建设。

第九条 大运河沿线县级以上地方人民政府文物主管部门,应当建立大运河遗产所在地标识系统,并向公众提供真实、完整的大运河遗产信息。

第十条 将大运河遗产所在地辟为参观游览区,必须保障公众和大运河遗产的安全。

在参观游览区内设置服务项目,必须符合大运河遗产保护规划的要求。

大运河遗产参观游览区保护、展示、利用功能突出,示范意义显著的,可以公布为大运河遗产公园。

第十一条 大运河遗产跨行政区域边界的,其毗邻的县级以上地方人民政府文物主管部门应当定期召开协调会议,研究解决大运河遗产保护中的重大问题。

第十二条 国家实行大运河遗产监测巡视制度,由国务院文物主管部门组织实施,定期发布监测巡视报告。

大运河遗产监测由国家、省级和市级监测系统构成,包括日常监测、定期监测和反应性监测;大运河遗产巡视由国家和省级巡视系统构成,包括定期巡视和不定期巡视。

第十三条 因保护和管理不善,致使真实性、完整性和延续性受到损害的大运河遗产, 由国务院文物主管部门列入《大运河遗产保护警示名单》予以公布。

列入《大运河遗产保护警示名单》的遗产所在地保护机构,必须对保护和管理工作中存在的问题制订并公布整改措施,限期改进保护管理工作。

第十四条 违反本办法规定,造成大运河遗产损害,构成犯罪的,依法追究刑事责任;尚不构成犯罪的,由主管机关依法给予处罚。

有关行政机关不履行法定职责的,由上级行政机关责令改正,通报批评;对负有责任的主管人员和其他直接责任人员,由主管机关依法处理。

第十五条 本办法自2012年10月1日起施行。

国家广播电影电视总局国家文物局关于加强对文物鉴定类广播电视节目管理的通知

广发〔2012〕54号

各省、自治区、直辖市广播影视局，文物局（文化厅），新疆生产建设兵团广播电视局，中央三台、中国教育电视台：

近年来，各地电台电视台开办了一批文物鉴定类广播电视节目，为弘扬传承我国优秀传统文化发挥了积极作用。但也有个别节目过分关注文物经济价值，宣扬错误投资收藏理念，存在过度娱乐化现象。为确保广播电视节目更好地传播文物知识、树立文物保护观念、正确引导文物收藏，根据《中华人民共和国文物保护法》、《广播电视管理条例》等相关规定，现就进一步加强文物鉴定类广播电视节目的规范和管理提出如下要求：

一、各级广播影视行政部门、文物行政部门及各广播电视播出机构，要坚持以社会主义核心价值体系引领文物鉴定类广播电视节目的制作和播出，把社会效益放在首位，重点宣传文物的历史价值、科学价值和艺术价值，宣传文物保护法律法规，引导广大民众树立正确的收藏观，为弘扬我国优秀传统文化、保护文物资源、促进文物市场健康有序发展营造良好的舆论氛围。

二、文物鉴定类广播电视节目的内容必须符合《中华人民共和国文物保护法》及相关法规的规定。节目中出现的用于鉴定的文物必须为文物收藏单位收藏的以及公民、法人和其他组织以合法方式取得的文物；节目中出现的用于鉴定的文物必须为法律规定允许买卖的文物；文物鉴定类广播电视节目不得从事文物的商业经营活动，不得利用文物鉴定类广播电视节目开展模拟交易、广告推销等文物商业经营活动。

三、文物鉴定类广播电视节目要坚持正确导向，科学展示文物鉴定的复杂过程，明确提示投资文物收藏的风险，文物估价要提供市场依据。

四、文物鉴定类广播电视节目中的专家必须是省级文物部门审核通过的专家库成员。各省级文物行政部门要建立适应文物类电视节目需求的专家库，节目中出现的文物需提前由专家审核、对文物的鉴定须由专家作出，提高文物鉴定类广播电视节目的权威性，确保节目中出现的文物合法合规、文物鉴定程序严谨科学。

五、文物鉴定类广播电视节目要内容真实。不得编造文物流传故事、诱导“持宝人”杜撰虚假收藏故事，不得在节目中由演员扮演“持宝人”，不得暗示或要求专家修改文物评估结果、高估文物市场价格。节目制作机构要提前对节目中出现的文物持有者、嘉宾的身份信息进行审核，确保节目中所展示相关信息的真实性。

六、各文物收藏单位要充分发挥馆藏文物资源优势，积极参与电视节目制作。各文博单位、文物商店、拍卖公司等具有合法文物收藏和交易资质的机构，要为文物鉴定类广播电视节目在文物遴选、估价、文物法律法规和专业知识等方面提供帮助。

七、自本通知发布之日起，各级广播电视机构要对照相关规定，对已开办的文物鉴定类广播电视节目进行全面检查。各省级广播电视行政管理部门要加强对文物鉴定类广播电视节目的管理，同省级文物行政部门建立沟通协调工作机制，加强交流合作，互通管理信息，共同规范管理好文物鉴定类广播电视节目。

特此通知。

国家广播电影电视总局
国家文物局
二〇一二年七月四日

关于印发《公安部、国家文物局打击和防范文物犯罪联合长效工作机制》的通知

文物督发〔2012〕9号

各省、自治区、直辖市文物局（文化厅）、公安厅（局）：

为严厉打击文物犯罪，切实增强文物安全防范能力，为文物事业繁荣发展提供坚强保障，公安部、国家文物局决定，共同建立《打击和防范文物犯罪联合长效工作机制》，现予印发。各地公安机关和文物部门要结合本地实际，建立相应联合工作机制，共同做好打击和防范文物犯罪工作。

二〇一二年八月二十一日

公安部、国家文物局
打击和防范文物犯罪联合长效工作机制

为全面贯彻全国文物工作会议精神，落实全国文物安全工作部际联席会议有关要求，确保文物安全，保障文物事业繁荣发展，公安部、国家文物局研究决定，双方共同建立“打击和防范文物犯罪联合长效工作机制”。

一、共同建立日常协调工作机构

由公安部刑侦局和国家文物局督察司联合设立“打击文物犯罪工作协调组”，公安部刑侦局局长和国家文物局督察司司长任组长，组成人员相对固定。协调组每半年召开一次会议，通报、总结全国文物安全工作情况，分析研判文物安全形势，研究部署打击文物犯罪工作，督察、督办重大文物犯罪案件，协调重大文物案件侦办事宜，指导各地加强文物安全防范工作。

二、部署开展打击文物犯罪工作

督促指导各级公安机关将文物犯罪列入日常重点打击范围，各级文物部门将文物安全防范和配合公安机关打击文物犯罪作为日常重点工作。公安部和国家文物局适时选择文物犯罪案件高发地区，部署开展打击文物犯罪专项行动，侦破大案要案，打击犯罪团伙，追缴涉案文物，震慑文物犯罪。

三、推进打击文物犯罪信息化建设

共同加强“全国文物安全工作部际联席会议办公室文物犯罪信息中心”建设，明确信息中心的组织机构和运行方式，实现全国各地公安、文物部门共建共享。拓展“全国文物犯罪信息管理系统”功能，及时汇集、统计和研判全国文物犯罪信息，将涉嫌文物违法犯罪高危人员纳入动态管控范围。充分发挥信息中心的信息支撑作用，推动对文物犯罪案件的跨区域协查侦办，提升破案攻坚能力。

四、加强文物犯罪案件督察督办

建立重大文物犯罪案件联合督察督办制度，对各地公安机关报告和文物部门通报的重大文物犯罪案件挂牌督办，明确责任人。公安部刑侦局与国家文物局督察司组成督察组，不定期对挂牌督办案件的侦办与安全防范工作整改情况进行巡视、督办。

五、协调做好涉案文物鉴定和移交

督促协调各级文物部门及时向公安机关提供本地区文物资源情况和文物安全状况，发现文物犯罪行为及时报案并提供线索；对涉案文物积极提供鉴定服务，为公安机关存放涉案文物提供便利条件。督促协调各级公安和文物部门按有关规定做好涉案文物移交工作。

六、建立文物安全信息沟通制度

建立通畅的信息沟通交流渠道，及时互相通报各自掌握的文物犯罪案件信息和防范与打击文物犯罪工作情况，每半年通报一次文物犯罪案件统计数据，为双方及时总结全国打击和防范文物犯罪工作情况、分析文物安全形势、研究采取政策措施提供依据。

七、深化打击文物犯罪国际合作

落实我国与有关国家签订的关于防止盗窃、盗掘和非法进出境文物的政府间双边协定中关于打击防范文物犯罪的各项工作。积极开展文物安全与执法领域国际交流，建立、健全向国际组织通报涉案文物信息机制等国际合作机制，有序开展打击文物犯罪国际刑事司法合作，坚决维护国家权益。

蔡武、励小捷同志在贯彻全国文物工作会议精神座谈会上的讲话

（2012年7月10日）

蔡武同志的讲话

全国文物工作会议刚刚闭幕，我们及时召开座谈会，学习贯彻党中央、国务院领导同志的重要讲话和全国文物工作会议精神，统一思想，动员部署，努力开创文物工作新局面，以优异成绩迎接党的十八大胜利召开。

全国文物工作会议认真贯彻党的十七届六中全会精神，紧紧围绕全面推进文物保护利用和传承发展、努力为文化遗产强国建设作贡献这个主题，总结经验、分析形势、规划未来，是一次承前启后、继往开来的会议，是一次团结、求实、鼓劲的会议。

党中央、国务院对这次会议高度重视。中共中央政治局常委李长春，中共中央政治局委员、国务委员刘延东，全国人大常委会副委员长路甬祥，全国政协副主席郑万通等领导同志亲切会见了会议代表。长春同志发表了重要讲话，充分肯定了党的十六大以来文物事业取得的显著成就，明确提出了坚持中国特色文物事业发展道路、建设文化遗产强国的战略目标和总体要求：强调一是要坚持围绕中心、服务大局，二是要坚持保护利用、普及弘扬并重，三是要坚持以人为本、服务人民，四是要坚持促进交流、走向世界，五是要坚持深化改革、创新机制。延东同志出席会议并发表了《继往开来改革创新全面推进文物保护利用和传承发展》的重要讲话，科学概括了十年来文物事业的辉煌历程，深刻阐述了建设文化遗产强国的奋斗目标，全面部署了新时期文物工作的基本要求和重点任务。我们一定要认真学习、深刻领会。

同志们围绕学习理解中央领导同志的重要讲话、贯彻落实会议精神、推进文物工作提出了很多很好的意见建议。通过这次会议，广大文物工作者深受教育、倍感振奋，进一步明确了发展文物事业的目标任务，进一步坚定了做好文物工作的信心决心。

下面，我就贯彻中央领导同志的重要讲话和全国文物工作会议精神，推进文物事业科学发展讲三点意见。

一、全面准确把握全国文物工作会议精神

这次会议是在我国全面建设小康社会、加快推进社会主义现代化建设的关键时期,在深化文化体制改革、推动社会主义文化大发展大繁荣的重要阶段,在推动文物事业加速发展的关键时刻召开的重要会议,对当前和长远工作指明了方向,提供了遵循。

(一)深刻总结,客观评价文物事业发展的巨大成就

中央领导同志的重要讲话,对十年来文物工作取得的成就及其对经济社会发展作出的贡献给予了充分肯定,这既是中央对广大文物工作者负重拼搏、开拓进取所取得的显著成绩的赞许和鼓励,又是对文物系统坚持科学发展、加速发展的期望和鞭策。这些成绩是在党中央、国务院的坚强领导下取得的,是文物战线全体同志深入贯彻落实科学发展观,坚持以人为本,以解放思想、实事求是、与时俱进为指导,以改革创新为动力,以全面、协调、可持续发展为目标,在经历各种风险挑战和重大考验的情况下取得的。实践证明,广大文物工作者对祖国文化遗产有真情挚爱,对文物工作有担当奉献,对文物事业有坚守追求,是一支党和人民值得信赖、大有作为的队伍。2008 年全国文物系统及时有效地组织开展了一场救援速度最快、动员范围最广、投入力量最多的汶川震后文物抢救保护行动,有力支援了灾区人民重建家园,这就是很好的例证。

(二)提高认识,切实增强发展文物事业的责任感和紧迫感

中央领导同志的重要讲话,科学分析了加快文物事业发展的重大意义,着重强调了要把围绕中心、服务大局作为文物工作的主线,把保护利用、传承发展作为文物工作的主题,把服务社会、推动发展作为文物事业的使命,把人民群众共享文物保护成果作为文物事业的宗旨;准确判断了文物事业正处于加速发展的"黄金机遇期"和保护压力继续加大、保护形势依然严峻的"矛盾凸显期",面临着不少新情况新问题新挑战,压力依然巨大,责任依然重大,任务依然艰巨。广大文物工作者要准确把握我国经济社会发展新要求,准确把握当今时代文化发展新趋势,准确把握各族人民精神文化生活新期待,勇于担当保护文物的使命和责任。

(三)统一思想,牢固树立建设文化遗产强国的奋斗目标

2010 年长春同志在第五个文化遗产日发表《保护发展文化遗产建设共有精神家园》的重要文章,第一次提出加快推进文化遗产强国建设的战略思想。延东同志的重要讲话,明确要求切实肩负起建设文化遗产强国的历史责任。会议提出要加快建设与我国深厚文化底蕴和丰富文物资源相匹配、与中国特色社会主义事业总体布局相适应、与中国特色社会主义文化强国目标相承接的文化遗产强国,符合世界文明古国、文物资源大国的实际,符合党和国家事业的发展要求,符合全国人民的共同呼声和广大文物工作者的共同愿望。这是着眼于推动我国文物事业长远发展、实现中华民族伟大复兴的重大战略,是解决文物事业突出问题的客观需要,是顺应当今时代特征、事关我国经济社会发展全局的战略抉择。可以说,建设文化遗产强国,表明了我们党和国家高度的文化自觉和文化自信。

(四)把握规律,严格遵循文物工作方针

延东同志的重要讲话,在总结文物工作生动实践的基础上,凝练了指导文物事业发展的基

本经验，就是“五个坚持”：一是坚持高举旗帜，围绕大局，全面贯彻落实科学发展观，这是文物工作的指导思想；二是坚持“保护为主、抢救第一、合理利用、加强管理”的文物工作方针，正确处理保护与利用的关系，这是文物工作的根本要求；三是坚持文物事业的公益属性，发挥政府的主导作用，正确处理文物保护事业与利用文物资源开发相关产业的关系，这是文物工作的根本性质；四是坚持服务社会、惠及民生，这是文物工作的根本目的；五是坚持改革创新，这是文物工作的根本动力。“五个坚持”，既是对文物工作规律的深刻把握，也是今后文物工作一以贯之的基本要求。

（五）凝聚合力，明确全社会保护文物的共同责任

延东同志的重要讲话，提出了文物保护，全民有责。人民是文物资源的创造者，也是使用者，更是保护者。全体人民的支持与理解，是文物事业赖以存在和发展的决定性力量。我们一定要按照延东同志的要求，切实增强各级政府和全社会保护文物的责任，努力建立适应社会主义市场经济体制要求、遵循文物工作自身规律、国家保护为主并动员全社会参与的文物保护体制，最大限度地动员和凝聚各方力量参与文物保护和利用，不断提高文物工作科学化、社会化水平。

（六）抓住关键，落实文物工作的重点任务

延东同志的重要讲话，围绕文物工作的突出问题，从六个方面对做好新时期文物工作作了全面部署：一要进一步落实文物保护责任，切实把文物工作摆到更加突出位置；二要进一步推进文物保护重点工作，切实提高文物安全防范能力；三要进一步发挥文物资源优势，更多更好地服务社会、促进发展、惠及民生；四要进一步完善政策法规体系，努力营造有利于文物事业科学发展的良好环境；五要进一步健全机构和队伍，全面加强能力建设；六要进一步增强全民文物保护意识，宣传引导全社会共同参与文物保护。这些重大举措，明确了新时期文物工作的重点任务，突出了改革创新的关键环节，既立足当前，又着眼长远，对推进新时期文物工作、努力建设文化遗产强国具有重大指导意义。

二、扎实推进文化遗产强国建设

全面推进文物保护利用和传承发展、努力为文化遗产强国建设作贡献，既是中央领导同志的重要讲话的鲜明主题和核心内容，也是全国文物工作会议的突出亮点和重大贡献。我们要把推动新时期文物工作创新发展和文化遗产强国建设，与贯彻党的十七届六中全会精神结合起来，与落实党中央、国务院关于加强文物工作的一系列重要指示结合起来，与实施“十二五”规划的目标任务结合起来，用会议精神武装头脑、指导实践、推动发展。

中央领导同志对破解事关文物事业长远发展的责任落实、队伍建设、能力提升等深层次问题提出了明确要求。国家文物局和地方各级文物部门一定要按照中央领导同志的重要指示，协调、配合有关部门抓好落实。

（一）建立基础工作长效机制，提升文物保护能力

基础工作是实现文物事业科学发展的重要前提。要着眼文物基础工作的长期性、艰巨性、复杂性，继续把基础工作作为一项重要任务常抓不懈。要以文物立法、文物资源调查登记、文

物人才培养和文物安全保障为重点，建立文物保护基础工作的长效机制。发展规划要优先安排基础工作，财政资金要优先保障基础工作，公共资源要优先满足基础工作。健全文物保护管理机构，加大国家公共财政投入，加强文物保护基础设施建设。要把文物人才队伍建设作为基础工程，抓紧培养高层次领军人才和关键领域的实用技术人才、紧缺人才，制定实施基层文物人才队伍建设规划，加快造就一支德才兼备、结构合理的高素质文物人才队伍。要坚持眼睛向下、重心下移，把更多的资源投向基层，把更多的项目放在基层，把更多的服务延伸到基层，不断打牢事业发展的根基。

（二）创新文物保护传承体系，建设中华民族共有精神家园

2005年，国务院《关于加强文化遗产保护的通知》提出了文化遗产事业"两步走"的发展目标，强调了"2010年目标"是以初步建立比较完备的文化遗产保护制度为主要目标；强调了"2015年目标"是以基本形成较为完善的文化遗产保护体系为主要目标。2011年，党的十七届六中全会，提出了建设优秀传统文化传承体系。要努力构建好文物保护体系，显著改善文物保护状况，切实维护国家文化安全；努力构建好文物传承体系，深入挖掘文物资源价值，建设中华民族共有精神家园。

近年来，文物系统在传承文明、服务社会、促进发展等方面，进行了一系列理论创新和实践探索。要建立文物保护与经济社会协调发展、和谐共融、互利多赢的长效机制。要推进大遗址保护与国家考古遗址公园建设，通过政府主导、部门协作、社会参与、市场运作的方式，较好地解决大遗址的可持续发展问题。要实施好南水北调、西气东输等基本建设工程中的文物抢救保护工程。要加强中国世界文化遗产监测中心和世界文化遗产地监测中心建设，为世界文化遗产监测管理提供技术支持。要建设好国家水下文化遗产保护中心和保护基地，开展好水下文物调查保护工作，为捍卫海洋权益和国家主权提供历史佐证。

（三）深化博物馆免费开放，保障人民基本文化权益

博物馆是开展公共文化服务的主要场所，是实现人民基本文化权益的重要阵地。要加大博物馆建设力度，着力构建以中央地方共建国家级博物馆为龙头、国家一二三级博物馆和重点行业博物馆为骨干、国有博物馆为主体、民办博物馆为补充的博物馆体系，推进生态博物馆、社区博物馆、数字博物馆等新形态博物馆建设，引导、规范和扶持民办博物馆发展，进一步完善博物馆免费开放机制，逐步将国有行业类博物馆以及符合条件的民办博物馆纳入国家政策支持的免费开放范围。创新博物馆文化传播的内容、形式和手段，创新管理运行模式，建立绩效评估制度，强化内部激励机制，提供更多优质便捷的文物鉴赏服务。健全博物馆馆际交流、陈列展览项目交流合作、藏品开放工作制度，建立博物馆藏品共享平台和藏品利用激励机制，建立以国家一级博物馆为核心的博物馆专业协作网络，激发基层博物馆的活力。加强文物博物馆领域公共文化服务基础设施建设，完善公共文化服务网络，拓展公共文化服务范围，提供更多免费或优惠的基本公共文化服务。加强社会文物管理，规范文物流通秩序，提高文物科学鉴定水平，引导民间文物收藏行为。

（四）拓展文物利用途径，不断提高文物事业对促进发展、惠及民生的贡献

当前，文化越来越成为民族凝聚力和创造力的重要源泉，越来越成为综合国力竞争的重要因素，越来越成为经济社会发展的重要支撑，丰富精神文化生活越来越成为我国人民的热切愿望。要推动文物事业日益融入经济社会发展大局，拓展文物传承利用途径，促进具有市场前景的文物资源在与产业与市场的结合中实现传承发展，使文物保护利用成为促进经济社会发展、优化城乡面貌、彰显地域魅力、改善生态环境、提高人民生活质量的重要内容。这是最积极、最有效、最有利于文物可持续发展的保护传承方式。要积极鼓励和支持各地依托文物资源发展文物旅游及相关产业，提供特色文化服务，使文物保护成为促进区域经济发展的新亮点。要把重大文物保护工程与城乡建设、与改善人民生活结合起来，展示独特的历史文化、地域文化、民族文化，努力使文物保护工程成为民生工程和惠民工程，为人民群众创造良好的文化条件和生活环境。要把文物保护与社会主义核心价值体系建设结合起来，深入挖掘、展示、宣传蕴含文物之中的宝贵精神财富，使人民感受教育启迪、陶冶思想情操、充实精神世界。要把文物保护与提高中华文化的国际影响力结合起来，开展多渠道多形式多层次对外文物交流与合作，推出更多具有中国特色、中国风格、中国气派的对外文物展览，既充分展现中华优秀传统文化内涵、当代中国价值观念和文物工作的最新成果，又努力符合国外受众的思维方式、审美特点和接受习惯，做到中国内涵、国际表达。

今天，我们欣喜地看到，文化遗产事业越来越成为全社会关注和参与的热门领域。这是好事情，也是文化遗产事业获得大发展的社会基础。但是必须清醒地认识到，在文化遗产保护和利用这股热潮中，争名逐利的浮躁，造假卖假的盛行，奇谈谬论的流传，投机炒作的喧嚣，诚信操守的缺失，伪专家的满天飞等等，可谓是“虚火”旺盛、乱象横生。若听之任之，恶性发展，必将严重损害文化遗产行业的信誉和形象。人民群众对此反映强烈，各级领导对此高度关切。因此，要善于运用宣传手段推动实际工作，从整治和改善舆论环境入手，着力提高舆论引导能力；要从提高对文化遗产的认知水平、鉴赏水平和审美能力入手，深入开展广泛、持久、全面的文化遗产宣传教育行动，普及文化遗产的科学知识，倡导文化遗产保护的正确理念；要从积极推进行业作风建设入手，加强行业自律，恪尽职业操守，为文化遗产工作提供良好的舆论支持、社会环境和文化条件。

（五）周密实施“十二五”规划，确保实现发展目标

加快实施“十二五”规划，是全面推进文物保护利用和传承发展、努力建设文化遗产强国的重要手段和现实途径。要以加强文物保护和传承能力建设为切入点，推动“十二五”规划成为编制专项规划、制定年度计划、核准重大项目、安排财政预算、制定文物政策措施的基本依据，有效提升规划执行力。要实施好《国家“十二五”时期文化改革发展规划纲要》和《国家文物博物馆事业发展“十二五”规划》等专项规划，按照“十二五”规划目标任务分解落实方案的要求，以规划目标管理为中心，落实目标责任，明确进度安排，做到规划任务有执行主体，经费投入有保障渠道，任务完成有绩效考核。要加强年度计划对规划的衔接，各级文物部门要围绕规划的总体目标和重点任务，细化年度任务，制定工作方案，落实责任制。要加快制定规划实

施绩效评价考核办法，建立规划实施动态监测评估和定期通报制度，定期通报规划实施情况特别是约束性指标的完成情况。《国家文物博物馆事业发展“十二五”规划》提出的五项约束性指标即5个“100%”，这就是强制性的“硬任务”，要确保完成。要加快实施一批具有示范效应的重大文物保护工程，支撑引领规划实施工作。

（六）切实抓好今年重点工作，迎接党的十八大胜利召开

文物工作千头万绪，要善于抓住主要矛盾和关键环节，重点突破，带动全局。要以全国人大常委会开展的《文物保护法》执法检查为契机，全面落实好全国人大常委会提出的各项意见建议，切实解决问题、推动发展。要加快《博物馆条例》、《水下文物保护管理条例》的立法进程。要以全国文物工作会议为契机，积极研究报请国务院出台关于加强新时期文物工作的政策性文件。开展“文物安全综合管理实验区”试点工作，推动实施博物馆风险等级达标、田野文物和水下文物安防设施建设工程。要以预防和打击水下文物犯罪为重点，开展我国管辖海域内联合执法专项行动。加快报请国务院核定公布第七批全国重点文物保护单位，完善全国重点文物保护单位保护管理基础工作。全面启动国有可移动文物普查，推进“中华文明探源工程”和“指南针计划”专项，举办好“文物进出境管理60周年成果展”。

三、努力提高文物部门依法行政能力

建设文化遗产强国，是一个需要不懈奋斗、不断创造的历史过程。全面推进新时期文物工作，努力建设文化遗产强国，关键取决于我们依法行政的能力和水平，关键取决于我们工作的推进力度和落实程度，关键取决于我们的精神状态和工作作风。

（一）转变职能，创新管理

随着改革开放的不断推进，随着社会环境的不断变化，政府由“办文物事业”向“管文物事业”转变已经成为必然。要加快政府职能转变，推动文物行政部门由“办文物事业”向“管文物事业”、由微观管理向宏观管理、由部门管理向行业管理、由重管理向管理服务并重转变，强化政策调节、社会管理、公共服务的功能。要发挥国家文物局的宏观指导、政策引导、法规规范、执法督察和搭建平台的作用。要改革文物行政审批制度，简化审批程序，下放审批权限，提高审批效率。要综合运用法律、行政、经济、科技等手段提高文物管理效能，大力提升文物管理的精细化、规范化和信息化水平。要落实文物、博物馆单位的主体责任，加强日常管理、巡护、监测和保养。要完善检查评估机制和督察办法，重点督察文物事业发展举措是否落实到位、重大项目是否科学合理、资金使用是否规范有效、工程质量是否安全合格。要及时主动向社会公开文物事业和重大项目情况，接受社会监督。

（二）完善机制，协调配合

建立健全党政领导、部门指导、各方配合、社会参与的工作机制和法律保障，统筹力量，形成合力，构建社会各方面共襄共建文物事业的工作格局。要继续大力争取发展改革、财政部门对文物行业的重大项目立项和公共财政资金投入的支持。近年来，国家文物局在争取重大项目立项和公共财政资金投入方面很有成效，希望继续加以坚持与拓展。要推动建立国家文物督察制度，加强由文化部、公安部、国家文物局等16部门参加的“全国文物安全工作部际联席

会议”的统筹协调作用，建好和用好“全国文物犯罪信息中心”，推动更多省份建立文物安全工作厅（局）际联席会议制度，全面实施文物安全与执法督察公示公告制度。要整合中央和地方在政策、技术和资金等方面的优势和力量，创新部门共建、省局合作模式，落实与有关部委、地方人民政府签署的文物保护共建协议。要发挥科技支撑作用，加快现代科学技术在文物博物馆领域的推广运用，建立国家文物信息中心，加强中国文化遗产研究院、国家工程技术研究中心、国家文物局重点科研基地和科技创新联盟建设，协同攻关重大文物保护关键技术和瓶颈问题。要加快推进大运河保护和申遗工作，更好发挥大运河保护和申遗部际会商小组及大运河申遗城市联盟的作用。要继续组织好丝绸之路跨国系列申遗工作，争取中国跨境联合申遗成功。要在我国与15个国家签署关于防止盗窃、盗掘和非法进出境文化财产双边协定的基础上，加强信息交流、成果共享、人员培训、文物返还等方面的合作。

（三）项目带动，示范引领

重大项目是文物保护、成果惠民、文化传承的重要载体，是带动文物事业发展、发挥文物价值作用的重要举措。要实施好一批关系全局、意义深远、带动作用强的重大项目，以重大项目促保护、促利用、促发展。《国家文物博物馆事业发展“十二五”规划》提出23个重大项目，这是突破当前文物工作重点难点的有力抓手。要加强重大项目的组织管理，通过全程检查指导和跟踪服务，落实工作力量和工作经费，明确进度要求和考核指标，提升项目质量和综合效益。随着近年来文物系统的国家公共财政投入大幅度加速增长，重大项目数量也大幅度快速增加，坚持项目实施与运行管理并重很关键。要加强重大项目实施与人才能力建设的有机衔接，将科研基地建设、人才培养、技术标准、知识产权纳入重大项目的绩效考核指标，积极引进创新团队、青年人才、社会人才、海外人才参与国家重大文物科技计划项目和重点文物保护工程。要建立健全文物保护经费使用绩效评估制度，严格管理项目资金，使每一个重大项目都成为质量工程、惠民工程和阳光工程。要加强中央财政文物保护专项资金支持与各省、自治区、直辖市文物事业发展预期绩效的对接，推动将文物保护专项资金使用绩效纳入文物保护责任目标管理制度建设。

（四）真抓实干，务求实效

文物系统历来具有求真务实、真抓实干的好传统，要继续大力弘扬这种好做法，正确处理好长远目标与阶段性任务的关系，努力把从中央到地方为推进文物事业跨越发展提出的好原则、好思路、好政策转变为可操作的工作措施，把目标任务转变为实实在在的工作项目，在抓实、抓细、抓具体上下功夫。要深入开展调查研究，不断总结实践经验，积极研究新情况新问题，把工作着力点真正放到研究解决文物事业发展中的重大问题上，真正放到研究解决惠及民生中的紧迫问题上，落到实处、落到基层。去年，国家文物局围绕全国文物工作会议筹备工作开展的关于免费开放条件下全面提升博物馆水平、关于促进国家考古遗址公园可持续发展的调研，很好地支撑了中央决策。要加强文物行业作风建设，教育引导广大文物工作者自觉践行社会主义核心价值体系，遵守职业道德准则，增强社会责任感。

（五）加强宣传，营造氛围

各级文物部门要切实宣传好这次会议精神，广泛开展内容丰富、形式多样的主题宣传教育活动，组织好文化遗产日、国际博物馆日、国际古迹遗址日系列宣传活动，努力营造保护文物人人有责、文物保护成果人人共享的社会环境。要实施好文化遗产知识宣传普及工程，通过文物知识进机关、进校园、进社区、进农村、进厂矿、进军营活动，扩大文化遗产知识宣传普及工程试点县范围，增强公民依法保护意识，培养文物保护志愿者。这次全国文物工作会议受到表彰的全国文物系统50个先进集体、30名先进工作者，是近年来文物战线涌现的杰出代表。各级文物部门要善于发现典型、总结典型、弘扬典型，使文物工作先进典型的事迹广为人知、深入人心；充分发挥文物工作先进典型的示范作用，带动各级党委政府和社会各方面积极支持、热情参与文物事业。

2012年是党的十八大胜利召开的喜庆之年，是实施"十二五"规划承上启下的重要一年，是贯彻党的十七届六中全会精神和全国文物工作会议精神的关键一年。要紧紧抓住党的十八大胜利召开的有利契机，全面把握今年文物工作的新形势新任务新要求，牢牢把握迎接十八大、学习十八大、宣传十八大、贯彻十八大这个全年工作的重中之重，努力营造文物系统抓机遇、谋发展、促跨越的浓厚氛围，始终保持积极向上、蓬勃发展的良好态势，为党的十八大胜利召开凝聚强大的精神力量、创造良好的社会环境。

同志们：潮平两岸阔，风正一帆悬。中国特色文物事业发展道路已经开辟，文化遗产强国的嘹亮号角已经吹响。广大文物工作者使命光荣、大有作为。让我们紧密团结在以胡锦涛同志为总书记的党中央周围，以邓小平理论和"三个代表"重要思想为指导，深入贯彻落实科学发展观，开拓创新，奋发进取，努力开创新时期文物工作新局面，积极为文化遗产强国建设作出新贡献，以优异成绩迎接党的十八大胜利召开！

励小捷同志的讲话

我就文物系统贯彻全国文物工作会议精神，做好今年下半年的重点工作，强调几点意见。

一、关于全国文物工作会议精神的传达贯彻

各级文物行政部门、各地文博单位要把学习宣传、贯彻落实全国文物工作会议精神作为当前和今后一个时期的中心任务切实抓紧抓好，在全系统迅速掀起学习贯彻的热潮，进一步凝聚共识、统一思想。国家文物局将很快印发《关于深入学习贯彻全国文物工作会议精神的通知》。各地文物部门要按照通知要求，立即组织领导班子成员和全体干部职工学习全国文物工作会议精神，尽快制定方案，抓好贯彻落实，特别要向党委、政府做好汇报，适时召开有关会议，研究出台具体措施，把有关精神部署传达到基层，落实到实际工作当中。国家文物局机关各司室要在学习贯彻会议精神上“走在前、做表率”，加快研究制定会议提出的有关政策举措和工作要求的具体落实意见，做好局内的任务分解，主动跟进、主动协调、主动督查、主动服务。各有关文博单位和行业组织要结合各自业务工作落实会议要求，充分发挥决策智囊、协调平台和行业自律作用。

二、关于对面临形势和工作把握的几点看法

改革开放以来特别是党的十六大以来，中国特色社会主义伟大事业正在波澜壮阔地向前发展。在这样一个时代背景下，我国文物事业发展已实现历史性跨越，站在一个新的历史起点上，正处于历史上最好的发展时期。同时，我们必须清醒认识到，新时期文物工作是在我国加速工业化、信息化、城镇化的历程中进行的，是在历史欠账较多、基础工作薄弱的情况下进行的，我国文物事业的发展与经济社会发展水平相比、与世界文明古国应有地位相比、与党和人民对文物工作的新期待相比，还不完全适应，具体表现为：

一是面对文物保护与城乡建设之间长期存在的矛盾，我们的执法能力还不完全适应。第三次全国文物普查发现消失的四万处不可移动文物中，有一半以上是由于各类建设行为毁掉的。50万元最高限额的行政处罚制止不了房地产开发的利益冲动。一些政府主导的开发项目与文物保护发生冲突时，同级文物部门很无奈。

二是面对文物工作领域不断扩大、工作任务日益繁重的新形势，我们的工作方式还不完全适应。第三次全国文物普查登记的不可移动文物比第二次全国文物普查增长2倍多，达到近77万处；第七批“国保”待国务院核定公布后，全国重点文物保护单位总数将接近翻番，达到4000处以上。近年来文物保护投入连年大幅度增长，2011年中央财政文物保护经费投入超过了“十一五”的总和。这对于长期过惯苦日子的文物系统来说是大好事。可是，这么大的事业盘子，这么大的经费规模，使得文物部门批项目、审方案的传统工作方式显得很不适应，上上下下只能把主要精力放在报项目、批经费上，日以继夜，不堪重负。这就影响到许多我们该做的事情没有精力去做，即使是项目安排也难以避免出现整体性不强、失之于散的问题。

三是面对人民群众精神文化需求日益增长、对文物的社会关注度越来越高的新情况，我们的宏观管理还不完全适应。由管系统内到管全社会，是文物工作面临的一个新挑战。文物流通领域的乱象丛生，鉴定评估的管理缺失，文物景点的规范经营和民办博物馆的扶持发展等，都是需要从宏观上研究解决的新问题。

四是面对党和国家对文物保护利用、传承发展的新要求，我们的人才队伍建设还不完全适应。目前国家文物局的编制仍是上世纪八十年代初的水平，全国各级文物行政部门总数约为7000人，管理着近77万处不可移动文物；全国3000多万件馆藏文物中，有病害的占到近一半，而全国从事这一行当的修复人员仅有2000人；不可移动文物中彩绘、壁画和石质文物修复人员更为短缺。

面对上述种种不适应的突出问题，要求我们必须以科学发展观为指导，围绕建设文化遗产强国的目标，按照党中央、国务院对文物工作的部署和要求，遵循文物工作的规律，在总体把握上更加注重更新观念，更加注重转变职能，更加注重制度设计，更加注重加强管理。当前，特别要做好以下几件事情：

一是进一步明确中央与地方的事权关系。在原有试点基础上，适当扩大地方审批项目的权限和范围，调动地方的积极性，同时明确各级地方政府的责任。

二是进一步开放市场。通过招投标的方式，引入第三方包括市场主体、社会机构和专家团队参与规划、技术方案、预算、评估的制定与审核，充分利用社会力量和市场资源提高项目工作的质量与效率。在这些基础工作基本到位后，要实行项目申报和审批的时限管理。

三是进一步健全文物博物馆行业标准体系，完善督查考评机制。

引入第三方，政府需要制定技术标准和程序规范。尽管文物工作的特殊性增加了这项工作的困难，但我们已经有了一定的基础，必须下决心做下去。与此同时，还要完善督查考评机制，检查项目执行、经费使用情况，对项目绩效进行考核评估。这样，抓住两头，放开中间，就能够使我们的工作更主动更自如，就能够以更多的精力抓好全局工作的指导。

四是进一步完善社会文物管理、鼓励社会参与、文博人才培养等方面的一系列制度与政策，切实加强现有法律法规的执行。

以上几件事情，并不是半年内就能够完成的，但越是利长远、打基础的工作就越要尽快着手去做，同时也要搞好整体谋划，区别轻重难易，有步骤地展开。

三、关于下半年的重点任务

今年上半年，我们办好了两件大事：一是配合全国人大常委会圆满完成文物保护法执法检查工作；二是筹备召开了全国文物工作会议。办成了一件“喜事气元上都遗址“申遗”成功。回应了“两项社会关切”：一是联合有关部门，研究出台规范引导文物流通、加强对文物鉴定类广播电视节目管理的文件；二是表彰全国文物系统先进典型，修订公布文博职业道德准则。各项工作进展顺利，总体态势良好。

做好下半年的工作，就是要深入贯彻党的十七届六中全会精神和全国文物工作会议的部署，继续落实好国家文物局2012年工作要点确定的各项重点任务。

一是全面启动国有可移动文物普查。按照国务院统一部署，建立领导机构，完善工作机制，培训专业队伍，搞好动员部署，为我国首次国有可移动文物普查开好头、起好步。这次普查是对文博基础工作和能力建设的一次全面考验，各地文物部门务必高度重视，精心组织实施。

二是联系有关部门，筹备召开文物保护法颁布30周年、修订10周年座谈会，研究落实全国人大常委会在文物保护法执法检查中提出的重要意见和建议，推动有关法律法规的修订完善。

三是继续做好文物安全防范工作。与有关部门联合发布《关于加强和改进文物安全工作的指导意见》。在十八大前开展文物安全隐患排查整治专项行动。召开全国文物安全工作部际联席会议第三次会议。

四是报请国务院核定公布第七批全国重点文物保护单位。做好第三次全国文物普查成果转化和利用工作，督促、检查各地抓紧公布不可移动文物名录，推动各地核定公布文物保护单位。

五是扎实推进文物保护重点工程，召开文物保护工程会议。完成南海水下考古基地建设、水下考古工作船设计建造的前期工作,开工建设西沙工作站。启动第二批国家考古遗址公园立项工作。8月上旬,专题研究部署全国文物系统对口支援西藏和四川、云南、甘肃、青海四省藏区文物保护工作。

六是更新公布《中国世界文化遗产预备名单》,召开世界文化遗产工作会议,承办国际古迹遗址理事会顾问委员会会议和科学理事会会议。组织哈尼梯田"申遗"项目的国际专家考察评估。督促落实好大运河、丝绸之路"申遗"点段的保护管理工作。

七是组织开展全国文博人才队伍建设专题调研,摸清人才状况,明确基本需求,拓宽培养渠道,搞活用人机制,纳入职业大典,开辟成长通道。完成县级文物行政部门负责人、行政执法人员和安全监管人员年度培训任务。深化与中国科学院战略合作关系,落实文物科技合作项目。与有关部门修订颁布《博物馆建筑设计规范》,加快博物馆建设标准编制工作。

八是落实有关文件部署,抓好社会文物流通领域管理和职业道德建设。规范文物拍卖标的审核,建立文物拍卖企业诚信档案。配合做好文物鉴定类广播电视节目监督管理。会商有关部门,出台规范古玩旧货市场管理的政策措施。发挥行业协会作用,完善宣传、监督措施,切实践行文博职业道德准则。要高度重视文物工作的正面宣传,持续不断地宣传文物工作的新进展、文物促进旅游等产业的新贡献、文博系统先进模范人物的感人事迹,为文物事业营造良好舆论氛围。要把提高公民文物保护意识和文物鉴赏能力作为公民素质教育的一项内容,并与爱国主义教育、传统文化教育紧密结合起来,充分发挥文物资源的教育功能。

九是召开文物外事工作座谈会。落实中土文化年中的文物交流项目。推进援柬二期茶胶寺保护修复工程,推动缅甸文物保护合作项目签署。举办赴港文物展览和两岸文物交流20周年纪念活动。

十是加强预算安排、执行工作,提高文保项目管理水平。确保2012年项目、方案报批的进度和质量,切实提高预算执行力。坚持预算决策与行政决策相结合的原则,研究提出2013年项目预算的倾斜领域和重点。会同财政部修订印发《国家重点文物保护专项经费管理办法》。出台北方古建筑维修工程定额标准,启动南方古建筑维修工程定额标准制定。

在完成好上述重点任务的同时,还要提前考虑2013年工作的谋篇布局,设计好下一步工作思路和总体安排,凝心聚力,扎实工作,以实际行动迎接党的十八大胜利召开。

国家文物局关于发布《文物安全与行政执法信息上报及公告办法》的通知

文物督发〔2012〕1号

各省、自治区、直辖市文物局（文化厅）：

《文物安全与行政执法信息上报及公告办法》已于2012年2月15日经国家文物局第2次局务会议审议通过，现予发布，请遵照执行。

特此通知。

文物安全与行政执法信息上报及公告办法

第一条 为加强文物安全监管，推进文物行政执法，及时汇总和公告全国文物安全与行政执法工作以及文物案件情况，依据《中华人民共和国文物保护法》等法律、法规和文件，制订本办法。

第二条 本办法所称文物案件包括文物安全案件和文物行政违法案件。国家文物局按本办法规定对文物案件进行公告。

第三条 县级以上文物行政部门按本办法规定上报文物安全与行政执法工作情况和文物案件信息，确保报送信息及时准确。

第四条 文物、博物馆单位应当在知道文物案件发生后2小时内，向主管的文物行政部门报告已掌握的案件情况。

有下列情形之一的，县级以上文物行政部门应当在接到报告2小时内，向同级人民政府和上级文物行政部门报告。省级文物行政部门应当在接到报告2小时内通过电话或者传真形式报告国家文物局督察司，并在3日内正式行文报国家文物局：

（一）世界文化遗产地、全国重点文物保护单位和省级文物保护单位发生的文物案件；

（二）核定、公布为三级以上风险单位的博物馆、纪念馆等文物收藏单位发生的文物案件；

（三）尚未核定公布为三级以上风险单位的博物馆、纪念馆和其他文物收藏单位发生的一级文物丢失或者损毁案件；

（四）其他重大文物案件。

第五条 文物安全案件报告主要包括以下内容：

（一）涉案文物、博物馆单位名称、级别、保护机构和保护管理现状；

（二）发案时间、地点、经过，文物损失和人员伤亡情况；

（三）涉案可移动文物名称、数量、级别和受损情况；

（四）案件原因分析及处理结果；

（五）案发现场和文物受损等图片资料；

（六）其他情况。

第六条 文物行政违法案件报告主要包括以下内容：

（一）涉案文物、博物馆单位名称、级别、保护机构和保护管理现状；

（二）违法相对人名称、违法性质；

（三）违法行为发生的时间、地点和违法事实；

（四）违法行为对文物造成的损失；

（五）违法行为的调查处理情况；

（六）案发现场、文物受损等图片资料；

（七）其他情况。

第七条 省级文物行政部门每半年向国家文物局报送《文物安全与行政执法工作情况统计表》、《文物安全案件统计表》和《文物行政违法案件统计表》。上半年于当年6月15日前报送，下半年于当年12月15日前报送。

省级文物行政部门同时报送各项报表的书面和电子文本，电子文本通过国家文物局“文物安全与行政执法管理信息系统”报送。

第八条 国家文物局按以下形式实施公告：

（一）专项通报：不定期对重大文物案件处理情况进行通报。

（二）年中通报：每年6月30日前，通报上半年全国文物安全与行政执法工作情况。

（三）年度通报：每年12月31日前，通报本年度全国文物安全与行政执法工作情况。

第九条 国家文物局实施的专项通报、年中通报和年度通报印发各省级文物行政部门，印送全国文物安全工作部际联席会议各成员单位，并按有关规定进行信息公开。

第十条 对于下列行为，国家文物局进行通报批评，情节严重的，向当地人民政府通报或者提出行政处理建议：

（一）不按本办法规定的时限、内容、形式和要求，报送文物案件和各项统计报表的；

（二）对国家文物局通报的文物案件负有调查处理责任的文物行政部门或者文物、博物馆单位，不按通报要求认真调查处理，不按时限要求报送调查处理结果的。

（三）对国家文物局督察、督办的文物安全与行政执法工作事项，无正当理由不予落实或者不及时报告落实结果的。

第十一条 省级文物行政部门根据本办法，制定本省行政区域内的文物安全与行政执法信息上报与公告办法。

第十二条 本办法自印发之日起施行。

附件：1.《________省文物安全与行政执法工作情况________年半年统计表》

2.《________省________年________半年文物安全案件统计表》

3.《________省________年________半年文物行政违法案件统计表》

4. 附表填写说明

附件 1：

《________省文物安全与行政执法工作情况________年半年统计表》

项目	文物单位数量	安全检查工作情况				执法巡查工作情况				文物安全案件（起）						行政违法案件（起）			
		安全检查次数	检查数量	发现隐患数量	整改数量	执法巡查次数	巡查数量	发现违法行为数量	调查处理数量	火灾事故	盗窃案件	盗抢案件	盗掘案件	安全责任事故	其他安全案件	发生违法案件数	立案件数	行政处罚件数	改正违法行为件数
总计																			
省级文物行政部门																			
市县文物行政部门																			
不可移动文物 合计																			
不可移动文物 国宝单位																			
不可移动文物 省保单位																			
不可移动文物 市、县保单位																			
不可移动文物 其他不可移动文物																			
世界文化遗产地																			
文物收藏单位 合计																			
文物收藏单位 一级风险单位																			
文物收藏单位 二级风险单位																			
文物收藏单位 三级风险单位																			
文物收藏单位 其他文物收藏单位																			

填表单位：　　审核人：　　填表人：　　联系电话：

附件2：

《____省____年____半年文物安全案件统计表

序号	案发单位名称	案发单位级别	案件类别	案发时间	案件基本情况	案件处理情况
统计	20____年____半年全省省级以上文物保护单位共发生文物安全案件____起，其中，全国重点文物保护单位____起，省级文物保护单位____起，世界文化遗产地____起，确定公布为三级以上风险单位的文物收藏单位共发生文物安全案件____起，发生文物火灾事故____起，盗窃案件____起，盗抢案件____起，盗掘案件____起，安全责任事故____起。					

填表单位：　　　审核人：　　　填表人：　　　联系电话：

附件3：

《____省____年____半年文物行政五违法案件统计表

序号	案发单位名称	案发单位级别	案发时间	案件基本情况	案件处理情况
统计	20____年____半年全省省级以上文物保护单位共发生文物行政违法案件____起，全国重点文物保护单位____起，省级文物保护单位____起；世界文化遗产地____起，确定公布为三级以上风险单位的文物收藏单位共发生文物行政违法案件____起。				

填表单位：　　　审核人：　　　填表人：　　　联系电话：

附件4：

附表填写说明

一、《________省文物安全与行政执法工作情况________年________半年统计表》填写说明

（一）省级文物行政部门对表中各项内容汇总填写后，统一报国家文物局；

（二）文物单位数量：是指本省区域内世界文化遗产地、各级保护单位和各级文物、博物馆风险单位数量；

（三）安全检查次数：是指文物行政部门对文物、博物馆单位采取现场检查以及其他方式实施安全检查次数；

（四）检查数量：是指文物行政部门开展安全检查，共检查的文物、博物馆单位数量；

（五）发现隐患数量：是指文物行政部门对文物、博物馆单位实施安全检查发现的安全隐患项数；

（六）整改数量：是指文物、博物馆单位对文物行政部门检查发现的安全隐患整改项数；

（七）执法巡查次数：是指文物行政部门对文物、博物馆单位采取现场巡查以及其他方式实施执法巡查次数；

（八）巡查数量：是指文物行政部门开展行政执法巡查，共巡查的文物、博物馆单位数量；

（九）发现违法行为数量：是指文物行政部门对文物、博物馆单位实施执法巡查，发现行政违法案件件数；

（十）调查处理数量：是指文物行政部门对执法巡查发现的行政违法案件进行调查和依法处理的件数；

（十一）安全责任事故：是指文物、博物馆单位发生由于故意或者过失造成文物损毁的安全事故（文物火灾除外）；

（十二）其他安全案件：是指文物、博物馆单位发生的除火灾、文物被盗窃、抢劫、盗掘案件和安全责任案件以外的其他安全案件数量；

（十三）发生违法案件数：是指文物、博物馆单位发生的行政违法案件数量；

（十四）立案件数：是指文物行政部门对文物、博物馆单位发生的行政违法案件依法立案查处的数量；

（十五）行政处罚件数：是指文物行政部门对文物、博物馆单位发生的行政违法案件实施行政处罚的案件数量；

（十六）改正违法行为件数：是指对文物、博物馆单位发生的行政违法案件，经文物行政部门实施行政处罚，违法相对人改正违法行为数量；

（十七）对世界文化遗产地实施的安全检查与执法巡查，以及发生的文物案件，在表中“世界文化遗产地”项目中单独填报，并根据其所属的文物保护单位级别，在“文物保护单位”项目中同时填报。

二、《________省________年________半年文物安全案件统计表》、《________省________年________半年文物行政违法案件统计表》填写说明

（一）省级文物行政部门对本行政区内世界文化遗产地、省级以上文物保护单位、核定公布为三级以上风险单位的文物收藏单位发生的文物案件进行汇总，分别填写《________省________年半年文物安全案件统计表》、《________省________年________半年文物行政违法案件统计表》统一报国家文物局；

（二）案发单位：是指发生文物案件的文物、博物馆单位名称，既是文物保护单位也是博物馆、纪念馆的填写文物保护单位名称；

（三）案发单位级别：是指文物保护单位级别或者文物收藏单位风险等级；

（四）案件类别(《 省年半年文物安全案件统计表》)：是指火灾事故、文物被盗、文物被抢劫、古墓葬被盗掘、安全责任事故和其他文物安全案件六类；

（五）案发时间：是指案件发生的初始时间，如果案件是持续的，写明案件发生初始时间和结束时间；

（六）案件基本情况包括：按《文物安全与行政执法信息上报及公告办法》中第5、6条规定内容简要填写；

（七）案件处理情况：案件处理主体、处理意见和处理结果。

关于做好第三次全国文物普查后续文物保护工作的通知

文物保函〔2012〕148号

各省、自治区、直辖市文物局(文化厅):

2011年底,国务院召开了第三次全国文物普查(以下简称“普查”)第四次(扩大)会议,对五年来的文物普查工作进行了全面总结,对普查新发现文物保护、普查成果应用等工作做出了全面部署。为贯彻落实会议精神,现就做好第三次全国文物普查后续文物保护工作通知如下:

一、尽快公布不可移动文物名录和各级文物保护单位,依法纳入保护范畴。

省级文物行政部门要根据《文物保护法》的要求,督促各县级人民政府文物行政部门按照国务院第三次文物普查领导小组办公室确认的普查结果,尽快公布本县域范围内的不可移动文物名录,并将其中价值较高、类型稀缺的普查新发现文物点及时报请各级人民政府核定公布为各级文物保护单位,将普查登记的不可移动文物依法纳入保护范畴。

二、采取有效措施,改善保护状况,确保文物安全。

各级文物主管部门要防止出现“重发现、轻保护”的倾向,按照分别轻重缓急、先易后难的原则,统筹安排文物保护维修工作。对普查中新发现的、保存状况较差、险情严重的文物,要抓紧组织编制抢险性保护方案并按照批准的方案尽快予以实施,切实改善文物保护状况和保存环境。同时,各级文物主管部门要与公安、国土、规划等部门通过建立文物安全联席会议制度等形式,通力协作,密切配合,依法查处破坏新发现文物的行为,确保文物安全。

三、加强普查数据分析研究,为文物科学保护和规范管理提供依据。

各级文物主管部门要加强对普查数据的分析研究工作,在全面掌握不可移动文物的数量、分布、特征、保存现状、环境状况等基本情况的基础上,组织开展跨部门、跨行业、跨学科的文物专题调查和课题研究,探索和掌握适应新时期文物保护规律、适应各地实际情况的科学保护手段和保护方式,推进文物保护工作的法制化、规范化,提高文物保护、管理、利用的整体水平,推动文物事业的全面、可持续发展。

四、推动普查成果转化与应用,促进文物保护融入经济社会发展。

各级文物主管部门要拓宽文物保护工作思路,积极探索文物普查成果转化与应用,通过制作不可移动文物电子地图、开通文物资源网上查询系统等形式,面向社会提供信息资源服务,将普查成果与土地开发利用、城市规划和基本建设、新农村建设相衔接,为各级人民政府的重大工程项目决策提供科学依据,使文物普查成果服务于社会,使文物保护融入经济社会发展。

五、重视新发现文物宣传教育，让普查成果惠及人民群众。

各级文物主管部门要深入挖掘普查新发现文物的文化内涵，充分利用现代传媒和网络信息平台，通过举办普查成果展览、开展新发现文物评选活动等形式，及时向社会公众宣传普查成果，提高人民群众的文物保护意识。同时，要充分发挥人民群众在新发现文物保护中的主体地位，把文物保护工程与改善人民群众物质文化生活紧密结合，让文物保护工程成为民生工程、民意工程、民心工程，真正实现普查成果惠及人民群众。

六、争取地方政府支持，确保普查后续文物保护工作任务落到实处。

各级文物主管部门要抓紧制订普查后续文物保护工作计划，及时向各级地方政府汇报，强化地方政府对文物保护工作的领导，将普查后续文物保护工作纳入各级领导责任制，纳入政府目标责任的考核体系，逐步建立基层文物保护管理机构，健全文物保护经费增长机制，加大对公布的不可移动文物特别是新发现文物的保护经费投入，将普查后续文物保护工作与经济社会各领域工作共同部署、共同督查、共同推进。

请各省、自治区、直辖市文物局（文化厅）于2012年6月30日之前，将本行政区内不可移动文物名录公布情况上报我局；12月15日之前，将普查其它后续工作的落实情况等材料上报我局。我局将于今年适时对第三次全国文物普查后续相关工作的落实情况开展检查。

关于印发《国家文物局2012年重点工作计划》的通知

文物政发〔2012〕2号

局机关各部门：

现将《国家文物局2012年重点工作计划》印发给你们，请结合实际，认真遵照执行。

特此通知。

附件：国家文物局2012年重点工作计划

国家文物局2012年重点工作计划

2012年是《文物保护法》颁布30周年，是实施文物博物馆事业发展“十二五”规划承上启下的重要一年。要深入学习贯彻党的十七届六中全会精神，把握好稳中求进的总基调，紧扣科学发展主题，贯彻文物工作方针，践行传承文明、服务社会、惠及民生宗旨，以夯实基础、提高质量、强化能力为着力点，扎实推进文物博物馆各项重点工作。

一、开展文物保护法执法检查，筹备全国文物工作会议

1. 牵头配合全国人大常委会开展文物保护法执法检查。以解决问题、推动发展为目标，切实履行文物保护责任，加强文物保护管理工作。（办公室政策法规司督察司文物保护与考古司博物馆与社会文物司人事司）

2. 筹备全国文物工作会议。按照《中共中央关于深化文化体制改革推动社会主义文化大发展大繁荣若干重大问题的决定》的部署，结合文物工作实际，深化保障措施和政策问题调研，提出推动文化遗产事业科学发展的建议。（办公室政策法规司督察司文物保护与考古司博物馆与社会文物司人事司）

二、加强文物法制建设、安全监管和行政执法，夯实文物安全基础工作

3. 召开《文物保护法》颁布30周年、修订10周年座谈会。推进《博物馆条例》、《文物认定评估管理条例》立法进程，研究修订《水下文物保护管理条例》，起草世界文化遗产保护管理专项法规，积极推动建立博物馆从业人员准入和人员资质资格制度。（政策法规司办公室督察司文物保护与考古司博物馆与社会文物司人事司）

4. 完善全国文物安全工作部际联席会议制度。开展文物行政执法专项督察。全面实施文物安全与执法督察信息上报与公告制度。（督察司办公室政策法规司文物保护与考古司博物馆与社会文物司人事司）

5. 开展“文物安全综合管理实验区”试点工作。推动实施博物馆风险等级达标、田野文物和水下文物安防设施建设工程。（督察司办公室文物保护与考古司博物馆与社会文物司）

6. 建立巡查机制，开展我国管辖海域内文化遗产联合执法专项行动。（督察司文物保护与考古司）

三、推动重点文物保护工作，开展世界文化遗产监测

7. 报请国务院核定公布第七批全国重点文物保护单位，完善全国重点文物保护单位保护管理基础工作。（文物保护与考古司）

8. 指导、督促各地及时公布普查登记的不可移动文物名录，适时核定公布文物保护单位，加强各类不可移动文物的保护与管理。（文物保护与考古司）

9. 做好西藏重点文物、山西南部早期建筑、涉台文物和承德避暑山庄及周围寺庙、嘉峪关、大足石刻等重点保护工程。（文物保护与考古司办公室）

10. 完成长城量测和数据公布，更新中国世界文化遗产预备名单，重点推动元上都、哈尼梯田、大运河、丝绸之路等项目申报世界文化遗产。（文物保护与考古司办公室）

11. 召开世界文化遗产工作会议，组织编制世界文化遗产监测预警体系建设总体规划，开展世界文化遗产监测试点和信息系统开发。（文物保护与考古司办公室督察司）

12. 组织《保护世界文化和自然遗产公约》诞生40周年纪念活动，承办国际古迹遗址理事会有关会议。（文物保护与考古司办公室）

13. 加强历史文化名城名镇名村名街保护管理工作。（文物保护与考古司）

四、做好考古和大遗址保护工作，推进国家考古遗址公园建设

14. 组织开展考古发掘资质资格评审，做好南水北调等重大基本建设工程中的各项考古工作。（文物保护与考古司）

15. 推进南海基地、西沙工作站建设，建造水下考古研究船。（办公室文物保护与考古司）

16. 开展海南、广东、福建、浙江、山东、辽宁等重点海域水下文物专项调查，组织实施宁波小白礁沉船遗址水下考古发掘。做好“南海Ⅰ号”、“南澳1号”水下考古和出水文物保护工作。（文物保护与考古司）

17. 推进西安、洛阳、荆州、成都、郑州、曲阜片区大遗址保护和汉长安城、扬州城、老司城、牛河梁等国家考古遗址公园建设。（文物保护与考古司）

五、启动国有可移动文物普查，深化博物馆免费开放

18. 完成国有可移动文物普查试点，做好前期准备，推进普查工作全面启动。（博物馆与社

会文物司办公室）

19. 针对免费开放以来博物馆工作的创新实践和难点问题，组织实地调研，制订博物馆免费开放绩效考评办法和博物馆开放服务工作指南。（博物馆与社会文物司办公室政策法规司人事司）

20. 出台中央地方共建国家级博物馆运行评估办法，开展中央地方共建国家级博物馆运行评估；组织国家一级博物馆运行评估，开展新增国家一级博物馆的评估认定。（博物馆与社会文物司办公室督察司）

21. 进一步完善对口帮扶民办博物馆工作，探索民办博物馆法人治理结构，继续规范和支持民办博物馆发展；编制生态博物馆建设指南，推进生态（社区）博物馆示范点建设。（博物馆与社会文物司办公室）

六、强化市场监管，规范社会文物管理

22. 开展文物拍卖标的网上申报审核试点。研究和推进古玩旧货市场的规范管理。（博物馆与社会文物司政策法规司）

23. 完善和推广文物进出境审核信息系统，做好流失海外中国文物调查与追索工作。举办“文物进出境管理60周年成果展”。（博物馆与社会文物司办公室）

七、着力科技创新，提高文物保护科技水平

24. 与中国科学院建立战略合作关系，推动合作项目落地；做好遗址博物馆预防性保护与古代建筑传统工艺科学研究等国家科技计划项目立项与组织实施工作。（博物馆与社会文物司）

25. 推进“中华文明探源工程”和“指南针计划”专项。（博物馆与社会文物司办公室）

26. 加强文物保护技术标准委员会建设，完善行业标准体系；推进数字博物馆项目研究，加快行业信息化进程。（博物馆与社会文物司）

八、加强人才队伍建设，拓展文物宣传领域

27. 面向基层和关键岗位，开展县级文物行政部门负责人和文物博物馆管理干部、专业人员培训，抓好文物行政执法人员轮训和安全监管人员培训。（人事司督察司文物保护与考古司博物馆与社会文物司）

28. 会同人力资源和社会保障部开展“全国文物系统先进集体、先进工作者”评选表彰。（人事司办公室）

29. 建立健全定期新闻发布和重要事件新闻发布制度；组织协调国际古迹遗址日、国际博物馆日和中国文化遗产日活动，办好2012年文化遗产日郑州主场城市活动。（政策法规司文物保护与考古司博物馆与社会文物司办公室）

30. 开展文物保护法规、文化遗产保护成就宣传，推动实施文化遗产知识宣传普及工程。（政策法规司）

九、扩大对外交流合作，提升国际影响力

31. 加强政府间的交流与合作，与瑞士等发达国家商签打击文物走私协定，与墨西哥、柬埔

寨等发展中国家签署双边协定。(办公室)

32. 推进援助柬埔寨二期茶胶寺等援外文物保护工程,积极推动我国与蒙古国、缅甸等国家开展的有关文物保护合作项目。(文物保护与考古司办公室)

33. 实施中华文明展示工程,策划并推出一批主题鲜明、具有代表性的境外文物展览;实施中土文化年文物交流项目。(博物馆与社会文物司办公室)

34. 积极参与文化遗产领域的国际事务,深化与有关国际组织和民间机构的合作。(办公室文物保护与考古司博物馆与社会文物司)

35. 加大与台港澳地区交流与合作力度,开展赴台港澳文物展览,落实与港澳签署的合作协议,举办两岸文物交流20周年纪念活动。(办公室文物保护与考古司博物馆与社会文物司)

十、践行宗旨,依法行政,全面推进文物系统党的建设和作风建设

36. 改进服务方式,提高服务水平,推行政务公开、党务分开、信息公开。严格依法办事,自觉接受监督。(办公室政策法规司督察司文物保护与考古司博物馆与社会文物司机关党委、人事司)

37. 按照中央关于深化文化体制改革、分类推进事业单位改革的要求,积极争取有利于文化遗产事业发展的改革措施、体制机制,稳步推进直属事业单位改革。(人事司办公室政策法规司)

38. 加强对文物保护专项经费使用和重点工程质量的监督查。(办公室文物保护与考古司博物馆与社会文物司督察司)

39. 认真学习贯彻党的十七届六中全会和十八大精神,推动创先争优活动经常化,做好党员轮训和党务干部培训工作。贯彻落实《关于实行党风廉政建设责任制的规定》,扎实推进局系统反腐倡廉工作,加强行业作风建设,增强社会责任感。(机关党委)

40. 做好领导干部选拔任用工作,深化司处级领导职位竞争上岗工作。加大干部交流与深入基层锻炼的力度。(人事司)

41. 做好局机关搬迁和后勤保障工作。(办公室机关服务中心)

国家文物局关于印发《2012年度文物宣传工作要点》的通知

文物政发〔2012〕3号

各省、自治区、直辖市文物局（文化厅）：

现将《2012年度文物宣传工作要点》印发给你们，请结合实际，参照执行。

2012年度文物宣传工作要点

2012年是贯彻落实党的十七届六中全会精神、实施文物博物馆事业发展“十二五”规划承上启下的重要一年。文物宣传工作要抓住机遇，稳健务实，紧紧围绕纪念《文物保护法》颁布30周年暨执法检查等重点工作，紧扣时代主题，突出行业特色，提高舆论引导能力，夯实宣传普及阵地，为落实年度目标任务、促进文物事业健康发展提供精神动力，为迎接党的十八大胜利召开营造良好舆论氛围。

一、抓主抓重，深入宣传文物工作方针政策和发展成就

1. 围绕落实党的十七届六中全会精神和迎接、宣传、贯彻党的十八大，组织中央媒体、专业媒体和地方主要媒体，大力宣传各地文物部门推动科学发展的新思路、新举措、新成效，深度报道文物战线涌现的成功经验和先进典型，进一步树立文物系统的良好形象，广泛宣传社会各界、广大群众自觉保护文化遗产的先进事迹。

2. 配合全国人大做好《文物保护法》执法检查工作报道；围绕《文物保护法》颁布30周年，采取多种形式，对文物法制建设和依法保护，以及文物保护惠及民生、促进经济社会发展等成就进行广泛持续的宣传报道，营造全社会关注、支持文物保护的舆论氛围。

3. 做好全国文物工作会议的宣传报道。深入宣传2002年全国文物工作会以来文物工作取得的显著成就和成功经验。着力解读会议对新时期文物工作总体要求、重点任务和政策措施等方面的部署，组织宣传各地贯彻落实会议精神，推动工作进展的典型做法和经验。

4. 以联合国教科文组织通过《保护世界文化与自然遗产公约》40周年为契机，向全社会宣传普及国际文化遗产保护理念和精神。配合世界文化遗产工作会议的召开，协调中央媒体集中推出一批反映我国世界文化遗产保护管理工作的专题报道，以生动事例宣传我国加入该公约以来所取得的重大成就，以及为推动文化遗产领域国际合作所做出的重要贡献。

二、依托纪念日，形成文化遗产“宣传季”

5. 围绕4.18国际古迹遗址日、5.18国际博物馆日和6月9日的中国文化遗产日，开展丰富多彩的群众性宣传活动，形成文化遗产宣传季。于4至6月掀起全国范围的文化遗产系列宣传热潮，各地文博单位要在三个节日期间悬挂节日主题、口号等标语，文博类媒体、网站要在显著位置刊布与节日有关的宣传内容。三个节日的主题、口号，要在有关纪念活动的主场城市、文化遗产知识宣传普及工程试点县域深入宣传，力争家喻户晓。

6. 精心组织开展“中国文化遗产保护无锡论坛”、国际博物馆日主场活动和文化遗产日主场城市活动，遵循“小活动、大宣传”的原则，讲求多样性、群众性和便利性，厉行勤俭节约，面向广大公众，着力增强民众的文物保护意识，普及文物法律法规和文物保护常识。

三、服务大局，为各项重点工作提供有力舆论支持

7. 加强对文物安全工作的宣传。重点宣传完善文物安全工作体制机制、文物行政执法督察，“文物安全综合管理实验区”试点工作、博物馆风险等级达标、田野文物和水下文物安防设施建设，以及我国管辖海域内文化遗产联合执法等工作进展。

8. 加强对重点文物保护、考古和世界文化遗产工作的宣传。重点宣传第七批全国重点文物保护单位的核定公布、文物普查成果的转化、文物保护单位保护管理基础工作的完善，世界文化遗产申报、保护、监测、管理，历史文化名城名镇名村名街保护管理，南水北调等重大基本建设工程中的考古工作，水下文化遗产保护基础工作及重点项目，以及大遗址保护和国家考古遗址公园建设等的重要进展。

9. 加强对博物馆、社会文物和文物保护科技工作的宣传。重点宣传国有可移动文物普查试点，深化博物馆免费开放及提升服务水平，规范文物市场管理，完善文物进出境审核机制，加强流失海外中国文物追索，提高文物保护科技水平，推进“中华文明探源工程”和“指南针计划”，以及完善行业标准体系、加快行业信息化进程等的重要成果。

四、面向基层，开展文化遗产知识宣传普及试点

10. 积极推进文物知识宣传普及工作。因地制宜开展文物知识进校园、进社区、进农村、进厂矿、进军营等宣传普及活动。鼓励有条件的地方实施区域性文化遗产知识专项宣传普及工程。不断创新宣传内容和形式，突出区域特色、地方特点和宣传效果。

11. 开展“十二五”文化遗产知识宣传普及工程试点。在陕西省蒲城县、山东省兖州市文化遗产知识宣传普及工程试点工作的基础上，再启动五个县域的试点工作；开展试点工作经验交流活动，为文化遗产知识宣传普及工程的全面实施积累经验。

五、高度重视，精心做好涉文物舆情引导工作

12. 建立健全热点舆情应急机制。开展文物舆情不间断监测，提升舆情信息搜集、分析、研判能力和水平。针对文物突发事件、敏感问题引发的舆论热点，要按照谁主管谁发声的原则，积极主动、及时稳妥地回应媒体和公众。突发事件的新闻发布和调查处理工作要统一有序，牢牢掌握舆论引导主动权。

13. 切实增强文物部门的舆论主导能力。提升运用媒体开展舆论引导工作的能力。在引导文物热点舆情工作中，要综合利用党报党刊、通讯社、电台电视台等主要媒体，放大文物部门的主流声音。中国文物报、国家文物局政府网站、各地文物部门和文博单位专业媒体，要提高对文物舆情的反应能力，切实发挥行业媒体在回应和引导文物舆情中的主阵地作用。

六、注重实效，加强文物宣传工作能力建设

14. 切实加强对宣传工作的领导。将宣传工作作为一项重要基础工作，广泛动员，全员承担，自觉贯穿到文物工作的各个领域和环节。整合全国文物系统资源，在重点工作宣传策划、舆情监测引导等方面形成协调联动、责任明确、相互配合的工作格局。建立文物信息报送制度，确保信息畅通，规范信息公开。举办文物宣传工作培训班，促进队伍建设，提升宣传工作能力和水平。

联合执法 加强监管 共同保护水下文化遗产

文化部副部长、国家文物局局长 励小捷

（二〇一二年三月二十六日）

今天，国家文物局、国家海洋局共同举行2012年我国管辖海域内文化遗产联合执法专项行动启动仪式。首先，我谨代表国家文物局，向长期以来关心支持水下文化遗产工作的海洋部门各位领导和同志们表示衷心感谢和诚挚问候！

这次专项行动的主题是：守护水下遗产，共筑海上长城。今年，在党中央、国务院的正确领导下，在国家文物局、国家海洋局的共同部署下，各级文物、海洋部门将协同作战、密切配合、积极应对，共同建立和维护我国水下文化遗产保护与管理的良好秩序，共同掀开我国水下文化遗产工作的新篇章，这是加强水下文化遗产工作的重要保障。

一、充分认识我国水下文化遗产保护工作的重要性和面临的严峻形势

中国是一个海洋大国，拥有一万八千四百多公里长的大陆海岸线、三百多万平方公里的管辖海域及数量众多的岛礁，海洋资源蕴藏丰富、海洋文化源远流长。在我国广阔的海域内，分布着数量众多的水下文化历史遗存。这些珍贵的水下文化遗产，是中华文明的重要组成部分，是我们祖先热爱和平、创造发展的鲜活证明。像举世闻名的海上丝绸之路，就是中华文化同世界文化交流合作的纽带和桥梁。水下文化遗产同历史记载相互佐证，丰富了我们祖先管理利用海洋资源的重要史料，是我国主张行使海洋权利不可辩驳的历史证据，对当前和今后我国海洋事业的发展具有重要的意义。

党中央、国务院高度重视水下文化遗产的保护工作。从上世纪80年代就开始创立水下考古专业队伍，开展水下考古工作。近年来，我国相继进行了“南海1号”整体打捞、“南澳1号”、“华光礁1号”水下考古及相应的保护工作，建成了世界第一座遗址类水下博物馆——重庆白鹤梁水下博物馆，展现了我国对水下文化遗产的重视及保护理念、方法、技术上的突破和创新。去年，李长春同志作出重要批示，要求专门打造一艘考古研究船，在海南省建设国家水下文化遗产保护中心南海基地。目前，考古研究船开始设计，基地已初步确定选址。总的看，我国正处在由单一的水下考古向全方位的水下文化遗产保护过渡的关键时期。国家主导、地方支持、各相关部门协同配合的水下文化遗产管理保护体系已初步建立，水下文化遗产事业正向制度化、规范化和科学化方向转变。

目前，水下文化遗产保护面临着因盗捞等违法犯罪行为和不适当的开发建设而遭到损毁的严峻局面。去年以来，西沙水下文化遗产被严重盗掘盗捞，国内媒体十分关注，也引起了中央领导的高度重视。中央领导同志作出重要批示，要求尽快研究水下文化遗产保护对策，维护国家主权，严防水下文化遗产遭到破坏和流失。实际上，自上世纪70年代，外国商船开始在我国南海海域非法打捞沉船文物开始，40年来，尤其是近年来盗捞水下文物的违法犯罪活动愈加猖獗，“海捞货”成了非法文物市场的新宠儿，国内已悄然形成集投资、盗捞、销赃一条龙的非法盈利犯罪活动链。犯罪分子雇佣潜水员或者采取抽沙甚至爆破等手段，作案动机和侵害目标明确，不仅破坏文物遗址，也严重危害了海床生态环境。与此同时，一些地方和单位在海域使用与建设工程中，非法围填海，滥采海砂、随意倾倒废弃物、在水下文物埋藏区周边非法建设、生产经营等行为，也严重威胁了水下文化遗产的安全。在我们的工作中，也存在着水下文化遗产保护法律法规不健全，有效保护和监管的措施不完善；专业水下文化遗产保护机构和专门执法力量，远远不能满足水下文化遗产保护的需求；社会对水下文化遗产的关注和重视还明显不够等问题。

为切实解决这些问题，2010年11月，国家文物局与国家海洋局签署了《关于合作开展水下文化遗产保护工作的框架协议》。《协议》商定了全方位的水下文化遗产保护内容，涉及水下文化遗产保护战略与规划、水下考古、水下文化遗产管理、水下文化遗产保护、水下文化遗产联合执法等多方面，并明确了工作目标。2011年9月，两局联合下发了《关于加强我国管辖海域内文化遗产联合执法工作的通知》。《通知》决定建立两局联合执法工作机制，要求沿海各地文物、海洋部门充分认识加强我国管辖海域内文化遗产联合执法工作的重要意义，成立领导机构并形成联合执法长效机制，明确合作内容和合作方式，积极开展联合执法活动，畅通信息渠道和建立信息通报制度，加大违法行为查处和惩治力度，加大宣传和执法人员培训力度，并及时总结和定期交流经验。一年多来，文物、海洋两部门围绕开展我国管辖海域内文化遗产联合执法行动作了很多卓有成效的工作。

今天，两部门联合召开会议部署和启动今年的联合执法专项行动，标志着两部门开展联合执法工作进入实质阶段，两部门的合作将更加具体，联合执法工作也必将取得更大的成效。

二、全力铸造我国水下文化遗产保护工作的坚固盾牌

水下文化遗产保护和监管已经到了最紧迫的时候，加强水下文化遗产保护，功在当代、利在千秋。切实保护好珍贵的水下文化遗产，是弘扬中华民族优秀文化、增强民族凝聚力的需要，是落实国家海洋发展战略的重要内容，更是我们义不容辞的神圣使命。就即将开始的联合执法专项行动，我给各级文物部门提几点工作要求。

（一）推动立法进程，完善法律体系

要加快推动《水下文物保护管理条例》修订工作，重点细化和丰富水下文化遗产的概念，明确政府和部门职责，加强行政执法巡查和打击违法犯罪活动等保护措施内容。结合今年全国人大常委会开展的《文物保护法》执法检查活动，充分总结水下文化遗产执法经验。在今后《文物保护法》修订时，增加完善水下文化遗产相关内容，并陆续出台与法律法规相适应的规范、标准，逐步建立中国特色的水下文化遗产保护法律体系。加强水下文化遗产保护的国际合作和交流，积极研究论证加入联合国教科文组织《保护水下文化遗产公约》问题并做好前期准备。

（二）探明水下资源，完善保护措施

要在已有的工作基础上，加强水下考古工作，夯实水下文化遗产保护基础，进一步探明和掌握我国水下文化遗产的分布情况和基本特点。同时，希望海洋部门在海洋资源调查中，对水下文化遗产资源调查工作继续提供有力支持。要根据水下文化遗产价值，依法公布一批水下文物保护区和各级文物保护单位，不断加强日常管理，明确具体保护措施，制定保护规划，利用现代科学技术提高重点区域安全防范能力。

（三）加强部门合作，强化联合执法

要积极开展涉海基本建设工程中的水下文化遗产保护工作，在海域使用和海洋环境保护过程中，对涉及水下文化遗产的保护问题提供专业意见和技术支持。要坚持预防为主、打防结合、专群结合，充分发挥全国文物安全工作部际联席会议制度的作用，加强与海监等涉海执法部门的协调联动，逐步建立常态化、制度化、规范化的联合执法工作机制。文物部门要按照已确定的联合执法工作内容，积极与海监机构联合开展水下文化遗产的执法巡查和日常检查，及时发现问题，及时采取措施，驱赶、制止、查处屡禁不止的破坏海洋文化遗产的违法行为，配合公安部门有效打击犯罪分子的违法行为，坚决遏制盗捞水下文物的犯罪势头。逐步建立有效的联合执法信息沟通机制和信息共享机制，文物部门要学习借鉴海监机构的执法经验和做法，充分利用海监机构的资源和装备，不断提升自身执法能力。

（四）加强宣传教育，营造良好氛围

要通过各种有效形式，向公众普及水下文化遗产保护的相关知识和理念、加强法制教育，宣传联合执法成果。重点向在管辖海域内从事海洋生产的单位和群众普及文化遗产知识。培育志愿者和保护员，逐步建立违法行为线索举报制度，通过奖励表彰等方式，鼓励和引导全社会积极参与和关注水下文化遗产工作。加强与新闻媒体的合作，努力营造良好的社会环境和舆论氛围。

同志们，这次文物、海洋两部门开展联合执法专项行动，是一个崭新的命题。各有关省市要因地制宜地开展联合执法工作，不断探索新模式，总结新经验。横向要加强部门间的沟通协作，纵向要加强区域间的协调支持，既要增强应对突发性事件单兵作战的能力，也要着力提高应付重大案件协同作战的能力。在联合执法过程中，沿海各级文物部门和海洋部门要及时交流和总结执法经验，重视相关典型案例的分析和研究，在实践中丰富执法内容，完善执法形式，规范执法行为。对于联合执法面临的困难，要充分发挥主观能动性，勤研究、多钻研，群策群力，把这次专项行动搞好。

同志们，我国的水下文化遗产保护事业正进入全面发展的新时期。文物、海洋两部门携手合作，开创了文化遗产保护事业的新局面，既大大充实了水下文化遗产保护的力量，又丰富了海洋事业发展的内涵，意义重大、影响深远。希望文物、海洋两部门，特别是一线的执法人员携手并肩，通力协作，共同做好此次联合执法专项行动，打出声威、营造气势，充分发挥联合执法行动在维护国家海洋权益和文化权益方面的作用。我们要将水下文化遗产联合执法工作作为落实党的十七届六中全会精神的一项重要举措，不断推动社会主义文化大发展大繁荣，以优异的成绩迎接党的十八大的胜利召开！

（2012年3月30日3版）

国家文物局关于规范文物出入境展览审批工作的通知

文物博函〔2012〕583号

各省、自治区、直辖市文物局（文化厅）：

近年来，各地积极贯彻落实国家文物局发布的《文物出国（境）展览管理规定》和《文物入境展览管理暂行规定》，文物出入境展览水平和质量不断提高。为进一步加强文物出入境展览管理，促进文物出入境展览交流的专业化、科学化，现就规范文物出入境展览审批有关事项通知如下：

一、加强策划展览能力建设，制订科学的展览大纲。博物馆等文物出入境展览举办单位，要坚持以我为主、为我所用的原则，加强与境外合作博物馆沟通协作，充分做好展览前期准备特别是展览大纲研究编制，强调展览的思想性、学术性。要积极组织我方专家主动参与展览选题、内容设计、形式设计和图录编制以及有关学术研讨、宣传推广各项活动的方案拟订及论证，充分体现我方最新研究成果，科学、准确传播中华文化和人类优秀文明成果，更好地满足公众多元化的精神文化需求。

二、科学遴选文物展品，确保文物展品安全。博物馆等文物出入境展览举办单位，要坚持文物安全第一的原则，从符合博物馆标准的角度，加强评估论证，强化安全措施，确保文物展品安全。《文物出国（境）展览管理规定》第十二条所列各类文物，以及未定级、建档备案文物，一律不得出境展览。要避免选用博物馆基本陈列（含原状陈列）中的文物特别是核心文物出境展览，切实维护基本陈列（含原状陈列）的完整性。

三、完善交流机制，确定合适的合作办展主体。博物馆等文物出入境展览举办单位，要加强境外合作办展博物馆资格和条件的评估论证。鼓励深化与境外知名博物馆直接合作办展，积极创造条件逐步实现互换展览。加强出境展览中拟同场展出除我方文物之外的中国文物展品，以及入境展览中拟包含的非文博机构或私人的文物展品的真实性和来源合法性的评估论证，确保展览符合博物馆标准。

四、完善申报材料，严格按规定履行审批手续。博物馆等文物出入境展览举办单位，要编制严谨规范的展览项目申报文本，并附展览方案和展览大纲。省级文物行政部门要严把文物出入境展览项目初审关，对拟举办的文物出入境展览组织专家评估论证，重点针对展览方案和展览大纲、文物清单、安全保障、境外合作单位资质、展览协议草案、文物保险估价等提出明确意见，上报文件中应附专家评估论证意见。要严格遵循展览审批时限，确保做到出境展览项目实施前6个月、入境展览项目实施前3个月上报我局审批。今后凡不按规定时限申请许可的出入境展览项目，我局原则上不予受理。

五、加强资料收集，及时建立完善的档案。博物馆等文物出入境展览举办单位应加强展览全过程相关资料的系统收集，建立完备的展览档案，展览结束后要及时全面总结，并于展览结束之日起2个月内，将展览结项备案表、结项报告及相关音像资料报省级文物行政部门审核后报我局备案。今后凡不按规定及时办理文物出入境展览结项备案的，我局将暂停审批其新的文物出入境展览项目。

特此通知。

把握机遇　集成创新
实现考古事业的新发展
——2012年度全国考古工作会议工作报告

考古事业在探索、研究学术，推进学科建设的同时，还是公益性文化事业的重要组成部分，担负着提供优质丰富的文化产品、不断满足人民群众精神文化需求的历史使命。党中央、国务院高度重视考古和文化遗产保护工作。从李长春同志发表的《保护发展文化遗产，建设共有精神家园》署名文章，到党的十七届六中全会通过《关于深化文化体制改革推进社会主义文化大发展大繁荣的若干决定》，再到温家宝总理在两会政府工作报告中提出“要促进文化大发展大繁荣”“加强文化遗产保护”“推动文化产业成为国民经济支柱性产业”的意见，都为考古和文化遗产保护事业的稳步前行指明了方向，也为我们今后开展各项工作理清了思路，明确了目标。

两年来，广大考古工作者求真务实，开拓进取，在基本建设考古、大遗址保护、学科发展、人才培养、制度建设等方面取得了累累硕果，为文化遗产保护事业的健康发展奠定了坚实基础。考古工作已经成为文化遗产保护事业服务大局、服务社会、服务民生的重要窗口，在传承和发展中华传统文化、构建社会主义核心价值体系、促进国民经济社会和谐发展等方面发挥着不可替代的重要作用。

一、两年来的考古工作

考古工作是文化遗产保护工作的基础与核心，考古工作的质量和水平直接关系到文化遗产保护事业的健康发展，关系到地方经济建设和国家重大工程的顺利实施，关系到民众基本文化权益的实现和保护。在广大考古工作者的不懈努力下，在地方政府的大力支持下，在社会各界的积极配合下，各项考古工作逐步推进，取得了以下几方面的主要成绩：

（一）基本建设考古成果丰硕，考古工作质量不断提高。

国家重大建设工程考古和文物保护工作有序开展，实现了文物保护与经济建设的双赢。三峡工程消落区抢救性考古发掘项目陆续实施，资料整理和报告出版工作进展顺利，三峡后续文物保护工作全面启动。南水北调工程考古和文物保护工作进入攻坚阶段，相关考古单位顾全大局，克服重重困难，全力奋战，累计发掘150余万平方米，完成工作总量的90.8%，既确保了国家重点建设工程的顺利实施，也抢救、保护了珍贵的历史文化遗产。湖北武当山遇真宫东宫遗址考古发掘进一步搞清了遗址的功能布局，为制定遇真宫垫高保护工程方案提供了科学依据。山东高青陈庄西周城址的重要考古发现，促使工程部门调整设计方案避让遗址，树立了文明工程的典范。

基本建设考古工作质量显著提高，文物保护意识和课题意识不断增强。上海广富林遗址考古工作采取多单位联合组队模式，统一规划，合理布局，分区域同步实施，有效加强组织管理，切实提高工作质量。陕西凤栖原西汉家族墓地考古工作，使用多种现代科技手段做好出土文物的现场保护，探索文物保护全方位参与的新模式。重庆老鼓楼南宋衙署遗址、江苏黄泗浦遗址的考古发现，促使地方人民政府采取原址保护措施，留下城市的历史记忆。河南望京楼商代城址、安徽师姑墩遗址、河北赞皇北魏家族墓地的考古工作学术目标明确，有力推动了早期城址、青铜冶铸技术、丧葬制度等方面研究。刚刚颁发的国家文物局田野考古奖中，基本建设考古项目就有7项，体现了当前基本建设考古工作的高质量和高水平。

（二）大遗址保护成果丰硕，大遗址考古工作全面推进。

在中央和地方人民政府的关注和支持下，大遗址保护取得了阶段性成果。各项基础工作扎实推进。收集整理了100处重要大遗址航片卫片，正式发布了明长城测绘数据，编制完成河南汉魏洛阳故城、山东鲁国故城等90余处重要大遗址保护总体规划，为大遗址保护工作的全面开展提供了科学保障。一批具有示范意义的大遗址保护展示工程顺利实施。辽宁牛河梁第一地点、河南隋唐洛阳城天堂和明堂遗址、湖北熊家冢车马坑的保护展示工程初具规模，以“三线两片”（三线包括长城、丝绸之路、大运河，两片包括西安片区和洛阳片区）为核心、100处重要大遗址为重点的保护格局基本确立。国家考古遗址公园理念成功实践。第一批12家国家考古遗址公园正式挂牌，中国考古遗址公园联盟成立，考古遗址公园的社会效益、生态效益和经济效益逐步显现。大遗址保护理念不断更新。2011年荆州论坛胜利召开并通过《荆州宣言》，从建设文化强国、发展文化产业的高度，对大遗址保护提出了更高的要求。

大遗址考古工作全面启动，有力促进了大遗址保护工作的顺利实施。文物部门和考古单位积极转变观念，主动参与到大遗址考古工作中。2010年至2011年，20余处大遗址的中长期考古工作计划获得批准，40余项大遗址考古项目有序实施，大遗址考古工作的计划性和规范性显著增强。考古工作贯穿于大遗址保护的始终，为规划编制、保护工程实施奠定了基础。河南汉魏洛阳城，吉林西古城、八连城等大遗址考古工作取得重要成果；内蒙古辽祖陵等大遗址保护、展示工程中的考古工作成绩突出。大遗址考古紧密结合区域和城市发展需要，有力促进了遗址保护和区域经济发展。陕西省考古研究院、浙江省文物考古研究所通过开展陕西汉唐帝陵、浙江良渚等大遗址考古工作，为地方人民政府科学规划城市社会发展、调整区域产业布局提供了重要参考。

（三）考古管理体系不断完善，多方协作的管理机制初步建立。

考古管理体系建设有力促进了考古事业的健康发展。国家文物局始终将管理放在重要位置。通过推广《田野考古工作规程》、加强考古发掘项目检查验收、改版升级考古发掘电子审批系统等一系列举措，促进考古管理水平的整体提升。各省级文物部门强化立法工作，积极推动地方专项法规文件出台。《山东省文物保护条例》、《南京历史文化名城保护条例》，以及北京市第四批地下文物埋藏区的公布，明确了地下文物保护的基本程序和各方责任；而《江苏省考古调查、勘探、发掘经费预算办法》的出台，解决了长期困扰考古单位的取费标准问题。各考古单位立足于管理创新，以管理促发展，向管理要效益。东北三省考古所组建了跨省域的专家库,重点开展业务指导和质量检查工作;陕西省考古研究院、山西省考古研究所不断完善内部制度,将科学管理落到实处。

多部门参与、中央与地方联动的考古协调管理机制初步建立。国家文物局与国家测绘局、中国石油天然气集团公司等签订了专项合作协议,将考古和文物保护作为一项重要内容,明确责任,落实要求。同时,国家文物局已与湖北、四川、山东等12个省签署了文物保护领域的合作框架协议,共同推进考古、大遗址保护、水下文化遗产保护等工作,中央与地方间的沟通协作进一步加强。

(四)考古学学科建设成果斐然,人才培养模式不断创新。

考古学学科建设不断加强。2011年国务院学位委员会和教育部联合下发通知,将考古学调整为一级学科,考古学进入发展的新阶段。多位著名学者参与的《考古学科"十二五"规划调研报告》完成,为学科发展提供了指引和参考。中国考古学会等社会团体充分发挥学术引领作用,召开了区域文化谱系类型、基建考古、大遗址考古等方面的专题会议,积极引导广大考古工作者研究当前考古学科和考古工作的前沿问题,为推动学科发展做出重要贡献。中国社会科学院考古研究所实施创新工程,准确定位学科发展前沿和专业紧缺门类,相继成立文化遗产保护、科技考古、公共考古、国外考古等研究中心,进一步完善了学科体系建设。

人才培养模式不断创新。国家文物局与四川大学、武汉大学签订学科共建协议,依托大学的资源和人员优势,做好在职人员培训、区域考古、博物馆建设等方面工作。同时,开展领队岗前培训和《田野考古工作规程》专项培训,逐步提高从业人员的整体素质。浙江、山西等省文物部门也积极组织开展业务培训,不断提升省内考古单位和业务人员的工作水平。北京大学、吉林大学、厦门大学等高等院校与地方考古单位合作建立长期、固定的教学实习基地,保证了田野考古教学质量。

(五)科研机制逐步完善,重点课题取得突破性成果。

跨行业、跨地域、跨国界研究蓬勃开展,科研机制逐步完善。多学科、跨学科合作以及新技术得到广泛应用。动物考古、植物考古、环境考古成绩突出,现代空间技术、测绘技术、数字信息采集和材料提取技术逐步推广,数字考古和实验室考古方法在湖南铜官窑遗址、山西大河口墓地成功使用。区域协作科研机制逐步建立。西部考古论坛、东北地区三省一区一校考古工作会议、西北五省一校考古工作联席会、黄淮七省考古论坛、东南地区考古三省一校论坛纷纷举办,有力推进了不同省区之间的交流合作。陕西省考古研究院、甘肃省文物考古研究所、国家博物馆、北京大学、西北大学五单位建立联合研究机制,在"早期秦文化研究"上取得重要成绩。中外合作考古呈现出良好的发展势头。我国与美、德、日等多个国家开展了区域系统调查和聚落考古合作研究,国内考古单位积极走出国门,赴蒙古、中亚、俄罗斯、肯尼亚等国家和地区开展合作项目,与国外学术科研单位建立了有效的联系机制。

考古学研究的深度和广度不断拓展,重要课题取得突破性进展。国家重点科研项目顺利实施。结合中华文明探源、指南针计划等开展的考古工作日益深入,盐业考古、城市考古、佛教考古、手工业遗址考古成果显著。水下文化遗产保护工作令人瞩目。南海基地和西沙工作站建设、考古研究船设计建造工作启动，“南海Ⅰ号”、“南澳Ⅰ号”等重要沉船发掘、沿海和鄱阳湖、丹江口库区专项水下考古调查等成绩突出。“南海Ⅰ号”整体打捞和保护项目荣获2009年度国家文物局文物保护科学和技术创新奖一等奖，“南澳Ⅰ号”明代沉船遗址项目被评为2010年全国十大考古新发现。

（六）考古工作领域不断拓展，公共服务水平进一步提升。

各考古单位积极转变观念，广泛参与文化遗产保护的各项重点工作，发挥了不可替代的重要作用。在第三次全国文物普查中，各地考古单位成为普查工作的主力军，有力保障“三普”工作圆满完成。大运河、元上都、老司城等重要遗址的考古工作揭示了遗址的内涵和价值，为申报世界遗产提供了强力支撑。今年的申报项目是元上都，进展很顺利，很大程度上得益于考古工作。山西云冈石窟等考古工作获得重要发现，深化了对遗址价值、布局的认识，为保护工程实施提供了科学依据。在当前日益严峻的田野文物安全形势下，考古单位更是发挥了不可替代的作用，湖北叶家山墓地考古发掘抢救保护了大量珍贵文物，也促使地方政府下决心对占压村庄进行搬迁。

考古单位不断增强公众意识，自觉提升公共文化服务水平。考古报告整理出版工作扎实推进。《姜女石》、《扬州城》等学术报告为考古学研究和遗址保护提供了重要依据；一批具有很强可读性和趣味性的科普读物受到广大读者的热烈欢迎，形成品牌效应。考古工作形象明显改善。山东南旺分水枢纽遗址、陕西秦始皇兵马俑一号坑、汉阳陵东阙门遗址考古工作通过树立队旗、统一制服、设置展板、开放工地、举办讲座等措施，树立起科学规范、勤勉专业、服务社会的良好行业形象，考古工作得到社会的理解和尊重。考古单位服务意识显著增强。四川省文物考古研究院举办的“三星堆走进百所校园”公益讲座、山西省考古研究所面向大众的网站“考古汇”上线、重庆市文物考古所官方微博开通，都受到社会各界广泛关注，促进了考古工作回馈社会，服务人民。

二、工作中存在的问题

两年来考古事业发展的各项成就有目共睹，但是我们仍要清醒地认识到，当前经济建设和文化遗产保护之间的矛盾依然严峻，考古事业本身发展的各种制约因素依然存在，一些体制、机制问题仍亟待解决，如果不认真研究落实具体措施，将会影响到我们事业的发展。这突出表现在以下几个方面：

（一）法规制度建设仍需加强。考古工地安全、人员劳动保障、文物库房建设等仍缺乏专门的制度规范和标准，难以适应考古工作的新形势和新要求。尤其是基本建设项目考古收费性质和经费渠道问题矛盾突出，地方各部门之间的意见分歧较大。去年财政部、国家发改委下发《关于公布取消253项涉及企业行政事业性收费的通知》，取消了山西省的考古发掘费和江西省考古调查、发掘收费，对当地基本建设考古和文物保护工作造成极大影响。目前，两省文物部门正与有关部门积极协商解决此事。

（二）服务意识仍显不足。一些文物干部和考古工作者对我们所处时代和社会的特点缺乏深刻认识，考古工作服务社会、服务保护、服务公众的意识还不到位。有的考古工作者仅关注学术，没有将考古工作与促进社会经济建设、提高人民生活水平相结合。有的考古工作者仅注重考古发掘，对后续保护则不闻不问。有的对文物保护的原则、理念基本不懂，或屈从于地方政府的压力，做了损害文物保护方面的事情。有的重要考古发现成果没有通过合理渠道及时、准确进行公布，忽视了社会和公众的正常文化需求。有的文物部门和考古工作者对新兴媒体的传播方式不够了解，不善于同新媒体和公众打交道，对突发问题缺乏应对能力，使工作限于被动。曹操高陵事件对我国考古事业的发展有着深远影响，值得考古工作者认真反思。

（三）学科发展和人才培养仍然滞后。一些高等院校缺乏对考古学学科发展的整体考虑和规划，不了解当前考古工作和学科发展的实际需要，课程设置不科学、教学质量不高，“重技术，轻基础”、“重应用，轻理论”的问题普遍存在，事业发展急需的全能型、复合型人才依然缺乏。有的考古单位尚未建立起人才使用和培养机制，人才结构和梯队建设不合理，人员流失和断层现象严重，难以承担起考古和文化遗产保护的各项工作任务。

三、下一步工作

当前，考古学科和考古事业发展已进入一个关键时期，机遇与挑战并存。去年国家文物局向社会公布了《国家文物博物馆事业发展十二五规划》，并制定了考古、大遗址保护、水下文化遗产保护等方面的专项规划，对各项工作进行了全面部署，提出了明确要求。面对新形势和新任务，我们要积极推进制度创新、机制创新、管理创新、理念创新、技术创新和服务创新，形成合力，谋求考古工作的集成创新。各考古单位和广大考古工作者要树立全局观和大局观，从促进考古和文化遗产保护事业发展的角度出发，从服务经济社会建设、服务广大民众的角度出发，深化认识，积极行动，努力实现考古事业的新发展。下面，我就今后一段时期的重点工作提几点要求：

（一）加强法规制度建设，促进考古管理水平不断提高。

制度建设是提高考古管理水平的基础和保障。完善的制度保证了考古管理工作有法可依、有章可循；而高水平的考古管理也会不断发现实际工作中遇到的问题，审视现有制度的漏洞和缺环，从另一方面促进相关法规制度不断健全。“十二五”期间，《大遗址考古工作要求》、《国家文物标本库房标准及管理办法》等一系列法规文件和技术标准将陆续出台，地下文物埋藏区、考古监理、文物影响评估等制度将不断完善，切实提高行业发展的法制化和标准化水平。今年，我们将联合有关部门开展三峡、南水北调工程文物保护工作的综合验收，希望各省再接再厉，做好辖区内文物保护项目的收尾工作。

各省级文物部门要将制度建设放在首位，切实履行管理职能。要进一步做好文物影响评估工作，涉及全国重点文物保护单位和省级文物保护单位的建设项目要开展前期考古工作，并形成科学、详细、有针对性的文物影响评估报告。要妥善解决建设项目考古工作取费标准问题，根据《考古调查、勘探、发掘经费预算定额管理办法》和地方具体情况，联合地方有关部门尽快出台文件，明确取费标准和程序，进一步规范基本建设考古工作经费使用。要加强对考古勘探的管理，建立完善相关资质资格和项目管理程序，保证考古勘探工作的合法、有序。要继续做好资料整理和报告出版工作，督促考古单位抓紧推进积压考古报告清理，及时完成新材料的整理和出版，避免造成新的积压。

各考古单位要将制度建设与自身发展相结合，切实加强内部管理。要不断建立健全单位内部规章制度，保证项目管理、领队管理、经费使用、安全保卫、资料保管等各项工作有章可循，并根据国家事业单位分类改革的总体部署，进一步完善内部管理体制和人事、收入分配、劳动保障等制度。要继续加强设施建设，逐步建立和完善标本库、周转库房、工作站、整理场地、保护实验室等基础设施，为考古工作提供良好条件。要继续规范考古工作，严格按照《关于加强基本建设工程中考古工作的指导意见》和《田野考古工作规程》的相关要求，将抢救性保护与预防性保护有机结合，继续做好国家大中型基本建设工程以及城乡经济建设中的考古和文物保护工作。

（二）做好大遗址考古工作，推动大遗址保护和国家考古遗址公园建设稳步开展。

大遗址保护与考古工作密不可分。一方面，大遗址的研究、保护、展示、利用和考古遗址公园建设，都必须以考古工作为基础，考古工作的深度和广度在很大程度上决定了大遗址保护和展示水平。另一方面，大遗址保护和考古遗址公园建设也丰富了考古工作的对象和内容，对考古管理、科研、服务等方面提出了更高的要求，代表了考古遗址保护今后的发展方向。"十二五"期间，大遗址保护和国家考古遗址公园建设将在全国有序开展，逐步构建"六片、四线、一圈"（六片包括西安、洛阳、荆州、成都、郑州和曲阜片区，四线包括长城、大运河、丝绸之路、茶马古道，一圈是陆疆和海疆工程）为重点、150处大遗址为支撑、覆盖全国的大遗址保护新格局。各省级文物部门和考古单位应牢牢把握这一难得的历史机遇，调整工作思路，加大专业力量，扎实推进相关工作。

各省级文物部门要结合西咸一体化、中原经济区等区域经济建设和城乡发展规划，统筹考虑陕西咸阳城、汉长安城、河南郑州商城、隋唐洛阳城等重要遗址的考古、保护、展示和考古遗址公园建设工作。同时，区分轻重缓急，集中力量做好浙江良渚、湖南铜官窑、江西景德镇御窑、江苏扬州城等遗址具有全局性、示范性和重要指导意义的大遗址保护项目。

各考古单位要充分认识大遗址保护工作的紧迫性，审时度势，因势利导，根据本地区大遗址保护和考古遗址公园建设的实际需要，积极做好大遗址考古和保护工作。一是要建立高素质、高学历、专业化的大遗址考古队伍，合理设置人才结构，保持队伍稳定；二是要抓紧编制高水平的考古工作计划，通过长期、系统的考古工作，充分发掘和研究遗址价值、内涵和布局，促进大遗址保护和考古遗址公园建设有序开展；三是要结合大遗址保护工作需要，合理确定考古工作重点和阶段性目标，确保考古、保护展示工作的紧密衔接；四是要加强与地方人民政府和相关规划、设计单位的沟通联系，主动提供专业咨询和业务指导，为建设考古遗址公园、促进大遗址保护与地方社会经济协调发展贡献力量。

（三）积极参与文化遗产保护工作，拓宽考古事业发展的领域。

考古工作是文化遗产保护工作的重要组成部分，是确保文化遗产保护事业持续、健康、稳步发展的重要推动力。同时，通过参与文化遗产保护各项工作，考古工作者可以开阔眼界、打开思路，吸纳相关领域的经验成果，扩展考古事业发展的广度和深度。各省级文物部门和考古单位要着眼全局，充分发挥考古单位在人员、专业上的优势，积极参与文化遗产保护的各项工作。

第一，积极推动区域专项调查。各省级文物部门要组织考古单位开展持续、系统的区域专项调查，有计划、有步骤地做好三普成果转化，进一步搞清地下文物分布情况，为划定文物埋藏区、做好“四有”工作、编制保护规划，制定保护措施提供依据。各考古单位要将区域专项调查作为本单位的一项重要工作，在人员、经费、设备等方面加大投入，促进相关工作的规范化和常态化。

第二，大力推进水下文化遗产保护。“十二五”期间，将以《中华人民共和国水下文物保护管理条例》修订、南海水下文化遗产保护、南海基地和西沙工作站建设、沿海专项调查等为重点，逐步构建国家主导、以沿海海域为主、适当兼顾内陆水域的水下文化遗产保护新格局。各省级文物部门和考古单位要贯彻全国一盘棋的思想，在国家水下文化遗产保护中心的统筹组织下，加强宁波、青岛、武汉、福建基地建设，发挥基地的区域带动和辐射作用；要服从国家统一安排，在人员调遣和后勤保障上给予支持和配合，协助做好考古研究船建造、“南海Ⅰ号”、“南澳Ⅰ号”考古和保护、沿海水下专项调查、水下文物安全日常巡查等方面工作；要加强学术科研，开展水下文化遗产保护理论研究，推动“海上丝绸之路”、明清海防等重点课题，提升水下文化遗产保护整体研究水平。

第三，积极参与世界文化遗产申报和国家重大文物保护工程。各省级文物部门要合理引导，提高考古单位参与文化遗产保护各项重点工作的积极性。各考古单位要向已经取得文物保护工程勘察设计资质的四川、重庆、湖南、辽宁等省考古单位学习，充分发挥自身学术专长，主动参与保护规划和保护方案编制工作；要根据大运河、丝绸之路、老司城等申遗项目的工作安排，调集专业力量，全力配合，大力推进保护和申遗工作进程；要结合古建维修等重要文物保护工程开展前期考古工作，为古建筑维修与复原提供第一手资料。

（四）强化人才培养和机制创新，推进考古学学科和考古事业可持续发展。

人才培养和机制创新是考古学学科发展的关键要素，也是保证考古事业可持续发展的核心。只有实行适宜人才成长的激励机制和竞争机制，建立起结构合理的人才梯队，才能确保学科建设水平的稳步提升和考古事业的健康发展。“十二五”期间，我们将依托高等院校和考古单位，联合专业学术团体，着力做好学历教育、职业教育和在职培训，尽快推动新理念、新方法、新技术在行业中的应用，提高从业人员的整体水平，努力开创人才辈出、人尽其用的良好局面。

各级文物部门要加强协调和规划，引导高等院校合理设置课程和研究方向，鼓励考古单位探索行业发展的新模式；结合本区域人才需求，组织地区性的专业人员培训，引导考古单位建立合理的人才结构。

各考古单位要站在事业发展的高度，充分认识队伍建设和人才培养的重要意义，加强在职领队、专业技术人员的再培训；通过合作办学、设置长期的实习和研究基地等方式，探索多途径、多渠道的人才培养体系。

各高等院校要抓住这一难得的历史机遇，系统思考考古学学科发展的整体构架，进一步明确学科建设的总体规划和阶段性发展目标；要紧密结合学科和事业发展的新形势、新理念、新需求，尽快完善考古学专业门类，合理调整学科设置和科研、教学方向，切实提高学生田野实习质量，为考古事业培养出高素质、高学历、复合型和全能型人才；要强调集成创新，重视调动教学、科研人员的积极性和创造力，优化人员和技术组合，围绕学科发展总目标统筹规划各项工作。

中国考古学会等社会学术团体要充分发挥学术引领作用，促进学科体系建设，做好基础理论研究，并通过组织多种形式的学术交流与科研活动，为各地考古工作者提供信息沟通的窗口和平台。

最后，我想谈谈考古工作如何在文化遗产保护公众宣传方面发挥应有作用。当前，我国社会正处于一个深刻的历史转型期，工业化、城镇化进程加快，经济社会迅速发展，利益格局发生重组，阶段性社会问题日益显现。社会矛盾、冲突乃至对抗事件频发，每一个领域都面临着社会矛盾加剧下的巨大冲击。考古学发展到今天，不再是一个纯粹的学术问题，它也不可避免地与各种社会矛盾交织在一起，成为各种利益借以发挥的一个载体和各种情绪宣泄的一个窗口。考古工作者要增强大局观和责任意识，提高应对新媒体的能力，及时将我们的工作成果向社会反馈。同时，要深刻认识考古工作的社会公益性质，树立为历史负责、为社会大众负责的观念，不断增强社会服务意识，不断加强科普宣传工作，不断学习、研究、探讨考古工作服务公众的有效模式，通过形式多样的公众考古活动宣传、普及文物考古知识，充分发挥考古工作传承文化、教育民众、建设共有精神家园的重要作用。

考古事业发展到今天已经走过了90年的光辉历程。从蹒跚起步，到阔步前行，广大考古工作者辛勤耕耘、精益求精，形成了科学探索、艰苦奋斗、敬业奉献、严谨求实的行业作风和学术风气，这是我们事业继续前进的强大根基，也是我们应对任何新形势、新挑战的力量源泉。当前，考古工作在文化遗产保护和经济社会发展中发挥着越来越重要的作用，我们要深入学习十七届六中全会精神，全面贯彻落实科学发展观，紧抓机遇，开拓创新，扎实工作，为开创“十二五”期间考古工作新局面贡献我们的力量！

（2012年5月4日）

励小捷同志在2012年度文物保护项目经费管理工作布置会上的讲话

（2012年5月29日广州）

同志们：

今天专门就文物保护项目的经费管理工作召开专题会议，很有必要。今年文保项目经费预算申报和审批进度不理想，形势还比较严峻，而且事关重大。这既是眼下急迫的问题，又涉及一个长远的问题；既是一个局部的问题，又涉及整体的问题。

刚才，从各个省的发言来看，大家对这个问题都重视，知道这个事事关大局。大家谈了一下各地的做法，特别是有针对性地提出了一些意见和建议，谈得都很好。国家文物局对这个问题高度重视，日前召开局务会议进行了专题研究。

在大家发言的基础上，针对着目前存在的问题，我讲两个问题。第一，我们面临的是一个什么问题。第二，如何解决好当前的问题。

第一个问题，先谈一点认识。我们现在面临的是一个什么问题？是不是突然一下子钱多了，用不了了？我们文物保护工作长期面临的经费投入不足、需求过大的矛盾是不是解决了？我认为不是。具体解释这个事，我从三个层面来说。

一是近年来，主要是"十一五"以来，文物保护经费确实是每一年都得到了较大幅度的增长。但这个增长是在以往投入严重不足，文物保护经费基数较小的情况下的增长，带有还欠账的性质。中央财政拨的文保资金"十一五"比"十五"增加了五倍，"十二五"的第一年就相当于"十一五"的总额，由此也可以看出经费基数小，长期不能满足需要。

二是目前文物保护经费的增长与我们承担的文物保护工作的繁重任务和工作领域的扩大相比，仍然不能满足需要。经过文物普查，全国不可移动文物达到近77万处，第七批国保的评审还没有报国务院批准，但大体的概念已经有了，基本上接近翻番，再加上近几年来文化遗产事业的拓展，比如以前没有的大遗址的保护以及革命文物和20世纪的工业遗产等，还涉及水下考古，这都是新的领域。承担起这么重的文物保护任务，需要经费投入长期的大幅度的增长。

三是文物的修缮包括可移动和不可移动的文物，它与一般基本建设项目相比，定额和取费标准都相对较高，这就是特殊性。加之原材物料、能源、人工都在上涨。所以，同样多的钱，就干不了那么多的事了。

所以，应该这样评价我们目前文保事业的形势，随着文保经费连续较大幅度的增加，目前可以基本解决国保单位紧迫和重点的问题，但还远远满足不了文物保护工作和文化遗产事业普遍和长远的需求。投入和需求的矛盾将在今后较长时期内存在。

那么，为什么又出现了项目预算安排不理想的问题呢？我觉得，浅层次上来说，是因为前期经费不足，人手不够，而且做项目、报项目、审项目的时间又很紧等问题。深层次上来说，我觉得是我们的思想观念、工作方式、职能定位、制度安排与快速发展的文保事业不适应的问题。长期以来，我们一直在经费很少、项目很小的情况下过日子，我们现在的制度和机构设置适合那种情况，现在不一样了，我觉得这是一个深层次的矛盾。

这一矛盾具体表现在预算管理上，可以用两句话来概括，一句话就是项目准备不足，没有形成有效需求。第二句话，项目论证审批周期过长。项目准备不足表现为：数量不足，质量不高，结构不优。总体上进库的数量就少；质量不高就是做的不合规，不合法；结构不优就是受要钱的驱动，造成了哪些项目大，要钱多，我向哪些项目着手，有哪些项目可以发展产业带来收入，我就做哪个项目。

这种投资饥饿和产业推动有时候影响到我们在项目准备上忽视了对文物本体的保护。

在项目论证和审批方面，首先应该说，项目的审批必须遵循有关制度和秩序，不能乱来。但是目前也存在一些问题，主要是作为各级文物保护行政主管部门，职能转变不到位。我们都很忙，忙的是具体项目审批。再一个就是市场开放度不够，包括准入门槛太高，所以反过来就会影响我们，这就是建筑单位、设计单位、规划单位急缺的原因。门就没有敞开，没有充分利用市场资源满足我们的需求。

那么，上述这种不适应的状况，不仅表现在项目准备和经费管理上，也多多少少表现在我们文物工作的方方面面。因此，我们总的工作基调应该是：稳中求进，创新提升。

第二个问题，如何解决今年的包括今后的项目预算管理问题。具体讲三个小问题。

先说第一个小题，搞好项目预算管理必须坚持原则，把国家加大投入的资金管好用好。今年全国人大对专项资金的制度建设有明确规定，要求充分体现分配科学，流程清晰，责任明确，便于监管。文物保护经费是专项转移支付经费，专项转移支付经费的特点就是要服务于上级政府的特定目标，专款专用是基本特征。资金接受者须按规定用途使用资金。今年还有一个特点，财政部已经把文物保护经费作为重点监管对象。

首先要坚持贯彻文物工作方针，服务文化遗产事业大局的原则。其次，要坚持国家项目管理的程序和法律法规的原则。第三，要坚持实事求是、厉行节约、如实申报的原则。第四，要坚持加强廉政建设，规范管理和流程，堵塞漏洞，立足防范的原则。在这四个原则上，头脑必须要清楚，不能变通，也不能萝卜快了不洗泥，不然的话，无异于饮鸩止渴。

第二个小问题就是要采取的一些举措。由于任务繁重，时间紧迫，我们解决今年如期完成项目申报和预算审批的工作必须采取一些特殊的措施。这都是经过局务会研究的，有这么几点：

第一，已申报的方案，要求相关业务司抓紧审核批复，并与财务上相衔接，为预算控制数的审核留出必要的时间。

第二，9个专业方案审批下放的省、直辖市，具体就是北京、河北、山西、四川、云南、陕西、河南、浙江、上海已经报国家文物局备案的项目，按一定比例给予安排。但是有些还没有备案的，包括这几个省的，得抓紧备案。审批权下放的这几个省里，有的已经组织具有资质的机构进行了预算审核，和国家文物局批准的专家组进行了预算审核的根据你们报的情况正常进行安排。

第三，对中央领导有明确批示的项目，如涉台、水下、承德避暑山庄、嘉峪关关城保护等，还有中央和国务院确定要重点给予支持的地区如涉藏、涉疆项目，还有支援五省藏区的项目，应加快经费安排。

第四，按照预算管理办法，对符合特批条件的项目，抓紧审核，批复预算。包括近两三年内要走申遗程序的项目、重大考古发现项目、已列入第七批国保单位的抢救性保护项目。

第五，抓紧与有关部委沟通，按照文物保护项目的特殊性，争取加大前期经费安排比例。当然，财政文保资金的使用范围的扩大和有关比例的提高问题，我们也想做进一步的商讨。

以上五条，是国家局在审批预算时间节点临近，而一些地方项目方案尚未完善的特殊情况下采取的特殊措施。

那么说了国家局采取的措施，要办的事，地方文物局应该怎么办，我觉得有四点要强调：

第一，要高度重视。虽然今天是一个专业会，但一半以上的省局的主要领导都到了。局长要亲自把这个事抓在手上，主管副局长要全力以赴做这个事。跟种庄稼一样，今年不撒籽，到时候就没有收成。

其次，想尽办法充实人手。人手少是各省局普遍存在的问题。当然我们也有人才培训措施，但远水解不了近渴。今年没多少时间了，所以必须先把局系统内的，甭管是考古所的，文研中心的还是博物馆的，能帮上忙的，调过来组织班子做。文化厅也应该给一些人力支持，责无旁贷。

再一个就是找钱的问题，刚才我说了，要争取提高文保项目的前期费用，但是，还有个时间差问题，所以做这些项目的前期费用你们还是要自己想办法先垫付。这就看各位的本事了。

第四，培训。这里的培训不是说办个学院或者搞个长期班。就是今天开会的方式，你们回去就开会，以会代训。把直接具体操作的事面对一线人员讲清楚，哪些可以列入预算，哪些不能列入预算，哪些变通地列入预算，都讲清楚。

同时，从今年开始，我们要把项目准备、项目申报的质量和效率结合项目的执行情况纳入国家局考核评估的内容。也就是说你今年做的这些项目既符合时间要求，又符合质量要求，那么我就把它作为审核你明年预算的依据之一。做得好的可以考虑进入下放审批权的范围。由于工作原因，做得不好的，考虑核减明年的项目规模。当然我说的是一个原则，具体办法，由办公室、文保、博物馆等几个业务司室一起制定。

第三个问题，从根本上加强改进项目经费管理的一些思考。这里我也讲四点。

第一，项目经费管理工作要与文物保护工作大局更加紧密地结合，进一步增强对项目经费工作的指导性。项目经费，特别是中央财政转移支付的项目经费是有鲜明的导向性的，要符合全党全国的工作大局，符合文化遗产的大政方针，符合文物保护的需求。那么反过来说，从项目经费的如何安排就可以看出全国文物工作劲往哪里使，重点在哪。用这一标准反观我们目前的项目经费安排工作，存在着偏散、被动等问题，带有一些随意性、盲目性。我们在做项目预算准备工作的时候它一定是和这一年的整体工作相联系，明年的项目预算管理工作本应在今年就启动，而不是三月份通知下去的时候，还是云里雾里，也不知道上面想做什么，几条线，几个点，或者几大块。布置全国的文物保护工作，既要在方方面面当中突出重点，又要把这些重点工作体现到时段上。在项目申报前，国家局和各省之间应通过不同方式做好沟通工作，这样也可以增强工作的计划性。

第二，引入第三方制定技术方案和协助审批预算方案，简化审批环节，提高审批效率。在资金量巨大、任务繁重的情况下，必须通过市场竞争机制，引进中介机构承担规划技术方案和预算审核工作。在我们文物系统，目前并不是没有开放市场，但是开放度还是不够，这也是现实存在的问题。比如门槛过高，有些重点国保项目必须是一级资质的，有些一般的项目可以降低一点准入门槛，因为目前我们的确存在可用力量不足的问题。这都是需要认真考虑，加以改进的地方。当然，也不能绝对化，个别的项目如古漆器、古青铜器的修复，全国能做的就那么几家，也可以采取邀标等方式。我在这里要强调的是，坚持对市场开放的原则和态度必须坚定，因为市场经济的最大优势，就是社会有什么需求，市场就可以提供你需要的产品和服务，这就是规律，你大门不打开，也就没人做。你只要市场打开了，就会逐渐形成这种满足你需求的局面。还有一个问题，就是我们各个文物部门或多或少有一些自己的队伍，所以长期以来在资金不足、项目不多的情况下让自己的人办也顺理成章。但是，目前资金量大幅度增加，项目已经很多的情况下，如果还固守着肥水不流外人田，甚至指令只有谁谁做的方案才能批准，这样的话就会影响我们整个文物事业的发展。我也不是有意的去动谁的“奶酪”，可是一旦固守的这些潜规则影响了我们的工作大局，影响了我们的事业发展，那必须要改变，要改进。

第三，加强基础工作，加快有关标准和定额的制定。国家对项目经费的管理有严格的制度。比如项目法人责任制、招投标制、合同管理制、预决算审核制等等，这些制度的实施推进须有标准和定额作支撑。文物系统定额标准不完善的问题已经成为制约文物项目经费管理的瓶颈之一。没有规矩，难成方圆，我们的基础工作还是要做的。文物工作有其特殊复杂性，不能套用其他行业的标准，必须用自己的标准。北方定额现在已经有了，南方定额抓紧启动制定。这还只是古建，其他的领域我也建议再选择几个类型，也着手组织班子，研究制定有关标准。

市场放开之后，又能做到对它的有效制约，怎么制约，就两条：第一，政府制定标准，也就是市场规则。第二，对市场主体进行绩效考核和监督。这是政府要发挥作用的地方。有了这两条，市场的环节你可以放开了，没有这两条，只靠市场，那政府就缺位了，这两点是相辅相成的。刚才我说的不只是国家局，省里也要把制度、标准、定额的制定和如何监管列入议程。

第四，加强人才培养工作，开展多种形式的学习培训工作。加强人才培养工作，不但在加强项目预算管理上感受到了压力，方方面面等都受到了人才短缺的严重制约。长期来讲，短期培训当然也是很重要的，要有正规的人才培养的院校基础。再一个，在全国要形成若干个新体制的，培养文物修复亟需的高级蓝领职业学校，或者叫高级职业培训学院。在制度安排和制度设计上，努力让文物修复师这样一个职业名称进入劳动人事的管理体系。

同志们，我相信在我们的共同努力下，今年的预算经费工作一定能保质保量的如期完成。各地文物工作的资源禀赋、干部力量、机构设置差别很大，要从各自的实际出发。改革创新的具体措施，要经过必要的研究、论证、试点，取得经验之后再逐步推开。

我就说到这里，希望同志们批评指正，谢谢。

关于贯彻落实国家“十二五”文化和自然遗产保护设施建设规划的通知

办预函〔2012〕564 号

各省、自治区、直辖市文物局（文化厅）：

为加强国家文化和自然遗产的有效保护和可持续利用，传承中华民族优秀传统文化，现将国家发展和改革委员会、国土资源部、环境保护部、住房和城乡建设部、文化部、国家林业局、国家文物局《关于印发国家“十二五”文化和自然遗产保护设施建设规划的通知》（发改社会〔2012〕1549 号）转发你们，请按文件要求认真贯彻落实。项目建设单位应加强与相关部门沟通协作，严格执行基本建设程序，按照国家相关法律法规做好项目规划实施工作。

附件：《关于印发国家“十二五”文化和自然遗产保护设施建设规划的通知》

关于印发国家“十二五”文化和自然遗产保护设施建设规划的通知

各有关省、自治区、直辖市及计划单列市发展改革委、国土资源厅（局）、环境保护厅（局）、住房城乡建设厅（局）、文化厅（局）、林业厅（局）、文物局：

为进一步加强文化和自然遗产保护，按照《中华人民共和国国民经济和社会发展第十二个五年规划纲要》、《中共中央关于深化文化体制改革推动社会主义文化大发展大繁荣若干重大问题的决定》和《国家“十二五”时期文化改革发展规划纲要》的相关要求，国家发展改革委、国土资源部、环境保护部、住房城乡建设部、文化部、国家林业局和国家文物局共同研究编制了《国家“十二五”文化和自然遗产保护设施建设规划》（以下简称《规划》）。现将该《规划》印发你们，请认真贯彻落实。

国家文化和自然遗产是优秀传统文化和国家形象的重要载体，是增进国家认同感、增强文化自信、提升民族凝聚力的重要因素和国家综合实力的重要组成部分，是涵养民族精神、建设中华民族共有精神家园的深厚基础和重要支撑。《规划》的编制实施，对于统筹加强国家文化和自然遗产保护，有针对性地解决不同类型遗产面临的突出问题，实现国家文化和自然遗产的有效保护和可持续利用具有重要意义。

相关部门要加强协作，严格按照有关法律法规和《规划》要求，在确保遗产真实性和完整性的基础上，认真做好规划建设项目的实施工作，切实发挥文化和自然遗产在满足广大人民群众精神文化需求、传承中华民族优秀传统文化、增强民族认同感、促进和谐社会建设等方面的作用。

关于进一步做好文物拍卖标的审核工作的意见

文物博函〔2012〕1484 号

各省、自治区、直辖市文物局（文化厅）：

为切实加强对文物拍卖经营活动的管理，促进文物拍卖市场健康发展，针对当前文物拍卖中存在的知假拍假、虚假宣传、超范围经营等突出问题，现就进一步做好文物拍卖标的（以下简称标的）审核工作通知如下：

一、进一步提高对标的审核管理工作的认识

标的审核工作既是文物拍卖管理工作的关键环节，又是法律赋予文物行政部门的一项执法职能。加强标的审核工作，对落实文物保护责任，规范文物流通秩序，满足人民群众收藏鉴赏需要，促进文化产业健康发展具有十分重要的意义。各级文物行政部门要高度重视拍卖标的审核工作，进一步提高认识，健全工作机制，充实管理队伍，落实审核责任，切实把标的审核管理工作抓实抓好。

二、加强文物拍卖经营资质查验工作

文物拍卖经营资质的合法、有效是开展标的审核工作的前提。省级文物行政主管部门在受理标的审核申报时，应依据拍卖经营资质年审情况，及时开展对文物拍卖企业（以下简称企业）拍卖经营资质的查验。各级文物行政部门积极配合工商、公安部门，对未经许可擅自从事文物拍卖经营等违法活动的企业进行查处。

三、根据有关规定，下列标的不得上拍

（一）出土（水）文物、以出土（水）文物名义进行宣传的；

（二）被盗窃、盗掘、走私的文物或明确属于历史上被非法掠夺的中国流失文物；

（三）依照法律应当移交文物行政部门的文物，包括国家各级执法部门在查处违法犯罪活动中依法没收、追缴的文物；

（四）国有文物收藏单位及其他国家机关、部队和国有企业、事业单位等收藏、保管的文物；

（五）国有不可移动文物的附属构件；

（六）国有文物商店收存的珍贵文物；

（七）涉嫌损害国家利益或有可能产生不良社会影响的；

（八）其他法律法规规定不得流通的文物。

四、强化拍卖专业人员征集鉴定责任

标的报审材料中，须有本企业文物拍卖专业人员（含已考取《文物拍卖企业专业人员资格证书》的人员）标的征集鉴定意见。对出具虚假征集鉴定意见、造成不良社会影响的，取消其专业人员资格。

五、健全标的审核制度

省级文物行政部门作为文物拍卖标的的审核主体，应完善审核工作制度，建立标的审核专家库并报国家文物局备案。每类标的须经两名以上专家审核并意见一致的，方可报审。报送国家文物局的备案材料中，须包括审核意见及审核专家名单。

六、严格标的报审管理

企业须整场报审文物拍卖会标的，包括含有文物的拍卖会标的，不得少报、假报或以艺术品名义报审含有文物的拍卖会标的。企业应配合文物行政部门开展实物审核（或复核）工作。

省级文物行政部门受理企业标的审核申请后，须于20个工作日内将审核意见报国家文物局备案。国家文物局网站将即时公告备案收文确认信息。如有不同意见，国家文物局将于5个工作日内以书面形式反馈。国家文物局同意备案材料后，省级文物行政部门方可办理批复文件。

七、规范拍卖图录管理

企业须在所有拍卖图录显著位置刊登相关批复文件。拍卖图录文字严禁使用“罕见”、“仅存”、“国宝”等诱导性词语。不得擅自更改标的定名。

八、建立企业诚信档案

企业违反上述规定，国家文物局将视情节轻重，给予责令整改、暂停直至撤销其文物拍卖经营资质的处罚，并记入企业诚信档案。国家文物局结合行业管理，将企业诚信档案作为企业年审和增加文物经营范围的考评依据。

本意见自发布之日起实施。

国家文物局
二〇一二年七月二日

关于深入学习贯彻全国文物工作会议精神的通知

文物政函〔2012〕1561号

各省、自治区、直辖市文物局（文化厅），各计划单列市文物局（文化局），新疆生产建设兵团文化局，机关各司室，各直属单位：

在全国上下深入贯彻党的十七届六中全会精神、迎接党的十八大胜利召开之际，全国文物工作会议于2012年7月10日在北京召开。中共中央政治局常委李长春同志会见与会代表并发表重要讲话，中共中央政治局委员、国务委员刘延东同志出席会议并作重要讲话。会议系统总结了党的十六大以来文物事业取得的成就和经验，全面分析了文物工作面临的新形势，明确提出了全面推进文物保护利用和传承发展、努力建设文化遗产强国的目标任务。

为深入学习贯彻全国文物工作会议精神，现就有关要求通知如下：

一、统一思想，充分认识学习贯彻全国文物工作会议精神的重要意义

全国文物工作会议是在我国全面建设小康社会、加快推进社会主义现代化建设的关键时期，在深化文化体制改革、推动社会主义文化大发展大繁荣的重要阶段，在推动文物事业加速发展的关键时刻召开的重要会议。会议提出了建设文化遗产强国的发展目标，部署了新时期文物工作的总体要求和重点任务。

这次会议的部署和要求，对于积极推进我国文物资源的保护利用、传承发展，努力建设文化遗产强国，弘扬中华优秀传统文化，建设中华民族共有精神家园具有重大意义。贯彻落实好会议精神，关键在于准确把握会议提出的新要求新任务新举措，把思想和行动统一到中央的决策部署上来，统一到建设文化遗产强国的理论创新和实践创新上来，统一到新时期文物工作目标任务的全面完成上来。

二、深刻领会，全面把握全国文物工作会议精神实质

各级文物行政部门、各地文博单位要迅速掀起学习贯彻全国文物工作会议精神的热潮，进一步凝聚共识、统一思想。

要深刻领会中央领导同志在全国文物工作会议上的重要讲话精神，进一步提高对文物工作重要性的认识。充分发挥文物工作在继承弘扬中华民族优秀传统文化、建设中华民族共有精神家园，满足人民群众日益增长的精神文化需求、不断提高全民族的思想道德素质和科学文化素质，增强国家文化软实力、展示国家良好形象、维护世界文化多样性等方面的重要作用，始终把文物工作放到党和国家工作全局中来认识、来谋划、来推动。

要深刻领会中央领导同志在全国文物工作会议上的重要讲话精神，全面总结文物工作的宝贵经验。坚持以邓小平理论和“三个代表”重要思想为指导，全面贯彻落实科学发展观；坚持“保护为主、抢救第一、合理利用、加强管理”的文物工作方针，正确处理保护与利用的关系，始终把保护作为前提和基础，在保护中利用，在传承中发展；坚持文物事业的公益属性，发挥政府的主导作用，正确处理事业与产业的关系，始终把社会效益放在首位，努力做到社会效益与经济效益有机统一；坚持服务社会、惠及民生，始终把“文物保护人人参与、保护成果人人共享”作为文物工作的出发点和落脚点；坚持改革创新，做好全局谋划、制度安排，以重点突破带动整体推进，不断深化理论创新、体制创新、科技创新。

要深刻领会中央领导同志在全国文物工作会议上的重要讲话精神，准确把握我国文物事业发展面临的新形势、新机遇、新挑战，进一步增强做好文物工作的紧迫感、责任感。以科学发展为主题，以改革创新为动力，坚持文物保护与经济社会发展相结合，依法保护与科学保护相结合，有效保护与合理利用相结合，政府主导与社会参与相结合，既要注重有效保护、夯实基础，又要注意合理利用、发挥效益，在保护利用中实现传承发展。要深刻领会中央领导同志在全国文物工作会议上的重要讲话精神，进一步明确文物工作的主要任务。正确处理保护与利用、保护与发展的关系，在保护的前提下充分利用，在充分利用中促进保护、推动发展。进一步落实文物保护责任，切实把文物工作摆到更加突出位置；进一步推进文物保护重点工作，切实提高文物安全防范能力；进一步发挥文物资源优势，更多更好地服务社会、促进发展、惠及民生；进一步完善政策法规体系，努力营造有利于文物事业科学发展的良好环境；进一步健全机构和队伍，全面加强能力建设；进一步增强全民文物保护意识，引导全社会共同参与文物保护，以高度的文化自觉和文化自信，切实肩负起建设文化遗产强国的历史责任。

三、统筹推进，努力把会议精神落到实处

各级文物行政部门、各地文博单位要把学习宣传、贯彻落实全国文物工作会议精神作为当前和今后一个时期的中心任务切实抓紧抓好。要围绕建设文化遗产强国目标，统筹谋划、科学布局，加紧制定和完善有利于文物事业科学发展的各项政策措施。深入调查研究，不断总结实践经验，认真研究解决文物事业发展中的重大问题、突出问题，切实把会议精神和领导讲话精神转化为指导工作的思路，推动发展的举措。要围绕“十二五”规划目标任务，紧密结合工作实际，进一步明确当前和今后文物事业发展的工作思路和具体办法，以点带面，整体推进，切实把“十二五”时期各项文物工作任务落到实处，以重大项目促保护、促利用、促发展。

要围绕能力建设和质量提升，深化改革，转变职能，更加注重制度设计，更加注重加强管理，进一步理顺工作体制机制，完善相关法律法规，切实提高各级文物行政部门和文物博物馆单位的整体能力和服务水平。国家文物局机关要在学习贯彻会议精神上“走在前、做表率”，在宏观指导上发挥中枢作用，在决策落实上发挥引领作用，加快制定有关政策举措，

做好任务分解落实，主动跟进、主动协调、主动督查、主动服务。各有关文博单位和行业组织要充分挖掘智力资源优势，发挥决策智囊、协调平台和行业自律作用。

请各省级文物行政部门、各直属单位于7月31日前将学习贯彻全国文物工作会议精神的工作方案报送我局，于9月30日前将学习贯彻情况报告我局。

国家文物局　公安部　海关总署　国家工商总局关于进一步加强文物经营活动管理工作的通知

文物博发〔2012〕8号

各省、自治区、直辖市文物局（文化厅），公安厅（局），海关总署广东分署、各直属海关，工商行政管理局：

《中华人民共和国文物保护法》及《中华人民共和国文物保护法实施条例》明确规定，文物属于限制流通的特殊商品，文物流通实行归口管理、许可经营的制度，符合《中华人民共和国文物保护法》第五十条规定的文物可以依法流通，国务院文物行政部门或省、自治区、直辖市人民政府文物行政部门批准设立的文物拍卖企业、文物商店可以依法从事文物的商业经营活动。近年来，各地不断出现古玩城、古董店、艺术品市场、收藏市场等古玩旧货市场，其中夹带文物经营活动。这些市场在满足群众日益增长、多样化的收藏需求方面发挥了一定的积极作用，但也存在着未取得文物经营许可、买卖出土文物等违法违规问题，引起了社会各界的广泛关注。为进一步加强古玩旧货市场中文物经营活动的管理工作，促进文物市场的健康发展，国家文物局、公安部、海关总署、国家工商总局现就有关事项通知如下：

一、充分认识加强古玩旧货市场中文物经营活动管理工作的重要意义

文物是不可再生的文化资源，保护文物是全社会的共同责任。加强古玩旧货市场中文物经营活动的管理工作，对于遏制文物违法犯罪活动，确保国有文物安全，保护消费者合法权益，促进文物市场的健康发展都具有十分重要的意义。各地文物、公安、海关、工商等部门要统一认识，从保护我国文化遗产、建设文化强国、维护市场秩序和群众利益的大局出发，高度重视古玩旧货市场中文物经营活动存在的问题，切实依法加强管理。要坚持严格管理与积极引导并举，规范秩序和促进发展并重，努力营造主体合法、经营有序、守信自律、健康繁荣的文物经营活动秩序。

二、加强古玩旧货市场中文物经营活动管理工作的主要任务和目标

（一）开展对古玩旧货市场中有关商户的文物经营资质审批工作。文物行政部门依照相关法律法规确立的文物商店审批条件和程序，对古玩旧货市场中经营文物的商户进行审批。

（二）建立古玩旧货市场中文物经营活动日常监管制度。文物、工商等部门依法对古玩旧货市场中文物经营活动进行检查，对其中未经许可开展的文物经营行为进行查处。文物行政部门依法对经批准设立的文物商店销售的文物进行审核，并对买卖国家禁止买卖的文物的行为进行处罚。

（三）加强对古玩旧货市场中文物经营活动的引导。文物行政部门督促市场主办单位组织其中的文物商店，按照有关规定对珍贵文物的购买销售作出如实记录，并集中报文物行政部门备案。

（四）建立多部门联合执法机制。整顿、规范古玩旧货市场中的文物经营活动。发现在古玩旧货市场中买卖盗窃、盗掘和走私文物等违法犯罪线索，移交公安或海关部门立案侦查。

（五）加强人员培训和法律宣传。文物行政部门有计划地开展针对古玩旧货市场管理人员和经营人员的培训，进一步提高其专业知识和法律意识。同时，联合相关部门在全社会深入宣传文物保护及相关法律法规，营造健康的文物市场整体环境。

通过上述规范引导措施，切实达到加强古玩旧货市场中文物经营活动管理、促进文物市场健康发展的目的，使古玩旧货市场真正成为推动文化产业发展和社会主义文化大发展大繁荣的积极力量。

三、加强古玩旧货市场中文物经营活动管理有关工作的时间安排

今明两年，加强古玩旧货市场中文物经营活动管理工作大致分为两个阶段：第一阶段，自本通知下发之日起至2012年12月底，重点推进古玩旧货市场中从事文物经营商户的资质审批工作；第二阶段，从2013年1月至2013年6月，全面完成本通知提出的各项任务。各地区要按照本通知的要求，分阶段认真做好检查总结工作，并向省、自治区、直辖市政府和国家文物局及有关部局汇报加强古玩旧货市场中文物经营活动管理工作的有关情况。

四、加强古玩旧货市场中文物经营活动管理工作的组织领导

加强古玩旧货市场中文物经营活动管理工作时间紧、任务重，各地文物、公安、海关、工商等部门要切实加强领导，建立起分工明确、密切协作的联合工作机制，认真制定工作方案，落实工作责任，明确时间要求，统一步调，协调动作，积极稳妥地推进本地区加强古玩旧货市场中文物经营活动管理的各项工作任务。

国家文物局

公安部

海关总署

国家工商总局

二〇一二年七月三十一日

继往开来　改革创新　全面推进　文物保护利用和传承发展

——刘延东国务委员在全国文物工作会议上的讲话

（2012年7月10日）

今年是我们党和国家事业发展进程中具有特殊重要意义的一年，也是推进社会主义文化强国建设承前启后的关键一年，又恰逢文物保护法颁布实施30周年。今天，我们召开全国文物工作会议，深入贯彻落实党的十七届六中全会精神，总结十六大以来文物工作的创新实践和成功经验，分析当前文物工作面临的新形势新任务，研究部署新时期推动文物事业发展的政策措施，对于在新的起点上开创文物工作新局面，为建设社会主义文化强国作出新贡献具有重要意义。刚才，中共中央政治局常委李长春亲切接见全国文物系统先进集体、先进工作者和与会代表，发表了语重心长、思想深刻的重要讲话，对扎实做好文物工作，建设文化遗产强国提出了殷切希望和明确要求，我们一定要认真学习领会，切实贯彻落实。文物局、公安部、财政部有关负责同志作了很好的发言，北京市、西藏自治区政府有关负责同志介绍的经验值得推广借鉴。下面，我就做好新时期文物工作讲三点意见。

一、党的十六大以来文物工作取得显著成就，为全面推进文物事业发展奠定了坚实基础

我国是世界四大文明古国之一。几千年来，我们的祖先用勤劳和智慧创造了延绵不断的中华文明，为我们留下了丰富的文化遗产和历久弥新的精神财富。党和政府历来高度重视文物工作，作出了一系列重大决策部署，特别是党的十六大以来，进一步确立了“保护为主、抢救第一、合理利用、加强管理”的文物工作方针，明确了现阶段文化遗产保护的指导思想、总体目标和工作任务，为文物工作指明了方向。

各级党委政府和有关部门特别是全国文物系统认真贯彻党中央、国务院的决策部署，依法履行文物保护职责，积极动员全社会广泛参与，推动文物工作取得显著成就，为经济社会发展作出了积极贡献，突出体现在以下5个方面。

一是各级党委政府文物保护意识明显提高，文物保护责任进一步落实。各地积极贯彻落实文物保护法，把文物保护逐步纳入国民经济和社会发展：规划，纳入土地利用总体规划和城乡规划，纳入财政预算，纳入领导责任制，出台了一系列加强文物工作的政策措施，党委政府统一领导、文物部门主要负责、有关部门齐抓共管、全社会共同参与的文物保护局面逐步形成。文物部门与发展改革、公安、财政、国土资源、环境保护、住房城乡建设等部门通过建立部际联席会议机制等措施，加强沟通协调，形成合力，落实文物保护各项工作。2002年至2011年，全国公共财政累计投入文物保护资金905亿元，年均增长26%，其中中央财政累计投入文物保护资金333.8亿元，年均增长39%，2012年全国公共财政文物支出预算安排221.5亿元，其中中央财政预算安排110亿元。

二是文物保护基础工作得到加强，文物事业可持续发展能力不断提升。文物保护法律法规日渐完善。全国人大常委会修订文物保护法，国务院公布《长城保护条例》、《历史文化名城名镇名村保护条例》，各地各有关部门制定完善地方性法规和部门规章，基本形成了以文物保护法为核心的文物保护法律法规体系。文物资源状况逐步廓清。第三次全国文物普查全面完成，共调查登记各类不可移动文物近77万处；长城资源、大运河文化遗产资源、重点海域水下文化遗产等专项调查圆满完成；第七批全国重点文物保护单位遴选、国有可移动文物普查试点工作扎实推进。目前，全国已核定公布各级文物保护单位7万余处，国家历史文化名城119座，中国历史文化名镇名村350个。我国拥有世界遗产43项。文物保护能力建设不断加强。"中华文明探源工程"、"指南针计划"、"文化遗产保护关键技术研究"等国家重大科研项目顺利推进，科技战略合作和科技创新联盟多元发展，文物保护科技与行业标准体系初步建立。教育培训不断加强，文物系统人才队伍素质稳步提升。文物安全和执法工作有力推进，文物盗窃、走私等违法犯罪活动猖獗的势头得到一定遏制。

三是文物保护利用水平不断提高，服务社会、惠及民生的作用日益凸显。围绕服务经济社会发展需要，开展了三峡工程、南水北调、西气东输等国家重大基本建设中的文物保护工作，西藏重点文物、山西南部早期建筑、红色旅游沿线以及涉台文物等重大文物保护工程扎实推进，承德避暑山庄、嘉峪关长城等世界文化遗产保护工程稳步实施，汶川灾后文物抢救保护工作顺利完成，玉树灾后文物抢救保护迅速推进，水下文化遗产保护、大遗址保护与国家考古遗址公园建设实现突破，基本形成了以西安、洛阳、荆州、成都、曲阜、郑州6大片区，长城、大运河、丝绸之路、茶马古道4条线路，陆疆、海疆一圈分布，覆盖全国的大遗产保护格局。文物保护重大工程与城乡建设相结合，与改善群众生产生活条件相结合，与生态文明建设相结合，既实现了文物的有效保护和传承，也很好地促进了当地经济社会发展。历史文化名城名镇名村及历史文化街区、近现代工业遗产、"中华老字号"企业文化遗产的保护利用与产业发展相结合，与市场经济相适应，受到民众普遍欢迎。文物资源日益成为旅游、文化及其关联产业发展的重要基础和强劲动力，成为促进国民经济增长的新亮点。同时，社会文物流通和民间收藏进一步繁荣，人民群众参与文物鉴赏、文物收藏的积极性不断高涨，空间更加广阔。

四是博物馆免费开放、改善服务，文化建设的社会效益得以实现。经过全社会的共同努力，博物馆建设持续加快，博物馆门类日益完备，办馆主体日趋多元，基本形成了以国有博物馆为主体、民办博物馆为补充的博物馆体系，为有效满足人民群众精神文化需求提供了独特的载体。到2011年底，全国博物馆总数已达3415家，其中国有博物馆2959家，民办博物馆456家；自改革开放以来平均每年新增100家左右，全国博物馆年接待观众达到5.2亿人次。特别是2008年以来，在有关部门的大力支持下，有1804家博物馆向社会免费开放，真正体现了文化建设把社会效益放在首位，彰显了党和政府执政为民的理念和作为。

五是对外文物交流与合作更加广泛，中华文化影响力不断提升。积极履行《世界遗产公约》等国际条约，政府间文物交流与合作不断深化。目前，我国已同美国、意大利、印度等15个国家签署关于防止盗窃、盗掘和非法进出境文化财产的双边协定，成功开展流失境外中国文物追索。柬埔寨吴哥窟、蒙古国博格达汗宫等援外文物保护工程取得重要成果。文物出入境展览大幅增加，《盛世华章》、《走向盛唐》、《秦汉—罗马文明展》、《山水合璧》等展览深受海内外观众欢迎。我国成功举办第28届世界遗产大会、国际博物馆协会第22届大会等重要国际会议，形成了一系列重要国际文件。文物工作为增进中外人文交流、提升中华文化国际影响力发挥出独特作用。

归结起来说，经过这十年的发展，我们初步建立起较为完备的文物保护法律制度，初步建立起政府主导、社会参与，与社会主义市场经济体制相适应的文物保护体制和文物保护体系，保护文物日益成为全社会的自觉行动。实践证明，我们已经成功走出了一条中国特色文物事业发展道路。

在文物工作的探索实践和改革发展中，我们也不断深化对文物工作特点和规律的认识，积累了宝贵经验，概括起来主要是：

——必须坚持以邓小平理论和"三个代表"重要思想为指导，全面贯彻落实科学发展观，始终把文物工作放到党和国家工作全局中来认识、来谋划、来推动。

——必须坚持"保护为主、抢救第一、合理利用、加强管理"的文物工作方针，正确处理保护与利用的关系，始终把保护作为前提和基础，在保护中利用，在传承中发展。

——必须坚持文物事业的公益属性，发挥政府的主导作用，正确处理事业与产业的关系，始终把社会效益放在首位，努力做到社会效益与经济效益有机统一。

——必须坚持服务社会、惠及民生，始终把"文物保护人人参与、保护成果人人共享"作为文物工作的出发点和落脚点。

——必须坚持改革创新，做好全局谋划、制度安排，以重点突破带动整体推进，不断深化理论创新、体制创新、科技创新。

这些宝贵经验和认识来之不易、弥足珍贵，我们一定要长期坚持、大力弘扬，并在实践中不断丰富和发展。长期以来，广大文物工作者自觉承担推动文物事业发展的崇高使命，对祖国文化遗产满怀真情挚爱，对文物事业不懈坚守追求，对文物工作勇于担当奉献，是一支勤奋敬业、大有作为的队伍，是一支党和人民完全可以信赖的队伍。今天受表彰的先进集体和先进工作者是其中的杰出代表。在此，我代表党中央、国务院，向广大文物工作者致以崇高的敬意和衷心的感谢！

二、深刻认识和把握当前形势，切实增强进一步做好文物工作的责任感和紧迫感

科学判断我国文物事业发展面临的新形势，客观分析前进道路上的挑战和机遇，是我们赢得主动、做好当前和今后一个时期文物工作的重要前提。

纵览当今世界，文化在综合国力竞争中的地位和作用更加凸显。随着世界多极化、经济全球化的深入发展和科学技术的日新月异，文化与经济、政治相互交融，与科技的结合日益紧密，经济的文化含量日益提高，文化的经济功能越来越强。谁占据文化发展的制高点、拥有强大的文化软实力，谁就能在激烈的国际竞争中赢得主动、占得先机。新的形势迫切要求我们进一步发挥文物资源优势，切实维护国家利益和文化安全，提高国家文化软实力，增强中华文化国际影响力，不断加快文化遗产强国、文化强国建设步伐。

着眼当代中国，我们正处于全面建设小康社会的关键时期和深化改革开放、加快转变经济发展方式的攻坚时期。党的十六大以来，我国社会生产力、综合国力和人民生活水平不断迈上新台阶，经济总量跃居世界第二，显示出强大的生机和活力。我国发展的有利条件、内在优势和长期向好的趋势没有改变，仍然处于可以大有作为的重要战略机遇期。这些都为文物事业发展提供了坚实的物质保障和良好的社会环境。

审视文物工作，新形势新任务对文物事业发展提出了新要求。党的十七届六中全会确立了建设社会主义文化强国的宏伟目标，为新时期文物事业发展指明了方向，赋予了文物工作新的使命。加快转变经济发展方式，推进经济结构调整，迫切需要发挥文物资源独特优势，加快文物事业和旅游、文化、商贸服务等相关产业的创新发展。人民群众日益增长的精神文化需求，为文物事业发展开辟了广阔的空间。全社会重视、参与文物保护与传承的热情日益高涨，为文物事业发展营造了良好的社会基础。

在充分肯定文物工作取得显著成绩、看到文物事业面临良好发展机遇的同时，我们也要清醒地认识到，随着我国现代化进程的加快，文物事业既进入了加速发展的“黄金机遇期”，也进入了文物保护与城乡建设的“矛盾凸显期”，而且这一矛盾在相当长的一个时期内将持续存在。当前，我国文物事业的发展同经济社会发展相比、同人民群众的期待相比、同我国作为世界文明古国应有的地位相比，同国际先进水平相比还存在差距：一是政府保护文物的责任有待进一步强化。经费投入与现实需要相比存在不足，文物保护的专业设施和管理的科学化水平还有待提高，个别地方片面追求经济利益、眼前利益，伤害文物建筑、占压大遗址、损毁古墓葬、破坏文物原生环境的现象时有发生。二是文物保护基础工作依然薄弱。文物法律法规体系还不健全，博物馆等专门法规缺失；第三次全国文物普查后，文物保护任务成倍增加，保护能力亟需提高。三是文物安全形势依然严峻。2011年全国文物博物馆单位发生行政违法案件73起，文物安全案件72起，文物犯罪活动呈现出明显的专业化、暴力化和集团化倾向，受侵害的文物保护单位等级也越来越高，有的文博单位因工作不到位造成文物失窃损坏，带来不良社会影响。四是文物流通秩序亟待规范。文物鉴定人员鱼目混杂、道德失范、诚信缺失，文物拍卖中“假拍”、“拍假”问题严重，旧货市场中出土文物任意买卖现象时有发生。五是文物管理、人才队伍建设亟需加强。我国文物数量、博物馆数量快速增长，世界文化遗产、历史文化名城名镇名村大幅增加，文物抢救保护任务日益繁重，人民群众对文化产品质量和服务的要求更加迫切，而各级文物部门管理队伍和专业队伍却没有随之相应发生变化，许多地方文物保护人员捉襟见肘、难以支撑，全国文物博物馆单位从业人员中拥有高级职称的仅5.7%、中级职称的仅14%。当前，我国的文物保护工作任务艰巨、形势严峻、责任重大，迫切要求我们进一步增强责任感、紧迫感和使命感，在改革创新中破解难题，在科学发展中提升水平。

前不久，全国人大常委会在全国范围内对文物保护法贯彻实施情况进行了深入检查。吴邦国委员长对这次执法检查高度重视，明确要求督促、支持各级政府和有关国家机关依法履行职责，改进工作，加强管理，推动文物事业全面发展。全国人大常委会执法检查组就进一步加强和改进文物工作提出了一系列重要意见和建议，我们对此要高度重视，认真加以落实。

三、切实落实“十二五”时期文物工作各项任务，努力为文化遗产强国建设作贡献

我国是世界文明古国，堪称文化遗产大国。要提升国家文化软实力，抢占文化发展的制高点，迫切需要建设与我国丰厚文化遗产资源相匹配，与社会主义文化大发展大繁荣相适应，与建设社会主义现代化国家目标相承接的文化遗产强国。

《国务院关于加强文化遗产保护的通知》明确要求，到2015年，基本形成较为完善的文化遗产保护体系，具有历史、文化和科学价值的文化遗产得到全面有效保护；保护文化遗产深入人心，成为全社会的自觉行动。对文物、历史文化名城（街区、村镇）这两类物质文化遗产以及有关民间传统知识和实践这一类非物质文化遗产的保护工作作出了全面部署。在建设文化遗产强国进程中，全面推进文物保护利用和传承发展至关重要，文物系统责任重大，使命光荣。我们必须高举中国特色社会主义伟大旗帜，坚持以邓小平理论和“三个代表”重要思想为指导，深入贯彻落实科学发展观，准确把握我国经济社会发展的新要求，准确把握当今时代文化发展的新趋势，准确把握党和人民对文物工作的新期待，以科学发展为主题，以改革创新为动力，坚持文物保护与经济社会发展相结合，依法保护与科学保护相结合，有效保护与合理利用相结合，政府主导与社会参与相结合；坚持“保护为主、抢救第一、合理利用、加强管理”的文物工作方针，既要注重有效保护、夯实基础，又要注意合理利用、发挥效益，在保护利用中实现传承发展。我们要在新的历史起点上，以高度的文化自觉和文化自信，求真务实、真抓实干，切实肩负起建设文化遗产强国的历史责任。

（一）进一步落实文物保护责任，切实把文物工作摆到更加突出位置。保护发展文化遗产，服务当代、惠及民生，传承后代、泽被子孙，既是全社会应有的文化自觉，也是各级政府、各有关部门应尽的职责。各地各有关部门要站在全局和战略高度，把文物工作摆在更加突出位置，与经济社会各领域工作一同部署、一同推进、一同督查。要把文物工作纳入经济社会发展规划，纳入财政预算，加大投入力度，并保证国家用于文物保护的财政拨款随着财政收入增长而增加。要把文物工作纳入领导责任制，纳入科学发展考核评价体系，建立健全责任制度，对领导不力、玩忽职守、决策失误，造成文物破坏损毁的，要严肃依法追究责任。各级文物行政部门要首先强化责任，真正履行行政管理职能，同时要深化改革，加快政府职能转变，提高效能。发展改革、科技、公安、财政、国土资源、住房城乡建设、商务、海关、工商、旅游、宗教、海洋等部门要依法履行职责，加强配合协作，充分发挥部际联席会议、省部会商会议作用，深化与文物部门的合作，形成长效机制，以强有力的组织领导和制度措施，把文物保护责任落到实处。

（二）进一步推进文物保护重点工作，切实提高文物安全防范能力。文物保护重点工作和重大工程是实现文物博物馆事业发展“十二五”规划目标任务的重要支撑。各级政府尤其是文物行政部门要加强组织，统筹安排，分类指导，稳步推进。一要巩固第三次全国文物普查成果，及时公布不可移动文物名录，及时核定公布相应级别的文物保护单位，抓紧核定公布第七批全国重点文物保护单位，全面推进国有可移动文物普查，摸清这部分资源状况。二要继续实施重大文物保护维修工程，全面排除全国重点文物保护单位重大险情，完善保护管理体制，并按照分级负责原则，排除省级文物保护单位、市县级文物保护单位重大险情，切实改善文物保护状况。要着力加强世界文化遗产、重要文物保护单位、历史文化名城名镇名村保护，建设世界文化遗产监测预警体系。三要继续推进大遗址保护，因地制宜、创新模式，实施一批大遗址保护展示工程，建成一批国家考古遗址公园。四要做好基本建设中的考古发掘和文物保护，扎实推进南水北调等重大文物保护工程。着力加快国家水下文化遗产保护中心和保护基地建设，加快考古研究船建造。五要推进文物保护与现代科技融合，加快文物领域的科技创新、科技应用。调动社会优质资源，协同解决制约文物保护的关键技术和瓶颈问题。重视发挥传统技术和工艺的作用。加快信息技术、数字技术在文物领域的推广运用，为文物资源共享、保护文物安全、加强文物管理提供技术支持。六要切实推进文物执法和安全达标工作。各级公安、海关部门要加大对文物犯罪的打击力度，形成高压态势。商务、工商、文物等部门要加强对文物流通领域的监管，整顿文物市场，严格市场准入，规范文物流通秩序。提高文物科学鉴定水平和安全防范能力，建立文物安全监测预警平台；强化文物执法督察和安全检查，进一步完善国家文物督察制度，进一步构建文物安全责任体系和群防群治的防范网络。要切实推进重要文物保护单位和博物馆等文物收藏单位安全达标工作，发展改革、财政等部门要在规划立项和经费上予以支持，确保这项事关文物事业根基的工作落到实处。

（三）进一步发挥文物资源优势，更多更好地服务社会、促进发展、惠及民生。文物是国家重要的基础资源、战略资源，具有广阔的利用前景。各级政府及教育、文化、旅游、文物等部门要深入挖掘文物所蕴含的文化价值、社会价值、经济价值，积极推进文物的合理利用。一要充分发挥宣传教育功能，围绕建设社会主义核心价值体系，推出一批以爱国主义为核心、展现民族精神，以改革创新为核心、彰显时代精神的文物展示精品力作。深化博物馆免费开放，提高陈列展览水平，健全博物馆公共文化服务体系，努力使博物馆成为国民教育体系的重要组成部分，成为青少年教育的第二课堂。二要把文物保护与城乡建设相结合，在城镇化进程和新农村建设中，着力保护历史文化街区、古村落、古民居以及“中华老字号”传统建筑设施，丰富城市文化内涵，增强地域文化特色，改善群众生产生活，优化人居环境，提升生活品质。三要正确把握文物的历史、艺术、科学价值，充分发挥文物在经济发展和产业振兴中的积极作用，以科学的理念正确引导文物领域内的文化、旅游等相关产业发展。积极推进振兴“老字号”工程，促进“中华老字号”企业保护传承与创新发展。鼓励和支持具有市场前景的文物资源与产业和市场相结合，参与创造物质财富和精神财富。四要引导规范文物流通秩序，坚持严格管理与积极引导并举，规范秩序和促进发展并重，努力营造守信自律、健康繁荣的文物流通市场环境。要抓紧研究文物鉴定、文物经营企业准入、评估管理等工作。五要充分发挥文物展览、文物保护援外工程在传播文化、增进交流友谊中的作用，积极参与国际文化遗产保护重大工程项目和国际事务；统筹国内国际两个大局，参与国家文化年、文化节等各种对外文化交流活动，实施好中华文明展示工程,进一步增强中华文化国际影响力。深化与台港澳地区的交流合作,进一步增强中华民族文化认同感。

(四)进一步完善政策法规体系,努力营造有利于文物事业科学发展的良好环境。落实"十二五"时期文物工作各项任务,政策是导向、法律是保障。各地各有关部门要坚决贯彻《中共中央关于深化文化体制改革推动社会主义文化大发展大繁荣若干重大问题的决定》,加快完善文物保护法律法规体系,抓紧研究制定配套政策措施。一要加快推进文物保护法及相关法律法规的修订,补充和完善世界文化遗产、水下文化遗产、大遗址保护、考古勘探与发掘,以及文物安全、文物利用等相关内容;加快博物馆条例、水下文物保护管理条例的制定、修订,健全文物保护地方性法规和部门规章。二要制定和完善有利于文物事业发展的政策措施。将博物馆纳入国民教育体系,鼓励社会力量按有关法规参与文物保护利用、支持大遗址保护与国家考古遗址公园建设,促进民办博物馆发展。教育部门要根据文物事业发展和专业人才需求,完善高等教育有关学科建设和专业设置,既重视前沿领域,又重视供需对接,尽可能做到学以致用;文物部门要建立健全行业标准和规范,积极引导科研机构、企事业单位进入文物保护领域,切实解决文物系统自身专业力量不足的问题;国土资源部门要明确大遗址保护和国家考古遗址公园建设用地性质,将文物保护用地纳入土地利用总体规划,对大遗址保护、考古遗址公园、博物馆等建设用地予以优先安排。三要正确处理保护与利用、保护与发展的关系,在保护的前提下充分利用,在充分利用中促进保护、推动发展。要按照属地管理、分级负责的原则,进一步落实中央和地方政府在文物保护管理方面的责任,最大限度地调动地方政府的积极性。要按照文化体制改革和事业单位分类改革的要求,进一步强化文博单位的公益属性,创新体制机制,最大限度地激发文博单位的生机与活力。要大力推进文博单位与科研机构、高等院校的合作,积极探索文物保护科技创新的协作模式,最大限度地发挥现代科技的支撑引领作用。

(五)进一步健全机构和队伍,全面加强能力建设。推进文化遗产强国建设,机构是依托、队伍是基础、人才是关键。各地各有关部门要牢固树立人才资源是第一资源的观念,加快推进文博系统现有人才队伍结构优化和能力建设。要研究制定有利于文物博物馆单位领军人才、专业技术人才、复合型管理人才健康成长和脱颖而出的体制机制,研究建立文物博物馆从业人员职业资格制度,切实扭转人才队伍总量不足、结构不合理等突出问题。要加紧制定职业技术人才培养规划,依托有关院校特别是职业院校,加快文物保护修复紧缺人才、特殊人才的培养。要着力加强基层文物保护队伍建设,加大培训力度,制定实施基层文物人才建设规划,吸引优秀人才服务基层,大力加强能力建设,全面提升文物保护管理水平。同时,积极研究加强各级文物行政管理部门、文物保护单位特别是全国重点文物保护单位工作力量和队伍建设的具体办法。

(六)进一步增强全民文物保护意识,宣传引导全社会共同参与文物保护。人民群众是各类文化遗产的创造者、传承者、受益者和保护者。要把文物法制宣传纳入普法教育范畴,广泛深入开展并普及文物保护知识,进一步增强全社会的文物保护意识。要充分发挥广大人民群众爱护文物、保护文物的积极性、主动性,充分尊重公众的知情权、参与权和受益权,广开言路、畅通渠道，对涉及群众利益的文物保护规划、决策和项目，要充分听取群众意见，自觉接受社会监督。要进一步密切人民群众与文物之间的关联和情感，让人民群众在参与文物保护上“各尽其能”，在共享文物保护成果上“各受其益”，努力使文物保护成为民生工程。要加强群众性文物保护组织建设，壮大文物保护员、文物保护志愿者队伍，最大限度地发挥社会组织、行业协会和广大志愿者参与文物保护的积极性。要表彰和弘扬人民群众中涌现的文物保护先进事迹，激励和引导公众参与文物保护，努力形成全社会关心文物保护、参与文物保护的良好氛围。

中国特色社会主义伟大事业前途光明、催人奋进，文物事业任重道远、大有可为。让我们更加紧密地团结在以胡锦涛同志为总书记的党中央周围，高举中国特色社会主义伟大旗帜，坚持以邓小平理论和“三个代表”重要思想为指导，深入贯彻落实科学发展观，振奋精神、开拓创新，努力开创文物工作新局面，为推进文化遗产强国、文化强国建设贡献力量，以优异成绩迎接党的十八大胜利召开！

坚定信心　扎实推进　努力开创田野文物安全新局面

——励小捷同志在田野文物安全现场会上的讲话

（2012 年 9 月 19 日）

尊敬的李友志副省长，同志们：

今天，我们在长沙召开田野文物安全现场会，主要任务是贯彻落实全国文物工作会议精神，交流长沙市和有关地方的先进经验，进一步加强田野文物安全工作。刚才，长沙市、锡林郭勒盟、洛阳市、宝鸡市政府负责同志分别介绍了本地区的做法和经验，随州市和望城县文物局负责同志汇报了操作办法。这六个发言，特色鲜明，内容丰富，具有较强的针对性和可操作性。概括起来，有四个共同特点，一是政府重视、责任落实，二是依靠群众、群防群治，三是措施到位、保障有力，四是部门联动、形成合力。这些重要经验，各地特别是田野文物集中的地区，要认真学习借鉴。我们这次会议，得到了湖南省政府和长沙市政府的大力支持，为这次会议的顺利举行，提供了各方面的条件。在此，我代表国家文物局和与会同志，表示衷心感谢。

文物安全工作，是各级政府的法定责任，是文物行政部门的首要任务，也是衡量文物工作整体水平的重要标志。在文物安全的各项工作中，占不可移动文物总量 46.59% 的古遗址、古墓葬、石窟寺及石刻的安全保护，有着特别重要的地位。此类文物多处于田野乡村，点多、面广，是文物犯罪分子觊觎的首要目标，安全保护的任务重、难度大，引起了社会各界的广泛关注，成为长期困扰文物事业发展的重要问题。这正是我们专题召开一次田野文物安全现场会的基本考虑。下面，我围绕这个问题讲几点意见。

一、领导重视，多措并举，田野文物安全工作取得显著成绩

近年来，在党中央、国务院的正确领导下，在各级党委、政府的重视、支持下，在社会各方面积极关注和参与下，经过不懈努力，田野文物安全工作取得了显著成绩，主要表现在以下方面：

（一）国家持续加大领导力度

党中央、国务院高度重视田野文物安全，李长春、刘延东同志多次做出重要批示，要求采取有效措施遏制日益猖獗的盗窃、盗掘田野文物犯罪活动。目前，我国政府已经和美国等 15 个国家签署了关于防止盗窃、盗掘和非法进出境文物的政府间双边协定，通过国际合作打击文物走私。2009 年，国务院批复国家文物局成立督察司，专门负责文物行政执法督察和安全保卫督察，协助配合查处文物犯罪重大案件。2010 年，国务院批准建立全国文物安全工作部际联席会议制度，负责统筹协调全国文物安全工作，研究制定打击文物犯罪、加强文物安全的政策措施，协调解决文物安全工作的重大问题。2011年，为加强水下文物安全管理，联席会议成员单位增加至16个部委。针对文物安全领域突出问题，联席会议形成了《关于加强和改进文物安全工作的指导意见》，会签后将正式印发。

（二）地方政府切实履行管理责任

地方各级政府采取切实措施加强文物安全。十几个省级政府批准建立了文物安全工作厅（局）际联席会议制度。江苏省、山西省政府将文物安全纳入政府考核体系。河南省政府专门下发《关于加强田野文物保护的通知》，河北省、湖北省政府专门召开电视电话会议，安排部署打击文物犯罪专项行动。湖南长沙、河南洛阳等地强化政府职责，出台不可移动文物安全管理办法，逐处落实文物安全责任与经费保障，使市、县、乡、村四级田野文物防护体系进一步完善。

（三）打击文物违法犯罪向纵深推进

2010、2011年度，公安部、国家文物局以打击盗掘古墓葬为重点，在重点省份连续部署打击文物犯罪专项行动。两年来，侦破各类文物案件1097起，打掉犯罪团伙281个，抓获犯罪嫌疑人1849人，追缴文物7000余件（套）。依托陕西省公安厅刑侦局设立“全国文物犯罪信息中心”，开通运行了“全国文物犯罪信息管理系统”。10余个省份公安机关和文物部门建立了联合长效机制，陕西、河北两省公安厅和河南省洛阳市公安局组建了打击文物犯罪专门机构。重拳出击后，一些地区文物犯罪高发势头得到遏制。全国文物工作会议后，国家文物局、公安部迅速落实会议精神，印发《打击和防范文物犯罪联合长效工作机制》，将打击、防范文物犯罪列入公安机关常态化重点打击范围。针对水下文物安全和文物走私问题，国家文物局近期分别会同国家海洋局、海关总署，部署开展了“我国管辖海域内文化遗产联合执法专项行动”和“2012打击文物走私专项行动”。

（四）田野文物监管得到加强

2010年以来，国家文物局下发《关于加强田野文物保护工作的紧急通知》，出台《文物安全案件督察督办管理规定》、《文物保护单位执法巡查办法》、《文物安全与行政执法信息上报与公告办法》等规范性文件，推动各地调整田野文物管护策略，加大安全检查与执法巡查力度。仅今年上半年，各级文物行政部门就开展执法巡查69521次，安全检查93495次，督促整改安全隐患3268项。各地从实际出发创新工作方法，河南省公安厅、文物局联合印发《田野文物安全十条措施》，陕西省文物局组织开展了4个月的不间断夜间田野文物巡查，成功遏制20多起田野文物犯罪案件，长沙市建立、实施了文物保护员日查、乡镇联络员周查、县区巡护员月查、市级督查员抽查的文物安全四级巡查体系。

（五）基层管理机构队伍得到充实

截至2011年末，全国已建立县级以上专门文物行政机构848个，各级文物保护管理机构2735个。山西、陕西、河南、新疆大力推动文物行政执法机构建设，浙江省成立了文物监察总队，各市县文化市场综合执法机构全部增挂文物监察支队、大队牌子。湖南长沙，陕西西安、咸阳、宝鸡等地创新执法模式，组成文物公安联合执法办公室。河北、山西、河南、陕西等省份持续推进全国重点文物保护单位、省级文物保护单位专门保护机构建设，河南省孟津县在10多个乡镇全部设置了乡镇文物管理站。新疆阿克苏地区设立专司文物安全的阿克苏公安局龟兹分局，河南全省设立12个专门文物公安派出所。

（六）文物保护员制度渐趋完善

群防群治工作深入发展，文物保护员队伍不断壮大，河南、陕西等省文物保护员均已超过5000人。各地不断完善文物保护员管理制度，《山东省文物保护条例》明确由县级政府为没有保护机构的文物保护单位聘请1至3名文物保护员，费用在文物保护经费中列支。山西省政府出台《文物保护员管理办法》，由省财政每年拨付300万元专款，为未设立保护机构的360处省级以上文物保护单位配备818名文物保护员。陕西省文物局2012年保护员经费达到500万元。河南省、湖北省建立文物保护员登记备案制度，北京市实施文物安全监督员“千人上岗工程”。

（七）科技应用发展迅速

国家逐年加大对文物安全防范设施建设的保障力度，国家文物局积极指导各地开展田野文物安防技术实验和应用，内蒙古、河南、湖北、湖南、陕西、甘肃、新疆等地建立了一批古遗址、古墓葬、石窟寺安防设施，地下拾音报警系统、防盗掘智能化震动监控系统、红外热成像等先进技术得到应用，基层文物工作者形象地称之为“草原神灯”、“电子守陵人”，有效震慑了文物犯罪分子。2011年，国家文物局在山西部署开展“一键报警”试点工程，重点提升文博单位、文物保护员应急报警、快速反应与紧急救助能力。河北省政府日前部署，由省市两级财政安排资金5000余万元，两年之内，在全省43处规模大、价值高、安全隐患突出的古墓葬建成安防系统，以实现田野文物安全形势的根本好转。

上述各项工作，无不凝聚着文物系统和各有关部门同志的艰辛和努力、心血和智慧。特别是战斗在保护田野文物第一线的同志，面对凶残的职业犯罪分子，甚至有时要面对生死考验。2010年秋，河北省沙河市文物保护员白三录，为保护封峦寺宋代石碑，赤手空拳与4名文物盗窃分子搏斗，身负重伤，用自己的鲜血保护了文物免遭损失。2011年冬，长沙汉王陵的保护员不为犯罪分子重金利诱，冒着生命危险打入盗墓团伙内部，周旋2个月，配合公安机关抓获了犯罪团伙。这就是优秀一线田野文物保护工作者表现出的英雄气概和崇高境界。长期以来，公安、海关等执法机关负责打击文物犯罪的同志，新闻媒体为田野文物安全大声疾呼的同志，以维护文物安全为己任，努力工作，无私奉献，为文物事业发展做出了巨大贡献。在这里，我谨代表国家文物局，向同志们表示衷心的感谢和崇高的敬意！

二、认清形势，坚定信心，着力完善文物安全薄弱环节

在看到成绩的同时，我们也要对当前田野文物安全形势有客观、清醒的认识。据统计，2006到2011年，全国重点文物保护单位共发生各类文物安全案件242起，其中盗窃、盗掘案件139起，占57.4%。今年上半年，国家文物局接报文物安全案件143起，其中古遗址、古墓葬被盗掘案件91起，占63.6%。从发案率来看，田野文物仍然是当前犯罪侵害的首要对象，盗掘古遗址、古墓葬，盗窃田野石刻，仍然是威胁文物安全的首要因素。

（一）文物犯罪的发展演变和当前特点

新中国成立至上世纪70年代初期，由于中央人民政府及时颁布禁止珍贵文物出口，禁止盗卖、破坏文物古迹，加强文物管理的一系列法规性文件，迅速遏制了文物流失局面，文物犯罪活动得到有效控制。70年代中期，个别地区出现以挖掘古墓为“副业”，“挖坟取宝”、倒买倒卖的情况。80年代初，在利益驱使下，盗窃文博单位、盗掘古遗址古墓葬等文物犯罪活动，短时期内由局部地区蔓延全国，群体性盗掘案件高发，博物馆被盗大案频发，文物走私案件高企。

针对上述情况，国家出台文物保护法，增列专款建设文物库房，改善文物安全防护条件，博物馆被盗发案逐步下降，但盗掘古墓葬的犯罪仍然蔓延。

1987年，国务院印发《关于打击盗掘和走私文物活动的通告》，掀起打击文物犯罪第一波高潮。1991年，全国人大常委会发布了《关于惩治盗掘古文化遗址古墓葬犯罪的补充规定》，确立了盗掘古遗址、古墓葬即构成犯罪的原则。同年，中共中央办公厅、国务院办公厅转发《公安部、国家文物局关于严厉打击盗掘古墓葬犯罪活动的意见》，开展了面向文物犯罪的第二轮“严打”。在持续打击的震慑下，90年代中后期，群体性盗墓风潮基本得到遏制，但盗窃田野石刻案件发案率仍然有所攀升。

进入21世纪，随着我国市场经济的快速发展，人财物流动的进一步加快，受高额暴利驱动，以文物为侵害目标的盗掘、盗窃、倒卖、走私等犯罪活动呈现出新的发展趋势：一是犯罪形式转变为组织周密、分工细化的团伙作案，形成了集盗窃盗掘、运输、窝藏、销赃、走私为一体的，以职业化、集团化、智能化为特点的地下文物犯罪网络；二是文物犯罪侵害目标的等级越来越高，重要省保单位、全国重点文物保护单位越来越成为犯罪侵害的对象，文物犯罪大案要案时有发生；三是随着国内文物“收藏热”、“投资热”不断升温，地下文物交易十分活跃，一定程度上刺激了文物犯罪滋生蔓延；四是犯罪分子气焰嚣张，暴力抗法打伤文物巡查人员，在盗墓现场与公安干警持械对峙，甚至公然袭警劫走同伙，社会影响极其恶劣。

综上所述，虽然连续开展的专项行动取得显著成绩，但打击文物犯罪难度更大，形势不容乐观。盗墓犯罪古已有之，短时期内难以打绝，我们必须做好长期作战的准备。

（二）田野文物安全工作存在的主要薄弱环节

实事求是地讲，打击文物犯罪客观上存在着许多困难，但主观上我们的文物安全保护工作也有很大差距。

一是地方政府主体责任尚需强化。文物保护法明确规定，地方各级人民政府负责本行政区域内的文物保护工作，但是，有的地方政府没有把文物保护工作纳入经济社会发展规划，没有纳入政府目标考核体系，不能正确处理文物保护与经济建设的关系，对于影响和毁坏文物的行为制止不力，文物保护意识淡漠，甚至认为破旧的文物没价值，不如拆了旧的建新的。在机构和投入上，目前，全国已核定公布各级文物保护单位7万余处，但截至2011年底仅建立文物保护管理机构2735个。大多数田野文物因不具备展示、开放条件，无法直接产生经济效益，一些当地政府对投入行政资源不积极，机构、人员和保护经费难以落实。

二是文物保护员队伍建设遇到一些困难。一方面，目前国保单位文物保护员，主要集中于文物建筑，守护古遗址、古墓葬、石窟寺等田野文物的，只占总人数21.7%，在比例分布上严重不平衡。另一方面，由于缺少固定的经费渠道，文物保护员的利益保障机制难以落实，装备缺欠，缺乏必要的技能培训。同时，伴随着城市化进程，农村人口加速流动，一些农村地区青壮年外出打工，只有老人、妇女和儿童留守，文物保护员的来源也成为现实问题。

三是安全防范技术应用基础薄弱。与博物馆安防相比，田野文物的安防技术本世纪初才开始实验，近年来才进入实施阶段，技术应用的种类有限，有些技术还不成熟。即便是目前种类不多的、比较成熟的技术，由于受到投入的限制，也没有普遍应用到田野文物保护上，造成大量案件不能被及时发现，或时过境迁缺乏侦查条件。

四是以文物安全为中心的工作机制尚待完善。正确认识文物安全工作，需要增强贯彻文物工作方针特别是"保护为主、抢救第一"的自觉性，把安全作为文物保护各项工作的基础和前提，作为衡量工作好坏的及格线。但当前工作中，文物安全仍未被摆到应有的位置，尚未赋予文物安全"一票否决权"，尚未建立文物安全工作与文物保护项目、经费安排、评比奖励活动相挂钩的机制，显得措施单一，手段有限。总之，尚未形成思想统一、多措并举抓文物安全的整体合力。

以上这些问题，在今后工作中，必须切实加以解决。

三、夯实基础，突出重点，全面提升田野文物安全工作水平

《国务院关于加强文化遗产保护的通知》明确要求，到2015年，全国要基本形成较为完善的文化遗产保护体系，具有历史、文化和科学价值的文化遗产得到全面有效保护。今后一个时期，各级文物行政部门要把田野文物安全摆到文物安全工作的首要位置，着力加强对基层和农村地区文物安全工作的组织领导，抓好各项工作的落实。

（一）强化政府责任，健全文物安全责任体系

各级人民政府是文物保护的责任主体，一个地区的文物安全形势能否控制得住，充分反映出当地政府文物保护工作是否到位。各地政府要充分认识文物犯罪行为的危害性和文物犯罪形势的严峻性，切实加强对文物安全工作的领导和组织协调，强化属地政府的文物安全责任，从纵向、横向、覆盖率与保障措施多个维度，完整构建文物安全责任体系。

从纵向来讲，要施行文物安全层级责任管理，市、县、乡镇各级政府直至行政村，肩负有文物保护职责的各部门、各单位，要逐级签订《文物安全责任书》，促使各地区、各部门、各单位负责人切实担负起领导责任。

从横向来讲，要比照全国文物安全工作部际联席会议制度的模式，建立健全各部门联合执法机制，明确各部门法定职责，加强协调配合，切实形成合力。

从覆盖率来讲，要逐处明确不可移动文物的法定安全责任人，与之签订文物安全责任状，明确奖惩措施，建立文物安全责任人与安全责任状逐级登记、备案制度，落实责任追究。

从保障措施来讲，首先是考核机制，在文物资源特别丰富的地区，要推动将文物安全纳入政府绩效考核指标体系，建立文物安全责任追究机制。其次是经费保障机制，要根据属地管理原则，将田野文物安全经费纳入文物保护专项经费，列入地方财政预算。

（二）坚持常抓不懈，促进打击、防范文物犯罪常态化

一方面，要以公安部、国家文物局印发《打击和防范文物犯罪联合长效工作机制》为契机，

尽快建立省、市、县三级打击防范文物犯罪联合工作机制，设立日常协调机构，明确重大文物案件联合督察督办制度，针对文物犯罪职业化、高复发性特点，适时部署开展专项打击，对文物犯罪活动露头就打，毫不手软，让犯罪分子望而却步，使文物安全得到保障。本次参会的省市，都是田野文物资源比较丰富地区，希望积极推动当地公安机关成立打击文物犯罪专门机构。

另一方面，要建立文物安全监管的常态化工作机制。安全监管虽是基础性工作，但要不断有阶段性成果。要继续深入研究文物安全监管工作的特点，在实施好联席会议、执法巡查、安全检查、督察督办、公示公告等制度的基础上，进一步探索符合文物安全监管工作规律、有利于促进工作经常化的新举措。国家文物局将从本次会议开始，建立文物安全年度会议制度，每年集中研究解决一个突出问题，持之以恒抓好安全工作。各级文物部门也要从实际出发，建立常态机制，形成工作抓手。特别是在田野文物巡查与管护策略上，要形成制度，坚持不懈。

（三）充实机构人员，壮大文物安全保护队伍

“人”永远是安全防范工作的第一要素。机构不健全、人员少，是当前文物工作面临的普遍性问题。要解决田野文物安全问题，必须以“处处有人管、事事有人抓”为目标，完整构建人防体系。

首先，各级文物行政部门要明确设立安全执法专门处（科）室或专职人员，切实履行安全管理职责。省级文物行政管理部门，要尽快建立负责文物安全与执法工作的专门处室；市、县两级文物行政部门，至少要明确有专人负责文物安全工作。文物资源丰富的地区，要继续推动设立专门文物行政执法机构。同时，要充分发挥乡镇综合文化站的作用，通过签订责任书等形式，明确乡镇文化专干的文物保护责任，构建基层、农村文物安全网格化管理格局。

其次，要继续推动文物保护单位专门机构建设。各地区要以国保、省保为重点，继续推动设立专门保护管理机构，并列入文物执法督察、安全检查的重要内容，持之以恒加以推动。尤其是文物埋藏丰富、有重大安全隐患的国省两级文物保护单位，要抓紧设立。已经设立专门机构的，要依法健全安全保卫组织，建立安全保卫制度，配备安全保卫人员，装备必要的防卫器械，完整构筑安全防线。

第三，要大力推进文物保护员队伍建设。一是要提高文物保护员设置的覆盖率，暂时没有条件设立专门机构的文物保护单位，要全部设置文物保护员；未公布为文物保护单位的不可移动文物，要逐处指定专人负责。二是要研究建立新型的文物保护员制度，将群众守护文物安全的义务劳动，转变为政府给予适当报酬或者补贴的有偿劳动，或政府买单的“公益性岗位”。三是要明确文物保护员安全职责，建立完善监督管理制度，权责匹配、进出有序，使之成为基层文物保护工作的重要力量。

（四）加强科技应用，切实提升安全保障水平

针对有些田野文物地处偏远，人迹罕至的特点和文物犯罪手段趋向集团化、暴力化、智能化的现象，在重视人防、物防的同时，要大力加强科学技术在田野文物安全领域的应用，努力改变人防为主、防范措施简单落后的现状。

一是深入实施“文物平安工程”。近年来，中央和各地财政加大了对文物安全防范设施的

保障力度，各地的积极性也很高，但上报的安防项目，更多集中于文物建筑，未能体现对田野文物的倾斜。要从“风险性原则”出发，加大对安全防范设施项目的引导，集中精力开展具有被盗风险性的帝王陵寝、古墓群、窑址、石窟寺等安防设施建设。“十二五”期间，前六批国保中的重要田野文物，凡是已成立专门保护管理机构的，要争取基本建立视频监控和适用的入侵探测、自动报警及巡更系统。省级文物行政部门也要在本级文物保护专项经费中，明确列支安全经费，解决一批重要田野文物的安防设施问题。

二是研究建立文物安全预警监测平台，重点提升各级文物行政部门的安全监管能力。目前国家文物局已启动平台的可行性论证与部分试点工作，初步设想是建设一个“文物安全管理基础信息库”，搭建一个“虚拟专网”，建设“文物安全与执法管理信息系统”、“文博单位动态即时监督系统”和“文物安全公众监督系统”三个应用系统。我们也鼓励各地先行先试，共同厘清需求，明确建设思路，尽早推动实施。

三是大力推进科技创新。近年来，国家文物局推动开展了多种类型探测、报警技术在田野文物安全领域的应用，但距离实际需求还远远不够。要大力鼓励文物安全领域的科技创新，以开放的态度，与高等院校、科研机构和高科技企业协同作战，研发更多符合文物行业需要的适用、专用产品，国家文物局将从项目上支持各地开展应用试点工作。

（五）建立奖惩机制，发挥行政资源引导作用

国家文物局要把经费安排、先进评比与文物安全工作情况挂钩，建立奖惩机制。对成绩突出的地方，在经费、项目安排与先进评比上要给予倾斜。对于安全管理不到位、措施不落实，导致发生重大安全事故或严重违法案件的，要减少经费投入，在各项评比中予以“一票否决”。根据国家文物事业发展“十二五”规划有关要求，国家文物局已着手启动“全国文物安全综合管理实验区”建设前期工作，在全国树立一批文物安全工作典型，起到示范引领作用。各地也要结合本地区工作实际，建立奖惩机制，用这个指挥棒，调动各部门各单位向文物安全工作投入行政资源的主动性。

（六）着眼制度建设，促进安全管理制度化规范化

规章制度和标准规范的不健全是当前制约田野文物安全工作的关键性因素，在一定程度上造成了工作缺少系统性和规范性。国家文物局将着力完善田野文物安全管理领域规章制度，加大标准规范建设力度。具体来说，要研究制定《不可移动文物安全管理办法》，研究制定强制性行业标准《文物保护单位风险等级和安全防护级别的规定》，协调有关部门尽早颁布国家标准《博物馆和文物保护单位安全防范系统要求》。在推动文物保护法律法规修订工作中，对文物安全管理工作，对古遗址、古墓葬、石窟寺及石刻的安全保护工作，进一步加以强化。各地要加强地方法规建设，把文物安全特别是不可移动文物安全工作的各个环节，纳入制度化的管理轨道。

本次参会的16个省、自治区，50个地市，都是田野文物资源丰富，安全管理任务艰巨的地区。希望参加会议的两级文物行政部门负责同志，认真落实本次会议精神，尽早行动，真抓实干，为全国文物系统做出表率。

四、彻查隐患，抓紧整改，确保十八大前文物系统安全稳定

中秋、国庆双节将至，党的十八大即将召开。与往年比较，今年“十一”假期安全工作呈现三个特点：一是与党的十八大召开时间相临近，这一特殊的时间节点，加重了做好文物安全工作在政治上的敏感性；二是两节相连、八天长假，方便群众旅游出行的政策措施陆续出台，势必促进假日旅游的较大增长，增加了做好文物安全工作的艰巨性；三是今年各地极端天气频发，气象、地质灾害等各种不可控因素，增加了做好文物安全工作的复杂性。

针对上述情况，为确保全国文博系统的安全与稳定，7 月下旬，国家文物局在全国范围部署开展了“2012 文物安全隐患排查整治专项行动”，要求各级文物行政部门和文物、博物馆单位，从 8 月 15 日到 10 月 15 日，集中两个月的时间全面排查整治隐患，预防和遏制文物安全事故发生。8 月初，再次下发通知，将文物、博物馆单位防洪涝灾害和博物馆文物展览与保管设施设备情况，列入专项行动重点内容。目前，专项行动已进入第二阶段即“排查整治阶段”的关键期，各地要特别抓好以下四方面工作：

（一）全面落实工作任务。各级文物行政部门和文物、博物馆单位要增强政治意识和责任意识，严格落实各项要求，务求实效。各级文物行政部门主要负责同志和文物、博物馆单位主要负责人要高度重视、亲自组织、现场督导，一级抓一级、层层抓落实。要严格按照专项行动实施方案的“五个一”要求，及时动员培训，全面开展排查，全力整治隐患，认真组织演练，提升设备性能，增强整体安全防范能力。

（二）彻底排查安全隐患。要将文物保护单位和其他不可移动文物，博物馆、纪念馆等文物收藏单位，文物保护工程施工工地、考古发掘工地，全面纳入排查整治范围，重点排查整治文物博物馆单位防火、防盗、防洪涝灾害和文物展览、保管设施安全状况，做到横向到边、纵向到底，避免遗留死角和盲区。对排查出的安全隐患，要立即进行整改，对重大安全隐患要挂牌督办。

（三）严防气象地震地质等自然灾害。目前，雨季尚未结束，文物、博物馆单位预防洪涝等气象、地震、地质灾害，仍然是当前一项重要任务。各级文物行政部门和各文物、博物馆单位要切实增强防灾减灾意识，密切关注灾害预警信息，制定、完善专项应急预案，明确各类灾害排险措施，提前准备救灾物资，从实战出发组织演练，做到“有备无患”。遭遇极端气象条件，要在人员安全的前提下，将文物损失降低到最小程度。

（四）高度重视观众安全。中秋、国庆期间，各文物开放单位在认真做好游客接待工作的同时，要根据自身接待能力和观众容量，合理安排参观游览活动，采取有效的疏导分流措施，切实控制好高峰时期观众总量，保证良好的参观秩序，严防拥堵、踩踏等事件发生，确保人员和文物的安全。

本次专项行动结束后，国家文物局将对各省实施情况进行评估考核，并公开通报考核结果。对于不按要求开展专项行动的，虚应故事走过场的，虚报、迟报工作情况的，要给予通报批评。专项行动期间，凡发生全国重点文物保护单位火灾、被盗事故以及馆藏珍贵文物被盗、损毁案件且情节严重的，将向当地省级人民政府通报。

关于加强和改进文物安全工作的指导意见

文物安全关系文化遗产事业科学发展全局，关系国家文化安全大局，关系人民群众基本文化权益。在党中央、国务院高度重视和全社会关心支持下，经过各地区、各部门的长期共同努力，文物安全工作取得一定成效。但是，当前一些地区盗窃、盗掘、盗捞、走私文物的犯罪活动突出，文物保护单位火灾事故多发，博物馆安全案件出现反弹，破坏不可移动文物的违法案件时有发生，文物安全形势依然严峻，总体处于案件、事故多发期。为全面贯彻落实全国文物工作会议精神，进一步加强和改进文物安全工作，提出以下意见：

一、指导思想和主要目标

（一）指导思想。坚持以邓小平理论、“三个代表”重要思想和科学发展观为指导，严格执行《中华人民共和国文物保护法》等法律法规，坚持“安全第一、预防为主；属地管理，单位负责；打防结合、综合治理”，健全文物安全责任体系，夯实文物安全基础条件，解决文物安全突出问题，坚决遏制文物安全事故和违法犯罪案件多发势头，促进文物安全形势稳定向好发展，为推动社会主义文化大发展大繁荣、建设社会主义文化强国提供坚强保障。

（二）主要目标。到2015年，“政府主导、部门协作、单位负责、社会参与、打防结合、综合治理”的文物安全工作格局基本形成，文物安全法规与标准规范体系初步构建，风险突出的文物、博物馆单位安全防范设施基本达标，重大文物违法犯罪案件与火灾事故得到有效遏制，人民群众满意度显著提高。

二、健全文物安全责任体系

（三）坚持“属地管理”，将地方各级人民政府依法落实文物保护管理职责作为确保文物安全的立足点，夯实安全基础。推动地方政府加强对文物安全工作的组织领导，依法设置文物保护机构，充实文物执法力量，建设安全防范设施，保障文物安全投入。在文物资源丰富的地区，推动各级人民政府将文物安全纳入政府绩效评估指标体系，建立管理目标责任制。

（四）坚持“谁主管、谁负责”，将各部门依法落实文物保护法定职责作为文物安全的重要保障，形成长效机制。公安、国土、环境保护、住房城乡建设、海关、工商、旅游、宗教部门和其他有关国家机关，要依法认真履行所承担的文物保护职责，维护文物管理秩序。各级文物行政部门要严格履行文物安全监管职责，加强安全检查和行政执法督察，对辖区内文物、博物馆单位实施严格的监督管理。

（五）坚持“单位负责”，将文物、博物馆单位依法落实文物安全主体责任作为促进文物安全形势好转的着力点，实现重心下移。文物收藏单位、不可移动文物使用单位（或使用人、所有人）是文物安全责任主体，其法定代表人或者使用人、所有人是本单位文物安全第一责任人。各单位要全面落实治安、消防等各项安全管理要求，全员实施安全岗位责任制，逐级签订安全目标责任书。

（六）坚持“责任追究”，落实《国务院关于加强文化遗产保护的通知》（国发〔2005〕42号）要求，建立文物安全责任追究制度。严厉追究因决策失误、玩忽职守、失职渎职造成文物破坏、被盗或流失的责任人的法律责任；因执法不力造成文物受到破坏的，要追究有关执法机关和责任人的责任。

三、完善文物安全防控体系

（七）健全机构队伍。各级文物行政部门应建立健全安全监管与执法机构，配置专职人员，完善执法装备与设施。公安机关应根据需要，在重要文物、博物馆单位设立派出所、警务室。文物、博物馆单位应依法设置安全保卫部门，按比例配备专职安全保卫人员，配置防卫器械，技防、消防控制室操作人员必须持证上岗。距离公安消防队较远、被列为全国重点文物保护单位的古建筑群的管理单位，应建立单位专职消防队；其他文物、博物馆单位应根据需要，建立志愿消防队等多种形式的消防组织。

（八）加强源头管控。行政审批部门要严格按照文物保护法律法规办事，涉及文物保护事项的基本建设项目，须依法在项目批准前征求文物部门意见。文物部门要严格执行安全管理相关法律法规，博物馆安防、消防、防雷设施未经公安机关、气象部门依法审核验收的，省级文物行政部门不得核准设立；博物馆安全条件不达标的，一律不得对外开放。

（九）强化末端守护。完善对不可移动文物特别是尚未核定公布为文物保护单位的不可移动文物的安全管理，加强对基层和农村地区文物安全工作的组织领导，建立文物安全末端守护机制。各级文物行政部门要通过签订文物安全责任书等形式，逐处落实不可移动文物的保护机构或保护管理责任人，明确具体保护措施，并公告施行。积极发挥乡镇综合文化站作用，大力发展群众文物保护员队伍，完善“县”、“乡”、“村”三级文物安全保护网络。

（十）增强防范能力。在文物资源富集地区，试点创建“文物安全综合管理实验区”，加强示范引领。开展“文物、博物馆单位安全管理综合达标”，实施量化考核，全面提升文物、博物馆单位安全管理水平。持续完善文物保护单位安全防范设施，重点建设全国重点文物保护单位中古墓葬、古遗址等防盗设施和文物建筑的消防、防雷设施，试点开展重点海域水下文物安全防范工作。各地要制定、实施本地区文物安全防范设施建设规划，切实提升防范能力和水平。

（十一）治理安全隐患。各级文物行政部门要坚持预防为主，以隐患排查整治为重点，认真开展安全检查与巡查，建立文物安全隐患挂牌督办、跟踪治理和逐项整改销号制度，重大隐患及时向当地政府报告。文物、公安、旅游、宗教、气象等部门要建立联合安全检查工作机制，大力推进综合治理。国土、气象、文物部门要建立文物防灾减灾预警联动机制，提升重大地质、气象灾害预警与应急处置能力。公安机关要加强重要文物、博物馆单位周边巡逻防控，必要时开展专项整治，维护文物单位周边治安秩序。

四、严厉打击文物违法犯罪

（十二）坚决查处违法案件。各级文物行政部门要常态化开展执法巡查，督察各地落实文物保护法和相关法规情况，督促整改违法违规行为。充分发挥各部门的职能作用，集中力量联合处置文物行政违法突发事件，查处违法行为。对涉及多行业、多部门或跨区域破坏文物的违法行为，由牵头部门组织联合专项执法督察。

（十三）严肃处理安全事故。各级文物行政部门要督促文物、博物馆单位严格落实突发事件报告制度，按照“原因不查清不放过、责任者得不到处理不放过、整改措施不落实不放过、教训不吸取不放过”的原则，依法调查处理文物安全责任事故，及时查明原因，弥补漏洞，完善措施，举一反三改进安全工作。

（十四）严厉打击文物犯罪。公安、海关、工商、文物等部门要加强协调配合，始终保持对盗窃、盗掘、倒卖、走私文物违法犯罪活动的高压态势，建立严打、严防、严管、严治的长效工作机制，适时开展打击文物犯罪专项行动。公安部、海关总署、国家文物局建立“联合防范和打击文物犯罪工作机制”，对重大文物犯罪案件和重大走私文物案件进行联合督办；各级公安机关要建立“重大文物案件快侦快破机制”，坚决避免案件积压和文物流失。公安、海洋、文物部门要严厉打击盗捞、破坏水下文物违法犯罪活动，确保水下文物安全。

五、组织协调与监督保障

（十五）加强统筹协调。进一步发挥全国文物安全工作部际联席会议制度作用，统筹协调指导文物安全工作，研究解决重大问题，提出政策建议和工作思路。有关部门要按照职能分工，加强协调，密切配合，共同推进。各地要逐级建立相应的工作协调机制，各级文物部门要充分发挥职能作用，确保联席会议制度取得实效。

（十六）完善管理制度。在文物保护法律法规框架下，制订完善文物保护单位、博物馆安全管理与文物建筑消防安全管理规章，配套出台监督检查制度、隐患整改制度、应急处置制度、责任追究制度等专门规定。制订完善文物、博物馆安全技术防范和消防、防雷技术标准，完善文物安全管理标准，形成较为完备的文物安全标准规范体系。

（十七）加大投入力度。探索建立中央、地方、单位共同承担的文物安全多渠道投入机制。中央财政进一步加大对全国重点文物保护单位安全防范设施投入和免费开放博物馆经费的支持和保障力度。地方各级政府要在文物保护经费中，保障文物安全与行政执法合理支出。国有文物、博物馆单位要依法使用事业收入，留足用好安全巡查、设备运行、安全检测、演练培训等安全经费。

（十八）提高科技应用。坚持技术适用、经济合理、切实可行的原则，积极推进科技手段在文物安全防范领域的应用，提升防盗、防火、防雷、防破坏技术能力。试点建设文物安全与行政执法监控预警系统。充分发挥“全国文物安全工作部际联席会议办公室文物犯罪信息中心”职能作用，建好、用好“全国文物犯罪信息管理系统”，推进信息共享，为防范和打击文物犯罪提供信息和技术支持。

（十九）注重宣传培训。深入开展文物行业职业道德教育和典型案例警示教育，加强“心防”。积极开展文物行政执法人员培训，提高执法能力和执法水平。积极开展文物、博物馆单位全员安全培训，确保一线人员熟练掌握安全知识和技能。面向公安、海关等部门一线执法人员培训文物知识，提高执法监管能力。多种形式宣传文物保护法律法规和先进典型，宣传打击文物违法犯罪成果，提高全社会文物保护意识，引导群众关心支持和积极参与文物保护工作。

（二十）主动接受监督。坚持信息公开，深入推行文物安全公示公告制度，对重大文物案件和安全事故进行通报，对文物行政执法和安全监管情况进行公示，主动接受社会、舆论和公众监督。建立、完善舆情收集机制和举报奖励制度，及时核查处置媒体曝光和群众举报的文物安全案件、事故、隐患，督促落实整改，推进群防群治。

国家文物局　文化部　外交部　国家发展和改革委员会　科学技术部　公安部　财政部　国土资源部　环境保护部　住房和城乡建设部　海关总署　国家工商行政管理总局　国家旅游局　国家宗教事务局　国务院法制办公室　中国气象局

2012年9月24日

关于在全国文物系统认真学习贯彻党的十八大精神的通知

文物人函〔2012〕2149号

各省、自治区、直辖市文物局(文化厅):

党的十八大是在我国进入全面建成小康社会决定性阶段召开的一次十分重要的会议。大会批准了胡锦涛同志代表十七届中央委员会所作的报告,批准了中央纪律检查委员会工作报告,审议通过了《中国共产党章程(修正案)》,选举产生了新一届中央委员会和中央纪律检查委员会。这是一次高举旗帜的大会、继往开来的大会、团结奋进的大会,在我们党和国家的发展进程中具有重大历史意义。各地文物行政部门要按照党中央的统一部署,把认真学习、深刻领会、全面贯彻党的十八大精神作为当前和今后一个时期的首要政治任务抓紧抓好。现就有关工作通知如下。

一、充分认识学习贯彻党的十八大精神的重大意义

胡锦涛同志所作的报告,回顾总结了过去五年的工作和党的十六大以来的奋斗历程及取得的历史性成就,确立了科学发展观的历史地位,提出了全面建成小康社会和全面深化改革开放的目标,对新的时代条件下推进中国特色社会主义事业做出了全面部署,是我们党团结带领全国各族人民夺取中国特色社会主义新胜利的政治宣言和行动纲领,是马克思主义的纲领性文献。

各地文物行政部门在推动文物事业发展中发挥着重要作用,在学习宣传贯彻党的十八大精神中肩负着重要责任,各地文物行政部门的广大党员干部必须认清肩负的责任和使命,以更高标准、更严要求和更加奋发有为的精神状态学习贯彻党的十八大精神,以自身学习的成果带动学习贯彻活动的深入开展。

二、全面准确地领会把握党的十八大精神

各地文物行政部门要组织党员干部紧紧围绕党的十八大主题,认真学习党的十八大报告和新修改的党章,迅速兴起学习贯彻党的十八大精神的热潮。要在全面正确地领会过去五年的工作和党的十六大以来的奋斗历程及取得的辉煌成就基础上,重点做好以下三个方面的学习。

一是全面准确地领会把握对中国特色社会主义的新阐述。充分认识中国特色社会主义是当代中国发展进步的旗帜,只有走中国特色社会主义道路才能发展中国,才能全面建成小康社会、加强推进社会主义现代化建设、实现中华民族的伟大复兴。充分认识建设中国特色社会主义,总依据是社会主义初级阶段,总布局是“五位一体”,总任务是实现社会主义现代化和中华民族的伟大复兴，基本要求是必须坚持人民主体地位、必须坚持解放和发展社会生产力、必须坚持推进改革开放、必须坚持维护社会公平正义、必须坚持走共同富裕的道路、必须坚持促进社会和谐、必须坚持和平发展、必须坚持党的领导。

二是全面准确地领会把握对科学发展观新的历史论断。深刻理解科学发展观是中国特色社会主义理论体系的新成果，开辟了当代马克思主义发展新境界，是中国共产党集体智慧的结晶，是指导党和国家全部工作的强大思想武器，是党必须长期坚持的指导思想。深刻认识科学发展观的第一要义是发展、核心是以人为本，基本要求是全面协调可持续，根本方法是统筹兼顾，把科学发展观贯彻到文物事业发展的全过程，体现在党的建设各个方面。

三是全面准确地领会把握全面建成小康社会和全面深化改革开放的新要求。在党的十六大、十七大确立的全面建设小康社会目标的基础上，深刻领会并努力实现新的要求：经济持续健康发展，人民民主不断扩大，文化软实力显著增强，人民生活水平全面提高，资源节约型、环境友好型社会建设取得重大进展。全面把握我国社会主义经济建设、政治建设、文化建设、社会建设、生态文明建设的总体部署，加快完善社会主义市场经济体制和加快转变经济发展方式，坚持走中国特色社会主义政治发展道路和推进政治体制改革，扎实推进社会主义文化强国建设，在改善民生和创新管理中加强社会建设，大力推进生态文明建设。

三、联系实际切实抓好党的十八大精神的贯彻落实各地文物行政部门要以高度的政治自觉和责任意识，紧密联系工作实际，把用党的十八大精神武装头脑、推动工作作为学习贯彻的出发点和落脚点，作为衡量学习贯彻成效的重要标准。

一是以党的十八大精神武装广大党员干部的头脑。要引导广大党员干部毫不动摇地以邓小平理论、“三个代表”重要思想、科学发展观为指导，坚定不移地沿着中国特色社会主义道路前进，解放思想，改革开放，凝聚力量，攻坚克难，为实现全面建成小康社会目标贡献智慧和力量，坚决贯彻执行中央的决策部署，切实做到讲政治、顾大局、守纪律。

二是以科学发展观指导各项文物工作。要以党的十八大精神为指导，认真总结文物工作的实践经验，全面系统地把握科学发展观的历史地位和精神实质，发挥科学发展观对文物工作的指导作用，坚定不移地走全面协调可持续的发展之路。

三是以改革创新精神推动解决工作中的突出问题。要把改革创新贯彻到文物工作的各个环节，改变束缚文物工作科学发展的做法和规定、制约文物工作科学发展的体制机制障碍，进一步破解难题、创新观念，真正把十八大报告的新思想新论断新要求转化为管根本、管长远的制度、机制。要更加注重更新观念、更加注重转变职能、更加注重制度设计、更加注重加强管理，认真检查不适应不符合科学发展观要求的突出问题，以改革创新的精神提出解决问题的具体办法和措施。要围绕年度重点工作，按照年初工作计划，认真梳理各项工作，合理安排，以点代面，确保今年重点工作及各项工作保质保量完成。

四是积极营造学习贯彻党的十八大精神的舆论氛围。各地文物行政部门要做好文物系统党的十八大精神学习的宣传报道工作。充分发挥新闻媒体的舆论宣传作用，鼓励党员干部结合实际工作撰写各类文章，并向相关报刊媒体投稿；要结合实际，制定学习贯彻十八大精神活动的宣传报道方案，通过所属的网站、刊物，做好学习贯彻活动的宣传报道工作，并做好本部门学习动态和心得体会的报送工作；中国文物报、国家文物局网站等媒体已开设专版、专栏，对全国文物部门学习贯彻十八大精神的活动情况，进行集中报道和宣传。

请各省、自治区、直辖市文物局(文化厅)在向上级部门报送学习贯彻情况的同时，抄报国家文物局。

国家文物局关于加强博物馆陈列展览工作的意见

文物博函〔2012〕2254号

各省、市、自治区文物局(文化厅):

陈列展览是博物馆向社会奉献的最重要的精神文化产品,是博物馆开展社会教育和公共服务、实现社会职能的主要载体和手段。为深入贯彻党的十八大精神和全国文物工作会议精神,充分发挥博物馆在建设优秀传统文化传承体系、弘扬中华优秀传统文化、丰富人民精神文化生活中的重要作用,现就进一步做好博物馆陈列展览工作,提高展示服务水平提出如下意见:

一、坚持公益属性。博物馆举办陈列展览,要始终坚持社会效益第一的原则,积极培育和践行社会主义核心价值观,普及科学知识,弘扬科学精神,清晰地诠释博物馆的教育目标、理念与思想,着眼于中华文明和整个人类文明的发展,反映人类最美好的目标理想和价值追求。行业类博物馆和民办博物馆的陈列展览,要面向广大公众,从较为单一的行业发展历史、企业文化、个人收藏展示,提炼升华为表现中华文明和人类文明相关领域的共同成果和价值共识。

二、突出科学品质。深入挖掘文物、标本的丰富内涵,反映最新研究成果,增加文化含量,创造导向正确、主题突出、有丰富语境、观点和故事的陈列展览,避免缺乏价值观的所谓“精品文物展”。陈列展览应充分体现博物馆通过实物反映真实历史的特征,坚持以文物、标本原件为主;使用必要的复制品、仿制品和辅助展品的,应符合学术要求,并予明示。纪念类、行业类博物馆和民办博物馆要进一步明确收藏政策,不断充实藏品体系。

三、强化教育功能。紧密结合素质教育,与教育部门特别是中、小学校完善联系机制,丰富面向或配合学校教育的陈列展览,以博物馆之长补学校教育之不足,真正使博物馆成为学校教育的“第二课堂”。常设陈列应特别清晰地标识适合未成年人认知、欣赏的重点文物、标本,充实符合青少年认知习惯的文字说明。有条件的地方,可建立专门面向未成年人的博物馆(儿童博物馆)或教育类博物馆,增加面向学生的陈列展览项目。见证历史的陈列展览在弘扬爱国主义的同时,应更加重视体现文物、标本的美学价值和审美教育作用,强调对人的审美能力的培养和训练。

四、规范设计制作。建立健全博物馆陈列展览设计制作行业资格资质认证制度,提高专业化水平。努力实现形式设计与内容设计和谐统一,突出文物、标本主角地位和观赏性,突出陈列展览的真实性和知识性。科学运用具有较高艺术水准的辅助展品和声、光、电等现代科技手段;避免与文物、标本及展览内涵无关,花费超常、牵强附会的设计制作;杜绝无历史和科学事实依据的虚拟场景、蜡像或幻影成像等形式；杜绝不必要的装饰性设计和刻意文化符号叠加。

五、提高策展能力。博物馆要不断完善基本陈列和展览，确保陈列展览与博物馆使命相一致。借鉴国内外先进经验，创新运行机制，探索实行策展人制度。发扬学术民主、艺术民主，适应社会文化生活的新特点和人民群众的新期待，强化陈列展览策划的观众导向原则，把知识性、趣味性和观赏性有机结合起来，增强陈列展览的表现力、吸引力、感染力。同时，要促进馆际交流与合作，支持省级博物馆特别是中央地方共建国家级博物馆发挥示范引领和辐射带动作用，整合区域藏品、展览、人才、技术、资金等资源，策划优秀展览项目巡回展出，弥补中小型博物馆展览资源的不足。

六、加强专业指导。省级文物行政部门要加大对行业类博物馆和民办博物馆陈列展览的业务指导力度，依据《博物馆管理办法》，做好新建立行业类博物馆和民办博物馆陈列展览大纲的评估论证，确保展陈内容符合时代要求和先进的价值导向，尽可能体现中华文化特色。积极推动打破管理体制上的壁垒，充分发挥省级（含）以上博物馆、国家一级博物馆的人才和技术优势，实施对口帮扶行业类博物馆和民办博物馆陈列展览提升计划，完善常设陈列，培养人才队伍，提升专业化水平。

各地要根据本意见，抓紧制定具体措施和办法。我局将适时对各地贯彻落实的情况进行督查。

二〇一二年十二月十三日

国家文物局关于落实国务院通知精神认真做好第一次全国可移动文物普查的通知

文物普查发〔2012〕14号

各省、自治区、直辖市文物局（文化厅）、新疆生产建设兵团文物局：

2012年10月8日，国务院发布了《关于开展第一次全国可移动文物普查工作的通知》（国发〔2012〕54号，以下简称《通知》）。为全面贯彻落实《通知》，切实推进第一次全国可移动文物普查工作，现将有关工作安排通知如下：

一、认真学习《通知》，提高思想认识。第一次全国可移动文物普查是我国首次针对可移动文物开展的普查，是继针对不可移动文物开展的第三次全国文物普查之后，在我国文化遗产领域进行的又一重大国情国力调查项目，体现了党中央、国务院对文物工作的高度重视。各省（区、市）要组织本地区各级文物部门认真学习《通知》，将《通知》精神传达到各个基层文博单位，使广大文物工作者都能深入理解第一次全国可移动文物普查的重大意义和文物部门承担的重要职责，统一思想，明确任务，全力投入到第一次全国可移动文物普查工作。

二、加强组织领导，建立工作机构。国务院已经成立第一次全国可移动文物普查领导小组，负责普查工作的组织领导，协调解决重大问题。各省（区、市）文物行政部门要按照《通知》要求，及时报请同级人民政府成立相应的第一次全国可移动文物普查领导小组及办公室，同时督促本省（自治区、直辖市，以下简称本省）各市（地、州）、县（区）人民政府成立相应的文物普查工作机构，督促文物收藏比较集中的部门和重要文物收藏单位成立普查工作机构。

三、加强基础工作，制订实施方案。各省（区、市）文物行政部门要加强本省国有单位文物收藏管理情况调研，依据《第一次全国可移动文物普查实施方案》，制定本省第一次全国可移动文物普查实施方案、宣传方案、培训方案。要掌握本省国有单位分布及国有可移动文物收藏的主要情况，制定本省可移动文物普查的程序和操作规程，建立可移动文物认定专家库。同时，督促各文博单位进一步做好文物清库登记，加快推进文物档案及其数字化建设。县级以上地方各级人民政府要根据普查结果，编制普查报告，建立普查档案和本行政区域内的国有可移动文物名录，并进一步加大保护管理力度。

四、编制经费预算，确保保障到位。按照《通知》"此次普查所需经费由中央和地方分别承担，并分别列入中央和地方相应年度的财政预算"的要求，各省（区、市）人民政府应将普查工作的工作经费纳入各地本级财政预算。文物行政部门要积极争取支持，主动协调有关部门，根据普查的实际需要，提出文物普查的经费需求。各部门、各单位涉及的普查工作经费从本部门、本单位预算和经费中适当安排。

五、开展专业培训，提高普查水平。本次普查实施标准化管理。全国普查工作严格按照国务院普查领导小组办公室制定的标准规范执行，利用现代信息技术，采用“统一平台、联网直报，分级审核、动态管理”的方式进行普查登记。各级普查机构要编制培训方案，切实做好人员培训。特别是要加强基层单位文物认定和信息登录人员的统一培训，全面提升业务能力，准确掌握普查操作规程和技术标准。我局将于近期组织开展对全国普查业务骨干和师资的集中培训。

六、加强宣传动员，争取社会支持。要制定普查宣传方案，举办各种宣传活动，充分利用各类媒体，集中宣传普查意义，促进各地区、各部门将可移动文物普查与地方精神建设、行业作风建设有机结合，通过宣传教育使社会各界和广大群众了解和参与普查工作。要通过建立普查赞助计划、组建普查志愿者队伍等方式，积极吸收社会资金、技术、人才支持普查工作，扩大普查社会影响，加大文物保护宣传。

请各省（区、市）文物行政部门于2013年3月2日前将普查实施方案（要包含本省可移动文物认定程序和操作规程，并另附宣传方案、培训方案）、普查机构及联系方式、专家库名单报我局。

联系人及电话：国家文物局博物馆与社会文物司：曹明成　何晓雷

010-56792104　56792099

特此通知。

第一次全国可移动文物普查工作办公室

（国家文物局代章）

二〇一二年十二月十四日

关于下发浙江省第三次全国文物普查工作总结表彰大会领导讲话的通知

浙文物发〔2012〕171号

各市、县（市、区）文化广电新闻出版局、文物局（文管办、文物处），杭州市园林文物局、省政府办公厅莫干山管理局：

历时五年的浙江省第三次全国文物普查工作已圆满结束，我省文物普查的调查总数、登录总数及新发现总数均居全国首位，形成了具有浙江特色的丰硕成果。5月3日，浙江省第三次全国文物普查工作总结表彰大会在杭州召开，标志着我省第三次全国文物普查工作完美收官。

现将总结表彰大会上领导的讲话印发给你们。请各地深刻领会讲话精神，高度重视、周密计划、精心组织实施文物普查后的文物保护工作。

浙江省第三次全国文物普查领导小组办公室

（代章）

二〇一二年五月十八日

在全省第三次全国文物普查工作总结表彰大会上的讲话要点

浙江省第三次全国文物普查领导小组组长

浙江省人民政府副省长　郑继伟

（二〇一二年五月三日）

根据国务院的统一部署，我省从2007年4月开始，在全省范围开展了第三次文物普查工作。5年来，在各级文物普查领导小组成员单位的通力合作下，在社会各界和广大人民群众的积极参与下，文物部门精心组织实施，圆满完成了文物普查工作各项任务，普查登录不可移动文物73943处，新发现61728处，调查总数占全国9.29%，登录总数占全国9.64%，新发现总数占全国11.52%，各项指标均居全国首位。

通过普查，全面摸清了我省文物的基本情况和保存状况，充实丰富了我省的文化遗产资源。同时，也更加清晰地看到了我省文物工作面临的问题和挑战，为进一步加强文物保护工作提供了科学决策依据。

这次文物普查涉及范围广，调查项目多，技术要求高，时间跨度长，成果来之不易，主要得益于这么几个方面：

一是组织领导有力。为统筹做好这次文物普查工作，省政府专门成立了领导小组，并下发通知提出要求，多次专题研究部署工作，并与各市政府签订了目标责任书。各地按照国务院和省委省政府的决策部署，相应设立了普查机构、专家咨询机构和调查实施机构，配强技术力量，保障工作经费，认真组织实施本地区的普查工作。省文物局切实履行领导小组办公室职能，及时加强指导、督促和检查，确保各项工作落实到位。

二是各方密切配合支持。省财政及时落实普查经费，为所有县（市、区）统一配备普查专用设备，并对欠发达地区给予经费补助。省测绘局主动为普查提供标准地形图和便于野外定位的航空影像图，并对普查工作人员积极开展培训等。宣传部、发改委、民政厅、国土资源厅、建设厅、交通运输厅、水利厅、统计局、林业局、民宗委、省军区等部门，都广泛组织动员本系统、本部门对文物普查工作给予积极支持。相关高校、科研机构充分发挥专业优势，结合实际参与普查工作。难能可贵的是，一批志愿者积极参与实地调查，各地群众踊跃提供线索，积极争当向导，体现了强烈的文物保护意识和社会责任感。

三是广大普查工作者敬业奉献。5年来，我省近千名普查队员和专家学者、志愿者，风餐露宿，不畏艰辛，踏遍11个市、90个县（市、区）、1519个乡镇（街道）、33407个行政村（社区）和116595个自然村（居委会），对全省城乡、海岛、水域及军事区域内的地面和地下（含水下）文物进行了系统调查，高质量地完成了实际调查和资料整理等工作，为普查的顺利开展尽心尽力。

总之，这次普查任务的圆满完成，是中央和省委、省政府科学决策、正确领导的结果，是各地、各部门和社会各界积极参与、密切配合的结果，是各级普查机构和广大普查人员团结奋斗、努力工作的结果。

文物是不可再生资源，是文化遗产的重要组成部分。保护文化遗产，就是守护我们民族生生不息的薪火，就是守护我们的精神家园。文化遗产保护工作是一项传承中华文明、推动文化大发展大繁荣的基础性工程，是各级政府应尽的重要职责。国家历来高度重视文化遗产保护和传承工作，把它作为文化建设的重要举措，摆在十分突出的位置。党的十七届六中全会作出了“建设优秀传统文化传承体系”的战略部署。省委十二届十次全会提出：“实施文化遗产传承计划，加快构建科学有效的文化遗产保护体系，提高全社会文化遗产保护意识，使我省文化遗产保护工作继续走在全国前列。”今年初，省政府把“注重文化遗产保护、传承和利用”作为文化建设的重要内容，写进了《政府工作报告》，以加快推进落实。最近，省委办公厅、省政府办公厅联合下发了《关于加强历史文化村落保护利用的若干意见》（浙委办〔2012〕38号），对加强历史文化村落保护利用提出了明确要求，为历史文化遗产保护工作指明了方向。

随着工业化、城市化和新农村建设进程的加速推进，文化遗产保护和管理工作形势日趋严峻。文物破坏和消失事件时有发生，文物损坏、改建现象屡见不鲜，这次文物普查中登记消失文物就有1343处。国际城市化研究和发达国家城市化实践表明，城市化加速发展期，是城市建设发展和文化遗产保护矛盾最为突出的时期。我省历史文化底蕴深厚，遗产资源丰富，此次文物普查登录不可移动文物数量多，分布密度高。要巩固好普查已有成果，做好文物保护管理工作，任务十分繁重而紧迫。各级政府、各有关部门要本着对民族、对社会、对未来高度负责的态度，坚持文物保护与经济社会建设相结合；坚持依法保护与科学保护相结合；坚持文物保护与管理利用相结合；坚持政府主导与社会参与相结合，积极构建全面、协调、可持续发展的历史文化遗产保护体系，推进文物事业科学发展。

当前和今后一个时期，要重点做好以下几方面的工作：

一是要尽快公布不可移动文物名录和各级文物保护单位，依法纳入保护范畴。要按照文物保护法的要求，及时对本行政区域内的不可移动文物名录进行公布。根据文物价值，科学定级，对重要的文物要尽快报批公布为国家或省级文物保护单位。

二是要切实改善文物保护状况，确保文物安全。要根据普查登记的文物状况，本着区别轻重缓急、先易后难的原则，统筹安排修缮保护工作。对普查中新发现、保存状况较差、险情严重的文物，各级文物主管部门要抓紧组织编制抢救性保护方案并尽快组织实施，切实改善文物保护状况和保存环境。要集中资金和人力，抓好重点文物保护单位的维修保护工作，排除重大险情，抢救濒危文物，确保文物本体安全。积极配合重点工程和经济建设项目做好考古发掘工作。要充分发挥文物安全联席会议制度的作用，落实文物保护责任制，将辖区内各类文物的安全工作纳入社会治安综合治理范畴。加大文物执法力度，严厉打击文物领域的犯罪活动，重点查处破坏文物的法人违法案件。

三是要合理利用文物资源，为全省经济社会发展服务。文物部门要加强对普查数据的综合分析，深度挖掘，实现信息共享，最大限度地发挥普查资源和成果的作用，为文物保护管理决策服务，为社会发展服务。要以文物资源为依托，大力发展文化服务业，充分发挥文物资源的社会效益。要加大宣传教育力度，切实增强全民依法保护文物的意识，努力营造文物保护的良好社会氛围。

在全省第三次全国文物普查工作总结表彰大会上的发言

浙江省第三次全国文物普查领导小组副组长、办公室主任
浙江省文化厅巡视员　鲍贤伦

二〇一二年五月三日

尊敬的郑继伟副省长，各位领导、同志们：

按照国务院的统一部署，浙江省第三次全国文物普查自2007年4月启动以来，各地区、各部门按照省政府的统一部署，高度重视，密切配合，经过三个阶段五年的艰苦努力，出色地完成了各阶段的工作目标和任务。受省第三次全国文物普查领导小组委托，我向大家汇报我省第三次全国文物普查总体工作情况和普查成果。

第一部分　总体工作情况

第三次全国文物普查作为由政府主导并组织实施的一项重要的国情国力调查，浙江省动员了全省最广泛的各方面力量，是我省有史以来最全面、深入、细致的一次文物普查。为做好第三次全国文物普查工作，全省上下认真履行职责，精心组织安排，确保了普查全过程中各项工作目标的圆满完成。

一、统一领导，严密组织

省政府从一开始就强调落实各级政府的组织领导责任，下发了《关于在全省开展第三次全国文物普查的通知》，明确了浙江省开展第三次全国文物普查的意义、普查的范围和内容、普查的质量控制和管理、普查的时间安排、普查工作的组织领导等，成立了包括领导小组、普查办公室在内的浙江省第三次全国文物普查机构。各市、县（市、区）政府都将普查工作纳入政府重要工作日程，成立普查机构，有效开展研究、协调、组织、部署工作。全省普查机构成立率达100%，确保了从省、市、县（市、区）及至乡镇（街道）、村（社区）等基层单位的政令畅通、上下联动，充分体现了政府组织搞普查的力量和优势。

2009年3月的全省文化遗产保护工作会议上，省政府与各市政府签订《浙江省第三次全国文物普查目标责任书》，进一步明确并强调了文物普查的政府责任。会后，各设区市政府及时召开专题会议，并与所辖县（市、区）政府签订普查目标责任书，深入落实政府领导责任。实地调查阶段中，各级政府主管领导靠前指挥，深入普查一线，检查督导并慰问野外调查人员，亲自过问并协调重点、难点问题，努力为普查队员解除后顾之忧。各级政府的高度重视和严密组织，极大地鼓舞了普查队员的士气，有力地推进了全省文物普查工作的顺利开展。

二、密切配合，形成合力

各成员单位各司其职、各负其责、通力协作、密切配合，积极参与普查工作，会同文物部门做好分散在各自系统中的不可移动文物调查工作，全力支持普查工作的开展。

其中，省财政及时落实省级普查经费，为89个市、县（市、区）统一配备四件一套普查专用设备（宁波市也为所辖各市、县、区配备了相应设备），并对欠发达地区给予经费补助。全省所有市、县（市、区）均落实了普查经费，对普查办公场所、计算机数据处理及普查用车等设备予以了重点保障。广大一线普查队员的野外津贴、人生意外伤害保险等生活待遇问题在我省大部分地方得到解决。至2010年4月底，全省县级以上财政已安排文物普查经费1.266亿元，其中省级财政到位2583万元（其中1085万元直接用于补助欠发达市县），11个设区市财政到位2619万元，90个县级财政到位7465万元，经费总额在全国名列前茅。省民政厅积极做好烈士纪念建筑物保护单位文物普查和附属可移动文物鉴定工作。省测绘局与地理信息局主动为普查提供的近6000幅1∶1万标准地形图以及叠加了地形图数据且经过精密纠正配准、更便于比对和野外定位的近6000幅1∶1万航空数字正射影像图，成为全省实地调查最“管用”的辅助工具之一，并对普查队员就地图使用及保密规定进行培训。

三、广泛动员，确保质量

浙江省第三次全国文物普查覆盖全省地上、地下、水下的全部不可移动文物，规模空前。我省在文物普查启动阶段就确定了野外调查到达率行政村100%、自然村不低于90%的指标要求。全省广泛动员专业人员和社会各界人士参加文物普查。在我省实地文物调查的用人高峰时段，全省各级普查办人员501人，一线普查队员897人，各县（市、区）所属村镇文化干部、社会各界群众直接参与普查达数万人次。在实际工作中，普查队员工作成效显著，据统计，我省每名队员调查登录的不可移动文物数是全国平均水平的2.8倍。我们及时调整了工作重心，将“三普”作为我省近几年文物工作重中之重，暂停了主动性的考古发掘项目和一般性文物保护工程。我们还积极投入技术力量，集中省考古所具有高级职称的专业人员组成普查业务指导组，为每个设区市派出2名专业人员负责业务指导。

这次普查调查面宽、量大、技术要求高，为严格掌握执行普查规范，我省在普查开始阶段，就按规范要求重视抓好普查的培训、试点，取得经验后再全面铺开。同时，根据规范要求，有针对性的编印了《文物普查业务操作若干问题的阐释》，制定《不可移动文物登记表范本》，印发《野外调查记录手册》。为确保普查每个环节的质量控制，我省在普查的三个阶段，都召开以质量控制为主题的工作会议，将抓普查质量贯穿普查全过程。特别是在实地文物调查阶段，省普查办5位正副主任分别带队，先后在全省开展普查质量的督查和验收，有力地推进了普查质量的提高。由于把普查质量视为检验普查成果的标尺，我省顺利通过了国家文物局普查办组织的实地文物调查阶段验收，实现了在国家文物局普查办组织的普查数据校验和抽样检测中差错率全国最低。

四、持续宣传，共享成果

首先，我省积极参加国家文物局组织的各项活动，不断宣传我省第三次全国文物普查成果：在国家文物局主编的2008年、2009年普查重要新发现中，我省分别有9处、6处新发现入选；国家文物局组织的2008年、2009年两届“三普”摄影图片展及评比活动，我省有14位作者获奖，省普查办获组织奖；在第三次全国文物普查征文活动评选活动中，我省共投稿46篇，其中有23位作者的22篇征文获得优秀奖，成绩居全国前列。此外，我省杭州富阳市泗洲造纸作坊遗址、余杭区彭公水坝遗迹，浙东沿海近代灯塔群，台州市玉环县坎门验潮所旧址等四处入选由国家文物局主编的《第三次全国文物普查百大新发现》。

其次，根据《第三次全国文物普查宣传工作方案》要求，我省以多种形式持续开展文物普查宣传。举办《文明寻踪——浙江省第三次全国文物普查图片展》；利用网络传媒，建立浙江文物网文物普查交流平台，已发布各类文物普查信息近2000条，利用国家文物局网浙江频道发布我省普查信息2000余条，信息更新速度和信息量全国领先，实现了普查信息传递的及时有效；利用平面媒体，连续两年在《浙江日报》上设立专版，宣传文物普查工作；运转高效的信息报送系统，迅速反映普查进度与最新动态，及时宣传普查成果。

第三，全省各地大力推进文物普查成果出版，积极提供社会共享。省普查办组织力量编辑出版了《浙江省第三次全国文物普查丛书》，包括《浙江省第三次全国文物普查新发现丛书》13种和《浙江省第三次全国文物普查概览》、《浙江省第三次全国文物普查先进事迹》、《浙江省第三次全国文物普查文集》、《浙江省第三次全国文物普查日记》。中共浙江省委书记赵洪祝、省长夏宝龙分别为丛书批示，副省长郑继伟为丛书作序。《浙江省第三次全国文物普查成果展》也已在浙江自然博物馆准备就绪，这是一次向全社会汇报文物普查工作，提升全社会文化遗产保护观念、共享普查成果的展览。各地区也根据本辖区的文物特色，着力开展普查成果编辑出版，目前已有80余种成果出版，还有众多新的成果正陆续不断地面世。其中，丽水市包括六个专题的丛书，余姚市以乡镇为专题的系列画册，颇具特色。

五、及时抢救，有效保护

在做好普查工作的同时，省里和各地充分认识到及时抢救、有效保护新发现文物的重要性和紧迫性，及时公布各级文保单位，同步落实各项保护措施，有效保护普查成果。2011年1月7日，浙江省人民政府公布第六批省级文物保护单位373处，其中新发现文物132处，占第六批省保的35%。在第七批全国重点文物保护单位的申报过程中，我省申报的项目涵盖了相当数量的普查新发现。普查期间全省共公布市、县级文保单位1884处，文物保护点3717处。另外，宁海许家山村、金华寺平村、绍兴县冢斜村作为普查新发现，直接申报中国历史文化名村，并已被国家住房和城乡建设部、国家文物局公布为第五批中国历史文化名村。

在做好普查工作的同时，各地还积极做好新发现文物的抢救性考古发掘。如方家洲遗址是桐庐县第三次全国文物普查新发现的4处新石器时代遗址之一，面积近3万平方米。鉴于这一区域已被土地承包商用挖土机挖掘过，为确保遗址的安全，经过国家文物局批准，省考古所和桐庐县博物馆联合对遗址进行了考古发掘，取得了重要收获。该遗址是目前我国境内唯一通过考古发掘得到证实的大型的新石器早期玉、石加工作坊。

为巩固普查成果，各地纷纷出台了一系列保护办法与措施，使得一批普查新发现有了保护依据。余姚市制定了《文物保护工程操作办法》,将文物保护工程的实施纳入到常态化、制度化和规范化的轨道;遂昌县在普查实地调查阶段前期就出台了《古建筑保护管理实施办法》。杭州、嘉兴、丽水、余杭、建德、嵊州、磐安、武义、龙游等地先后就加强文化遗产保护出台政策文件。甚至乡镇一级政府也有制定专门文件,杭州市萧山区义桥镇政府出台了《关于进一步加强对乡土历史建筑保护工作的若干意见》。从2010年起,杭州市用于农村地区乡土建筑保护修缮补助资金从过去的1000万元提升到5000万元,杭州各县(市、区)也积极落实配套资金,2010年共落实6890万元,2011年落实8179万元。其中淳安、桐庐、富阳等县市落实500万至800万元不等的专项保护修缮资金,建德、余杭则每年在当地财政中落实2000万资金用于历史村镇和乡土建筑保护修缮。2011年度,杭州市完成重点修缮项目92处,一般修缮项目307处,正在实施修缮的项目288个。

第二部分　普查成果

这次普查,我们出色地完成了工作任务,取得了丰硕成果:

一是查清了我省不可移动文物的基本家底。截至2011年12月,根据国家文物局普查办对我省11个设区市,90个普查基本单元的数据核定,我省普查共登记不可移动文物73943处,包括新发现文物61728处,复查文物12215处。其中,古遗址3773处,古墓葬3554处,古建筑46214处,石窟石刻914处,近现代重要史迹和代表性建筑19278处,其他类210处。此外,还调查消失不可移动文物1343处。我省调查登录总数占全国登录总数766722处的9.64%,我省新发现总数占全国新发现总数536001处的11.52%,我省复查文物总数占全国复查文物总数230721处的5.29%,均居全国首位,普查到达率和完成率均为100%。其中,登录不可移动文物较多的是金华市、杭州市、温州市、丽水市、宁波市和衢州市,登录数超过1万处的是金华市和杭州市。

这次普查摸清了我省不可移动文物总量、分布、类型、年代等总体情况;查清了不可移动文物的所有权、使用情况、人文环境、自然环境等基本信息;查实了保护级别、保护状况、破坏因素等基本情况,取得了我省文化遗产资源及现状的大量基础信息和翔实数据。这些文物普查成果是十分宝贵的基础资料,为准确反映我省文物资源尤其是不可移动文物的保存状况提供了详实信息,为科学保护我省的物质文化遗产提供了可靠的决策依据。

这次普查我省对具有重要学术价值或现实意义的文物遗存展开专题调查,特别关注了历次普查的缺项,注重文化的多样性,努力深化普查成果。省普查办统一牵头,重点实施了大运河(浙江段)的全段调查,基本摸清了大运河(浙江段)的基本走向、历史沿革及遗产构成。浙江是沿海省份。省里委托宁波水下考古基地从福建、江西、辽宁等全国各地调集15名水下考古队员,组成浙江沿海水下文物普查队,开展了浙江沿海水下文物的重点调查与探测探摸工作,确认了7处沉船遗址、3处疑似沉船遗址和12处水下文物点。各地区也结合自身实际,发挥专业优势,积极开展新类型文化遗产的专题调查:宁波注重近现代工业遗产、乡土建筑和老字号等新型文化遗产的调查;绍兴重视越国时期文物、酒作坊遗址、古代桥梁、名人史迹的调查;舟山市海洋文化特色浓郁,开展了灯塔、民间渔用码头、海岛宗教建筑、海防军事碉堡及坑道等专题调查。

二是促进了我省文物保护工作的能力建设。通过普查，我省各级文物机构设置得以加强和充实，行业从业人员的整体业务能力和工作水平得到提高，文物保护经费进一步增加，科技支撑能力明显提升，为文物保护事业的可持续发展创造了较为坚实的基础。

为顺利推进文物普查工作，特别是技术性较强的实地调查阶段工作，我们着力抓好业务培训，力争在较短时间内提高普查队伍的工作水平。仅在普查第一阶段，全省累计培训普查人员10407人次，各地普查队的分组也多采取新老队员结合、以老带新的办法，在实际工作中，提高了普查队员的专业水平与整体素质。

此外，繁重的工作任务，也磨炼了普查队员的意志。历时两年多的实地文物调查是一项艰辛的工作，不论是酷暑难当、潮湿闷热的盛夏季节，还是天寒地冻、冰天雪地的隆冬时节，普查队员都坚持战斗在野外普查的第一线，还常常主动放弃节假休息日，加班加点甚至带伤带病坚持工作。艰苦的工作环境和持续较长时间的工作强度，锻炼了普查队员的意志。特别是宁波市普查队组织援青工作组，远赴青海支援文物普查。队员们克服了海拔高、饮食不习惯、气候不适应等困难，圆满完成了援青工作任务，赢得了国家文物局、青海省文物局的好评。

正是全省文物工作者的无私奉献与奋力拼搏，我省的文物普查才取得了可喜的成绩。2010年文化遗产日期间，国家文物局对第三次全国文物普查实地文物调查阶段突出贡献集体和个人进行了表彰，我省有3个集体、9个个人受到表彰。省文物局也配合表彰了33个先进集体和283名先进个人。在普查圆满完成的今天，省普查领导小组还要对整个普查工作中涌现出的先进县、先进集体和先进个人进行表彰。

三是扩大了我省文物保护工作的社会参与度。这次普查得到社会各界的广泛响应，广大群众和各行各业积极参与，热爱和保护文物正在成为全社会的共识。大批的社会志愿者参与到普查工作中来。北京大学考古文博学院、金华职业技术学院、台州学院、台州职业技术学院等高校学子积极参加普查工作，浙江大学学子热切关注普查工作，在“国立浙江大学论坛”转帖普查相关文章，反响热烈。普查队每到一处，群众们纷纷踊跃提供线索、争当向导，涌现出大量感人的事迹。有的群众还放下手中的活，自发为普查队提供全天候的义务服务，成为不在编的普查队员。分管文化的乡镇干部积极配合，召开普查座谈会，联系驻村干部，甚至安排食宿和交通工具。普查目标的顺利实现与全社会的支持和参与密不可分。

历时五年的浙江省第三次全国文物普查工作胜利结束。手捧丰硕的成果，心怀收获的喜悦，我们深感保护好、管理好已有普查成果的任务十分艰巨而繁重。我们相信，在党的十七届六中全会精神的指引下，在省委省政府的高度重视和国家文物局的精心指导下，有各部门的密切配合，有全省人民的热情支持，有全省文物工作者的艰苦努力和拼搏创新，我省第三次全国文物普查取得的成果一定能发扬光大，我省的文化遗产事业一定能够开创更加美好的未来、谱写更加辉煌的篇章！

谢谢大家！

浙江省贯彻实施《文物保护法》情况汇报

浙江省人民政府副省长　郑继伟

浙江人文历史久远，文化底蕴深厚，文物资源丰富，是中华文化的发祥地之一。《中华人民共和国文物保护法》颁布30年来，特别是近年来，在全国人大和国家有关部委的关心支持下，我省全面贯彻文物保护法及相关法律法规，大力实施浙江省文化保护工程，坚持“保护为主、抢救第一、合理利用、加强管理”工作方针，求真务实、开拓创新，多项工作走在全国前列。

一、加大保障力度，确保《文物保护法》贯彻实施到位

（一）加强组织领导。浙江省委、省政府一直高度重视文化和文物保护工作。2005年，浙江省委做出《关于加快建设文化大省的决定》，在全国率先提出建设文化大省的战略目标；2008年又颁布了《浙江省推动文化大发展大繁荣纲要（2008—2012）》。2010年8月，浙江省委、省政府成立了以省委书记为组长的省文化建设领导小组，加强了对文化建设的组织领导。2011年11月，浙江省委召开十二届十次全会，做出了《关于认真贯彻党的十七届六中全会精神，大力推进文化强省建设的决定》，提出了建设文化强省的战略部署。浙江在文化大省、文化强省建设过程中，始终把文物工作作为一项重要内容，将其摆在突出位置。全省各级政府和部门认真贯彻、实施《文物保护法》，切实履行职责，文物工作“五纳入”取得明显成效。为加强对文物保护工作的领导，2003年8月，省政府成立了省历史文化遗产保护管理委员会，并每年召开工作会议，对重大问题进行研究和决策。国家部署开展第三次全国文物普查工作后，我省各级政府普查机构成立率达100%，为高质量地完成普查工作提供了强有力的组织保障。

（二）强化执法与保护机构建设。为深入贯彻实施《文物保护法》，加强依法行政，2005年11月，浙江省制定出台了《文物保护管理条例》，深入推进执法与保护机构建设；并于2005年文化市场综合执法改革时组建了浙江省文物监察总队。2006年，《浙江省人民政府关于进一步加强文化遗产保护的意见》（浙政发〔2006〕33号）明确要求全省各级政府结合文化市场综合执法体制改革，进一步加强文物行政执法队伍建设。2008年，我省率先在全国实现了省、市、县三级文物监察队伍的全覆盖。2009年省政府机构改革中，为加强文物保护管理工作，省文物局由省文化厅内设机构调整为部门管理机构，并增设安全处，负责指导、监督、检查文物安全保卫工作。在全省11个设区市中，杭州市成立了园林文物局，绍兴市、金华市成立了专门的文物行政部门，衢州市成立了文广新局管理的文物局，温州市、湖州市、嘉兴市也在文广新局增挂了文物局的牌子。一部分县（市、区）文广新局内设了文物科室。2011年，省政府同意建立由省文化厅等10个厅局组成的全省文物安全工作联席会议制度，建立健全政府统一领导、部门各司其职、标本兼治、综合治理的文物安全工作机制。

（三）加大资金投入。省财政连续几年来每年都增加文物保护经费。2006年至2010年，省级文物保护专项资金达到1.87亿元，其中用于文物保护项目的资金合计1.42亿元，用于省直博物馆藏品征集的专项资金达4516.86万元。此外，在“十一五”期间，省财政还安排2.36亿元专项用于廊桥保护、第三次全国文物普查、博物馆免费开放等项目。财政资金的投入和使用，确保了文物保护工程项目的顺利实施，也体现了政府在文物保护领域的主导作用。

二、坚持依法行政，推动文物保护工作持续健康发展

（一）世界文化遗产申报工作取得突破。2011年，杭州西湖文化景观获联合国教科文组织世界遗产委员会审议通过，被正式列入世界遗产名录，成为我国第41处世界遗产，实现了我省世界文化遗产零的突破。申遗成功后，浙江省和杭州市认真履行国际遗产公约，成立了杭州西湖世界遗产监测管理中心，制定出台了《杭州西湖文化景观保护管理条例》，全面推进遗产地后续保护管理工作。全省着眼于国家大运河整体申遗战略，认真做好大运河（浙江段）保护和申遗工作，完成了大运河（浙江段）第一、第二阶段遗产保护规划的编制。大运河申遗点段保护整治工作有序推进中。良渚遗址申遗有了新进展，进一步明确了良渚遗址的价值特征、遗产构成和潜在价值标准。此外，我省还完成了浙江《中国世界文化遗产预备名单》的更新调整。

（二）不可移动文物保护成果丰硕。我省全力以赴开展第三次全国文物普查，调查总数、登录总数及新发现总数均居全国首位。经验收核定，我省共调查登记不可移动文物73943处，其中新发现不可移动文物61728处。各地依托普查成果，加大保护力度，全面提升保护级别。目前，全省已有全国重点文物保护单位132处，省级文物保护单位755处，市县级文物保护单位4630余处，文物保护点7264余处；国家历史文化名城7座，中国历史文化名镇、名村30处；省级历史文化名城11座，省级历史文化街区、名镇、名村79处。

（三）文物保护各项基础性工作成效显著。我省大力推进各级文物保护单位“四有”及保护规划编制工作。2006年以来，省政府先后划定或调整了151处省级以上文保单位的保护范围和建设控制地带。文物保护单位专项总体保护规划编制工作也取得明显进展，省政府已批准公布13处，通过国家文物局专业审查的12处。全省全国及省级重点文物保护单位“四有”记录档案建档工作基本完成，相关工作走在全国前列。我省还积极开展历史传统街区和村镇的抢救与保护，国家历史文化名城、名镇、名村保护规划编制完成率达100%。今年年初，浙江省委办公厅、省政府办公厅联合下发了《关于加强历史文化村落保护利用的若干意见》（浙委办〔2012〕38号），对历史传统街区、村落的保护、传承和利用做出了规定，并明确了相关扶持政策。

（四）考古和大遗址保护工作稳步推进。为妥善处理文物保护与经济社会发展的关系，文物部门提前主动介入交通、水利、能源等重大基础设施建设工程，加强涉及文物保护单位项目的前期论证和前置审批；及时开展抢救性考古发掘，上山遗址、大窑龙泉窑枫洞岩窑址、德清亭子桥战国原始瓷窑址、良渚古城遗址、富阳泗洲宋代造纸作坊遗址等考古发掘取得新成果。其中良渚文化古城遗址考古引起广泛关注，入选2007年度“全国十大考古新发现”。同时，我省积极推进考古成果的转化，大力探索大遗址有效保护和展示利用的新路径。余杭良渚遗址、大窑龙泉窑遗址、慈溪上林湖越窑遗址、杭州临安城遗址、大运河（浙江段）5处大遗址被纳入国家重点大遗址项目库，良渚国家考古遗址公园被列为首批国家考古遗址公园。

（五）博物馆公共服务能力不断增强。2011年，我省有191家博物馆通过国家文物局年检，博物馆数量继续保持全国第一，基本形成了以省直博物馆为龙头、市综合博物馆和行业重点博物馆为骨干、县级博物馆和民办博物馆为基础的博物馆体系。民办博物馆是浙江的特色之一，全省共有民办博物馆48家。文物部门积极实施浙江省陈列展览精品项目，努力提升博物馆服务水平。2011年，浙江自然博物馆、浙江省博物馆基本陈列双双获得第九届全国博物馆十大陈列展览精品大奖；浙江省博物馆参与在台北故宫博物院举办的“山水合璧——黄公望与《富春山居图》特展”，参观人数逾81万人次，在海内外引起很大反响。博物馆免费开放也取得良好社会效益。自2003年浙江省博物馆率先对社会公众免费开放以来，我省免费开放的博物馆总数已达92家。每年全省博物馆举办陈列展览达900多项，博物馆和其他文物开放单位平均年接待观众3600余万人次，深受群众的欢迎。

（六）文物安全和行政执法工作力度不断加大。文物安全是文物工作的生命线。“十一五”期间，全省共安排文物库房、安全技防新建、改建、扩建项目68个，省专项资金直接投入1000万元，加上地方财政投入，用于文物库房建设的资金超过8000万元，有效地改善了馆藏文物的保存条件，从源头上防止了馆藏文物的腐蚀损失。全省已连续5年实现文博风险单位安全无事故。同时，我省强化文物执法监管，加大对全省文物违法案件的督察与查处力度；积极探索长效管理机制，通过开展日常巡查、前移监管关口，构建了文物安全屏障，提高了执法成效，积累了一定经验。今年，省文物局联合海洋与渔业部门还建立了浙江省辖区海域文化遗产联合执法工作机制，以适应水下文物保护的新需求。

我省文物流通领域充满活力，社会文物保护管理规范有序。据统计，全省目前有文物拍卖企业33家，文物拍卖交易额从2008年的6.91亿元上升到2011年的37亿元。此外，我省还十分注重文物保护科技水平的提升。2010年，省政府与国家文物局共建全国首个国家文化遗产保护科技区域创新联盟；一批项目获得了国家文物局文物保护与技术创新奖项；“指南针计划”专项——中国传统造纸技术传承与展示示范基地建设项目落户浙江。

三、我省文物保护工作中存在的主要问题

我省各级政府在贯彻实施文物保护相关法律法规方面做了大量工作，取得了一定成效。但也要清醒地认识到，文物保护工作与经济社会发展和文化强省建设要求相比，还存在着不少困难和问题，主要表现在：

（一）一些地方认识不够到位。浙江陆域面积小、文物密集度高、经济增长速度快，这使我省文物保护与经济建设相互促进又充满矛盾的情况显得尤为尖锐突出。有的地方对文物保护工作的重要性认识不足，领导重视程度和工作力度还不够；有的地方不同程度存在“重申报轻保护，重开发轻管理”的现象；有的地方对城乡建设的认识不够全面，没有准确把握“建设”与“保护”间的关系，危及文物和大遗址保护。

（二）经费投入不足。一些市、县（市、区）文物保护经费不足，特别是经济欠发达地区的投入不够，影响了保护工作的正常开展。随着文物保护工作的深入，保护对象急剧增多，保护要求不断提高，经费投入与实际需要之间的矛盾日益突出。

（三）机构队伍不够健全。一些地方的文物保护管理机构不够健全，人员编制紧缺，文物执法人员不稳定，缺少必要的文物执法经费和设备。特别是中高级专业人才缺乏，人才短缺现象严重。文物保护管理技术力量偏弱成为制约我省文物博物馆事业发展的瓶颈因素之一。据统计，全省30个县（市、区）的文物保护管理机构工作人员不超过3人。

（四）文物安全形势仍然严峻。频繁的生产建设活动，时有发生的文物违法行为，加上文物本身的自然腐蚀，导致我省文物安全形势依然严峻，对文物本体及其生存环境造成严重威胁。产权私有的民居类文物建筑的保护、管理矛盾突出，一些文物保护单位或一些部位存在安全隐患，安防、消防设备建设滞后。

（五）文物流通领域管理乏力。当前文物法律法规未将文物商店、文物拍卖公司之外的流散文物市场纳入法定文物流通渠道，文物行政部门缺少管理依据。文物商店、文物拍卖企业设立条件中对文博类高级职称人员要求偏高，制约了此类企业的经营发展。

四、加强文物保护工作的打算

下一步，我省将以此次全国人大常委会执法检查为契机，继续深入贯彻落实党的十七届六中全会精神，坚持以科学发展观为统领，严格执行文物保护相关法律法规，不断提升文物保护管理工作水平。

（一）进一步完善文物保护体制机制。我省将强化工作职责，建立健全政府主导、行政主管部门具体实施、有关部门密切配合、全社会共同参与的文物保护工作格局。各级政府要进一步转变职能，切实承担起文物保护的主体责任；要充分尊重群众对文物工作的知情权、参与权和监督权，自觉接受公众的监督，虚心听取各方的意见和建议，依靠全社会力量做好文物保护工作；要把文物保护经费依法纳入本级财政预算，加大公共财政投入，通过政策扶持拓宽渠道，积极引导社会资金参与文物保护，努力构建多元化投入机制；要加强文物保护管理队伍建设，强化人才培养，提高人员素质；要加大文物保护法律法规的宣传教育力度，把文物保护相关法律法规学习纳入干部培训计划，提高依法保护文物的意识和能力。

（二）进一步做好文物保护各项工作。我省应切实加强文物建档和规划编制工作，尤其是要加快省级以上文保单位保护规划的编制；并加强杭州西湖世界文化遗产的管理，全力支持大运河申遗，积极创造条件，做好良渚遗址等其他项目的申遗工作；同时深化国家文化遗产保护科技区域创新联盟合作，加强文物保护科技基础平台建设；加大文物行政执法力度，严厉打击文物违法案件，切实保障文物安全；还应加强安全技术防范，创新管理体制和手段，切实增强博物馆、文物保护单位的安全保障能力。

（三）进一步提升文物保护利用水平。全省应注重挖掘文化遗产潜在的经济、文化价值，通过科学规划、合理利用，把历史文化遗产转化为提升我省综合竞争力和公共文化服务水平的宝贵资源：一方面应把保护文化遗产与发展文化产业结合起来，将传统文化中的优秀元素融入当今时代和生活中，体现创意价值，打造新的文化产品；并深入实施文物保护利用示范项目工程，加快推进良渚遗址、大窑龙泉窑遗址、慈溪上林湖越窑遗址、杭州临安城遗址等国家重点大遗址项目建设，在全面保护的基础上适度开发，推出一批集教育与休闲于一身、融自然和人文于一体的大遗址保护展示园区；另一方面要把保护文化遗产与加强公共文化服务结合起来，完善布局合理、富有浙江特色的博物馆体系，坚持博物馆免费开放，加强管理，改善服务；继续实施好陈列展览精品项目工程，提升博物馆的公共文化服务能力，增强传统文化的吸引力与亲和力，使文物保护成果惠及广大群众。

这次全国人大常委会执法检查组来浙江检查指导，必将有力促进我省的依法行政工作。我们一定认真接受全国人大的监督，虚心听取各位领导、专家的意见和建议，全面贯彻实施《文物保护法》，扎实开展文物保护管理，力争使各项工作继续走在全国前列。

关于浙江省贯彻实施文物保护法的补充汇报

浙江省文化厅巡视员　鲍贤伦

刚才，郑省长对浙江省的文物工作已经做了很全面的汇报，现在结合此次全国人大常委会《文物保护法》的执法检查重点，做如下补充汇报：

一、文物保护法律法规更趋完善，依法行政工作不断加强

1988年11月28日，浙江省第七届人大常务委员会第六次会议通过了《浙江省文物保护管理条例》。1997年，省第八届人大第四十二次会议对部分条例部分条款做了修改。2005年，为衔接《文物保护法》的修订实施，省人大再次修订《浙江省文物保护管理条例》。1997年，省第九届人大常委会第十四次会议通过了《浙江省历史文化名城保护条例》。这是关于历史文化名城、名镇、名村保护最早出台的地方性法规之一，目前省人大正着手对条例进行修改。《杭州市文物保护管理若干规定》、《宁波市文物保护管理条例》等一批具有较强针对性和操作性的地方法规、规章也相继出台，初步形成了与《文物保护法》配套的地方文物保护法规体系，文物工作的依法行政力度不断加大，进一步规范和明确了文物行政执法主体，实行了执法主体资格及职责的法定化和公开化，逐步规范了文物行政许可和审批，强化了文物执法监管。"十一五"期间，全省累计出动检查人员47198人次，检查各级文博单位、历史文化名城、街区、村镇27128家（次），会同公安、海关等部门加大了依法打击全省文物违法犯罪活动的力度。据统计，从2006年到2011年，我省年均制止全省文物行政违法案件近百起。2002年至2011年，省文物局共受理盗掘、盗窃、走私文物犯罪涉案文物鉴定671起，鉴定物品45641件，其中确定为一级珍贵文物的13件，二级文物46件，三级文物415件；经现场实地勘察，确认为被盗古文化遗址、古墓葬的有549处（座）。

二、文物保护抢救成效显著，文物资源在经济社会发展中的作用日益凸显

浙江省积极探索统筹兼顾经济建设和文物保护关系的工作模式，加大了文物保护抢救力度。仅2011年，我省启动的文保单位维修项目就达273个，共投入资金1.25亿元。为加强新农村建设中的乡土建筑保护，文物部门会同省财政厅、省文化厅下发了《浙江省宗祠建筑保护专项资金管理办法》，并加大了民间文物征集力度，加快了出土文物的移交进程，丰富了馆藏文物资源。截止目前，全省文化文物系统文物收藏单位的馆藏文物总数已达72万余件，其中一级文物2111件。为妥善处理经济建设和文物保护间的直接矛盾，文物部门配合国家基本建设重点项目的实施，及时开展了抢救性考古发掘工作。“十一五”期间，全省累计完成田野考古发掘任务146项，发掘面积近70万平方米，抢救出土了大量珍贵文物，确保了滩坑水库、西气东输、浙赣铁路、甬台温铁路及黄衢南、申苏浙皖高速公路等国家大型工程的如期建设。

通过加强文物保护，博物馆和对外开放文物保护单位充分发挥了在弘扬民族精神，加强爱国主义、社会主义、革命传统教育等方面的社会效益。博物馆的免费开放有效提高了社会关注度，体现了公共文化产品惠及于民的定位（以2011年为例，全省文物机构和博物馆的参观人数达3510万）。同时，有关方面通过文物保护充分关注了人文、自然生态环境的改善，使文物资源成为促进区域经济发展、合理调整产业结构、改善城乡生态质量、创造美好宜居环境、保持城市文化个性的不可或缺力量。2011年，我省文物保护管理机构门票收入达2.34亿元。杭州、宁波、绍兴、嘉兴、临海及嘉善西塘、桐乡乌镇等文物资源比较丰富的地区在有效保护文物的前提下，通过文物资源的整合利用和历史文化街区的整治开发，较好地实现了文化、经济、社会资源的和谐发展。

三、积极履行服务社会职能，加强文物流通领域管理

浙江现有文物拍卖企业33家，国有文物商店9家，民营文物商店13家，另有一批主要分布在杭州、宁波、绍兴、温州、金华等地的旧货古玩收藏品市场。我省一直正视民间文物收藏的发展，积极探索，规范、引导民间文物收藏，鼓励、扶持民办博物馆的发展。浙江省人民政府于2002年发布了《浙江省文物流通管理办法》，规定了流散文物经营许可制度，并要求对已出土流散在民间的文物实行登记制度，经登记的出土文物可保留收藏权但不得处分；同时尝试规范出土文物，以加强对民间收藏文物管理。但由于与《文物保护法》规定的文物流通渠道方式相抵触，《浙江省文物流通管理办法》被废止，致使目前缺乏对文物流通市场个体经营行为进行监管的依据。2003年浙江省政府《关于进一步加强文物工作意见》提出：“继续鼓励和扶持社会力量兴办民办博物馆（纪念馆），对民办博物馆（纪念馆）在规划建设、土地征用、规费减免、从业人员职称评定等方面与国办博物馆（纪念馆）一视同仁。”2005年，浙江省文物局以全省民间收藏文物为调研对象，完成了《浙江省民间文物收藏的现状与对策》《全省民办博物馆的现状、趋势和对策》的调研报告。在此基础上，省文物局于2006年通过公开竞标的方式，承担了国家文物局课题《全国民间收藏文物现状与对策》。2005年修订的《浙江省文物保护管理条例》对举办非国有博物馆的条件、提交审批的材料和相应审批程序做了规定，同时对有效调动、整合民间收藏资源进行了有益尝试。继浙江省博物馆2004年开展为民服务，推出“家有宝藏——浙江民间收藏珍品大展”以来，我省国有文博单位又从2006年起连续推出“浙江民间收藏精品走进博物馆系列特展”，获得了良好的社会反响，充分激发了民间文物参与公共文化服务的热情，鼓励了民间收藏参与交流与共享，引导民间收藏朝着合法、科学、合理的方向发展。

四、关于完善文物保护法律法规的相关建议

总结我省过去的执法实践，我们特提出如下立法建议：

（一）坚持“五纳入”方针。妥善处理文物保护与经济建设、社会发展间的关系，仍是当前我们首要面对的命题。我省应继续提升各级人民政府保护发展文化遗产的责任意识和主动意识，强调各级政府的责任，坚持全面落实文物工作“五纳入”，把文物工作纳入经济社会发展计划，纳入城乡建设规划，纳入财政预算，纳入体制改革，纳入各级领导责任制，进一步完善国家保护为主、动员全社会共同参与的文物保护体制，确保文物事业的全面、健康、可持续发展。

（二）完善文物保护制度。首先要赋予第三次全国文物普查登录的文物以合法的法律地位，加大对文物保护点、历史建筑等不可移动文物的保护力度。其次、对于私人产权的文物建筑，要平衡所有人的权利和义务，建立合法的权利让渡和补偿机制，确立文物部门介入私有产权文物保护的途径；对于农村文物保护单位产权所有者应予以政策倾斜，在安排宅基地上给予特殊对待。再次是要确保文物本体安全及环境风貌的完整为重点，改进、完善涉及文物的重大建设工程项目前置许可制度，明确将文物影响评估列为基本建设工程规划审批的前置条件。最后建议将考古调查作为土地流转的前置条件，明确把考古调查、勘探、发掘所需费用作为土地流转成本的组成部分。

（三）完善博物馆领域立法。首先要明确博物馆的法律性质，建立博物馆的独立法人结构；其次要规范博物馆设立准入条件，明确博物馆建设的规范、标准；再次要探索、建立社会力量参与文物保护、博物馆建设的准入条件，促进民办博物馆的发展。

（四）加强文物流通领域管理。首先要完善经营模式，除目前法律明确的文物拍卖、文物商店外，古玩市场作为现实存在的文物流通渠道，也应确定其主体资格，明确经营范围，规范管理措施。其次是针对当前存在法律规定文物商店、拍卖企业所需五名专家不能落实或发挥实际作用的情况，建议通过建立行业资格考试认证制度，对接目前文博行业职称评定，来提高文物流通从业人员的素质，规范其职业行为。再次要推动文物鉴定中介的机构建设，建立统一的文物鉴定资质资格认证管理体系，依法管理文物鉴定行为。最后要加强文物艺术品鉴定从业人员的资质培训，逐步形成文物流通专业人员的内生培养机制。

（五）加大文物行政执法力度。首先要加强文物行政执法工作，建立健全行政执法机构，明确内设机构和专职人员，构建行政执法队伍。其次要建议规范文物行政执法机构的管理职责，明确界定文物行政执法队伍、事业组织履行职责的法律依据。再次要提高《文物保护法》罚则罚金的设置标准，适当强化《文物保护法》中涉及责任改正的行政措施，在改正内容、履行方式、救济手段等方面做出规范。

我们将以此次全国人大常委会全面检查文物保护法实施情况为契机，按照执法检查组提出的宝贵意见去查找问题和不足，从而推动全省文物事业的新发展。

在全省文物安全工作联席会议上的讲话

省文化厅厅长　杨建新

党的第十七届六中全会通过了《中共中央关于深化文化体制改革推动社会主义文化大发展大繁荣若干重大问题的决定》，预示着文化工作的春天即将来临。《决议》强调：要大力发展公益性文化事业，保障人民基本文化权益，并明确指出："优秀传统文化凝聚着中华民族自强不息的精神追求和历久弥新的精神财富，是发展社会主义先进文化的深厚基础，是建设中华民族共有精神家园的重要支撑。要全面认识祖国传统文化，取其精华、去其糟粕，古为今用、推陈出新，坚持保护利用、普及弘扬并重，加强对优秀传统文化思想价值的挖掘和阐发，维护民族文化基本元素，使优秀传统文化成为新时代鼓舞人民前进的精神力量。""加强国家重大文化和自然遗产地、重点文物保护单位、历史文化名城名镇名村保护建设，抓好非物质文化遗产保护传承。"文物工作作为优秀传统文化的重要组成部分，在推动社会主义文化大发展大繁荣的过程中将发挥越来越重要的作用。

2011年12月28日，全国文物安全工作部际联席会议在北京召开了第二次会议。会议明确指出：确保文物安全关乎构建社会主义核心价值观与国家文化安全大局，是维护祖国统一和领土完整、促进民族团结的现实要求，是文化遗产事业服务于外交大局的重要内容，是保障人民群众公共文化权益，维护党和政府形象的现实需要；要把安全切实融入文物事业发展目标始终摆在重中之重的首要位置。2012年，国家还将出台《关于加强和改进文物安全工作的指导意见》，这将是一个指导当前和今后一段时期文物安全工作的纲领性文件。

下面，我结合《浙江省文物博物馆事业发展"十二五"规划》，就下一步的文物安全和联席会议的重点工作谈几点意见，供大家参考。

一、"十二五"期间文物安全重点工作

"十二五"期间，全省文物安全工作的总体目标是健全文物安全监管机制，保持全省文物执法监管工作全国领先的优势，加大执法力度，构建反应迅速、防范严密、执法规范、保障有力的安全监管体系，确保文物安全。重点工作主要有四项：

1、实施文物平安工程，以创建国家文物安全综合管理实验区为抓手，强化文物安全的基础设施建设和管理。我省将通过新建、扩建文物库房和改造更新安全技防设施，确保全省一、二级文博风险单位无重特大安全隐患、安全事故；并加强第五至第七批全国重点文物保护单位中大型建筑群、民居、村落的防火设施和文物安全监测；推进文物行政执法网络监管、文物安全监测和文物安全技防系统远程监管等平台建设，提高文物安全监管的网络化、自动化、信息化水平。

2、落实文物安全责任制和责任追究制,完善文物执法监察巡查制度,加强文物违法案件的查处、督办,特别要加大对法人违法案件的查处。

3、加强全省文物安全工作联席会议各部门间的协作,健全文物安全监管长效机制。文物部门将会同公安、国土资源、海关、工商、住房建设等部门,打击盗窃、盗掘、走私、非法经营和破坏文物的违法犯罪行为;并与省海洋局协作,推动水下文物安全保护执法工作,探索建立水下文物保护和执法机制;进一步加强对3万平方米以上的大型基本建设项目的执法监管。

4、强化文物安全基础设施建设。全省将针对文物系统博物馆风险单位实施文物库房的新建、改造及安全技防的新建与更新;实现一、二级风险单位中国有文物收藏单位安全技术防范设施达标率达到100%,总体安全基础设施达标率继续位于全国前列;同时针对省级以上文保单位实施文保单位安防、消防、防雷设施的新建与改造;还将以国家文物安全综合管理实验区创建为抓手,世界文化遗产、重要大遗址和文物系统博物馆一级风险单位为重点,推进文物安全监测平台的建设,提高对文物保护状况及周边环境的监测预警能力,以期建成一个国家文物安全综合管理实验区。

二、联席会议下一步工作

1、发挥联席会议作用,构建文物安全长效机制。经省政府办公厅同意,全省文物安全工作联席会议制度已正式建立。这是加强我省文物安全工作的一项重要举措。联席会议的主要职能是统筹协调全省文物安全工作;研究制定打击文物犯罪,遏制文物行政违法行为、建立文物安全防范联动机制;指导、督促、检查安全措施的落实;协调解决文物安全工作中重大问题,加强部门间协作配合,形成工作合力;办理上级交办的其他事项。我省将通过文物安全工作联席会议这一机制,进一步完善政府统一领导,部门各司其职、标本兼治、综合治理的文物安全工作格局。

2、进一步建立文物安全信息汇总、交流和研判工作机制,实现文物安全信息共享,为行政执法查办文物违法案件提供综合性的信息支持,加大部门间协同办案、联合执法的力度。各联席会议成员单位应随时将所看到、听到、了解到、掌握到的文物安全信息和违法违规行为及时向联席会议办公室反映。办公室在收集汇总后,将经过调查核实,以工作简报等形式向各成员单位通报;使各成员单位通过案件信息的及时沟通与交流,及时了解、掌握全省文物安全案件情况,总结、分析文物安全工作特点和规律,研究采取应对措施。

3、逐步建立联合执法督查机制。有关方面将一方面开展常规执法督查,督查各地落实文物保护和相关法规的情况,督促整改违法行为;一方面开展专项执法督查,由相关部门对涉及多行业、多部门破坏文物的违法行为组织联合专项执法督查;同时发挥各部门的职能作用,联合查办突发事件,集中力量解决因突发事件而引起的文物行政违法和安全案件。

4、建立文物安全监管长效机制。各成员单位应将部门间联合开展打击文物犯罪专项行动、组织文物周边治安环境整治、实施消防安全检查作为长效机制确立下来,通过强化预防和综合治理,实现文物单位安全的防范关口前移,把住源头,依法查处、打击盗挖、盗掘、贩卖、走私出土文物等违法行为。

全省文物安全工作联席会议制度已建立并正式启动。在今后工作中,还需要各成员单位在各自工作岗位上为我省的文物安全工作出谋划策、齐心协力、发挥才智,从而把全省的文物安全工作推上一个新台阶。

在全省历史文化名城名镇名村保护工作暨宣传贯彻《浙江省历史文化名城名镇名村保护条例》会议上的讲话

省文化厅巡视员　鲍贤伦

现在，我代表省文物局，结合历史文化名城名镇名村的保护，就全省不可移动文物的保护管理工作谈两点意见。

一、近年来的主要工作进展

近年来，在省委、省政府的高度重视下，在各地、各部门的共同努力下，我省的历史文化遗产保护工作取得了显著进展，主要表现在以下几个方面：

（一）第三次全国文物普查圆满完成

根据国务院的统一部署，在省政府的有力领导下，我省第三次全国文物普查已圆满完成。经过五年努力，我省系统调查了城乡、海岛、水域及军事区域内的不可移动文物，共登录不可移动文物73943处，其中新发现61728处，登录数和新发现数均位居全国首位；通过普查摸清了全省不可移动文物的总量、分布、类型和年代，查清了不可移动文物的所有权、使用情况、人文环境和自然环境，查实了保护级别、保护状况、破坏因素等基本信息，取得了有关文物资源现状的翔实数据。目前，我们已公布了普查名录，出版了普查成果。

在这次普查中，我们不仅详尽地调查了所有历史文化名城、街区、名镇、名村内的不可移动文物，还出于整体保护历史街区、古村镇的考虑，专门增设了历史街区、古镇村普查板块，共登记历史街区、古村镇220处。这些历史街区、古村镇中共登记不可移动文物7500余处，占全省普查登录不可移动文物总量的十分之一。

第三次文物普查成果作为珍贵的基础资料，能够全面、准确反映各地保有遗产资源的基本状况，为进一步加强全省文物保护工作提供必要的决策依据，也可为科学制定保护规划，推进历史文化名城、街区、名镇、名村的保护工作提供有利条件。

（二）历史文化遗产保护体系日趋完善

我省遗产资源数量丰富、覆盖广泛、类型多样。第三次全国文物普查开展以来，我们依托普查成果，及时推荐、公布文物保护单位、文物保护点，积极申报历史文化名城、街区、名镇、名村。据悉，我省推荐的第七批全国重点文物保护单位，有100余处通过了专家评审和国家有关部门审查。2011年1月，省政府公布了第六批省级文物保护单位373处。普查期间，全省各地共公布市、县级文保单位1884处，文物保护点3717处。在住建部、国家文物局公布的第五批中国历史文化名村中，我省的宁海县许家山村、绍兴县冢斜村和金华市寺平村均为普查新发现的古村落。2012年7月，省政府又公布了第四批45处省级历史文化街区、名镇、名村。

到目前为止，我省已拥有世界文化遗产1处，全国重点文物保护单位132处（居全国第5位），省级文物保护单位748处，市县级文物保护单位3800余处，文物保护点6100余处，加上颇具规模的历史文化名城、街区、名镇、名村，以世界文化遗产为标杆，基础厚实、梯度合理、覆盖广泛、类型多样的历史文化遗产保护体系正日趋完善。

在历史文化遗产保护体系中，不可移动文物和历史文化名城、街区、名镇、名村是密不可分的，历史文化名城、街区、名镇、名村所在往往就是文物古迹集中成片的区域。我省有大量文物保护单位、文物保护点和普查登录的文物点分布在这些区域。仅18座历史文化名城拥有的全国重点文物保护单位和省级文物保护单位，就分别占全省总量的约40%和30%。乡土建筑类遗产（不含古桥梁）在我省文物保护单位中也要占20%左右，其中很多位于历史文化名镇和名村。

（三）文物保护抢救力度持续加大

多年来，我省将文物保护融入经济社会发展大局，在配合基本建设的过程中及时开展考古调查勘探与考古发掘，抢救和保护了一大批重要遗址，有力配合了国家和地方重大建设工程的实施。与此同时，我省积极探索大遗址有效保护和展示利用的新路径，以规划的编制为先导，相继实施了一批遗址保护和展示重点工程。目前，我省余杭良渚遗址、大窑龙泉窑遗址、慈溪上林湖越窑遗址、杭州临安城遗址等已纳入国家重点大遗址项目库，良渚遗址被国家文物局公布为首批国家考古遗址公园。

针对地面文物存在的险情隐患，我们以省级以上文物保护单位为重点，在全省范围内实施了大规模的文物保护工程，使包括名城、街区、名镇、名村内的不可移动文物大批濒危遗产得到了及时抢救保护。2012年，我们共审批省级以上文物保护单位保护工程设计与施工方案近100项，其中有40%左右位于历史文化名城、街区、名镇、名村内。近十年来，我们还以省级以上文物保护单位为基本对象，以内涵丰富、规模较大、知名度高、环境风貌相对完整、开发利用前景看好为主要标准，实施了一批文物保护利用示范项目，以此为抓手，推动文物保护工程质量和利用水平的全面提升。

在规划等有关部门的大力支持下，我省文物保护单位保护管理的基础工作取得了新的重要进展。具有环境要素和群体规模的省级以上文物保护单位保护规划的编制进程明显加快，132处国保单位已完成或启动保护规划编制工作的超过50%。2006年以来，省政府新划定（或调整）公布了151处省级以上文物保护单位的保护范围和建设控制地带。我省全国重点文物保护单位以及前五批省级文物保护单位的记录档案建档工作已基本完成，工作进展在全国名列前茅，工作质量受到上级主管部门多次好评。

我省文物部门还积极配合规划部门推进历史文化名城、街区、名镇、名村保护规划的编制，按照《文物保护法》、《历史文化名城名镇名村保护条例》等法律法规的规定，为名城、街区、名镇、名村内各类不可移动文物的妥善保护和合理利用提供专业意见，为科学编制保护规划提供技术支持。

近些年来，省、市、县各级财政对历史文化遗产保护的保障力度越来越大。仅最近两年，省财政就补助各地不可移动文物保护项目188项，经费8607万元。部分市、县财政投入的增幅更加明显，温州市从2012年起每年投入1.4亿元用于市区文物保护单位（点）的保护；建德市投入6000多万元用于全国重点文物保护单位新叶古建筑群的保护和环境整治；平阳县投入5000万元用于国保单位顺溪古建筑群的保护和环境整治。

（四）世界文化遗产申报进展明显

经过历时十余年的努力，2011年，杭州西湖文化景观被联合国教科文组织正式列入世界遗产名录，一举实现我省世界文化遗产零的突破。西湖申遗的成功，说明其遗产价值和保护实践得到了国际社会的广泛认同，标志着我省文化遗产保护事业迈入了一个新的发展阶段。西湖申遗成功同时也佐证了“保老城、建新城”是保护名城、传承文脉的可行之路，为历史文化名城保护提供了鲜活的实例。西湖申遗成功后，杭州市迅速采取多项举措，推进世界遗产地的保护与管理，成立了杭州西湖世界遗产监测管理中心，启动了遗产监测预警管理体系建设，报请省人大常委会审议通过了《杭州西湖文化景观保护管理条例》，为加强西湖文化景观管理、践行历史文化名城和谐发展之路做出了新的努力。

当前，我省正按照国家的统一部署，大力推进大运河联合申遗。大运河浙江段的申遗工作不仅涉及的文物保护单位和文物保护点数量众多、规模宏大，还涉及杭州、宁波、嘉兴、绍兴4座国家历史文化名城，湖州、余姚、海宁3座省级历史文化名城，涉及杭州桥西、湖州南浔、绍兴八字桥等历史文化街区，工作任务十分繁重。自2009年启动申遗工作以来，在各部门的通力协作和大运河沿线各地的共同努力下，我省在运河遗产资源调查、保护规划编制、申遗点段保护整治、建设活动协调管理、展示标识系统设计和保护管理监测平台建设等方面均取得了显著进展。

最近，国家文物局更新公布了《世界文化遗产预备名单》，在45个项目中，我省有7个榜上有名。其中，“海上丝绸之路”和“明清城墙”分别涉及国家历史文化名城宁波、临海，大窑龙泉窑遗址涉及省级名城龙泉，“江南水乡古镇”包括西塘、乌镇、南浔、新市4个历史文化名镇。

（五）乡土文化遗产保护扎实推进

我省是全国率先探索城乡统筹和新农村建设的省份之一，经济发达，乡土遗产资源丰富，但土地资源紧缺，农村人口密集，新农村建设中的文化遗产保护工作任务艰巨。多年来，我省的乡土文化遗产保护工作得到了各级党委、政府的高度重视。从1991年起，我省就开始在文物保护单位、历史文化村镇(街区)、农村历史建筑三个层次构建乡土文化遗产保护体系。近十年来，特别是2007年第三次全国文物普查开展以来，各地不仅将越来越多的优秀乡土建筑纳入文物保护单位和文物保护点的保护体系，还将大量乡土建筑公布为历史建筑，依法予以保护。近两年来，全省文物部门充分发挥自身专业优势，积极配合相关部门开展了历史文化村落、传统村落的普查与保护工作。

在乡土文化遗产保护与利用良性互动的模式方面，我省也进行了有益探索。全国重点文保单位兰溪诸葛村民居所在的诸葛村坚持以村集体和村民为主,政府给予政策、资金、技术支持引导的保护模式,逐渐实现了社会经济发展、遗产保护及民生改善的良性循环。磐安县探索出了一条党委政府统一领导、文物部门与各有关部门和乡镇协力推进、人民群众特别是古村落居民积极参与,乡土遗产保护与环境改善、旅游发展以及人民生活质量提升互相促进的和谐互动模式。安吉县积极开展生态博物馆试点建设,通过村落与街区建筑格局、整体风貌、生产生活等传统文化和生态环境的综合保护展示,突破了博物馆传统意义上的馆舍天地,将自然生态、文化生态、社会生态、产业生态有机融合,使当地居民真正成为了文化的主人。

为加强乡土文化遗产保护,杭州、嘉兴、丽水、余杭、磐安、龙游等地先后出台了专门的规章或政策文件,对乡土文化遗产保护的财政投入力度也普遍加大。省财政除在省级文物保护专项补助资金中做出项目安排外,还从2011年起设立每年1000万元的宗祠建筑保护专项资金,扶持全省宗祠建筑保护项目。杭州市从2010年起,将每年补助主城区以外五县市和萧山、余杭两区乡土建筑保护修缮的资金,从过去的1000万元提升到5000万元,加上县、乡两级的配套经费,每年投入达1亿元以上。2012年4月,省委、省政府办公厅联合下发《关于加强历史文化村落保护利用的若干意见》(浙委办〔2012〕38号),在资金投入、用地保障等方面进一步加大了对乡土文化遗产保护利用的政策保障力度。

二、今后一段时期应着力关注的几个问题

当前,我省的文化遗产事业已经站到了新的历史起点:一方面,文化遗产事业面临难得的发展机遇。党的十七届六中全会和十八大做出了建设文化强国的战略部署,省委十二届十次全会和省第十三次党代会明确了从文化大省迈向文化强省的发展目标,文化遗产事业受到了党和政府前所未有的高度重视,加强遗产保护、践行科学发展已成为社会各界、全省上下的高度共识。另一方面,我省文化遗产事业具备良好的发展条件。我省具有得天独厚的遗产资源优势,拥有一支能征善战的文物工作队伍,遗产保护管理工作基础扎实,部门协同有力,改革开放以来经济快速发展使加强遗产保护有了可靠的物质保障。

在看到我省文化遗产事业强劲的发展势头、广阔的发展空间的同时,我们也要清醒地认识到面临的严峻挑战。随着工业化、城镇化的加速推进,我省文化遗产事业发展进入了压力不断累积的"矛盾凸显期",文化遗产保护和生产建设的矛盾依然突出,文化遗产及其生存环境受到威胁的现象依然时有发生。与贯彻落实科学发展观的要求相比、与人民群众的殷切期待相比,我省文化遗产事业的发展依然任重而道远。

当前和今后一段时期,我们要认真贯彻落实党的十八大精神,以加快建设文化强省为目标,以施行《浙江省历史文化名城名镇名村保护条例》为契机,大力实施文化遗产传承计划,加快构建科学有效的文化遗产保护体系,进一步提高文化遗产保护管理水平,合力推进新农村建设中的文化遗产保护,努力使我省的文化遗产保护工作继续走在全国前列。

(一)进一步完善历史文化遗产保护体系

我省陆域面积小,文物分布广,遗产密度高,在旧城改造、新区开发、新农村建设以及重点工程项目实施过程中,大量不可移动文物面临损毁危险。第三次全国文物普查虽已摸清我省不可移动文物的家底，但边普查边消失的现象突出，要巩固好普查成果，任务还十分繁重。

与第三次全国文物普查登录的七万余处不可移动文物总数相比，我省文物保护单位与文物保护点的数量明显偏低，纳入依法保护体系的遗产范围明显偏窄。就保护层级来看，既存在世界遗产等高级别保护对象数量少的问题，更存在市县级文物保护单位以及文物保护点数量不足、遗产保护金字塔基础不够厚实、结构不尽合理的问题。历史文化名城、街区、名镇、名村的核心保护范围本来是保存文物特别丰富的区域，但从已批准公布的保护规划看，这些不可移动文物被确定公布为文物保护单位和文物保护点的比例往往不高。当前和今后一个时期，我们要尽快从普查成果中遴选公布各级文物保护单位、文物保护点，将其纳入依法保护范畴。为有效遏制第三次全国文物普查登录点灭失的不良势头，要尽可能多地将这些不可移动文物公布为文物保护点或文物保护单位。对于不可移动文物分布集中的区域，还要加强对历史文化资源的综合分析和深度挖掘，积极推动历史文化名城、街区、名镇、名村的申报工作。

世界文化遗产申报工作是完善我省历史文化遗产保护体系的重要环节。大运河申遗工作已进入攻坚克难的关键阶段，我们要围绕2014年申遗成功的目标，将思想认识统一到国务院的决策部署和省委、省政府的工作要求上来。特别是大运河沿线的14个市、县（市、区），更要充分认识申遗工作的紧迫性，增强申遗攻坚战的信心和决心，加快推进申遗点段保护整治等各项工作。在运河遗产保护规划的实施过程中，要注意与历史文化名城、街区、名镇保护规划相衔接，通过各级政府和部门之间的紧密协作，合力推进、如期完成申遗工作的各项任务。有遗产列入《世界文化遗产预备名单》的各市、县（市、区），要依照文物保护法律法规，按照《世界文化遗产保护管理办法》的规定，加强对相关遗产的研究、保护和管理，完善规划与法规，提升展示水平，改善环境景观，健全保护管理机构，严格控制遗产区和缓冲区内的建设活动，维护遗产的真实性和完整性，为世界文化遗产申报奠定扎实的基础。

（二）进一步加强不可移动文物的保护管理

我们要改进和完善重大建设工程中的文物保护工作，认真执行《文物保护法》、《浙江省文物保护管理条例》关于大型基本建设先期进行考古调查、勘探的规定，重点加强对占地面积三万平方米以上建设项目的监管。凡关系到国计民生的重大建设项目，要集中力量开展文物保护和考古工作，既要争取在项目实施前给文物保护预留合理工作时间，也要保证重大建设项目顺利进行。最近一段时期以来，在个别地方出现了要求迁移文物保护单位、为建设工程让路的不良倾向，无论是文物部门提前介入不足，还是执行文物法律法规存在认识误区，都必须引起高度重视，坚决予以纠正。

与此同时，我们要根据普查登记的文物状况，本着区别轻重缓急、先易后难的原则，统筹安排修缮保护工作，加强对濒危文物的抢救力度，落实各项措施，切实改善文物保护状况，确保文物安全。在对各级文物保护单位进行保护修缮的过程中，要进一步加强对文物保护工程立项、设计、施工、验收等环节的指导和监督，提高文物保护工程质量和文物行业规范化管理水平。要重点加强文物保护工程实施过程的检查与管理，市、县文物部门既要责任在肩、当仁不让，发挥主力军作用，也要注意发挥文物保护工程监理单位的作用。今后，文物保护工程、特别是省级以上文物保护单位的保护工程，均应由具备文物工程监理资质的单位实施全程监理。

我省历史文化遗产保护管理的基础工作依然不够厚实，要进一步规范工作程序，提高工作效能，大力推进文物保护单位特别是新公布的省级以上文物保护单位的保护区划划定、保护规划编制等工作。文物部门要继续配合规划部门加快推进历史文化名城、街区、名镇、名村保护规划的编制工作，并结合规划的实施，加大名城、街区、名镇、名村内的文物保护力度。要通过有效的保护、到位的管理，使文物工作进一步融入城乡发展和社区生活，使文物保护与生态文明建设、人民生活改善和地方社会经济发展有机结合。

（三）进一步推进乡土文化遗产保护

如何加强乡土文化遗产保护是我省文物工作多年来面临的重大课题。在当前和今后一段时期的美丽乡村建设、新型城镇化过程中，我们更要高度警醒，与兄弟部门、遗产所在地政府和居民密切协作，合力破解难题。早在2003年，省委省政府在开始实施“千村示范、万村整治”工程时，就对保护农村历史文化遗产进行了战略部署。时任省委书记习近平同志曾明确指出，要“对有价值的古村落、古民居和山水风光进行保护、整治和科学合理的开发利用，切实保护好名人故居、古代建筑和历史文化遗迹”。2006年，省政府在《关于进一步加强文化遗产保护的意见》中，又对乡土建筑和历史文化环境的保护提出了明确要求。2012年，《浙江省历史文化名城名镇名村保护条例》的颁布，省委、省政府办公厅《关于加强历史文化村落保护利用的若干意见》的出台，又为乡土文化遗产的保护提供了新的契机，开辟了新的前景。

我省乡土文化遗产保护与利用的实践告诉我们，文物保护的过程可以、也应该成为集中民智、惠及民生的过程，成为经济社会发展积极而活跃的因素。全省文物部门要充分利用各地开展古村落保护利用的大好契机，继续发挥本行业的专业特长，通过积极参与古村落保护工作，推动乡土文化遗产的科学保护、合理利用和传承发展。在此过程中，要切实做好对村落内的各级文保单位、文保点的保护与管理，加强对相关保护和建设项目的技术指导，引导、鼓励文物保护工程资质单位参与乡土建筑遗产的保护修缮。要结合历史文化名镇、名村的保护，与兄弟部门通力合作，共同促进古村落保护与利用工作的健康发展。要特别注意探索个人所有古民居保护与管理的有效途径，积极协助当地政府通过宅基地安排、产权置换、货币补偿等方式，实现个人产权文物建筑的有效保护、依法管理。要妥善应对城镇化过程中的传统村落空心化问题，在实践中探索、总结保护这些区域的乡土文化遗产的可行政策和措施。

同志们，面对各种机遇和挑战，我们要更加自觉地将历史文化遗产保护融入社会主义核心价值体系建设，融入公共文化服务体系建设。各级文物部门要认真学习、宣传、贯彻执行《浙江省历史文化名城名镇名村保护条例》，与规划等兄弟部门一起共同努力，为推动我省历史文化名城名镇名村保护工作再上新台阶，为推进文化强省建设、早日建成惠及全省人民的小康社会做出新的更大的贡献。

借此机会，向长期战斗在遗产保护第一线的全省文物系统的同志们表示崇高敬意！向多年来关心支持文物工作的省人大领导以及兄弟部门的领导、同志们表示衷心感谢！

在全省文物安全工作联席会议第一次会议上的讲话

省文化厅副厅长　省文物局局长　鲍贤伦

为使大家对我省文物安全工作现状有所了解，以便在今后工作中更好地相互配合，下面我就我省相关的文物资源及文物安全基本情况作一通报。

一、我省文物资源概况

浙江历史悠久，人文荟萃，地上地下文物资源十分丰富。全省现有不可移动文物76000余处（其中新发现64054处）。这些不可移动文物中，国家级重点文物保护单位132处，省级文物保护单位748处，县级文物保护单位3800余处，文物保护点6100处，此外还有世界文化遗产1处，国家级历史文化名城7座，中国历史文化名镇、名村30处，省级历史文化名城11座，省级历史文化街区、村镇79处。全省现有博物馆、纪念馆234家，国有馆藏文物80余万件，每年举办陈列展览700多个；博物馆和其他文物开放单位年接待观众3600余万人次。这些珍贵的文化遗产是民族悠久历史的见证，是民族智慧的结晶、民族精神的象征，是民族生命力和创造力的重要体现，也是人类文明的瑰宝。保护好、传承好、利用好文化遗产，对于继承、发扬中华民族优秀传统文化，弘扬以爱国主义为核心的民族精神和以改革创新为核心的时代精神，推动社会主义文化大发展大繁荣，促进国际文化交流和人类共同发展均具有十分重要的意义。

二、文物安全工作情况

多年来，在省委、省政府的正确领导下，在各相关部门的大力支持下，经过全省上下的共同努力，我省的文物安全监管工作在机构建设、基础设施、队伍建设、科技支撑等方面都取得了一定的成绩。

1、加强机构建设，充实文物安全监管与执法力量。2005年，我省组建了承担全省文物行政执法监察工作的省文物监察总队，使我省文物执法监察工作进入了一个新阶段。全省用3年时间，基本实现了省、市、县（市、区）三级文物执法监察机构的全覆盖，为我省文物执法监察工作的全面开展打下了坚实基础。2009年新一轮机构改革中，在机构、编制整合压缩的大背景下，省政府高度重视文物安全监管工作，恢复了省文物局的建制，并增设了文物安全处，进一步强化了文物安全工作的管理和指导，实现了我省文物安全由分散管理向统一管理的转变。文物安全处与文物监察总队建立了良好的工作协作机制，形成工作合力，不定期地开展文物安全检查、文物执法巡查等联合行动，创造了良好的文物安全监管工作的局面。

2、加强执法巡查，落实管理制度。随着经济建设和城市化进程的迅猛发展，我省探索、尝试在开展文物执法巡查过程中积极主动与当地政府及相关部门进行沟通，及时了解大型基本建设工程和城市改造信息，对大型工程特别是3万平方米以上的大型基本建设工程实行前置介入。省、市、县三级文物执法监察机构每年出动1万余人次，巡查各级文物保护单位、文物收藏单位6000处/次，通过高频率的巡查提高了各相关单位工作人员的安全意识，消除了大批安全隐患。在第三次全国文物普查过程中，我省对文物保护单位的保护状况进行了系统摸底调查，并以实施文物保护工程和消防安全设施为重点，按照轻重缓急全面推进了安全基础设施的建设，强化了自身的抗风险能力。与此同时，全省进一步充实、调整业余文保员队伍，初步建立起田野文物的保护网络；并通过连续多年举办安防操作人员培训班，提高了各风险单位安防系统操作人员的操作技能和责任心。

3、加强科技支撑，构建文物行政执法网络监管平台。为不断提升全省文物执法监察工作的效能与水平，逐步使执法巡查工作达到规范化、信息化的要求，我省专门研发了在文物执行机构执法管理自动化基础上，覆盖全省的网络监管平台。文物执法网络监管平台的运行将推动全省文物执法和保护工作迈上新台阶。

4、积极与省级有关部门协作，开展联合行动，打击文物犯罪活动。根据国家文物局、公安部等部署，我省文物部门与各地公安机关协作，开展了文物安全工作的联合行动，打击了田野文物犯罪活动，使文物安全形势有所好转。特别是近期以来，我省破获了多起文物盗掘案，收缴了部分文物，抓获了一批犯罪嫌疑人，在一定范围内打击了文物犯罪活动的嚣张气焰。

5、继续实施安全技防达标工作，提高各风险单位的防护水平。2012年，文物部门又会同省公安厅重新核定了各风险单位名单，对部分单位的风险等级进行了微调，特别是提升了各设区市综合博物馆的风险等级，使一、二、三级风险单位的塔形结构更趋合理，为今后强化设区市综合博物馆的安全防护能力创造了条件。全省文博风险单位总体达标率一直保持在80%左右，连续10年保持了全国领先的位置。

三、文物安全工作中存在的主要问题

我省文物密集度高，城市化进程和经济转型升级加快，基本建设、旧城改造、土地整理等生产建设活动频繁，违法建设对文物安全的危害严重；因线路老化、老年人用火不慎造成的火灾事故频发；古遗址、古墓葬被盗掘案件有日益猖獗的趋势；文物开放单位应对突发事件的能力不足；专职的文物安全保卫工作人员配备不足，看护和值守人员以临时聘用为主，待遇低、流动性大。而目前较突出的安全问题主要有：

1、历史文化名城、名镇、名村和街区核心保护范围内的违法建设活动还时有发生。少数地方政府、部门在进行大型基本建设工程，特别是3万平方米以上基本建设工程前，不按规定报请文物行政部门组织考古调查和勘探，甚至因怕影响工程建设进度，发现文物也隐匿不报，致使施工中地下文物损毁流失。

2、文物建筑安全隐患较为严重，文物安全基础设施建设的投入严重不足。文物建筑多为木质结构，干燥易燃，尤其是民居类乡土建筑的线路老化和随意乱拉现象十分普遍。且建筑密度高、间距小，无法按现代消防的要求配备消防设施与水源，导致文物建筑火灾发生后施救困难。2011年5月31日慈溪市文物保护单位通天楼和6月3日松阳省级文物保护单位石仓乡土建筑火灾事故就是典型案例。此外，宗教活动用火及雷击起火也是近年来文物建筑火灾事故中较为常见的诱因。2011年下半年，文物部门与省气象局联合组织了对全国重点文物保护单位防雷设施的专项检查，共抽查全国重点文物保护单位102处（108个点），但有防雷安全设施的只有27处（点），仅占25%，文保单位的防雷设施建设状况令人堪忧。

3、盗窃文物建筑构件、盗掘古墓葬、古遗址，以及走私、破坏文物等案件屡有发生。2011年4月7日安吉龙山墓群107号墩的盗掘案及发生在萧山的盗墓案都呈现出团伙流窜作案、组织严密、分工明确、工具先进、职业化、智能化的特征。

4、文物安全保卫队伍不稳定。随着文物博物馆事业的发展，文物保护和收藏基础设施条件已有明显改善，“物防”和“技防”得到了基本保障，但从事文物安全保卫的干部队伍却由于受到编制、经费等制约，依然以临时聘用人员为骨干，工资待遇低、流动性大。在经费相对贫困的地区，聘用离退休人员从事文物安全保卫工作的情况仍无法避免。

文物是不可再生的资源，历史文化遗产与人民群众的情感联系紧密，因而越来越受到广泛关注。文物安全工作是文物保护工作的生命线。党和政府长期以来对文物安全工作十分重视。特别是近年来，党和国家领导人十分密集地对文物安全工作做出了一系列批示，把文物安全提高到国家文化资源安全的高度。作为省级文物行政部门，省文物局深感肩上的责任重大。此次省政府办公厅决定建立全省文物安全工作联席会议制度，举省级相关部门之力，共同谋划、统一协调、协作配合、齐抓共管、形成合力，对于做好全省的文物安全工作是一个重大举措。有关方面一定要利用好联席会议这一机制，加强与各部门的沟通、协作与信息共享，发挥各自优势，遏制住文物安全案件和安全事故频发的势头，为历史文化遗产的保护作出应有的贡献。

在全省文物局长座谈会上的讲话

省文化厅巡视员　鲍贤伦

今天，我们召开年中的全省文物局长座谈会，主要任务是学习贯彻全国文物工作会议和省第十三次党代会精神，全面落实党中央、国务院关于文物工作的重要部署，深刻领会"两富"总目标的丰富内涵，回顾总结上半年工作，研究部署下半年工作。下面，我着重讲两方面内容。

一、深刻领会全国文物工作会议精神，围绕省第十三次党代会提出的"两富"总目标，扎实推进文物强省建设。

7月10日上午，国务院在北京召开了全国文物工作会议。会前，中央政治局常委李长春同志会见了与会代表，并发表了重要讲话。会上，国务委员刘延东同志作了题为《继往开来 开拓创新 全面推进文物保护利用和传承发展》的重要讲话。中央领导同志的讲话，明确提出了坚持中国特色文物事业发展道路、建设文化遗产强国的战略目标和总体要求，全面部署了新时期文物工作的基本要求和重点任务，对做好当前及今后一个时期的文物工作具有重要的指导意义。7月10日下午，国家文物局召开了贯彻全国文物工作会议精神座谈会，蔡武部长、励小捷局长分别传达了全国文物工作会议精神，并就下一步贯彻落实会议精神作了讲话。我们要认真学习、深刻领会、全面贯彻落实。6月6日至10日，省第十三次党代会在杭州召开，会议提出了建设"物质富裕，精神富有"的社会主义现代化浙江的奋斗目标。"两富"总目标着眼于哲学的高度，概括了物质和精神两个社会生产生活最基本的层面，涵盖了经济社会发展的全部内容，是建设现代化浙江的核心要义。"物质富裕"是实现"精神富有"的基础条件，也是文物事业发展的重要保证，"精神富有"是实现"物质富裕"的精神动力，也是文物事业的价值追求和命题归属。

全国文物工作会议和省十三次党代会都对文物事业提出了新要求，赋予了新使命。我们要把学习贯彻全国文物工作会议和省第十三次党代会精神，与推动新时期文物工作创新发展结合起来，与实施"十二五"规划的目标任务结合起来，坚定信心，积极进取，扎实推进文物强省建设。

（一）必须更加注重基础工作

刘延东同志在全国文物工作会议上指出，文物保护基础工作依然薄弱，文物安全形势依然严峻，文物管理、人才队伍建设亟需加强，保护能力亟需提高。蔡武部长在贯彻全国文物工作会议精神座谈会上强调："基础工作是推动我省文物事业科学发展的重要前提。要着眼文物基础工作的长期性、艰巨性和复杂性，继续把基础工作作为一项重要任务常抓不懈。"因此，要把基础工作摆在更加突出的位置，全面夯实文物工作基础。

一要做好“三普”后的不可移动文物保护工作。当务之急是要尽快公布不可移动文物保护名录和各级文物保护单位，依法纳入保护范畴，落实保护措施，避免不可移动文物遭受自然侵蚀或人为破坏而消失。要持之以恒地做好各级文保单位的“四有”工作、省级以上文保单位保护规划编制、重要濒危文物保护抢修、文物保护工程管理、文物保护利用示范项目等工作。

二要不断加强文物保护机构与队伍建设。随着我省文物保护对象和范围急剧扩大，保护压力陡增，工作任务日益繁重，文物保护力量与文物事业发展要求不适应的矛盾日益凸显。要积极争取党委、政府和有关部门的支持，健全文物保护机构、充实保护力量，拓宽人才培养途径，创新管理理念和用人机制，培养造就一支适应文博事业发展需要的规模适度、结构合理、素质过硬的人才队伍。

三要始终确立文物安全“生命线”的地位。当前文物安全形势依然严峻，自然灾害、“建设性”破坏、文物犯罪等因素威胁文物本体及其生存环境的事件还时有发生。要健全和完善文物安全监管机制，强化文物安全基础设施建设与管理，推进执法机构队伍建设，打击文物违法行为，开展文物安全知识宣传，及时消除安全隐患，防范安全事故于未然，确保文物安全万无一失。

（二）必须更加注重体系建设

党的十七届六中全会，提出要建设优秀传统文化传承体系。刘延东同志在全国文物工作会议上强调指出，国务院《关于加强文化遗产保护的通知》明确要求到2015年基本形成较为完善的文化遗产保护体系。省委十二届十次会议也明确提出要“实施文化遗产传承计划，加快构建科学有效的文化遗产保护体系”。加快建设优秀传统文化传承体系，充分发挥文物在社会主义核心价值体系建设中不可替代的重要作用是时代发展的要求，也是文物事业发展的内在要求。

一要加快构建不可移动文物保护体系。以实施世界文化遗产保护项目、不可移动文物保护项目、考古与大遗址保护项目、水下文化遗产保护项目、历史城市与街区村镇保护项目为重点，着力构建基础厚实、梯度合理、保障有力、覆盖广泛、类型多样的不可移动文物与历史文化名城、名镇、名村、街区保护体系，使文物资源本体及其周边环境风貌得到全面有效保护。

二要加快优化博物馆及其藏品保护体系。以实施博物馆体系建设项目、不可移动文物保护项目为重点，不断加强博物馆藏品的科学研究和保护，引导、规范和扶持民办博物馆发展，在注重博物馆规模数量增长的同时，全面推进质量效益的提升，着力提高博物馆的专业化、现代化、社会化水平，进一步完善政府主导、社会参与、富有浙江特色的博物馆体系。

三要加快健全文物保护科技支撑体系。以强化文物保护科学技术研究，提升文物保护科技创新能力，加快文物保护科技成果应用推广为着力点，以需求为导向，加大政策、资金、技术、人才等方面的支持力度，实施文物保护科技支撑项目，打造科技创新平台，不断增强文物保护科技创新和应用能力。

四要加快完善文物安全保障体系。以创建国家文物安全综合管理实验区为契机，以实施文物平安工程为抓手，推进文物行政执法网络监管、文物安全监测和文物安全技防系统远程监管平台建设，健全文物安全监管机构，加大执法监管力度，构建反应迅速、防范严密、执法规范、保障有力的安全监管体系，确保文物安全。

五要加快建设文物博物馆公共文化服务体系。以实施文物博物馆公共服务能力提升项目为重点，以深化博物馆免费开放为着力点，以陈列展览精品工程为抓手，创新文物博物馆公共文化服务方式，拓展服务渠道，丰富服务种类，增强服务能力，提升服务质量，基本建成政府主导、覆盖全省、惠及全民的文物博物馆公共文化服务体系，使文物博物馆成为“城乡文化服务圈”的重要组成部分。

（三）必须更加注重成果惠民

刘延东同志在全国文物工作会议上提出要“进一步发挥文物资源优势，更多更好地服务社会、促进发展、惠及民生”。文物事业应该更加主动地融入经济社会发展大局，充分发挥文化遗产引导社会、教育公民、推动发展的功能，为保障人民群众的基本文化权益做出应有贡献。

一要着力拓展文物利用途径，促进区域经济社会发展。近年来，我省的文物保护工作取得了丰硕成果。但是在合理利用文物方面，创新能力还较弱，途径和方式还较少，文物保护利用示范项目的效应还没有得到充分发挥。要不断更新理念，积极探索合理利用保护成果的途径和方式，把实施文物保护工程与改善民众生活、促进城乡建设、推动科学发展结合起来，使文物保护和利用更好地服务社会、惠及民生。

二要着力深化博物馆免费开放，提升博物馆公共文化服务水平。近年来，我省在博物馆建设、免费开放、陈列展览精品打造等方面取得了长足进步，但也存在着资源配置效率不高、创新意识比较缺乏等问题。要以深化博物馆免费开放为着力点，以打造展览品牌为抓手，充分挖掘和利用资源优势，加大博物馆衍生产品和文化产品开发力度，推广中小学“第二课堂”活动经验，加强爱国主义教育基地建设，不断提高博物馆公共文化服务能力。

二、回顾总结上半年工作，研究部署下半年工作。

（一）关于上半年工作情况

今年上半年，全省文物系统坚持以科学发展观为统领，深入贯彻十七届六中全会和省第十三次党代会精神，抢抓机遇，认真履职，在世界文化遗产申报、水下文化遗产保护、考古发掘、历史文化名城名镇名村保护、博物馆体系与公共文化服务能力建设、文物保护科技、文物安全保障等方面都取得了显著成绩，文物强省建设开局良好。

1.全面总结“三普”工作，及时巩固普查成果。

历时五年的“三普”工作于2011年底圆满收官。我省共调查登录不可移动文物73943处，其中复查12215处，新发现61728处，调查总数、登录总数及新发现总数均居全国首位，取得了具有浙江特色的丰硕成果。编辑出版了《浙江省第三次全国文物普查丛书》，省委、省政府主要领导为该丛书分别作了批示，充分肯定我省在“三普”工作中取得的成绩。省政府召开了“三普”工作总结表彰大会，表彰了全省3个先进县、30个先进集体和174名先进个人。举办了浙江省“三普”成果展，并在全省巡回展览。在省里的统一部署下，各地及时公布了一批不可移动文物保护名录，出台了一系列保护办法和措施，普查成果得到有效巩固。

2. 世界文化遗产保护管理体系日趋健全，大运河（浙江段）申遗等工作扎实推进。

杭州西湖文化景观申遗成功后，着力推进了遗产保护管理体系和遗产监测预警管理工作体系建设，有效提升了遗产地的保护管理水平。杭州西湖文化遗产预警监测体系建设项目已纳入《中国世界遗产监测预警体系建设总体规划》，并被国家文物局列为国家世界文化遗产监测工作试点单位。

大运河（浙江段）保护和申遗工作进入了关键阶段，省级保护规划已经国家文物局原则同意，将报请省政府批准公布。申遗点段的保护、整治工作进展加快，大运河展示标识系统设计和监测平台研究工作顺利开展。按照国家文物局统一部署，完成了《世界文化遗产预备名单》更新调整工作，向国家文物局申报列入《中国世界文化遗产预备名单》项目6个，其中浙江省单独项目2个，跨省联合申报项目4个。

3. 文物保护工程顺利实施，历史文化名城、名镇、名村（街区）保护工作切实有效。

规范文保单位修缮技术文件审批，加强重要濒危文保单位的保护和维修。论证、审查了通济堰、衢州府城墙等全国重点文保单位保护规划和一批省级以上文保单位修缮方案、保护区划划定方案、保护范围及建设控制地带内建设项目方案。提请省政府批准公布了平阳顺溪古建筑群等全国重点文保单位保护规划和27处省级以上文保单位保护范围及建设控制地带。竣工验收了杭州文澜阁等11处省级以上文保单位维修工程。新增施工一级资质单位3家。协同省住建厅做好历史文化名镇、名村（街区）保护工作。省政府审定公布了第四批省级历史文化街区、名镇、名村45处。配合有关单位，做好《浙江省历史文化名城保护条例》修订和历史文化村落普查、保护和利用工作。

4. 考古工作取得新收获，大遗址与水下文化遗产保护工作有新进展。

实施了桐庐小青龙遗址等22项考古发掘项目并取得了重要成果，余杭玉架山遗址入选了"2011年度全国十大考古新发现"，良渚古城考古项目获得了国家文物局田野考古一等奖。上报了《良渚古城遗址》等4项为期5年的考古工作计划，为考古科研工作明确了思路。组织实施了宁波东钱湖、绍兴宋六陵等大遗址的考古调查工作。妥善处理了杭州临安城遗址御园房产开发、丽水通济堰民居建设等事件。国家水下文化遗产保护宁波基地象山工作站揭牌成立。象山渔山小白礁清代沉船水下考古发掘项目顺利实施并取得了重要成果。千岛湖水下古城遗址进行了水下拍摄电视直播。

5. 博物馆建设与管理不断优化，免费开放工作取得新成效。

审查、论证了一批新建博物馆建筑设计及规划方案和一批博物馆的展陈设计方案。积极促进民办博物馆发展，研究制订《浙江省民办博物馆补助资金管理办法》（草案），启动国有博物馆对口帮扶民办博物馆工作。根据国家文物局的统一部署，做好我省申报国家一级博物馆的审查、推荐工作，完成2011年度博物馆、纪念馆年检工作。

积极参加国家文物局组织的全国博物馆免费开放最佳做法推介评选工作，浙江省博物馆、浙江自然博物馆分别获得了全国博物馆免费开放"最佳宣传推广奖"和"最佳网站服务奖"。

组织开展了全省"博物馆免费开放最佳做法"推荐表彰活动，24家博物馆获奖。积极推进博物馆藏品资源整合共享，召开了全省“加强馆际合作办展促进馆藏资源整合共享”专题工作会议，馆际合作办展工作取得初步成效，“发现历史——浙江考古工作十年回顾展”、“龙行浙江——浙江出土恐龙化石展”等合作办展项目成效良好。

6. 社会文物管理继续强化，博物馆藏品管理趋于规范。

认真履行社会文物管理职能，强化文物拍卖市场与进出境文物监管。审核文物拍卖经营活动15场，审核文物拍卖标的10142件（套），撤拍文物标的335件，新增文物拍卖企业2家。做好《文物拍卖经营许可证》年审、文物进出境管理60年成果展等相关工作。

制定浙江省博物馆藏品管理格式文本（征求意见稿），举办全省博物馆藏品保管培训班。编制了纺织品文物保护修复设备提升计划方案，开展了国有可移动文物收藏保管情况调研，为国有可移动文物普查打下了基础。审核通过了黄岩博物馆、德清县博物馆馆藏书画的修复保护方案。

7. 文物保护科技研究持续加强，科研项目合作得到拓展。

在科技部、国家文物局指导下，启动了古代建筑基本材料科学化研究等3项重要科研项目。积极参加“指南针计划”、“中华文明探源工程”、国家文物局重点科研基地课题、行业标准修订计划项目的申报，并有多个课题获得立项。浙江省博物馆和浙江大学等单位的“全省博物馆高保真采集数字化保存的应用普及”项目，申报了省科技厅服务业数字化技术成果转化子工程。在国家文物局指导下，完成了“指南针计划”专项成果展《惠世天工——中国古代发明创造文物展》筹展工作。积极开展全省文物保护科技项目申报和科技援疆工作，与新疆维吾尔自治区文物局、浙江大学、塔里木大学共同签订了《新疆文化遗产保护与研究战略合作框架协议》。

8. 文物安全工作机制更加健全，文物安全执法检查与依法行政工作有序开展。

召开了省文物安全工作联席会议第一次全体会议，为有效发挥联席会议成员的协作配合、联合作业，共同做好文物安全工作奠定了基础。根据国家文物局统一部署，联合省海洋与渔业局，率全国之先在台州椒江开展了浙江省辖区海域内文化遗产联合执法行动，并进行了海上联合执法巡查、应急预案演练及有关培训工作，得到国家文物局的好评。舟山、宁波、温州等地也陆续开展了海上联合执法行动。

配合做好全国人大文物保护法执法检查工作，确保检查组圆满完成各项任务。围绕重要节假日，开展了以文物消防安全等为重点的专项检查。会同省公安厅对杭州、温州、嘉兴等7个设区市开展了安全检查和巡查。查处了瑞安国保单位利济医学堂建设控制地带内违法搭建钢构建筑和庆元省保单位袅桥保护范围内违法建桥等案件。做好一批文博风险单位安全技术设施的新建、改造和更新工作。

9. 宣传工作富有成效，先进典型获得殊荣。

在“5.18国际博物馆日”和“文化遗产日”期间，召开了“浙江省5.18博物馆学术论坛”，举办了以湖州主场城市活动为中心，以省本级活动为主线，以全省各地的活动为基础的上下联动、形式多样的宣传活动。承办了全国考古工作会、全国文物进出境管理工作座谈会、全国基建考古南方片协作会等全国性会议，进一步扩大了我省文物工作的影响力。启动了《浙江馆藏文物大典》(暂名)、《中国历代绘画大系》、《浙江通志·文化遗产卷》(文物部分)等重要文集的编纂工作,取得较大进展。

在全国文物工作会议上,我省的余姚市河姆渡遗址博物馆和嘉兴市文物局被人力资源与社会保障部、国家文物局授予"全国文物系统先进集体"荣誉称号,省文物考古研究所副所长刘斌被授予"全国文物系统先进工作者"称号。在省人力社保厅、省文化厅、省文物局组织开展的全省文物系统先进集体和先进工作者评比表彰中,浙江省博物馆等17家单位和陈水华等20名个人获"先进集体"和"先进工作者"称号。

(二)关于下半年的工作任务

今年下半年,全省文物系统要深入学习党的十八大精神,贯彻落实全国文物工作会议和省第十三次党代会精神,结合"十二五"规划和年初的工作部署,突出重点,整体推进,圆满完成各项目标任务。

1.继续做好世界文化遗产管理和申报工作。

按照世界遗产保护的要求,加强杭州西湖文化景观的保护管理,进一步建立健全管理制度,推进西湖世界遗产监测管理工作,对各类景观、历史文化遗存等进行全方位严格保护,配合做好西湖申遗表彰工作。以杭州西湖文化景观为标杆,以大运河保护和申遗为重点,以《世界文化遗产预备名单》更新为契机,推进我省申遗项目的基础工作。按照国家文物局的部署和要求,全力抓好大运河(浙江段)遗产点保护整治、申遗文本编制、保护规划审批、标识系统及监测管理平台建设、成果出版等各项工作。

2.大力加强考古管理和大遗址保护工作。

举办全省考古工作会议,总结考古工作的成绩和经验,部署下一阶段全省考古工作的目标和任务。完成国家文物局组织的全省具备个人考古领队资格人员的考古发掘审批系统培训。《良渚遗址保护总体规划》上报国家文物局审批,良渚古城考古项目争取获得新成果。公布大窑龙泉窑遗址保护规划,完成舟山白节山海域水下考古调查勘探。

3.加大文物保护单位保护管理等基础工作力度。

启动第七批全国重点文物保护单位、第六批省级文物保护单位的"四有"工作。基本完成省级以上文物保护单位保护区划图集的编辑出版工作。进一步规范工作程序,提高工作效能,加强文物保护单位特别是新公布的省级以上文物保护单位保护规划编制及保护修缮工作。开展文物保护工程资质单位年检工作,加强文物保护工程项目检查和管理,完善文物保护工程管理的相关规范。举办全省不可移动文物保护工作培训班、全省文物保护工程汇报会。

4.抓好历史文化名城、名镇、名村保护工作。

协同做好新公布名镇、名村保护规划的编制工作,切实加强保护规划实施情况的监督管理、遗产本体与历史风貌的保护,合理引导历史文化名城、名镇、名村的保护、利用与发展方向。继续配合做好《浙江省历史文化名城保护条例》的修订工作,争取下半年省人大常委会审议通过并公布实施,并做好新条例的宣传贯彻。配合省住建厅召开全省历史文化名城名镇名村保护工作会议。根据住建部、文化部、国家文物局、财政部等要求,继续配合省农办等部门做好传统村落、历史文化村落调研及保护工作，推动全省古村落的保护与合理利用。

5. 加强博物馆建设与管理，努力提升全省博物馆的质量和水平。

根据国家文物局的部署，开展博物馆评估定级申报工作，规范博物馆的科学管理，督促、指导各级博物馆对照评估标准提高业务工作水平，实现保级、升级、创级目标。配合开展中央地方共建国家级博物馆绩效考评与年度评估，指导和监督我省中央地方共建国家级博物馆——浙江省博物馆的管理和运行，提高其藏品保护、陈列展览、科学研究、社会教育和公共服务水平。深化博物馆免费开放工作，完善免费开放博物馆经费补助管理办法，提高全省博物馆免费开放工作水平。继续实施陈列展览精品项目，开展陈列展览精品项目评奖工作，推动整合资源的展览交流协作。与相关单位联合组织召开"新时期博物馆展陈与教育学术研讨会"。

6. 进一步强化馆藏文物与社会文物的科学管理。

完成全省馆藏书画藏品鉴定工作，开展馆藏珍贵文物的日常鉴定定级。加大文物藏品征集力度，提高馆藏文物数量和质量，完善各级博物馆藏品体系。依据文物保护行业标准，规范馆藏文物管理，提高保护管理水平。继续做好社会文物管理工作，强化服务职能，提高服务质量，促进文物拍卖市场健康有序发展。

7. 深入推进文物安全防范与行政执法工作。

完善文物安全工作联席会议制度，实施文物平安工程，稳步推进文物风险单位的安全技术、消防设施建设。会同省公安厅继续做好安全防范系统工程的审批和验收。加强文物安全的信息通报和共享，及时向全省各文博单位发出有效的安全警示，对重大案件和安全事故实施案件督办制。举办第二期全省文物安防操作员更新知识培训班。

扎实开展行政执法工作，严格执行建设工程的项目审批制度，依法主动介入大型建设项目立项、论证、审批、实施等各环节的工作。完善专家咨询制度，规范行政决策程序。做好文物法制建设的综合协调、信息报送等工作。推进行政审批制度改革，提高项目审批效率。起草和实施文博单位安全管理责任制。

8. 拓宽宣传渠道和载体，努力扩大文物工作的社会影响。

继续办好《浙江文物》、浙江文物网和《浙江文物年鉴》，提高传播与交流能力。继续做好《浙江馆藏文物大典》（暂名）、《中国历代绘画大系》、《浙江通志·文化遗产卷》（文物部分）的编纂工作。加强文物博物馆行业电子政务建设，推动政务信息公开，实现信息资源共享。

增强全社会的文物保护意识，着力营造有利于文物保护与利用的良好社会氛围，使文物保护成为全社会的自觉行动。认真做好文物保护领域重大事件、重要活动的宣传报道和舆论引导，深入挖掘、充分展示、大力宣传文物所凝聚的深刻内涵，充分彰显文物事业在建设社会主义核心价值体系、建设文化强省中的积极作用。

"两富"总目标催人奋进，文物强省建设大有可为。全省文物工作者一定要振奋精神，抢抓机遇，奋发进取，扎实工作，努力开创新时期我省文物事业科学发展的新局面，以优异成绩迎接党的十八大胜利召开！

浙江省全国重点文物保护单位分类名单

（共计132处）

一、古遗址（21处）

序号	名称	时代	地址	批次
1-1	上山遗址	新石器时代	浦江县黄宅镇	6
2-2	跨湖桥遗址	新石器时代	萧山区	6
3-3	河姆渡遗址	新石器时代	余姚市	2
4-4	罗家角遗址	新石器时代	桐乡市	5
5-5	谭家湾遗址	新石器时代	桐乡市乌镇	6
6-6	马家浜遗址	新石器时代	嘉兴市	5
7-7	南河浜遗址	新石器时代	嘉兴市	6
8-8	良渚遗址	新石器时代	余杭区、德清县	4
9-9	钱山漾遗址	新石器时代	湖州市八里店镇	6
10-10	富盛窑址	周	绍兴县富盛镇	6
11-11	茅湾里窑址	春秋战国	萧山区进化镇	6
12-12	小仙坛青瓷窑址	东汉	上虞市上浦镇	6
13-13	上林湖越窑遗址（含寺龙口和开刀山窑遗址）	五代、宋	慈溪市匡堰镇	3、6
14-14	郊坛下和老虎洞窑址	宋、元	杭州市西湖区	6
15-15	铁店窑遗址	宋、元	金华市	5
16-16	大窑龙泉窑遗址	宋—明	龙泉市小梅镇	3
17-17	下菰城遗址	春秋	湖州市	5
18-18	安吉古城遗址	春秋至南北朝	安吉县递铺镇	6
19-19	临安城遗址	南宋	杭州市上城区	5
20-20	顾渚贡茶院遗址及摩崖	唐至宋	长兴县水口乡	6
21-21	永丰库遗址	元	宁波市中山西路	6

二、古墓葬（8处）

序号	名称	时代	地址	批次
22-1	浙南石棚墓群	商、周	瑞安、平阳、苍南	5
23-2	东阳土墩墓群（石角山、派园、银角山）	周	东阳市江北街道、六石镇	6
24-3	高氏家族墓地	明	乐清市白象镇	6
25-4	印山越国王陵	春秋、战国	绍兴县兰亭乡	5
26-5	吴越国王陵（含吴汉月墓）	五代	临安市、杭州市	5、6
27-6	大禹陵	清	绍兴市越城区	4
28-7	岳飞墓	南宋	杭州市西湖区	1
29-8	于谦墓	明至清	杭州市西湖区	6

三、古建筑（73处）

序号	名称	时代	地址	批次
30-1	台州府城墙	宋、明	临海市	5
31-2	衢州城墙	明至清	衢州市柯城区	6
32-3	安城城墙	明至清	安吉县递铺镇	6
33-4	桃渚城	明	临海市桃渚镇	5
34-5	永昌堡	明	温州市龙湾区	5
35-6	蒲壮所城（含壮士所城、白湾堡和巡检司遗址）	明、清	苍南县蒲城乡	4、6
36-7	俞源村古建筑群	元至清	武义县俞源乡	5
37-8	诸葛、长乐村民居	明、清	兰溪市诸葛镇	4
38-9	芙蓉村古建筑群	明至清	永嘉县岩头镇	6
39-10	芝堰村建筑群	明至民国	兰溪市芝堰乡	6
40-11	崇仁村建筑群	清	嵊州市崇仁镇	6
41-12	斯氏古民居建筑群	清	诸暨市斯宅乡	5
42-13	郑义门古建筑群	清	浦江县郑宅镇	5
43-14	顺溪古建筑群	清	平阳县顺溪镇	6
44-15	东阳卢宅	明、清	东阳市城区	3
45-16	慈城古建筑群【孔庙、甲第世家、福字门头、布政房、冯岳彩绘台门、冯宅】	明、清	宁波市江北区	6
46-17	吕府	明	绍兴市越城区	5
47-18	莫氏庄园	清	平湖市城关镇	6

续表

序号	名称	时代	地址	批次
48-19	黄山八面厅	清	义乌市	5
49-20	王守仁故居和墓	明	余姚市城区、绍兴县兰亭镇	6
50-21	孔氏南宗家庙	南宋—清	衢州市新桥街	4
51-22	刘基庙及墓	明	文成县南田镇	5
52-23	榉溪孔氏家庙	清	磐安县	6
53-24	宁海古戏台	清至民国	宁海县	6
54-25	青藤书屋和徐渭墓	明	绍兴市越城区、绍兴县兰亭镇	6
55-26	天一阁(含秦氏支祠)	明—近代	宁波市海曙区	2、5
56-27	文澜阁	清	杭州市西湖区	5
57-28	玉海楼	清	瑞安市	4
58-29	嘉业堂藏书楼及小莲庄	清	湖州市南浔镇	5
59-30	白云庄和黄宗羲、万斯同、全祖望墓	明、清	宁波市、余姚市、奉化市	6
60-31	庆安会馆	清	宁波市江东区	5
61-32	玉山古茶场	清	磐安县玉山镇	6
62-33	胡庆余堂(含胡雪岩旧居)	清	杭州市上城区	3、6
63-34	四连碓造纸作坊	明	温州市瓯海区	5
64-35	三卿口制瓷作坊	清	江山市峡口镇	6
65-36	庙沟后、横省石牌坊	宋、元	宁波市东钱湖旅游度假区、鄞江区	5
66-37	南阁牌楼群	明	乐清市	5
67-38	保国寺	北宋	宁波市江北区	1
68-39	延福寺	元	武义县桃溪镇	4
69-40	天宁寺大殿	宋—元	金华市婺城区	3
70-41	时思寺	元至清	景宁县大漈乡	5
71-42	阿育王寺	元—清	宁波市鄞江区	6
72-43	法雨寺	明、清	舟山市普陀区	6
73-44	国清寺	清	天台县	5

续表

序号	名称	时代	地址	批次
74-45	天童寺	清	宁波市鄞江区	6
75-46	凤凰寺	元至清	杭州市上城区	5
76-47	圣井山石殿	明、清	瑞安市大南乡	6
77-48	宁波天宁寺【塔】	唐	宁波市海曙区	6
78-49	功臣塔	五代	临安市	5
79-50	闸口白塔	五代	杭州市上城区	3
80-51	湖镇舍利塔	宋	龙游县湖镇	5
81-52	松阳延庆寺塔	宋	松阳县西屏镇	6
82-53	六和塔	南宋	杭州市上城区	1
83-54	飞英塔	南宋	湖州市城区	3
84-55	普陀山多宝塔	元	舟山市普陀区	6
95-56	安国寺经幢	唐	海宁市盐官镇	6
86-57	法隆寺经幢	唐	金华市婺城区金钱寺村	6
87-58	梵天寺经幢	五代	杭州市上城区	5
88-59	绮园	清	海盐县城关镇	5
89-60	镇海口海防遗址	明、清	宁波市镇海区	4
90-61	赤溪五洞桥	宋	苍南县赤溪镇	6
91-62	八字桥	宋	绍兴市越城区	5
92-63	寿昌桥	宋	德清县三合乡	6
93-64	古月桥	宋	义乌市	5
94-65	新河闸桥群	宋至清	温岭市新河镇	6
95-66	如龙桥	明	庆元县月山乡	5
96-67	古纤道	明、清	绍兴县柯桥镇	3
97-68	泰顺廊桥【溪东桥、北涧桥、三条桥、仙居桥、文兴桥、薛宅桥、刘宅桥、战州永庆桥、毓文桥、普宾桥、文重桥、南阳桥、霞光桥、城水桥、池源桥】	清	泰顺县泗溪镇等	6
98-69	仕水矴步	清	泰顺县仕阳镇	6
99-70	通济堰	南朝至清	丽水市莲都区	5
100-71	它山堰	唐	宁波市鄞江区	3
101-72	盐官海塘及海神庙	清	海宁市盐官镇	5
102-73	独松关和古驿道	宋至清	安吉县【余杭区】	6

四、石窟寺及石刻（4处）

序　号	名　称	时　代	地　址	批　次
103-1	飞来峰造像（含西湖南山造像）	五代—元	杭州市西湖区	2、6
104-2	宝成寺麻曷葛剌造像	元	杭州市上城区	5
105-3	仙都摩崖题记	唐—近代	缙云县	5
106-4	东钱湖石刻	宋至明	宁波市东钱湖旅游度假区	5

五、近现代重要重要史迹及代表性建筑物（25处）

序　号	名　称	时　代	地　址	批　次
107-1	太平天国侍王府	1861	金华市婺城区	3
108-2	嘉兴南湖中共“一大”会址	1921	嘉兴市南湖区	5
109-3	浙东抗日根据地旧址	1942-1945年	余姚市、慈溪市	6
110-4	新四军苏浙军区旧址	1943-1954年	长兴县槐坎镇	5
111-5	蒋氏故居（含溪口镇建筑群）	清至民国	奉化市溪口镇	4、6
112-6	鲁迅故居	1881-1898年	绍兴市越城区	3
113-7	秋瑾故居（含秋瑾烈士纪念碑）	1907年（民国）	绍兴市越城区	3、6
114-8	蔡元培故居	近代	绍兴市越城区	5
115-9	章太炎故居	民国	余杭区仓前镇	6
116-10	王国维故居	1886-1898年	海宁市盐官镇	6
117-11	茅盾故居	1896-1910年	桐乡市乌镇	3
118-12	马寅初故居	清至民国	嵊州市浦口镇、杭州市庆春路	6
119-13	龙山虞氏旧宅建筑群	1916-1929年	慈溪市龙山镇	5
120-14	南浔张氏旧宅建筑群	1899-1906年	湖州市南浔镇	5
121-15	莫干山别墅群	清至民国	德清县莫干山	6
122-16	江北天主教堂	清	宁波市江北区	6
123-17	陈英士墓	1916年	湖州市吴兴区道场乡	6
124-18	钱塘江大桥	民国	杭州市西湖区	6
125-19	钱业会馆	民国	宁波市	6
126-20	西泠印社	近代	杭州市西湖区	5
127-21	利济医学堂旧址	1885-1902年	瑞安市城关镇	6
128-22	大通学堂和徐锡麟故居	清	绍兴市越城区胜利西路、东浦镇	6
129-23	之江大学旧址	民国	杭州市西湖区	6
130-24	笕桥中央航校旧址	民国	杭州市江干区	6
131-25	花鸟灯塔	1870年	嵊泗县花鸟岛	5

六、其他（1处）

序　号	名　称	时　代	地　址	批　次
132-1	京杭大运河【包括：拱宸桥、广济长桥、长虹桥】	春秋—清	杭州市、嘉兴市	6

注：各批文保单位公布文号、日期

1：第一批全国重点文物保护单位(180处)“国文习字40号”1961年3月4日

2：第二批全国重点文物保护单位(62处)“国发[1982]34号”1982年2月23日

3：第三批全国重点文物保护单位(258处)“国发[1988]5号”1988年1月13日

4：第四批全国重点文物保护单位(250处)“国发[1996]47号”1996年11月20日

5：第五批全国重点文物保护单位(518处)“国发[2001]25号”2001年6月25日

6：第六批全国重点文物保护单位(1080处)“国发[2006]19号”2006年5月25日

（总计：2351处）

浙江省历史文化名城名镇名村保护条例

浙江省人民代表大会常务委员会公告　第82号

《浙江省历史文化名城名镇名村保护条例》已于2012年9月28日经浙江省第十一届人民代表大会常务委员会第三十五次会议通过，现予公布，自2012年12月1日起施行。

浙江省人民代表大会常务委员会

2012年9月28日

第一章　总则

第一条　为了加强历史文化名城、街区、名镇、名村的保护与管理，继承优秀历史文化遗产，根据国务院《历史文化名城名镇名村保护条例》和其他有关法律、行政法规的规定，结合本省实际，制定本条例。

第二条　本省行政区域内历史文化名城、街区、名镇、名村的保护与管理，适用本条例。

本省行政区域内历史建筑的保护与管理，按照本条例有关规定执行。

第三条　各级人民政府负责本行政区域内历史文化名城、街区、名镇、名村的保护与监督管理工作，将历史文化名城、街区、名镇、名村的保护纳入国民经济和社会发展规划，所需资金纳入本级财政预算。

第四条　历史文化名城所在地城市、县人民政府应当成立保护委员会，历史文化街区、名镇、名村所在地城市、县级人民政府可以成立保护委员会。

保护委员会由人民政府负责人、相关部门负责人以及有关专家和公众代表组成，负责研究历史文化名城、街区、名镇、名村保护和管理中的重大问题，协调和监督保护规划的实施等工作。

第五条　县级以上人民政府城乡规划主管部门会同同级文物主管部门，负责本行政区域内历史文化名城、街区、名镇、名村的申报、保护规划的编制与实施、监督检查等具体工作。

其他有关部门应当按照各自职责，共同做好历史文化名城、街区、名镇、名村的保护与监督管理工作。

村（居）民委员会应当配合做好历史文化名城、街区、名镇、名村的保护工作。

第六条　省人民政府和历史文化名城、街区、名镇、名村所在地城市、县级人民政府设立保护专项资金，用于保护规划编制、基础设施和居住环境改善以及历史建筑保护等工作。

保护专项资金的来源包括：

（一）本级财政预算安排的资金；

（二）上级财政专项补助的资金；

（三）境内外单位和个人的捐赠；

（四）其他合法筹集的资金。

第七条 各级人民政府和有关部门应当组织开展历史文化遗产保护的宣传教育活动，普及保护知识，增强全社会保护意识。

第八条 历史文化街区、名镇、名村的保护与监督管理，应当保证原住居民的参与，保障原住居民的合法权益。

各级人民政府应当采取措施，鼓励和支持单位和个人以捐赠、资助、提供技术服务等方式，参与历史文化名城、街区、名镇、名村的保护。

第二章 申报与确定

第九条 历史文化名城包括国家历史文化名城和省历史文化名城。

历史文化名镇、名村和国家历史文化名城的申报、批准和直接确定的条件与程序，依照国务院《历史文化名城名镇名村保护条例》的规定执行。

第十条 具备下列条件的城市，可以申报省历史文化名城：

（一）保存文物特别丰富；

（二）历史建筑集中成片；

（三）保留着传统格局和历史风貌；

（四）历史上曾经作为政治、经济、文化、交通中心或者军事要地，或者发生过重要历史事件，或者其传统产业、历史上建设的重大工程对本地区的发展产生过重要影响；

（五）在所申报的历史文化名城保护范围内有两个以上经省人民政府批准公布的历史文化街区。

第十一条 具备下列条件的街区，可以申报历史文化街区：

（一）保存文物特别丰富；

（二）历史建筑集中成片；

（三）较完整和真实地保留着传统格局和历史风貌；

（四）规模达到国家规定的标准。

第十二条 具备下列条件之一，未公布为文物保护单位或者文物保护点的建筑物、构筑物，可以确定为历史建筑：

（一）建筑样式、结构、材料、施工工艺或者工程技术具有历史、科学、艺术价值的；

（二）反映当地历史文化和民俗传统，具有特定时代特征和地域特色的；

（三）在当地产业发展史上具有一定代表性的作坊、商铺、厂房和仓库；

（四）与历史事件、著名人物有关的近现代建筑物、构筑物；

（五）其他具有历史价值的建筑物、构筑物。

第十三条　申报省历史文化名城或者历史文化街区，应当提交说明下列情况的材料：

（一）历史沿革、地方特色和历史文化价值；

（二）传统格局和历史风貌的现状；

（三）保护范围；

（四）文物保护单位、文物保护点、历史建筑和非物质文化遗产的清单；

（五）保护工作情况、保护目标和保护要求。

申报省历史文化名城，还应当提交历史文化街区的清单和说明材料。

第十四条　申报省历史文化名城或者历史文化街区，由所在地城市、县人民政府提出申请，经省城乡规划主管部门会同省文物主管部门组织有关部门、专家进行论证，提出审查意见，报省人民政府批准公布。

第十五条　城市、县人民政府城乡规划主管部门应当会同同级文物主管部门组织本行政区域的历史建筑普查，提出历史建筑建议名录，并征求利害关系人和专家、公众的意见后，报本级人民政府确定公布。

建筑的所有权人可以向所在地城乡规划主管部门或者文物主管部门提出确定为历史建筑的建议。

第三章　保护规划

第十六条　历史文化名城、街区、名镇、名村经批准公布后，所在地城市、县级人民政府应当自批准公布之日起三十日内通过政府门户网站、现场公告牌、新闻媒体等形式，向社会公布经依法批准的保护范围。

历史文化名城、街区、名镇、名村所在地城市、县级人民政府，应当自批准公布之日起一年内组织编制完成相应的保护规划，并报送省人民政府审批。

第十七条　保护规划应当包括下列主要内容：

（一）保护原则、保护内容和保护范围；

（二）保护措施、改造利用强度和建设控制要求；

（三）传统格局、历史风貌和传统文化生态保护要求；

（四）历史文化街区、名镇、名村的核心保护范围、建设控制地带及其保护要求；

（五）文物保护单位、文物保护点名录及其保护措施；

（六）历史建筑名录及其保护要求；

（七）非物质文化遗产保护传承要求；

（八）保护规划分期实施方案。

第十八条　承担历史文化名城、街区、名镇、名村保护规划编制工作的单位，应当具有甲级城乡规划编制资质，或者同时具有乙级以上城乡规划编制资质和乙级以上文物保护规划编制资质。

第十九条 保护规划报送审批前，组织编制机关应当将保护规划草案予以公告，并通过论证会等方式征求专家和公众的意见。公告时间不少于三十日。

保护规划草案涉及房屋征收、土地征用的，应当举行听证。

组织编制机关应当充分考虑专家和公众的意见，并在报送审批的材料中附具意见采纳情况以及理由；经听证的，还应当附具听证笔录。

第二十条 保护规划报送审批前，应当先经组织编制机关的本级人民代表大会常务委员会审议。保护规划报送审批时，应当将审议意见和根据审议意见修改规划的情况一并报送。

第二十一条 省城乡规划主管部门应当会同省文物主管部门自收到报批的保护规划之日起三个月内，组织有关部门、专家进行审查，提出审查意见，报省人民政府批准。

第二十二条 组织编制机关应当自保护规划批准之日起三十日内公布经依法批准的保护规划。

经依法批准的保护规划是保护和管理历史文化名城、街区、名镇、名村的依据。任何单位和个人应当遵守保护规划，服从规划管理。

第二十三条 经依法批准的历史文化名城、街区、名镇、名村保护规划，不得擅自修改。

有下列情形之一，确需修改保护规划的，城市、县级人民政府应当专题报经省人民政府同意后，方可编制修改方案；修改后的保护规划，应当按照本条例规定的程序重新报送审批和公布：

（一）保护规划所依据的法律、法规发生调整，影响原保护规划实施的；

（二）新发现地下遗址等重要历史文化遗存，确需修改的；

（三）因自然灾害或者重大事故等原因，致使历史文化名城、街区、名镇、名村保护范围内的历史文化遗存与环境发生重大变化的；

（四）因国家重大工程建设，确需修改的。

第二十四条 编制或者修改国民经济和社会发展规划、土地利用总体规划、城乡规划等规划，应当体现历史文化名城、街区、名镇、名村保护的要求。

经依法批准的历史文化街区、名镇、名村保护规划，应当作为建设项目规划许可的依据。历史文化街区、名镇保护范围内的区域，不再编制相应区域的城市、镇控制性详细规划。

第四章 保护措施

第二十五条 历史文化名城、街区、名镇、名村应当整体保护，保持传统格局、历史风貌和空间尺度，不得改变与其相互依存的自然景观和环境。

第二十六条 在历史文化名城、街区、名镇、名村保护范围内禁止进行下列活动：

（一）开山、采石、开矿等破坏传统格局和历史风貌的活动；

（二）占用保护规划确定保留的园林绿地、河湖水系、道路等；

（三）修建生产、储存爆炸性、易燃性、放射性、毒害性、腐蚀性物品的工厂、仓库等；

（四）法律、法规禁止的其他行为。

第二十七条 在历史文化街区、名镇、名村核心保护范围内，不得进行新建、扩建活动。但是，新建、扩建必要的基础设施和公共服务设施除外。

公路、铁路、高压电力线路、输油管线、燃气干线管道不得穿越历史文化街区、名镇、名村核心保护范围；已经建设的，应当按照保护规划逐步迁出。

第二十八条 在历史文化街区、名镇、名村保护范围内的建设活动，城乡规划主管部门依法核发选址意见书、提出规划条件或者核定规划要求前，应当征求同级文物主管部门的意见。

第二十九条 在历史文化街区、名镇、名村保护范围内的建设活动，城乡规划主管部门依法核发建设工程规划许可证或者乡村建设规划许可证前，应当将建设工程设计方案通过政府门户网站、现场公告牌等形式予以公示，征求公众意见，告知利害关系人有要求举行听证的权利。公示时间不少于二十日。必要时，可以组织专家论证。

利害关系人或者公众对建设工程设计方案提出异议的，城乡规划主管部门应当研究处理，并及时回复处理结果。利害关系人要求听证的，应当在公示期间提出，城乡规划主管部门应当在公示期满后及时举行听证。

第三十条 在历史文化街区、名镇、名村保护范围内新建、扩建基础设施以及进行绿化配置的，应当符合国家和省有关标准、规范。确因保护需要，无法按照标准、规范新建、扩建基础设施以及进行绿化配置的，由城市、县人民政府城乡规划主管部门会同相关主管部门制订相应的保障方案，明确相关布局、措施等。

在历史文化街区、名镇、名村保护范围内改建、翻建建筑物，因保持或者恢复其传统格局、历史风貌的需要，难以符合相关建设标准和规范的，在不突破原有建筑基底、建筑高度和建筑面积且不减少相邻居住建筑原有日照时间的前提下，可以办理规划许可手续。

第三十一条 城市、县级人民政府应当在历史文化街区、名镇、名村核心保护范围的主要出入口设置保护标志。保护标志应当在保护规划批准后三个月内设置完毕。

第三十二条 在历史文化街区、名镇、名村保护范围内，因实施保护规划需要依法征收房屋，以及依法批准设置的项目和设施需要停业、转产、关闭或者拆除，导致所有权人或者经营者的合法权益损害的，实施保护规划的人民政府应当依法予以补偿。

第三十三条 县级以上人民政府应当统筹安排建设用地指标，优先保障因历史文化名镇、名村保护规划实施需要进行的农村住宅建设。

第三十四条 城市、县人民政府应当对公布的历史建筑设置保护标志，依照国务院《历史文化名城名镇名村保护条例》规定的要求建立历史建筑档案，并报省城乡规划主管部门和省文物主管部门备案。

第三十五条 对历史建筑应当根据其历史、科学、艺术价值以及存续年份等不同情况，采取相应措施，实行分类保护。

第三十六条 城市、县人民政府城乡规划主管部门应当会同同级文物主管部门编制历史建筑保护图则，报本级人民政府批准后公布。

前款所称历史建筑保护图则，是指为历史建筑的保护、利用提供科学依据，包含历史建筑基本信息、保护范围、使用要求等内容的文本以及图纸。

第三十七条 城市、县人民政府城乡规划主管部门应当根据历史建筑保护图则，将历史建筑的保护和使用要求书面告知所有权人、使用人和物业管理单位。

第三十八条 历史建筑应当按照历史建筑保护图则的要求进行维护和修缮。国有历史建筑由使用人负责维护和修缮；非国有历史建筑由所有权人负责维护和修缮。非国有历史建筑所有权人维护和修缮历史建筑的，城市、县人民政府应当按照规定的标准给予补助。

城市、县人民政府可以与国有历史建筑使用人、非国有历史建筑所有权人签订历史建筑保护协议，对历史建筑的保护义务和享受补助等事项作出约定。

非国有历史建筑有损毁危险，所有权人应当及时予以维护和修缮。所有权人不具备维护和修缮能力的，城市、县人民政府应当采取措施进行保护。

城市、县人民政府应当根据本地实际，自本条例施行之日起一个月内确定负责历史建筑维护和修缮具体工作的部门或者机构，并报省城乡规划主管部门和省文物主管部门备案。

第三十九条 历史建筑可以结合其自身特点进行保护性利用。鼓励利用历史建筑开设博物馆、陈列馆、纪念馆和传统作坊、传统商铺等，对历史文化遗产进行展示。

历史建筑的保护性利用应当与其历史价值、内部结构相适应，不得擅自改变历史建筑主体结构和外观，不得危害历史建筑及其附属设施的安全。

第四十条 禁止任何单位或者个人进行下列活动：

（一）在历史建筑上刻划、涂污；

（二）在历史建筑内堆放易燃、易爆和腐蚀性的物品；

（三）拆卸、转让历史建筑的构件；

（四）擅自对历史建筑进行外部修缮装饰、添加设施以及改变历史建筑的结构或者使用性质；

（五）擅自迁移、拆除历史建筑；

（六）其他损害历史建筑的活动。

第四十一条 在历史文化名城、街区、名镇、名村保护范围内涉及文物和非物质文化遗产保护的，应当执行文物和非物质文化遗产保护相关法律、法规的规定。

第五章 监督检查

第四十二条 县级以上人民政府应当定期组织有关部门和专家对本行政区域内历史文化名城、街区、名镇、名村的保护情况进行检查与评估，检查与评估情况应当向本级人民代表大会常务委员会报告。

第四十三条 历史文化名城、街区、名镇、名村经批准公布后，省城乡规划主管部门应当会同省文物主管部门对保护状况和保护规划编制及实施情况进行定期检查和跟踪监测。

在定期检查和跟踪监测中，发现存在未及时组织编制保护规划、违反保护规划开发建设、对传统格局及历史建筑保护不力等问题的，省城乡规划主管部门应当会同省文物主管部门及时向所在地城市、县级人民政府提出整改意见。

定期检查和跟踪监测信息应当通过政府门户网站、新闻媒体等向社会公布，接受社会监督。

第四十四条 已批准公布的历史文化街区、名镇、名村和省历史文化名城，因保护不力导致历史文化价值受到严重影响的，由省城乡规划主管部门会同省文物主管部门组织专家进行评估论证后，提请省人民政府将其列入濒危名单并公布，并由省人民政府责成所在地城市、县级人民政府限期整改，采取补救措施。

整改期限届满后，由省城乡规划主管部门会同省文物主管部门组织专家进行审核。审核通过的，由省城乡规划主管部门会同省文物主管部门提请省人民政府不再列入濒危名单；审核未通过的，提请省人民政府撤销其称号。

第六章 法律责任

第四十五条 违反本条例规定的行为，法律、行政法规已有法律责任规定的，从其规定。

第四十六条 违反本条例规定，在历史文化名城、街区、名镇、名村保护范围内有下列行为之一的，由城市、县人民政府城乡规划主管部门责令停止违法行为、限期恢复原状或者采取其他补救措施；有违法所得的，没收违法所得；造成严重后果的，对单位并处五十万元以上一百万元以下的罚款，对个人并处五万元以上十万元以下的罚款：

（一）开山、采石、开矿等破坏传统格局和历史风貌的；

（二）占用保护规划确定保留的园林绿地、河湖水系、道路等的；

（三）修建生产、储存爆炸性、易燃性、放射性、毒害性、腐蚀性物品的工厂、仓库等的。

在历史文化街区、名镇、名村核心保护范围内实施前款所列行为，造成严重后果的，对单位并处七十万元以上一百万元以下的罚款，对个人并处七万元以上十万元以下的罚款。

第四十七条 违反本条例规定，在历史建筑内堆放易燃、易爆和腐蚀性的物品，或者拆卸、转让历史建筑的构件的，由城市、县人民政府城乡规划主管部门责令停止违法行为、限期恢复原状或者采取其他补救措施；有违法所得的，没收违法所得；造成严重后果的，对单位并处五万元以上十万元以下的罚款，对个人并处一万元以上五万元以下的罚款。

第四十八条 违反本条例规定，城市、县级人民政府有下列情形之一的，由上级人民政府责令改正；对直接负责的主管人员和其他直接责任人员，依法给予处分：

（一）未组织编制保护规划的；

（二）未按照法定程序组织编制保护规划的；

（三）未在规定期限内将保护规划报送审批的；

（四）擅自修改保护规划的；

（五）未将批准的保护规划予以公布的。

第四十九条 违反本条例规定，城市、县级人民政府因保护不力或者决策失误，导致已批准公布的历史文化名城、街区、名镇、名村被列入濒危名单或者撤销称号的，由省人民政府予以通报批评；对直接负责的主管人员和其他直接责任人员，依法给予处分。

第五十条 违反本条例规定，县级以上人民政府及其城乡规划主管部门、文物主管部门以及其他有关部门的工作人员有下列情形之一的，对直接负责的主管人员和其他直接责任人员，依法给予处分：

（一）不依法履行审批职责的；

（二）发现违法行为不依法查处的；

（三）不依法履行监督管理职责的；

（四）其他玩忽职守、徇私舞弊、滥用职权的行为。

第七章　附则

第五十一条　本条例施行前已设立的市县级历史文化保护区，符合规定条件的，所在地城市、县级人民政府可以申报历史文化街区、名镇、名村。

第五十二条　本条例自2012年12月1日起施行。1999年7月25日浙江省第九届人民代表大会常务委员会第十四次会议通过的《浙江省历史文化名城保护条例》同时废止。

浙江省文物局二〇一二年工作要点

各市、县(市、区)文化广电新闻出版局、文物局,杭州市园林文物局,杭州良渚遗址管委会、西泠印社社委会,杭州雷峰塔遗址文保所,省直各文博单位:

现将《浙江省文物局二〇一二年工作要点》印发给你们,请结合各自工作实际,认真贯彻执行。

二〇一二年三月一日

2012年全省文物工作的总体要求是:深入贯彻落实党的十七届六中全会和省委十二届十次全会精神,坚持以科学发展观为统领,全面实施《浙江省文物博物馆事业发展"十二五"规划》和《浙江省文物保护计划》,以建设文物强省为目标,以改革创新为动力,以夯实各项基础工作为着力点,加强统筹谋划,找准重点难点,健全制度机制,完善政策措施,努力推动我省文物事业又好又快发展,以优异成绩迎接党的十八大和省第十三次党代会胜利召开。

一、全力做好世界文化遗产管理与申报工作

(一)加强世界文化遗产保护管理。认真履行世界遗产公约,根据《世界文化遗产管理办法》,做好杭州西湖文化景观的保护和管理工作。实施《杭州西湖文化景观保护管理条例》,加大执法监管力度。加快推进杭州西湖文化景观信息管理平台建设,发挥预警监测作用。加强杭州西湖文化遗产的保护管理、科学研究和宣传展示等工作,进一步发掘、展示世界文化遗产的历史和文化价值。

(二)推进世界文化遗产申报工作。继续整体而有重点地推进我省世界文化遗产的申报,全力推进大运河申遗工作,完成大运河重要申遗点段保护整治主体工程及"四有"工作,力争通过国家运河专家组现场评估。加强大运河遗产日常保护和监管工作,联合有关职能部门建设大运河遗产监测管理平台,并设计统一的遗产标识。按照世界文化遗产预备名单动态管理制度,完成我省预备名单调整上报工作。

二、加大不可移动文物和历史文化名城、街区、村镇的保护管理力度

(一)全面完成我省第三次全国文物普查工作。召开全省第三次全国文物普查总结表彰大会,举办"浙江省第三次全国文物普查与保护成果展"。巩固第三次全国文物普查成果,出台保护办法和措施,及时向社会公布各地普查登记的不可移动文物名录,建立不可移动文物编码系统、电子地图系统和信息管理系统。加强普查成果保护宣传，形成良好、有效的不可移动文物保护工作机制和氛围。

（二）扎实做好文物保护单位基础工作。启动第六批省级文物保护单位和第七批全国重点文物保护单位保护范围和建设控制地带的划定及“四有”记录档案编制等保护管理基础工作。整理出版《前五批省级文物保护单位、前六批全国重点文物保护单位保护范围、建设控制地带图集》。举办文物保护培训班，提高市县业务人员的专业水平。

（三）积极开展文物保护工程。对不可移动文物本体及其环境进行有效保护，推进文物保护单位特别是新公布的省级文物保护单位修缮工作，提升不可移动文物公共服务能力，使其成为改善民生、促进区域经济社会发展的重要力量。根据省级以上文物保护单位数量急剧增加的现实情况，进一步完善文物保护工程项目的审批机制。加强文物保护工程项目管理，开展省级以上文物保护单位保护工程实施情况检查工作。召开全省文物保护工程汇报会。依据国家相关法规、规章，完善文物保护工程管理的相关规范，建立健全文物保护工程管理规章制度。加强文物保护工程资质监管工作。

（四）继续做好历史文化名城、街区、村镇的保护管理工作。协同做好国家、省级历史文化名城、名镇、名村（街区）的申报、推荐、审核工作，会同报请省政府公布第四批省级历史文化名镇名村，拓展我省历史文化名城、名镇、名村（街区）保护体系的覆盖面。加快保护规划的编制，加强保护规划实施情况的监督管理，切实加强文物本体和历史风貌的保护，合理引导历史文化名城、名镇、名村（街区）的保护、利用与发展方向。

根据国家部署，积极做好第四届“中国历史文化名街”推荐工作。协同完成《浙江省历史文化名城保护条例》的修订工作，争取通过省人大常委会立法并公布实施，为加强历史文化名城、街区、村镇保护提供有力的法律保障。

三、加强大遗址保护展示和考古管理

（一）提升大遗址保护工作水平。扎实推进良渚国家考古遗址公园的建设，有效保护和改善良渚遗址的文化遗存和环境风貌，维护良渚遗址的历史环境及视线廊道的真实性和完整性。努力推动地方政府结合当地经济社会发展和城镇体系规划，开展大型古文化遗址保护规划的编制工作。实施大遗址保护展示工程，筹备省级考古遗址公园评选工作，探索遗址保护展示与环境保护、生态改善、生产生活和地方经济社会发展有机结合的有效方式与途径。

（二）继续做好考古发掘工作。召开全省考古工作座谈会，回顾考古工作取得的成绩，剖析当前面临的形势和存在的问题，部署下一阶段工作任务。在切实做好重大建设工程项目的考古调查、勘探和抢救性考古发掘工作的基础上，重点开展绍兴、安吉等地的地下文物遗存主动性考古工作。深入推进水下文化遗产保护工作，实施象山渔山清代沉船遗址水下考古发掘项目；加强国家水下遗产保护宁波基地及象山工作站、国家博物馆水下考古宁波基地及舟山工作站等科研机构的建设。

四、推动博物馆建设与管理取得新进展

（一）加快博物馆体系建设。积极探索生态博物馆、社区博物馆建设，支持安吉、温州瓯海、舟山等生态博物馆的探索实践，适时召开生态博物馆研讨会。继续支持民办博物馆发展，开展国有博物馆对口帮扶民办博物馆试点工作。积极推进建德博物馆、临安博物馆、永嘉博物馆、黄岩博物馆、温岭博物馆等新馆建设，加强对舟山市博物馆、丽水市博物馆、台州市博物馆、桐乡市博物馆、海盐县博物馆等陈列论证及布展工作的指导，完善布局合理、富有浙江特色的博物馆体系。

（二）提升博物馆公共文化服务能力。根据国家文物局的部署，积极做好博物馆评估定级的申报和年检工作。进一步加强博物馆免费开放工作的科学管理。强化博物馆公共文化服务功能，拓展服务领域，丰富服务项目，有效提高全省博物馆免费开放的工作水平。加快全省博物馆展览交流协作网络平台建设，促进馆藏文物资源的整合共享。召开全省“加强馆际合作办展，促进馆藏资源整合共享”专题会议。完善并持续深入实施“浙江省陈列展览精品项目”，为公众提供更加丰富多彩的文化产品。充分发挥省博物馆学会的作用，加强学术研讨和工作交流。

（三）加强可移动文物的科学管理。根据国家文物局的部署，做好国有可移动文物普查的启动前期准备。加强博物馆的基础能力建设，强化博物馆藏品保护、展示，举办第二期全省馆藏文物管理培训班。承办国家文物局“良渚文化玉器鉴定高级研修班”。完成《浙江馆藏文物大典》的出版任务。进一步强化博物馆的藏品资源意识，继续加强馆藏文物的鉴定建档和文物、藏品的征集工作，完成省博物馆馆藏书画鉴定；争取支持，加大投入，丰富和完善各级博物馆藏品。进一步加强可移动文物修复和设计资质管理工作。依据文物保护行业标准，规范馆藏文物的保护、修复工作，提高馆藏文物的保护管理水平。

五、继续做好社会文物管理工作

加大政策引导和市场监管，规范文物拍卖行为，做好文物商店管理工作。加强文物进出境审核管理，严把文物出境关口，提高审核工作质量，实现文物进出境审核规范化、标准化、信息化管理。完善文物拍卖标的审核管理，实施国家优先购买制度。开展文物拍卖企业年检工作。建立规范的社会文物保护管理秩序，为文物流通营造良好的发展环境。

六、着力提升文物保护科技水平

（一）进一步完善区域创新联盟平台建设。充分发挥理事会的作用，协调和指导成员单位开展合作与交流，根据发展要求适时扩大创新联盟成员单位数量。健全创新联盟管理制度，制定项目管理办法、经费管理办法、成果转化协作与权益分配办法等管理制度，规范区域创新联盟的合作创新活动。

（二）深入实施文物保护项目。在国家文物局和省政府的指导下，以文化遗产保护的重大需求为导向，以文物保护科技项目为载体，着力实施若干国家和省重点科研项目，提升文物保护科技水平。加强科技基础平台建设，重点推进纺织品文物保护国家文物局重点科研基地、浙江省科技考古与文物保护研究实验基地（一期）以及“中国传统造纸技术传承与展示基地”试点建设。

七、推进文物安全机制建设和执法督查

（一）加强安全机制建设。召开全省文物安全工作联席会议，通报文物安全工作情况，研究加强文物安全工作的措施，强化协作机制，努力构建各司其职、标本兼治、综合治理的文物安全工作新格局。根据国家文物局和国家海洋局有关通知的精神，与海洋行政部门建立联合执法领导小组，密切加强协作，开展浙江沿海海域的文化遗产联合执法工作。会同省公安厅治安总队继续做好各级文博单位的安全防范系统工程设计方案的审批和工程验收。

（二）推行安全管理责任制。按照国家新出台的文物保护和收藏单位的安全防范要求，起草相关的文博单位安全管理责任制的规定。稳步推进文物保护、文物收藏单位等文物风险单位的安全技术、消防及防雷设施建设，继续实施标准化文物库房、安全技防设施建设和管理。举办第二期全省文物安防操作员更新知识培训班。加强文物安全的信息通报和共享，及时了解和分析全省的治安情况和安全形势，实施重大案件和安全事故督办制，适时向全省各文博单位发出有效的安全警示，防范于未然。

（三）加大监察执法力度。扎实有效地开展依法行政工作，加强与省政府法制办的沟通和联系，做好文物法制建设的综合协调。严格执行涉及文物保护事项建设工程的项目审批制度，主动介入大型建设项目立项、论证、审批、实施等各环节，加强行政许可决定的监督管理。加大对文物违法特别是法人违法案件的查处力度。开展3万平方米以上建设工程信息互通机制，对大型基本建设项目进行前置执法监管。深入开展执法巡查，以文物系统博物馆风险单位、文物单位消防和田野文物犯罪为重点，加大安全检查和巡查的力度和频率，省级以上文物保护单位和二级以上文博风险单位巡查率达到100%。与有关部门联合，开展我省所辖海域内文化遗产执法巡查工作。通过检查和巡查，宣传文物安全知识，防范文物违法行为，努力把安全隐患遏制在萌芽状态。在全省运行文物执法网络监管平台，切实推动文物执法信息化工作。

八、努力扩大文物工作的社会影响

（一）加强宣传基础工作。构建覆盖全省的文物宣传通讯员网络，健全宣传工作考核激励机制。建立健全舆情监测发现、分析研判、应对处置机制。办好《浙江文物》、《浙江文物网》和《浙江文物年鉴》，提高传播与交流能力。按照省委、省政府要求和省地方志办部署，有计划、有步骤地组织开展《浙江通志》文物部分的编纂工作。加强文物博物馆行业电子政务建设，推动政务信息公开，实现信息资源共享。召开全省文物宣传工作座谈会，总结交流文物宣传工作经验，研究探讨新形势下加强文物宣传工作的对策措施。

（二）创新宣传方式方法。认真组织“文化遗产日”、“国际博物馆日”等重要纪念日的系列宣传活动，深入开展“文化遗产日”主场城市活动，运用传统媒体与新兴媒体广泛开展文物法制和文物知识宣传教育，提升文物工作的社会认知度，增强全社会的文物保护意识，着力营造有利于文物保护与利用的良好社会氛围，使文物保护成为全社会的自觉行动。认真做好文物保护领域重大事件、重要活动的宣传报道和舆论引导，深入挖掘、充分展示、大力宣传文物所凝聚的深刻内涵，充分彰显、发挥文物事业在建设社会主义核心价值体系、建设文化强省中的作用。